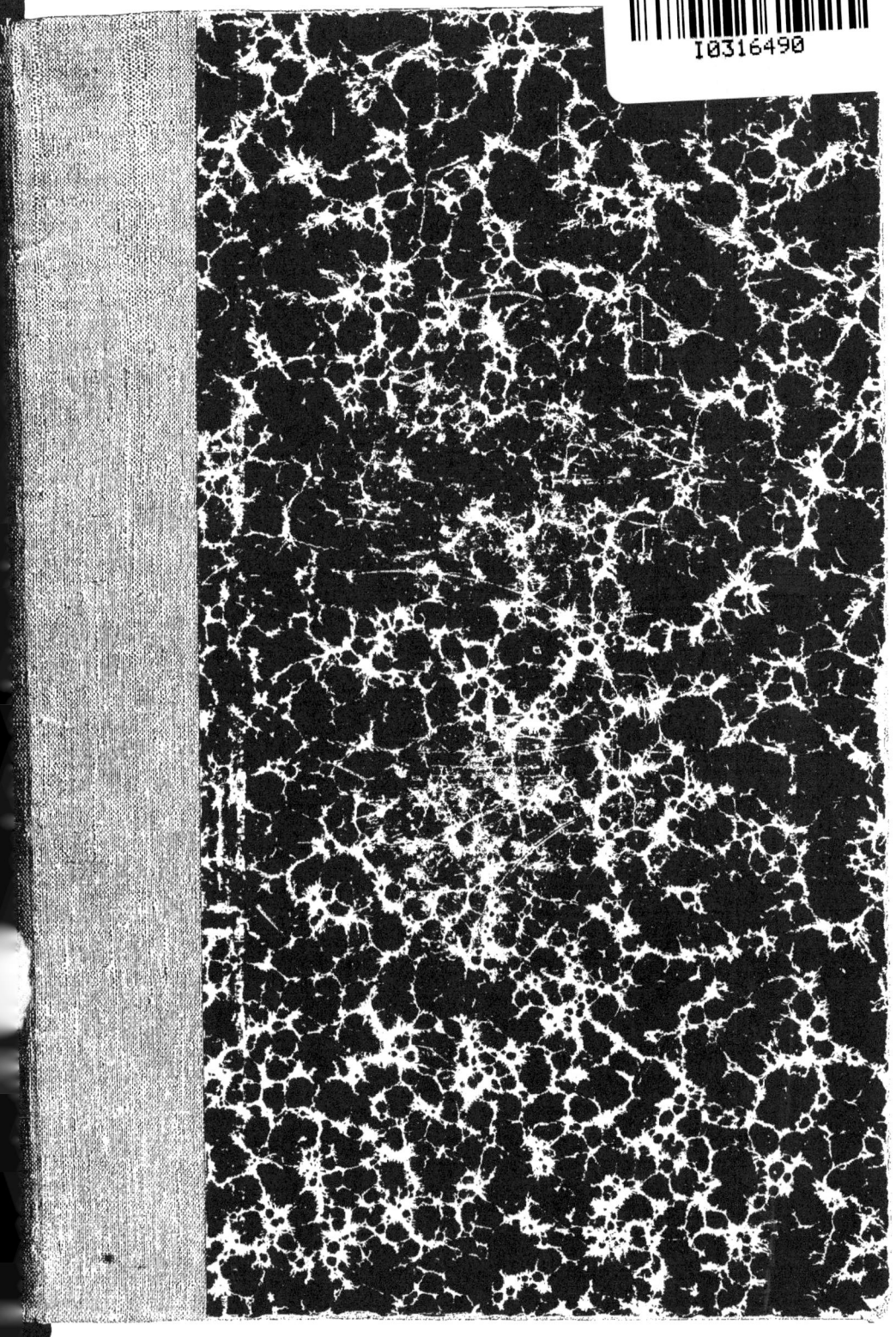

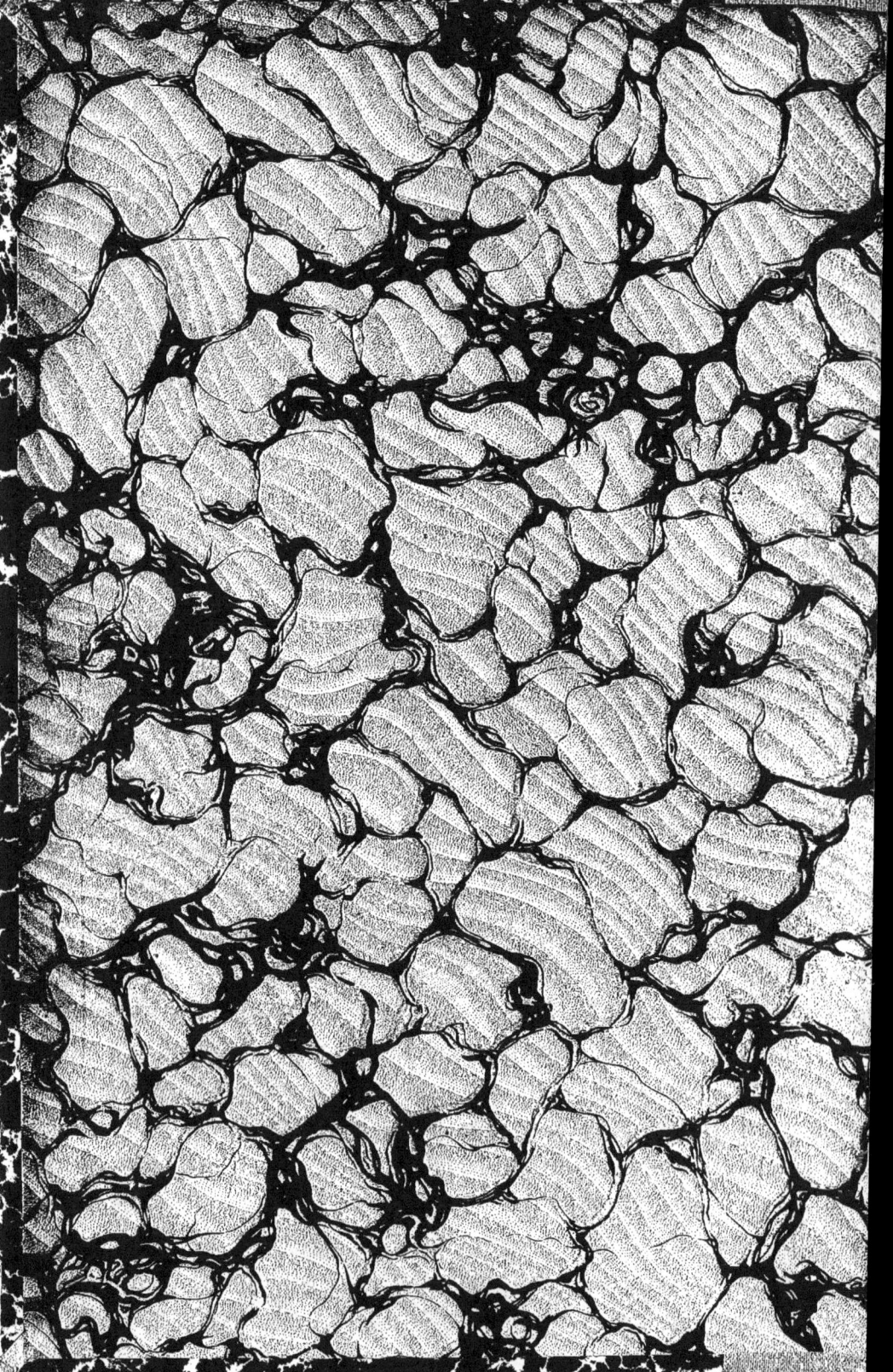

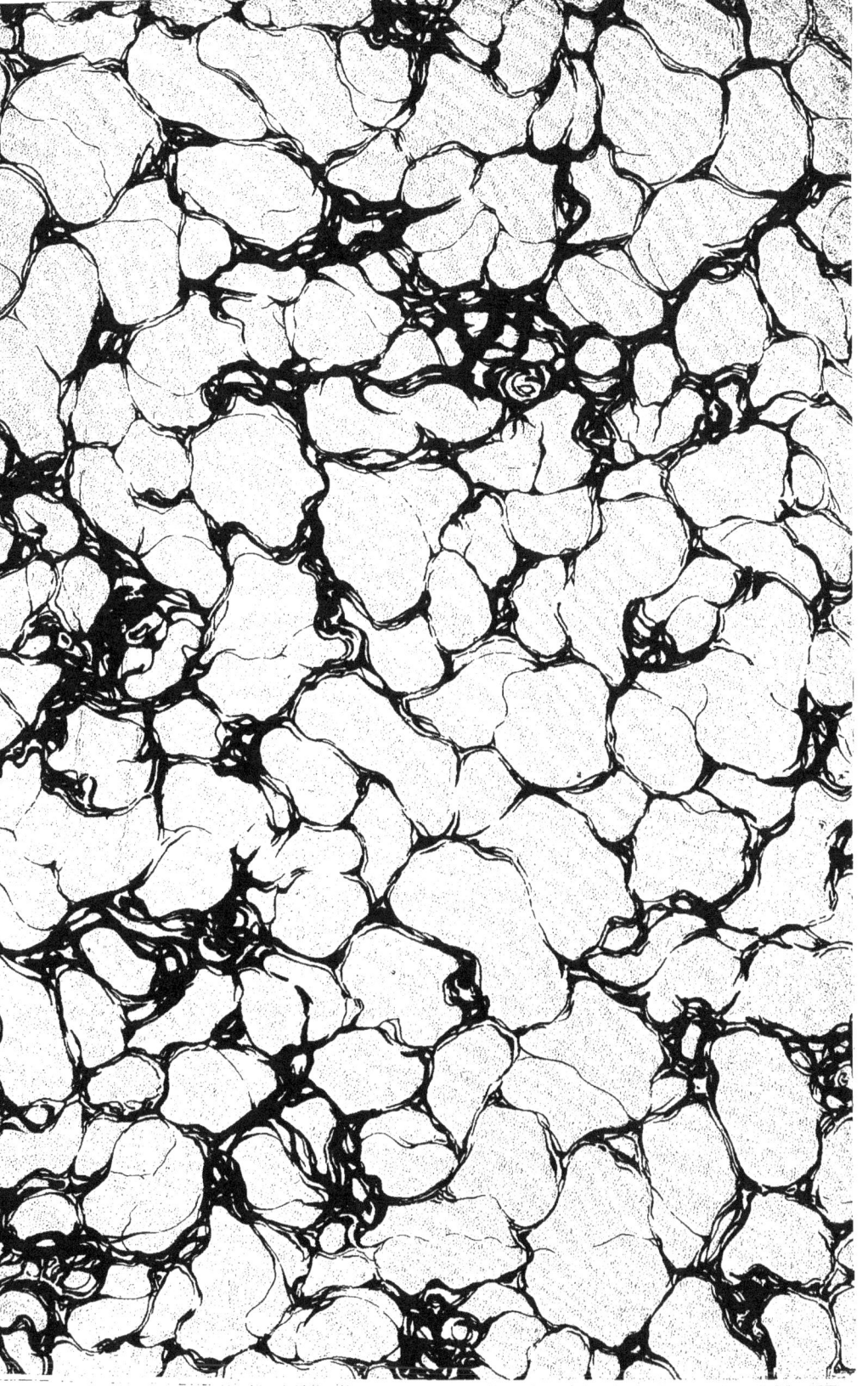

LE PAYS
DES
CROISADES

CORBEIL. — IMPRIMERIE B. RENAUDET

LE PAYS
DES
CROISADES

PAR

JULES HOCHE

OUVRAGE ILLUSTRÉ D'UN NOMBRE CONSIDÉRABLE DE GRAVURES

ET D'UNE CARTE DE LA PALESTINE

PARIS

A LA LIBRAIRIE ILLUSTRÉE

7, RUE DU CROISSANT, 7

A

MON PÈRE

Hommage affectueux.

J. H.

PALESTINE.

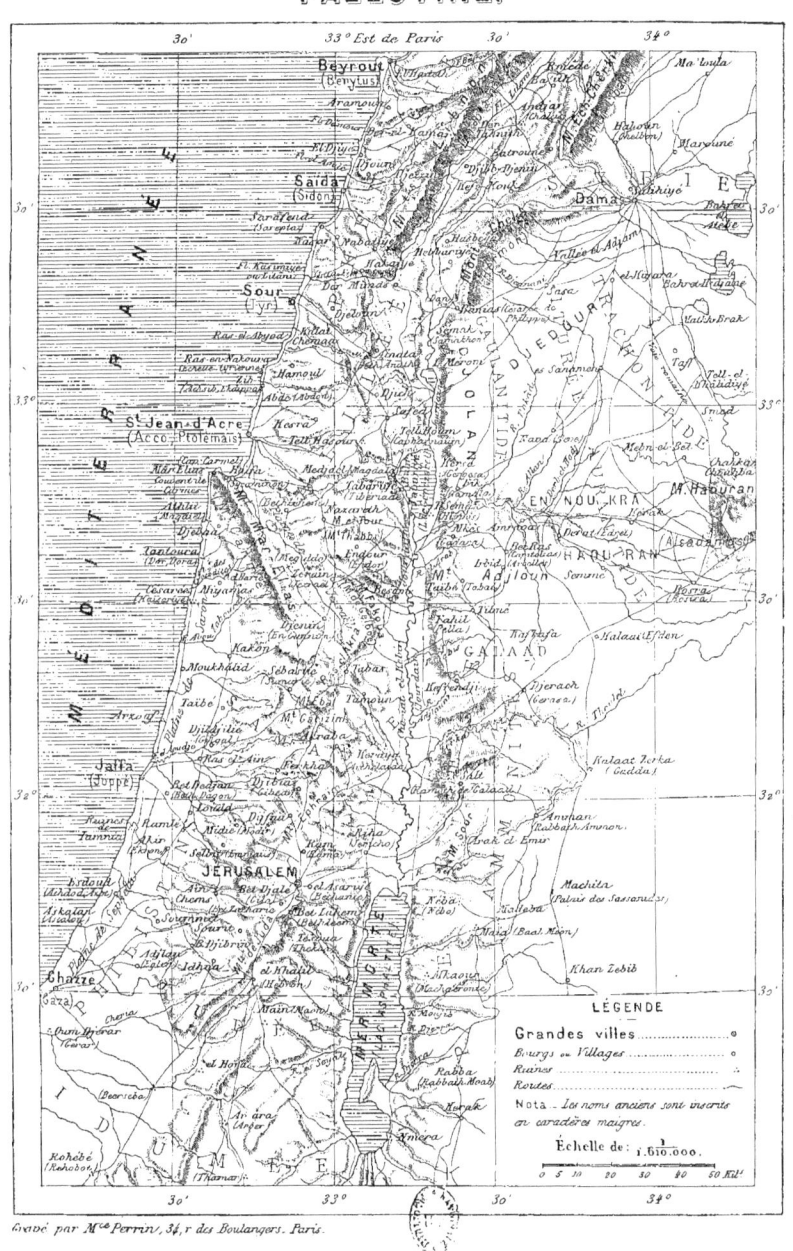

LE PAYS
DES
CROISADES

CHAPITRE PREMIER

La Terre-Sainte. — L'orientalisme en France. — But de l'ouvrage. — Débarquement à Jaffa. — Aspect extérieur de la ville. — La plaine de Sarôn. — Déception du voyageur. — Le bazar et la place du marché. — Les femmes. — Les rues. — Histoire de Jaffa. — Traditions mythologiques. — Les croisades. — Richard et Saladin. — Le siège de Jaffa, par Mohammed-Bek. — L'hôpital de Saint-Louis. — Les sœurs de Saint-Joseph de l'Apparition. — Les Jardins de Jaffa. — Hygiène des Arabes. — Rites mortuaires. — Aveugles et mendiants. — Coquetterie des femmes. — Culture des terres. — Difficultés de la colonisation. — Les colonies allemandes. — La colonie du Temple à Sarôna. — Un coucher de soleil à Jaffa. — Air populaire.

CE n'est pas sans scrupule que l'auteur de ces lignes entreprend, lui dix-millième peut-être, une description de la Palestine et de la Syrie. Toute description, en effet, suppose une chose à décrire qui ne l'ait point été trop souvent, et ce n'est pas le cas ici. La Palestine a été la terre de prédilection de tous les explorateurs de l'Orient. Fouillé dans ses coins et recoins, ce pays des mystères les plus étonnants n'en a plus aucun pour le moindre lettré de France.

Telle mauvaise route en Terre-Sainte a été décrite plus souvent et avec plus de précision que bien des routes importantes de notre propre pays.

Aussi le sentiment de la grande présomption qu'il y a certainement à faire, après tant d'autres, un voyage en Palestine et à le raconter, nous eût arrêté dès le début si d'autres considérations n'étaient venues nous servir d'excuses en quelque sorte, et peut-être d'encouragement.

Quel genre de relations écrites attire de préférence les lecteurs de voyages en Orient? Les relations anciennes? Personne ne les lit plus. Ce qui s'est publié depuis le commencement de ce siècle suffit à défrayer les curiosités actuelles. Encore le grand public ne lit-il pas les ouvrages purement spéculatifs, ceux où dominent la science ou l'exégèse. L'homme de science et l'exégète peuvent remuer le petit nombre des lettrés, ils n'ont point d'action sur la masse des lecteurs ordinaires que passionnent uniquement les artistes, les poètes et les philosophes.

C'est ainsi que la plupart de nos contemporains ont appris la Palestine et l'Orient dans Chateaubriand et dans Lamartine.

Avec la période romantique, la France artiste et lettrée se prit d'une passion démesurée pour les pays du Levant. On se fit raser la tête, on fuma le narguileh, on ne rêva plus que palmiers, chameaux et minarets.

Les événements de Grèce avaient fixé sur l'Orient l'attention de toute l'Europe intellectuelle. Victor Hugo publiait les *Orientales* et constatait dans sa préface l'immense développement que prenait dès lors la science de l'orientalisme. Chose curieuse : le grand poète n'avait jamais vu l'Orient, et ses vers n'eurent d'autre source inspiratrice que la pure intuition de son génie. Ce qui faisait dire au chevalier Joubert, parlant des *Orientales*, que l'auteur avait fait une gibelotte sans lapin. (Il est vrai que M. Lockroy a payé, à la place peut-être du poète, un large tribut au Levant, et il n'a fallu rien moins que la présence de M. Ernest Renan en Phénicie pour faciliter le rapatriement de celui qui devait être un jour le gendre de Victor Hugo.)

Bien qu'il n'y eût encore ni *rapides*, ni *paquebots-express* (1), ni *malle des Indes*, les voyages en Orient devinrent plus fréquents. Toute une pléiade d'artistes et d'écrivains français débarquèrent successivement en Syrie, en Égypte... C'était l'époque où Flaubert trouvait, en contemplant les cataractes du Nil, le nom qu'il donnerait à l'héroïne de son roman : *Madame Bovary*; où Théophile Gautier, qui désespérait alors de jamais voir d'autre palmier que celui de la Samaritaine, écrivait à Maxime du Camp, occupé à relever le procès-verbal photographié des ruines égyptiennes et syriaques : « J'envie bassement votre bonheur. Dussé-je être votre domestique et cirer vos bottes, je voudrais être avec vous ; j'ai des nostalgies d'Égypte et d'Asie Mineure, mais, au prix où l'on vend les syllabes, je sens bien que je n'irai jamais. »

Gérard de Nerval les avait précédés tous. On sait comment il est resté des mois à promener dans les khans publics de l'Orient ses indolences et ses monomanies, le tout sous prétexte d'études de mœurs ; et il a raconté lui-même

---

(1) Il faut voir dans les *Souvenirs littéraires* de M. Maxime du Camp comment on partait pour l'Orient en 1849.

l'histoire extravagante de son mariage avec une Javanaise achetée au Caire (1).

Les peintres aussi voulurent étudier l'Orient. Decamps, Fromentin, Marilhat et tous leurs disciples traduisirent le pays par le pinceau et le daguerréotype. Vinrent ensuite les fouilleurs, les érudits, les savants, les historiens, Michaud, le duc de Luynes, le comte Melchior de Vogüé, Victor Guérin, E. Renan, F. de Saulcy, etc... Ceux-ci apportaient à l'exploration de l'Orient, et en particulier de la Syrie, un esprit éclairé, une critique impartiale et judicieuse. L'étude savante, raisonnée, approfondie, de la Terre-Sainte brilla dès lors d'un éclat inaccoutumé. Aucune tradition ne resta dans l'ombre et l'on reconstruisit en quelque sorte l'histoire des cités bibliques avec les secrets arrachés aux pierres mêmes de leurs ruines.

Mais, à côté de ces savants, quelques voyageurs sans prétention ont continué à raconter, à propos de la Syrie, des *impressions*, des *souvenirs*, des sensations personnelles. Ceux-là ne sont pas à l'abri de toute critique. Leurs récits de voyages, souvent amusants, parfois étincelants de fantaisie, n'apprennent au lecteur que fort peu de choses sur les pays parcourus. Encore dans ce peu de choses faut-il faire la part des erreurs involontaires où glisse le fantaisiste, l'homme d'imagination chez qui l'intuition remplace trop souvent l'esprit d'analyse, l'artiste qu'un effet de lumière aura frappé et qui part de là pour peindre et juger tout un pays, le chercheur de sensations qui livre sa barque au hasard et à l'aventure, brûlant les étapes *qui ne rendent pas*, sans se douter que cet état mobile et ondoyant n'engendre en définitive que le document superficiel et incomplet.

Aussi avons-nous pensé qu'une description restait à faire de ce pays grandiose où se sont déroulées les premières scènes de l'histoire du monde, description pittoresque et scrupuleusement exacte, où la fantaisie personnelle de l'auteur ne viendrait pas à chaque instant troubler l'harmonie des paysages, travestir l'enseignement direct que comportent les faits. Un ouvrage ainsi conçu devrait, croyons-nous, tenir le juste milieu entre l'ouvrage du savant qui ne voit que la formule et le côté mathématique des choses, et celui du poète ou du penseur

---

(1) Quoi qu'en aient dit certains voyageurs, et en dépit des traités, les marchés humains sont encore florissants au Caire et à Alexandrie, ces deux capitales quasi-européennes. L'Égypte est restée, sous ce rapport, réfractaire à toute civilisation. Au Caire il existe des marchés clandestins de femmes. Alexandrie a la spécialité des nègres, hommes et femmes, du Soudan. Lors de notre passage à Alexandrie en juin 1882 nous avons acheté nous-même, pour la modique somme de deux louis, un petit nègre d'une dizaine d'années, qui nous fut délivré par-devant le consul français. Bien entendu c'était en qualité de domestique qu'on nous le vendait et que nous l'achetions. Nous nous souvenons d'une rue sale, dans un quartier peuplé d'Italiens, dans cette rue une façon de café borgne que nous avions surnommé le *café noir*. Il y avait deux chambres, l'une occupée par les hommes, l'autre, par les femmes. C'était là le marché aux nègres d'Alexandrie.

trop enclins à tout ramener à leur propre façon de voir, de sentir, de juger.

La tâche nous paraît d'autant plus facile que nos devanciers ont aplani tous les chemins. L'étude et la description du pays se trouvent simplifiées dans les mêmes proportions que les voyages en Terre-Sainte eux-mêmes, qui se font aujourd'hui sans péril aucun et sans fatigues exagérées.

Telle compagnie anglaise a réduit au niveau d'une excursion de touriste ce qui était pour Chateaubriand, et même encore pour Lamartine, une expédition fort malaisée et non exempte de dangers.

D'excellents vapeurs de toutes nationalités font un service régulier entre les côtes européennes et celles d'Égypte et de Syrie. En Terre-Sainte le chrétien circule librement.

La protection des puissances représentées par leurs consuls suffirait à le couvrir, si les Turcs eux-mêmes n'étaient là pour faire la police du pays et sauvegarder les étrangers.

Aussi de nos jours les voyages et pèlerinages en Palestine sont-ils devenus de plus en plus fréquents, tout en n'offrant pas le moindre intérêt dramatique. En dernier lieu, une congrégation religieuse a résolu le problème de mettre les pèlerinages en Terre-Sainte à la portée de toutes les bourses. Elle a organisé de vraies croisades pacifiques amenant chaque année en Syrie plus de mille pèlerins français qu'un pieux zèle, patriotique autant que religieux, pousse vers ce pays de Jérusalem qui fut pendant près d'un siècle un royaume français, et où s'illustrèrent les héroïques vertus des Godefroy et des Baudouin.

C'est à Jaffa que débarquent d'habitude tous les voyageurs qui se rendent à Jérusalem. C'est ce port, le plus ancien peut-être du monde, que nous choisissons pour pénétrer en Syrie. De là notre itinéraire nous conduira à Jérusalem par Ramleh, la route ordinaire des pèlerins d'Europe. Après avoir visité les environs de Jérusalem et fait le tour de la mer Morte, nous remonterons vers le nord de la Syrie, en traversant la Samarie et la Galilée, et en visitant successivement tous les principaux lieux consacrés par l'histoire des croisades et par les traditions bibliques. Nous regagnerons ensuite les rivages de la Méditerranée pour nous arrêter à Kaïfa, au pied du Mont-Carmel, où notre voyage prendra fin.

Avant de débarquer, disons un mot de l'impression que produit l'aspect de la Terre-Sainte sur le voyageur ou le pèlerin, au moment où le paquebot qui l'amène et qui arrive généralement d'Égypte, jette l'ancre en vue de Jaffa.

A vrai dire ce ne sont ni les souvenirs héroïques des croisades planant sur les champs d'Ascalon (autrefois le pays des Philistins), ni les saintes traditions endormies derrière les lignes sombres des collines de la Judée et de la Galilée, qui dominent dans cette impression. Elle est à la fois plus compliquée et plus profane.

VALLÉE DU JOURDAIN

Châteaubriand qui, au moment où il apercevait pour la première fois les grèves de Jaffa, comparait le profil de la Palestine aux montagnes du Bourbonnais vues du haut de Tarare, comme il comparait plus tard le mont des Oliviers à la butte Montmartre, ne songeait pas évidemment aux réflexions pieuses qu'il ajouterait à ces impressions premières en écrivant son itinéraire.

Sitôt le bâteau arrêté, mille préoccupations toutes matérielles viennent assiéger l'esprit du voyageur. La rade de Jaffa est fort dangereuse. Une ceinture de récifs en défend l'accès de telle sorte que les navires sont forcés de stopper à environ deux milles du rivage. Impossible de débarquer quand la mer est houleuse. Et elle l'est presque toujours. Puis c'est la peste, dont Jaffa semble être le pays d'élection, et dont on est sans cesse menacé pour peu qu'il y ait eu deux ou trois mauvaises saisons successives. Autant d'inquiétudes peu favorables au développement des méditations religieuses ou historiques (1).

Bâtie en gradins sur le versant d'une colline et entourée d'un hémicycle de remparts en ruines, la ville offre des étagements presque imposants de coupoles et de terrasses couronnant un fouillis de murailles blanches dont la réverbération est aveuglante. C'est avec raison que Lamartine en assimilait le coup d'œil à l'éblouissement d'un rocher de craie surgissant d'une grève de sable blanc. Dans la belle saison, lorsqu'un soleil torride enveloppe ce paysage, il est impossible au voyageur qui arrive par mer d'en soutenir la vue. L'aspect d'ailleurs est fort pittoresque, grâce au plein-air des terrasses qui est la note dominante des villes orientales, et aux fins reliefs aériens que tous les paysages orientaux empruntent à la pureté parfaite de l'atmosphère, au fondu admirable des horizons.

Malheureusement le pays calciné tout autour vient gâter aussitôt cette première impression, et le caractère désolé des environs — les jardins de Jaffa ne s'apercevant pas de la mer — révèle pour la première fois la terre de malédiction. C'est-là d'ailleurs, comme on va voir, une des moindres déceptions qui attendent le voyageur.

Au nord comme au sud de Jaffa, l'œil n'embrasse que des dunes de sable, rougeâtre du côté des grèves, blanc partout ailleurs et particulièrement vers le sud où s'ouvre le grand désert de Gaza qui sépare la Palestine de l'Égypte. De loin en loin quelque hameau arabe, une douzaine de huttes misérables faites de boue sèche avec des toits de paille. C'est la plaine de Sarôn, qui s'étend tout le long de la côte depuis Gaza jusqu'au Carmel. C'est cette même contrée que l'Écriture représente comme un pays extraordinairement riche et fertile, couvert de plantes au parfum précieux.

---

(1) En allemand, « *aller à Jaffa* » se dit d'un voyage d'où l'on n'est pas sûr de revenir.

Au printemps en effet la vallée se couvre spontanément de fleurs. On y rencontre la tulipe, la rose, la giroflée, l'anémone, le lis jaune et le lis blanc, le fameux lis de Sâron dont Jésus-Christ a vanté l'éclat en le comparant à Salomon dans toute sa gloire. Dès le début de la mauvaise saison cette belle végétation disparaît pour faire place aux chardons ; la plaine de Sâron n'est plus alors qu'un affreux désert.

LE LIS SACRÉ

La poussée printanière elle-même s'amoindrit et s'éteint d'année en année, faute de culture. Mais les fruits merveilleux des jardins de Jaffa, les riants parterres de la moderne colonie allemande de *Sarona* (à une lieue de Jaffa, en plein désert), démontrent assez qu'une culture intelligente peut triompher du sol le plus ingrat.

C'est à dessein que nous avons insisté sur l'aspect extérieur de la ville. A peine débarqué, le voyageur, qui en a admiré la perspective lointaine, va éprouver une série de désenchantements absolument imprévus. Le brillant panorama s'évanouit comme un songe : on distingue le torchis empâté des couleurs, les cassures et les bosselures du carton.

Le port n'est plus qu'une rue sale, jonchée d'immondices et de détritus de toutes sortes, bordée sur la mer d'une muraille en ruine faisant vis-à-vis à une ligne serpentante de maisons malpropres et misérables. Là dedans une bousculade de mariniers, de chameaux, d'Arabes de tous costumes, de touristes anglais à voile vert, qui constitue toute l'animation de Jaffa. Cette foule d'hommes et de bêtes débouche d'une rue montante, qui se divise en plusieurs boyaux passant sous des voûtes et sous des arcades : c'est le bazar de Jaffa. Ce bazar aboutit lui-même à la grande place du marché. Là le spectacle est très bruyant et très animé.

La place est sillonnée de files interminables de chameaux mêlant leur cri strident aux vociférations des conducteurs. Des ânes sellés et bridés, des moutons à large queue, de superbes types de Bédouins à cheval et armés jusqu'aux dents coupent les haies des marchands qui débitent en plein vent le pain, les fruits, les légumes, les étoffes aux couleurs voyantes, le tout à grand renfort d'exclamations gutturales.

Des baraquements à un étage présentant, comme nos séchoirs, un enchevêtrement bizarre de poutres noircies qu'on dirait sauvées d'un incendie, se dressent dans le fond. Ce sont des cafés. Les terrasses sont garnies de musulmans accroupis à terre où assis sur des escabeaux et qui dégustent leur café tout en fumant le narguileh ou le tchibouk.

Des femmes musulmanes et arméniennes, drapées dans une ample batiste blanche, la figure voilée de noir ou d'un morceau d'indienne à fleurs semblable aux mouchoirs de nos paysans, traversent ce tableau, lentement et silencieusement, avec cette démarche embarrassée que leur prête le pantalon juponnant, à larges plis, porté par toutes les femmes arabes.

Le drap blanc qui les enveloppe tout entières tombe jusqu'aux chevilles de façon

L'ANÉMONE ÉCARLATE

à ne laisser voir que les pieds. Il en résulte que toute la coquetterie extérieure de ces femmes se concentre dans les bottines. Celles-ci sont généralement à talons hauts, d'un cuir fin à arabesques, élégamment cambrées.

On peut reconnaître une Arabe coquette à la seule inspection de ses bottines, et c'est même là l'unique criterium qui permette de distinguer les femmes susceptibles d'être jeunes et jolies. Il est vrai que, si elles diffèrent entre elles par la façon dont elles sont chaussées, elles se ressemblent toutes par l'affreux barbouillage de henné dont elles se teignent les ongles, voire même les mains, et qui enlaidit chez toutes au même degré cette partie du corps.

On rencontre peu de femmes ailleurs qu'au marché, excepté le vendredi, qui est le jour de prière et de promenade des musulmans. Encore n'est-ce point dans la ville proprement dite qu'elles se promènent.

Celle-ci offre en général l'aspect le plus navrant. Les rues étroites et enfumées, aux étages en surplomb, sont reliées entre elles par des escaliers de pierre noirâtres, visqueux, à demi éboulés. Des haillons pourris sèchent aux balcons en ogive.

Telles rues sont de simples passages voûtés, encombrés d'immondices et qui ressemblent à des conduites d'égout détournées de leur usage primitif. Partout la vie semble immobilisée, stagnante, frappée dans ses sources mêmes. Les jolies maisons moresques qu'on voyait de loin, ne sont plus que des masures branlantes, ouvertes à tous les vents, des ébauches de maisons destinées à rester éternellement inachevées et qui offrent en effet de ces enfoncements d'ombre et de vide, de ces nudités délabrées propres aux bâtiments en construction.

Du côté de l'est surtout la ville prend un aspect sinistre de forteresse saccagée. Des remparts croulants surgissent, tout contre un large monticule de boue qui recouvre la place où s'étendaient les anciennes fosses publiques récemment comblées, et qui a l'air lui-même de quelque bastion effondré. Des enfants nus se roulent du matin au soir dans ces ordures et cette poussière, pêle-mêle avec des chiens errants au poil jaunâtre, à face d'hyène, descendants abâtardis de ces fameux chacals dont Samson se servit pour porter le feu dans le camp des Philistins (1).

Et maintenant, le voyageur qui arrive d'Égypte où les grandes cités ressemblent à des métropoles européennes, contemple avec stupeur ce tableau d'une ville quasi-barbare, où les rares édifices européens prennent un aspect dépaysé, où les tourmentes des guerres successives ont entassé les ruines et les décombres sans rien changer au cours séculaire des choses ; où toute civilisation a échoué, comme si le souffle de progrès universel qui emporte les nations s'était perdu dans les sables des déserts environnants.

Jaffa est bien le port par excellence de la terre maudite. Porte sombre, ouverte sur la route aride et dévastée qui mène à Jérusalem, elle donne comme un avant-goût des désolations de ce pays abandonné de Dieu.

Elle a une histoire glorieuse pourtant, cette ville dont Pline fait remonter l'origine avant le déluge. La tradition dit que Noé construisit son arche sur la colline même où est bâtie Jaffa, l'ancienne Joppé. Ce dernier nom serait dérivé du nom de Japhet, son deuxième fondateur. Josèphe, l'historien juif, affirme qu'on recueil-

(1) Il est en effet plus que probable que les renards de la Bible étaient des chacals, peut-être même des chiens sauvages.

lait à Jaffa les restes du bitume qui avait servi à enduire l'arche et qu'on s'en servait pour guérir toutes sortes de maladies.

La mythologie grecque a placé dans le voisinage de Jaffa l'aventure de Persée et d'Andromède, et, du temps de Saint Jérôme, on montrait encore sur la grève le rocher et l'anneau où Andromède avait été enchaînée. Persée la délivra, en tuant le monstre marin suscité par Neptune ; puis il se rendit à une fontaine voisine pour y laver le sang de ses blessures. L'historien Pausanias affiirme avoir vu cette fontaine dont l'eau gardait encore une teinte rouge.

C'est à Joppé que les flottes d'Yram apportaient les cèdres du Liban destinés à la construction du temple de Salomon.

Dans les nombreuses guerres qu'eurent à soutenir les Juifs contre les envahisseurs de la Judée, et spécialement sous les Machabées, Jaffa fut détruite et rebâtie plusieurs fois. La ville fut plus tard témoin des miracles de saint Pierre, et on montre encore l'emplacement de la maison de Simon le Corroyeur, où l'apôtre eut la vision des animaux purs et impurs. Les Turcs ont bâti sur cet emplacement une mosquée dont le minaret est d'ailleurs peu élégant.

Jaffa a aussi joué un grand rôle dans l'histoire des Croisades.

Érigée en comté par Baudouin Ier, elle fut prise et reprise plusieurs fois par les Sarrasins. Un historien arabe, Boha-Eddin, attaché à la personne de Saladin, nous fournit sur ces divers faits d'armes des détails fort curieux et qui peignent bien la bravoure des Croisés, que commandait alors le roi d'Angleterre Richard. Les extraits que nous empruntons au travail de Boha-Eddin jettent une grande lumière sur les mœurs guerrières en usage dans les deux camps. En juillet 1092, le roi Richard n'ayant laissé à Jaffa qu'une faible garnison, Saladin alla assiéger cette ville. « O mon Dieu, quels hommes ! dit Boha-Eddin en parlant de la résistance des chrétiens, quel courage ! quelle bravoure ! quelle force d'âme ! » Puis il décrit l'assaut « ... Les tambours et les trompettes faisaient un bruit effroyable ; les machines jouaient, les mineurs sapaient le rempart ; enfin les murs s'écroulèrent, et le fracas fut tel, qu'on eût cru que le monde allait s'abîmer. Aussitôt un grand cri s'éleva, et les musulmans se précipitèrent à l'assaut ; mais les chrétiens restèrent fermes à leur poste : la poussière et la fumée nous les avaient d'abord fait perdre de vue ; lorsque le nuage fut dissipé, nous les vîmes placés derrière la brèche, formant une forêt de piques et de lances impénétrable. »

Cependant les chrétiens, forcés de capituler, se retirent dans la citadelle, et la ville est mise au pillage :

« Sur ces entrefaites, poursuit Boha-Eddin, le sultan reçut d'un de ses lieutenants une lettre, par laquelle on annonçait que le roi à la nouvelle du danger qui menaçait Jaffa, au lieu d'aller attaquer Béryte, s'était sur-le-champ mis en mer à Acre avec sa flotte, pour venir secourir les siens. Saladin se montra impatient d'occuper la citadelle; mais l'armée était si fatiguée, qu'on crut devoir renvoyer l'entreprise au lendemain. On était au vendredi; c'est moi qui, le lendemain de grand matin, fus chargé par le sultan de faire évacuer la citadelle. Déjà on commençait à apercevoir dans le lointain la flotte du roi qui s'avançait à pleines voiles; mais la trop grande distance empêchait de connaître le nombre des vaisseaux. Quand je me présentai à la porte de la citadelle, les chrétiens, qui d'abord avaient sonné de la trompette, ne firent aucune résistance et promirent de sortir. Comme nos soldats étaient toujours répandus dans la ville se livrant à tous les excès du pillage, et qu'il était à craindre que les chrétiens ne fussent insultés en passant, l'émir qui m'accompagnait crut devoir avant tout faire évacuer la ville. Malheureusement les soldats étaient sans chefs et sans discipline et il fut impossible de leur faire entendre raison. L'émir fut obligé d'employer la force et même les coups; aussi il faisait grand jour lorsque les chrétiens commencèrent à évacuer la citadelle.

« Les chrétiens sortirent d'abord sans faire aucune résistance, emmenant leurs chevaux, leurs femmes et leurs enfants; il en sortit environ quarante-neuf. Mais enfin ceux qui restaient s'aperçurent, à mesure que la flotte approchait, que le nombre des vaisseaux était plus considérable qu'ils n'avaient pensé d'abord. En effet, la flotte se composait de plus de cinquante bâtiments, parmi lesquels était la galère du roi, peinte en rouge avec les voiles de la même couleur. A cette vue, ils ne doutèrent pas que le roi ne mît sur-le-champ pied à terre pour les délivrer, et ils reprirent les armes. Je descendis pour avertir les nôtres de se tenir sur leurs gardes. A peine une heure s'était écoulée, que les assiégés se précipitèrent à cheval du haut de la citadelle, tous à la fois et comme un seul homme, et se répandirent dans la ville. Les nôtres prirent la fuite; tel était leur trouble, que plusieurs furent sur le point d'être étouffés aux portes : une partie d'entre eux, qui s'étaient sauvés dans une église, furent taillés en pièces. Cependant les drapeaux musulmans flottaient toujours sur les remparts. Quand le roi fut arrivé à l'entrée du port, il crut d'abord que tout était perdu et il hésita à débarquer. Le bruit des vagues et les cris des soldats empêchaient de s'entendre. Le sultan avait fait battre du tambour et était accouru avec son armée; la ville avait été reprise. Les chrétiens passèrent alors d'une extrême confiance au dernier désespoir; ils furent si effrayés de voir la flotte se tenir au large, qu'ils députèrent à Saladin le patriarche et le châtelain pour lui demander pardon et obtenir les mêmes conditions qu'auparavant. » Mais tandis que le combat continue, un chrétien se décide à sauter du haut de la citadelle sur la grève, trouve une barque et va avertir Richard de ce qui se passe. Le roi débarque immédiatement avec son armée, et la ville cette fois est reprise sans coup férir.

Dans des temps plus modernes Jaffa a subi des assauts plus sanglants encore. Il faut lire le récit que fait Volney du siège de Jaffa par Mohammed-Bek, gouverneur d'Égypte, en février 1776.

« La ville, dit Volney qui conte ces faits d'après des témoins oculaires, avait pour défenseurs cinq à six cents Saladins, et autant d'habitants, qui, à la vue de l'ennemi, prirent leur sabre et leur fusil à pierre et à mèche. Ils avaient quelques canons de bronze de quatre-vingts livres de balles, sans afiûts; ils les élevèrent tant bien que mal sur quelques charpentes faites à la hâte et, comptant le courage et la haine pour la force, ils répondirent aux sommations de l'ennemi par des menaces et des coups de fusils.

« Mohammed, voyant qu'il fallait les emporter de vive force, vint asseoir son camp devant la ville; mais le Mamlouk savait si peu les règles de l'art, qu'il se place à mi-portée du canon; les boulets qui tombèrent sur ses tentes l'avertirent de sa faute : il recula, nouvelle expérience, nouvelle leçon, enfin il trouva la mesure, et se fixa : on planta sa tente, où le luxe le plus effréné fut déployé de toutes parts : on dressa tout autour, et sans ordre, celles des Mamlouks; les barbaresques se firent des huttes avec les troncs et les branches des orangers et des limoniers : et la suite de l'armée s'arrangea comme elle put : on distribua, tant bien que mal, quelques gardes, et, sans faire de retranchements, on se réputa campé. Il fallait dresser des batteries; on choisit un terrain un peu élevé vers le sud-est de la ville, et là, derrière quelques murs de jardins, on pointa huit pièces de gros canons à deux cents pas de la ville, et l'on commença de tirer, malgré les fusiliers de l'ennemi, qui, du haut des terrasses, tuèrent plusieurs canonniers. » Le mur n'avait alors ni remparts ni fossé, et n'était pas fort épais. Une brèche fut vite ouverte, mais les habitants continuèrent à se défendre, jusqu'à ce qu'ils n'eurent plus aucun espoir de secours. « Quelques personnes ouvrirent alors des pourparlers : on proposa d'abandonner la place, si les Égyptiens donnaient des sûretés : on arrêta des conditions, et l'on pouvait regarder le traité comme conclu, lorsque dans la sécurité qu'il occasionnait, quelques Mamlouks entrèrent dans la ville. La foule les suivit, ils voulurent piller, on voulut se défendre, et l'attaque recommença; l'armée alors s'y précipita en foule, et la ville éprouva les horreurs du sac; femmes, enfants, vieillards, hommes faits, tout fut passé au fil du sabre; et Mohammed, aussi lâche que barbare, fit ériger sous ses yeux, pour monument de sa victoire, une pyramide de toutes les têtes de ces infortunés : on assure qu'elles passaient douze cents. »

La moderne Jaffa avait à peine, selon les historiens, un siècle d'existence quand Bonaparte la prit d'assaut. Quelques traces y subsistent encore des événements de 1799, traces d'une authenticité plus ou moins avérée. On montre, sur le port, une chambre voûtée, aux murs recrépis, où logeait Bonaparte, et, dans le couvent des Arméniens, la salle occupée par les pestiférés.

Jaffa compte aujourd'hui 6,500 habitants(1), dont 4,900 musulmans. Le reste de la population se compose, au point de vue des rites, de grecs, de latins, de protestants, de maronites et d'arméniens. Les grecs schismatiques dominent. Les Anglais et les Allemands y ont fondé des institutions pour les orphelins et les enfants abandonnés.

Les écoles catholiques de garçons sont dirigées par les Pères Franciscains, celles des filles par les sœurs de Saint-Joseph de l'Apparition. Ces femmes admirables, qui ont fait vœu de pauvreté et ne vivent que du maigre produit de leur travail, sont la personnification même de la charité chrétienne. A côté de leurs nombreuses occupations, elles trouvent encore moyen de se consacrer au service de l'hôpital Saint-Louis, — un somptueux édifice, à peine achevé, qui s'élève sur une éminence à l'orient de la ville, et dont la galerie aérienne à colonnades domine la mer.

Nous nous souvenons de longues journées passées dans cet hospice, journées tristes et douloureuses, où nous avions remis notre dernier espoir entre les mains de ces sœurs qui avaient la foi pour elles et pour nous ; où notre vie, gravement compromise, ne relevait plus, après la grâce de Dieu, que de leur dévoûment et de leurs prières. Et leur dévoûment allégea les angoisses de notre jeunesse terrassée, et leurs prières ardentes nous arrachèrent à la mort.

Aussi, croyons-nous devoir leur adresser ici l'hommage public de notre gratitude, et nous sommes certain que tous ceux qui ont souffert, abandonnés, dans ces pays lointains où la sœur de Charité est l'espoir suprême et l'unique consolation, tous ceux-là nous comprendront.

Nous ne pouvons pas oublier non plus le médecin de l'hôpital (2), un Polonais, âme héroïque et généreuse que les malheurs de sa patrie ont exilé dans cette contrée perdue, et qui semble avoir trouvé, sur ce coin de terre inhospitalier qui vit crucifier le Christ, le secret de toutes les vertus chrétiennes.

L'hôpital Saint-Louis est habituellement dirigé par un prêtre français, l'abbé Gélas, qui partage sa vie également entre la France et la Terre-Sainte. Son nom aussi reste pieusement gravé dans notre mémoire. Sous l'impression de tant de souvenirs émus, nous n'avons pas de peine à croire que la Palestine est, plus que toute autre contrée étrangère, peuplée d'âmes généreuses, et que l'abnégation

(1) De nombreux Juifs expulsés de Russie sont venus récemment renforcer le chiffre de la population.
(2) Docteur Eichler, médecin municipal de Jaffa.

héroïque des anciens moines de Terre-Sainte qui ont souffert et lutté pour leur foi sous l'oppression des infidèles, revit dans ces humbles religieuses, dans ces prêtres obscurs dont le seul but est de continuer pacifiquement l'œuvre de leurs devanciers, tout en s'efforçant de maintenir le prestige de notre pays et de notre religion (1).

Et cette tâche, bien qu'exempte de tous périls aujourd'hui, n'en est pas moins lourde et pénible, à Jaffa surtout, où nos compatriotes en général nous paraissent avoir été oubliés un peu par le gouvernement, qui s'occupe exclusivement de Jérusalem.

L'école des sœurs de Saint-Joseph vit tant bien que mal avec un bien maigre pécule, tandis que d'autres écoles en Orient sont largement subventionnées.

L'hôpital (2) de Jérusalem est soutenu par le gouvernement qui y envoie des médecins fort bien appointés ; celui de Saint-Louis, à Jaffa, ne touche aucune subvention, ni son médecin non plus.

L'édifice, d'ailleurs, a été construit aux frais d'un pèlerin, M. G... de Lyon, et on y travaille encore. Peut-être serait-il achevé aujourd'hui sans l'entêtement du patriarche de Jérusalem, qui a toujours refusé de patronner une collecte destinée à couvrir les derniers frais.

Lamartine, avec son lyrisme habituel, a fait de Jaffa un éloge démesuré. « Jaffa, dit-il, est le lieu de tout l'Orient qu'un amant de la nature et de la solitude devrait choisir pour passer les hivers... » Et plus loin : « Je voudrais rester ici : Jaffa, isolé de l'univers entier, au bord du grand désert d'Égypte, dont le sable forme des dunes blanches autour de ces bois d'orangers, sous un ciel toujours pur et tiède, serait un séjour parfait pour un homme las de la vie, et qui ne désire qu'une place au soleil. » (12 avril.)

La date même de ces lignes en atténue la portée. Lamartine n'a point passé d'hiver à Jaffa. Il l'eût regretté d'ailleurs, car Jaffa est positivement lugubre en hiver; il y pleut presque continuellement. Les jardins éblouissants qui s'étendent du côté de la route de Jérusalem et qui sont sa seule parure, sont totalement impraticables pendant cette saison. Ces jardins ont d'ailleurs été ravagés par les dernières guerres. Mais la végétation y est encore très puissante. On y rencontre de véritables forêts d'orangers qui jonchent le sol au printemps d'une neige odorante, et dont le parfum se répand jusque sur la mer. Le feuillage des citronniers, des grenadiers y forme des voûtes basses entourées d'aloès et de cactus géants qui en rendent parfois l'accès assez pénible. Ce qui n'empêche pas leurs proprié-

---

(1) L'auteur de ces lignes a été élevé dans la foi protestante ; c'est donc librement et sans arrière-pensée qu'il rend cet hommage à des prêtres et à des sœurs catholiques.

(2) L'hôpital français de Saint-Louis à Jérusalem a 10,000 fr. de subvention annuelle.

taires de s'y installer, en été, sous des tentes légères, pour y faire leur repas, leurs siestes, parfois même pour y passer la nuit.

Les palmiers sont assez rares dans ces jardins. Le figuier par contre y abonde. On y rencontre jusqu'à trente-deux espèces, dont la plus remarquable est le figuier de Pharaon qui atteint la hauteur de nos noyers de France et l'ampleur touffue du chêne. Ces diverses variétés d'arbres sont séparées entre elles par des buissons de nopals, des haies de myrtes et de jasmins.

Quant au climat de Jaffa, il laisse fort à désirer. Au point de vue sanitaire, la

FIGUIER DES JARDINS DE JAFFA : LE FIGUIER DE PHARAON

situation de la ville est loin d'être aussi favorable que le supposait Lamartine. Les marécages fiévreux ne manquent pas dans les environs, bien qu'on ait commencé à les combler et à y planter des eucalyptus comme à Sarôna. Puis le sol est continuellement jonché de détritus et de pourritures de toutes sortes. Des pluies intempestives surviennent-elles qui favorisent les exhalaisons en rendant le le sol plus humide que de coutume, c'est le typhus, le choléra, la peste.

Aussi, et bien que Jaffa ait un médecin municipal, la population turque et arabe, la classe pauvre surtout qui est fort nombreuse, est journellement décimée. Il est vrai que ces gens-là ne prennent aucun soin de leur santé, et n'ont pas la moindre notion de l'hygiène.

TOMBE SCULPTÉE A JÉRUSALEM

Quand ils sont malades, rien ne peut les décider à faire quérir le médecin. Ils se contentent de se livrer à toutes sortes d'incantations et de pratiques superstitieuses dont l'effet est souvent funeste au patient.

Ils se nourrissent d'une façon presque barbare, mangeant tout ce qui leur tombe sous la main, sans souci de la qualité des aliments.

Le docteur Eichler nous a cité un cas stupéfiant. Passant sur le port, il s'aperçut qu'on y vendait de la viande de chameau avariée, des fruits verts, des poissons morts du Nil que l'Égypte expédie par quintaux à Jaffa. Il fit saisir une certaine quantité de cette marchandise, la fit traîner dans la boue et jeter ensuite à la mer.

Des mariniers arabes en repêchèrent aussitôt tant qu'ils purent, et peu s'en fallût qu'ils ne mangeassent la viande toute crue, tant ils étaient heureux de cette aubaine.

Inutile de dire après cela que le cimetière turc de Jaffa ne désemplit pas. A toute heure du jour, par tous les chemins, c'est un défilé sinistre d'aveugles, d'éclopés, de mendiants de toutes sortes, se rendant aux différentes maisons mortuaires pour demander à dire les prières sur les tombes de ceux qui viennent de mourir.

Les mendiants dominent en effet parmi les tristes figurants des pantomimes funèbres qui se jouent sur les tombes musulmanes. En voit-on plusieurs à la file suivre une même direction, on peut hardiment conclure de cette coïncidence qu'un Arabe vient de trépasser dans cet endroit. Leur nombre grossit, à mesure qu'ils s'avancent, des mendiants badauds, des vagabonds qui les suivent au petit bonheur, certains toujours que cette procession éparpillée où chacun a l'air de se promener pour son propre compte, aboutira à une tombe et à un *bakschich*

Ce sont ces mêmes mendiants qu'on voit ensuite par groupes de vingt réunis en cercle autour des tombes blanches, sur lesquelles ils se prosternent en cadence avec des murmures caverneux répétés comme en écho par d'autres groupes tout semblables massés sur d'autres tombes et qui pleurent d'autres morts.

La misère et la corruption sont grandes à Jaffa, et ce qui les complique encore, c'est une particularité bien caractéristique des mœurs dissolues du peuple. Jamais un Arabe, si pauvre soit-il, ne se contentera d'une seule femme. Le moindre ouvrier veut avoir son petit harem. Il en résulte, outre la gêne inséparable des familles nombreuses, une honteuse promiscuité qui livre l'enfant en bas âge à toutes les dépravations.

Quant aux femmes, elles sont loin d'être irréprochables. Leur moindre défaut, c'est la malpropreté. Telle Arabe pauvre qui saura faire valoir son pied élégamment chaussé tremblera de voir s'entrouvrir les plis de son drap blanc, celui-ci cachant fort souvent des dessous douteux et plus que précaires.

L'indifférence matérielle complète qu'elles témoignent à l'égard de leurs enfants se double de l'insouci moral. Ceux-ci ne reçoivent pas la moindre instruction. Il n'y a pas d'ailleurs d'école musulmane à Jaffa. Ils vagabondent dans les rues, du matin au soir, et le passant européen qui entend l'arabe est tout étonné de trouver les expressions les plus ordurières dans la bouche d'enfants superbes, à l'œil noir lumineux, à la physionomie éveillée et gracieuse.

C'est cet état déplorable des mœurs qui contribue à donner au type des musulmans de Jaffa un caractère de dureté et de sauvagerie qu'on chercherait vainement chez les Arabes syriens du nord. Les traits du visage sont durs, le regard fuyant, parfois féroce, chez les fellahs surtout, et chez les Bédouins de la plaine, qui sont les descendants directs des hordes de brigands qui jadis infestaient les routes menant à Jérusalem.

Aujourd'hui que le brigandage est à peu près éteint, grâce à la gendarmerie turque qui couvre tout le pays, les Arabes des environs de Jaffa satisfont leurs instincts agressifs et leurs penchants naturels pour la rapine en se volant et en se battant entre eux. Il ne se passe guère de jour que le médecin municipal ne soit requis pour accompagner la justice dans tel ou tel village qui a été le théâtre d'une batterie féroce ayant laissé sur le carreau des blessés et des mourants.

De tout cela il résulte que Jaffa ne saurait être considéré comme un lieu de plaisance ni pour les amants de la nature, ni pour les blasés de la vie, ni même pour de simples touristes.

La vie matérielle, sans doute, y est la dernière préoccupation de la population pauvre, les Orientaux se nourrissant de fort peu, et le climat de leur pays leur permettant de se contenter, en fait de demeures, des abris les plus primitifs. Il n'en est pas de même des Européens, habitués au confortable et qui ne trouveraient que fort difficilement à Jaffa les conditions d'une existence régulière et à peu près aisée. Aussi les Européens, les Français surtout, établis à Jaffa, sont-ils fort rares; encore ne se recrutent-ils pas précisément, à part quelques honorables exceptions, parmi la fleur même de notre pays. Les plus notables d'entre eux sont presque tous négociants, et se livrent généralement à l'exportation de l'huile, du blé et des divers fruits de la contrée.

Certains auteurs, se basant sur l'étude physique du pays, ont rêvé une régénération de la Palestine par une colonisation active, par le défrichement de ses terres que le fléau des guerres, le joug du despotisme turc pesant sur les populations et entravant toute culture raisonnable ont rendu stériles. Mais est-on bien sûr que ce sol, celui de la plaine de Sarôn par exemple, qui a nourri jadis tant de peuples divers, mais dont un soleil torride a pompé lentement toute la sève, est-on sûr que ce sol ne soit point arrivé au dernier terme de sa productivité, comme tant d'autres terres non moins anciennes, devenues ingrates avec l'âge? Sans doute, il se couvre spontanément au printemps d'une végétation luxuriante. Mais n'est-ce pas là un phénomène aussi naturel sous ces latitudes excessives que celui qui sous nos climats fait pousser des herbes folles dans les endroits les plus pierreux, même sur les édifices en ruine de nos grandes cités?

LA VIE AGRICOLE (LABOURAGE)

La Palestine a fourni de temps en temps aux voyageurs des exemples d'une fertilité surabondante. C'est ainsi qu'un auteur du dix-septième siècle nous apprend qu'en 1634, le setier de froment, mesure de Paris, ne valait en Terre-Sainte, que quarante-cinq sous de notre monnaie, et l'abondance, dit-il, en fut si grande que les Vénitiens en chargèrent plusieurs vaisseaux. Les vignes d'Hébron, de Bethléem, de Sorec et de Jérusalem portaient pour l'ordinaire des raisins du poids de sept livres, affirme le même auteur, et cette année-là il s'en trouva un, dans la vallée de Sorec, qui pesait vingt-cinq livres et demie.

Ce sont là évidemment des faits isolés et exceptionnels, se rattachant à des contrées relativement peu étendues. Quant à l'excessive infériorité du prix des céréales, elle ne prouve rien non plus, la consommation ayant pu, cette année-là, rester inférieure à la production.

Il suffit de lire à ce sujet les données fournies par Chateaubriand (1806), pour conclure que les choses ont bien changé dans l'espace d'un siècle et demi.

« ... La viande de mouton, à Jérusalem, revient à neuf sous quatre deniers et demi.

« Le veau ne coûte qu'une piastre (1) le rolt (2) ; le chevreau, une piastre et quelques paras.

« Un très grand veau se vend trente-cinq piastres ; un grand mouton dix ou quinze piastres ; une chèvre six ou huit.

« Le prix de la mesure de blé varie de huit à neuf piastres (3).

« L'huile revient à trois piastres le rolt.

« Les légumes sont fort chers : on les apporte à Jérusalem de Jaffa et des villages voisins.

« Cette année, 1806, le raisin de vendange s'éleva jusqu'à vingt-sept piastres le quintal. »   (ITINÉRAIRE... Quatrième partie, *Voyage de Jérusalem*.)

Au reste, le sol arable n'est pas abondant en Palestine. Dans toutes les régions en déclivité l'humus a disparu, entraîné par les pluies torrentielles. Les plaines de la Judée n'offrent en maints endroits qu'un sol rocailleux où ne croissent que quelques oliviers rabougris, où le soc des charrues se briserait sur les pierres. Que tirer d'une terre pareille et ne faudrait-il pas des années pour la mettre en état de suffire aux exigences d'une population nouvelle? Les colons d'Occident se trouveraient, à leur arrivée, enfermés dans ce cercle vicieux où se sont vus pris bien des émigrants sur des terres plus fertiles certes que la Palestine : n'ayant aucuns moyens de subsistance immédiate, ils demanderont leur nourriture au sol, et ce sol, à son tour, demandera plusieurs années de culture avant de pouvoir subvenir à leurs besoins.

Et n'allez pas croire que les villes offriraient aux colons une situation meilleure. A Jaffa spécialement les débouchés seraient fort difficiles ; et d'ailleurs cette ville n'aura d'importance au point de vue commercial que si des travaux considérables viennent améliorer son port et sa rade.

En attendant, l'établissement et l'installation des Européens y seraient plus coûteux qu'on ne pense. Malgré le caractère stagnant de la population et de la vie en général, le prix des terrains à Jaffa, et par suite aussi celui des loyers, est en hausse perpétuelle depuis quelques années, — peut-être à cause du mouvement d'immigration récent des juifs de toutes nations.

Ce mouvement s'est accentué depuis quelque temps seulement ; autrefois les juifs étaient fort rares à Jaffa.

Il serait non moins difficile d'y obtenir une nourriture saine et régulière.

La viande, qui est l'appoint principal de notre alimentation, est de mauvaise

---

(1) La piastre, continuellement altérée par les beys et les pachas d'Égypte, valait alors en Syrie cinquante sous au maximum et trente-trois sous au minimum. Le para valait à peu près un sou. La piastre turque moderne en argent (ou en composition argentée) vaut 0 fr. 21 centimes.

(2) Le rolt pesait huit livres de France.

(3) Soit seize francs environ au minimum, au lieu de quarante-cinq sous qu'elle coûtait en 1806.

qualité dans toute la Palestine, vu le manque de pâturages pour les bœufs. Ceux-ci d'ailleurs n'abondent pas en Terre-Sainte, et on préfère les utiliser à toutes sortes de travaux que de les faire servir au commerce de boucherie. On se rattrape sur le mouton à queue large et lourde, très commun en Orient, — une sorte de mouton angora, si on peut dire, qui fournit d'excellentes côtelettes, mais un bouillon impossible, en quoi il ressemble d'ailleurs à tous les moutons du globe.

Le vin blanc du pays est bon en général ; il a une couleur jaune, un petit goût sucré et ressemble beaucoup au vin de Chypre ; mais il est relativement cher pour la consommation quotidienne. Le vin rouge ordinaire de Jaffa est détestable, de même que celui de Jérusalem (1).

Quant au pain, on n'en trouve de qualité à peu près bonne que dans la moderne colonie de Sarôna.

Le commerce d'importation de Jaffa a remédié aux inconvénients relatifs à la viande et au vin, en inondant le pays de viandes de conserve et de bières anglaises et allemandes destinées surtout aux Européens. Il faut se défier de ces aliments, des liquides comme des solides, le climat du pays rendant leur absorption nuisible.

A côté des hospices et refuges tenus par des religieux espagnols, italiens, russes ou grecs, Jaffa n'offre que deux hôtels aux voyageurs, tous deux situés dans la colonie allemande. Un fait à signaler, les rares auberges qu'on rencontre en Terre-Sainte sont tenues par des Allemands, ce qui n'empêche pas la plupart d'entre elles d'avoir des enseignes françaises.

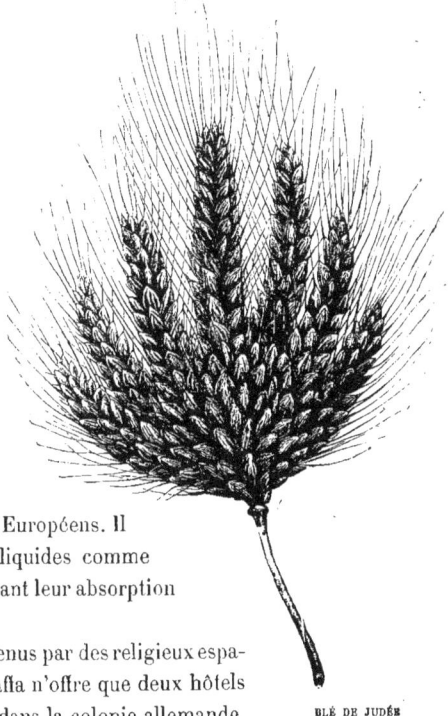

BLÉ DE JUDÉE

Mais d'hôtels français point ou presque point. Les principaux hôtels de Jérusalem sont tenus par des Allemands. A Kaïffa, l'auberge du Carmel (*Gasthaus zum Carmel*) est tenu par des Badois. C'est le seul hôtel de la ville, et il est situé dans

---

(1) Quelques voyageurs l'ont trouvé cependant excellent.

la colonie allemande. Le consul français, M. Monge (ce consulat est de création toute récente) habite l'auberge allemande, dont l'installation est d'ailleurs fort précaire ; tandis que le consul allemand possède dans la même colonie, juste en face, une résidence superbe.

Les deux hôtels de Jaffa sont également tenus par des Allemands.

Autre remarque : les colonies allemandes sont en général les plus propres, les plus florissantes, les mieux tenues de toutes les colonies européennes de Terre-Sainte. Elles occupent *toujours* l'endroit le plus fertile, le plus sain à la fois et le plus pittoresque du pays où elles sont établies.

Le Français, lui, avec l'insouciance et la légèreté qui le caractérise, s'installe toujours au hasard et à l'aventure. Notre pays heureusement offre assez de ressources personnelles, assez de débouchés, même en dehors de ses florissantes colonies, pour nous dispenser de coloniser des contrées aussi ingrates. Les colonies françaises de Terre-Sainte sont rares ou peu importantes ; c'est surtout par nos établissements religieux que nous nous maintenons en Palestine.

Mais encore croyons-nous que le pays devrait soutenir tous les établissements français sans distinction, comme les autres puissances soutiennent les leurs. Tel n'est pas le cas malheureusement à Jaffa, nous l'avons déjà dit.

Tandis que l'ancienne colonie allemande, entourée des jardins les plus beaux de la ville, y prospère non loin de celle de Sarôna devenu un vrai hameau allemand, frais et coquet comme un village badois ; tandis que la colonie anglaise affirme sa vitalité par la création d'un orphelinat superbe, fort animé, et admirablement situé, la France, elle, n'est représentée que par l'hôpital français de Saint-Louis, bâtiment inachevé qui ne relève, comme édifice, que des libéralités d'un obscur pèlerin, ne fonctionne comme hôpital que grâce au dévoûment tout spontané des admirables filles de Saint-Joseph, et dont notre gouvernement ignore peut-être l'existence même.

Loin de nous, toutefois, la pensée de donner la colonie allemande comme un modèle de ce que la civilisation européenne peut greffer de plus parfait sur une terre à demi barbare. A part ses jardins, celle de Jaffa n'a rien de particulièrement attrayant. Elle renferme un hôpital protestant où vingt-quatre heures de séjour nous ont personnellement mis à même de sonder l'abîme qui sépare les soins mercenaires des infirmières laïques de l'inaltérable patience et de la bonté angélique des sœurs de la Charité.

Cet hôpital a été fondé par un comte russe dont la demeure est voisine, et qui n'est pas la personnalité la moins originale de la colonie. Célèbre par ses infortunes conjugales autant que par le musée oriental, très précieux d'ailleurs, qu'il a installé dans sa maison, ce malheureux est affligé d'une femme d'une rare beauté, mais qui, excipant de son origine syrienne, n'a jamais voulu se plier aux lois matrimoniales d'Europe. Tous les ports du littoral méditerranéen ont été les témoins sinon les complices de ses fugues essentiellement maritimes et internationales.

Des mesures répressives sévères ont fini par mettre un frein à cette existence à toute vapeur, et l'on prétend qu'aujourd'hui la belle Syrienne, à demi cloîtrée, essaye de racheter ses fautes en faisant du bien aux pauvres.

Toujours est-il que l'histoire du comte russe peut servir de leçon aux Européens que n'auraient point suffisamment édifiés les suites funestes du mariage de Gérard

PLANTES ET FRUITS DE LA PALESTINE

de Nerval et qui seraient tentés de prendre femme en Orient.

Quand on a traversé les jardins de la colonie allemande de Jaffa, un sentier à peine tracé vous conduit, à travers des terres labourées, au bourg de Sarôna. Celui-ci offre tout le charme d'un village européen en plein désert. Du côté de la mer, on y arrive par une large route de sable sans cesse traversée de gros lézards dont les mouvements furtifs sont les seules alertes du paysage — paysage mélancolique, aux horizons lumineux cependant et que ferment au loin, vers le nord, les montagnes bleuâtres de la Samarie.

Le caractère des habitants de Sarôna est vraiment le plus extraordinaire que nous ayons jamais rencontré, et c'est à ce seul titre que la colonie mérite une mention. Ils sont là une smala de paysans allemands cramponnés aux traditions de Luther, vivant sur une cinquantaine de versets bibliques dont ils ne démordent pas.

Avec cela des façons de trappistes, des allures de boucs émissaires expiant de leur propre chef, au fond d'un sauvage exil, tous les péchés de la société (1). Jamais le froid protestantisme n'a rien engendré de plus anti-humain, de plus âpre, de plus férocement égoïste. A plusieurs siècles de distance, la belle et poétique religion fondée par un Christ rayonnant d'amour est devenue la proie de cette communauté de misanthropes, qui s'en est emparée — dans le pays même où elle a été fondée — pour en faire une barrière entre elle et la société.

Le voyageur parlant leur langue s'imagine naïvement qu'il va éveiller quelque intérêt chez ces infortunés à qui il apporte peut-être un souvenir de leur patrie ; il s'attend à des effusions chaleureuses, à un déluge de questions. Point. Son apparition dans l'unique auberge du village, qui devrait être un événement, n'est pas plus remarquée que celle d'un Bédouin du voisinage, sa présence a l'air de s'expliquer tout naturellement ; le voyage de mille lieues qu'il a fait pour tomber chez ces sauvages se réduit aux proportions d'une visite de voisin. C'est à peine si on lui dit un froid « Guten Tag » et si on lui demande ce qu'il désire. L'attitude même de l'aubergiste dément son enseigne et l'ameublement de sa cabane, qui est celui de toutes les *Bierkneippe* d'Allemagne. Le métier qu'il exerce n'est évidemment qu'un accessoire dans sa vie, et rien dans ses façons n'autorise à supposer qu'il est là pour servir du vin ou de la bière à un de ses semblables amené dans le pays par une simple fantaisie de promeneur.

Cette association de misanthropes civilisés, confinée dans un coin de terre barbare, mais dont les indigènes ont gardé toutes les traditions de l'hospitalité arabe, cette bizarre interprétation de la religion chrétienne sur la terre même qui a retenti la première de ses admirables préceptes sont faites pour surprendre, et l'étrange colonie de Sarôna serait à coup sûr un exemple salutaire à mettre sous les yeux des protestants orthodoxes d'Europe.

Revenons à Jaffa. Au voyageur qui ne fait que traverser le port, la courte description que nous en avons faite semblera poussée au noir. Il faut avoir habité Jaffa un certain temps pour s'imprégner des navrantes tristesses qui planent sur cette ville quasi-morte. L'impression superficielle est au contraire plutôt agréable, et c'est sur cette impression que nous voudrions rester en jetant un dernier coup d'œil sur le panorama de l'antique rade de Joppé.

Vu du haut de la terrasse de l'hospice Saint-Louis — un point culminant qu'on ne peut atteindre qu'à l'aide d'une échelle de maçon — le spectacle de Jaffa étageant ses blanches coupoles, ses dômes et ses minarets au bord d'une mer d'azur sans

---

(1) J'ai appris depuis que cette colonie allemande appartient à une communauté libre dite du *Temple*, et qui a pour précepte fondamental *l'union de tous les chrétiens de Palestine*. Les chefs de cette communauté résident à Jérusalem où ils ont fondé plusieurs écoles.

limites, sous un ciel d'une infinie profondeur, ne le cède en rien aux plus beaux paysages de l'Orient. Lamartine avait donc raison sur ce point. Par une tiède soirée de printemps, quand le soleil s'abîme dans la mer, les rares palmiers de la côte semblent dressés subitement dans une solitude magique, dessinant de fines dentelles noires sur un fond pourpre et or. Sous une pluie de flèches d'or, la mer, comme une soie changeante, se teint de clartés vertes mystérieuses, artificielles comme des flammes de Bengale ; la brise court doucement sur les flots et s'en va jusqu'au bout de l'horizon plisser et dérouler insensiblement les gazes lumineuses du ciel. La ville, endormie, comme noyée dans une atmosphère lourde de parfums, éteint lentement les ardeurs de ses murailles blanches ; les terrasses, qui tout en haut barraient le ciel d'une ligne muette, s'animent. Des silhouettes de femmes se montrent, isolées dans l'immense décor aérien, peuplant à elles seules toute l'immensité du tableau. Une Arabe apparaît, sans voiles, dans un joli costume rose, une lumière cendrée estompant son fin profil, découpant nettement ses formes sveltes dans une clarté sans horizons. Elle fait un geste, et ce geste usurpe tout l'intérêt du spectacle, et le ciel en paraît moins désert, et la mer moins vaste ; et d'autres apparitions encore surgissent entre les dômes arrondis des coupoles voisines, et le spectateur dont le regard glisse sur tant de courbes gracieuses se souvient avec tristesse des durs horizons rectilignes des villes d'Europe.

En bas, la ville est sombre. Une teinte uniformément grise couvre comme d'un voile transparent les ruelles où traînent des odeurs étouffées de roses, d'épices et de fruits fermentés. Par moments de longs hurlements s'élèvent du côté des jardins ; c'est le cri d'un chacal ou d'un chien errant préludant à leur lugubre concert de nuit.

Mais une clameur lointaine frappe l'oreille, faite de cris rauques, de *you-you* féminins, de battements de mains scandés sur le rythme saccadé de la *derboucca* jouant le rôle d'une basse continue. Tout cela retentit avec une sonorité exceptionnelle sous un ciel pur qui semble avoir des échos.

Le bruit se rapproche. La voûte d'une rue voisine s'éclaire, des flammes de torches apparaissent dans une fumée épaisse, puis une forme humaine à cheval, drapée dans un manteau blanc, s'avance entourée d'une escorte, puis un cortège de femmes, celles qui font le *you-you*, et par derrière tout un peuple de badauds, de hurleurs, de claqueurs, accompagnent la musique de la voix, des mains, des pieds, que sais-je, à coups de pétards et de fusées... Le joueur de *derboucca* marche au sein de cette foule, s'acharnant à dominer le vacarme, rappelant comme il peut son entourage au respect de la mesure. Un chant distinct finit par enfermer dans un rythme souverainement oriental tous les bruits épars de ce tumulte. C'est une cantilène toute primitive construite sur trois notes (les trois premières de la gamme), et dont le caractère tantôt triste, tantôt enthousiaste, dépend surtout de la cadence précipitée ou ralentie de la *derboucca* et des tambourins qui l'accompagnent.

Les Arabes de Jaffa ne connaissent guère que cet air-là ; c'est, au point de vue du rythme, le plus complet que je leur aie entendu chanter, je l'ai noté à titre de curiosité :

RYTHME DE LA DERBOUCCA ET DES TAMBOURINS.

Ces quatre mesures se répètent continuellement et sans interruption.

Ce qui contribue à donner à cette mélodie un caractère plus indécis, c'est son passage continuel du mode majeur au mode mineur, résultant du peu d'assurance des chanteurs lorsqu'ils attaquent la note la plus élevée de l'air, le *mi*, dont ils font indistinctement un *mi bémol* ou un *mi naturel*. Cet intervalle d'un demi-ton, que leur oreille sans doute ne peut apprécier, suffit à rendre le chant tour à tour gai ou mélancolique, surtout en admettant que le tambourin ralentisse la mesure dans le mode mineur, et l'accélère dans le mode majeur.

Au tableau que nous venons d'ébaucher ajoutez : sur mer, les superbes vapeurs de tous pavillons qui viennent sans cesse mouiller au large de Jaffa, et dont le grément coquet, les voiles éblouissantes prennent là, en pleine mer de Tyr, à deux doigts de la côte d'Ascalon, un air de civilisation raffinée ; — sur terre, le profil caricatural, multiplié à l'infini, du chameau, ce grand Difforme qui figure au premier plan de tous les paysages d'Orient, — et vous aurez la sensation la plus complète du pays de Jaffa présenté sous son aspect le plus favorable, et tel que l'entrevoient les nombreux pèlerins qui débarquent dans ce port pour se rendre à Jérusalem.

CHAPITRE II

DE JAFFA A RAMLEH

Le brigandage sur les grands chemins. — Le cheik Abou-Goch, sa généalogie, ses descendants. — Tableaux de route ; caravane et chameaux ; le paysage ; les khans. — L'ancienne Diospolis et les légendes de saint Georges. — Grandeur et décadence de la ville de Ramleh. — La tour des Quarante Martyrs ; les derviches tourneurs décrits par madame de Lamartine.

Le voyage de Jaffa à Jérusalem ne comporte plus aujourd'hui les dangers qu'il offrait au temps peu éloigné où Abou-Goch et sa horde de brigands infestaient les montagnes de la Judée. La route de Jérusalem est d'ailleurs jalonnée de petites tourelles dominant toute la contrée environnante et qui sont gardées par des gendarmes turcs ou bachi-bouzouks.

Le voyage se fait très lentement, vu le mauvais état des routes, et par petites étapes marquées à l'avance; ces étapes sont généralement les mêmes pour tous les pèlerins. Aussi, bien que 60 kilomètres seulement séparent Jérusalem de Jaffa, il faut près de 24 heures pour faire le trajet en voiture. C'est généralement à la tombée de la nuit qu'on se met en route, afin d'éviter les grandes chaleurs du jour.

Cette dernière circonstance ne doit point être perdue de vue; elle indique suffisamment que la sécurité d'un pareil voyage ne saurait être illimitée. Celui qui sait que les routes européennes les plus fréquentées peuvent offrir quelque danger la nuit, ne saurait s'imaginer qu'on puisse, sans risques aucuns, s'aventurer tout seul sur les chemins qui mènent à Jérusalem à travers une contrée qui a été la patrie du bon larron, il est vrai, mais aussi le pays d'élection des pires larrons de la Palestine, à savoir les descendants d'Abou-Goch.

Il arrive pourtant plus fréquemment qu'on ne pense que de pauvres pèlerins, se fiant à leur aspect extérieur misérable, se risquent tous seuls sur la route de

Jaffa à Jérusalem. La plupart ont la chance de rencontrer en chemin quelque caravane de pèlerins ou de marchands. Mais ceux que la nuit surprend en rase campagne ont tout à redouter des Arabes errants, et c'est pur miracle s'ils arrivent sains et saufs au terme de leur voyage.

C'est ainsi que nous avons vu, en 1882, mourir à l'hôpital Saint-Louis de Jaffa un malheureux pèlerin hongrois, attaqué et dépouillé presque aux portes de la ville par un bandit arabe qui depuis plusieurs mois dévastait la contrée et faisait le désespoir de la police turque. L'assassin fut capturé peu de temps après sur la route de Jérusalem par des gendarmes déguisés en femmes pour la circonstance, et dont il s'était approché sans méfiance dans l'intention de les dévaliser.

Ceci prouve assez, malgré les assertions de quelques sceptiques modernes qui ne se sont jamais aventurés sur la route de Jérusalem que sous bonne escorte que l'extinction complète du brigandage en Palestine est loin d'être un fait accompli, et que le pays peut encore, à défaut de ruines authentiques, offrir quelque couleur locale. Nous verrons d'ailleurs plus loin que la ville sainte elle-même est loin d'offrir une sécurité absolue, en dépit des kawas du gouvernement turc qui jouent là-bas le rôle des gardiens de la paix à Paris.

Pour en revenir à la famille d'Abou-Goch, elle est, croyons-nous, complètement éteinte aujourd'hui, n'ayant laissé que son nom à l'ancien village de Kariath-Jérim habité maintenant par une population paisible et hospitalière gouvernée par un cheik arabe dont personne, que je sache, n'a encore eu à se plaindre. Mais elle obéissait à des traditions fort anciennes dont on ne trouverait plus d'exemple aujourd'hui que dans les coutumes barbares des tribus nomades qui sillonnent les déserts environnant la mer Morte.

Les ancêtres d'Abou-Goch apparaissent dès les premières croisades. « C'étaient, dit Guillaume de Tyr, des voleurs et des brigands qui infestaient les routes publiques, faisaient de fréquentes incursions entre Jérusalem et Ramla, et se précipitaient en ennemis et le fer à la main sur les voyageurs qui marchaient sans précaution, de sorte que leurs attaques répétées rendaient cette communication infiniment périlleuse. Le comte, dès qu'il en fut instruit, ordonna de les poursuivre avec vigueur : il fit apporter toutes sortes de matières combustibles, auxquelles on mit le feu, à l'entrée même des cavernes où ils avaient cherché un refuge avec leurs femmes, leurs enfants et leur bétail, afin qu'ils fussent contraints de se rendre pour échapper à l'action de la fumée, ou qu'ils périssent étouffés dans leurs souterrains. En effet, ne pouvant supporter la chaleur du feu et les tourbillons de fumée qui les enveloppaient, ils se déterminèrent à se rendre à discrétion. Le comte ne voulut point les épargner, et, jugeant devoir les traiter ainsi qu'ils l'avaient mérité, il ordonna que cent d'entre eux fussent décapités et fit enlever les vivres et les provisions qu'ils avaient emportés avec eux, soit pour leur usage, soit pour celui de leurs bêtes de somme. »

La famille des Abou-Goch contemporains avait poussé tant de rejetons dans les tribus de Judée, tant de pères, d'oncles, de neveux participaient à cette parenté illustre, tant de voyageurs ont eu maille à partir avec l'un ou l'autre d'entre eux, qu'on a fini par les confondre tous. Les divers auteurs n'ont distingué qu'un seul Abou-Goch, toujours le même, qui a endossé tous les exploits appartenant aux divers membres de la famille, et qui finalement s'est incarné dans la personne de l'un des frères du véritable Abou-Goch. De telle sorte que, ce héros synthétique étant venu à disparaître, toute la race des Abou-Goch s'est trouvée éteinte du même coup, officiellement du moins et de par les auteurs, ses historiographes.

Quoi qu'il en soit, il est bien certain que l'Abou-Goch dont parle Chateaubriand n'est pas le même que celui qui figure quelque vingt ans plus tard dans le récit de Lamartine. Celui de Chateaubriand n'était d'ailleurs lui-même que le frère du cheik de la tribu, mort peu de temps avant l'arrivée de l'auteur des *Martyrs* en Palestine. Le défunt avait laissé son fils Utman sous la tutelle de ses trois oncles Abou-Goch, Djiaber et Ibrahim-Habd-el-Rouman qui eurent tous trois l'honneur de servir de guides à Chateaubriand. C'est probablement Utman que connut Lamartine et qu'il a désigné sous le titre de neveu d'Abou-Goch. Mais ce dernier, paraîtrait-il, avait d'autres frères encore, car voici ce que nous trouvons dans le récit que fait madame de Lamartine du voyage qu'elle fit, six mois après son mari, de Jaffa à Jérusalem :

« Après nous avoir fait beaucoup de politesses et nous avoir offert le café, il (Abou-Goch) me demanda une audience particulière. Je fis retirer mes gens à quatre pas, et, par l'entremise de mon interprète, j'appris qu'un de ses frères était prisonnier des Égyptiens et que, croyant à M. de Lamartine une immense influence dans les conseils d'Ibrahim-Pacha, il me priait de solliciter son intervention en sa faveur, afin de lui faire rendre la liberté. Nous étions bien loin assurément d'avoir le crédit qu'il nous supposait, mais le hasard a voulu que je fusse à même de lui rendre service en faisant plaider sa cause auprès du commandant de l'armée égyptienne. »

Le prisonnier d'Ibrahim fut en effet relâché en 1834, au moment où les populations de Syrie se soulevaient contre les Égyptiens et bloquaient l'armée d'Ibrahim dans Jérusalem.

Maintenant, cet Abou-Goch est-il le même qui fut capturé quelques années plus tard par les soldats de Méhémet, pacha de Jérusalem, et enfermé, dit-on, à Belgrade ou à Saint-Jean d'Acre? Nul ne sait. Toujours est-il que ce dernier incident a définitivement dompté la famille Abou-Goch, qui n'est plus représentée aujourd'hui que par des cheiks fort paisibles gouvernant le village auquel ils ont donné leur nom.

Comme nous l'avons dit déjà, la route de Jaffa à Jérusalem est rarement déserte, et présente par conséquent moins de dangers que la plupart des autres routes de la Palestine. Fréquentée en toutes saisons par les caravanes, et par les pèlerins de toutes sortes qui se rendent aux fêtes multiples instituées par les diverses religions établies dans la ville sainte, elle offre en général un coup d'œil très animé, très pittoresque même. On rencontre là confondus les costumes les plus laids et les plus gracieux du monde, la houppelande crasseuse du juif

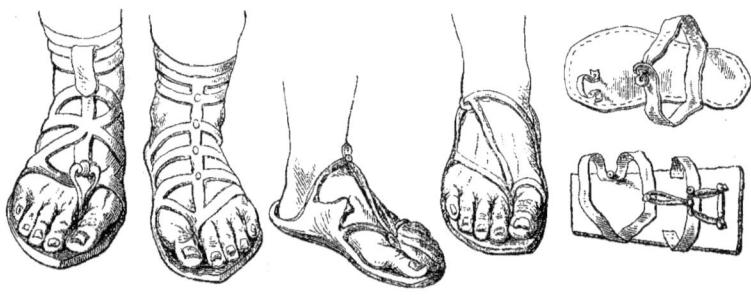

SANDALES ARABES

polonais et le cafetan éblouissant du cavalier arabe, le riche costume des Arméniennes et la robe loqueteuse des femmes juives ou cophtes, le turban et le bonnet de martre, la toque violette et le *café* aux couleurs éclatantes, l'habit moderne et correct du prêtre anglais et le *tallith* en poil de chèvre des habitants du désert. Les caravanes se succèdent sans interruption : les pèlerins pauvres vont généralement à pied : ce sont des fellahs déguenillés, des juifs à turban, avec la tenue des anciens patriarches hébreux, des paysans russes et grecs appuyés sur le bourdon traditionnel ou portant des cierges, des Bédouins drapés dans un misérable plaid à raies brunes, chaussés de sandales de formes diverses, parfois de simples semelles d'écorce de palmier grossièrement nouées autour du pied ; tout ce monde est à chaque instant devancé par des carrioles de toutes formes, des chars-à-bancs, des tapissières disloquées, des chariots de ferme, emportant vers Jérusalem aussi rapidement que le permettent les cahots terribles d'une route effondrée, les mitres et les toques des patriarches des diverses confessions chrétiennes, les soutanes noires de nos prêtres, les casques de liège et les chapeaux à voile vert des touristes ou des pèlerins laïques.

D'autres ont préféré le cheval, l'âne, le mulet. Des familles entières, juives, arabes ou syriennes, voyagent dans des cages d'osier à deux compartiments portées à dos de mulet. Enfin la route est coupée de temps en temps par de longues files de chameaux dont l'ossature branlante et mal emmanchée semble menacer sans cesse de se disjoindre et de s'abîmer sous la charge qu'elle supporte. Cette charge consiste en une pyramide de ballots et de sacs au sommet de laquelle est généralement perché un moukre dont l'attitude calme contraste bizarrement avec l'équi-

UN GROUPE DE PÈLERINS SUR LA ROUTE DE JÉRUSALEM

libre désordonné de tout l'édifice. Soit dit en passant, le chameau est l'animal de la création le plus décevant. Les mouvements les plus simples et les plus faciles se produisent chez lui avec une apparence d'efforts surhumains, une ostentation d'accablement qui fait mal. A le voir au repos, affalé dans le sable ou la poussière, comme écrasé sous son fardeau — et sa bosse a l'air d'en faire partie, de ce fardeau — il ne viendra à l'idée de personne qu'il parvienne jamais à se relever tout seul. Et de fait, lorsqu'il se remet debout, c'est avec des cris bâillés qu'il semble tirer du fond de sa nature léthargique, des genoux désarticulés, un tangage piteux de toute sa silhouette, — spectacle bien fait pour chagriner un cœur sensible.

Pendant tout le trajet de Jaffa à Jérusalem le paysage est à peu près celui que nous allons décrire ici une fois pour toutes. Nous avons déjà dit ce qu'est la plaine de Sarôn ; celle-ci s'étend vers l'est jusqu'aux montagnes de la Judée, présentant des alternatives de terres incultes semées de chardons, et de campagnes fécondes, mais mal cultivées. On y rencontre, comme dans tout le reste de la Judée, des villages, pour la plupart modernes, situés sur l'emplacement plus ou moins apocryphe d'anciens hameaux consacrés par les traditions bibliques. Ces villages offrent presque tous un amas de huttes faites de boue sèche, avec quelques rares maisons à terrasse et à coupole. Des orangers, des figuiers noirs et des oliviers font à quelques-unes de ces maisons des jardins assez agréables.

Les rares fellahs qui s'adonnent au travail des champs cultivent le doura, l'orge, le maïs, le blé, le melon. Dans ce pays où les coutumes sont éternelles, où les traditions survivent à toutes les révolutions de l'histoire, rien ne se transforme, rien ne progresse. La science de la culture y est restée, comme de juste, à l'état rudimentaire. Aucun instrument aratoire n'a été perfectionné. En fait de labourage, on se sert encore de la charrue des temps patriarcaux. Aussi les fellahs sont-ils restés misérables et nus comme devant, et n'arrachent-ils qu'avec peine leurs moyens d'existence à un sol souvent merveilleusement fécond.

A partir des premières collines de la Judée, la terre prend un aspect particulièrement stérile et désolé. Les cimes des montagnes, reliées entre elles par des collines basses, sont grisâtres, nues et rocailleuses, avec des flancs ravinés où croissent çà et là des lentisques, des lauriers-roses, des chênes nains, des sycomores et quelques oliviers.

De temps en temps, au sommet d'une colline, apparaissent des ruines de monastères ou de châteaux du temps des croisades, les restes d'un ancien village juif ou encore les murailles noirâtres d'un khan.

Le khan, c'est le caravansérail de l'Orient. En Judée, c'est généralement un bâtiment de médiocre apparence élevé au bord d'une source ou d'un puits. Les khans les plus pauvres ont des toitures en branchage n'offrant qu'un abri insuffisant, et des murailles branlantes consolidées avec des troncs d'arbres. Dans la haute Syrie cependant les khans sont des édifices quadrangulaires assez confortables et parfois même luxueux. L'intérieur de ces khans est une vaste cour, tantôt abritée, tantôt à ciel ouvert, et qui sert de lieu de repos aux bêtes. Des galeries couvertes dressent leurs arcades tout autour de cette cour dont le centre est occupé par un foyer servant aux Arabes à faire chauffer leur riz et leur café.

La route de Jérusalem débouche à la sortie du marché et traverse les jardins de Jaffa. A un kilomètre environ de la ville, on rencontre, non loin d'une fontaine, un cimetière abandonné où les traditions locales placent la maison illustrée par le miracle de saint Pierre qui y ressuscita Tabitha ou Dorcas, la femme charitable. On montre également près de ce cimetière le caveau où celle-ci fut ensevelie après sa seconde mort. Ces lieux sont l'objet d'un pèlerinage annuel qu'accomplissent religieusement tous les chrétiens de Jaffa.

Après avoir dépassé le premier poste turc, on arrive au village arabe de Yasour. Deux routes partent de là, se dirigeant sur Ramleh. La première, qui conduit directement à Ramleh en trois heures, laisse Beit-Déjan à gauche, et passe à Sarfand, puis à El-Maqtouleh, un pli de terrain mal fréquenté jadis si l'on en juge par son nom arabe qui signifie « coupe-gorge ».

L'autre route, moins directe, passe par Lydda, l'ancienne Diospolis. On traverse le village musulman de Beit-Déjan, sur l'emplacement de l'ancienne ville judaïque qui portait ce nom. Beit-Déjan signifie la maison de Dagon. Les Philistins, croit-on, y avaient érigé un temple à cette divinité. Les ruines de Lydda, ou Loud, sont à une lieue de là. Cette ville était la patrie de saint Georges, martyr à Nicomédie sous Dioclétien. L'empereur Justinien y fit plus tard construire une magnifique église dans laquelle furent déposées les cendres du martyr. Cette église, plusieurs fois ruinée et rebâtie au temps des croisades, a été finalement convertie en mosquée. Mais les Grecs schismatiques y ont récemment élevé une chapelle placée sous l'invocation de saint Georges.

Si l'on en croit Arculphe, Lydda aurait eu le privilège des principaux miracles opérés par ce saint. Voici une des anecdotes qu'il rapporte sur cette ville :

« Dans la ville de Diospolis, il y a dans une maison une statue de marbre de saint Georges attaché à la colonne où il fut flagellé lors de sa persécution ; supplice après lequel il vécut encore de longues années. Un jour, un homme au cœur dur et incrédule entra à cheval dans cette maison, et, voyant cette colonne de marbre, il demanda à ceux qui étaient là : « De qui donc est l'image qui est sur cette colonne ? » On lui répondit : « C'est la statue de Georges le confesseur, qui fut attaché et flagellé à cette colonne. » Alors cet insensé, pris de fureur contre cet objet insensible et sans doute poussé par le diable, frappa de sa lance la statue du saint confesseur. Mais, ô prodige! sa lance, pénétrant facilement comme dans une boule de neige, traversa cette colonne de pierre : le fer resta fixé à l'intérieur, sans que jamais on ait pu l'en extraire, et le bois se brisa à l'extérieur. Au même moment aussi, le cheval sur lequel était monté ce misérable tomba mort sur le pavé de la maison ; et lui, en tombant, saisit avec ses mains cette colonne, et ses doigts, y entrant comme dans la boue, restèrent enfoncés dans le marbre. Alors ce malheureux, voyant qu'il ne pouvait retirer ses doigts et qu'ils demeuraient attachés à la colonne, saisi de repentir, implore la miséricorde du Dieu éternel et du saint confesseur, et, les yeux baignés de larmes, demande à être délivré de ce supplice. Le Seigneur, qui ne veut pas la mort du pécheur, mais sa conversion, prit en miséricorde son repentir, et non seulement le délivra de ces liens visibles du marbre, mais aussi des attaches invisibles du péché. On voit par là combien le Seigneur aime saint Georges, qui le confessa dans les tourments, puisque, par la puissance divine, cette statue, d'une matière naturellement impénétrable, devint pénétrable, et que la lance et les doigts de cet homme y entrèrent facilement. Et, ô merveille! aujourd'hui encore on voit les traces de ces dix doigts empreintes dans le marbre; saint Arculphe lui-même y mit ses dix doigts, et ils y entraient jusqu'aux racines. Le sang du cheval, dont une côte en tombant se brisa, n'a jamais pu être enlevé, et encore maintenant on le montre sur le pavé de la maison. »

Bien entendu, on chercherait vainement, aujourd'hui, les traces de ces légendes parmi les ruines de Lydda. Une colonne cependant subsiste encore dans un champ parsemé de ruines. Mais cette colonne, selon les traditions chrétiennes, marquerait l'emplacement de la maison d'Énée le paralytique (1).

Une lieue environ sépare Lydda de la fameuse Ramleh, illustrée par les premières croisades. Quelques auteurs ont pensé retrouver dans cette ville l'ancienne Arimathie, patrie de saint Joseph et de saint Nicodème, mais cette hypothèse tombe devant l'examen des données historiques, la date de la fondation de Ramleh étant vraisemblablement postérieure de plusieurs siècles à la mort de Jésus-Christ.

Ce qui n'a pas empêché la tradition de retrouver à Ramleh l'emplacement de l'atelier même de Nicodème. (Comme sculpteur, on attribue d'ailleurs à ce dernier le *Crucifix miraculeux* qu'on montre à Lucques.) C'est sur cet emplacement évidemment apocryphe qu'on a élevé l'église de Saint-Nicodème, qui fait aujourd'hui partie du couvent franciscain situé à l'ouest de la ville. Ce couvent a été lui-même bâti sur l'emplacement prétendu de la maison de Joseph d'Arimathie. Fürer, un voyageur du seizième siècle, a placé au même endroit l'existence d'un khan européen très vaste appelé *casa di Franki*, mais dont aucune trace ne subsiste aujourd'hui. De même qu'à Jaffa, on montre dans le couvent franciscain un appartement occupé par Bonaparte en 1799.

Le nom de Ramleh, qui signifie « sable » en arabe, s'explique difficilement, étant donnée la situation pittoresque de la ville, au milieu d'un bois d'orangers, de figuiers, d'oliviers, bordé de cactus géants. Bien qu'elle n'ait d'ailleurs que

(1) *Actes des Apôtres*, ix. C'est sans doute cette même colonne que désigne aussi Volney dans la description qu'il fait de Lydda : « Les pauvres chrétiens qui y habitent montrent avec vénération les ruines de l'église Saint-Pierre, et font asseoir les étrangers sur une colonne qui servit, disent-ils, à reposer ce saint. » (*Voyage en Syrie*, ch. v, tome II.) Nous laissons à de plus forts le soin de mettre toutes ces traditions d'accord.

3,000 habitants, dont 60 catholiques à peine, Ramleh ne manque pas d'animation, grâce au passage continuel des pèlerins qui le traversent.

Nous y retrouvons, outre les Franciscains, les sœurs de Saint-Joseph de l'Apparition qui y tiennent un couvent et une école. Comme dans toutes les villes de la Judée, le commerce, à Ramleh, est presque nul. On y rencontre cependant quelques boutiques, des ateliers de poterie, et quelques endroits où l'on extrait péniblement l'huile des olives de la contrée.

Le caractère moderne et l'aspect tout pacifique de ce village ne rappellent en rien la ville aux douze portes des croisés, élevant ses tours et ses minarets derrière une ceinture de remparts qui soutinrent des assauts héroïques. Ramleh, qui devait être le théâtre de tant de combats meurtriers, fut prise une première fois sans coup

KHAN ORIENTAL

férir, dans une simple reconnaissance faite par un groupe de cinq cents cavaliers conduits par Godefroy.

Sous Baudouin Ier, roi de Jérusalem, les Francs y essuyèrent une grande défaite où périrent un duc de Bourgogne, un comte de Blois et une foule de nobles chevaliers. Ce fut près d'un siècle plus tard seulement, sous Baudoin IV, dit le Lépreux, que la grande victoire des Francs à Ramleh vengea ce désastre.

Sous la troisième croisade Ramleh fut encore illustrée par le séjour de Richard d'Angleterre qui y avait établi ses campements et dont les exploits héroïques exercèrent sur toute la contrée environnante un long et redoutable prestige.

Ramleh fut prise et saccagée une dernière fois par Bibars, sultan d'Égypte. Impuissante à se relever de ses ruines, elle est à peu près restée depuis telle que la trouva l'armée française en 1799.

Outre les lieux déjà mentionnés, Ramleh et ses environs offrent plusieurs sites et monuments que tous les pèlerins et voyageurs vont visiter. Ce sont : l'ancienne église de Saint-Jean-Baptiste, convertie en mosquée ; le puits Bir-em-Morestan ; les vasques de sainte Hélène, antique et vaste citerne due à la mère de Constantin (1) ; enfin la tour des Quarante Martyrs, qui remonte aux premiers temps du christianisme, mais dont l'histoire est restée fort obscure. Cette tour est devenue le minaret d'une mosquée aujourd'hui abandonnée, mais qui fut très longtemps occupée par des derviches tourneurs. Madame de Lamartine, qui a assisté à une des cérémonies de leur culte, en a fait une description très curieuse :

« Une vingtaine de derviches, vêtus d'une longue robe et d'un bonnet pointu de feutre blanc, étaient accroupis en cercle dans une enceinte entourée d'une petite balustrade; celui qui paraissait être le chef, figure vénérable à grande barbe blanche, était, par distinction, placé sur un coussin et dominait les autres. Un orchestre composé d'un nâhi ou basson, d'une shoubabé, sorte de clarinette, et de deux petits tambours réunis, appelés nacariate, jouait les airs les plus discordants à nos oreilles européennes. Les derviches se lèvent gravement un à un, passent devant le supérieur, le saluent et commencent à tourner en cercle sur eux-mêmes, les bras étendus et les yeux élevés vers le ciel. Leur mouvement, d'abord lent, s'anime peu à peu, arrive à une rapidité extrême, et finit par former comme un tourbillon où tout est confusion et éblouissement ; tant que l'œil peut les suivre, leurs regards paraissent exprimer une grande exaltation, mais bientôt on ne distingue plus rien. Le temps que dura cette valse étrange, je ne saurais le dire ; mais il me parut incroyablement long. Peu à peu, cependant, le nombre des tourneurs diminuait; épuisés de fatigue, ils s'affaissaient l'un après l'autre et retombaient dans leur attitude première ; les derniers semblaient mettre une grande persistance à tourner le plus longtemps possible, et j'éprouvais un sentiment pénible à voir les efforts que faisait un vieux derviche, haletant et chancelant à la fin de cette rude épreuve, pour ne céder qu'après tous les autres ; pendant ce temps, nos Arabes nous entretiennent de leurs superstitions ; ils prétendent qu'un chrétien, récitant continuellement le *Credo*, forcerait le musulman à tourner sans fin, par une impulsion irrésistible, jusqu'à ce qu'il en mourût ; qu'il y en avait beaucoup d'exemples, et qu'une fois les derviches ayant découvert celui qui employait ce sortilège, l'avaient forcé à réciter le *Credo* à rebours, et avaient ainsi détruit le charme au moment où le tourneur allait expirer. »

La tour des Quarante Martyrs est entourée de ruines dans lesquelles on a pensé reconnaître les restes d'un ancien couvent d'Hospitaliers. Un bois de nopals et de figuiers ombrage ces ruines, à l'endroit où, selon les traditions, saint Joseph, la Vierge et son enfant se seraient arrêtés pendant la fuite en Égypte.

Les deux villes voisines de Lydda et de Ramleh sont habitées par deux familles

---

(1) Tout le monde sait qu'en Palestine on attribue à sainte Hélène tous les ouvrages dont l'origine n'a pu être précisée.

arabes rivales, les Kayssi et les Yéméni, dont la division implacable, rappelle, en plus grand seulement, l'histoire des Capulet et des Montaigu. Cette division ne donne pas toutefois lieu à des haines sanglantes. Le Bédouin est trop sceptique pour risquer sa vie dans de fertiles revendications de race.

— Non, ce n'est pas de la haine, disait l'un d'eux à un auteur contemporain, et devant l'étranger nous n'oublions pas que nous sommes frères. Mais dans toutes nos querelles intérieures, de canton à canton, de village à village, il y a toujours, au fond, la trace de la séparation originelle. C'est l'ordre de Dieu ; il veut qu'elle se conserve éternellement puisqu'il en a marqué nos usages même les plus pacifiques. Quand une fille de Loud, qui est Kayssi, épouse un homme de Ramleh, un Yéméni, elle est conduite par ses parents jusqu'à la limite du territoire, couverte d'un voile rouge, qui est la couleur favorite des Kaysis. Là, le cortège rencontre les amis de l'époux, qui entraînent, comme par force, la fiancée sur les terres de Ramleh, après lui avoir jeté sur la tête un voile blanc, symbole de son adoption par les Yéméni. Cet usage est aussi ancien que notre race, et malgré la légèreté des jeunes gens d'aujourd'hui, j'espère bien qu'il durera encore autant qu'il a déjà duré. »

CHAPITRE III

DE RAMLEH A JÉRUSALEM

Incertitude et confusion des traditions relatives aux anciennes cités bibliques. — L'antique Nob et le crime de Saül. — Latroun, la patrie du bon larron. — Amoas (Nicopolis). — Le village d'Abou-Goch (Saint-Jérémie) et ses habitants. — Exercice à la française. — La cité des Maccabées. — Où placer l'Emmaüs de l'Évangile? Opinion de M. de Saulcy. — La vallée des Térébinthes. — La Rama biblique. — Le désert de Saint-Jean; traditions; légendes; critiques. — Les nuages de sauterelles en Syrie (description de Volney). — Le couvent de Saint-Jean.

Nous ne parlerons que sommairement des deux routes qui mènent de Ramleh à Jérusalem, et que jalonnent des villages peu importants ayant remplacé d'anciennes cités bibliques dont personne aujourd'hui ne pourrait retrouver l'emplacement exact. Couvents effondrés, castels rongés par les siècles, aqueducs, tombeaux, forteresses démantelées, toutes ces ruines légendaires qui couronnent les flancs des montagnes de la Judée ont trompé maint voyageur, et sur leur âge et sur leur identité. Gezer, Modin, Emmaüs, Nicopolis, Koulonieh, ont donné lieu à de nombreuses controverses, mais l'érudition considérable de M. Guérin, ses recherches patientes, ses savantes hypothèses ne permettent plus aujourd'hui d'écrire la géographie biblique avec l'insoucieuse désinvolture qui caractérise certains de ses devanciers. Aussi ne nous prononcerons-nous personnellement sur aucun cas douteux, nous contentant de signaler au passage les endroits où la critique est en désaccord avec les traditions. La route la plus habituellement suivie par les pèlerins est celle qui passe par Latroun, Amoas, Abou-Goch et Koulonieh. L'autre est un peu plus longue. Elle traverse Beit-Nouba, laisse à gauche le château d'Arnold, et va rejoindre les établissements russes de Jérusalem après avoir passé par Emmaüs et Saint-Samuel.

Au sortir de Ramleh, après deux heures de chemin environ, on aperçoit, à droite de la route de Latroun, un magnifique tombeau musulman. C'est l'Oualy d'Abou-Chouchch qui, d'après les recherches faites en 1868 par M. Clément Ganneau, vice-consul de France à Jaffa, marquerait le lieu où fut naguère la ville hébraïque de Gezer qui joua un très grand rôle dans les guerres entre les Hébreux et les Philistins, et plus tard sous les Machabées. Une heure plus loin on rencontre à gauche El-Koubab. Le village, entouré d'oliviers, commande la vallée de l'Ouad-el-Ayn et la route de Beit-Nouba qui suit cette vallée après avoir rencontré les premiers contreforts des montagnes de la Judée. Beit-Nouba apparaît sur cette route, à 5 kilomètres plus loin, au pied d'une montagne peu élevée. Quelques auteurs ont cru y retrouver les restes de l'antique *Nob*, mais on ne voit plus aujourd'hui à la place de l'ancienne ville sacerdotale des Hébreux, qu'un petit village musulman, qui n'a d'ailleurs nullement la prétention d'évoquer les sanglantes pages bibliques relatives au crime de Saül. On sait que David, fuyant la colère du roi, alla trouver à Nob le prêtre Achimélech pour lui demander du pain et des armes. Ce dernier, lui ayant remis du pain sanctifié et l'épée de Goliath qu'on conservait dans le tabernacle, David partit et alla se réfugier chez Achès, roi de Geth. Mais Doëg, un berger, avait vu ce qui s'était passé au temple entre David et Achimélech, et il alla tout rapporter à Saül (1). (*Liv. des Rois*, I, chap. XXII.)

El-Latroun est situé au sud-ouest de Nob, sur la route directe de Ramleh, à très peu de distance de deux postes turcs. On croit généralement que Latroun fut la patrie du bon larron, de celui qui fut crucifié avec le Seigneur et auquel Jésus-Christ promit le paradis. Quoi qu'il en soit, ce berceau du larron n'est plus aujour-

---

(1) 11. Le roi donc envoya chercher Achimélech le prêtre, fils d'Achitob, et toute la maison de son père, des prêtres qui étaient à Nobé ; lesquels vinrent tous vers le roi.

12. Et Saül dit à Achimélech : Écoute, fils d'Achitob. Et Achimélech répondit : Je suis présent, seigneur.

13. Et Saül lui dit : Pourquoi as-tu conspiré contre moi, toi et le fils d'Isaï ? Pourquoi lui as-tu donné des pains et un glaive, et as-tu consulté Dieu pour lui, afin qu'il s'élevât contre moi, insidiateur persévérant jusqu'aujourd'hui ?

14. Et Achimélech, répondant au roi, dit : Qui, parmi vos serviteurs, est comme David, fidèle, gendre du roi, marchant à votre commandement, et honorable dans votre maison ?

15. Est-ce aujourd'hui que j'ai commencé à consulter Dieu pour lui ? loin de moi ! que le roi ne soupçonne point son serviteur, ni toute la maison de mon père d'une pareille chose ; car votre serviteur ne sait de cette affaire rien de petit ou de grand.

16. Et le roi dit : Tu mourras de mort, Achimélech, toi et toute la maison de ton père.

17. Puis le roi dit aux gardes qui l'environnaient : Tournez-vous, et tuez les prêtres du Seigneur ; car leur main est avec David ; sachant qu'il s'était enfui, ils ne me l'ont point déclaré. Mais les serviteurs du roi ne voulurent pas étendre leurs mains sur les prêtres du Seigneur.

18. Alors le roi dit à Doëg : Tourne-toi et jette-toi sur les prêtres. Et, s'étant tourné, Doëg l'Iduméen se jeta sur les prêtres, et il tua en ce jour-là quatre-vingt-cinq hommes vêtus d'un éphod de lin.

19. Ensuite il frappa Nobé, la cité des prêtres, du tranchant du glaive, égorgeant hommes et femmes, petits enfants, et les enfants à la mamelle, bœufs, ânes et brebis.

d'hui qu'un amas de ruines parmi lesquelles s'élèvent les masures piteuses de quelques pauvres fellahs.

Un peu plus loin, au nord-est, on rencontre sur la même route le village d'Amoas, l'ancienne Emmaüs des Machabées, dont le nom plus tard, sous l'empire de Marc-Aurèle probablement, fut changé en celui de Nicopolis. Pendant la guerre des Juifs contre les rois de Syrie, Judas Machabée y remporta une victoire éclatante sur Nicanor et sur Gorgias.

On montre à Amoas les ruines d'une église autrefois élevée, pense-t-on, aux sept frères Machabées, martyrs sous Antiochus Épiphane. Ces ruines ont été achetées récemment — en 1880, je crois, — par mademoiselle de Saint-Cricq d'Artigau qui se propose de les restaurer et de les transformer en un couvent.

Nous verrons tout à l'heure que ces mêmes ruines passent également pour être celles de l'église bâtie par sainte Paule sur l'emplacement de la maison de Cléophas. Nicopolis serait dans ce cas l'Emmaüs de l'Évangile.

Les premiers croisés qui, en juin 1099, marchaient sur Jérusalem, s'arrêtèrent à Nicopolis. Une députation des chrétiens de Bethléem vint à leur rencontre, implorant leur secours contre les Arabes qui, depuis l'arrivée des Francs en Terre-Sainte, menaçaient tous les fidèles de la contrée. Tancrède se mit aussitôt en route avec trois cents hommes et Bethléem fut prise la même nuit, en dépit d'une éclipse de lune qui avait un moment arrêté l'élan des croisés, en leur inspirant des craintes superstitieuses. La route de Jérusalem, qui a laissé Latroun à droite et Amoas à gauche, entre maintenant dans les montagnes de la Judée à la hauteur du puits de Job (Bir-Ayoub).

Le paysage ici offre à chaque tournant les contrastes les plus frappants de fécondité et de désolation. Tantôt c'est la cime calcinée, aride, d'une colline qui se dresse sous le bleu cru du ciel, sans une ombre, sans un symptôme de vie; tantôt c'est une vallée disparaissant sous les oliviers, les chênes nains, un fond de ravin tapissé de lauriers-roses, une gorge ombreuse, où murmure une source, où retentit le chant des oiseaux.

Tout tend à prouver d'ailleurs que ce pays était autrefois fécond et cultivé. Les flancs des montagnes elles-mêmes devaient être livrés à la culture ; quelques-unes présentent des traces de corniches parallèles taillées en échelons où en gradins par la main de l'homme sans doute et qui étaient des plantations de vignes ou d'oliviers, au temps où ces versants, dépouillés maintenant, usés par les siècles, étaient encore couverts d'un humus merveilleusement fertile.

Après avoir suivi une vallée étroite et dépassé le couvent de Job, situé non loin du puits déjà mentionné, la route passe au pied des ruines de Vieux-Saris, sur la montagne de Séïr, où demeurait Ésaü, laisse à droite le village d'Ahmour, et monte ensuite insensiblement vers un plateau élevé d'où l'on aperçoit, en se retournant, les grèves blanches de la mer de Jaffa.

Au pied de ce plateau s'étend la vallée anciennement appelée vallée de Saint-Jérémie, avec les cent et quelques maisons blanches d'Abou-Goch éparpillées sur les deux versants, dans la situation la plus pittoresque et la plus riante. Dans cette vallée Chateaubriand a été témoin d'un spectacle unique peut-être et pour le moins inattendu.

COSTUME DES ARABES SYRIENS

« Cependant, dit-il, après avoir parlé de la tristesse du paysage environnant, en approchant de Saint-Jérémie, je fus un peu consolé par un spectacle inattendu. Des troupeaux de chèvres à oreilles tombantes, des moutons à larges queue, des ânes qui rappelaient par leur beauté l'onagre des Écritures, sortaient du village (1) au lever de l'aurore. Des femmes arabes faisaient sécher des raisins dans les vignes ; quelques-unes avaient le visage couvert d'un voile et portaient sur la tête un vase plein d'eau, comme les filles de Madian. La fumée du hameau montait en vapeur blanche aux premiers rayons du jour ; on entendait des voix confuses, des chants, des cris de joie ; cette scène formait un contraste agréable avec la désolation du lieu et les souvenirs de la nuit. Notre chef arabe avait reçu d'avance le droit que la tribu exige des voyageurs, et nous passâmes sans obstacle. Tout à coup je fus frappé de ces mots, prononcés distinctement en français : « En avant ! Marche ! » Je tournai la tête, et j'aperçus une troupe de petits Arabes tout nus qui faisaient l'exercice avec des bâtons de palmiers. Je ne sais quel vieux souvenir de ma première vie me tourmente ; et, quand on me parle d'un soldat français, le cœur me bat : mais voir de petits Bédouins dans les montagnes de la Judée imiter nos exercices militaires et garder le souvenir de notre valeur ; les entendre prononcer ces mots qui sont, pour ainsi dire, les mots d'ordre de nos armées et les seuls que sachent nos grenadiers, il y aurait eu de quoi toucher un homme moins amoureux que moi de la gloire de sa patrie. Je ne fus pas si effrayé que Robinson quand il entendit parler son perroquet, mais je ne fus

(1) Abou-Goch.

pas moins charmé que ce fameux voyageur. Je donnai quelques médins au petit bataillon, en lui disant : « En avant ! Marche ! » Et, afin de ne rien oublier, je lui criai : « Dieu le veut ! Dieu le veut ! » comme les compagnons de Godefroy et de saint Louis. »

Pendant fort longtemps on a cru que Saint-Jérémie ou Cariath-Yarim, était l'ancienne Anatoth, qui fut le berceau de l'auteur des Lamentations. De là le nom que les Latins lui avaient donné et qu'elle a porté jusque vers 1850. A cette époque le village arabe de Cariath-Yarim, dont le nom biblique s'était transformé

LA VIE AGRICOLE (SEMAILLES)

en Cariath-el-Enab, a reçu définitivement le nom d'*Abou-Goch*, sous lequel le désignent aujourd'hui les voyageurs. Nous avons fait ailleurs l'historique de ce nom.

Le village est habité par un millier d'Arabes qui cultivent les champs et paraissent d'ailleurs très hospitaliers. Cariath-Yarim fut, dit-on, la patrie des prophètes Urie et Zacharie, martyrs. Il est question d'elle dans la Bible comme d'une ville *plus grande et plus forte que la ville de Bethsamès*, qui est celle où les Philistins avaient renvoyé l'arche sacrée prise aux Juifs. La possession de l'arche avait porté malheur aux ennemis d'Israël. Elle fut funeste également au peuple de Bethsamès qui se vit affreusement décimer pour avoir fait de l'arche l'objet d'une curiosité profane. Celle-ci fut alors transportée à Cariath-Yarim, où David, suivi de tout le peuple d'Israël, vint la prendre vingt ans plus tard pour la transporter dans la maison d'Obed-Edom, et de là sur la montagne de Sion.

Quant aux traditions qui rattachaient la naissance de Jérémie à l'histoire de ce pays, il n'en reste plus trace à Abou-Goch. Seule une église, située dans le bas du village, a conservé le nom du prophète. Cette église est fort ancienne et les auteurs en attribuent la construction au roi Lusignan. Bien qu'elle eût subi à plusieurs reprises les outrages des infidèles, en 1490 notamment, où les Arabes la ravagèrent, après avoir massacré tous les Pères latins qui la desservaient, et pendant les siècles suivants, quand les Turcs en eurent fait une mosquée, puis une étable, elle présente encore des restes d'architecture qui permettent de la classer dans le style roman de transition. Quelques voyageurs même y ont retrouvé des vestiges de peintures à fresque.

En 1873, M. Vogüé, ambassadeur à Constantinople, a obtenu la cession de cette église à la France qui, depuis, l'a restituée au culte latin.

A quelque distance d'Abou-Goch on aperçoit, au haut d'une montagne assez haute, les ruines présumées de Seboïm que les voyageurs ont voulu longtemps identifier avec celles de Modin, l'illustre cité des Machabées. Au reste il n'est pas étonnant que les deux mille et quelques années qui ont passé sur les temps des Machabées aient jeté quelque obscurité dans les spéculations de cette nature ; il y aurait peut-être moins d'erreurs à reconnaître aujourd'hui si certains auteurs ne s'étaient trop passionnés pour leur système personnel de critique d'ailleurs purement arbitraire.

Tandis que la route que nous suivons depuis Latroun passe au pied des ruines de Seboïm, celle que nous avons laissée un peu plus au nord, et qui traverse Nob, rencontre, à quatre heures de chemin de la cité de Saül, un lot de ruines non moins discutées que celles de Modin. C'est El-Koubeibeh, qui serait dans l'opinion commune l'Emmaüs où Jésus apparut à deux de ses disciples, trois jours après sa mort.

Mais l'identification d'Emmaüs avec El-Koubeibeh a été contestée par divers auteurs, par M. de Saulcy entre autres dont l'opinion nous paraît la plus juste dans l'espèce (1). Quelques manuscrits anciens de l'Évangile placent en effet Emmaüs à 160 stades de Jérusalem, qui serait à peu près la distance de Nicopolis (Amoas), tandis que le chiffre le plus généralement cité dans les Écritures et adopté par l'Église dans la Vulgate est de soixante stades seulement, distance qui correspond à celle de Koubeibeh.

(1) Nous mettons d'autant plus d'empressement à le constater ici, que M. de Saulcy nous fournit plus souvent l'occasion de discuter ses allégations.

Quoi qu'il en soit, Emmaüs tient un rôle important dans l'histoire de la résurrection de Jésus-Christ. La présence de ce dernier dans la maison de Cléophas, où il se fit reconnaître à la fraction du pain, a sanctifié cette place. Les premiers croisés y avaient élevé une église qui fut saccagée par les musulmans. Les ruines de cette église ont été rachetées de nos jours par mademoiselle Nicolaï qui y a fait construire, peu de temps avant sa mort, un couvent et une chapelle occupés aujourd'hui par les Pères Franciscains. Ceux-ci à leur tour prétendent avoir retrouvé depuis les fondations authentiques de l'église des croisés et de la maison de Cléophas. Mais, en dépit de leurs découvertes, rien n'est moins prouvé que l'authenticité de la ville elle-même, et il est fâcheux sans doute, — pour les œuvres pies dont nous venons de parler — qu'on n'ait pu s'entendre sur le théâtre des scènes qui les ont inspirées.

M. de Saulcy a le premier reconnu qu'on avait pu se tromper au sujet de l'emplacement exact des fondations de la maison de Cléophas. Voici ce qu'il écrivait en 1864, en racontant son passage à El-Koubeibeh :

« Un moine nous attendait à El-Koubeibeh, et nous nous sommes abrités dans l'église que l'on construit là, dans la pensée qu'El-Koubeibeh est l'Emmaüs des Évangiles. J'ai déjà dit que je n'en croyais absolument rien. Après le déjeuner, nous avons, pour l'acquit de notre conscience, parcouru les ruines qui sont près de la nouvelle église. Elles s'étendent vers l'est en longueur, et nous y remarquons des murailles de construction byzantine, qui sont vraisemblablement les débris de l'église primitive. Comme elles sont distantes d'une quarantaine de mètres de celles que l'on croit élevées sur la maison de Cléophas, j'ai bien peur qu'on ne se trompe de toutes les manières. Parmi les décombres, j'ai remarqué un angle d'assez bon appareil, dont les blocs sont munis de bossages, mais cela est tout au plus romain. Pour moi, pas de traces d'El-Koubeibeh dans la géographie antique. »

Du reste, nous trouvons, dans une des pages qui précèdent celle-ci, un autre aveu de l'érudit voyageur en faveur d'Emmaüs-Nicopolis, basé sur une indication topographique fournie par saint Jérôme au sujet des deux villes de Beit-Horon.

« Saint Jérôme, dit M. de Saulcy, nous apprend que ces deux villes, qui avaient été construites par Salomon, se trouvaient sur la route de Nicopolis à Jérusalem. Voici ce passage, qui suffit pour trancher en faveur d'Amoas la question de l'Emmaüs de l'Évangile. C'est encore dans l'épitaphe de Paula que nous lisons :

« Repetitoque itinere Nicopolim, quæ prius Emmaus vocabatur, apud quam a
« fractione panis cognitus Dominus Cleophæ domum in ecclesiam dedicavit atque
« inde ascendit Bethoron inferiorem et superiorem urbes a Salomone conditas,
« sed varia postea bellorum tempestate deletas. » Si Amoas est Emmaüs, tout

ce passage est clair et vrai. Si El-Koubeibeh était Emmaüs, saint Jérôme aurait écrit là une série de non-sens. »

Ajoutons que saint Jérôme n'est pas le seul qui identifie Nicopolis avec l'Emmaüs de l'Évangile.

Dans la relation du pèlerinage de Willibald (saint Guillebaud) en 721, nous

ANES D'ORIENT

trouvons le passage suivant : « Puis il alla à Césarée et à Emmaüs, bourg de la Palestine que les Romains ont appelé Nicopolis après la destruction de Jérusalem. Willibald y pria dans l'église qui a remplacé la maison de Cléophas et la fontaine qui est dans le carrefour où le Christ lava ses pieds, le jour où il ressuscita, avec ses disciples Lucas et Cléophas. »

Quelques historiens ont profité de toutes ces obscurités, pour imaginer un troisième Emmaüs, qu'ils ont placé à Koulonich, petit village situé à 45 stades seulement de Jérusalem, et que nous ne tarderons pas à rencontrer sur la route directe que nous reprenons au sortir d'Abou-Goch.

Les ruines de Seboïm dépassées, on laisse à gauche, sur une hauteur, le village de Beit-Nakoub, et plus loin les ruines de Kebala.

La route gravit une colline au sommet de laquelle se trouve le village de Kastal, dont le nom, dérivé sans doute de *castellum*, ferait de ce lieu une ancienne bourgade romaine. De cette hauteur on aperçoit au nord *Nébi-Samouïl*, au sud, Aïn-Carim, à l'entrée du désert de Saint-Jean. Koulonieh se présente un peu plus loin sur l'une des pentes qui dominent la vallée du *Ouadi-Koulonyeh*. La route franchit cette vallée sur un pont de bois, jeté par-dessus le lit desséché du torrent des

EMMAÜS

Térébinthes dont les cailloux, selon la légende, ont servi d'armes à David pour tuer Goliath. Nous n'insisterons pas, car certains auteurs placent au contraire la vallée des Térébinthes dans l'Ouadi-es-Sant, sur la route d'Ascalon à Jérusalem.

Nous approchons maintenant des collines dénudées qui environnent Jérusalem; mais, avant de pénétrer dans la ville sainte, disons quelques mots de Nébi-Samouïl, que nous avons laissé sur la route de Nob, et d'Aïn-Carim, que l'on aperçoit encore dans le fond de l'Ouadi-Koulonyeh, car nous n'aurons plus ensuite à revenir dans ces contrées.

Nébi-Samouïl, située sur une des collines les plus élevées qui environnent Jérusalem, est généralement considérée comme la *Rama* où naquit et fut enterré le prophète Samuel. Cette opinion, amplement discutée par E. Robinson, dans ses *Biblical Researches*, avait cours déjà au moyen âge, et nous la trouvons dans la relation d'Arculphe (§ *Des terres arides et rocailleuses* depuis Jérusalem jusqu'à la *cité de Samuel*). Les croisés, au contraire, avaient confondu l'endroit avec la ville de *Scilo* (1), qu'il faut plutôt chercher à *Seiloun*, sur la route de Jérusalem à Naplouse. Arrivés par l'ancienne route romaine qui passait alors à *Biddon*, et dont il reste encore des traces aujourd'hui, ils s'étaient arrêtés dans ce dernier village, situé au pied même du mont de Nébi-Samouïl. De là, ils avaient aperçu Jérusalem pour la première fois, et la montagne avait reçu d'eux le nom de Mons Gaudii (Montjoie).

Que Nebi-Samouïl soit Rama ou qu'elle soit Mizpah, la ville des Benjaminites, comme le prétendent aussi certains auteurs, son antiquité dans tous les cas est incontestable, comme on peut en juger par les parois de ses murailles taillées dans le roc, et les blocs de pierre qui ont servi à la construction de l'église que les croisés ont élevée sur le tombeau de Samuël. Cette église a été convertie en mosquée. Aujourd'hui, bien qu'elle paraisse menacer ruine, on peut monter encore au minaret, d'où la vue sur les environs est magnifique. A l'ouest Jaffa et la Méditerranée, à l'est, Jérusalem et la mer Morte.

Pour se rendre à Aïn-Carim, qui est un lieu de pèlerinage très fréquenté, on part de Koulonieh et on descend la vallée des Térébinthes, qui n'est que le prolongement sud de l'Ouadi-Koulonieh. On arrive en une heure à la source d'*Aïn-el-Habis*, mentionnée par Arculphe comme celle où s'abreuvait saint Jean. Plusieurs grottes, auxquelles on accède par des marches taillées dans le roc, s'ouvrent dans le voisinage de cette source. La plus grande de ces grottes a été nommée *Grotte de Saint-Jean*. La vue embrasse un site assez pittoresque. C'est d'abord la gorge des Térébinthes, puis une série de vallons et de collines, la plupart cultivés, les mêmes d'ailleurs qui ont reçu, on ne sait trop pourquoi, le nom de *désert de Saint-Jean*, et que l'imagination poétique de Lamartine s'est appliquée à transformer en autant de sombres précipices. Ce dernier a prouvé d'ailleurs en maint endroit de son livre que les noms parfois lui parlaient plus que les paysages eux-mêmes.

Plusieurs auteurs semblent avoir confondu le désert de Saint-Jean avec le désert de Judée proprement dit, et le passage de Lamartine auquel nous faisons allusion s'appliquerait parfaitement à l'aspect sauvage et grandiose des solitudes avoisinant la mer Morte et le Jourdain.

Il ne faut pas oublier non plus que l'aspect des lieux, en Palestine comme partout ailleurs, dépend beaucoup de l'heure et de la saison où on les visite.

Le désert de Saint-Jean a des plantations de vignes et de figuiers, des champs de blé, de douro, et l'on y remarque, comme aux flancs des premiers contreforts

---

(1) *Juges*, xxi, 19. Et ils dirent : « Voici, la solennité ordinaire de l'Éternel se célèbre à Scilo, qui est vers l'aquilon de Beth-El, et au soleil levant du chemin qui monte de Beth-El à Sichem, et au midi de Lebona. »

des monts de Judée, des traces de terrassements ayant servi à la culture de ses collines. Il est donc probable que le désert dont parle l'Écriture à propos de saint Jean, était le désert de Juda, d'autant plus que maint passage des Évangiles nous montre le prophète se tenant à proximité du Jourdain ou sur les bords du Jourdain même.

La Bible dit aussi que saint Jean se nourrissait de miel sauvage et de saute-

FRUITS DU CAROUBIER DE SYRIE (D'APRÈS DES SPÉCIMENS CONSERVÉS AU BRITISH MUSEUM)

relles. Entendait-elle par miel sauvage le fruit du caroubier (1)? C'est probable, car le caroubier croît en abondance dans ces contrées, et précisément dans les environs d'Aïn-Carim.

Voici cependant ce que rapporte Arculphe à ce sujet : « J'ai vu dans ce même désert des arbres dont les feuilles, larges et arrondies, ont la couleur du lait et la saveur du miel; elles se cassent facilement, et, lorsqu'on veut les manger, on commence par les pétrir pour ainsi dire de ses propres mains, puis on s'en nourrit. »

(1) Le caroubier ou figuier d'Égypte (*Ceratonia siliqua*, Linné) produit de grandes gousses plates, filandreuses, d'une saveur très douce, mais ce fruit est d'ailleurs peu estimé en Orient parce qu'il constitue un aliment trop peu nutritif. Aussi le donne-t-on communément aux bêtes, aux porcs surtout. La tradition qui a également voulu voir dans ces fruits les sauterelles (ou locustes) dont se serait nourri saint Jean est fausse. Les sauterelles au reste sont un aliment assez commun chez les Bédouins. L'auteur anglais Thomson nous apprend qu'à Médine on les vend comme denrée alimentaire (bouillies dans de l'eau salée, puis séchées au soleil et accompagnées de beurre) dans des boutiques spéciales; il ajoute cependant que bien des Arabes ne les mangent qu'avec dégoût. (*Land and Book*, II, xxviii.)

« C'est bien là, dit l'auteur de la relation, du miel sauvage, puisqu'il est produit par les bois. »

Ce n'est pas vraisemblablement au caroubier qu'Arculphe fait allusion. Robinson, l'auteur des *Biblical Researches*, a cru trouver une autre explication du miel sauvage. Selon lui, ce miel serait une sorte de sirop fait avec le raisin, et que les Arabes modernes appellent *dibs*. Il faudrait donc admettre que l'endroit du désert où se tenait habituellement saint Jean renfermait des plantations de vignes.

Quant aux sauterelles, l'auteur anglais que nous venons de citer a vu, en 1838, les environs de Nazareth tout couverts de sauterelles vertes, *trop jeunes pour voler* (sic) qui dévoraient les vignes, les jardins, les champs et toute la verdure. Arculphe aussi les a vues et les a décrites. « Or Arculphe, dit l'auteur de la relation, a vu dans ce désert où Jean habitait une petite espèce de sauterelles, longues à peu près d'un doigt, un corps grêle et mince ; comme leur vol n'est pas plus considérable que le saut d'une grenouille, on les prend facilement dans les herbes, et, cuites avec de l'huile, elles fournissent aux pauvres un aliment. »

Au reste les *nuages de sauterelles* sont un fléau commun à tout l'Orient, et il nous semble intéressant de reproduire à ce sujet les observations faites en Syrie par Volney (1) :

« Les habitants de la Syrie ont fait la double remarque que les sauterelles n'avaient lieu qu'à la suite des hivers trop doux, et qu'elles venaient toujours du désert d'Arabie. A l'aide de cette remarque, l'on explique très bien comment, le froid ayant ménagé les œufs de ces insectes, ils se multiplient si subitement, et comment, les herbes venant à s'épuiser dans les immenses plaines du Désert, il en sort tout à coup des légions si nombreuses. Quand elles paraissent sur la frontière du pays cultivé, les habitants s'efforcent de les détourner, en leur opposant des torrens de fumée ; mais souvent les herbes et la paille mouillée leur manquent : ils creusent aussi des fosses où il s'en ensevelit beaucoup ; mais les deux agens les plus efficaces contre ces insectes, sont les vents de sud et de sud-est, et l'oiseau appelé *samarmar* : cet oiseau, qui ressemble bien au loriot, les suit en troupes nombreuses, comme celles des étourneaux ; et non-seulement il en mange à satiété, mais il en tue tout ce qu'il en peut tuer : aussi les paysans les respectent-ils, et l'on ne permet en aucun temps de le tirer. Quant aux vents de sud et de sud-est, ils chassent violemment les nuages de sauterelles sur la Méditerranée ; et ils les y noyent en si grande quantité, que, lorsque leurs cadavres sont rejetés sur

---

Quant aux caroubes, un autre auteur anglais, W. Farrar nous apprend à leur sujet un détail qui doit intéresser les Parisiens. « Les caroubes, dit-il, sont achetés par certains fruitiers de Paris, et utilisés, dit-on, dans la fabrication du marasquin (*in distilling maraschino*). (*Life of Christ*, p. 328, note 1.)

Ajoutons que ce fruit exotique est également répandu en Allemagne où on l'appelle communément « pain de Saint-Jean. » (*Johanne's Brod*).

le rivage, ils infectent l'air pendant plusieurs jours à une grande distance(1). »

Le village arabe d'Aïn-Carim est situé vers l'est du désert de Saint-Jean, à une heure de chemin environ de la source d'Aïn-el-Habis. Là surtout le pays est fertile et fort bien cultivé ; l'olivier, le figuier, la vigne y dominent. On a transporté sur le territoire d'Aïn-Carim, quelques-unes des légendes de saint Jean, aussi y trouve-t-on, comme à Aïn-el-Habis, plusieurs endroits, grottes, sources, chapelles, que les traditions désignent à la piété des pèlerins.

Le monument le plus remarquable de la contrée, c'est le couvent latin de Saint-Jean, véritable forteresse où vivent quelques moines espagnols. Son enceinte servait jadis à protéger les chrétiens contre les exigences d'Abou-Goch. Elle renferme une église superbe, à coupole richement sculptée, et pavée en mosaïque ; les parois sont ornées de faïences peintes. Un escalier intérieur conduit à la grotte de la Nativité de saint Jean, située sous l'autel même. Les murs de cette crypte sont ornés de bas-reliefs de marbre qui ont pour sujet la vie du précurseur de Jésus-Christ.

Les sœurs de Sion dirigent à Aïn-Carim un couvent de jeunes filles que les pèlerins et touristes peuvent visiter.

(1) *Voyage en Syrie et en Égypte*, tome Ier.

CHAPITRE IV

JÉRUSALEM

Jérusalem à distance; impressions de Lamartine. — Aspect physique des environs ; climat et flore de la Judée. — La ville russe. — La porte de Jaffa. — Premier coup d'œil sur la ville sainte, ses rues, ses habitants. — Instabilité des traditions et des souvenirs historiques. — Volney jugé par monseigneur Darboy. — Les trois enceintes de Jérusalem.

Au sortir de Koulonieh, où nous revenons par un chemin passant par Beit-Sourik, la route de Jérusalem, qui a franchi le pont de bois déjà mentionné, gravit la dernière des grandes collines qui nous séparent de la ville sainte. Le paysage devient de plus en plus déplaisant, d'autres diraient lugubre, mais on n'a que trop, à propos de l'aspect des environs de Jérusalem, effarouché l'esprit des lecteurs. La note sombre adoptée par la plupart des auteurs n'est plus de mise, aujourd'hui surtout qu'après une série de transformations récentes, l'aspect extérieur de Jérusalem ne rappelle plus en rien ni la cité sainte qui *sort du désert, brillante de clarté*, ni la ville maudite, abandonnée de Jéhovah, la ville des sépulcres en ruine et des traditions mortes.

Il serait curieux de rechercher, dans les principaux auteurs, l'impression produite à diverses époques, dans les temps modernes surtout, par le premier aspect de cette ville qui a joué un rôle si considérable dans l'histoire politique et religieuse du monde. Mais les voyageurs en général, les écrivains de profession surtout, n'ont vu la ville sainte qu'à travers le voile de l'enthousiasme sacré ou profane que son apparition subite faisait naître en eux, et ils n'ont point reçu du tableau une impression directe et sincère.

Contempler Jérusalem avec le parti pris de voir en tout et partout les empreintes formidables des épopées dont elle a été le théâtre ; la considérer comme un commentaire animé, vivant, complexe, de l'Histoire sainte, c'est évidemment s'exposer à passer à côté du vrai. Il n'est tâche plus décevante que celle du savant qui sonde les murs de l'antique Jébus dans l'espoir d'y retrouver les mystères des Écritures, ou de l'historien dont les prunelles se dilatent en voyant la poussière des croisades monter sous les pas mélancoliques d'un chameau d'arrière-plan.

Penchés sur Jérusalem, si nous repassons dans nos souvenirs ce qu'en ont dit les seuls auteurs français, depuis un siècle environ, c'est-à-dire depuis Volney jusqu'à M. de Saulcy, nous y trouvons une preuve indiscutable du rôle qu'ont joué l'imagination et les diverses influences personnelles dans les tableaux et les peintures qu'ils nous ont laissés.

C'est là pour le moins une étude intéressante à faire et nous la conseillons aux lecteurs qui sont sur le point de pénétrer avec nous dans la ville sainte.

Nous ne voudrions pas, dans un ouvrage comme celui-ci, multiplier les citations du genre descriptif, mais le panorama de Jérusalem, qui a tenté les plumes les plus célèbres, offre à ce sujet un intérêt tout spécial et en quelque sorte littéraire. Deux descriptions de Jérusalem se trouvent généralement dans tous les ouvrages sur la Palestine, l'une sur la première apparition en sortant des montagnes de Judée, l'autre sur le panorama de la ville vue du haut du mont des Oliviers. Pour l'une comme pour l'autre nous citerons Lamartine. La ville sainte a inspiré au poète des *Méditations* quelques-unes de ses pages les plus brillantes, et les plus exactes aussi. Personne ne l'a égalé et personne ne le surpassera. C'est un des rares endroits de son ouvrage où son mysticisme poétique ne l'ait pas entraîné au delà de la réalité. Nous souhaitons que ces belles pages écrites par un de nos plus grands poètes puissent compenser dans l'esprit du lecteur ce que pourrait avoir de trop désillusionnant la description nécessairement courte et peu poétique que nous ferons nous-même de Jérusalem telle que nous l'avons trouvée cinquante ans après.

« .....Environ à une lieue de nous, le soleil brillait sur une tour carrée, sur un minaret élevé et sur les larges murailles jaunes de quelques édifices qui couronnent le sommet d'une colline basse, et dont la colline même nous dérobait la base : mais à quelques pointes de minarets, à quelques créneaux de murs plus élevés et à la cime noire et bleue de quelques dômes qui pyramidaient derrière la tour et le grand minaret, on reconnaissait une ville dont nous ne pouvions découvrir que la partie la plus élevée, et qui descendait le long des flancs de la colline : ce ne pouvait être que Jérusalem; nous nous en croyions plus éloignés encore, et chacun de nous, sans oser rien demander au guide, de peur de voir son illusion détruite, jouissait en silence de ce premier regard jeté à la dérobée sur la ville, et tout m'inspirait le nom de Jérusalem ! C'était elle : elle se détachait en jaune sombre

JÉRUSALEM (VUE DE NUIT)

et mat sur le fond bleu du firmament et sur le fond noir du mont des Oliviers. Nous arrêtâmes nos chevaux pour la contempler dans cette mystérieuse et éblouissante apparition. Chaque pas que nous avions à faire, en descendant dans les vallées profondes et sombres qui étaient sous nos pieds, allait de nouveau la dérober à nos yeux : derrière ces hautes murailles et ces dômes abaissés de Jérusalem, une haute et large colline s'élevait en seconde ligne, plus sombre que celle qui portait et cachait la ville : cette seconde colline bordait et terminait pour nous l'horizon. Le soleil laissait dans l'ombre son flanc occidental, mais, rasant de ses rayons verticaux sa cime, semblable à une large coupole, il paraissait faire nager son sommet transparent dans la lumière, et l'on ne reconnaissait la limite indécise de la terre et du ciel qu'à quelques arbres larges et noirs, plantés sur le sommet le plus élevé, et à travers lesquels le soleil faisait passer ses rayons ; c'était la montagne des Oliviers ; c'étaient ces oliviers eux-mêmes, vieux témoins de tant de jours écrits sur la terre et dans le ciel, arrosés de larmes divines, de la sueur de sang et de tant d'autres larmes, et de tant d'autres sueurs depuis la nuit qui les a rendus sacrés. On en distinguait confusément quelques autres qui formaient des taches sombres sur ces flancs ; puis les murs de Jérusalem coupaient l'horizon et cachaient le pied de la montagne sacrée ; plus près de nous, et immédiatement sous nos yeux, rien que le désert de pierres qui sert d'avenue à la ville de pierres : — ces pierres énormes et fendues, d'une teinte uniforme de gris cendre, s'étendent, sans interruption, depuis l'endroit où nous étions jusqu'aux portes de Jérusalem. Les collines s'abaissent et se relèvent ; des vallées étroites circulent et serpentent entre leurs racines ; quelques vallons même s'étendent çà et là, comme pour tromper l'œil de l'homme et lui promettre la végétation et la vie ; mais tout est de pierre, collines, vallées et plaines ; ce n'est qu'une seule couche de dix à douze pieds d'épaisseur de roches fendues, et qui n'offrent qu'assez d'intervalles entre elles pour laisser ramper le reptile, ou pour briser la jambe du chameau qui s'y enfonce. Si l'on se représente d'énormes murailles de pierres colossales comme celles du Colisée ou des grands théâtres romains s'écroulant d'une seule pièce, et recouvrant de leurs pans immenses et fendus la terre qui les porte, on aura une exacte idée de la couche et de la nature des roches qui recouvrent partout ces derniers remparts de la ville du désert. Plus on approche, plus les pierres se pressent et s'élèvent comme des avalanches éternelles, prêtes à engloutir le passant. Les derniers pas que l'on fait avant de découvrir Jérusalem sont creusés au milieu d'une avenue immobile et funèbre de ces rochers qui s'élèvent de dix pieds au-dessus de la tête du voyageur, et ne laissent voir que la partie du ciel qui est au-dessus d'eux : nous étions dans cette dernière et lugubre avenue, nous y marchions depuis un quart d'heure, quand les rochers, s'écartant tout à coup à droite et à gauche, nous laissèrent face à face avec les murs de Jérusalem, auxquels nous touchions sans nous en douter. Un espace vide de quelques centaines de pas s'étendait seul entre la porte de Bethléem et nous : cet espace, aride et ondulé comme ces glacis qui entourent de loin les places fortes de l'Europe et désolé comme eux, s'ouvrait à droite et s'y creusait en un étroit vallon, qui descendait en pente douce, et à gauche il portait cinq vieux troncs d'oliviers à demi couchés sous le poids du temps et des soleils ; arbres pour ainsi dire pétrifiés, comme les champs stériles d'où ils sont péniblement sortis. »

À l'endroit où nous nous sommes arrêtés, c'est-à-dire à trois quarts d'heure environ de la porte de Jaffa, non loin de Lifta (l'antique Neftoah), l'aspect des lieux est bien celui décrit par Lamartine. Le plateau offre une terre dure, rocailleuse, parsemée de pierres dont on ne s'explique pas la présence à première vue ; les quelques chardons et buissons épineux qui y poussent au printemps sont aussitôt desséchés et calcinés par les vents du sud et de l'est (1). Le sol, au point de vue de la flore, présente tous les traits caractéristiques de la *végétation des steppes de l'Orient* (2).

Il ne faut pas oublier qu'à raison de sa situation et de son système orographique la Palestine offre, quant au règne végétal, trois zones bien distinctes. La première, située à l'ouest de la chaîne de montagnes qui coupe le pays du nord au sud, et qui comprend tout le littoral, appartient à la *flore méditerranéenne*. Le climat et la végétation y sont à peu près semblables à celles des plages occidentales de la Méditerranée : Algérie, Espagne, etc... La seconde, qui comprend les différents plateaux situés à l'est des montagnes appartient à la flore orientale que nous avons nommée plus haut. C'est celle des environs de Jérusalem. Enfin la troisième, formée par la dépression qui constitue la vallée du Jourdain, offre une grande analogie avec la flore tropicale africaine. Nous aurons plus tard l'occasion de revenir sur ce sujet, et d'étudier plus particulièrement chacune des zones à mesure que nous les rencontrerons. En attendant, ce simple aperçu suffit, pensons-nous, pour expliquer naturellement l'aspect désolé des plateaux et terrains non cultivés qui environnent Jérusalem, et pour démontrer une fois de plus qu'on aurait tort de chercher les preuves de la colère divine dans des faits d'ordre purement physique.

Maintenant, si nous jetons un coup d'œil sur la ville elle-même, nous serons surpris de ne plus retrouver intégralement les éléments de la description de Lamartine. Dans les bâtiments neufs que nous apercevons, rien ne paraît trahir une Jérusalem quelconque. Où donc est la cité biblique ? Ce que nous avons

---

(1) Sirocco et khamsin.
(2) Voir la *Flore orientale*, de Boissier.

devant les yeux semble plutôt un faubourg élégant de métropole européenne ; de grands édifices qui sont des casernes, des hôpitaux ou des caravansérails, et, dans le milieu, le massif rayonnant des cinq dômes d'une église russe... La colonie russe, en effet, est placée comme en grand'garde à l'occident de Jérusalem et en dehors de ses murs, et les carrures modernes de ses nombreux édifices suffisent à masquer la ville tout entière.

Sur le fond du tableau cependant, et dans un plan un peu plus élevé, se déta-

COLLINES ENVIRONNANT JERUSALEM

chent les coupoles de l'église du Saint-Sépulcre, de la mosquée d'Omar, et quelques flèches lointaines de chapelles ou de minarets.

Mais la ville proprement dite est encore invisible. Elle apparaît enfin après un quart d'heure de chemin, et alors, vus à cette distance, ses murailles crénelées, ses innombrables tours et minarets, les dômes lointains de ses maisons, offrent un ensemble imposant, presque majestueux, que le lyrisme de Lamartine n'a point exagéré. L'impression produite sur le voyageur est d'autant plus profonde qu'il s'y mêle une surprise toute naturelle : l'apparition d'une grande cité debout derrière ses forteresses à la place où on s'attendait à ne trouver qu'un entassement de ruines poussiéreuses et méconnaissables (1).

(1) Chateaubriand a dit quelque part en parlant de Jérusalem : « ... Cet amas de décombres qu'on

La physionomie de la contrée s'éveille à mesure qu'on se rapproche des murs. Le tableau que présentent les abords de la porte de Jaffa est des plus animés. Des cafés arabes, allemands, français jalonnent le pourtour extérieur de l'enceinte — des muletiers, des moukres, des marchands de chevaux campant au milieu de leurs bêtes, — un va-et-vient d'Arabes et de Juifs en haillons, de mendiants, de gamins courant après les bagages et surtout après les *backchichs* : c'est la préface des misères et des gueuseries que nous trouverons au dedans des murs. Car, bien entendu, l'intérieur de Jérusalem comme celui de Jaffa, comme celui de toutes les villes orientales, est loin de répondre à son aspect extérieur qui n'est au fond que le résultat d'un mirage artificiel observé par la plupart des voyageurs. Ici, à la porte de Jaffa, ce mirage semble une dernière fois concentrer ses rayons les plus pittoresques : la porte franchie, le contraste sera d'autant plus saisissant.

Approche-t-on la ville en été, à la chute du jour, l'animation du spectacle se renforce encore des promeneurs qui viennent prendre le frais sur la route, une des meilleures du pays ; çà et là, des musulmans sont occupés à dresser des tentes sous lesquelles ils passent la nuit pour éviter les chaleurs pesantes de leurs taudis ou de leurs échoppes ; quelques fantassins turcs flânent çà et là, la pipe en bouche. Voici la porte avec son poste de douaniers. Ici le pèlerin le plus enthousiaste est brutalement ramené à la réalité, et les impressions pénibles vont maintenant se succéder sans interruption, à moins toutefois qu'il ne soit suffisamment aguerri par l'épreuve de Jaffa, où la misère et la saleté ne sont ni plus grandes ni plus intenses.

Les maisons sévères à coupoles qu'on apercevait de loin ne sont que des bicoques qui menacent ruine, à demi effondrées déjà ; des ruelles sordides s'étagent dans l'obscurité, présentant des rangées de niches basses où se tient accroupi le commerçant des rues ; le pied glisse sur des pourritures, des lambeaux d'étoffes, des choses sans nom ; on passe sous des voûtes puantes, on franchit des escaliers de pierre visqueux ; les plus belles maisons ne sont que des cubes de maçonnerie informe d'un blanc cru ou d'un gris sale, percés dans le haut de trous munis de grillages en bois, prisons ou sépulcres qui donnent l'idée la plus navrante des existences qu'ils abritent. Voilà, à l'exception de deux ou trois rues un peu plus convenables, l'aspect général de la ville de Jérusalem. Ajoutez à cela les costumes bigarrés, invraisemblables souvent et sordides des habitants, des Juifs surtout et des Maugrebins, les ébats des chiens errants, l'obscurité des nuits sans gaz, le spectacle incessant d'infirmités repoussantes ; des contacts de lépreux, d'aveugles, d'éclopés de tout genre, et vous pourrez vous faire une idée à peu près complète des distractions inséparables d'un séjour dans la ville sainte.

appelle une ville. » On retrouve dans une foule d'auteurs contemporains comme un écho de cette impression, que rien ne justifie dans l'ensemble.

Nous parlerons plus loin de la physionomie morale de Jérusalem. Au point de vue du coup d'œil, il ne faut point — hormis les édifices sacrés et les débris plus ou moins historiques — y chercher autre chose que ce que nous venons de faire tenir dans ces dix lignes. Telles rues sont un peu plus animées que d'autres, la rue des Chrétiens, par exemple, qui est la plus importante et qui renferme une échoppe de librairie, le marché aussi ou bazar, un lacis de ruelles voûtées ou couvertes de toiles, — bien mesquines d'ailleurs, et qui ne sauraient avoir la prétention de

JÉRUSALEM (ASPECT EXTÉRIEUR)

rappeler les bazars des grandes villes syriennes comme Damas, — le quartier juif, plus populeux que les autres, mais plus sale aussi et d'une épreuve pénible pour les narines délicates.

Quelques têtes de palmiers désséchés jettent de loin en loin une note plus triste encore sur ce tableau attristant; une ruelle s'élargit par endroits, laissant voir les murailles délabrées, souillées d'immondices ou de résidus ignorés, d'une basilique ancienne dont le nom, célèbre dans le monde entier, vénéré par toute la terre, sonne tristement dans ce piteux décor; un peu de jour se fait qui paraît blafard sous un ciel vide; — c'est une place encombrée d'hommes et de bêtes, avec son sol boueux, ses khans sombres, sortes de masures enfumées peuplées d'Arabes en loques; c'est un terrain vague, clos de murailles crevassées, jonché de décombres et d'ordures...

Et il n'est pas un de ces lieux si misérables, si souillés, si abandonnés, qui n'ait été témoin de quelque fait prodigieux, de quelqu'un des mystérieux épisodes du grand drame religieux qui a changé la face du monde !

On ne s'attend pas sans doute à nous voir décrire minutieusement toutes les stations et tous les édifices de Jérusalem. Ce serait refaire le travail qu'ont fait tant d'autres avant nous et mieux que nous ne pourrions le faire. Nos descriptions seront en général fort succinctes, et nous les rattacherons autant que possible à un point d'histoire ou d'archéologie pouvant offrir un intérêt certain. Le lecteur curieux des détails les trouvera dans tous les ouvrages spéciaux, et d'ailleurs les gravures scrupuleusement exactes que nous joignons à notre texte suppléeront en maint endroit à des descriptions et peintures qui risqueraient de devenir fastidieuses. Notre intention n'est pas non plus de nous étendre plus que de raison sur les traditions et légendes qui, à Jérusalem, se multiplient sous les pas du visiteur. A l'encontre de la plupart de nos confrères, nous nous abstiendrons de discuter ces traditions, toutes les fois qu'elles ne nous paraîtront pas offrir une importance réelle.

Nous nous abstiendrons également de formuler aucune opinion personnelle sur les points obscurs qui divisent encore et qui diviseront éternellement sans doute les savants et les exégètes. Nous nous contenterons de les indiquer au passage, et, s'il est besoin, de les appuyer de notes et de citations qui pourront servir un jour à l'historique des débats même qu'ils ont occasionnés.

Au reste, il ne faut pas perdre de vue que les traditions en Palestine forment en réalité l'élément le plus incertain et le plus douteux de l'histoire de ce pays et qu'elles ne peuvent en aucun cas entrer en ligne de compte avec les données exactes de la science ou de l'histoire.

Plusieurs voyageurs, et notamment M. de Saulcy, nous représentent la tradition comme pétrifiée en Orient (1). C'est une façon de voir qu'il nous est impossible de partager.

Rien, au contraire, ne nous paraît moins devoir se figer en Orient que les souvenirs historiques et les traditions religieuses. Citons un fait. Lors du voyage de Volney en Palestine (1783-85), ce savant trouva *contestés et confondus* déjà les derniers événements de Daher et d'Ali-Bek, événements dont ce pays avait été le théâtre quelque quinze ans auparavant.

Qu'on juge maintenant de la somme de crédit que doivent trouver auprès des esprits les traditions historiques ou religieuses qu'on s'y transmet depuis deux mille ans.

---

(1) C'était aussi l'opinion de Chateaubriand, et elle lui a fait admettre fréquemment des vérités fort douteuses.

Cette remarque faite à plusieurs reprises par Volney l'a rendu sceptique à l'endroit des légendes syriennes en général.

Aussi trouve-t-on dans son *Voyage*, qui a juste un siècle de date, plus de recherches sérieuses et exactes, plus de science réelle, plus de certitude philosophique que dans une foule d'auteurs plus modernes.

Tel n'est pas cependant l'avis de l'auteur qui signe l'*abbé G. D.* Celui-ci, tout en rendant justice à la science et à la sagacité de Volney, blâme sévèrement la façon dont il traite la question religieuse. « .... Volney, dit M. l'abbé G. D. (1);.... écrivain remarquable, quand il dépeint ce qu'il a vu de

JÉRUSALEM (MUR D'ENCEINTE)

---

(1) *Jérusalem et la Terre-Sainte*, par M. l'abbé G. D. Ces initiales désignent Monseigneur Darboy. L'infortunée victime de la Commune fait suivre le passage que nous citons de la note suivante, qui pourrait fournir texte à des rapprochements curieux :

« Volney fait un crime à la religion juive d'avoir prescrit « le sacrifice d'animaux sensibles », des

ses yeux, en fait de monuments, de mœurs et de paysages, mais absurde et ridicule, quand il dit ce qu'il avait dans l'esprit en matière de philosophie et de religion. » C'est qu'en effet, en Terre-Sainte, entre le prêtre et le savant toute entente devient impossible.

Pour en revenir aux traditions, notre rôle ici, nous le répétons, ne sera ni de les vérifier ni de les nier; nous ne chercherons pas, comme tant d'autres, à rétablir ou à constester l'authenticité plus ou moins douteuse de tel ou tel pan de mur, mais nous nous attacherons à mettre en pleine lumière les documents exacts puisés dans l'histoire physique, politique, religieuse du pays. Mœurs et physionomies, coutumes et costumes, seront souvent aussi des sources pleines d'enseignement. Sous ce rapport la Jérusalem d'aujourd'hui peut fournir matière encore à plus d'une observation intéressante, et, pour les époques anciennes, nous aurons, comme de juste, recours aux notes et citations.

Qu'on ne s'attende pas toutefois à nous voir remonter au temps des patriarches et rechercher avec Tobler, avec Robinson, avec M. de Saulcy, les fondements de Jébus. L'histoire des temps juifs, pleine d'obscurité et de traditions apocryphes, se trouve dans tous les ouvrages spéciaux; inutile d'essayer de la soutirer à des débris de monuments auxquels il est d'ailleurs impossible d'assigner un âge précis.

Mais, avant de passer aux études de détail, il convient de dire quelques mots de la Jérusalem du temps de Jésus-Christ et des désastres qu'elle eut à subir depuis les commencements de l'ère chrétienne jusqu'à l'époque des guerres saintes. A partir de Jésus-Christ, la tradition des événements qui se succèdent à Jérusalem, offre de grandes garanties d'authenticité, grâce aux ouvrages de l'historien juif Josèphe et des divers auteurs ecclésiastiques. Les écrits de Josèphe en particulier nous permettent de reconstituer la ville sainte à peu près telle que la vit Jésus-Christ.

On sait que Jérusalem en était à sa deuxième enceinte lors de la naissance du Seigneur, et qu'une troisième fut construite après sa mort par Agrippa Ier, qui vint élargir encore l'enceinte de la ville et lui donna le périmètre qu'elle a aujourd'hui. L'histoire de ces trois enceintes a une trop haute importance pour que nous puissions la passer sous silence. Josèphe en a fait une description assez détaillée, mais comportant bien des passages obscurs qui depuis ont fait naître d'interminables discussions parmi ses commentateurs et en général parmi les savants qui se sont

---

bœufs et des moutons. « Les Juifs, ces hommes féroces, continue-t-il, se sont représenté sans doute la Divinité comme sentant et raisonnant comme eux. » Or, il faut savoir que cet homme sensible, qui pleurait sur les boucs et sur les génisses immolés du temps de Salomon, a siégé, et n'a point déserté sa place, dans les assemblées qui, à la fin du dix-huitième siècle, ont envoyé à l'échafaud des milliers de Français innocents; que cet homme sensible est resté, dix années, les pieds dans le sang humain, y cherchant et, en tout cas, y trouvant le secret de devenir sénateur sous le régime impérial et pair de France sous la Restauration. Il n'y a qu'une chose que ce cœur sensible et tolérant ne pouvait ni tolérer ni sentir : c'était la religion en général et le catholicisme en particulier. »

occupés de Jérusalem. Comme nous n'avons pas qualité pour reprendre de pareils travaux, nous donnerons ici une description succincte empruntée à M. de Saulcy, qui non seulement a étudié tous les textes anciens et modernes relatifs à la question, mais qui les a commentés sur les lieux mêmes, tout en corroborant ses études de fouilles minutieuses pratiquées par lui sur divers points de l'ancienne cité juive.

Nous citons l'auteur de *Jérusalem* (1) :

« Le premier nom de Jérusalem fut Jébus. A l'époque où David en fit la conquête (1053 avant J.-C.), le sommet seul du mont Sion était occupé par une forteresse dont plus d'un tiers peut-être a été rejeté au dehors de la nouvelle cité créée par le roi des Juifs. A l'angle sud de la ville primitive, subsiste encore, en partie du moins, un large fossé creusé dans le roc vif, et couvrant ce côté de la forteresse. Ce fossé, que j'ai eu le premier la joie de reconnaître et de signaler, est un indice d'autant plus certain du passage, en ce point, de la première enceinte de Jébus, qu'un escalier taillé dans le roc avait été découvert quelques années avant que l'on fît attention au fossé, et que cet escalier, mis au jour dans le cimetière anglais et américain, conduisait nécessairement du fond du fossé à une poterne ouverte au sud de Jébus. La porte actuelle, nommée indistinctement porte de Jaffa, de Beït-Lehem ou d'Hébron, aura pris la place d'une porte jébusite. La face occidentale de la forteresse était tellement escarpée que jamais porte n'y a été ouverte. En revanche on a dû en pratiquer une vers le milieu de la face orientale de l'enceinte et dans le voisinage, sinon à la place même, de l'entrée moderne appelée porte de Sion.

« Lorsque David se fut rendu maître de Jébus, il lui imposa son nom, et désormais la ville conquise fut appelée Cité de David. Ce grand roi, résolu à y transférer le siège de la royauté, siège qui jusqu'alors avait été à Hébron, modifia l'enceinte de la ville dont il faisait sa capitale. Il est possible, je viens de le dire, que toute la partie sud de l'antique Jébus ait été rejetée hors de l'enceinte judaïque. Celle-ci conserva intacte la portion du mur occidental qui couvrait Jébus, et de l'extrémité sud de cette muraille partit un mur faisant face au midi d'abord, puis, à l'orient, par un retour d'équerre, laissant en dehors le mont Moriah où le temple allait être construit par Salomon. Sur cette face orientale devait s'étendre une seconde branche de muraille, garnissant la crête du mont Sion, c'est-à-dire l'escarpement qui se trouve en regard du mur occidental de l'enceinte actuelle de la mosquée d'Omar.

« Au nord, la muraille de Jébus devait se prolonger jusqu'à la rencontre de la

---

(1) *Jérusalem* (V.-A. Morel et Cie, éditeurs, 1882). On trouvera dans un autre ouvrage de M. de Saulcy (*Voyage en Terre-Sainte*, Didier, éditeurs, 2 volumes), une discussion très complète sur les trois enceintes.

branche orientale de l'enceinte; probablement en avant du Mekhemeh et en suivant la rue qui mène aujourd'hui à la porte de la chaîne.

« En 1020 avant Jésus-Christ, Salomon succédait à son père, et, quatre ans éprès, il commençait à bâtir le temple merveilleux dont les plans lui avaient été légués par David. Avant d'élever le temple proprement dit, il fallait créer autour de l'aire d'Arnan le Jébusite, lieu choisi pour l'emplacement du sanctuaire de Jéhovah, une vaste plate-forme artificielle capable de supporter les édifices dont la piété du roi avait rêvé la création.

« Pourquoi David avait-il choisi ce point précis? Parce que le sommet, faisant face à l'orient, avait été le théâtre du sacrifice d'Abraham; parce que là aussi l'ange exterminateur avait, à la prière de David, remis son glaive au fourreau après avoir châtié cruellement le roi coupable, en lui enlevant des milliers de ses sujets.

« Je n'ai pas besoin de dire que Salomon dut enceindre le plateau d'une immense muraille se rattachant à celle de la ville.

« Jérusalem avec son sanctuaire se trouva donc enfermée, au sud, par l'ancien mur de David, qu'un pont superbe reliait à l'enceinte méridionale du temple; à l'est, par cette même enceinte, ainsi qu'au nord jusqu'à un roc élevé et taillé à pic, qui servit d'assiette à une forteresse. La forteresse fut appelée tour de Hananiel, puis Baris sous les rois asmonéens; Hérode, en la remaniant, lui donna le nom de tour Antonia, en l'honneur de son ami Marc-Antoine. A partir de là, la face nord de l'enceinte de Salomon se dirigeait vers l'occident jusqu'à sa jonction avec une branche de mur partant du point même où l'enceinte de David s'était rattachée à l'enceinte de Jébus, c'est-à-dire auprès de la porte Djennath, qui était percée dans le mur jébusite.

« Cette enceinte de Salomon, dite la seconde enceinte de Jérusalem (1), avait triplé l'étendue de la ville. Elle subit deux modifications pendant l'existence de la dynastie de David. Ézéchias, monté sur le trône en 727 avant Jésus-Christ, fit construire une muraille partant de la pointe nord-ouest de l'enceinte primitive de

(1) Cette seconde enceinte, modifiée par Ézéchias, puis par Manassé, délimitait encore Jérusalem du côté du Calvaire et du temps de Jésus. Elle devrait donc laisser *en dehors de la ville* l'emplacement du Saint Sépulcre. En effet, d'après les lois judaïques de l'époque, les criminels devaient être exécutés et enterrés hors des murs. Si donc, le tracé de la deuxième enceinte enclavait le Saint-Sépulcre au lieu de le laisser dehors, l'emplacement de ce dernier serait apocryphe. Or ce tracé n'a pu être reconstitué avec précision. Robinson et plusieurs archéologues allemands et anglais estiment que l'emplacement des lieux saints est loin d'être authentique. M. de Saulcy a essayé de démontrer le contraire. (Voir *Jérusalem* et le *Voyage en Terre-Sainte*.) Il s'appuie sur ce fait que des fouilles pratiquées vers 1860, autour du Calvaire, mirent au jour un vaste pan de muraille judaïque appartenant à la deuxième enceinte. Cette muraille, située à 76 mètres à l'est et en arrière du Saint-Sépulcre, laissait donc le Calvaire en dehors de la ville. Maintenant la muraille appartenait-elle bien à la deuxième enceinte? M. Ernest Renan semble contester le fait.

Jébus et venant rejoindre, à angle droit et vers son milieu, la face occidentale de la nouvelle muraille de Salomon. Cette construction avait pour but de mettre à l'abri, en cas de siège, un immense réservoir d'eau construit par Ézéchias lui-même, existant et fonctionnant à merveille encore aujourd'hui. Les Grecs avaient donné à cette piscine le nom d'Amygdalon, l'amande. De nos jours, elle n'est connue que sous le nom de piscine d'Ézéchias, et parmi les musulmans et les Arabes chrétiens à Jérusalem, sous celui de Birket-Hammam-el-Batrak, étang des bains du Patriarche. Ce nom lui a été imposé à cause de l'existence d'un établissement de bains qu'il alimente, et qui s'appelle Bains du Patriarche. Voilà donc une dénomination qui

EFFIGIE DE TITUS (D'APRÈS UNE MÉDAILLE DU BRITISH MUSEUM)

sans nul doute remonte au temps des croisades ; car ce n'est certes pas depuis 1845, que le patriarcat latin de Jérusalem a été rétabli, que ces bains ont été nommés de la sorte.

« La seconde modification date du règne de Manassé, successeur d'Ézéchias (monté sur le trône en 698 avant J-C).

« Ce prince engloba dans l'enceinte de la ville tout un faubourg qui s'était élevé sur la colline d'Ophel.

« A partir de cette époque jusqu'au règne d'Agrippa Ier, qui dut la couronne à l'amitié de Caligula, l'enceinte ne changea plus. Ce prince, afin de protéger toutes les parties de Jérusalem qui s'étaient successivement formées en dehors de l'enceinte antique, commença la construction d'un mur nouveau qui, partant de la pointe nord-ouest de la muraille de Jébus, c'est-à-dire de la porte de Jaffa, se dirigeait vers le nord-ouest jusqu'à une tour élevée, nommée Pséphina, parce qu'elle était construite en petit appareil. A partir de ce point, elle rebroussait vers le nord-est pour rejoindre une branche rectiligne partant de l'angle nord-est de l'enceinte du temple.

« Cette troisième enceinte de Jérusalem n'a jamais changé depuis lors ; c'est elle que Titus et plus tard les croisés ont dû attaquer et enlever (1). »

(1) Le tracé de cette troisième enceinte a donné lieu encore à bien des contestations, mais la question est beaucoup moins importante, car elle n'a jusqu'à présent introduit aucune confusion dans l'histoire des sièges de Jérusalem depuis l'ère chrétienne.

CHAPITRE V

HISTOIRE DE LA JÉRUSALEM CHRÉTIENNE

Hérode le Grand et ses successeurs. — Les Zélotes et la révolution juive. — Siège de Jérusalem par Titus. — Destruction du Temple et prise de la ville sainte. — L'arc de Titus à Rome. — Les trésors juifs. — Actia Capitolina. — Avènement du christianisme avec Constantin le Grand. — Jérusalem sous les premiers empereurs byzantins. — Règne d'Omar. — La première croisade ; siège et prise de Jérusalem. — Saladin reprend la ville sainte. — Fin de la domination chrétienne en Palestine.

On sait comment, après l'ère de liberté inaugurée par les princes asmonéens, les luttes intestines qui éclatèrent en Judée amenèrent l'intervention des Romains. Pompée assiégea et prit Jérusalem, et les derniers descendants des Machabées durent se soumettre à la domination romaine.

Après l'invasion des Parthes (an 40 av. J.-C.), Hérode l'Iduméen s'empara de la Judée, grâce à la protection de Rome, et conquit Jérusalem. Pour flatter les Romains qui lui avaient donné le titre de roi, il adopta en grande partie leurs usages, foulant aux pieds les lois juives, mécontentant le peuple par des infractions continuelles aux prescriptions mosaïques, élevant dans tout le pays des édifices dont le style et la destination rappelaient la domination étrangère. Il fit aussi rebâtir le temple et relever les fortifications de Jérusalem. Près de l'endroit où l'on peut voir encore aujourd'hui les ruines des tours Hippicus, Phasaël et Mariamne, il s'était fait construire un palais magnifique dont Josèphe nous a laissé la description, mais dont il ne reste plus trace aujourd'hui.

A l'époque où naquit le Christ, Jérusalem était donc une ville magnifique, grâce aux superbes monuments qu'y laissait Hérode (1). On sait comment Jésus

(1) La mort d'Hérode le Grand coïncide à peu près avec la naissance du Christ, en admettant avec la plupart des autorités contemporaines que Jésus naquit 4 ans environ avant l'an 1er de l'ère chrétienne.

s'arrêta, le jour de l'entrée triomphale, pour la contempler, et pour pleurer sur elle : « Le jour viendra, dit-il, où tes ennemis t'environneront de tranchées, t'enfermeront et te presseront de toutes parts, te renverseront par terre et perdront les enfants que tu as dans tes murs, et ne laisseront pas en toi pierre sur pierre. » Cette terrible prophétie devait s'accomplir quelque trente ans plus tard.

Les époques troublées de l'histoire jettent plus de lumière sur les hommes et les choses du temps que les écrits des plus grands penseurs. Il n'est donc pas sans intérêt de retracer avec quelque précision les événements terribles qui suivirent la mort de Jésus.

Le royaume d'Hérode le Grand avait été partagé entre ses trois fils. Mais, à vrai dire, ceux-ci n'avaient plus qu'un pouvoir purement nominal. La Judée, réunie à la Samarie et à l'Idumée, et déclarée province romaine, fut en réalité gouvernée par une série de procurateurs romains qui ne laissaient qu'une médiocre autorité aux successeurs d'Hérode (1).

Un levain de révolte fermentait sourdement chez le peuple juif écrasé par le despotisme et les exactions des gouverneurs, outragé dans ses croyances par ses propres princes, vils flatteurs de l'Empire et qui s'appliquaient eux-mêmes à singer les tyrans romains, excités d'ailleurs ouvertement à la lutte par une foule de soi-disant prophètes, d'ambitieux politiques, et par les haines des sectes rivales nées au sein du mosaïsme (2). Ce qu'on prêchait surtout aux Juifs depuis Juda le Gaulonite c'était l'avènement de leur liberté politique, la grande restauration nationale, la délivrance du joug romain.

Pour se rendre Dieu favorable sans doute, le parti extrême des Zélotes avait organisé une sorte de *terreur* religieuse, dont le but était de maintenir parmi le peuple l'observance rigoureuse des lois mosaïques ; ils parcouraient la ville et le pays, égorgeant tous ceux qui étaient convaincus d'y avoir manqué.

Les cruautés du gouverneur Gestius Florus mirent le comble à l'exaspération des Juifs, et la révolte éclata enfin ouvertement sous Agrippa II. Mais les révoltés eurent d'abord à combattre ceux qui voulaient le maintien de la paix ; aussi le soulèvement commença-t-il par une guerre civile qui ne s'éteignit qu'après la destruction de la ville elle-même et de ses habitants par Titus.

Le siège de Jérusalem par Titus est resté fameux dans l'histoire. Sitôt que les Romains s'étaient aperçus de la tournure grave que prenaient les événements de

---

(1) Pour M. Ernest Renan, les successeurs d'Hérode sont simplement des lieutenants romains, analogues, dit-il, aux radjahs de l'Inde sous la domination anglaise.
(2) L'historien Sepp fait un parallèle curieux entre les huit sectes juives de l'époque et certaines sectes ou écoles modernes. Pour lui, les Pharisiens sont des piétistes ; les Esséniens, des mystiques ; les Sadducéens, des rationalistes ; les Hérodiens, des partisans politiques ; les Zélotes, des radicaux ; les Samaritains, des schismatiques.

JÉRUSALEM

Judée, ils avaient organisé la répression. Mais le général Cestius Gallus tenta en vain de prendre Jérusalem; il dut battre en retraite et finalement fut assailli dans son camp et défait par l'armée juive. Rome, étonnée, résolut de frapper un coup décisif. Vespasien arriva en Palestine, à la tête de 60,000 hommes, et conquit rapidement toute la Galilée (an 67). Jérusalem cependant continuait à être en proie aux horreurs de la guerre civile.

Les Zélotes avaient pris le dessus peu à peu quand le parti de la paix fit une tentative suprême pour sauver la ville. Assiégés dans le temple, dont ils s'étaient emparés, les Zélotes, préférant la perte du pays à celle de leur cause, appelèrent à leur secours les ennemis de Juda. Les Iduméens fondirent sur la ville sainte qui fut livrée au pillage. Des scènes atroces ensanglantèrent la ville, où Zélotes et Iduméens luttèrent de cruauté; 12,000 Juifs furent mis à mort, mais ces fureurs même ne purent éteindre la guerre civile. Quatre partis se disputaient la ville lorsque Titus arriva avec six légions romaines. Son père Vespasien, proclamé

MONNAIE JUIVE *

empereur par ses soldats, était retourné à Rome, lui laissant le commandement des troupes.

Le commencement du mois de mars de l'an 70 vit commencer le siège mémorable dont Josèphe nous a retracé les terrifiants épisodes. Cet historien commandait la ville de Josapate en Galilée quand Vespasien vint en faire le siège. Le général juif dut capituler; il resta dès lors dans le camp des Romains et devint par la suite l'ami de Vespasien et de Titus qu'il suivit à Rome.

Témoin oculaire du siège et de la prise de Jérusalem, il en a décrit les horreurs avec un réalisme saisissant.

Dès la fin du mois, Titus forçait la première enceinte et occupait la ville neuve. Quelques jours plus tard la deuxième enceinte était forcée également, les Juifs se retiraient derrière la dernière, et l'armée romaine établissait ses aggères au pied

---

* Cette monnaie de bronze est considérée comme ayant été frappée en l'an 69 environ de Jésus-Christ, par Simon Bar-Gioras, l'un des trois chefs des factions rivales, qui figura dans le triomphe de Titus et fut ensuite immédiatement exécuté près du Forum. L'une des faces montre le nom de Simon en caractères hébreux, en exergue autour d'une lyre à trois cordes rappelant sans doute les actions de grâce qui durent célébrer les deux victoires successives remportées par Simon sur Cestius Gallus, gouverneur de la Syrie. La même idée est exprimée sur l'autre face, mais sous la forme d'une branche de palmier entourée d'une guirlande d'olivier autour de laquelle on peut lire ces mots en hébreu « Lacherhut Jerushalaïm » (Délivrance de Jérusalem). L'original est au British Museum.

même de la tour Antonia qui commandait, on le sait, la plate-forme du temple, occupé alors par le parti de Jean de Giscala.

Titus envoya aux assiégés l'historien Josèphe qui les somma de se rendre pour éviter de plus grands malheurs.

Mais les factions continuaient à s'entre-déchirer à l'intérieur de la ville et on

BUSTE DE VESPASIEN

ne put s'entendre. Le 25 avril Titus réunit un conseil de guerre, et il fut décidé que la ville serait bloquée au moyen d'une ligne de contrevallation fermée de toute part et qui empêcherait toute communication des habitants avec l'extérieur. Ces ouvrages furent terminés avec une rapidité extraordinaire et treize forts ou *castella* furent en outre élevés sur le pourtour de la ligne d'investissement (1).

(1) Chose remarquable, dit M. de Saulcy, si nous visitons un à un les sommets qui commandent les

A partir de cette date, la situation des assiégés devint intolérable. Les zélotes, maîtres d'une grande partie de la ville, continuaient à la maintenir sous le régime de la terreur. Des bandes de brigands parcouraient les divers quartiers, mettant des maisons à sac, égorgeant les habitants qui essayaient de résister, dépouillant ceux même que Dieu seul avait frappés. Au bout de quelques semaines une horrible famine se déclara, les Juifs moururent par milliers, et, pour comble de maux, l'entassement des cadavres fit éclater la peste. Des scènes eurent lieu que la plume se refuse à décrire. Josèphe néanmoins en rapporte quelques-unes. Telle l'histoire de

SOLDATS ROMAINS ATTAQUANT UNE CITÉ (BELLORI).

cette mère qui fit rôtir son enfant, et s'apprêtait à le manger quand des brigands la surprirent. « Je vous en ai gardé une part, leur dit-elle ; vous en mangerez bien après moi, vous ne pouvez être plus tendres ni plus délicats qu'une mère (1). » Les Romains s'émurent au récit de tels malheurs, et Titus prit les dieux à témoin que

vallons ouverts du côté opposé à la Méditerranée, nous retrouvons sur chacun d'eux un mamelon de pierrailles assez élevé et assez développé pour qu'il soit difficile de n'y pas reconnaître les *castella* désignés par Josèphe. Or, nous avons reconnu douze de ces ouvrages, et si Josèphe, ne s'est pas trompé, il n'en manque qu'un seul dont je n'essayerai pas, du reste, de déterminer la situation. (*Jérusalem.*) » Ajoutons que M. de Saulcy pense avoir retrouvé, en plusieurs endroits de la ville, maintes autres traces des ouvrages du siège de Titus.

(1) Entre autres détails Josèphe nous apprend que 200,000 Juifs moururent de faim, et qu'une seule porte de Jérusalem vit sortir 115,880 cadavres. Le nombre total des Juifs tués à Jérusalem se serait élevé à 1,100,000 ; mais il est évident que ces chiffres sont exagérés.

les Juifs avaient été les propres auteurs de leur perte en refusant toute proposition de paix.

Cependant la tour Antonia venait d'être prise et démolie, et les Romains commencèrent l'attaque du temple. Les portiques et les galeries extérieurs furent incendiés successivement, et Jean de Giscala et ses partisans finirent par être cernés dans l'édifice même. C'est alors qu'un soldat romain arracha un tison au brasier voisin et le jeta dans l'intérieur du temple. Il faut citer ici toute une page de Josèphe (*De bell. judaïc.*) (1) :

« Lorsque le feu dévorait ainsi ce superbe temple, les soldats, ardents au pillage,

ARC DE TITUS : LE CHANDELIER A SEPT BRANCHES

tuaient tous ceux qu'ils y rencontraient. Ils ne pardonnaient ni à l'âge ni à la qualité : les vieillards aussi bien que les enfants, et les prêtres comme les laïques, passaient par le tranchant de l'épée : tous se trouvaient enveloppés dans ce carnage général, et ceux qui avaient recours aux prières n'étaient pas plus humainement traités que ceux qui avaient le courage de se défendre jusqu'à la dernière extrémité. Les gémissements des mourants se mêlaient au bruit du pétillement du feu qui gagnait toujours plus avant ; et l'embrasement d'un si grand édifice, joint à la hauteur de son assiette, faisait croire à ceux qui ne le voyaient que de loin que toute la ville était en feu.

(1) Ce morceau se trouve cité dans plusieurs ouvrages. Nous donnons la traduction de Chateaubriand. (Note VII de l'*Itinéraire*.)

« On ne saurait rien imaginer de plus terrible que le bruit dont l'air retentissait de toutes parts; car quel n'était pas celui que faisaient les légions romaines dans leur fureur? Quels cris ne jetaient pas les factieux qui se voyaient environnés de tous côtés du fer et du feu? Quelle plainte ne faisait point ce pauvre peuple qui, se trouvant alors dans le Temple, était dans une telle frayeur, qu'il se jetait, en fuyant, au milieu des ennemis ! Et quelles voix confuses ne poussait point jusqu'au ciel la multitude de ceux qui, de dessus la montagne opposée au Temple, voyaient un spectacle si affreux ! Ceux même que la faim avait réduits à une telle extrémité que la mort était prête à leur fermer pour jamais les yeux, apercevant cet embrase-

ARC DE TITUS : LA TABLE DES PAINS DE PROPOSITION

ment du Temple, rassemblaient tout ce qui leur restait de forces pour déplorer un si étrange malheur; et les échos des montagnes d'alentour et du pays qui est au delà du Jourdain redoublaient encore cet horrible bruit; mais, quelque épouvantable qu'il fût, les maux qui le causaient l'étaient encore davantage. Ce feu qui dévorait le Temple était si grand et si violent, qu'il semblait que la montagne même sur laquelle il était assis brûlât jusque dans ses fondements. Le sang coulait en telle abondance, qu'il paraissait disputer avec le feu à qui s'étendrait davantage. Le nombre de ceux qui étaient tués surpassait celui de ceux qui les sacrifiaient à leur colère et à leur vengeance; toute la terre était couverte de corps morts; et les soldats marchaient dessus pour suivre par un chemin si effroyable ceux qui s'enfuyaient. »

Tandis que les soldats romains se livraient au carnage, une fraction de Zélotes se jetèrent à travers l'incendie qui dévorait la ville basse et gagnèrent la ville haute où ils se retranchèrent une dernière fois. Titus les fit sommer de se rendre, leur promettant la vie sauve. Ils répondirent par des exigences que le général romain ne pouvait admettre, et le massacre reprit de plus belle. La ville haute fut incendiée à son tour, et les chefs des factieux qui s'étaient réfugiés dans les égouts avec le reste de leurs partisans ne tardèrent pas à être faits prisonniers. Les Romains achevèrent de détruire la ville, et ainsi fut accomplie la terrible prophétie que la vue de Jérusalem avait arrachée à Jésus trente-sept ans auparavant.

Les Romains, jaloux de laisser à la postérité un souvenir durable de leur victoire, firent élever à la gloire de Titus un arc de triomphe, monument superbe qui est encore debout à Rome. Des médailles commémoratives furent frappées, et le triomphe fut décerné à Vespasien et à son fils, l'année qui suivit la guerre de Judée.

Sept cents hommes choisis parmi les chefs et parmi les plus beaux soldats de

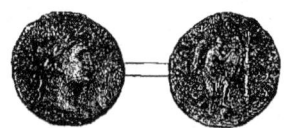

MONNAIE DE BRONZE DE TITUS *

l'armée juive figurèrent dans ce triomphe où les principaux trésors du temple: la table d'or, le chandelier à sept branches, les livres de la loi, les lampes sacrées, les rideaux de pourpre du naos, furent exhibés aux yeux du peuple romain. La cérémonie elle-même fournit ensuite divers motifs pour la décoration de l'arc, spécialement pour les bas-reliefs des faces internes.

Outre l'arc de Titus, les siècles nous ont transmis quelques-unes des monnaies romaines se rapportant à tous ces faits. Quant aux trésors des Juifs, que sont-ils devenus?

Il en périt une partie dans l'incendie du temple de la Concorde et de la maison impériale (191). Le reste fut enlevé par Alaric, au sac de Rome. Plus tard ils suivent le sort de divers conquérants. On les retrouve à Carthage, puis de nouveau à Rome, puis à Carcassonne, à Constantinople, puis, au bout de quelques siècles, on les perd de vue pour toujours (1).

* Cette monnaie, frappée sans doute en Judée, à cause de sa légende grecque, porte l'empreinte de la tête de Titus, couronnée de lauriers, avec ces mots en exergue : « ΑΥΤΟΚΡ (ατωρ) ΤΙΤ-ΟC ΚΑΙCΑΡ (l'empereur Titus Cæsar). Le revers présente une Victoire ailée, demi-nue, le pied gauche posé sur un casque, traçant des caractères sur un bouclier oval adossé contre un palmier et qu'elle maintient de son genou gauche. La légende porte les mots, ΙΟΥΔΑΙΑC-ΕΑΛΩΚΥΙΑC. « La conquête de Juda ». Les caractères qu'elle trace sur le bouclier sont probablement les lettres S. P. Q. R. signifiant au Sénat et au peuple de Rome l'annexion finale de la Judée.

J'insiste à dessein sur l'histoire de ces trésors voyageant par le monde entier pendant des siècles, soumis aux hasards des invasions, passant du vainqueur au vaincu, trophée ou butin, tour à tour marquant la grandeur et la décadence des peuples qui se les disputent et disparaissant enfin, dans le silence final des choses. — N'y aurait-il pas avec des faits de ce genre toute une histoire à créer à côté de la grande histoire de l'humanité? On a écrit l'histoire des hommes; celle des choses est encore à faire, et nous sommes étonné qu'elle n'ait pas tenté encore la plume d'un de nos modernes curieux.

La prise de Jérusalem par Titus marque l'anéantissement définitif de la nation juive. Le jeune César l'a frappée au cœur. S'il n'a pu briser l'orgueil national des Juifs, il a du moins détruit à jamais les forces jalouses qui, pendant un siècle, avaient lutté, ouvertement ou secrètement, contre la domination romaine. C'en est fait des brillantes destinées politiques rêvées par les ambitieux de Juda. Le Christ a passé, on ne l'a pas compris, et la colère divine a pour jamais enrayé l'avenir de ce peuple

MONNAIES JUIVES (D'APRÈS LES TYPES ORIGINAUX CONSERVÉS AU BRITISH MUSEUM) *

qui ne voulait pas du *royaume de Dieu*. Et maintenant les faux Messies se succèdent en vain; Bar-Cochebas ne réussit que pour un instant à galvaniser les tronçons de cette nation foudroyée, une dernière révolte est aussitôt réprimée par le général Julius Severus, la gloire de Juda s'éclipse pour jamais.

La ville sainte elle-même semble disparaître pour des siècles d'entre les cités du monde. Sur les ruines accumulées par la dernière guerre, l'empereur Adrien fait élever une ville romaine qui prend le nom d'*Aelia Capitolina*. Puis, en haine du christianisme, le même souverain fonde sur le sommet du Golgotha (2) un sanc-

---

(1) A cette époque déjà le Golgotha était situé dans l'intérieur de la ville, car Agrippa l'avait englobé dans le tracé de la troisième enceinte, et Adrien avait rebâti la ville exactement sur l'emplacement délimité par le tracé d'Agrippa. (Voir la discussion de M. de Saulcy, *Voyage en Terre-Sainte*, tome II, pages 39-60.)

* La gravure de gauche et celle de droite représentent les deux faces d'une monnaie de bronze, portant encore des traces de lettres grecques. Elle semble avoir été à l'origine une monnaie frappée à Antioche, à l'effigie de l'empereur Trajan. Mais actuellement elle porte sur l'une des faces le nom de « *Simon* » tracé en travers d'un palmier, et sur l'autre une branche de vigne, avec quelques lettres où il faut voir probablement les mots : « *Lacheruth Shaddai* » (la délivrance du Tout-Puissant). La médaille du milieu est l'envers d'un denier (probablement de Domitien) qui a été frappé une seconde fois en Palestine. En effet il porte comme devise une lyre à quatre cordes, et la légende « *Lacheruth Jerusalem* » (la délivrance de Jérusalem), rappelant sans aucun doute le court triomphe des Juifs sous la révolution de Bar-Cochebas, en 134 de Jésus-Christ.

tuaire à Vénus Astarté, et substitue aux ruines du temple juif un temple païen dédié à Jupiter Capitolin. L'entrée de Jérusalem est interdite aux Juifs.

Enfin la religion chrétienne monte sur le trône avec Constantin le Grand. Les idoles qui profanaient les saints lieux sont renversées; l'empereur fait construire sur le tombeau même du Christ une superbe basilique, et sa propre mère, âgée de

STATUE DE TITUS (VISCONTI)

quatre-vingts ans, parcourt la Palestine, répandant dans tout le pays les ouvrages de sa piété. Jérusalem, au dire de saint Jérôme (1), redevient une ville des plus florissantes.

Les tentatives impies de Julien l'Apostat ne changent rien à l'aspect de la Jéru-

(1) « Jérusalem est une grande ville qui a un conseil public, une cour, des officiers, des comédiens, des bouffons, et tout ce qu'on trouve dans les autres villes : une foule tumultueuse et un concours de tous les pays. »

salem chrétienne, et dès la fin du quatrième siècle les pèlerins de toutes nations commencent à y affluer.

Le cinquième siècle voit l'institution du premier patriarcat en Terre-Sainte. Plus tard Justinien continue l'œuvre de Constantin et d'Hélène; il bâtit entre autres l'église de la Présentation et un superbe hôpital. Le pape saint Grégoire et plusieurs princes d'Occident achèvent de consacrer les lieux saints par la construction d'une

ARC DE TITUS

foule d'édifices pieux. Malheureusement la plupart de ces derniers ne tardent pas à être détruits dans la douloureuse période inaugurée par le septième siècle et qui voit l'invasion des Perses.

Cosroës prit Jérusalem, livra les monuments pieux au pillage, et fit un grand carnage de tous les fidèles qui se trouvaient dans la ville. Les prisonniers chrétiens furent rachetés par les Juifs de Judée et massacrés sur place. Ces événements eurent un douloureux retentissement dans le monde chrétien, mais le triomphe des Perses et des Juifs ne fut qu'éphémère.

Quinze ans après le sac de Jérusalem, Héraclius battait Cosroës et faisait son entrée dans la ville sainte en portant sur ses épaules le bois de la vraie croix (1) (629).

Les édifices de Jérusalem furent relevés et rendus au culte. Cette restauration toutefois ne tint que quelques années. En Arabie, depuis le commencement du siècle, des événements se préparaient qui allaient une fois encore bouleverser le monde entier. La parole de Mahomet, semant l'esprit de conquête et de fanatisme parmi les tribus éparpillées dans ces vastes contrées, avait groupé peu à peu sous un même étendard toutes les forces arabes. A l'époque précisément où Héraclius achevait de restaurer Jérusalem, le fondateur de l'Islam mourait et Aboubekr, son beau-père, inaugurait le règne des kalifes. Cinq ans après environ, la garnison grecque de Jérusalem capitulait entre les mains d'Omar, deuxième kalife, et la Syrie entière tombait au pouvoir des Arabes.

Pour se rendre compte du sort créé à Jérusalem et à ses habitants par ces nouveaux conquérants, il suffit de lire le traité signé par Omar. C'est un monument curieux des usages de guerre chez les premiers musulmans (2).

En moins d'un siècle les Arabes se rendirent maîtres de la moitié du monde. L'empire de Constantinople dut leur abandonner ses plus belles provinces. L'Asie, jusqu'à l'Indus et aux déserts tartares, l'Égypte, l'Afrique du nord jusqu'aux Canaries, l'Espagne, tombèrent successivement sous la domination musulmane. La France ne fut sauvée que grâce à la bataille de Poitiers où Charles Martel écrasa les Sarrasins, cent ans juste après la mort de Mahomet (732).

Mais à la fin du huitième siècle déjà la gloire des kalifes commence à décliner. L'étendue même de leur puissance en hâte l'effondrement. L'empire se démembre peu à peu, sous la pression d'une foule de peuples jadis annexés, qui maintenant luttent pour leur indépendance. Des califats nouveaux s'élèvent de toutes parts,

---

(1) Nous suivons toujours les historiens, sans nous préoccuper de dégager le fait exact de l'hyperbole ou de la tradition apocryphe ; mais il est peu probable que la croix d'Héraclius fût la vraie croix ; même en admettant que ce fût un reste de la croix consacrée par Hélène, trois cents ans auparavant, cette dernière ne nous paraissait pas à l'abri de toute contestation. (Voir les historiens ecclésiastiques : Socrate, Sozomène, etc...)

(2) Voici un extrait de ce traité : « Au nom du Dieu clément et miséricordieux ! Voici les articles de la capitulation dont moi, Omar, serviteur de Dieu, commandeur des croyants, je garantis l'exécution au peuple d'Hélia. J'assure la vie des habitants et de leurs enfants, ainsi que la possession de leurs biens, de leurs églises, leurs croix, tout ce qui leur appartient. Leur pays et tout ce qui touche à leur foi religieuse seront respectés. Leurs églises ne subiront ni spoliation, ni destruction ni outrages. Aucun habitant de Jérusalem ne sera inquiété dans la pratique de sa foi religieuse, personne ne sera exposé à des outrages ; pas un seul des Juifs d'Hélia ne sera dépouillé. Il est arrêté que le peuple d'Hélia payera le même tribut que les autres villes conquises. Les Grecs et les voleurs auront trois jours pour quitter la ville, sans courir de risques pour leur existence et pour leurs biens. Tous les habitants du pays qui viendront se fixer à Hélia seront assujettis au même tribut. »

les guerres dynastiques recommencent à ensanglanter la Judée. En 970 de nouveaux conquérants apparaissent; ce sont les Fatimites d'Égypte. Sous leur domination le sort des chrétiens de Jérusalem devient de plus en plus intolérable. Hakem fait raser l'église du Saint-Sépulcre et persécute tous les fidèles. Les empereurs grecs n'obtiennent qu'à prix d'or la permission de reconstruire la basilique. Enfin dans le cours du onzième siècle, les Seljoucides et les Ortokides, hordes turcomanes venues du fond de la Tartarie, s'emparent successivement de Jérusalem, et leurs mouvements, de plus en plus menaçants pour l'Occident, font trembler sur son trône l'empereur de Constantinople.

Pour la première fois il est question en Europe d'aller arracher le Saint-Sépulcre

ARC DE TITUS, APOTHÉOSE DE TITUS.

aux infidèles. Les navrants témoignages des pèlerins qui reviennent de Jérusalem, les récits de leurs souffrances, de l'état déplorable des chrétiens de Terre-Sainte, de la barbarie et du vandalisme des Seljoucides, portent à son comble la surexcitation des esprits en France. Pierre d'Amiens, un de ceux qui ont le plus souffert en Palestine, revient en Europe pour prêcher la guerre sainte.

A cette époque la plupart des pays occidentaux sortent à peine d'une crise douloureuse. Des fléaux sans cesse renouvelés ont tari leurs principales sources de richesses. Des pestes, des famines, des calamités de toute nature, ont diminué les uns, ruiné les autres, appauvri les forces vives du peuple. Celui-ci n'est pas rebuté par l'idée d'une expédition lointaine, l'émigration lui semble plutôt un remède au mal dont il souffre, par delà les lointains horizons il entrevoit des hasards meilleurs; coups de fortune ou coups d'épée, qu'importe, tout à gagner et rien à perdre : les passions religieuses aidant, la décision du concile de Clermont jette des millions de pèlerins en Palestine.

Ce n'est pas ici le lieu de discuter l'utilité des croisades. Si dans le cours de ce travail des faits se rencontrent, qui nous paraissent de nature à éclairer les opinions multiples émises à ce sujet, nous ne manquerons pas de les mettre en relief. L'histoire de Jérusalem pendant les guerres saintes ne nous permet aucune digression de ce genre. Elle est tout entière dans les deux dates capitales de l'histoire même des croisades : la prise de la cité sainte par les soldats de Jésus-Christ (15 juillet 1099), et sa reprise par Saladin, le 2 octobre 1187, époque qui marque la fin du royaume chrétien de Jérusalem et qui clôt définitivement l'ère politique de la ville sainte.

On sait que pendant la marche des Francs à travers l'Europe pour gagner la Syrie par le nord, les Fatimites d'Égypte avaient repris Jérusalem sur les Seljoucides. A l'époque où les croisés apparurent, la cité était entre les mains d'un prince d'Égypte, Stifkhar-el-Daoulé.

Arrivés en vue de Jérusalem, du côté de la porte de Damas, les croisés dressèrent leur camp sur une esplanade couverte d'oliviers, entre la grotte de Jérémie et les tombeaux des rois. Robert, comte de Flandre, et Robert, comte de Normandie, s'installèrent définitivement au nord même de la ville. Tancrède et Godefroy de Bouillon se placèrent au nord-ouest, et leur camp allait jusqu'à la porte de Bethléem, où il rencontrait celui du comte de Toulouse qui avait dressé ses tentes en face de la tour de David. Ce dernier changea d'emplacement un peu plus tard, il vint camper du côté de l'église du Saint-Cénacle.

On voit par là que le midi et l'est de la ville furent laissés libres. L'armée chrétienne en effet ne comptait que 20,000 hommes, dont 12,000 valides seulement, selon Raymond d'Agiles ; elle était trop faible par conséquent pour investir complètement la ville, et celle-ci d'ailleurs se trouvait couverte à l'est et au sud par les vallées du Cédron et de Hinnom, vallées profondes qui rendaient tout assaut impraticable.

Les ouvrages extérieurs des assiégés ne tinrent que quelques jours, au bout desquels ceux-ci furent obligés de se renfermer dans l'intérieur de la ville, tant le siège était conduit avec vigueur.

Les croisés, enthousiasmés de ce rapide succès, tentèrent aussitôt un premier assaut, dans lequel Tancrède faillit perdre la vie, en voulant sauver ses compagnons d'armes, une poignée d'imprudents héroïques qui furent massacrés sur les remparts qu'ils avaient escaladés en trop petit nombre. Cet échec servit de leçon aux téméraires ; on ne s'occupa plus dès lors que de la construction des machines destinées au siège, béliers, tours d'approche, etc., tout le monde se mit à l'œuvre, les femmes même et les enfants, et le camp présenta bientôt le spectacle de l'animation la plus pittoresque.

Cependant on était arrivé au milieu de l'été, et l'armée chrétienne ne tarda pas à souffrir de la soif. Le moine Robert et Raymond d'Agiles, témoins oculaires, font une peinture effrayante des maux dont souffrirent les croisés pendant les dernières semaines du siège. Robert nous apprend que les soldats creusaient la terre et en pressaient les mottes humides contre leur bouche ; ils léchaient les

PORTE DE DAMAS

pierres mouillées de rosée, et quelques-uns même s'abstenaient de manger, pensant diminuer leur soif.

« Lorsque la source de Siloë venait à couler, dit de son côté Raymond d'Agiles (1), les chrétiens s'y précipitaient les uns les autres et souvent ils y périssaient avec leur bétail. La source était ainsi remplie, et de ceux qui s'y laissaient tomber et de cadavres d'animaux. On voyait beaucoup de malades étendus près de là, ne pouvant élever la voix, tant leur langue était desséchée, et, ouvrant seulement la bouche, ils tendaient la main à ceux qu'ils voyaient emporter de l'eau. Dans les champs, les chevaux, les mulets, les bœufs et la plupart des bestiaux ne pouvaient

(1) *Bibliothèque des Croisades*, de Michaud (tome I).

faire un seul pas; lorsqu'ils étaient épuisés par la soif, ils tombaient aux lieux mêmes où ils étaient longtemps restés immobiles. »

La situation de l'armée fut un peu améliorée par l'arrivée à Jaffa de neuf vaisseaux génois qui envoyèrent aux croisés les vivres qu'ils avaient à bord, et dont les équipages se joignirent aussitôt aux soldats occupés à la construction des machines de guerre.

Le jour de l'assaut ayant été fixé au 14 juillet, l'armée se prépara au combat par une procession générale au mont des Oliviers (8 juillet). Tous les pèlerins durent y assister pieds nus. « Descendus de la montagne des Olives, dit Michaud d'après les chroniqueurs, les pèlerins traversèrent la vallée de Siloë, et se rendirent sur le mont Sion ; là plusieurs clercs furent atteints par les flèches de l'ennemi, et les croisés se trouvèrent assez près des remparts pour voir les insultes faites par les infidèles aux images de la croix. »

Pendant la nuit qui précéda le 14 juillet, les béliers furent mis en batterie, et les tours d'approche installées sous les murs, dans l'espace qui s'étendait entre l'église Saint-Étienne et la vallée de Josaphat. L'assaut commença dès le lever du jour, mais les Sarrasins se défendirent avec le courage du désespoir, et les croisés, ce jour-là, n'obtinrent aucun résultat.

Le combat recommença le lendemain dès l'aube. Tandis que la tour d'approche du comte de Toulouse faiblissait, celle de Godefroy résistait à merveille. « Godefroy, dit Robert (1), se montrait du haut de la tour, non comme un fantassin, mais comme un archer. Le Seigneur dirigeait sa main dans le combat, et toutes les flèches qu'elle lançait perçaient l'ennemi de part en part. Auprès de ce guerrier étaient Beaudoin et Eustache ses frères, de même que deux lions auprès d'un lion : ils recevaient les coups terribles des pierres et des dards, et les renvoyaient avec usure à l'ennemi. »

Et le même auteur continue :

« Tandis que l'on combattait ainsi sur les murs de la ville, on faisait une procession autour de ces mêmes murs, avec les croix, les reliques et les autels sacrés (2). L'avantage demeura incertain pendant une partie du jour ; mais à

---

(1) Traduction de Chateaubriand, dans l'*Itinéraire*.

(2) Selon Raoul de Camp, les scènes qui accompagnèrent les derniers assauts étaient d'un lugubre où se mêlait parfois la note comique. L'aspect seul de la ville causait, paraît-il, une impression générale *irrémittente*, où dominait la tristesse. « Il y avait là beaucoup de lamentations, dit Raoul en décrivant l'un des derniers assauts, et pas un cri de joie (*risus nullus*). Mais quels hommes *n'eussent été poussés à un rire mêlé de larmes* par la vue des prêtres guerriers, qui, lorsque les chevaliers commençaient à être fatigués, eux-mêmes, hommes faibles vêtus de leurs blanches étoles, pleuraient en transportant des échelles, et chantaient des hymnes en pleurant, travaillant à la fois et ranimant les nôtres par leurs discours et les cris sans cesse répétés de *Kyrie, eleison*. » (*Bibliothèque des Croisades*, tome II.)

l'heure où le Sauveur du monde rendit l'esprit un guerrier nommé *Létolde*, qui combattait dans la tour de Godefroy, saute le premier sur les remparts de la ville : Guicher le suit, ce Guicher qui avait terrassé un lion ; Godefroy s'élance le troisième, et tous les autres chevaliers se précipitent sur les pas de leur chef. Alors les arcs et les flèches sont abandonnés ; on saisit l'épée. A cette vue, les ennemis désertent les murailles et se jettent en bas dans la ville ; les soldats du Christ les poursuivent avec de grands cris. »

Au moment dont parle le chroniqueur, c'est-à-dire vers trois heures après-midi, les soldats de Godefroy étaient arrivés en effet à abattre le pont volant de la tour. Les premiers arrivés dans l'intérieur des murs reçurent l'ordre d'enfoncer la porte Saint-Étienne. Cet ordre ayant été exécuté par les soldats de Tancrède, les pèlerins se précipitèrent par cette porte avec une telle violence que plusieurs d'entre eux périrent écrasés par le nombre.

Le chroniqueur poursuit :

« Le comte de Saint-Gilles, qui de son côté faisait des efforts pour approcher ses machines de la ville, entendit ces clameurs. « Pourquoi, dit-il à ses soldats, « demeurons-nous ici ? Les Français sont maîtres de Jérusalem ; ils la font retentir « de leurs voix et de leurs coups. » Alors il s'avance promptement vers la porte qui est auprès du château de David ; il appelle ceux qui étaient dans ce château, et les somme de se rendre. Aussitôt que l'émir eut reconnu le comte de Saint-Gilles, il lui ouvrit la porte, et se confia à la foi de ce vénérable guerrier.

« Mais Godefroy avec les Français s'efforçait de venger le sang chrétien répandu dans l'enceinte de Jérusalem, et voulait punir les infidèles des railleries et des outrages qu'ils avaient fait souffrir aux pèlerins. Jamais dans aucun combat il ne parut aussi terrible, pas même lorsqu'il combattit le géant sur le pont d'Antioche ; Guicher et plusieurs milliers de guerriers choisis fendaient les Sarrasins depuis la tête jusqu'à la ceinture, ou les coupaient par le milieu du corps. Nul de nos soldats ne se montrait timide, car personne ne résistait. Les ennemis ne cherchaient qu'à fuir, mais la fuite pour eux était impossible : en se précipitant en foule, ils s'embarrassaient les uns les autres. Le petit nombre qui parvint à s'échapper s'enferma dans le temple de Salomon, et s'y défendit assez longtemps. Comme le jour commençait à baisser, nos soldats envahirent le Temple ; pleins de fureur, ils massacrèrent tous ceux qui s'y trouvèrent. Le carnage fut tel, que les cadavres mutilés étaient entraînés par les flots de sang jusque dans le parvis ; les mains et les bras coupés flottaient sur ce sang, et allaient s'unir à des corps auxquels ils n'avaient point appartenu. »

Au reste tous les chroniqueurs du temps s'accordent sur les scènes d'horreur qui signalèrent l'entrée des chrétiens dans Jérusalem, et les racontent avec le même sang-froid barbare qui caractérise bien les mœurs guerrières des chrétiens de l'époque. Raoul de Camp nous offre une description à peu près semblable à celle de Robert. Raymond d'Agiles en fait une plus terrible encore, dont voici un passage :

« Quand les nôtres furent maîtres des remparts et des tours, on vit des choses étonnantes. Parmi les Sarrasins, les uns avaient la tête coupée, et *c'était le moins qui pût leur arriver* (sic), les autres, percés de traits, se voyaient forcés de s'élancer du haut des tours ; d'autres enfin, après avoir longtemps souffert, étaient livrés aux flammes. On voyait dans les rues et sur les places de Jérusalem des monceaux de têtes, de mains et de pieds. Partout on ne marchait qu'à travers les cadavres. Mais tout cela n'est encore que peu de chose. Venons au temple de Salomon où les Sarrasins avaient coutume de célébrer leurs solennités. C'est ici que la vérité sera difficile à croire. Qu'il nous suffise de dire que, dans le temple et dans le portique de Salomon, les cavaliers étaient dans le sang jusqu'aux genoux, et que les flots de sang s'élevaient même jusqu'au frein des chevaux. » (*Biblioth. des Croisades*, tome Ier.)

Les grandes cérémonies religieuses, par lesquelles les croisés fêtèrent la prise de la cité, s'accomplirent à peu près conjointement avec les massacres impies ordonnés pour le même motif, de telle sorte que les unes et les autres nous paraissent aujourd'hui avoir été inspirés par le même but d'être agréable à Dieu.

Et, de fait, les croisés n'étaient pas éloignés de le croire, leurs idées religieuses n'ayant pas acquis le degré de civilisation auquel devait atteindre plus tard la religion chrétienne, de cette civilisation qui a fait du christianisme moderne une si magnifique institution. Leur Dieu était bien l'Éternel des armées, le terrible Jéhovah des Juifs, le grand ordonnateur des massacres qui signalèrent la fondation et le règne de Juda, une sorte de Jupiter tonitruant qui foudroyait les peuples qui lui déplaisaient ; mais comme il était loin de ressembler à ce Père clément, à ce Dieu d'amour, de charité, de miséricorde que Jésus avait enseigné à ses apôtres sur les lieux mêmes où l'on venait de rétablir son règne en versant tant de sang inutile (1) !

On sait comment fut institué le royaume chrétien de Jérusalem (2). Les chefs de

---

(1) Le lendemain de la prise de Jérusalem, les chefs de l'armée chrétienne firent mettre à mort tous les prisonniers, y compris ceux qui avaient racheté leur vie à prix d'argent. Les Juifs furent brûlés vifs dans leurs synagogues.

(2) Le royaume de Jérusalem fut organisé féodalement, comme la France et la plupart des pays européens. Les principaux vassaux étaient le prince d'Antioche, le prince de Tibériade, les comtes d'Édesse et de Tripoli, le comte de Jaffa, le seigneur de Montroyal, etc. Cette organisation, au reste, ne changea rien à l'aspect politique du pays, car, déjà avant les Croisés, les divers émirs de Syrie avaient érigé leurs domaines en suzerainetés, et Saladin plus tard y rétablit cette sorte de régime féodal en faveur de ses émirs, à qui il abandonna en fiefs ses principales conquêtes. Ceux-ci se trouvaient ainsi directement intéressés à en maintenir l'intégrité.

PORTE DORÉE (ENCEINTE EXTÉRIEURE DU HARAM)

l'armée eurent d'abord maille à partir avec le clergé qui voulait élire un chef spirituel, disant *qu'il ne fallait pas nommer un roi là où Jésus-Christ avait porté une couronne d'épines*. (Voir Raymond d'Agilles.) Quelques chroniqueurs, il est vrai, attribuent cette belle parole à Godefroy qui, bien que sacré roi de Jérusalem, refusa en effet d'en porter le titre et la couronne.

De la domination chrétienne à Jérusalem, qui dura quatre-vingt-huit ans, il ne reste guère aujourd'hui que quelques monuments plus ou moins bien conservés, que nous examinerons plus loin. Quant à la situation topographique de la ville, elle est encore exactement la même qu'autrefois, avec des murailles neuves seulement et çà et là quelques angles agrandis, dont les modifications successives ont été d'ailleurs parfaitement déterminées par les archéologues modernes. De même les portes n'ont pas changé ; des constructions plus modernes ont remplacé les anciennes, mais on les retrouve chacune à la place qu'elles devaient occuper autrefois.

Michaud, qui a parcouru, les chroniques en main, tous les environs immédiats de Jérusalem, a reconnu la plupart des endroits décrits par les historiens et qu'ont illustrés les faits de la première croisade (1). Au reste, le spectateur le moins sagace ne peut manquer de reconnaître l'esplanade qui servit de campement aux croisés arrivés sous les murs de Jérusalem. C'est l'endroit le plus commode pour les mouvements d'une armée, et il commande précisément le côté le plus faible, c'est-à-dire le plus facilement accessible de l'enceinte. L'auteur de la *Correspondance d'Orient* constate cependant que la vue du paysage en général diminue un peu la gloire des croisés, et nous sommes absolument de son avis quand il dit que les véritables remparts de la ville sainte étaient les montagnes de la Judée, et qu'une fois ces remparts formidables franchis, rien ne devait plus arrêter les croisés.

La moderne Jérusalem, au temps de Michaud du moins (1831), était, paraît-il, plus accessible encore à l'ennemi que celle que prirent les croisés, car voici la remarque amusante par laquelle notre auteur termine la lettre déjà citée :

« ... Vous auriez été bien étonné si vous aviez vu la frayeur des Turcs, lorsque nous avons fait notre entrée presque triomphante à Jérusalem. La garnison de la ville était partie pour le pays de Naplouse ; notre caravane était nombreuse, montée sur de bons coursiers, armée de sabres, de pistolets et de fusils ; il ne tenait qu'à nous de dire avec Isaïe, de dire comme les croisés : *Fille de Sion*, sors de la poussière ; réveille-toi, Jérusalem. Qu'auriez-vous pensé, mon cher ami, si vous aviez lu dans les journaux que nous avons pris la ville sainte ? La difficulté, je vous l'avoue, n'était pas de la prendre, mais de la garder et de la gouverner. Je dois

---

(1) Voir le tome II de la *Correspondance d'Orient* (Lettre C : *Promenade autour des murailles de Jérusalem*).

d'ailleurs ajouter que, si nous avions fait cette conquête, il aurait fallu en remercier M. de Bourmont et ses compagnons d'armes ; car depuis qu'on sait en Orient la prise d'Alger, il suffit de porter un habit français pour se faire ouvrir les portes de toutes les cités (1). »

Le tome IV de la *Bibliothèque des Croisades*, tome qui renferme les extraits des auteurs arabes, nous fournit d'importants détails sur la conquête de Jérusalem par Saladin (octobre 1187). Cette période, très importante dans l'histoire de la ville sainte, en ce qu'elle marque son retour définitif à la domination musulmane, mérite d'être étudiée particulièrement, au point de vue surtout des usages de guerre sous Saladin, usages qui sont tout à l'éloge de ce dernier, et jettent par contre un bien mauvais jour sur ceux des croisés plus civilisés cependant. On nous objectera, sans doute, que les récits empruntés à des auteurs arabes, sont d'avance condamnés comme entachés d'une partialité trop naturelle ; mais cet argument ne trouvera que peu de crédit auprès de ceux qui ont lu les chroniques de Bernard le Trésorier, où Saladin est plus favorablement traité encore que par les auteurs arabes eux-mêmes (2).

Après la sanglante bataille de Tibériade, où périt la fleur de la chevalerie française, où le roi lui-même fut fait prisonnier, où tant de chrétiens moururent des mains des infidèles qu'un auteur arabe écrivait à cette époque *qu'il n'était pas rare de rencontrer dans les rues de Damas des têtes de chrétiens exposées en guise de melons*, après une aussi navrante défaite, Jérusalem, sans roi, sans armée, était vaincue d'avance. Aussi quand l'armée de Saladin vint camper devant les murs de la ville, qu'il investit principalement du côté du nord et du midi, la terreur et le désespoir s'emparèrent des assiégés. Mais l'ardent et noble désir du martyre ne tarda pas à rallumer leur courage. Tout le monde prit les armes ; les prêtres eux-mêmes allaient sur les remparts s'offrir aux traits de l'ennemi.

Les premières attaques furent poussées par Saladin avec une vigueur extraor-

---

(1) Cette manie d'éblouir les Turcs a failli coûter cher à Michaud, qui eut un jour la fantaisie puérile d'endosser l'habit à palmes de l'Institut pour aller prier aux lieux où le Christ est mort sur la croix. Il raconte lui-même, dans un style adorablement naïf, comment il fut puni par où il avait péché : « Il en coûte toujours beaucoup en Orient, et même aux voyageurs, de passer pour être les favoris de la fortune, et de paraître comblé de biens ; je vous raconterai à ce sujet ce qui m'est arrivé. J'ai voulu aller à l'église du Saint-Sépulcre et sur le mont Sion avec l'habit de l'Institut ; les palmes dont ce costume est orné et sa couleur verte, couleur privilégiée chez les Musulmans, avaient beaucoup ébloui les Turcs ; on a été jusqu'à me prendre pour un prince de l'Occident. Lorsqu'on est venu m'annoncer tout cela, j'en ai été effrayé, car les Turcs parlaient déjà d'un backschich que je devais leur payer. J'ai prié le drogman de Saint-Sauveur de démentir tous les bruits qui s'accréditaient sur ma grandeur, et surtout de faire entendre aux musulmans qu'il y avait bien loin de l'un des quarante à un prince qui donne de gros backschichs. On a consenti à ne voir en moi qu'un pauvre pèlerin, et j'en ai été quitte pour la peur. (*Correspondance d'Orient*, tome IV, lettre XCIX.)

(2) Voir à ce sujet les extraits donnés par Michaud dans le tome II de la *Bibliothèque des Croisades* : *Histoire des Croisades*, écrites en français par Bernard le Trésorier. (Collection Muratori.)

dinaire. Les flèches tombaient comme des gouttes de pluie, dit Raoul de Coggeshale, témoin oculaire, et l'on ne pouvait montrer le doigt au-dessus des remparts sans être atteint. Le nombre des blessés était si grand que tous les médecins de la ville ne suffisaient pas à arracher les traits de leur corps (1). » Réduits à la dernière misère, et menacés d'une brèche imminente, les chrétiens demandèrent à capituler. Mais Saladin se montra d'abord inflexible, disant qu'il voulait rendre aux chrétiens ce que ceux-ci avaient fait souffrir aux musulmans lors de la

JÉRUSALEM (MUR D'ENCEINTE)

prise de Jérusalem en 1099. Alors Balian, qui commandait la ville, posa cet ultimatum au soudan :

« Sache, ô sultan, que nous sommes en nombre infini, et que Dieu seul peut se
« faire une idée de notre nombre. Les habitants répugnent à se battre, parce qu'ils
« s'attendent à une capitulation, ainsi que vous l'avez accordée à tant d'autres.
« Ils redoutent la mort et tiennent à la vie; mais, si une fois la mort est

(1) Voir au sujet de ce siège le septième livre de l'*Histoire des Croisades*, de Michaud, les *Chroniques de Bernard le Trésorier*, le tome IV de la *Bibliothèque des Croisades*, et la *Chronique* de Raoul de Coggeshale, dans la collection Martène et Durand (*Veterum scriptorum et monumentorum historicorum, dogmaticorum, moralium, amplissima collectio, cura* Edmundi Martène et Ursini Durand, Parisiis, 1724).

» inévitable, j'en jure par le Dieu qui nous entend : nous tuerons nos femmes et
« nos enfants ; nous brûlerons nos richesses, nous ne vous laisserons pas un écu.
« Vous ne trouverez plus de femmes à réduire en esclavage, d'hommes à mettre
« dans les fers. Nous détruirons la chapelle de la Sacra et la mosquée Alacsa,
« avec tous les lieux saints. Nous égorgerons tous les musulmans, au nombre
« de cinq mille, qui sont captifs dans nos murs. Nous ne laisserons pas une seule
« bête de somme en vie. Nous sortirons contre vous ; nous nous battrons en gens
« qui défendent leur vie. Pour un de nous qui périra, il en tombera plusieurs des
« vôtres. Nous mourrons libres ou nous triompherons avec gloire. »

Saladin eut peur sans doute que les chrétiens ne tinssent parole, car il finit par leur accorder la capitulation demandée. Moyennant une rançon convenue (dix pièces d'or pour les hommes, cinq pour les femmes, et deux pour les enfants) les chrétiens pouvaient quitter Jérusalem sans être inquiétés. Balian s'engageait en outre à payer 30,000 pièces d'or pour la rançon des pauvres, dont le nombre avait été fixé approximativement à dix-huit mille. Un délai de quarante jours fut accordé pour le payement des rançons individuelles, délai après l'expiration duquel tout chrétien qui ne serait point acquitté serait considéré comme esclave.

Ces conditions arrêtées, Saladin fit son entrée dans Jérusalem, et célébra le même jour son triomphe par une fête brillante et d'ailleurs absolument pacifique. De grandes réceptions eurent lieu sous des tentes dressées dans un endroit élevé, en dehors de la ville (probablement le Scopos). Saladin accueillit tout le monde, grands et petits, avec la même cordialité, et fit, à cette occasion, de grandes libéralités à tous ses coreligionnaires en général.

Pour ce qui advint des chrétiens, nous ne pouvons mieux faire que de laisser la parole au traducteur et commentateur des écrivains arabes (Bibliothèque des Croisades, tome IV) en faisant remarquer au lecteur que la plupart des faits que ces derniers nous apprennent sont confirmés par Bernard le Trésorier.

« Pendant ce temps, les chefs des chrétiens évacuaient la ville. Ibn-alatir cite d'abord une princesse grecque, qui mena dans Jérusalem la vie monastique, et à qui Saladin permit de se retirer avec sa suite et ses richesses. Telle était sa douleur, suivant l'expression d'Émad-eddin, que les larmes coulaient de ses yeux comme les pluies descendent des nuages. On vit ensuite paraître la reine de Jérusalem, dont le mari était alors captif entre les mains du sultan, et qui alla le rejoindre à Naplouse ; puis s'avança la veuve de Renaud, seigneur de Carac, dont le fils était aussi prisonnier. La mère, en se retirant, demanda la liberté de son fils : le sultan y mit pour condition qu'on lui livrerait Carac. Comme cette

(1) *Bibliothèque des Croisades*, tome IV (auteurs arabes)

condition ne fut pas remplie, sa demande fut rejetée. Enfin on vit sortir le patriarche, emportant avec lui les richesses des églises et des mosquées.

Le patriarche avait enlevé tous les ornements d'or et d'argent qui couvraient le tombeau du Messie. Voyant qu'il emportait ces richesses, l'historien Emad-eddin dit au sultan :

« Voilà des objets pour plus de deux cent mille pièces d'or : vous avez « accordé sûreté aux chrétiens pour leurs effets, mais non pour les ornements des « églises. — Laissons-les faire, répondit le sultan ; autrement ils nous accuseraient « de mauvaise foi. Ils ne connaissent pas le véritable sens du traité. Donnons-leur « lieu de se louer de la bonté de notre religion. » En conséquence, on n'exigea du patriarche que dix pièces d'or, comme pour tous les autres.

Les chrétiens qui étaient en état de payer sortirent successivement de la ville. On avait placé aux portes des gens chargés de recevoir le tribut. Ibn-alatir se plaint de la cupidité des émirs et de leurs subalternes, qui, au lieu de remettre cet argent au sultan, en détournèrent une partie à leur profit. « S'ils s'étaient conduits fidèlement, dit-il, le trésor eût été rempli. On avait estimé le nombre des chrétiens de la ville en état de porter les armes, à soixante mille, sans compter les femmes et les enfants. En effet, la ville était grande et la population s'était accrue des habitants d'Ascalon, de Ramla et des autres villes du voisinage. La foule emcombrait les rues et les églises, et l'on avait peine à se faire place. Une preuve de cette multitude, c'est qu'un très grand nombre payèrent le tribut et furent renvoyés libres. Il sortit aussi dix-huit mille pauvres, pour lesquels Balian avait donné trente mille pièces d'or ; et pourtant il resta encore seize mille chrétiens qui, faute de rançon, furent faits esclaves. C'est un fait qui résulte des registres publics, et sur lequel il ne peut pas rester d'incertitude. Ajoutez à cela qu'un grand nombre d'habitants sortirent par fraude, sans payer le tribut. Les uns se glissèrent furtivement du haut des murailles à l'aide de cordes ; d'autres empruntèrent à prix d'argent des habits musulmans, et sortirent sans rien payer. Enfin quelques émirs réclamèrent un certain nombre de chrétiens comme leur appartenant, et touchèrent eux-mêmes le prix de leur rançon (1). En un mot, ce ne fut que la moindre partie de cet argent qui entra au trésor. »

« Il avait été stipulé que les chrétiens laisseraient, en sortant, leurs chevaux et leurs armes ; aussi la ville s'en trouva remplie. Emad-eddin rapporte sur ce même sujet que les chrétiens vendirent, en partant, leurs meubles et leurs effets ; mais ce fut à si bas prix, qu'ils semblaient les donner, ainsi qu'il est dit dans l'Alcoran :

(1) Nous avons dit plus haut qu'à cette époque la Syrie (abstraction faite des territoires occupés par les croisés) était en quelque sorte organisée féodalement, c'est-à-dire divisée en un certain nombre de fiefs appartenants à des émirs relevant de l'Égypte. Il était donc facile à ces derniers de réclamer les chrétiens domiciliés dans leurs domaines et qui ne se trouvaient à Jérusalem que par hasard.

« O combien ils laissèrent alors de jardins et de fontaines, de champs ensemencés et de nobles demeures qui faisaient leur jouissance et que nous donnâmes en héritage à un autre peuple. »

« Les chrétiens, en sortant, avaient la liberté d'aller où ils voulaient : les uns se rendirent à Antioche et à Tripoli, d'autres à Tyr ; quelques-uns en Égypte, où ils s'embarquèrent à Alexandrie pour les pays d'Occident. Au rapport de l'historien des patriarches d'Alexandrie, Saladin montra en cette occasion les égards et les sentimens les plus généreux. Il donna aux fugitifs une escorte qui les protégea sur toute la route ; ceux entre autres, au nombre de cinq cents, qui se rendirent à Alexandrie, furent défrayés de toute dépense. Comme en ce moment il ne se trouvait pas à Alexandrie de navire qui pût les emmener, ils attendirent une occasion favorable. Leur séjour en Égypte fut de plus de six mois. Saladin voulut qu'on fournît à tous leurs besoins, et paya même le prix de leur voyage, afin, disait-il, qu'ils s'en allassent contens. D'après son ordre, le gouverneur d'Alexandrie et ses agens se montrèrent pleins d'attention pour eux, et en eurent soin jusqu'à leur entier embarquement. »

A l'égard des chrétiens qui restèrent à Jérusalem, particulièrement de ceux du rite grec, qui ne furent nullement inquiétés, on lit dans Émad-eddin qu'ils conservèrent leurs biens, à condition de payer, outre la rançon commune à tous, un tribut annuel. Quatre prêtres latins seulement eurent la faculté de demeurer pour desservir l'église du Saint-Sépulcre, et furent exemptés du tribut. « Quelques zélés musulmans, poursuit l'auteur, avaient conseillé à Saladin de détruire cette église, prétendant qu'une fois que le tombeau du Messie serait comblé et que la charrue aurait passé sur le sol de l'église, il n'y aurait plus de motif pour les chrétiens d'y venir en pèlerinage ; mais d'autres jugèrent plus convenable d'épargner ce monument religieux, parce que ce n'était pas l'église, mais le Calvaire et le tombeau qui excitaient la dévotion des chrétiens, et que, lors même que la terre eût été jointe au ciel, les nations chrétiennes n'auraient pas cessé d'affluer à Jérusalem. Ils firent observer en outre que lorsque le calife Omar, dans le premier siècle de l'islamisme, se rendit maître de la ville sainte, il permit aux chrétiens d'y demeurer, et respecta l'église du Saint-Sépulcre. »

Cette dernière raison convainquit Saladin, car l'église fut en effet rendue aux chrétiens qui continuèrent à y faire leurs dévotions et leurs pèlerinages comme par le passé. Nous verrons plus tard ce que devinrent les autres monuments chrétiens sous la période de Saladin.

En 1229 un traité conclu par l'empereur Frédéric II avec le sultan Malec-Kamel rendit la ville aux chrétiens, en réservant toutefois aux musulmans leurs principaux lieux de prière et le libre exercice de leur culte. Le traité stipulait de plus une trêve de dix ans (1). Quelques années plus tard Jérusalem fut saccagée une fois de plus par les Karismiens, puis, passant des Karismiens aux Mameluks d'Égypte, elle retomba définitivement sous le joug musulman.

En 1517, les Osmanlis ayant fait la conquête de l'Égypte et de la Syrie,

MONNAIE DE BAR-COCHAB *

Sélim Ier réunit ces deux pays à l'empire turc, et la Palestine, depuis, est restée sous la domination ottomane.

Les siècles suivants n'offrent d'ailleurs aucun fait intéressant concernant Jérusalem, et nous pouvons terminer ici cet aperçu historique déjà trop long.

---

(1) Voir Mathieu Paris, *Grande Chronique*, ann. 1229.

* Simon Bar-Cochab ou Bar-Cochebas (fils d'une étoile). L'étoile qui surmonte le fronton du temple hétrastyle représenté sur l'une des faces de cette monnaie que M. de Sauley attribue à Bar-Cochab, montre avec quelle ardeur les Juifs, lors de leur dernière révolte contre les Romains, rêvaient l'accomplissement des anciennes prophéties mosaïques. (Voir *Nombres*, XXIV, 17-24.)

Le nom de Simon est gravé autour de la façade du temple. La face opposée de cette monnaie porte en exergue les mots : « *Délivrance de Jérusalem* » entourant le citron et la palme, symboles de la fête des Tabernacles, et devise nationale de Simon Machabée. Les caractères sont en langue samaritaine. L'original de cette monnaie est au British Museum.

CHAPITRE VI

COUP D'ŒIL SUR LA VIE EXTÉRIEURE ET LES MŒURS

La maison orientale. — Influence du climat et des milieux. — Théories esthétiques. — Condition des femmes, réglée par le Koran. — Physionomie du Syrien. — Lois esthétiques des paysages de Terre-Sainte. — Théorie de Herbert Spencer. — Les arts en Syrie. — La prière musulmane. — Mœurs et coutumes domestiques. — Jérusalem, topographie, populations, rues et quartiers.

Volney a saisi et rendu avec beaucoup d'esprit l'impression produite sur l'Européen par les caractères extérieurs de la vie orientale.

« Lorsqu'un Européen, dit-il, arrive en Syrie, et même en général, en Orient, ce qui le frappe le plus dans l'extérieur des habitants, est l'opposition presque totale de leurs manières aux nôtres: l'on dirait qu'un dessein prémédité s'est plu à établir une foule de contrastes entre les hommes de l'Asie et ceux de l'Europe. Nous portons des vêtements courts et serrés; ils les portent longs et amples. Nous laissons croître les cheveux, et nous rasons la barbe; ils laissent croître la barbe et rasent les cheveux. Chez nous, se découvrir la tête est une marque de respect; chez eux, une tête nue est un signe de folie. Nous saluons inclinés, ils saluent droits. Nous passons la vie debout, eux assis. Ils s'asseyent et mangent à terre; nous nous tenons élevés sur des sièges. Enfin, jusque dans les choses du langage, ils écrivent à contre-sens de nous, et la plupart de nos noms masculins sont féminins chez eux. »

Et Volney poursuit ses observations en insistant sur les dehors graves et flegmatiques du musulman, et sur le caractère religieux qu'il prête aux moindres faits de la vie quotidienne. Puis le savant voyageur enfourche son dada politique, et fait le procès à Montesquieu qui, dans *l'Esprit des lois*, émet l'opinion que les particularités relatives aux mœurs et coutumes des pays chauds doivent être attribuées aux climats de ces pays. Volney combat en principe cette opinion qu'il traite de paradoxe; pour lui, l'agent essentiel de toutes les étrangetés qui nous frappent chez les peuples d'Orient, c'est l'organisation politique du pays, c'est-à-dire le despotisme (1).

Il nous suffira de jeter un coup d'œil autour de nous dans Jérusalem, pour trouver aux observations de Volney des commentaires intéressants, et il ne déplaira pas sans doute au lecteur que nous donnions cette fois notre avis personnel sur les mœurs orientales, question toujours attrayante à cause du voile mystérieux où elle semble se draper sans cesse, mais dont un coin se soulève chaque jour, révélant aux penseurs modernes les problèmes qu'il avait dérobés à leurs devanciers.

ABLUTIONS MUSULMANES

Et d'abord la maison orientale considérée dans son ensemble n'est-elle pas la synthèse la plus parfaite de tout ce que la vie en Orient offre de contrastes bizarres avec la nôtre? Remontons à l'origine des usages orientaux et jetons un coup d'œil sur le climat et les milieux sous l'influence desquels ces usages se sont développés. Chez les races sémitiques nous trouvons comme facteurs essentiels ou déterminants du genre de vie, le soleil et le désert. Le désert a entraîné la vie nomade: la vie nomade a eu pour conséquence immédiate la tente et des habitudes de sobriété

---

(1) « Pourquoi sous un même ciel, dit-il, la classe des tyrans aurait-elle plus d'énergie pour opprimer, que celle du peuple pour se défendre? » Question évidemment paradoxale puisque la tyrannie précisément semble être l'apanage des princes indolents et faibles, incapables de gouverner par leur seule et propre énergie. Depuis Taine, d'ailleurs, cette question de l'influence du climat et des milieux sur les races humaines n'a plus besoin d'explication.

et de simplicité grossière bien plus forcées que volontaires. D'autre part nous trouvons comme résultantes du climat : l'incontinence et la mollesse. L'incontinence a entraîné la polygamie; la mollesse a donné naissance au seul régime gouvernemental qui ait jamais réussi en Orient: le despotisme. Dans une nation indolente, en effet, tout individu qui n'est pas opprimé est oppresseur, celui qui commande ne pouvant exercer d'autorité que par le despotisme et la tyrannie, et celui qui obéit, n'ayant point l'énergie nécessaire pour s'y soustraire. Ajoutons que le despotisme trouve un terrain tout préparé chez un peuple que son fatalisme pousse naturellement à se résigner aux pires destins.

Mais pourquoi les usages de la vie domestique en Orient sont-ils en général restés immuables? Précisément parce que l'hygiène seule, une hygiène instinctive s'expliquant par des conditions climatériques invariables les avait dictés. A une époque indéterminée, en effet, la vie sociale et politique des principaux peuples de

USTENSILES DE TOILETTE ORIENTAUX

l'Orient change sans déterminer aucune modification dans les us et coutumes. De nomade elle devient sédentaire, mais le grand objectif des Orientaux, c'est toujours l'ombre et la fraîcheur, et leur préoccupation constante est de se préserver du soleil et de la lumière. Aussi leurs premières demeures sont-elles, dans le pays montagneux, des trous sombres creusés dans la terre, et encore les excavations naturelles des rochers; dans les pays de plaines la tente fait place à des sortes de cubes de maçonnerie où les chambres sont pareilles à des niches et aussi parfaitement obscures d'ailleurs que les tentes primitives elles-mêmes. L'intérieur de ces maisons est un quadrilatère parfait au centre duquel on ménage une cour à ciel ouvert pourvue d'un arbre et parfois d'une fontaine, destinés à maintenir la fraîcheur dans les diverses pièces qui composent la maison. Point de fenêtres naturellement. Les fenêtres exposeraient ces pièces au soleil et au sirocco. Avec la cour d'ailleurs, qui donne le jour à toutes les pièces, les fenêtres deviennent inutiles et ne seraient tout au plus qu'un sacrifice fait à la curiosité.

Or cette curiosité particulière, qui pousse certains Occidentaux à passer la moitié de leur existence auprès d'une croisée pour voir ce qui se passe dans la rue, curiosité propre aux femmes surtout, n'existe pas en Orient. La rue n'inquiète personne par ce seul fait que toutes les manifestations de la vie extérieure, ou plus proprement de la vie des rues, appartiennent ici à l'ordre de faits restreint qui constitue le *combat pour la vie*. Personne ne songe à s'y mêler s'il n'y est forcé, attendu qu'en Orient une existence heureuse et agréable consiste précisément à ne rien faire pour l'obtenir.

L'Arabe du reste semble avoir conservé quelque chose de la vie sous les tentes ; les choses du dehors le laissent froid, l'inconnu ne le tourmente pas, les horizons lointains, il ne les voit que sous le voile mélancolique qui embrumait les sables monotones du désert de ses pères. L'idéal de l'habitation confortable pour un Arabe est donc forcément l'opposé exact du nôtre ; de telle sorte qu'une maison arabe et en général une maison orientale pourraient assez bien se comparer à une maison européenne vue à l'envers, c'est-à-dire avec ses principales façades tournées en dedans, et ceci achève, ce me semble, l'amusant parallèle qui nous représente la vie orientale comme l'image renversée de notre propre vie.

En effet, tandis que l'Oriental concentre sa vie dans un espace de quelques pieds carrés, le plus sombre et le plus froid possible, tandis que tout l'aménagement de sa demeure tend à le dérober au soleil, lui et les siens, l'Européen au contraire a ses fenêtres ouvertes sur les quatre points cardinaux ; il s'efforce d'extérioriser sa vie et de la mettre autant que possible en contact avec les choses du dehors. Il éprouve le besoin de se mêler à la vie des autres, ou de mêler la vie des autres à la sienne. Sa personnalité le déborde parfois et l'inquiète au point de lui faire aimer tout, excepté ce qui est de lui. Il lui faut surtout beaucoup d'air et beaucoup de soleil. Le soleil chez nous est le grand régénérateur des forces vitales, le grand dispensateur des bienfaits naturels. En Orient il incommode, il abat, il tue parfois ; en Europe il fortifie, il ranime, il fait vivre. Aussi le mobile déterminant de toutes nos actions est-il de nous faire la place la plus large possible au soleil, comme on dit communément.

En Orient le plein air n'existe que sur les toits, c'est-à-dire sur les terrasses qui servent tour à tour de séchoirs, de lieux de repos, de promenade ou de prière. En Europe le plein air emplit la rue tout entière, et jusqu'aux maisons qui composent cette rue. Le spectacle de cette dernière est toujours bruyant et animé, et les mille fenêtres ouvertes du haut en bas des façades permettent aux habitants de participer directement à ce bruit et à cette animation. Il y a des peuples de travailleurs à qui leurs occupations enlèvent toute distraction et qui ne vivent en communion que par les fenêtres (1). L'intimité propre à chaque individu, même dans la classe aisée, est ainsi un élément très complexe, et bien moins subjectif qu'on ne le pense, c'est-à-dire ayant pour objectif réel une foule de choses purement extérieures et non personnelles.

Cette vie tout en dehors, cette passion des choses extérieures se révèlent chez

JÉRUSALEM : L'HEURE DE LA PRIÈRE MUSULMANE

nous jusque dans l'architecture de nos demeures. Les surfaces extérieures des maisons participent au confort et à l'élégance du *home* qu'elles abritent. Le degré

(1) Je suis certain qu'à Paris, la vie par les fenêtres joue un grand rôle dans les émeutes des rues et que les fenêtres sont dans ce cas les facteurs les plus puissants de la propagation de la folie révolutionnaire.

de fortune et les goûts artistiques du propriétaire se lisent aussi clairement sur la façade que sur les murs des appartements, et cela toujours en vertu du même principe. Les murs de derrière par contre offrent presque toujours une surface nue et pour le moins aussi mesquine d'aspect que les maisons de l'Orient en général. Nos cours intérieures sont sales et tristes, le plus souvent privées d'air et de lumière. Parfois elles réunissent tous les derrières des différents étages, et forment alors une sorte de gouffre étroit où convergent toutes les ordures de la maison. Un grand romancier a échafaudé sur ce fait toute une thèse sociale.

En Syrie le cube de maçonnerie qui sert de carapace à la vie musulmane offre l'aspect le plus piteux; on conclut du premier coup d'œil que ses habitants ne doivent avoir aucune communication avec le dehors. Si par hasard une petite ouverture carrée existe dans le mur, simulant une fenêtre, elle est toujours percée à une très grande élévation au-dessus du sol et garnie d'un treillis de bois ou de fer plus serré que ceux des fenêtres d'une prison européenne.

Par contre la cour intérieure offre le coup d'œil le plus agréable et le plus élégant. Dans les maisons riches elle est pavée en mosaïque, souvent dallée de marbre; des portiques ornés de faïences vernissées, des arcades façonnées et sculptées règnent sur chacun des quatre côtés; et toutes les pièces s'ouvrent à niveau dans ces galeries ou dans les galeries qui leur sont superposées et qui forment l'étage supérieur. Ces dernières sont elles-mêmes couvertes en terrasses ou surmontées de coupoles (1); à Jérusalem surtout la coupole est très usitée.

Chez le musulman riche l'intérieur des appartements est lui-même superbement décoré (plafonds découpés, moulures précieuses aux parois des murs) bien que l'ameublement, selon la simplicité des temps nomades, soit limité au juste nécessaire. Dans les salons ce ne sont que divans, coussins et nattes ou tapis précieux. Les bijoux et articles d'orfèvrerie (très rares ces derniers) sont renfermés dans des coffres en bois peint historiés de clous. Quant aux ustensiles de ménage, ils se réduisent à quelques objets de première nécessité dont nous aurons occasion de reparler. Nous en avons assez dit, je pense, pour faire

---

(1) Voici d'après Volney la manière fort curieuse dont on construit ces coupoles. On prend des cylindres creux de forme légèrement conique ayant 8 à 10 pouces de longueur sur 2 pouces de diamètre. Le bout le plus large est ouvert, l'autre est fermé. Pour construire la voûte, on les range les uns à côté des autres, mettant le bout fermé en dehors : on les joint avec du plâtre de Jérusalem ou de Naplouse, et quatre ouvriers achèvent la voûte d'une chambre en un jour. Les premières pluies ont coutume de la pénétrer, mais on passe sur le dôme une couche à l'huile, et la voûte devient imperméable. L'on ferme les bouches de l'intérieur avec une couche de plâtre, et l'on a un toit durable et très léger. Dans toute la Syrie, on fait avec ces cylindres les bordures des terrasses afin d'empêcher les femmes, qui s'y tiennent pour laver et sécher le linge, d'être vues. Et Volney fait observer que de son temps on commençait à faire usage de ces bordures à Paris, mais qu'en Orient la pratique en est fort ancienne. Ajoutons qu'elle paraît tomber un peu de nos jours en Syrie; la Jérusalem d'aujourd'hui offre une quantité de terrasses dont les bordures sont à peine visibles.

UNE RUE A JÉRUSALEM

ressortir le contraste étrange que nous fournit la comparaison de nos habitation avec celles des Orientaux; en attendant le détail des mœurs que nous étudierons de près en avançant dans le pays, quelques remarques générales suffiront pour compléter ce tableau d'ensemble.

Si chez les Orientaux le « mur de la vie privée » n'est pas un vain mot, il devient significatif surtout lorsqu'il s'agit de leurs femmes. Le « harem », c'est-à-dire les pièces d'une maison exclusivement réservées au sexe féminin, est considéré comme la prison naturelle des femmes mariées ou des maîtresses d'un musulman. Chose curieuse, et qui est encore le contraire de ce qui arrive chez nous, l'état de dépendance et de réclusion de ces femmes est d'autant plus rigoureux que le mari ou le maître occupe une situation plus riche et plus puissante. Cela tient surtout à ce que le travail affranchit les femmes de condition inférieure des règles étroites auxquelles les autres n'ont aucun prétexte pour se soustraire. Les premières sortent rarement, et ne sortent que voilées et sous bonne garde. En Orient l'Européen seul est parfois assez inconvenant (nous nous plaçons au point de vue des mœurs musulmanes) pour arrêter son regard sur une femme qui passe et pour chercher à la dévisager. Le musulman sait parfaitement qu'on ne plaisante pas sur cet article, et la séparation complète des sexes dans toutes les circonstances de la vie est une des rares coutumes traditionnelles que tout le monde est d'accord à ne pas enfreindre. Et ce n'est point là, comme on pourrait le croire, une affaire de vaine jalousie, car les musulmans observent la loi de la séparation des sexes jusque dans la tombe: les caveaux des femmes sont séparés de ceux des hommes de la même famille, — chez les familles riches s'entend, car les autres ne possèdent point de caveaux spéciaux.

Pour mieux faire comprendre la condition d'infériorité de la femme en Orient, il nous faut citer ici un des principaux passages du Koran réglant les rapports des femmes vis-à-vis du mari (sourate IV, verset 38) :

« Les hommes sont supérieurs aux femmes à cause des qualités par lesquelles Dieu a élevé ceux-là au-dessus de celles-ci, *et parce que les hommes emploient leurs biens pour doter les femmes*. Les femmes vertueuses sont obéissantes et soumises : elles conservent soigneusement pendant l'absence de leurs maris ce que Dieu a ordonné de conserver intact. Vous réprimanderez celles dont vous aurez à craindre la désobéissance; vous les reléguerez dans des lits à part, vous les battrez; mais, dès qu'elles vous obéissent, ne leur cherchez point querelle. Dieu est élevé et grand. »

La première des causes d'infériorité indiquée par Mahomet est sans doute d'une conception naïve et arbitraire, nous soulignons au contraire la seconde parce qu'elle nous semble trancher dans le vif de la question.

C'est le mari en effet qui paye la dot de la femme; d'où il résulte que la femme devient une marchandise sur laquelle les parents peuvent spéculer à leur aise et qu'ils vendent au plus offrant. Or il faut remarquer que l'Arabe est aussi âpre au gain que le Juif, l'amour de l'argent étant un trait commun à tous les peuples de race sémitique. Dès lors une marchandise qu'il a payée devient sacrée pour lui, et elle lui paraîtra d'autant plus précieuse qu'il l'aura payée plus cher. L'argent est par conséquent la considération qui pèse le plus dans la condition des femmes en Orient, et qui paraît dicter la forme générale de leurs rapports avec leurs maîtres ou époux.

C'est le soin jaloux d'un propriétaire bien plus que la tendresse inquiète d'un amant qui confine les femmes dans des harems, leur impose un voile impénétrable quand elles sortent, et les soustrait au contact et à la vue même de toute personne étrangère. Les Orientaux du reste n'entendent l'amour que dans ses manifestations purement physiques; leurs sentimentalités sont des prurits, dirait-on dans le parler du jour; à l'instar de Mahomet ils ne voient dans la femme *qu'un être inférieur, créé spécialement pour eux*, et ne l'estiment tout juste que pour le prix de la dot qu'ils ont payée pour elle et pour la somme de volupté qu'ils en peuvent tirer.

Les musulmans sentent néanmoins que rien d'humain ne saurait autoriser une pareille conduite envers la femme, aussi la déguisent-ils en quelque sorte sous le voile de la dévotion, de l'obéissance aux préceptes moraux et religieux exprimés dans le Koran. Ce sont les révélations faites par Dieu à Mahomet qui dictent leurs usages, et cela suffit pour les justifier. Et il faut en réalité toute la résignation aveugle d'un musulman (1) pour ne pas sentir tout le néant de ces révélations, surtout quand le Prophète commence par des formules affirmatives de ce genre :

« Les hommes sont supérieurs aux femmes à cause des qualités par lesquelles Dieu a élevé ceux-là au-dessus de celles-ci. »

Un des caractères distinctifs du peuple syrien, et qui mérite de fixer l'attention du penseur, c'est l'extérieur grave et souvent mélancolique des physionomies. Et ce trait n'est pas seulement particulier aux habitants de Jérusalem, on peut l'observer dans toute la Syrie. Les Orientaux, il est vrai, sont en général plutôt graves que gais, plutôt taciturnes qu'expansifs, mais les habitants de la Syrie tranchent sur les autres musulmans par une physionomie plus sombre encore. Il ne faut voir là, croyons-nous, ni le résultat de leur vie murée, ni celui du despotisme qui pèse sur toutes les classes, ni celui du fatalisme et des passions religieuses. Là encore,

---

(1) Il faut observer ici que les femmes ne sont pas moins résignées à leur sort. Non seulement elles s'en accommodent à merveille, mais elles manifestent en général une grande aversion pour les mœurs des Européennes.

comme dans les principaux faits que nous avons énumérés plus haut, l'influence des milieux seule est en jeu.

En effet il ne faudrait pas borner à des phénomènes simplement physiques (1) l'influence des milieux sur la physionomie humaine. Outre les effets divers du climat, de l'altitude, du degré d'intensité de la lumière et de la chaleur, un ordre en quelque sorte psychique d'influences peut modifier à la longue le caractère des physionomies d'une même race se développant dans un même pays. Les aspects diversement plastiques de la nature, la disposition géométrique des lignes de paysage peuvent sinon imprimer des modifications analogues aux traits du visage humain, du moins en varier l'expression dans le sens même qui leur est propre, c'est-à-dire que tout paysage laisse comme un reflet de son propre caractère sur le visage des êtres soumis d'une façon intime et quotidienne à son contact ou plutôt à son *influence esthétique*.

Et ceci est facile à comprendre puisque la vue d'un paysage détermine en nous une sensation correspondante à son aspect général. Cette sensation devenant habituelle ou familière par la vue quotidienne des mêmes aspects finit nécessairement par se refléter sur notre physionomie (2).

Or l'aspect général des paysages en Syrie est triste, nous l'avons fait remarquer plusieurs fois déjà. Outre la nature désolée du sol qui, dans les plaines comme sur les montagnes, afflige les yeux, les caractères géométriques même des paysages, auxquels le ciel d'Orient prête un si puissant relief, semblent plutôt faits pour déprimer que pour exalter l'âme humaine, abstraction faite, au reste, des souvenirs graves qui se rattachent à tous ces lieux.

Les lignes inclinées dominent en effet dans les paysages syriens. On peut compter par milliers les endroits qui empruntent leur physionomie dominante à un olivier unique, tordu, penché, lamentablement affaissé vers le sol et comme éternellement ployé sous un ouragan invisible (3). Cet olivier est souvent la seule forme vivante qui se dessine dans un vallon ou sur une colline, entre un ciel immense et une terre noire et pelée ; dans tels paysages de Judée, aux limites étroites, monotones

---

(1) Quant à l'influence purement physique, elle est incontestable. Dans son *Voyage en Égypte*, Volney fait observer avec raison que la physionomie toute spéciale des nègres est due entièrement aux effets du climat, c'est-à-dire du soleil. « En effet, dit-il, la figure des nègres représente précisément cet état de contraction que prend notre visage lorsqu'il est frappé par la lumière et par une forte réverbération de chaleur. Alors le sourcil se fronce, la pomme des joues s'élève : la paupière se serre, la bouche fait la moue. Cette contraction des parties mobiles n'a-t-elle pas pu et dû à la longue influer sur les parties solides et monter la charpente même des os ? »

(2) Je sais qu'un écrivain fort distingué (M. Eugène Mouton) prépare sur ce sujet un ouvrage des plus intéressants qui a pour titre : *De la Physionomie comparée : Théorie de l'expression dans toute la nature*.

(3) Hâtons-nous de dire que l'attitude penchée est en général l'attitude favorite de l'olivier, de l'olivier sauvage surtout ; on aurait tort d'y chercher la marque de la colère divine ou quelque autre signification mystique.

et tristes déjà par eux-mêmes, il paraît comme une pensée plus triste encore et plus monotone.

Que si l'on cherche d'autres horizons, les mêmes effets se reproduisent sous d'autres formes, une impression de plus en plus mélancolique viendra étreindre le cœur ; des monuments ruinés apparaîtront sur les montagnes, couronnant les ruines naturelles que la nature a partout accumulées, le palmier, avec son panache despotique, jettera quelque part au loin sa note faussement artificielle, des aloès gigantesques, des enchevêtrements de cactus aux palettes monstrueuses, une foule d'arbustes épineux, se dresseront de toutes parts, multipliant autour de l'homme les aspects difformes, laids, inquiétants, d'une nature grimacière et malfaisante. Et par-dessus tout cela, le ciel, un ciel si profond, si vaste qu'il en diminue la terre, et dont la voûte splendide suspend son éternelle pureté au-dessus des habitants du pays, les remplissant à leur insu de cette vague tristesse que communique à tous les êtres vivants le sentiment du néant et de l'infini.

On ne doit donc plus s'étonner, maintenant, de rencontrer comme un reflet de cette même tristesse sur la physionomie de toute une race intimement et quotidiennement frappée par les aspects tour à tour grandioses ou mélancoliques du pays, de tout un peuple dont les pieds foulent une terre à jamais désolée tandis que l'âme est éternellement baignée, comme d'une atmosphère supérieure, des limpides et mystérieuses clartés de son ciel.

Dans l'examen de ces mêmes faits, Volney parle à peine du climat, mais il fait d'autres remarques assez justes. Il trouve à la nature grave et mélancolique des Syriens plusieurs raisons, tirées de l'état politique du pays, des mœurs domestiques, de la séparation des sexes, de l'abstention presque complète des plaisirs de la table, de l'usage du vin, qui sont chez nous une source de gaieté, etc.

Nous n'insistons pas, de peur de trop nous écarter de notre sujet, mais nous pouvons indiquer au lecteur un travail curieux à faire dans ce sens, et qui consiste à étudier, au point de vue spécial de la question d'esthétique que nous avons effleurée, les ouvrages récents d'Herbert Spencer ainsi que le futur livre de M. Mouton. Un grand poète polonais (Kraszewski), recherchant les causes de la physionomie particulière à certains montagnards de son pays, a dit moins barbarement que nous : « L'homme finit toujours par se pénétrer plus ou moins volontairement des influences extérieures auxquelles il s'est exposé ; nous sommes dans l'échelle de l'ordre universel comme la chenille qui se revêt d'une robe verte en vivant sur une feuille d'arbre, et d'une robe éclatante au cœur d'un fruit empourpré. » Scientifiquement cela n'est pas tout à fait vrai, puisqu'on rencontre aussi des chenilles vertes dans des fruits empourprés, et des chenilles éclatantes sur des feuilles d'arbres, mais on peut passer sur l'exactitude de l'image en faveur du relief exceptionnel qu'elle prête à la pensée de l'auteur.

Le caractère mélancolique dont nous venons rechercher les sources, nous le retrouvons dans tous les arts pratiqués chez les Syriens, — j'entends les arts où l'homme met quelque chose de ses sentiments intimes et familiers, — principalement dans la poésie et dans la musique. Leurs poésies expriment surtout la douleur, la tristesse, le chagrin et en général ce sentiment (1) intraduisible, fait de toutes sortes de passions mélancoliques, que les Allemands appellent « *Wehmuth* » ; comme d'ailleurs les poètes arabes sont toujours gouvernés par l'imagination, ils ne mettent guère au service de ces sensations qu'une suite monotone de métaphores, de comparaisons, d'images empruntées à la nature, et dont l'inspiration souvent difficile à saisir rebuterait tout Européen. Comme nous n'avons pu, pour notre part, retenir aucune chanson du pays, nous donnerons ici deux échantillons cités dans la *Correspondance d'Orient*. Poujoulat les a entendu réciter à Jérusalem, par un jeune catholique arabe :

UN JEUNE ARABE DÉPLORE L'ABSENCE DE SON AMIE

« O ma lune (2), le jour que vous m'avez quitté j'ai tant pleuré, tant pleuré, qu'à la fin j'en étais comme mort.
» Quand je pense à mon amour pour vous, je sens une flamme qui me dévore.
» Je suis pâle et desséché comme le bois en automne.
» Vous m'avez laissé seul avec les étoiles du ciel.
» Vous êtes là-bas bien tranquille, et peut-être en aimez-vous un autre !
» Peut-être avez-vous oublié vos serments !
» Peut-être avez-vous oublié que vous jurâtes de n'aimer que moi !
» J'irai m'étendre sur le chemin pour me montrer aux regards des passants, et je dirai :
» Je suis un pauvre jeune homme près de mourir.
» C'est vous, infidèle, qui serez cause de mon trépas.
» Je prie Dieu qu'il vous envoie tout le mal que vous m'avez fait. »

La chanson suivante, composée à Jérusalem comme la première, offre une certaine analogie avec le Cantique de Salomon. Il ne faudrait pas en conclure que le poète s'est inspiré de la Bible. Le Cantique de Salomon peut être considéré comme le type des poésies de l'Orient où l'expression de l'amour n'a pas changé depuis des siècles :

« Un collier de perles pare le sein de mon amie ;
» Sa gracieuse taille se balance comme un jeune palmier sous le vent.
» Moi je vous aime, laissez parler le monde.

(1) Nous devrions dire « cette sensation », car les sentiments chez les Arabes sortent peu du domaine de la sensation pure.
(2) Il faut faire remarquer ici que la lune joue un grand rôle dans la poésie orientale, puisqu'elle est l'astre préféré des Arabes, qui redoutent au contraire le soleil à cause de ses ardeurs excessives. De plus, la lune est pour eux le symbole de la beauté ; de là l'usage de dire « ma lune » en s'adressant à la femme aimée.

» J'ai rencontré mon amie dans la rue du Sérail ;
» Son visage resplendissait comme un miroir.
» Moi je vous aime, etc.
» J'ai rencontré mon amie dans un frais jardin ;
» Elle portait sur sa tête une couronne de fleurs.
» Moi je vous aime, etc.
» J'ai rencontré mon amie dans le verger de Lusbakir ;
» Elle était aimable et jolie, et ses lèvres étaient tendres.
» Moi je vous aime, etc.
» J'ai rencontré mon amie à la porte de Bethléem ;
» Elle était parée d'une robe éclatante et d'un beau turban ;
» Les roses brillaient sur son front.
» Moi je vous aime, etc. »

Nous n'ajoutons rien ; les lecteurs qui seraient désireux d'approfondir la poésie arabe trouveront dans les ouvrages spéciaux, et dans les recueils conservés à la Bibliothèque nationale de Paris de quoi satisfaire amplement leur curiosité. Nous sommes d'ailleurs convaincu que, pour goûter la poésie orientale, il faut avoir longtemps vécu en Orient, s'être assimilé l'esprit même de la langue arabe, et toutes les traditions de ce peuple, et leurs goûts, et leurs jugements intimes ; autrement elle ne peut nous paraître que bizarre et inintelligible.

La musique nous fournit une expression plus parfaite encore du caractère des Syriens, en ce qu'elle ne traduit que la sensation instinctive dégagée de toute idée qui tenterait à la compliquer. L'imagination musicale des Arabes, comme leur imagination poétique, s'inspire aux sources de la nature, et la nature chez eux n'a qu'une voix, celle de la tristesse, qu'une expression, celle de la mélancolie. Aussi leur musique est-elle encore dans l'enfance, leur gamme est incomplète, elle se distingue par l'absence presque totale de demi-tons, résultant de la confusion de certains intervalles inappréciables pour leurs oreilles peu éduquées, confusion qui leur fait souvent substituer, sans qu'ils s'en doutent, le mode majeur au mode mineur et réciproquement. Se servent-ils de demi-tons, c'est presque à leur insu, dans les inflexions et dégradations de voix dont ils sont si prodigues, et ces demi-tons occupent alors dans la gamme une place quelconque qui n'est point fixe d'ailleurs et qu'aucune loi n'a déterminée.

Ces observations nous ramènent précisément à la conclusion énoncée plus haut : à l'état primitif, la musique, s'inspirant du sens général de la nature environnante, ne peut exprimer que des sensations simples, habituelles et familières comme celles qui déterminent le caractère dominant d'un peuple [1].

---

[1] Dans *René*, Chateaubriand dit en un langage magnifique :
« J'écoutais ces chants mélancoliques qui me rappelaient *que dans tout pays le chant naturel de l'homme est triste*, lors même qu'il exprime le bonheur. Notre cœur est un instrument incomplet, une lyre où il manque des cordes, et où nous sommes forcés de rendre la joie sur le ton consacré aux soupirs. » Cette explication poétique n'est malheureusement pas satisfaisante pour l'homme épris

Perfectionnée, au contraire, elle devient une science, elle s'assimile l'intimité même de l'âme humaine, traduit des sensations de plus en plus compliquées, et alors l'harmonie des sons adroitement combinés peut réaliser jusqu'à la représentation des idées.

La musique syrienne ne traduit donc que la mélancolie latente qu'on retrouve au fond de tous les esprits dans ce pays. Comment les traduit-elle ? La question est presque embarrassante, à raison de la grande patience qu'il faut à un Européen pour chercher à comprendre et à expliquer un art qui choque son oreille autant qu'il froisse ses préjugés dans l'ordre musical. Encore ne s'agit-il ici que de la

JOUEUR DE FLUTE

musique vocale, car l'autre existe à peine. Les lyres primitives qu'on rencontre en Syrie sont insignifiantes et n'accompagnent généralement qu'à l'unisson. Il en est de même de la flûte ; celle-ci figure dans les principales cérémonies, mais elle se contente d'imiter fort péniblement les nasillements de la voix.

Le chanteur, lui, prend soin avant tout de composer son visage d'après l'expression du refrain qu'il entonne ; c'est assez dire qu'il se donne un air profondément malheureux, à tel point qu'un profane s'imaginerait volontiers que le simple fait de chanter lui cause les souffrances les plus pénibles. Souvent l'air, qui ne comporte que quelques mesures se répétant continuellement (comme pour celui

---

d'analyse exacte. Le chant naturel des pâtres, des montagnards, et en général des habitants de la campagne est triste, parce que leur genre de vie, les longues soirées, la contemplation des cimes élevées ou celle des plaines endormies engendrent la mélancolie. Souvent il est triste aussi par son imperfection même, et ces deux causes prépondérantes sont les mêmes, on le voit, que nous venons de signaler à propos de la musique orientale.

de Jaffa) se perd dans des fioritures, des inflexions de voix, des dégradations de tons qui ressemblent bien plus à des soupirs et à des gémissements qu'à des notes musicales.

Le chant est accompagné au monocorde qui résume toutes les cadences harmoniques de la musique orientale naturelle, à la derboucca surtout, une sorte de grosse caisse dont le rôle est considérable en ce qu'elle marque le rythme qui est une chose capitale dans la musique arabe. Un autre instrument, marquant le rythme également, c'est une sorte de vase d'argile dont le fond est fermé par une peau tendue sur laquelle la main du joueur frappe alternativement avec la paume et avec le bout des doigts. Cet instrument est généralement associé à la grosse caisse et joue la contre-partie du rythme, c'est-à-dire que, tandis que la grosse caisse donne les sons forts qui caractérisent la mesure dans l'ensemble, le vase produit en sons creux les battements intermédiaires. Lorsque ces deux instruments font défaut, ou qu'on les trouve insuffisants (?), c'est avec des claquements de mains qu'on accompagne le chanteur.

Le rythme ainsi compris ne manque pas d'une certaine originalité (on ne le retrouve du reste dans aucune autre musique), et comme les autres instruments sont excessivement rares en Syrie, et d'ailleurs défectueux, on peut dire que ces sortes de tambours constituent la seule et véritable musique instrumentale du pays.

La mesure réalisée par la combinaison des deux instruments est généralement la mesure à 6/8, et le rythme obtenu offre dans bien des cas une certaine analogie avec celui des boléros espagnols. Mais les joueurs le varient avec une aisance faite pour déconcerter même un Européen familiarisé avec ce genre de mesures. A quel phénomène physique, à quel bruit naturel les Arabes ont-ils emprunté les éléments de cette étrange musique? la question me paraît enveloppée du plus profond mystère. La nature n'offre point de bruit d'un rythme aussi parfait, aussi continu. Telle mesure de tam-tam avec ses saccades à contre-temps semble avoir été copiée sur des mouvements créés par la science mécanique, et un Européen, entendant le bruit sans en connaître la cause, l'imaginerait volontiers issu d'une force motrice aux lois les plus compliquées. Souvent nous nous sommes plu à retrouver dans un rythme arabe le mouvement aisé d'un balancier à vapeur, le tic tac d'un moulin ou le battement puissamment martelé d'un train en marche.

Dans une musique pareille, comme de juste les nuances ne peuvent s'exprimer autrement que par le ralentissement ou l'accélération de la mesure. L'accélération marque aussi la fin d'un morceau, comme si les joueurs, énervés par leur propre musique, avaient à cœur d'en finir en précipitant les dernières mesures. Chose curieuse! nous avons observé cette même accélération dans des prières faites en commun à l'occasion d'une circoncision à Jérusalem. Les chanteurs hurlaient en chœur le mot *Allah kerim!* (Dieu est libéral), et toujours plus vite, et toujours plus fort, et comme on ne pouvait les voir, enfermés qu'ils étaient dans une pièce obscure, ils produisaient assez l'illusion d'une bande de mariniers tirant sur une corde et s'excitant mutuellement pour hâter la fin de la corvée.

Puisque nous parlons de prière, disons quelques mots des usages religieux en Syrie, qui sont les mêmes d'ailleurs dans tous les pays qui reconnaissent le Koran.

La prière est une des pratiques les plus graves et les plus importantes de la dévotion musulmane. Le Koran qui en règle les prescriptions la recommande aux fidèles dans un grand nombre de sourates, et avec une insistance toute particulière. Ce sont les heures indiquées pour la prière qui servent d'une façon générale de division horaire à la journée musulmane. Ces heures sont au nombre de cinq pour une journée et portent les noms de *soubh* (l'aube), *douhr* (midi), *'asr* (le soir, une heure et demie environ avant le coucher du soleil), *maghreb* (le coucher, un peu après le coucher du soleil), *'acha* (nuit close, une heure et demie environ après le coucher du soleil). Ces diverses heures sont annoncées aux fidèles du haut des minarets par les *muezzins* ou crieurs qui remplissent en Orient l'office des cloches de nos églises. Certains voyageurs européens se sont passionnés pour l'institution des muezzins qu'ils trouvent de beaucoup supérieurs à la cloche.

Par les soirées calmes et tièdes, dans l'atmosphère sonore des ciels d'Orient, dans les horizons silencieux et solitaires des villes de Syrie, les accents du muezzin ne manquent pas en effet d'un certain charme propre à faire naître une mélancolie rêveuse ou une pieuse exaltation, mais les muezzins malheureusement ne sont pas toujours des ténors ou des barytons de premier ordre; leur voix est nasillarde ou aigüe, et il faut, j'imagine, beaucoup de bonne volonté, même à un musulman, pour trouver l'édification de sa foi dans les sons proférés par ces cloches vivantes, souvent fêlées. Aux adversaires de nos cloches, il est bon de faire remarquer d'ailleurs que le muezzin serait impraticable chez nous. Où trouverait-on un chantre d'église ayant assez de poumons pour se faire entendre des masses du haut d'une cathédrale? Les ophycléides des chapitres, les humbles « serpents » de nos temples meurent généralement dans la consomption; quel meurtre ne serait-ce pas de transformer ces braves gens en muezzins et de leur faire exécuter des vocalises du haut des tours de Notre-Dame ou de Saint-Sulpice!

Le chant du muezzin consiste à adresser aux fidèles l'appel suivant divisé en trois parties dont chacune se répète un certain nombre de fois : « *Allahou ackar* Dieu est grand) se répète trois fois; *achhadou anna la-ilaha ill-allah, anna moh- (ammedour-rasoul-allah* (j'atteste qu'il n'y a d'autre Dieu que Dieu et que Mahomet est le prophète de Dieu), *hayâ, alas-sala* (venez à la prière) — ces deux dernières parties ne se repètent que deux fois.

Sitôt l'appel entendu, tout fidèle doit commencer par se purifier, c'est-à-dire qu'il doit faire les ablutions prescrites avant chaque prière. Ces ablutions se font à la citerne de la mosquée, les citernes des maisons servent aussi à cet usage si le musulman fait la prière chez lui (1). A défaut d'eau cependant, le fidèle peut se servir de sable ou de menue poussière (2). En principe, c'est à la mosquée que celui-ci doit aller faire sa prière. Mais cet usage est un peu abandonné aujourd'hui et il n'y a plus guère que les pauvres qui le pratiquent d'une façon à peu près régulière (3). Notons qu'il en est de même chez nous pour les églises.

Dans les grandes villes de Syrie on se contente généralement d'assister à la prédication du vendredi. Un grand nombre de musulmans font la prière du matin et celle du soir sur leurs terrasses. Le coup d'œil d'une ville est alors étrange. Les grandes silhouettes blanches des fidèles semblent dressées sur un sol effacé, invisible, dont les lignes se confondent dans la blancheur générale des toits et des coupoles; cent ombres se prosternent et s'abaissent tour à tour, et, la pureté de l'air ajoutant à l'effet optique, le spectateur s'attend à tout moment à les voir s'abîmer entre les maisons ou monter dans le ciel éclatant. La règle de ces pratiques se trouve également dans le Koran. Le fidèle doit se mettre nu-pieds et se tourner du côté de la Mecque. La prière se compose de la récitation de quelques versets du Koran, récitation pendant laquelle le croyant porte sa main au bout de l'oreille, en forme de conque, puis au-dessous de la ceinture. Le Koran lui recommande aussi de se prosterner la face contre terre et de ne prononcer la prière « *ni d'une voix trop élevée, ni d'une voix trop basse.* » Il doit chercher le milieu entre les deux.

Ce que Volney dit des repas qui se font à terre ne peut s'appliquer qu'au peuple en général, c'est-à-dire qu'aux classes pauvres.

Dans les familles pauvres en effet on s'asseoit, pour manger, sur la natte qui couvre le sol. Le repas est servi dans un grand plateau de bois ou de métal (selon les fortunes), et l'on pose ce plateau sur un petit meuble bas, sorte de tabouret

---

(1) Les riches se servent de vases et d'ustensiles précieux pour faire leurs ablutions. (Voir nos gravures.)

(2) *Koran, sourate* IV, *verset* 46 : « ... Ne priez point quand vous êtes souillés : attendez que vous ayez fait vos ablutions, à moins que vous ne soyez en voyage. Si vous êtes malade ou en voyage, si vous venez de satisfaire vos besoins naturels, ou si vous avez eu commerce avec une femme, frottez-vous le visage et les mains avec de la menue poussière à défaut d'eau... »

Sourate V, *verset* 8 : « O croyants, quand vous vous disposez à faire la prière, lavez-vous le visage et les mains jusqu'au coude ; essuyez-vous la tête et les pieds jusqu'aux talons. »

Verset 9 : « ..... Si vous ne trouvez pas d'eau, frottez-vous le visage et les mains avec du sable fin et pur. »

(3) Quelques auteurs affirment cependant que dans l'Arabie centrale les fidèles qui ne se rendent pas à la prière du matin sont punis.

de forme variable, autour duquel s'assoient les convives. Dans les maisons plus riches le sol est recouvert de tapis précieux (1); le repas est servi sur une sorte de guéridon à trois pieds sculptés en pieds d'animaux, et dont l'usage est fort ancien. Les convives s'assoient sur des coussins amoncelés sur les tapis, ou sur des divans bas régnant sur trois des côtés de la pièce.

L'histoire de la vie de Jésus nous apprend que, sous la domination romaine, l'usage des *triclinia* s'était répandu chez les Juifs, ainsi que dans toute la Syrie où il semble s'être maintenu fort longtemps. On rencontre encore dans les maisons syriennes des formes de divans angulaires, certainement dérivées des triclinia, mais on ne s'y couche plus comme autrefois pour manger, cet

REPAS ORIENTAL

usage ayant été reconnu plus incommode encore que celui de manger par terre.

Bien que nous n'ayons nullement épuisé le chapitre des mœurs musulmanes, nous terminons ici cet aperçu. L'intérêt même du sujet nous a sans doute entraîné un peu loin, mais il ne faut pas oublier que notre but n'est pas de faire une manière de journal de voyage où toutes les observations soient livrées au hasard et à l'aventure. Nous cherchons au contraire autant que possible à décrire le pays d'une

---

(1) Un Européen admis dans une maison musulmane doit toujours quitter ses chaussures avant de marcher sur les nattes de l'appartement, car les musulmans se posent sur ces nattes pour faire la prière et les considèrent, comme sanctifiées par cet usage. A plus forte raison doit-on observer cette règle à l'égard des tapis précieux.

façon logique en évitant toute forme d'itinéraire où notre seule fantaisie serait en jeu, et en groupant ensemble les faits similaires, les observations d'une même nature, de telle façon qu'ils s'éclairent mutuellement dans l'ordre où nous les avons placés.

Il ne faut pas oublier non plus que Jérusalem, qui est la cité la plus importante de la Palestine, est avant tout une ville musulmane, et qu'elle perdrait son caractère aux yeux de celui qui se contenterait d'étudier ses monuments, dédaignant d'approfondir des mœurs et des usages qui frappent l'étranger à chaque pas. En effet, dans cette ville où tant de peuples viennent adorer le berceau ou le sanctuaire de leur religion les sectataires du Koran dominent encore par le nombre. Sur une population de 24,000 âmes on compte environ 13,000 musulmans, 7,000 chrétiens seulement et 4,000 juifs. Les auteurs au reste sont peu d'accord sur ces chiffres (1). Ces populations distinctes occupent chacune des quartiers spéciaux séparés entre eux par les principales rues de la ville et aussi par les dépressions naturelles du sol, dont la plus importante passe entre le Calvaire et le mont Akra, se dirige vers le sud-est, puis revient vers le sud-ouest en formant entre le mont Sion et le mont Moria (colline du Temple) la vallée appelée autrefois *Tyropæon*. Le quartier musulman comprend la ville presque tout entière à l'exception de l'ouest et de quelques quartiers du sud ; il se termine au sud par le quartier des Mogrebins, habité par une colonie de Barbaresques ; le quartier Franc occupe le nord-ouest (gareb), le quartier arménien comprend la partie du mont Sion enfermée dans l'enceinte de la ville; au sud-ouest, les juifs occupent le Tyropæon à côté des Mogrebins, et ce côté de la ville est naturellement le moins propre.

Nous visiterons plus tard chacun des quartiers séparément, mais on comprend dès maintenant qu'une variété si grande de nations, de costumes, de langues, à côté du mouvement déjà si considérable de l'islamisme, doive prêter à la ville, aux époques des grands pèlerinages surtout, une animation et une couleur dont les autres villes du monde offrent peu d'exemples.

La configuration de la ville est facile à déterminer. Elle présente dans l'ensemble un quadrilatère imparfait n'ayant que 4 kilomètres environ de circuit. Le mur d'enceinte restauré par Soliman II est haut de 12 mètres ; il comprend 34 tours et sept portes qui sont : à l'ouest, la porte de Jaffa ou d'Hébron (*Bab-el-Khalil*) ; au nord, la porte de Damas ou de Naplouse appelée aussi (*Bab-el-Ahmoud*) (porte des colonnes), et la porte d'Hérode (*Bab-es-Sahiri*), habituellement fermée. A l'est : la porte Saint-Étienne ou *Bab-Sitti-Maryam*, parce qu'elle ouvre sur la route qui mène au tombeau de la vierge Marie; et la porte Dorée ou *Bab-ed-Daheryé*

---

(1) Un rapport officiel dressé par le gouvernement turc en 1871 donne les chiffres suivants : 1025 maisons musulmanes, 299 grecques-orthodoxes, 18 grecques-catholiques, 175 arméniennes, 7 syriennes, 179 latines, 16 protestantes, 44 coptes et 630 juives, soit 2,393 maisons en tout.

(porte murée qui fait partie de l'enceinte du Haram) ; au sud-est, la porte des Mogrebins (Bab-el-Mogharibé), appelée aussi porte des Immondices ; et au sud la porte de Sion (*Bab-el-nebi-Daoud*, pour les Arabes à cause du voisinage du tombeau de David).

Jérusalem est la résidence du pacha de la Palestine. La ville est d'ailleurs

TRICLINIUM ROMAIN *

administrée par ce dernier auquel vient s'adjoindre un conseil ou *meájelés* qui répond à peu près à nos conseils municipaux et qui se compose de quatre musulmans, de trois chrétiens syriens ou européens et d'un juif.

---

* La gravure ci-dessus, qui représente le pavillon d'été de la *maison de Salluste* à Pompéi, nous fournit un modèle authentique des triclinia usités par les Romains. Les triclinia sont en maçonnerie et forment autour de la salle de marbre placée au centre un carré dont un côté est libre et ouvert. Les trois autres côtés formés par les trois couches recevaient chacune trois convives, de telle sorte que le nombre total des hôtes était précisément celui des Muses. La place d'honneur était la couche du fond et probablement le coin de cette couche qui se trouve à la droite du spectateur. L'amphytrion devait occuper la place du milieu du triclinium latéral de gauche. A une époque plus reculée les Romains s'asseyaient pour prendre les repas. L'usage de se coucher est encore un de ce ceux qu'ils empruntèrent aux vaincus ; on ne le rencontre à Rome qu'après la conquête de Carthage. Au commencement du deuxième siècle la mode des couches en forme de croissant (appelées *sigma*, parce que leur forme rappelait la lettre grecque de ce nom) paraît s'être substituée à celle des triclinia. Chacune pouvait recevoir sept ou huit convives, comme nous l'apprennent certains passages des épigrammes de Martial.

CHAPITRE VII

LE SAINT-SÉPULCRE

La basilique de Constantin. — Physionomie extérieure de l'église moderne. — Le Saint-Sépulcre, rotonde, chapelles. — Église grecque. — Le Golgotha. — Justice distributive des Turcs. — Les moines grecs. — Le feu sacré. — Inconvénients de ce genre de miracles. — Patriarche et pacha. — Moines abyssins et coptes. — Nos impressions religieuses.

Bien que les vieux monuments de Jérusalem appartiennent à un grand nombre d'époques historiques différentes, il en est bien peu de véritablement anciens. On sait que la plus grande partie de la vieille ville de David était située sur la partie du mont Sion qui aujourd'hui est en dehors de l'enceinte de Jérusalem. Il n'en reste pas trace aujourd'hui. Les débris du temps de Salomon ne sont pas moins rares, et il a fallu à certains savants beaucoup de bonne volonté pour faire remonter à l'époque salomonienne les vieilles substructions de l'enceinte du Haram.

Il y a, d'autre part, une remarque générale à faire. A partir d'une certaine époque, les monuments de cette ville si souvent détruite ou ravagée ne disparaissent plus entièrement, on utilise leurs fondements et leurs débris pour les reconstruire à la même place. Ces monuments présentent alors souvent des parties fort anciennes et d'âges divers tandis que leur caractère général appartient à une époque relativement récente. Cette dernière considération interdit à l'écrivain de présenter les monuments de Jérusalem par groupes appartenant à une même époque, à moins qu'il ne veuille ressembler à ces Vandales de l'archéologie qui prennent un plaisir incompréhensible à les débiter par tranches et par morceaux.

Les deux endroits de Jérusalem où convergent généralement toutes les curiosités sont le Haram-ech-cherif (ancien Temple) et le Saint-Sépulcre.

Nous avons parlé ailleurs des contestations qui se sont élevées au sujet de l'authenticité du Saint-Sépulcre et nous nous dispenserons de revenir sur ce sujet. On se rappelle que l'empereur Adrien avait fait élever sur le Golgotha un temple de Vénus. Il est donc plus que probable que, deux siècles plus tard, les ruines de ce temple sinon le temple lui-même subsistaient encore et durent guider les ouvriers de Constantin ou d'Hélène dans les recherches faites pour retrouver le tombeau du Christ.

La basilique de Constantin était une construction superbe se composant de deux édifices principaux, l'un renfermant le Sépulcre du Christ, l'autre dédié à la croix. L'église du Saint-Sépulcre avait une magnifique rotonde construite au-dessus du saint tombeau qui semblait gardé par les statues des douze apôtres rangées tout autour. La basilique de Constantin fut détruite par Cosroës, mais la rotonde a été reconstruite à peu près sur le même plan, et elle a servi de modèle plus tard pour la construction de la mosquée d'Es-Sakra.

Les nouveaux édifices bâtis par Modeste, patriarche de Jérusalem sous Héraclius, une dizaine d'années après l'invasion des Perses, comprenaient quatre églises : l'église de la Résurrection (sur le Saint-Sépulcre), celle de l'Invention de la Croix (au lieu où selon la tradition la croix fut trouvée par Hélène), l'église du Calvaire ou du Golgotha (sur le lieu du crucifiement) et l'église de la Vierge (1).

Un autre patriarche de Jérusalem restaura plus tard toutes ces constructions et agrandit la première église, mais elles furent de nouveau détruites par les musulmans en l'an 1010. En 1099 les croisés trouvèrent sur les lieux saints des constructions assez médiocres qu'ils réunirent en un seul édifice achevé sous les premiers rois francs de Jérusalem. Les parties essentielles de l'église des croisés sont parvenues jusqu'à nous, mais comme on le pense bien avec des additions et des surcharges considérables qui, s'ils témoignent de la piété des âges suivants, rappellent aussi les nombreux désastres qui nécessitèrent tant de restaurations successives.

L'historique complet de l'église actuelle nous entraînerait trop loin ; il nous suffira de noter la restauration des saints lieux après le passage des Karesmiens, la construction d'une nouvelle église achevée l'an 1400, la reconstruction de l'ancien dôme en 1720, enfin le relèvement complet de l'église après les ravages considérables occasionnés par l'incendie de 1808. En 1862 la nouvelle coupole menaçant ruine fut reconstruite une dernière fois et terminée en 1869.

Grâce à toutes ces transformations il faut aujourd'hui l'œil exercé de l'archéologue pour distinguer ce qui reste dans l'édifice des premiers temps chrétiens.

(1) On trouvera dans la relation d'Ardulphe une description détaillée de ces édifices.

L'époque de Constantin ne nous a laissé que quelques pans de mur sans importance ; le style bizantin se retrouve dans les parties inférieures des diverses constructions, le style gothique prédomine dans les ornements des façades principales.

Deux choses frappent surtout le visiteur à son entrée au Saint-Sépulcre. Ce sont d'abord les nombreux vendeurs de chapelets et mendiants de toutes sortes qui encombrent le parvis, et qui donnent à l'église chrétienne la physionomie que devait présenter le temple juif avant l'époque où Jésus expulsa les marchands. Ce sont ensuite les soldats turcs installés sous le porche, qui voient défiler, avec le plus parfait mépris, toutes ces religions ennemies et se contentent de mêler aux fumées de l'encens chrétien celles de leurs pipes et de leurs cigarettes.

Le parvis, qui est certainement fort ancien, se présente en contre-bas de la rue. La place est dallée ; elle offre, à droite et à gauche, une foule de petites chapelles trop insignifiantes pour que nous les énumérions ici. Le parvis est dominé par une tour carrée dont le sommet a disparu, mais dont le reste offre des caractères gothiques qui la font remonter à l'époque des croisades.

La cour franchie, on se trouve en présence d'une façade qui est certainement une des constructions les plus belles et les plus anciennes que renferme l'édifice. Le double portail est flanqué de colonnes de marbre à chapiteaux byzantins qui proviennent, croit-on, d'un temple antique, et surmonté de deux fenêtres en ogive. Autrefois, paraît-il, les tympans du portail étaient ornés d'une mosaïque dorée, mais on y remarque encore des bas-reliefs que M. de Vogüé fait remonter à la fin du douzième siècle et qui par la finesse de leur exécution (celui de droite par ses motifs mêmes) rappellent certains bas-reliefs de la façade de la cathédrale de Strasbourg. Le bas-relief qui surmonte le portail de gauche représente des scènes tirées de la vie de Jésus. L'autre comporte des sujets purement symboliques ou le bien et le mal sont représentés sous des figures diverses, d'animaux surtout, ainsi que le vieil art chrétien avait coutume de faire.

L'église du Saint-Sépulcre proprement dite, c'est-à-dire la rotonde, y compris la chapelle de l'onction qui en forme en quelque sorte le vestibule, est aujourd'hui un terrain neutre appartenant à toutes les confessions chrétiennes, mais il n'en a pas toujours été ainsi. La chapelle de l'onction constituait jadis un privilège lié à la possession de la *pierre de l'Onction* (1) elle-même. Celle-ci a appartenu successivement aux Coptes, aux Géorgiens, aux Grecs, etc., les Latins payaient alors cinq mille piastres le droit d'y tenir des lampes allumées. Il a fallu des siècles

---

(1) La pierre de l'Onction est censée recouvrir le rocher où Nicodème lava et oignit le corps de Jésus (S. Jean, xix, 38-40). Le lieu est-il authentique ? La pierre d'aujourd'hui (car elle a été changée plusieurs fois) est une sorte de dalle de marbre rouge de 2 m. 70 de long sur 1 m. 30 de large. Elle est entourée de chandeliers précieux et éclairée par des lampes qui ne s'éteignent jamais.

pour qu'on arrivât à s'entendre et à supprimer d'un commun accord tous ces abus d'autorité.

Pour arriver à la Rotonde du Saint-Sépulcre, on tourne à gauche après avoir dépassé le poste musulman, et l'on passe devant une petite rotonde construite sur le lieu où se tenaient les saintes femmes pendant l'onction.

Quelques pas plus loin nous atteignons la *Rotonde du Saint-Sépulcre*, superbe édifice dont la coupole vient d'être reconstruite à neuf tout entière sur les plans de M. Mauss, architecte français, et de M. Effinger, architecte russe, et décorée par le peintre Salzmann mort peu de temps après l'achèvement de son œuvre.

La coupole d'aujourd'hui est double et ses parois extérieures sont recouvertes de feutre de plomb. De magnifiques peintures en décorent les parois internes. Elle présente à l'intérieur une ouverture circulaire de 20 mètres de diamètre, et s'appuie sur 18 piliers reliés entre eux par des arceaux. Une double galerie entoure la rotonde. C'est l'étage supérieur de cette galerie qui constitue cette fameuse galerie des Lampes dont les deux confessions chrétiennes les plus puissantes se sont toujours disputé la possession.

Le Saint-Sépulcre se trouve au centre même de la Rotonde. Il est enfermé dans une chapelle de forme hexagonale dont les nefs latérales sont soutenues par des pilastres. On sait que ce qu'on considère comme le tombeau de Jésus est une grotte taillée dans le roc, qui fut découverte à cette place par les ouvriers de Constantin ou d'Hélène.

Une chapelle dite chapelle de l'Ange sert de vestibule à celle du Saint-Sépulcre. Ses murs sont revêtus de marbre, et l'on remarque, au centre de la chapelle, une pierre qui est, dit-on, celle qui fermait le saint tombeau. Mais comme il est déjà question de fragments de cette pierre plusieurs siècles auparavant, la pierre actuelle ne saurait plus offrir qu'une authenticité suspecte, même si l'on ne veut la considérer que comme un fragment de la pierre primitive.

Une baie fort étroite donne accès dans la *chapelle du Saint-Sépulcre* qui est un petit réduit, magnifiquement orné d'ailleurs, mais ne mesurant que 2 mètres de long sur 1 mètre 80 de large et ayant peine à contenir trois ou quatre personnes à la fois. Le plafond, soutenu par des colonnes de marbre reposant sur le sommet des murs mêmes de la chapelle, est assez élevé. Il se termine par une sorte de cheminée destinée à laisser sortir la fumée des quarante-trois lampes qui y brûlent perpétuellement. Ces lampes ainsi que les autres objets de piété et d'ornementation sont dus aux pieuses libéralités des diverses confessions qui se partagent le Saint-Sépulcre. Les Latins et les Arméniens y ont fait placer des tableaux, les Grecs, un bas-relief en marbre blanc représentant les diverses scènes de la Résurrection.

A droite de l'entrée se trouve un banc de marbre de 2 mètres de long sur 90 centimètres de large ; c'est le tombeau de Jésus. Ce tombeau devait être creusé dans le roc même à la hauteur peut-être qu'indique le ban de marbre d'aujourd'hui, et surmonté d'une arcade cintrée, mais l'usage de le revêtir de marbre, usage adopté déjà par le premier fondateur de la basilique, a si bien fait disparaître le roc primitif qu'on n'en voit plus trace aujourd'hui, et qu'il serait fort difficile, sinon impossible, même au moyen de fouilles, de reconstituer son ancienne configuration.

Nous ne pouvons nous attarder à décrire par le menu toutes les salles et cha-

FENÊTRES DE L'ÉGLISE DU SAINT-SÉPULCRE

pelles qui entourent la rotonde nous devons mentionner cependant une sorte de chambre sépulcrale située derrière la chapelle des Syriens. La chambre, selon l'usage ancien, est entièrement taillée dans le roc, et l'on remarque aux parois quelques traces de niches sépulcrales et deux « fosses » ayant la forme des anciens fours à cercueils judaïques. On croit généralement que ces deux tombes étaient celles de Nicodème et de Joseph d'Arimathie. Ce qu'il y a de certain, c'est que la présence de ces tombeaux juifs à quelques pas du Saint-Sépulcre semble venir à l'appui des faits qui permettent de placer le Calvaire en dehors de l'ancienne enceinte de la ville.

Du côté nord de la rotonde les Latins possèdent une fort belle sacristie où l'on montre l'épée, les éperons et la croix de Godefroy de Bouillon, objets pieux qui ont servi jusqu'à nos jours à conférer l'ordre du Saint-Sépulcre (1).

Quelques chapelles se trouvent dans le voisinage, celle de l'*Apparition* entre autres, marquant le lieu où Jésus, ressuscité, apparut à sa mère. On montre dans cette chapelle, derrière un autel, un fragment de la colonne où le Christ fut attaché pour subir le supplice de la flagellation, mais nous avons déjà dit combien l'authenticité de toutes ces reliques en général est difficile à établir.

Devant le Saint-Sépulcre, juste en face de la porte, s'ouvre la nef principale de l'église grecque magnifiquement décorée de peintures et de dorures. Le centre de cette église est occupé par quatre pilastres reliés au sommet par des arcades ogivales qui supportent elles-mêmes une grande coupole. Le chœur est circulaire et renferme, dans son extrémité supérieure, le trône du patriarche. Les Grecs, qui ont toujours eu un grand amour pour la fable, montrent, dans un endroit de leur église situé près du chœur une sorte de coupe renfermant une boule et ils affirment que l'endroit lui-même marque le centre du monde.

Plusieurs chapelles sont situées autour de l'église grecque, nous ne nous occuperons que des chapelles souterraines qui sont les plus intéressantes. Un escalier de 30 degrés nous conduit d'abord dans la chapelle Sainte-Hélène, sur l'emplacement même de l'ancienne basilique de Constantin. Cette chapelle appartient actuellement aux Abyssins qui, très pauvres, la louent d'habitude aux Arméniens. La voûte se termine par une coupole supportée par quatre colonnes à fûts monolithes. On montre près de l'autel la place où se tenait sainte Hélène pendant les fouilles qui amenèrent la découverte de la vraie croix.

De cette chapelle on se rend par un autre escalier dans une autre chapelle située plus bas encore et entièrement taillée dans le roc. C'est la chapelle de l'*Invention de la Croix*, de fondation récente d'ailleurs. Les Grecs et les Latins s'en sont partagé les deux côtés ; un des ornements qui la distinguent est un autel orné d'une statue de bronze (grandeur naturelle) de sainte Hélène embrassant la croix. C'est l'archiduc d'Autriche (Ferdinand-Maximilien) qui l'a donné aux Latins.

Maintenant que nous avons terminé la visite de l'église du Saint-Sépulcre proprement dite, rendons-nous au point culminant du Calvaire, c'est-à-dire au lieu dit du Golgotha. Un passage partant de l'église grecque y monte directement. Le Golgotha est-il une élévation naturelle ou n'est-il qu'une de ces collines artificielles comme on en rencontre tant en Syrie, c'est ce que nous n'essayerons pas de discuter après tant d'autres, l'importance de cette question d'exégèse ne nous paraissant pas suffisamment établie.

Nous trouvons au Golgotha une foule de chapelles que nous allons parcourir

(1) Voir dans Chateaubriand les détails de cette cérémonie.

rapidement. Une des plus grandes et des plus belles, dite *chapelle de l'élévation de la Croix* appartient aux Grecs. On y montre le trou (garni d'argent) où fut planté la croix de Jésus et les places où s'élevèrent les deux autres croix, ainsi que la *fissure* du rocher qui se fendit au moment de l'agonie. La *chapelle du Crucifiement*, contiguë à cette dernière, appartient aux Latins. Ceux-ci possèdent un peu plus bas une autre chapelle encore, plus petite, mais richement décorée, dans laquelle on pénètre par un escalier extérieur. C'est la chapelle de Notre-Dame des Sept-Douleurs.

Les Grecs possèdent, sous la chapelle où ils montrent la place des trois croix, une chapelle souterraine appartenant autrefois aux Latins et où se trouvaient les tombeaux de Godefroy et de Baudouin. Ils l'ont appelée *chapelle d'Adam* en souvenir du premier homme, dont ce lieu, croient-ils, reçut les cendres. Par un de ces hasards miraculeux que les Grecs aiment à retrouver dans les ténèbres de l'histoire, la poussière d'Adam s'est trouvée placée juste au-dessous de la *fissure du rocher*, de telle sorte qu'une goutte de sang du Christ a pu régénérer cette poussière en tombant par la susdite fissure. La fable par laquelle ils expliquent la présence de la poussière d'Adam au Golgotha n'est pas moins compliquée que les autres fables grecques en général. Les ossements de notre premier père auraient été recueillis dans l'Arche de Noé, puis confiés à Jésus qui, dès lors, se confond avec Melchissédec lui-même, le légendaire roi de Salem. C'est ce dernier qui les aurait ensevelis dans une des grottes du Golgotha.

N'eût-il pas mieux valu, pour l'honneur des Grecs et de leur religion, respecter les tombeaux de Godefroy et de Baudouin qui se trouvaient là autrefois, et n'est-il pas doublement odieux de faire disparaître les plus vénérables monuments de l'histoire quand on ne peut leur substituer que des fables absurdes comme celle que nous venons d'entendre?

Si encore les Grecs s'en tenaient là, mais ils renouvellent quotidiennement leurs tentatives d'empiètement sur les droits des autres confessions, et ces tentatives, malheureusement, grâce à l'argent versé en secret aux Turcs, ne restent pas toujours infructueuses. Aussi les moines latins du Saint-Sépulcre ont-ils à soutenir des luttes perpétuelles pour maintenir l'intégrité de leurs possessions. Ceux-ci, il est vrai, savent se défendre. La rencontre de deux processions grecque et latine au Calvaire est souvent le signal de véritables batailles. Il en est de même ailleurs, partout où des moines latins et grecs vivent côte à côte, le brandon de la discorde est sans cesse allumé et c'est à qui pourra le plus infliger de vexations à son voisin.

M. de Saulcy rend compte de la manière suivante de faits dont il a été le témoin oculaire.

« Devant la porte qui donne entrée dans le couvent latin de Bethléem se trouve une place dallée que longe le cimetière. Moines grecs et latins se disputent l'autorité sur cette place qui n'a rien de bien vénérable en soi, et qui n'a d'autre titre à la convoitise de deux corporations religieuses que de tenir aux murailles du couvent. Chacun défend à son compétiteur de balayer le dallage, ce qui serait faire acte de propriété. Mais lorsqu'elle est salie par des immondices de toute nature, il faut bien se décider à faire intervenir le balai. Celui qui a commencé cette œuvre louable, s'il est moine latin, est assuré de recevoir lestement sur les épaules le manche d'un balai monacal soumis au rite grec: si c'est un moine grec qui entreprend le nettoyage, il est infailliblement rossé par les moines latins. De là des conflits odieux où tous les manches à balai des deux communautés rivales entrent en action et ne font qu'épousseter un peu rudement la bure des uns et des autres. »

Pour bien comprendre cette importance excessive que les moines d'Orient attachent à un coup de balai (donné sur une dalle) il faut savoir ici que le balai est la base des jugements au moyen desquels les Turcs tranchent toutes les questions de propriété litigieuses. Leur jurisprudence ne connaît pas les artifices du mur mitoyen. Une contestation s'élève-t-elle au sujet de la possession d'un terrain, ils adjugent ce terrain à celui qu'ils ont surpris en train de le nettoyer à coups de balai (1). Ce genre de justice distributive serait évidemment inapplicable en France, à Paris surtout ; nos maisons ne tarderaient pas à avoir pour propriétaires leurs propres concierges.

Pour en revenir à l'église du Saint-Sépulcre, celle-ci est devenue pour les Grecs en particulier une source de revenus immenses. Un groupe de pèlerins grecs débarque-t-il en Syrie, ceux-ci sont aussitôt accaparés par des papas à qui les lieux saints sont familiers, et qui joignent à cet avantage celui d'une connaissance approfondie du tarif de chaque station du Calvaire.

Une fois entre les mains de ces cicerones ils ne contempleront pas un tableau saint, ne seront pas édifiés par une fable si modeste soit-elle, sans voir immédiatement la fable ou le tableau saint tourner au détriment de leur bourse ; de telle sorte, qu'arrivés au bout de leur pèlerinage ces braves gens sont persuadés que la piété n'est agréable à Dieu que si elle se traduit finalement par des aumônes faites aux religieux qu'il daigne couvrir de sa grâce.

A ce compte, on le comprend, la véritable piété ne saurait aller sans quelque fortune; encore ne faut-il point avoir trop de péchés à se faire pardonner, la con-

---

(1) A Médine, le nettoyage du tombeau de Mahomet est confié à quarante balayeurs nègres, qui ont autant de surnuméraires, aspirants et balayeurs honoraires. Ce dernier titre est même fort convoité à la cour du sultan. (Voir la *Correspondance d'Orient*, tome IV.)

L'ÉGLISE DU SAINT-SÉPULCRE

fession étant celle de leurs attributions dont les prêtres grecs battent le plus volontiers monnaie. Ce qui n'empêche pas que ce sont les fidèles du rite grec qui fournissent le plus fort contingent à la masse des pèlerins que Jérusalem voit chaque année accourir dans ses murs. Il est vrai que les prêtres de ce culte ne reculent devant rien pour développer le goût des pèlerinages chez leurs coreligionnaires et y perpétuer un zèle si profitable à leurs communautés. Volney nous apprend que de son temps les Grecs assuraient *que le pèlerinage acquiert les indulgences plénières, non seulement pour le passé, mais même pour l'avenir ; et qu'il absout, non seulement du meurtre, de l'inceste, de la pédérastie, mais encore de l'infraction du jeûne et des jours de fêtes, dont ils font des cas bien plus graves.*

Ces choses sont-elles changées aujourd'hui, je ne le sais, n'ayant pas eu le loisir d'étudier Jérusalem au point de vue spécial de la religion grecque, mais s'il faut en croire les auteurs qui ont traité la question, cette religion a encore, comme tant d'autres, bien des abus à déraciner.

Le plus grave sans contredit de ces abus est celui qui consiste à maintenir par le charlatanisme les superstitions qui ont trait à la cérémonie du *feu sacré*, mystère auquel d'ailleurs aucun prêtre grec n'a jamais cru (1).

Voici d'abord en quoi consiste cette cérémonie.

Le samedi saint, à deux heures de l'après-midi, une procession composée des membres du clergé grec de Jérusalem a lieu autour du Saint-Sépulcre. Sitôt cette procession terminée, le patriarche grec entre dans le Saint-Sépulcre dont on a éteint toutes les lampes. Le reste du clergé grec, ainsi que les prêtres arméniens, coptes et abyssins s'enferment dans la petite chapelle de l'Ange qui reste fermée jusqu'au moment de la descente du feu sacré. Les fidèles pendant ce temps sont massés dans les nefs et les galeries de l'église, attendant avec impatience le moment d'allumer leur bougie au feu sacré, et traduisant cette impatience par un tumulte pieux accompagné des excentricités les plus variées.

Maintenant comment le feu sacré opère-t-il sa descente ? On n'en sait trop rien. Autrefois le prêtre le faisait descendre au moyen d'une pierre à feu ou d'un briquet phosphorique (2). Aujourd'hui l'allumette chimique a peut-être détrôné le briquet, mais ce sont là des détails oiseux. Une fois la lampe allumée, le patriarche grec y allume son flambeau et communique le feu sacré aux Arméniens, Coptes, etc.,

(1) Poujoulat a interrogé à ce sujet le patriarche grec de Jérusalem en 1831 : « Aucun prêtre grec, a répondu ce dernier, ne croit au miracle, aucun ne le prêche au peuple ; le peuple ne met aucun doute que le feu ne descende du ciel, pourquoi chercherions-nous à lui prouver le contraire ? » La réponse sans doute manquait de sincérité, attendu que les prêtres grecs ne se faisaient nullement faute alors de prêcher au peuple un miracle auquel ils ne croyaient pas.

(2) Au commencement du onzième siècle on racontait au kalife Hakim que les Grecs enduisaient d'huile la tige de fer à laquelle était suspendue la lampe sacrée, et y mettaient le feu par le toit du Saint-Sépulcre.

enfermés dans la chapelle. Ceux-ci à leur tour le communiquent aux fidèles par les ouvertures pratiquées dans le mur. A ce sujet naturellement des bousculades effrayantes ont lieu, et c'est à qui allumera le plus vite son cierge dans le double but d'être plus agréable à Dieu et de se tirer plus promptement de la bagarre (1). Quant à l'allumer le premier ou même un des premiers, un simple fidèle ne saurait y songer C'est un honneur que les papas vendent cher (2), et il est arrivé qu'une même famille

JÉRUSALEM : DÉBRIS D'UNE ARCADE SCULPTÉE

grecque a pu, grâce à sa fortune, détenir pendant des années le droit de préséance dans cette cérémonie.

On sait qu'autrefois les Latins prenaient part aussi à la fête du feu sacré, mais ils ont abandonné cet usage dès le seizième siècle.

Foucher de Chartres, un chroniqueur, qui a pris part à la première croisade,

---

(1) C'est une de ces bagarres qui a occasionné la terrible catastrophe de 1834. Six mille personnes se trouvaient alors réunies dans l'église du Saint-Sépulcre pour participer à la cérémonie du feu sacré. A un moment le tumulte fut si grand que les gardiens musulmans crurent à une démonstration hostile de la part des chrétiens. Voyant les Turcs se jeter sur eux, ces derniers se ruèrent vers les portes, et il y eut une mêlée horrible où trois cents pèlerins de tout âge périrent écrasés ou tués.

(2) Autrefois cet honneur se vendait couramment mille à quinze cents piastres.

parle du feu sacré en croyant naïf et rapporte à ce sujet le fait suivant assez curieux dont il fut témoin : « Selon la coutume, on se réunit la veille de Pâques, dans l'église du Saint-Sépulcre. A la troisième heure des chanoines, par l'ordre du patriarche, commencèrent l'office, on lut successivement les leçons latines et les leçons grecques. Lorsque l'office fut achevé, un grec, selon l'ancien usage, se mit

JÉRUSALEM : CHAPITEAU D'UNE COLONNE ANTIQUE

à chanter le *Kyrie eleison;* tous ceux qui étaient présents en firent autant.... et, les regards levés, nous attendions qu'une nouvelle lumière parût. Mais vainement nous portâmes nos regards de tous côtés, nous ne la vîmes pas, parce qu'elle n'était pas encore venue. Alors on chanta trois fois le *Kyrie eleison;* et après que tout le monde eut répondu, il se fit un grand silence... Cependant nous attendions dans le recueillement le feu sacré qui devait paraître vers la neuvième heure ; il ne vint point, *et lorsque cette heure fut passée, le patriarche ferma les portes de l'église et rentra ensuite dans l'espoir de trouver le feu* (?). Ses espérances furent encore trompées, et, quoiqu'il eût longtemps prié et versé des larmes, il sortit dans la plus profonde tristesse, en nous déclarant qu'il n'avait pas trouvé le feu si désiré. »

Et Foucher de Chartres rapporte que tout le monde en pleurait, personnen'y comprenant rien. Les sages, eux, pensaient que les miracles n'étaient plus utiles, maintenant qu'une armée chrétienne nombreuse était là pour faire respecter les lieux saints. Ajoutons que le feu sacré se manifesta clandestinement au moment où personne ne l'attendait plus. La lampe sainte se trouvant allumée, le patriarche recueillit le feu céleste au moyen d'un cierge, des milliers de flambeaux s'allumèrent en un clin d'œil les uns aux autres et ce fut, comme toujours, dans l'église, l'occasion d'une fête bruyante. (Voir la *Bibliothèque des Croisades*, tome 1er). Gauthier Vinisauf, l'auteur de l'*Itinéraire du roi Richard*, raconte au sujet du feu sacré une histoire plus étrange encore ; nous citons la *Bibliothèques des Croisades*:

« La veille de Pâques, Saladin, accompagné des siens, se rendit au Saint-Sépulcre, pour y être témoin de la descente du feu du ciel qui, ce jour-là, a coutume, tous les ans, d'allumer la lampe du sanctuaire. A son arrivée, le feu céleste descendit tout à coup, tous les assistants furent vivement émus ; les chrétiens témoignèrent leur joie en chantant la grandeur de Dieu ; les Sarrasins, au contraire, dirent que le feu qu'ils avaient vu descendre, était produit par des moyens trompeurs. Saladin, voulant constater l'imposture, fit éteindre la lampe que le feu du ciel avait allumée, mais la lampe se ralluma aussitôt ; il la fit éteindre une seconde et une troisième fois, et chaque fois elle se ralluma comme d'elle-même. Alors le sultan, confondu, s'écria dans un transport prophétique : « Oui, bientôt je mourrai ou je perdrai Jérusalem ! »

Et ce qu'il y a de plus étrange, c'est que Saladin mourut en effet au carême suivant.

Au dix-neuvième siècle, un pacha syrien, à la fois moins superstitieux et plus avisé que Saladin, a réussi à percer à jour le faux mystère du feu sacré ; le fait mérite d'être consigné à la suite de ceux que nous venons de rappeler.

« Il y a dix ou quinze ans, dit une des lettres de la *Correspondance d'Orient*, que le pacha de Damas se trouvant à Jérusalem à l'époque de la semaine sainte des Grecs, fut curieux de voir lui-même le miracle du feu sacré. Le samedi saint, le vizir voulut donc s'enfermer avec le patriarche grec dans le saint tombeau. Celui-ci, qui n'avait pu échapper à la terrible épreuve, tremblait de tous ses membres, et le pacha put facilement s'apercevoir de son embarras. Cependant les chants du *Kyrie eleison* retentissaient dans l'église ; le peuple demandait à grands cris le miracle du feu sacré. Après une heure d'anxiété mortelle, le patriarche, qui cherchait vainement à tromper l'œil du pacha et ne pouvait différer plus longtemps le miracle, tombe aux pieds du vizir, et lui déclare humblement qu'il est obligé de battre le briquet pour faire descendre la flamme sainte ; l'indignation du pacha fut grande d'abord ; mais bientôt la colère fit place au rire. « Excellence, lui dit le prélat grec, si nous n'avions pas le feu sacré, nous n'aurions point de pèlerins qui nous font vivre et nous aident à payer les impôts qui vous sont dus. » Le pacha, pour ne point compromettre ses intérêts, promit au patriarche de lui garder le secret sur la pieuse fraude, et se contenta de lui faire payer le même jour une amende de douze mille piastres. » Avouez que l'histoire est au moins édifiante, et que la bonne foi du prince musulman valait celle du patriarche grec.

Tandis que Grecs, Arméniens et Latins s'accrochent aux Saints-Lieux, les premiers avec la rapacité de gens qui défendent l'unique industrie qui les fait vivre, les derniers avec l'opiniâtreté de la foi qui ne veut rien céder, tandis que chacun d'un commun accord semble oublier les admirables préceptes de Jésus relatifs au pardon et à l'oubli des fautes, tout le monde s'évertuant à engraisser le fisc turc par les plaintes continuelles des uns contre les autres, plaintes qui se soldent généralement par de fortes amendes ; tandis que ces faits navrants se passent journellement au sein des confessions les plus importantes du christianisme et sur les lieux mêmes où le Christ mourut sur la croix pour pacifier le monde, deux petites sectes chrétiennes, à peine civilisées, semblent avoir pris à tâche de perpétuer sur ces mêmes lieux le souvenir et l'exemple des premières vertus chrétiennes.

A l'est du Saint-Sépulcre, une poignée de nègres abyssins pour la plupart installés dans des huttes misérables éparpillées dans une grande cour, passent leur vie à prier Dieu sur de petits autels mesquins, et sans chercher à disputer à personne la possession des reliques plus ou moins apocryphes qui servent à frapper l'imagination des pèlerins francs. Leur existence est faite tout entière d'humilité et d'abnégation ; ils ne sollicitent ni ne reçoivent aucun de ces dons magnifiques dont les grandes puissances de l'Occident sont si prodigues envers leurs coreligionnaires ; enfants perdus d'un pays qui les a oubliés et qu'ils ne reverront plus, ils ont d'avance sacrifié leur patrie absente à la religion, et leur faiblesse même, jointe à leur misère et à leur abandon, les rapprochent de Dieu, en leur interdisant de se réclamer d'aucune puissance humaine. Certes il y a des spectacles plus graves et plus solennels que celui de ces moines africains, aux traits vaguement simiesques, grimaçant leurs litanies des yeux et des lèvres et *parlant nègre* (1) avec le bon Dieu ; je n'en ai point vu au Saint-Sépulcre qui m'ait paru plus sincère ni qui m'ait plus vivement touché.

Les moines abyssins vivent généralement de la charité des visiteurs. Le seul endroit consacré à leurs yeux par une vieille tradition, et qu'ils se permettent de

---

(1) Cette expression vulgaire dont nous nous sommes servi à dessein est parfaitement exacte, car les Abyssins font encore leurs prières dans l'ancien dialecte éthiopien.

montrer comme tel, est une petite place occupée par un olivier et où Abraham aurait trouvé le bélier qu'il sacrifia à la place d'Isaac. Ces pauvres religieux possèdent une petite chapelle, très modeste d'ailleurs, qui communique au sud avec le parvis de l'Église.

Ce que nous venons de dire des Abyssins peut aussi s'appliquer aux Coptes, leurs voisins, bien que leurs deux couvents soient un peu plus confortables que celui des Abyssins et qu'ils possèdent plus d'une chapelle au Calvaire. Ceux-là aussi sont des pauvres, des humbles, des abandonnés, qui ne cherchent querelle à personne et qu'aucune puissance à Jérusalem ne protège spécialement, si ce n'est leur propre évêque qui vit au milieu d'eux.

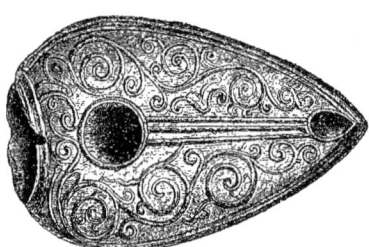

LAMPE DU SAINT-SÉPULCRE

Avant de terminer cette notice du Saint-Sépulcre, il est bon de faire remarquer que, malgré les faits regrettables dont nous avons parlé, les fêtes religieuses célébrées dans cette église, empruntent naturellement aux lieux saints et aux souvenirs du drame admirable qui s'y est dénoué, un caractère poignant et grandiose qu'on chercherait en vain dans les solennités célébrées dans les autres églises du monde. Ajoutons que les cérémonies latines sont généralement exemptes des désordres qui caractérisent les grandes fêtes grecques. Ces cérémonies d'ailleurs sont fort loin d'égaler en magnificence et en pompe celles qu'on

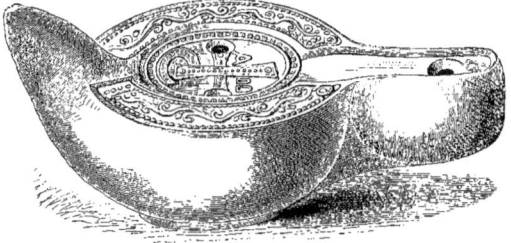

LAMPE SYRIENNE

célébrait au temps des croisés. A cette époque, l'une des plus importantes était celle du dimanche des Rameaux. Ce jour-là un cortège processionnel représentant l'entrée triomphale de Jésus à Jérusalem, partait de Bethphagé, parcourait toute la ville et se rendait ensuite au Saint-Sépulcre.

Mais la fin de la domination franque marqua aussi la suppression des processions publiques. Ce genre de cérémonies fut circonscrit à l'intérieur de l'église. Aujourd'hui, rien dans les grandes fêtes catholiques célébrées au Saint-

Sépulcre ne diffère de celles qu'on célèbre aux mêmes époques en Occident. Aussi n'est-ce point des cérémonies elles-mêmes que se dégage l'impression vraiment grande qui remue tout chrétien penché sur le Saint-Sépulcre, mais bien de cet enthousiasme spontané qui saisit toute âme noble en présence de la sanglante et douce figure du Christ, de ce Jésus dont on nous a enseigné la vie dès le berceau, et dont le tendre souvenir est si étroitement lié à nos premières années qu'il nous apparaît plus tard comme le reflet d'une chose meilleure qui fut de nous, et qui est morte depuis.

CHAPITRE VIII

MONUMENTS INTÉRIEURS DU HARAM

Physiologie de l'archéologue. — Le mont Moriah. — Légende arabe. — Le temple de Salomon. — Le temple d'Hérode. — Ce qui reste de l'appareil salomonien. — Omar et le patriarche Sophronius. — Abraham, père des Ismaélites, et les traditions qui ont servi de base au Koran. — Intérieur du Haram. — La coupole du Rocher (Koubbet-es-Sakra) : traditions juives et musulmanes. — Mosquées secondaires du Haram. — La légende arabe de Salomon. — La mosquée El-Aksa et ses souterrains. M. de Saulcy et les antiquaires. — Quelques lignes d'histoire.

L'emplacement du temple de Salomon, où s'élèvent aujourd'hui les édifices du Haram ou *lieu saint des musulmans*, est, après le Saint-Sépulcre, le lieu le plus intéressant de Jérusalem. On peut dire même qu'au point de vue archéologique son importance est de beaucoup supérieure à celle du Calvaire.

Je me hâte d'ajouter cependant que la question archéologique ne saurait en aucune façon prendre ici la première place. Personnellement je ne sache rien de plus ennuyeux que ces descriptions de Jérusalem, roulant sans cesse sur des pierres et des cailloux, où l'auteur préfère entasser invraisemblances sur invraisemblances que de sortir des terrains vagues de l'archéologie, et n'a d'autre distraction à offrir au lecteur que de le mettre à chaque instant au pied du mur, ce qui est mortel à la longue, lors même que le mur est d'origine salomonienne. L'impression capitale qui se dégage de ce genre d'écrits me semble assez bien résumée dans le mot célèbre par lequel débute l'Ecclésiaste : « Vanité des vanités, tout est vanité, » et dans cet autre qui clôt le chapitre : « Où il y a abondance de science il y a abondance de chagrin, » ce qui peut se lire aussi: « Où il y a abondance de science il y a abondance d'ennui. »

Et de fait la science confuse et diffuse des archéologues distille en général l'ennui le plus amer, surtout lorsqu'elle n'a d'autre effet que de nous river les yeux sur des blocs de pierre — toujours les mêmes — sans valeur aucune, et parfaitement indignes de fixer l'attention des gens sérieux. Il faut bien remarquer ceci, c'est qu'un esprit constamment tendu vers un seul et même but, finit par s'exagérer l'importance de ce but, de même que le regard invariablement fixé sur un même objet perd la juste notion de ses dimensions. C'est ce qui arrive à messieurs les archéologues. A force de rouler des pierres dans leur cervelle, et de se donner un mal infini pour en pénétrer le sens intime, ils ne voient plus qu'elles. Talonnés du besoin de se soulager en nous détaillant leur supplice, ils ressemblent à ces malades qui parlent à tout venant de l'asthme qui leur enlève le sommeil ou décrivent les prodromes scrupuleusement étudiés de la phtisie dont ils viennent d'être atteints.

Sans doute je sais que nous avons à côté des amateurs et des fantaisistes de vrais savants, à côté des écrivains lourds et ennuyeux, des plumes agréables, chez qui l'érudition et la science n'excluent pas l'esprit. Par exemple on ne me fera pas l'injure de me supposer assez irrespectueux pour comparer M. de Saulcy aux maniaques dont je viens d'esquisser le type. M. de Saulcy s'est donné au contraire beaucoup de peine pour rendre moins aride l'exposé de ses dernières études archéologiques sur Jérusalem. Et il a réussi. Encore dois-je avouer que le récit de ses fouilles, ses démêlés avec les scheiks récalcitrants, cherchant à lui soutirer le plus d'argent possible, ses rencontres avec un tas de gêneurs tenaces demandant le *bakschich* partout et à propos de tout, l'affaire désopilante de cette compagnie d'infanterie turque, officiers en tête, qu'il trouve un jour en train de déblayer un terrain où il avait commencé des fouilles la veille, le pacha ayant cru qu'il était sur la piste d'un trésor, enfin l'histoire même des nouvelles découvertes qui s'accumulent chaque jour, démontrant péremptoirement le peu de consistance des anciennes hypothèses qu'elles réduisent à néant, le récit de toutes ces aventures, je l'avoue pour ma part du moins, m'a toujours paru plus intéressant que le résultat même des fouilles et des découvertes qui leur servent de prétexte. Que les archéologues à outrance me jettent chacun leur pierre !

Je demande pardon au lecteur de cette longue digression, et, le cœur allégé, je reviens au Haram-ech-Chérif.

La colline de Moriah où Salomon éleva le temple sur l'emplacement de l'aire d'Arnan le Jébusite, est nommée pour la première fois dans la Genèse à propos du sacrifice d'Abraham. Il est donc plus que probable qu'en souvenir de cette tradition miraculeuse, le lieu avait été consacré au culte longtemps avant l'érection du temple juif. La légende que racontent les Arabes de Jérusalem sur le choix de Moriah pour l'emplacement d'un temple confirme cette dernière supposition. Elle est d'ailleurs d'une poésie bien plus élevée que la légende biblique et je ne résiste pas au plaisir de la citer d'après Lamartine :

« Jérusalem était un champ labouré ; deux frères possédaient la partie de terrain où s'élève aujourd'hui le temple ; l'un de ces frères était marié et avait plusieurs enfants, l'autre vivait seul ; ils cultivaient en commun le champ qu'ils avaient hérité de leur mère ; le temps de la moisson venu, les deux frères lièrent leurs gerbes, et en firent deux tas égaux qu'ils laissèrent sur le champ. Pendant la nuit, celui des deux frères qui n'était pas marié eut une bonne pensée ; il se dit à lui-même : Mon frère a une femme et des enfants à nourrir, il n'est pas juste que ma part soit aussi forte que la sienne ; allons, prenons dans mon tas quelques gerbes que j'ajouterai secrètement aux siennes ; il ne s'en apercevra pas, et ne pourra ainsi refuser. Et il fit comme il avait pensé. La même nuit, l'autre frère se réveilla et dit à sa femme : Mon frère est jeune, il vit seul et sans compagne, il n'a personne pour l'assister dans son travail et pour le consoler dans ses fatigues,

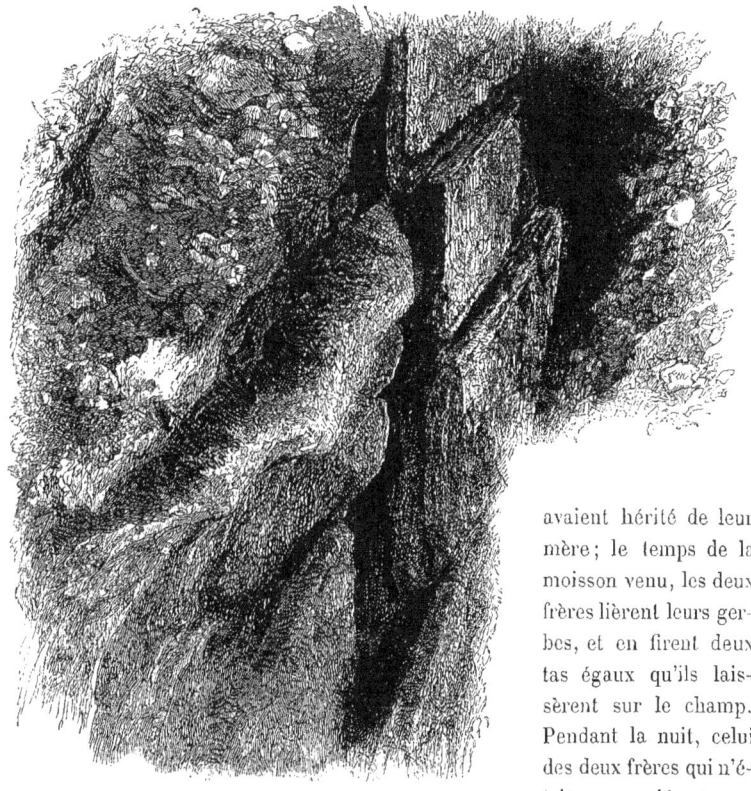

FONDATIONS DÉCOUVERTES A JÉRUSALEM

il n'est pas juste que nous prenions du champ commun autant de gerbes que lui ; levons-nous, allons, et portons secrètement à son tas un certain nombre de gerbes, il ne s'en apercevra pas demain et ne pourra ainsi les refuser. Et ils firent comme ils avaient pensé. Le lendemain, chacun des frères se rendit au champ, et fut bien surpris de voir que les deux tas étaient toujours pareils : ni l'un ni l'autre ne pouvait intérieurement se rendre compte de ce prodige ; ils firent de même pendant plusieurs nuits de suite ; mais comme chacun d'eux portait au tas de son frère le même nombre de gerbes, les tas demeuraient toujours égaux, jusqu'à ce qu'une nuit, tous deux s'étant mis en sentinelle pour approfondir la cause de ce miracle, ils se rencontrèrent portant chacun les gerbes qu'ils se destinaient mutuellement.

» Or, le lieu où une si bonne pensée était venue à la fois et si persévéramment à deux hommes, devait être une place agréable à Dieu, et les hommes la bénirent et la choisirent pour y bâtir une maison de Dieu ! »

Quoi qu'il en soit, il n'y avait aucun édifice sacré sur le sommet de Moriah lorsque Salomon commença de bâtir le temple. Le lecteur trouvera dans les Livres des Rois (I, ch. vi et vii) tous les détails relatifs à la construction de ce superbe édifice. Malgré les nombreuses fouilles faites depuis quelques années et qui ont mis à jour de prétendues assises salomoniennes, les savants ne s'entendent pas sur l'emplacement exact du temple proprement dit, c'est-à-dire du naos et des premiers portiques. Ce qui a été plus facile à retrouver, c'est la plate-forme artificielle destinée à supporter le temple et qui fut consolidée au moyen de soubassements gigantesques construits sur les principaux versants de la colline, et en particulier du côté des vallées de Josaphat, de Hinnon et du Tyropæon. On trouvera dans l'historien Josèphe (*Antiquités judaïque*) la description de ces soubassements.

On sait, d'autre part, comment Salomon s'adressa à Hiram, roi de Tyr, qui lui expédia, outre les fameux cèdres du Liban, une foule d'ouvriers phéniciens fort habiles qui achevèrent en sept ans (d'autres disent treize ans) la construction du temple.

Celui-ci se composait d'un sanctuaire se divisant en trois parties : 1° le vestibule ou parvis extérieur (pronaos) ; 2° le naos, ou lieu saint ; 3° le Saint des saints, sanctuaire de forme cubique situé en arrière des deux autres, à la partie postérieure, c'est-à-dire occidentale du temple. Trois étages de cellules entouraient le sanctuaire, et un grand parvis régnait tout autour du temple. Tout l'intérieur de l'édifice fut, selon la Bible, lambrissé et sculpté, puis recouvert d'or fin. L'airain aussi joua un grand rôle dans l'ornementation et principalement dans la construction du mobilier du temple.

Deux colonnes d'airain s'élevaient devant la porte du sanctuaire, et un trône d'airain, destiné à Salomon, était dressé dans le pronaos, dominant l'autel des holocaustes situé en face. Et dans le même lieu il y avait dix bassins d'airain servant à la purification des chairs des victimes, et un autre bassin plus grand et de même métal nommé la *mer d'airain*, où les prêtres faisaient leurs ablutions. Ce dernier bassin était supporté par douze bœufs d'airain.

Le style général de l'édifice et de son ornementation intérieure était demi-assyrien, demi-égyptien, car Salomon, par son mariage, s'était aussi assuré le concours des principaux artistes de l'Égypte. L'influence assyrienne se remarquait surtout dans les nombreuses figures de chérubins que Salomon avait fait répandre à foison dans les divers ornements du temple, en dépit des lois juives interdisant la représentation des formes et des figures d'êtres animés. Ces chérubins étaient des taureaux ailés à face humaine qui devaient ressembler sans doute à ceux qu'on a retrouvés en fouillant les ruines de Ninive. Deux de ces figures gigantesques couvraient de leurs ailes l'arche d'alliance que Salomon avait fait transporter dans le Saint des saints.

« Et Salomon, dit le Ier livre des *Rois* (chap. vii, versets 48,49,50) fit aussi tous les ustensiles qui appartenaient au temple de l'Éternel, savoir: l'autel d'or, et les tables d'or sur lesquelles étaient les pains de proposition ; et cinq chandeliers d'or fin à main droite, et cinq à main gauche devant l'autel, et les mouchettes d'or; et les coupes, les serpes, les bassins, les tasses et les encensoirs d'or fin. Les gonds mêmes des portes du lieu très saint et du temple étaient d'or. »

Pour en finir avec le temple de Salomon, disons que le culte juif consistait alors en sacrifices divers: bœufs, brebis, boucs, génisses, pigeons, tourterelles, etc., etc.... Ces sacrifices se faisaient sur l'autel des holocaustes, tandis que les offrandes de parfums et l'offrande hebdomadaire des douze pains de proposition avaient lieu dans le naos.

Le peuple se tenait habituellement dans le parvis, ou encore sous les portiques du temple.

On sait que le temple de Salomon fut détruit par Nabuchodonosor qui s'empara de Jérusalem et emmena les Juifs en captivité. Cinquante ans après ces événements, en 538 avant notre ère, Cyrus, roi des Perses, prit Babylone et permit aux Juifs de retourner dans leur pays. Le temple fut aussitôt reconstruit par Zeroubabel, et sous l'inspiration de quelques prophètes juifs. Achevé en six ans, ce nouveau temple fut loin d'égaler en splendeur celui de Salomon. Le peu de renseignements qui sont parvenus jusqu'à nous, nous apprennent que cet édifice renfermait un autel et un candélabre d'or du poids de 200 talents, et que ses portes étaient entièrement dorées.

En l'an 24 avant Jésus-Christ, le roi Hérode, se sentant impopulaire, voulut s'assurer l'estime éternelle des Juifs en leur bâtissant un temple auquel il restituerait la magnificence grandiose de celui de Salomon. En conséquence l'édifice élevé par Zeroubabel fut rasé, et dix mille ouvriers dirigés par mille prêtres furent occupés à la reconstruction du nouveau temple.

L'historien Josèphe nous apprend que ce temple avait des portes magnifiques ouvrant sur diverses avenues et qu'il était entouré de vastes portiques formés d'une double rangée de colonnes monolithes. Parmi ces derniers se trouvait, paraît-il, à l'est ou au sud, le vieux portique de Salomon (1), resté célèbre parce que Jésus s'y tenait fréquemment pour enseigner le peuple. C'est aussi dans cet endroit, dit-on, qu'il prononça sur la femme adultère cette parole d'absolution, une des plus belles que son âme généreuse lui ait inspirées.

UN LÉVITE (D'APRÈS CALMET)

Se tournant vers les pharisiens qui attendaient de lui un jugement contraire aux vieilles lois mosaïques : « Que celui d'entre vous qui est sans péché, dit-il, lui jette la première pierre ! »

La partie du nord du temple d'Hérode communiquait par une porte avec la tour de la forteresse Baris qu'Hérode, on se le rappelle, avait appelée Antonia en l'honneur de son protecteur. La face occidentale de l'enceinte sacrée avait quatre portes dont l'une conduisait au propre palais d'Hérode, séparé du temple par une vallée dont le passage était libre.

Deux autres portes s'ouvraient dans le sud de l'enceinte (2).

Quant aux soubassements de la plate-forme, leur caractère gigantesque rappelait de tous points le colossal appareil

---

(1) Il est probable que le portique de Salomon faisait suite immédiatement au grand portique qu'Hérode avait fait élever sur la face sud du temple, et qu'il a dû parfois être confondu avec lui. Le portique d'Hérode fermait la cour des Gentils ; c'était, paraît-il, une des merveilles de l'architecture antique. Ses arcades étaient soutenues par une quadruple rangée de colonnes corinthiennes, celles-ci étant au nombre de 162. (Ce chiffre, donné par l'historien Josèphe, est évidemment inexact, 162 n'étant pas un multiple de 4.) Aux approches des grandes fêtes tout le bétail destiné aux sacrifices était parqué, par groupes appartenant à un même propriétaire, à l'ombre même de ces belles arcades, et spécialement dans la cour des Gentils. On y remarquait aussi des marchands de boissons et de crêpes, des changeurs avec leurs tables couvertes de piles de monnaies. Il en résultait naturellement autour du lieu saint un vacarme et une animation des plus profanes. On sait comment Jésus mit fin à ces scandales.

(2) Nous retrouverons quelques-unes de ces portes dans la description du Haram.

salomonien. Maintenant il est plus que probable qu'une grande partie des assises salomoniennes subsistaient encore au temps d'Hérode et que ce dernier n'a fait que bâtir sur les anciennes fondations. Dans les endroits même où il a fallu établir de nouvelles substructions, il est fort possible que les architectes d'Hérode aient utilisé les anciens matériaux.

M. de Saulcy, qui a fait des fouilles au pied de la triple porte Sous-el-Aksa où la profondeur des assises se trouvait être nulle, la dernière assise reposant immédiatement sur le roc qui formait ainsi la base de la muraille, n'en a pas moins conclu un peu arbitrairement, nous semble-t-il, que toute la portion inférieure de cette muraille appartenait à l'appareil salomonien (1).

Deux officiers du génie anglais (MM. Wilson et Warren) ont été plus heureux. Non loin de l'endroit où M. de Saulcy avait opéré ses fouilles ils ont percé le sol au moyen de puits de sondage, et ils ont retrouvé à une profondeur de 22 mètres, enfoncés dans une épaisse couche de remblais, des assises de blocs reposant sur le roc et parfaite-

GRAND PRÊTRE JUIF (D'APRÈS CALMET)

ment identiques aux blocs de la portion supérieure de la muraille. Quelques-uns de ces blocs portaient des caractères tracés, qu'on a reconnus pour phéniciens. Partant de là, les ingénieurs anglais ont conclu avec M. de Saulcy que toute cette portion de muraille devait appartenir à l'appareil salomonien. Cette opinion, répétons-le, ne nous paraît pas à l'abri de toute contestation

---

(1) Disons en passant que M. Renan a vivement critiqué cette façon de voir.

Passons à l'intérieur du temple d'Hérode.

La cour des Gentils, qui formait avec les portiques qui l'entouraient une sorte d'enceinte extérieure au parvis même du sanctuaire, était séparée de ce dernier par quelques marches et par une balustrade de pierre dont l'inscription interdisait aux gentils de franchir cette limite sous peine de mort (1). Les parvis sacrés étaient ainsi élevés de quelques degrés au-dessus du parvis des Gentils. Le premier de ces parvis était réservé aux Israélites, avec une cour spéciale destinée aux femmes, et que celles-ci ne devaient pas franchir. Derrière ce parvis se trouvait le parvis des prêtres avec l'autel des holocaustes fait de pierres brutes *que le fer n'avait jamais touchées*. L'accès de ce parvis était naturellement interdit à tout juif qui n'était pas prêtre.

« Jamais, dit Josèphe, le roi Hérode n'entra jusque-là ; l'accès du parvis, de l'autel et du sanctuaire lui était interdit parce qu'il n'était pas prêtre. Mais il aimait à embellir les portiques ou périboles extérieurs. Et il construisit tout cela en huit ans. De plus on creusa par son ordre un souterrain secret conduisant de la tour Antonia à la porte Dorée ; au-dessus de cette entrée Hérode fit élever une tour, dans laquelle il pût se réfugier au cas où le peuple s'insurgerait contre l'autorité royale. »

Des portiques soutenus par de magnifiques colonnes séparaient le dernier parvis du naos ou sanctuaire. Dix portes revêtues d'or et d'argent conduisaient de ces portiques dans des salles carrées construites en forme de tour et disposées sur trois étages tout autour du naos. Une porte centrale en airain de Corinthe ouvrait sur le naos auquel on arrivait en franchissant encore 12 degrés. Au-dessus de ces marches on apercevait une autre porte ouverte sur le vestibule du naos.

« Cette porte, dit Josèphe, n'avait pas de battants. Elle restait ouverte pour représenter, comme le pensaient les Juifs, le ciel visible partout. Le fronton en était doré, et à travers l'on apercevait le vestibule intérieur. »

Toute la muraille avoisinant cette porte resplendissait d'or. Le fond du vestibule était fermé par une porte à battants d'or et par un voile d'étoffe babylonienne. Dans la partie du naos cachée par ce voile était le candélabre à sept branches, la table des pains et l'autel des parfums. Enfin le sanctuaire du fond séparé du précédent par un autre voile ne renfermait rien du tout. Mais ce lieu était inviolable et inaccessible, et il s'appelait le Saint des saints. C'était au reste un réduit entièrement sombre, mesurant environ vingt coudées cubes.

(1) Cette inscription comminatoire a été retrouvée sur une stèle grecque provenant évidemment du temple d'Hérode. En voici la traduction : « Que nul étranger ne pénètre à l'intérieur de la balustrade ni de l'enceinte qui entourent le hiéron ; pour celui qui y serait pris, la mort s'ensuivrait. » La langue grecque était alors peu en honneur parmi les sectes religieuses de Jérusalem. L'existence d'une inscription grecque dans le temple s'explique néanmoins, puisque cette inscription s'adressait aux païens, qui n'entendaient pas l'hébreu. Ajoutons que cette même inscription se trouvait aussi reproduite en latin.

« L'extérieur du sanctuaire, ajoute Josèphe, frappait autant les yeux que l'esprit. De partout il était revêtu d'épaisses plaques d'or, si bien qu'au lever du soleil il semblait en feu et repoussait les regards, comme s'il eût été lui-même un gigantesque reflet de cet astre. De loin on aurait dit une montagne de neige, car partout où l'or s'effaçait, brillait un marbre d'une éclatante blancheur. Du faîte s'élançaient des flèches d'or destinées à écarter les oiseaux qui auraient pu le souiller. »

Nous nous sommes étendu à dessein sur la description de ce magnifique sanctuaire, parce que nous allons retrouver dans le mur d'enceinte aussi bien que dans les soubassements du Haram une foule de matériaux anciens que les savants rangent parmi les débris des constructions hérodiennes. On se rappelle d'ailleurs comment le temple d'Hérode, y compris la tour Antonia (1), furent en partie démolis, puis incendiés par les soldats de Titus.

On se rappelle aussi qu'après la pacification de la révolte conduite par Bar-Cochebas, Jérusalem devint une colonie militaire romaine sous le nom d'Aelia Capitolina. Défense fut faite aux Juifs d'y pénétrer sous peine de mort. De plus l'empereur Adrien fit élever, sur le Calvaire, un temple à Vénus Astarté, et un temple à Jupiter Capitolin sur l'emplacement du temple de Salomon. D'après les monnaies anciennes qui nous sont parvenues, ce dernier édifice était distyle et à fronton triangulaire. Dans l'*Itinéraire de Bordeaux* il est question de deux statues d'Adrien qui étaient encore debout à cette époque (an 333) sur la plate-forme du temple (2). Le même pèlerin parle aussi de la roche percée où les Juifs venaient alors, une fois l'an, pleurer et se lamenter, et ce détail prouve évidemment qu'à travers trois siècles de vicissitudes les Juifs n'avaient pas un seul instant perdu de vue ce qui était et ce qui est encore pour eux le dernier vestige du Saint des saints. (Voir la note de la page 148.) Quant aux deux temples païens, ils avaient déjà disparu, rasés sans doute par les ouvriers d'Hélène.

Lorsque le calife Omar eut pris Jérusalem par capitulation, une scène des plus bizarres se joua entre le patriarche Sophronius et lui au sujet de l'emplacement du temple de Salomon, que les chrétiens, en haine sans doute des Juifs, avaient à cette époque transformé en un dépôt d'immondices.

D'anciennes chroniques arabes nous ont transmis les détails de cette scène, mais nous la contons ici d'après les textes français.

Omar fit son entrée dans Jérusalem, vêtu par humilité d'un simple maschlah en poil de chameau. Ce misérable accoutrement n'inspira qu'un respect médiocre au

---

(1) L'emplacement présumé de la tour Antonia est occupé aujourd'hui par une caserne turque. Du même côté se trouve aussi le plus haut minaret du Haram.

(2) On a retrouvé une pierre encastrée dans la muraille près de la porte Sous-el-Aksa et portant une inscription latine qui, selon M. de Saulcy, établirait que la statue dont cette pierre formait la base (?) était celle d'Antonin le Pieux.

patriarche Sophronius qui était venu à sa rencontre et qui s'écria, paraît-il, en voyant le prince : « En vérité, voilà l'abomination de la désolation dont parle le prophète Daniel, implantée dans la cité sainte! »

Sans s'inquiéter de l'effet qu'il produisait, le dévot calife se fit conduire immédiatement à l'église de la Résurrection. Au moment où il allait y pénétrer, il s'aperçut que l'heure de la prière était arrivée. Et comme il cherchait un lieu convenable pour prier : « Commandeur des croyants, lui dit le patriarche, tu peux prier ici. » Mais le commandeur des croyants déclina cette offre, le lieu sans doute ne lui paraissant pas propice.

On se dirigea vers l'église de Constantin où le patriarche réitéra son invitation. Nouveau refus du calife qui, cette fois, sortit de l'église et fit sa prière sur les marches du péristyle. Il se tourna ensuite vers le patriarche : « Je n'ai pas voulu prier dans l'église, lui dit-il, parce qu'elle eût été irrévocablement perdue pour les chrétiens; jamais les musulmans ne vous eussent laissé en possession d'un sanctuaire où ils auraient vu prier Omar. »

Et le calife, craignant même que ce dernier motif ne servît de prétexte à ses sujets pour s'emparer des degrés de l'église, fit défendre aux musulmans de se rendre en nombre sur ces degrés ; un seul à la fois pouvait y faire sa prière.

Arrivé à la tour de David, Omar recommença ses dévotions, puis il pria le patriarche de le conduire à la mosquée de David. Celui-ci comprit bien que c'était le temple de Salomon dont il s'agissait, mais personne ne connaissait alors la place du temple, abandonnée depuis de longues années (1).

(1) Ceci est incontestablement un grossier non-sens qu'aucun auteur d'ailleurs n'a relevé. M. de Saulcy, qui raconte l'anecdote à sa manière, reproduit également cette erreur qui sans doute a échappé à sa sagacité, puisqu'une page plus loin il le reconnaît que *la roche sacrée, le Saint des saints du temple de Salomon avait été converti par les chrétiens en un dépôt des immondices, par mépris des Juifs qui vénéraient cette roche.* L'emplacement du temple de Salomon, pas plus que celui du Calvaire, n'a jamais été perdu de vue par les habitants de Jérusalem, juifs ou chrétiens. Pour ce qui est de la roche percée, considérée par les Juifs comme l'emplacement du Saint des saints, voici ce que nous lisons dans l'*Itinéraire de Bordeaux* : « ... *et in aede ipsa ubi templum fuit, quod Salomon aedificavit, in marmore ante aram sanguinem Zachariae ibi dicas hodie fusum. Etiam parent vestigia clavorum militum qui cum occiderunt, in totam aream ut putes in cera fixum esse. Sunt ibi et statuae duae Hadriani. Est et non longe de statuis lapis pertusus, ad quem veniunt Judaei singulis annis, et unguent eum, et lamentant se cum gemitu, et vestimenta sua scindunt, et sic recedunt.* » Or, on sait que le pèlerin de Bordeaux a fait son voyage en 333, c'est-à-dire trois siècles juste avant les événements d'Omar. Si donc l'emplacement du temple était vénéré par les Juifs, sous Constantin, il n'y a aucune raison pour qu'il cessât de l'être à une époque quelconque.

Autre remarque importante. Ce que le pèlerin de Bordeaux dit des Juifs lui a été rapporté probablement par les Chrétiens de Jérusalem. Il n'y aurait donc rien d'étonnant à ce qu'il eût commis une erreur au sujet du lieu des lamentations. Il semble impossible en effet que ce lieu ait été la roche percée elle-même, qui était l'emplacement du Saint des saints, où il était interdit aux Juifs de pénétrer. Aujourd'hui encore les Juifs, pour ne pas transgresser la loi, s'interdisent de visiter la mosquée Es-Sakra, de peur de fouler à leur insu le sol du lieu saint. Il faut donc plutôt supposer que les lamentations des Juifs, à cette époque déjà, avaient lieu au pied d'un pan de mur qu'ils considéraient comme un débris du temple salomonien et qui est peut-être le même encore aujourd'hui.

Cruellement embarrassé, le patriarche Sophronius conduisit le calife à l'église de la Résurrection, en lui disant : « Voici la mosquée de David. » (*Nous suivrons toujours la tradition*). Omar, ayant considéré l'église avec attention, répondit au patriarche qu'il se trompait. L'église était loin de ressembler à la mosquée que lui avait décrite le Prophète. Le patriarche conduisit le prince successivement dans toutes les églises de la ville, sans que ce dernier pût se décider à reconnaître la mosquée de David. Enfin, arrivé à l'église qui est près de la porte de Mohammed (1), le calife s'arrêta devant une galerie basse d'où sortait de l'eau, et dans laquelle, paraît-il, il était impossible de se tenir debout.

Ce détail n'empêcha pas le prince de s'engager dans la galerie qui le conduisit sur le plateau même de la colline (2), alors jonché de décombres, de ruines et d'immondices.

« Dieu est grand ! s'écria Omar ; voilà l'endroit que m'a décrit le Prophète ! »

Et le calife, aidé de sa suite, se mit en devoir de nettoyer la place, tout le monde se servant de son maschlah pour transporter les ordures et les décombres au bas de la colline. La place convenablement déblayée, ils allèrent faire leurs ablutions aux fontaines voisines et revinrent prier sur la roche sainte.

L'endroit où ils firent la prière fut ensuite définitivement consacré au Dieu de l'islam, et la mosquée qui s'y éleva reçut le nom du pieux calife (3).

LE CHANDELIER COLOSSAL (D'APRÈS SURENHUSIUS)

Disons maintenant pourquoi l'emplacement du temple juif était pour les musulmans un lieu sacré, même avant qu'on y eût élevé la mosquée d'Omar.

---

(1) Il s'agit sans doute ici de l'église Sainte-Marie, que Justinien éleva sur le mont Moriah en l'honneur de la Vierge et qu'Omar convertit en mosquée. La présence de cette église sur la plate-forme du temple est encore une preuve que celle-ci était parfaitement connue. Il est vrai que M. de Saulcy semble ne pas admettre l'existence de la basilique de Justinien.

(2) Probablement par la porte aujourd'hui enterrée de Bab-el-Borak (porte de la jument du Prophète).

(3) La véritable mosquée d'Omar est difficile à retrouver aujourd'hui. Il faut probablement en chercher l'emplacement et les restes à l'endroit où se trouve la petite mosquée attenante à la mosquée el-Aksa (ancienne église de Justinien). C'est à tort qu'on a donné le nom de *mosquée d'Omar* à la Koubbet-es-Sakra ou coupole du Rocher.

La sourate dix-septième du Koran, intitulée le *Voyage Nocturne*, parce qu'il y est question d'un voyage aérien que Mahomet prétend avoir fait, de nuit, du temple de la Mecque au temple de Jérusalem et ensuite à travers les sept firmaments, commence ainsi :

« Gloire à celui qui, pour faire voir à notre serviteur (Mahomet) quelques-uns de ses miracles, l'a transporté, pendant la nuit, du temple sacré de la Mecque au temple éloigné de Jérusalem dont nous avons béni l'enceinte. »

Pour les musulmans, cette enceinte bénie par Mahomet devint forcément sacrée.

Maintenant, pourquoi Mahomet ordonnait-il aux croyants de se tourner, en priant, du côté de Jérusalem, et montrait-il tant de vénération pour le temple juif?

Le but du grand prophète était apparemment de donner une sanction officielle aux traditions qui ont servi de base au Koran.

On sait que ces traditions se composent en grande partie de traditions juives et chrétiennes mal comprises, mal interprétées; ou encore transformées à dessein pour faciliter leur adaptation à l'esprit général de l'islam. Les traditions purement arabes sont en petit nombre, mais les plus importantes d'entre ces traditions ont précisément trait à Abraham (1). En effet, toute une race arabe, et en particulier la famille des Koréichites d'où est issu Mahomet, rattache sa généalogie aux descendants immédiats d'Ismaël, fils d'Abraham. Établis de tout temps dans les environs de la Mecque, ces Ismaéliens y perpétuèrent le culte d'Abraham. Avant Mahomet, et même encore dans les premières années de l'hégire, on voyait au temple de la Caaba une figure d'Abraham siégeant parmi les saints chrétiens et les idoles arabes. Une vieille tradition arabe, également antérieure à Mahomet, mais adoptée par ce dernier dans le Koran (2), attribue à Abraham la fondation du temple lui-même, où l'on montre encore aujourd'hui un lieu appelé la *station d'Abraham* parce que ce dernier, disent les musulmans, s'y tenait habituellement pendant qu'il construisait la charpente du temple. Le Koran d'ailleurs est rempli de passages relatifs à Abraham, considéré comme fondateur du culte unitaire, et dans lesquels Mahomet cherche à rattacher la doctrine de l'islam à ce culte primitif qui est pour lui le culte vrai, supérieur à tous les autres, parce qu'il est le culte *d'un seul Dieu à la volonté duquel tout croyant doit se résigner* (principe fondamental) de la

---

(1) Un des passages les plus intéressants du Koran est celui qui contient l'histoire de la jeunesse d'Abraham et de la fondation du monothéisme. (Sourate VI, versets 74-81.) Mahomet raconte comment Abraham, à la vue du firmament et des astres qui s'y levaient et qui disparaissaient ensuite, comprit qu'il fallait adorer Dieu seul qui avait créé toutes ces merveilles et qui, lui, ne disparaissait jamais. A la suite de cette révélation, Abraham prêche le vrai culte à son peuple et développe devant lui *les arguments qui établissent l'unité de Dieu*. Une opinion fort accréditée, parmi les lettrés d'Allemagne, attribue à Gœthe l'intention d'avoir voulu tirer un drame de ce passage du Koran. Le passage, sans doute, ne manque pas d'une certaine grandeur poétique, mais nous devons avouer qu'il nous paraît impossible d'en extraire le moindre thème dramatique.

(2) Sourate II, 119, 124. Sourate III, 89, 91. Sourate XXII, 27, 33.

doctrine mulsulmane.) Donc, pour Mahomet, Abraham est le *pontife* (imam) des peuples musulmans, il a donné aux croyants tous les grands exemples, il a renversé les idoles de sa famille, il s'est montré *soumis à la volonté de Dieu* en ne reculant pas devant le sacrifice de son fils. Partant de là, le Prophète, pour donner plus d'autorité à son enseignement, invoque à chaque instant le souvenir et l'exemple du patriache vénéré des Ismaliens. Il en est de même des traditions concernant David et Salomon et qui ont mis le souvenir de ces deux rois en grand honneur parmi les Arabes. Abraham, David, Salomon sont parmi les élus de Dieu et le tombeau d'Abraham, à Hébron, est devenu pour ainsi dire le *saint des saints* des musulmans.

Il importait donc à Mahomet, et pour fortifier l'islam en le rattachant au culte primitif d'Abraham, et pour consacrer aussi sa propre filiation, de trouver dans la cité de David et de Salomon un sanctuaire qu'il pût désigner à la vénération des croyants. De là le verset du *Voyage nocturne* où il bénit l'enceinte du temple de Jérusalem. Ajoutons que son choix devait naturellement tomber sur le lieu où s'était élevé le temple de Salomon, puisqu'à ses yeux ce lieu était le seul qui fût de tous temps consacré au culte d'un seul Dieu. Comme, d'autre part, il avait eu connaissance de la plupart des vieilles traditions juives qu'il connaissait bien mieux que les livres de Moïse, il n'ignorait pas que, d'après les écritures rabbiniques, le sacrifice d'Abraham avait eu lieu précisément sur la colline de Moriah consacrée ensuite par Jacob et plus tard par David et par Salomon. Ce qui semble confirmer cette supposition, c'est que Mahomet a attribué à Abraham lui-même la construction de la Mesdjid-el-Aksa (c.-à.-d. la mosquée la plus éloignée), nom sous lequel il désigne le temple de Jérusalem. Toutefois nous devons dire que le Koran raconte la scène du sacrifice d'Abraham (sourate XXXVII, vers. 101 et suiv.) sans mentionner le lieu où elle se passa.

Ajoutons que l'importance du sanctuaire musulman de Jérusalem fut considérablement accrue par la construction de la Koubbet-es-Sakhra où Abd-el-Mélik transporta le culte officiel, au moment de la révolte de la Mecque contre les kalifes Ommiades.

Pénétrons maintenant dans l'intérieur de l'enceinte du Haram. Cette enceinte occupe toute la plate-forme formée par le sommet du mont Moriah et figure un quadrilatère irrégulier dont le périmètre est de 1550 mètres environ. La plate-forme présente une déclivité légère vers le sud et l'est. Le mur qui la ferme sur ces deux derniers côtés se confond avec le mur d'enceinte de la ville. A l'ouest, où huit portes donnent accès dans les lieux saints, les bâtiments du Haram sont contigus aux maisons qui forment l'extrémité du quartier sud-est de la ville. Nommons rapidement ces huit portes.

La première (au nord), ouvrant extérieurement sur la cour du Séraï, intérieurement sur le jardin du Haram, a un aspect des plus misérables. C'est la porte Bab-es-Séraï ou Bab-el-Gawanimeh. En descendant vers le sud, on rencontre, non loin l'une de l'autre, les trois portes Bab-en-Nazir (porte du gardien), Bab-el-Hadid (porte de fer), et Bab-el-Kattanin (porte des marchands de cotons). Cette dernière, la plus importante des trois, ouvre extérieurement sur la rue du Bazar. Un peu plus loin, une poterne : Bab-el-Mataouwadeh ou Matarah (porte du lavage) ; puis la porte de la Chaîne (Bal-el-Silseleh), et enfin la porte des Mogrebins (Bab-el-Mogharibe) (1). Entre ces deux portes et près du lieu des Lamentations se trouve la porte enterrée de Bab-el-Borak ; nous en reparlerons quand nous ferons le tour extérieur de l'enceinte pour étudier les substructions anciennes et les portes condamnées.

Deux édifices principaux dominent les constructions éparses dans l'enceinte du Haram. Ce sont : au centre à peu près de la plate-forme, la coupole du Rocher (Koubbet-es-Sakhra) qu'on nomme à tort *mosquée d'Omar*, et au sud de cette même plate-forme la mosquée el-Aksa.

La coupole du Rocher, que nous visiterons la première, est un des plus beaux monuments de l'art arabe (2). Elle est située sur une vaste esplanade exhaussée de quelques mètres et à laquelle on arrive sur différents côtés par des escaliers surmontés d'arcades en plein cintre. Sa forme extérieure est octogonale et présente sur chacune de ses faces six ou sept baies ogivales (3). Les deux baies extrêmes sont murées et recouvertes de plaques de marbre, les autres sont ornées de vitraux de couleur.

Quatre portes extérieures disposées en croix, c'est-à-dire orientées aux quatre points cardinaux, donnent accès dans la première enceinte. Ces portes sont : la porte du Paradis, au nord ; la porte de David, à l'est ; la porte de l'Ouest, et la porte de la Kiblah, la kiblah étant la direction de la Mecque, c'est-à-dire, dans l'espèce, la direction sud (4).

Quand on a franchi l'une de ces portes, on arrive dans une première enceinte également disposée en octogone tout autour du monument. Elle se compose d'une allée formée de vingt-quatre arcades ogivales supportées par seize colonnes à chapiteaux byzantins et huit piliers hexagones, ces derniers correspondant aux huit angles du monument. Ces colonnes sont en général très variables de formes et

---

(1) Les gardiens de ces portes, comme les balayeurs du tombeau de Mahomet à Médine, sont exclusivement choisis parmi les plus beaux échantillons de la race nègre.
(2) Des archéologues prétendent néanmoins que le plan du monument est byzantin. Il est fort possible d'ailleurs qu'à cette époque les Arabes aient fait des emprunts aux Grecs.
(3) Les quatres faces opposées qui sont munies de portes n'ont que six baies ; les quatre autres en ont sept.
(4) Les noms arabes sont : Bab-el-Djineh ; Bab-Daoud ; Bab-el-Gharb et Bab-el-Kibleh.

PORTE DORÉE (INTÉRIEUR DE L'ENCEINTE DU HARAM)

même de hauteur, et les archéologues pensent qu'elles doivent provenir de constructions fort anciennes. Les murs sont ornés de mosaïques à arabesques de couleurs fines et harmonieuses. Au-dessus de ces mosaïques règne un large ruban de faïence bleue recouvert d'inscriptions du Koran en lettres d'or. Ces inscriptions se rapportent toutes à Jésus. La plus importante est tirée de la sourate quatrième, verset 169 : « O vous qui avez reçu les écritures ! dans votre religion, ne dépassez pas la juste mesure, ne dites de Dieu que ce qui est vrai. Le Messie, Jésus, fils de Marie, est l'apôtre de Dieu, et son Verbe qu'il jeta dans Marie. Il est un esprit venant de Dieu. Croyez donc en Dieu et à son envoyé, et ne dites pas : Il y a trinité. Cessez de le faire ; cela vous sera plus avantageux, car Dieu est unique. Gloire à

LA COUPOLE DU ROCHER (KOUBBET-ES-SAKHRA)

lui ! Comment aurait-il un fils ? A lui appartient tout ce qui est dans les cieux et sur la terre, et il se suffit à lui-même. »

Sur le même mur on peut lire une inscription isolée qui dit : « Cette coupole a été construite par Abdallah-el-Imam--el-Mamoun, prince des croyants, l'an 72 de l'hégire (691). » Cette inscription a longtemps fait le désespoir des savants, attendu que ledit Mamoun n'est né, sur la foi de l'histoire, qu'en l'an 170 de l'hégire. M. de Vogüé a fini par reconnaître à la couleur des caractères que le nom de Mamoun avait été substitué à une époque quelconque à celui d'Abd-el-Mélik, reconnu par les Arabes comme le vrai fondateur de la coupole, et d'ailleurs désigné comme tel par les historiens. Disons à ce propos que les premiers savants qui étudièrent les monuments du Haram-ech-Chérif, se laissèrent entraîner aux théories les plus extravagantes. C'est ainsi qu'un Anglais (Fergusson) prétendit que la coupole du Rocher était un monument élevé par Constantin sur l'emplacement authentique du tombeau de Jésus-Christ. Tobler, un des archéologues les plus compétents d'Allemagne, s'éleva le premier contre cette théorie, mais il appartenait à M. de Vogüé de la réfuter victorieusement en prouvant, dans un de ses meilleurs ouvrages (1), que la coupole est bien un monument arabe.

La première enceinte franchie, on en rencontre une deuxième limitée par une rangée circulaire de douze colonnes et de quatre piliers supportant des arcades surmontées d'un tambour orné de mosaïques en verres de couleur. Sur ce tambour repose la coupole formée d'une double charpente en bois, et dont le fond bleu est orné de broderies en stuc garnies de clous dorés. Elle est sphérique à l'intérieur, ovoïde à l'extérieur et surmontée d'un croissant d'or.

Des clous d'or se voient également dans une des dalles du pavé de la première enceinte. Ces clous sont aujourd'hui au nombre de trois, mais la légende arabe prétend qu'il y en avait dix-neuf au temps de Mahomet. Le Prophète les avait plantés lui-même et ils représentaient les dix-neuf siècles que le monde avait encore à vivre à cette époque. D'après cela le monde devait finir vers l'an 2500 de notre ère.

Chaque fin de siècle était, d'ailleurs, marquée par la disparition d'un des clous. Or, il arriva que le diable, voulant hâter la fin du monde, s'introduisit un jour subrepticement dans le sanctuaire et se mit en devoir d'arracher tous les clous qui n'étaient pas assez solidement enfoncés. Il fut surpris heureusement et chassé par l'ange Gabriel.

Ajoutons que la dalle n'a plus que trois ou quatre clous visibles aujourd'hui, ce qui est peu rassurant, pour les musulmans du moins.

Une autre légende, qui a trait à Salomon, se rattache à certaine plaque de marbre qu'on voit dans la muraille près de la porte Bab-el-Kibleh. Les veines de cette plaque, disent les musulmans, représentent deux pies que Salomon condamna à rester pétrifiées parce qu'elles avaient entraîné le règne des oiseaux à refuser de reconnaître sa suprématie et de se rendre à son appel, lorsque celui-ci avait convoqué tous les animaux de la création (2).

Nous arrivons au centre du sanctuaire, occupé par le rocher de la Sakhra, ou roche percée (*lapis pertusus*). Ce rocher, qui dépasse le niveau du sol de 2 mètres, a une superficie totale de 230 mètres carrés environ. Il est surmonté d'une tente de soie verte et rouge et entouré d'une galerie fermée du côté des parvis par une grille en fer forgé (3), de l'autre par une rampe de bois de diverses couleurs qui entoure immédiatement le rocher.

(1) *Le Temple de Jérusalem*. (Paris, 1854.)
(2) Il y à un rapprochement a faire entre cette légende et celle contenue dans le Koran au chapitre xvii, intitulé *la Fourmi* (versets 17-21).
(3) M. de Vogüé fait remonter la construction de cette grille à l'époque des croisades.

Nous avons déjà mentionné quelques-unes des traditions juives qui se rattachent à ce rocher; la plus accréditée parmi les Israélites est que le rocher représente le Saint des saints du temple de Salomon. M. de Vogüé a à peu près réussi à démontrer que cette opinion est inadmissible. Quant aux traditions arabes, elles ne manquent pas; pour les musulmans la roche sacrée se soutient dans le vide. Tout au plus consentent-ils à admettre qu'elle est supportée par un palmier invisible à l'ombre duquel sont assises la mère de Mahomet et celle d'Issa (Jésus).

La roche a une partie saillante qui s'appelle *el-lisan* (la langue). C'est au moyen

L'ENTRÉE DU CHRIST A JÉRUSALEM (EXTRAIT DE LA *Rome souterraine*, DE BOSIO)

de cette langue qu'elle conversait jadis avec Mahomet et avec Omar. Non loin de la langue se trouve un escalier conduisant dans une grotte souterraine (une ancienne citerne sans doute), appelée le *Puits des Ames* (Bir-el-Arouah); les âmes des croyants défunts s'y réunissent bi-hebdomadairement pour faire leurs dévotions.

Mais il nous est impossible de faire ici le détail de toutes les merveilles qu'on vous montre à chaque pas et des innombrables légendes sous l'auspice desquelles la foi musulmane les a placées. Nous nous contenterons d'en signaler une encore pour finir; c'est une empreinte de forme d'ailleurs méconnaissable, que les Arabes considèrent comme provenant du pied de Mahomet, et où les chrétiens du moyen âge voyaient, au contraire, la trace du pied de Jésus-Christ.

Nous verrons plus loin les modifications successives qu'introduisirent les croisés, puis Saladin, dans l'ornementation de la Sakhra.

Devant la porte orientale (Bab-Daoud) de la mosquée que nous venons de décrire s'élève une très gracieuse *Mesdjid* ou oratoire, appelée *Koubbet-es-Silselé* (Coupole de la Chaîne) ou encore Mekemet Daoud (tribunal de David). Deux rangées concentriques d'arcades assises sur des colonnes byzantines, aussi anciennes, sans doute, que celles de la Sakhra, supportent un tambour hexagone surmonté d'une coupole que domine le croissant musulman.

Le pavé de la mosquée est une mosaïque dont le dessin semble être fort ancien. Un joli édifice, en somme, et point moderne du tout.

Avant de visiter la mosquée el-Aksa, disons quelques mots des diverses constructions qu'on rencontre sur le reste de la plate-forme. Nous passons sous silence les galeries souterraines, bassins et citernes, dont l'antiquité ne nous paraît pas suffisamment établie, de même que les deux ou trois fontaines peu importantes qui ornent la terrasse.

Au nord de la porte Dorée que nous décrirons plus loin, et contre le mur oriental, on remarque une mosquée d'apparence moderne, mais dont les soubassements paraissent plus anciens. Elle porte le nom de *Trône de Salomon*. Selon les traditions arabes, le trône de Salomon, exécuté par les génies, était supporté par deux lions couchés et surmonté de deux aigles. Quand le roi montait sur le trône, les lions étendaient leurs pattes, et les aigles l'ombrageaient de leurs ailes.

L'oratoire en question serait bâti sur l'endroit où se trouvait ce trône et où Salomon mourut. Ce dernier événement est expliqué dans la plus jolie des légendes qui se trouvent dans le Koran :

Sourate XXXV, verset 11 : « Nous assujettîmes le vent à Salomon. Il soufflait un mois le matin et un mois le soir. Nous fîmes couler pour lui une fontaine d'airain. Les génies travaillaient sous ses yeux, par la permission du Seigneur, et quiconque s'écartait de nos ordres était livré au supplice du brasier ardent. — (12) Ils exécutaient pour lui des palais, des statues, des plateaux larges comme des bassins, des chaudrons solidement étayés..... (1). — (13) Et lorsque nous décrétâmes qu'il mourût, ce fut un ver de terre qui l'apprit le premier à tous : il avait rongé le bâton qui soutenait son cadavre, et, quand celui-ci tomba, les génies reconnurent que, s'ils avaient pénétré le mystère, ils se seraient soustraits plus tôt à leur esclavage avilissant (2). »

Les beautés de la langue de Mahomet ne peuvent pas sans doute ressortir dans une traduction française, mais quelle merveilleuse et poétique image néanmoins que celle de ce roi, considéré comme le type supérieur de la puissance et de la grandeur humaine, qui ne veut pas plier sous l'implacable destin, qui meurt debout,

---

(1) Ces derniers mots, ainsi que le détail de la fontaine d'airain, font évidemment allusion aux ornements du Temple.

(2) Les commentateurs ont développé ce passage en ajoutant que Salomon, voyant sa fin arriver, pria Dieu de cacher sa mort aux génies placés sous ses ordres, de peur qu'ils n'abandonnassent les ouvrages entrepris par lui. Sa prière fut exaucée ; il mourut debout, appuyé sur son sceptre. Les génies, le croyant toujours en vie, achevèrent les travaux. Puis, au bout d'un an, le roi tomba subitement en poussière : un ver avait rongé le sceptre qui soutenait son cadavre.

appuyé sur son sceptre, gardant toutes les apparences de la vie et perpétuant autour de son cadavre le respect et la crainte du maître tout-puissant, jusqu'au moment où le lent et imperceptible travail d'un ver qui ronge le sceptre de part en part fait tomber en poussière le fantôme débile et trompeur du souverain mort !

En remontant vers le nord, du côté de la porte Bab-el-Atem, on rencontre un autre oratoire musulman appelé *trône de Jésus* (?). En redescendant ensuite du côté de la coupole du Rocher, on voit une petite mosquée bâtie sur une des aspérités nues du rocher ; c'est la Koubbet-el-Arouah (coupole des Ames).

Immédiatement au sud de la coupole des Ames se trouve la Koubbet-el-Mihradj (coupole de l'Ascension), bâtie pour consacrer le souvenir du voyage nocturne du Prophète. Cette mosquée, très ancienne, date, selon une inscription, de l'an 597 de l'hégire (an 1200).

A la même hauteur à peu près, et contre le bord occidental de la plate-forme, s'élève la Koubbet-el-Khidr (coupole de Saint-Georges ou d'Élie). Des colonnes de granit rouge qui s'élèvent à l'entrée de cette mosquée la distinguent des édifices voisins du même genre.

Vers l'angle sud-ouest enfin on rencontre la coupole de Moïse, et, dans l'angle même, la mosquée des Mogrebins, avoisinant les bâtiments de la mosquée el-Aksa qui s'appuient eux-mêmes contre la muraille du sud. Un bassin, quelques orifices de citernes, des *mihrab*, des chaires orientées vers la Mecque, et çà et là quelques cyprès épars mettant leur note sombre au-dessus d'un sol noirâtre complètent le coup d'œil de la terrasse.

Arrêtons-nous devant la mosquée el-Aksa.

L'axe de cet édifice est dirigé perpendiculairement au mur méridional du Haram. L'opinion générale voit dans cette mosquée l'ancienne église de la Purification de la Vierge, élevée par Justinien et qu'Omar convertit en mosquée. Il existe en effet non loin de l'église, dans l'angle sud-est du Haram, un petit oratoire musulman souterrain où l'on montre une niche de pierre horizontale ornée d'une rangée circulaire de colonnettes supportant un petit dôme. Une tradition du moyen âge donne à cette niche le nom de berceau de Jésus. Il paraîtrait que les femmes israélites se retiraient jadis dans cet endroit pour y passer le temps de la purification après leurs couches, selon les règles prescrites par Moïse dans le *Pentateuque*. D'après la légende, la vierge Marie y aurait passé quelques jours, après la présentation de l'enfant au temple. Cette légende, comme on le voit, explique parfaitement la présence dans le voisinage d'une église de la Purification de la Vierge.

D'ailleurs l'historien Procope parle des substructions de cette basilique, et ce détail s'applique parfaitement à la mosquée el-Aksa dont une grande partie des soubassements est construite sur une voûte souterraine.

La question n'offre pas, en réalité, beaucoup d'importance, l'édifice, ayant été si souvent détruit par des tremblements de terre et autres catastrophes et, par suite, si souvent restauré par les califes arabes, que le plan primitif même en a été totalement modifié et qu'on n'en a retrouvé, dans la mosquée actuelle, que peu de restes vraiment dignes d'intérêt.

La mosquée moderne n'en est pas moins un fort bel édifice. Sa façade présente un portique de sept arcades ouvrant sur sept nefs qui se partagent toute l'église. Les trois nefs du centre paraissent être les plus anciennes, et sont dans tous les cas les plus intéressantes. Elles offrent à leur tour sept arcades en ogive reposant sur des colonnes à chapiteaux corinthiens et surmontées d'une double rangée de fenêtres. La coupole repose sur quatre arceaux dont les pilastres de formes variées appartiennent à des constructions plus anciennes. Le tambour est percé de fenêtres comme celui de la Sakhra et orné d'une mosaïque à fond doré. De même, une mosaïque à arabesques chargée d'inscriptions du Koran règne tout autour des murailles de la nef, à hauteur d'appui.

Dans le fond de la mosquée se dresse une chaire sculptée fort belle qui y fut placée par Saladin. Nous y reviendrons quand nous examinerons le sort des monuments du Haram sous les croisades.

Une tradition assez bizarre se rattache à deux des colonnes du transept. Ces deux colonnes étant très rapprochées, il est assez difficile, pour un homme de taille un peu corpulente, de passer entre elles. Et cependant, selon la tradition arabe, le paradis doit rester fermé à tous ceux qui ne peuvent franchir ce passage. Cette légende prise au sérieux attire dans l'église beaucoup de croyants inquiets sur leur sort final et qui viennent s'entraîner comme on dirait chez nous. Et c'est peut-être là au fond le résultat que voulait obtenir l'inventeur de cette mystification.

Nous avons déjà dit que la petite mosquée qui fait suite au transept oriental est considérée comme ayant remplacé la véritable mosquée d'Omar; elle n'offre d'ailleurs aucun intérêt. Un autre édifice attenant à l'Aksa porte le nom de *mosquée des Quarante Témoins*. Le centre de cette mosquée serait, selon la tradition juive, l'endroit même du temple où Zacharie fut mis à mort par les soldats de Joas.

Des galeries souterraines assez vastes s'étendent sous la mosquée el-Aksa, mais ce n'est pas sans une certaine appréhension que nous inviterons le lecteur à y descendre, l'archéologie la plus férocement despotique et intolérante ayant établi son quartier général dans toutes les substructions du Haram. Son domaine particulier commence à un degré au-dessous du niveau ordinaire du sol, et il n'a point de limites en profondeur. Les souterrains d'El-Aksa sont certainement une de ses plus belles conquêtes. Plusieurs savants des plus autorisés de la dernière moitié de ce siècle y ont fait successivement élection de domicile. Comme ils n'ont pas hésité ensuite à livrer leur nom, je me dispenserai de les désigner ici personnellement. Une courte description du domaine en question.

Une rampe en pente douce amène le visiteur au fond d'une double galerie dont les deux allées parallèles sont séparées entre elles par des arcades cintrées à gros piliers carrés. Une différence de niveau assez grande distingue les galeries. La première reste horizontale, tandis que l'autre s'abaisse graduellement et débouche

CHAPITEAU ENCASTRÉ DANS LA MURAILLE D'ENCEINTE DU HARAM

ensuite par un nouvel escalier de quelques marches dans un grand souterrain à peu près carré et dont la voûte présente quatre coupoles surbaissées. La naissance commune de ces quatre coupoles est au centre même de la salle, où les arceaux réunis reposent sur une colonne monolithe d'origine byzantine, disent les uns, romaine, disent les autres, égyptienne, affirment les plus audacieux, et par conséquent salomonienne.

Proprement, la question est assez difficile à trancher, les saillies et les arêtes du chapiteau ayant à peu près disparu sous plusieurs couches de badigeon arabe, de même d'ailleurs que les ciselures des coupoles et les autres reliefs du souterrain tout entier.

Parmi ceux qui tiennent pour l'origine salomonienne, il faut citer en première ligne M. de Saulcy qui, dans le domaine des substructions en général, s'est spécialement réservé l'époque de Salomon à laquelle il a rendu de grands services, en en retrouvant des débris un peu partout. M. de Saulcy a toujours eu sur ses confrères un grand avantage, celui de défendre ses opinions avec une ténacité opiniâtre, et une logique bien personnelle qui en augmentaient l'autorité. Comme il s'est longuement et sérieusement occupé, à plusieurs reprises, et dans des ouvrages différents, des substructions d'El-Aksa, nous le laisserons personnellement défendre ses travaux et ses découvertes.

« Pour moi, dit-il, il en est des monuments comme des médailles : quand on a manié les unes et les autres pendant près d'un demi-siècle, et c'est mon cas, on a fini par acquérir un tact tout distinct, un flair si l'on veut, qui ne trompe pas souvent et que seule l'expérience prolongée peut donner. J'avoue donc, cela dût-il paraître quelque peu empreint d'orgueil et d'amour-propre, que *j'ai la faiblesse de m'en référer plus volontiers à mes appréciations d'âge qu'à celles des antiquaires, même les plus instruits, qui en sont à leurs débuts et qui n'ont pas encore su s'affranchir de la tendance à ne douter de rien, dès qu'il s'agit de leur jugement personnel* (1). Viennent les années, et les à peu près ne leur suffiront plus ; les examens trop légèrement accomplis ne leur sembleront plus de mise, et leurs idées, prenant plus de prudente réserve, se modifieront : c'est le sort commun. L'archéologue qui débute, qui est encore à l'âge où l'on fait vite et beaucoup, croit, en toute sincérité, voir et comprendre mieux que son prochain ; *j'ai passé par là et j'en suis revenu, Dieu merci!* Mais, je le répète, il faut bien des années d'expérience pour s'affranchir de cette tendance, que l'on finit toujours par regretter d'avoir subie. »

Là-dessus le savant voyageur passe à l'examen de la colonne monolithe, il la sonde, il y découvre une inscription hébraïque qui donne, en effet, raison à ses hypothèses (2),

---

(1) Malgré la restriction au moyen de laquelle M. de Saulcy a commencé par mettre le monde en garde contre la vanité de ce qu'il allait dire, la phrase en effet a fait bondir quelques antiquaires intraitables qui n'ont jamais voulu admettre qu'ils fussent obligés de s'affranchir d'une tendance dont M. de Saulcy déclare qu'il ne s'est pas affranchi depuis un demi-siècle et dont il paraît décidé à ne jamais s'affranchir dans l'avenir. Il est vrai que ceux-ci n'avaient pas lu la fin de la phrase où M. de Saulcy revient à résipiscence, en déclarant qu'il a passé de longues années (un autre demi-siècle sans doute) à s'affranchir précisément de la tendance où il s'était cantonné pendant le premier demi-siècle et qu'il regrette à présent d'avoir subie. Le passage était pourtant curieux à étudier, pour un antiquaire surtout, à cause du jour particulier qu'il jette sur l'âge probable de M. de Saulcy lui-même.

(2) Voici le texte français de cette inscription :

> JONAS ET SABTYAH
> SA FEMME, DE
> SICILE, FORTIFIÉS
> PARMI LES VIVANTS.

car cette inscription constatant qu'un Juif et sa femme sont venus en pèlerinage dans cet endroit ne peut être postérieure au règne de Julien l'Apostat, après lequel l'accès de la place du temple a été interdite aux Juifs pour jamais.

De plus M. de Saulcy a découvert des traces d'inscriptions judaïques malheureusement illisibles sur un des piliers engagés sur lesquels s'appuient les retombées des coupoles. Puis il a étudié minutieusement la porte murée dite *porte Sous-el-Aksa* et dont ce souterrain n'est évidemment que le vestibule; il a trouvé en passant les explications les plus ingénieuses au sujet de l'inscription latine de la pierre encastrée dans les linteaux. Inutile d'ajouter que toutes ces ingénieuses recherches finissent par donner raison à l'opinion du savant, sans pour cela éclaircir le singulier passage dont l'antiquaire a cru devoir la faire précéder.

La porte Sous-el-Aksa est donc bien décidément une ancienne porte judaïque, salomonienne peut-être, encadrée plus tard dans des ornements d'applique beaucoup plus récents.

Il nous reste, avant de passer à l'examen extérieur du mur d'enceinte du Temple, à tracer en quelques lignes l'histoire des monuments du Haram sous les croisades.

Au moment où les croisés s'élancèrent dans Jérusalem, dont ils venaient de prendre les remparts d'assaut, tous les musulmans de la ville s'enfermèrent dans les mosquées du Haram dont les portes extérieures avaient été barricadées. Les vainqueurs enfoncèrent les portes, escaladèrent les murs, et un massacre effroyable commença dans l'intérieur des mosquées. Nous avons raconté ces faits ailleurs, et on se rappelle que, selon le témoignage des chroniqueurs qui assistèrent à ces scènes, la mosquée d'Omar fut le théâtre d'un tel carnage que les chevaux des croisés enfonçaient dans le sang jusqu'au poitrail.

Les chrétiens prirent tout d'abord cette mosquée pour l'ancien temple de Salomon et un ordre y fut fondé qui devait répandre dans le monde entier le prestige de son nom: les Templiers (1).

Cependant les croisés ont dû reconnaître leur erreur par la suite, car la Sakhra fut consacrée au culte chrétien sous le nom de *Templum Domini*. Le nom de *palatium* ou de *templum Salomonis* fut, au contraire, affecté spécialement à l'aile occidentale de la mosquée el-Aksa dont les rois francs firent, en effet, leur palais. Les parties basses de l'édifice furent concédées aux Templiers.

Les extraits des auteurs arabes recueillis dans la *Bibliothèque des Croisades* nous fournissent des détails intéressants sur ce qui advint des deux monuments à l'époque où Saladin reprit Jérusalem sur les Croisés

---

(1) Ce qui a éveillé l'attention des historiens sur l'erreur commise par les premiers croisés au sujet de la mosquée d'Omar, c'est que le dôme de la Koubbet-es-Sakhra figura dans les armes des Templiers.

« Les Francs, dit un auteur, avaient bâti une église au-dessus de la chapelle de la Sacra..... *Ils avaient couvert la chapelle de peintures plus laides que la nudité même des pierres* (1), ils y avaient élevé des statues.... »

Près de la même mosquée se trouvaient aussi, paraît-il, plusieurs tombeaux de princes francs que les vainqueurs firent disparaître.

Tous les princes de la famille de Saladin s'armèrent de balais et nettoyèrent la mosquée dans ses coins et recoins, puis ils en lavèrent les murs à l'eau de rose.

Quant à la roche sacrée, Ibn-Alatir raconte « que les chrétiens l'avaient recouverte de marbre, et cela parce que plusieurs fois on avait surpris les prêtres détachant des morceaux de cette pierre pour la vendre, au poids de l'or, à leurs frères d'Occident. » Le sultan fit découvrir la roche et la fit entourer d'une grille de fer.

Pour ce qui est de la mosquée, Saladin se hâta également de l'orner de mosaïques, de lampes et de tapis précieux. Il fit raser le mur que les Templiers avaient élevé devant le mihrab converti lui-même par les chrétiens en un grenier à blé ou en un lieu d'aisances. La magnifique chaire dont nous avons signalé la présence à côté du mihrab, y fut également installée par Saladin. Selon les auteurs arabes, le sultan Noureddin avait fait construire cette chaire vingt ans auparavant, dans le but d'en doter la mosquée d'Omar lorsque Jérusalem retomberait entre les mains des musulmans. Elle fut exécutée par un des premiers artistes d'Alep et coûta plusieurs années de travail.

Enfin la grande croix d'or qui surmontait la Sakhra fut abattue par les musulmans le jour même où la ville se rendit. Le spectacle de sa chute fut accompagné de scènes inénarrables. Les cris de rage et de désespoir des chrétiens dominèrent les cris de joie des musulmans, et, ajoute l'auteur arabe qui rapporte le fait, « le bruit fut tel qu'on eût cru que le monde allait s'abîmer. »

(1) Faisons observer que cela pouvait être vrai, en somme, et que cette observation n'implique pas forcément chez celui qui l'a formulée un manque de goût ou d'impartialité.

CHAPITRE IX

LE HARAM-ECH-CHÉRIF (SUITE)

MUR D'ENCEINTE

Porte Dorée. — Arche de Barklay. — Angle sud-est du mur d'enceinte. — Les écuries de Salomon. — La triple porte. — Fouilles de M. de Saulcy et de la mission anglaise. — Arche de Robinson. — Porte de Barklay. — Le mur des Lamentations. — Arche de Wilson. — Tours antiques.

Il nous reste à examiner l'aspect extérieur de la muraille d'enceinte dont les substructions ont servi à établir et à consolider la plate-forme; nous dirons en même temps quelques mots des portes anciennes aujourd'hui condamnées qui font partie de cette muraille.

Ici encore M. de Saulcy, nous devons le dire à son honneur, a triomphé sur toute la ligne, et les découvertes faites par les officiers de la mission anglaise de l'Exploration-fund ont confirmé la plupart des hypothèses que ses fouilles laborieuses et sa grande érudition lui avaient permis d'établir.

Si nous partons de la porte Saint-Étienne et que nous longions vers le sud le mur oriental du Haram, nous remarquons, à plusieurs reprises, des rangs superposés d'assises salomoniennes formant la base même de la muraille et que M. de Saulcy a scrupuleusement analysées. Les blocs qui forment chaque assise sont généralement en retraite sur les blocs de l'assise inférieure, et c'est là, paraît-il, un des caractères distinctifs de l'ancien appareil.

La première porte que nous rencontrons plus loin est la double porte nommée porte Dorée. Quelle est cette porte Dorée? Serait-ce, comme quelques savants l'affirment, la porte Speciosa du temple d'Hérode, ou encore la porte « Sousan »? Dans les Actes des Apôtres il est question d'une porte ὡραία (belle porte). La traduction latine a fait à tort de ce mot le mot *aurea;* c'est là l'origine la plus probable de la porte Dorée. L'histoire nous apprend que c'est par cette porte qu'Héraclius fit son entrée dans Jérusalem avec le bois de la vraie croix.

Sous les Croisés nous trouvons cette porte fermée (1). Elle ne s'ouvre que deux fois l'an, aux deux grandes fêtes de l'Exaltation de la croix et du dimanche des Rameaux, dont nous avons déjà parlé ailleurs.

Extérieurement la porte Dorée présente deux arcades en plein cintre, à ornementation végétale. Ces arcades reposent sur des pilastres à chapiteaux byzantins. Cette façade extérieure est d'ailleurs presque entièrement moderne, à part peut-être les archivoltes et les pieds-droits des arcs qui peuvent être de l'époque judaïque. Un chapiteau ancien, romain sans doute, est encastré au-dessus de la porte, dans le sommet de la muraille moderne. Ajoutons que la porte a été murée par les Arabes, parce qu'une tradition, encore bien vivante, assure que c'est par là que les chrétiens rentreront dans Jérusalem pour la reprendre. La même raison leur fait fermer toutes les portes de la ville, tous les vendredis, de midi à deux heures.

Pour M. de Saulcy la porte Dorée est, tout comme la porte Sous-el-Aksa et la Triple porte que nous verrons plus loin, une ancienne porte judaïque dont une grande partie de l'ornementation constitue un placage ajusté à l'édifice à une époque bien plus récente. Quelques-uns de ces ornements d'applique peuvent être attribués à Hérode, d'autres appartiennent à l'art byzantin de la dernière période.

Le dispositif de la porte intérieure est à peu près le même que celui de la porte extérieure, seulement les archivoltes sont surbaissées au lieu d'être en plein cintre. L'édifice intérieur comporte une sorte de vestibule à six coupoles basses dont les arceaux reposent sur une frise latérale d'un côté, de l'autre sur deux colonnes centrales.

« Une fois au fond du vestibule, c'est-à-dire contre le mur qui clôt la porte Dorée extérieurement, on se trouve en face de blocs énormes de l'appareil salomonien, constituant les chambranles de portes probablement métalliques et qui roulaient sur des gonds dont les crapaudines de bronze sont encore en place.

---

(1) Ézéchiel parle d'une porte orientale du temple de Salomon, qui était déjà fermée à cette époque. Comme il n'y a jamais eu, à aucune époque, deux portes ouvertes sur l'Orient, la porte Dorée aura probablement pris la place de cette porte-là. Voici le passage d'Ézéchiel, ch. XLIV : « (1) Puis il me ramena au chemin de la porte du sanctuaire extérieur, laquelle regardait l'orient, et elle était fermée. — (2) Et l'Éternel me dit : « Cette porte sera fermée, et ne sera point ouverte, et personne « n'entrera par elle, parce que l'Éternel, le Dieu d'Israël, est entré par elle ; elle sera donc fermée. — « (3) Pour ce qui est du prince, le prince s'y assiéra pour manger devant l'Éternel, et il entrera par le « chemin de l'allée de cette porte-là, et sortira par le même chemin. » Il s'agit là évidemment d'une poterne ouvrant sur une allée latérale, puisque la grande porte devait rester fermée. Or une semblable poterne existe près de la porte Dorée, et l'on peut voir encore à l'intérieur la galerie qui la mettait en communication avec la porte double. Ce détail nous semble venir à l'appui de la supposition émise ci-dessus : la porte Dorée a pris la place d'une porte du premier Temple.

Aussi, l'un des montants de la porte de gauche forme une seul pierre, et celle-là, ni Justinien ni Hérode ne l'ont mise en place. »

Et M. de Saulcy, à qui nous empruntons ce dernier détail, conclut que la porte Dorée a fait partie de l'enceinte première du temple de Salomon. Cette opinion s'accorde parfaitement avec les déductions qu'on peut tirer des passages d'Ézechiel cités plus haut.

Au point de vue des substructions, il a été constaté que le mur extérieur s'enfonce à une certaine profondeur (10 mètres environ) dans le sol. Quant à la porte intérieure, elle est assise sur des remblais. Les officiers de l'Exploration-Fund ont découvert dans les détritus accumulés au pied du mur extérieur, entre celui-ci et le grand cimetière musulman qui s'étend devant la porte Dorée, un débris de muraille ancienne dont l'origine n'a pu être reconstituée.

En continuant à descendre vers l'angle sud-est, on remarque çà et là des tronçons de colonnes encastrés dans la muraille. Un peu avant d'arriver à l'angle, nous rencontrons une saillie du mur dont les assises inférieures supportent ici une assise de 1 mètre 50 de hauteur et dont les blocs sont taillés en voussoir. Une pierre unique recouvre ces voussoirs, et devait, selon M. de Saulcy, constituer le sol d'une véritable fenêtre à balcon. Nous sommes ici en présence d'une double baie murée qui correspond, à l'intérieur des substructions, avec un dispositif de porte semblable à celui de la porte Sous-el-Aksa, c'est-à-dire, des coupoles surbaissées (1) dont les arceaux retombent sur des colonnes centrales et sur des colonnes engagées.

Cette double baie serait-elle l'amorce du fameux pont de bois du haut duquel on lançait vers le désert le bouc d'Israël ?

Toujours est-il que M. de Saulcy l'avait signalée le premier en 1850 et que les Américains ou les Anglais ont eu tort de l'appeler plus tard *arche de Barclay*. Dans son dernier ouvrage (*Jérusalem*) le savant français se plaint doucement de cette injustice, mais il en commet une lui-même plus loin, à l'égard du même Barclay, et celle-ci, bien qu'inconsciente, rétablit en somme l'équilibre de la balance (2).

C'est à l'angle sud-est même que les fouilles les plus importantes ont été exécutées par les officiers de la mission anglaise. On a retrouvé là, à 25 mètres au-dessous

---

(1) M. de Saulcy considère le surbaissement comme un des caractères constants des coupoles judaïques. Il n'ignore pas cependant que les Arabes s'en servent également et que d'ailleurs la plupart des coupoles en question sont modernes.

(2) C'est à propos de la *porte du Prophète*, dont M. de Saulcy dit, dans un style un peu relâché : « *Décrite pour la première fois par M. de Vogüé, j'ai pu à mon tour l'étudier en* 1863 (*Jérusalem*, page 64). » Or cette porte antique a été découverte par Barklay, et depuis elle porte son nom.

A Jérusalem, plus que partout ailleurs, le chrétien devrait toujours avoir présente à l'esprit la belle maxime de Jésus : « Rendez à César ce qui appartient à César. »

du niveau du sol, des assises de blocs directement en contact avec le roc et parfaitement semblables à celles des parties supérieures de la muraille. Nous avons dit ailleurs que quelques-uns de ces blocs présentaient des traces de caractères phéniciens rouges, ce qui ne laisse aucun doute sur leur haute antiquité.

A cette muraille gigantesque correspondent à l'intérieur de vastes substructions destinées évidemment à niveler la terrasse. L'angle du mur présente un massif compact et solide dans lequel on a établi le petit oratoire musulman déjà mentionné où l'on montre le *berceau du* Christ. Immédiatement au-dessous de l'ora-

JÉRUSALEM : MUR D'ENCEINTE

toire se trouve l'entrée desdites substructions, généralement désignées sous le nom d'*Écuries de Salomon*.

On y remarque tout d'abord les surfaces frustes des blocs inférieurs de la muraille salomonienne. Les voûtes cintrées sont soutenues par une centaine de pilastres carrés ornés de bossages ; chacun de ces piliers est muni d'un anneau, et il est plus que probable que les Templiers avaient là leurs écuries, et que ces anneaux ont dû servir à attacher leurs chevaux.

Ajoutons que ces galeries souterraines, qui se prolongent jusqu'au delà de la mosquée-el-Aksa ont dû être évidemment remaniées par les Arabes, comme le prouve la fréquence des colonnes encastrées qui sont un des caractères distinctifs de leur architecture.

JÉRUSALEM

Si maintenant nous longeons vers l'ouest le mur méridional du Haram, nous rencontrons d'abord une arcade murée occupant la place d'une porte, mais dont le peu d'importance ne vaut pas qu'on s'y arrête.

En continuant à nous rapprocher de l'angle ouest, nous arrivons devant une autre porte murée qui est la *porte Triple* déjà nommée. Elle se compose d'une triple arcade romaine encastrée dans la muraille et reposant sur des soubassements antiques offrant le même caractère que les autres assises salomoniennes. Le bloc qui supporte la baie de gauche est d'ailleurs orné de moulures égyptiennes.

MURAILLE DU TEMPLE : DÉBRIS D'UNE ARCHE ANTIQUE

Avant les fouilles générales faites par la mission de l'Exploration-fund, M. de Saulcy avait fait, au pied de cette triple porte, des fouilles importantes dont les officiers anglais n'ont pu que confirmer les résultats.

Sur une étendue de plus de 20 mètres les assises de la muraille reposaient directement sur le roc qui, en cet endroit, affleurait presque le niveau du sol. A la base même de la porte on découvrit l'orifice d'un puits enterré sous les pierres et qui avait 5 mètres environ de profondeur.

Ce puits aboutissait à une galerie haute d'un mètre et assez large pour livrer passage à un homme. Au bout de quelques mètres cette galerie s'inclinait en pente douce et se bifurquait un instant pour se rejoindre aussitôt et se bifurquer de nouveau, une des branches allant vers le sud-est, l'autre vers le nord-ouest, une troisième enfin remontant vers l'intérieur du Haram d'un côté, vers la vallée du Cédron de l'autre. L'une de ces galeries était munie d'une rigole d'écoulement, ce dont il fallait conclure qu'elles avaient toutes servi à évacuer les eaux de lavage des parvis du temple souillés par le sang des holocaustes.

Il faut ajouter que ces galeries communiquaient anciennement avec les écuries de Salomon à droite et avec les substructions d'el-Aksa à gauche, au moyen de portes basses qui s'étaient éboulées, mais dont quelques-unes ont été dégagées depuis.

A partir de la Triple porte, la muraille présente encore une rangée continue d'assises salomoniennes se prolongeant jusqu'à la porte Sous-el-Aksa qui ferme les substructions décrites dans le chapitre précédent. Ici nous sommes arrêtés par l'enceinte militaire de la ville. La branche de la muraille moderne est perpendiculaire au mur méridional du Haram et par conséquent à la porte Sous-el-Aksa qu'elle coupe en deux. Après un ou deux petits crochets elle se dirige franchement vers le sud, puis tourne à angle droit vers l'ouest.

Cette branche de l'ouest a été minutieusement étudiée par M. de Saulcy, qui prétend reconnaître dans les assises inférieures du mur les restes de l'antique muraille dont le roi Manassé enveloppa le faubourg d'Ophel. Or les officiers anglais ont retrouvé, en avant du mur méridional du Haram, et à une grande profondeur, des restes de murailles qui, partant de l'angle sud-est, se dirigeaient vers le sud-ouest. Ce serait là, selon eux, la vraie muraille d'Ophel.

Quoi qu'il en soit, M. de Saulcy a maintenu son opinion, et il la soutient fort habilement dans un dernier ouvrage déjà plusieurs fois cité et auquel nous nous permettons de renvoyer le lecteur.

La susdite branche de l'ouest se prolonge jusqu'à une tour carrée où s'ouvre la porte dite des Mograbins par laquelle il nous faut rentrer dans la ville pour reprendre l'examen des murs du Haram au point où nous l'avons laissé.

A partir de la porte Sous-el-Aksa jusqu'à l'angle sud-ouest, la muraille présente un caractère plus moderne, mais à l'angle même l'appareil salomonien reparaît, car la base de cet angle est formée de blocs immenses semblables à ceux de l'angle sud-est et en retraite les uns sur les autres. Il résulte des fouilles anglaises que les soubassements de cet angle s'enfoncent dans le sol à une profondeur de 18 mètres. C'est donc à cette profondeur seulement qu'on rencontre le roc qui formait le sommet de la colline de Moriah. Or, entre l'angle sud-ouest et la Triple porte, ce même roc descend en pente fortement inclinée jusqu'à une profondeur de 27 mètres, où se trouvent les premières assises du mur, puis remonte rapidement, et nous avons vu qu'à la base même de la *Triple porte* il arrive presque au niveau du sol actuel. La partie sud-ouest de la plate-forme du temple est donc complètement artificielle. Pour la créer, il a fallu combler un vallon qui s'étendait là autrefois et qui ne pouvait être qu'une branche du Tyropaeon supérieur. De même au delà de la Triple porte le roc s'abaisse de nouveau vers l'angle sud-est jusqu'à une profondeur de 23 mètres.

En appliquant ces observations au reste de la plate-forme, nous pouvons retrouver la configuration exacte de l'ancienne colline de Moriah. Celle-ci atteignait son point culminant à l'angle nord-ouest où elle dut être nivelée; aujourd'hui encore elle se montre à nu du côté de cet angle. Elle s'étendait ensuite vers le centre de la plate-forme où l'une de ses aspérités portait le nom de *roche sacrée* ou *percée* (lapis pertusus) pour s'abaisser sous la mosquée el-Aksa, car le Tyropaeon supérieur s'étendait probablement jusque-là.

Elle s'abaissait également en pente rapide du côté de l'angle nord-est où elle formait un vallon qu'on utilisa pour l'étang du Birket-Israïn. Ce vallon se prolongeait néanmoins jusque sous l'angle nord-est même, car les fondations de cette partie de la muraille d'enceinte ont été retrouvées à 36 mètres au-dessous du niveau de la terrasse.

Le long de la muraille orientale la pente était bien moins considérable.

On comprend maintenant qu'une grande partie de la plate-forme dut être établie au moyen de substructions, tandis que les nivellements partiels furent obtenus au moyen de couches profondes de remblais.

A 12 mètres environ de l'angle sud-ouest, la muraille occidentale du Haram présente trois rangs de voussoirs qui ont appartenu à l'arche du viaduc antique dont il est souvent question dans Josèphe, et qui, franchissant le Tyropaeon, reliait le Temple au Xystus qui était en quelque sorte le forum de Jérusalem (1). Cette arche a pris le nom de Robinson qui l'a signalée le premier. Après lui, les officiers de l'Exploration-fund ont fait des fouilles nombreuses dans la direction du pont, et principalement sur l'escarpement opposé qui forme le flanc oriental du mont Sion et qui est actuellement couvert de décombres. Mais aucun indice du pont n'a été découvert de ce côté. Du côté de l'arche au contraire on a retrouvé quelques colonnades, et, à une certaine profondeur dans les décombres, quelques-uns des voussoirs provenant apparemment d'une seconde arche du pont; enfin on a retrouvé également la base d'une pile appartenant à cette arche.

Après l'arche de Robinson, la muraille commence à être cachée par des maisons particulières qui s'appuient contre elle et qui ne sont en général que de fort laides masures. C'est dans le voisinage de la porte Bab-el-Mogharibé, située au sud de la muraille des Juifs, qu'il nous faut chercher la *porte de Barclay* déjà mentionnée. Mais l'accès de cette porte est fort difficile, attendu que, pour la voir à

---

(1) Il servait aussi de gymnase.

l'extérieur du Haram, il faut pénétrer dans une des maisons de la colonie barbaresque, — ce qui constitue une affaire d'État. Il ne faut pas oublier cependant qu'à Jérusalem les lieux les plus sacrés ne sauraient avoir de mystère pour celui qui veut y mettre le prix.

Maintenant nous devons dire aussi qu'il ne faudrait pas consacrer une somme trop élevée à la contemplation présumée de la porte en question ; on la regretterait infailliblement. Car c'est à peine s'il est possible de distinguer le linteau de cette porte qui est aujourd'hui enterrée à plus de 15 mètres de profondeur. Encore ne voit-on que l'arête supérieure de ce linteau ; c'est-à-dire le dessus d'un bloc informe qui ne présente pas le moindre intérêt, pour ceux du moins chez qui l'archéologie n'a pas encore complètement détruit le sentiment de l'ennui.

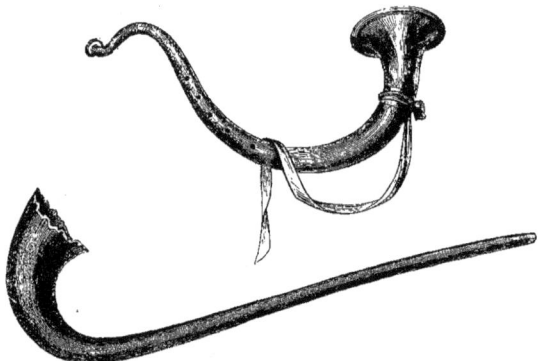

TROMPETTES DES PRÊTRES JUIFS

A l'intérieur du Haram on peut voir une certaine partie de la face interne de la porte, car on vous mène dans une sorte de cave où apparaissent, dans la muraille, les blocs d'un linteau, taillés en voussoirs, et, au-dessous, dans la baie murée, un reste d'arcade, le tout remontant à l'époque judaïque.

Dans le mur aussi est scellé l'anneau où le Prophète attacha la jument dont cette porte judaïque a pris le nom depuis la domination musulmane.

Nous arrivons à la partie du mur du Haram devenu pour les Juifs le mur des Lamentations. Toute la partie inférieure de ce pan de mur, qui est long de 50 mètres et haut, de 18 est formée d'assises salomoniennes (hérodiennes, prétendent quelques-uns) ; celles-ci se prolongent d'ailleurs encore plus loin dans toute l'étendue de muraille qui fait partie des bâtiments du Mekhemch (tribunal). Nous reviendrons avec quelques détails sur le lieu des Lamentations quand nous décrirons le quartier juif.

A quelque distance de cette place on montre généralement, dans une ruelle débouchant sur la rue de David, une maison dite de *Saladin*, de style entièrement arabe et qui remonte en effet à l'époque des croisades. C'était, au temps de Saladin, une école, et sa destination n'a jamais changé depuis.

On peut également visiter le Mekhemeh, qui n'a cependant d'autre importance, à notre avis, que celle de servir de passage pour arriver à l'*arche de Wilson* et d'encadrer de ses ailes postérieures la porte sous laquelle passe, pour se diriger vers la plate-forme du temple, le grand aqueduc qui amenait l'eau des réservoirs de Salomon.

Pour arriver à l'arche de Wilson, on traverse le petit jardin du Mekhemeh, et

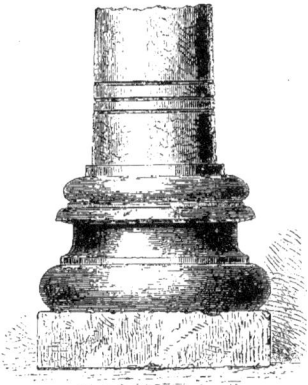

BASE D'UNE PILE DÉCOUVERTE PRÈS DE L'ARCHE DE ROBINSON

on pénètre dans une salle basse par une arcature ogivale de style arabe. On longe le mur du Haram à droite jusqu'à la piscine appelée Birket-el-Bourak. Là se dressent deux ou trois arcades, dont l'une, la plus antique, est l'*arche de Wilson*. Ces arcades supportent la partie occidentale de la rue de David ; celle-ci se confond en cet endroit avec l'ancien viaduc qui reliait le Tyropœon supérieur à la ville haute. Ajoutons que Warren a découvert dans le voisinage une portion de galerie souterraine parallèle à ce viaduc et qui devait conduire du temple à la citadelle qui commande l'ouest de la ville.

Du Mekhemeh une rue qui va directement au nord et qui passe devant le nouveau Séraï (résidence du pacha de Jérusalem) nous conduit à un bazar abandonné situé à main droite. C'est le *Souk-el-Kattanin* ou bazar des marchands de cotons conduisant à la porte du même nom ouverte sur le Haram. La rue centrale de ce bazar conduit au Hammam-ech-Chiffa (bain salutaire). C'est une piscine couverte située à une vingtaine de mètres au-dessous du niveau du sol. Une maçonnerie de 10 mètres de hauteur et qui est munie d'un escalier conduisant à la crête surmonte l'orifice de cette citerne que quelques archéologues modernes veulent identifier avec la piscine de *Béthesda*.

Nous continuons à monter vers l'angle nord-ouest du Haram, laissant à notre droite une caserne de cavalerie, et les bâtiments du vieux Séraï qui servent de prison aujourd'hui. Tout l'angle d'ailleurs, et une grande partie de la muraille nord elle-même, sont masqués par des constructions modernes (par une caserne d'infanterie, entre autres, qui occupe l'emplacement de la tour Antonia), ensuite par le *Birket-Israël* (1) qui s'étend presque jusqu'à l'extrémité nord-est de la muraille d'enceinte. Nous avons parlé un peu plus haut, à propos du nivellement de la terrasse, des deux angles nord-ouest et nord-est. On sait que du premier angle, où le roc primitif se voit à nu par endroits, à l'angle nord-est la pente de la colline Moriah est très rapide. Les fouilles anglaises ont fait découvrir en effet que la partie nord-est de la terrasse reposait sur des substructions où l'on ne peut plus pénétrer d'ailleurs. Quant à la muraille salomonienne, elle s'enfonce dans une couche de remblais de 36 mètres de profondeur. Quelques-unes des assises portent des caractères phéniciens semblables à ceux de l'angle sud-est.

Ajoutons que les savantes déductions que M. de Saulcy avait appuyées sur ses recherches personnelles lui ont permis d'identifier l'angle nord-est du Haram avec l'antique tour Méah, et que cette hypothèse encore a été confirmée par les fouilles anglaises qui ont fait retrouver à l'angle nord-est les restes d'une tour angulaire assise sur les fondations gigantesques dont nous venons de parler.

(1) Voir le chapitre suivant.

CHAPITRE X

LES MONUMENTS : VOIE DOULOUREUSE, PISCINES, FORTERESSES ANTIQUES

La porte Saint-Étienne. — L'église Sainte-Anne. — Tour Antonia. — Arc de l'*Ecce Homo*. — Maison du mauvais riche. — Porte Judiciaire. — Authenticité du Calvaire. — Les Piscines. — Les eaux de Jérusalem. — Source de Gihon. — Les piscines d'Ézéchias. — Le Birket Hammam-el-Batrak. — — Piscine de Béthesda. — Le Birket Israïn. — Les forteresses. — La citadelle (Kal'a) : tours Hippicus, Phasaël et Mariamne. — Forteresse de Goliath (Kasr-Djaloud). — Style et aspect des monuments syriens en général. — Subordination de l'esthétique à la nature du pays. — L'influence des milieux se révèle jusque dans les plus humbles conceptions de l'art. — La métaphysique de l'architecture et Herbert Spencer.

VOIE DOULOUREUSE [1]

La rue qui porte le nom de voie Douloureuse (ou *via Dolorosa*) et qui traverse une grande partie de la ville commence à la porte Saint-Étienne où elle est appelée par les Arabes *Tarik-Bab-Sitty-Maryam* (rue de la porte de Notre-Dame Marie). Disons tout de suite que la porte Saint-Étienne doit ce nom de *Bab-Sitty-Mariam* 1° à une vieille tradition qui veut que l'église voisine (église Sainte-Anne) ait été bâtie sur le lieu de la naissance de la Vierge ; 2° à ce qu'elle est ouverte sur la partie supérieure de la vallée du Cédron (Ouadi-Sitty-Mariam) traversée par un chemin qui mène au tombeau de la Vierge. Tout ce côté de la ville est donc doublement consacré et par la Passion de Jésus-Christ et par la naissance et la mort de sa mère.

La tradition qui vénérait certain endroit placé entre la porte Dorée et la porte Bab-Sitty-Mariam comme étant le lieu où le premier martyr fut lapidé est aujourd'hui abandonnée. Car on sait que le lieu véritable de la lapidation se trouve dans

---

[1] Un volume ne suffirait pas pour discuter toutes les opinions contradictoires qui se sont donné carrière à propos de la *voie Douloureuse*. Nous avons admis dans cette description les traditions les plus généralement admises, c'est-à-dire les moins contestées.

le voisinage de la porte de Damas, où s'élevait autrefois une église dédiée au martyr. Cette dernière porte s'appelait elle-même en ce temps-là porte Saint-Étienne, et ce n'est que plus tard qu'on a donné à l'ancienne porte des Brebis, devenue la porte Bab-Sitty-Mariam, le nom de Saint-Étienne qu'elle a conservé depuis.

La porte actuelle, de construction arabe, présente sur sa face extérieure deux lions en bas-relief encastrés au-dessus de l'entrée, de chaque côté du linteau. A l'intérieur, le premier passage à main droite conduit à l'église Sainte-Anne, ci-dessus nommée, desservie aujourd'hui par les missionnaires d'Alger. Nous la visiterons rapidement pour n'avoir plus à y revenir.

Cette église, qui remonte au temps des croisades, était en fort mauvais état lorsqu'elle fut cédée à la France après la guerre de Crimée. Les travaux de restauration entrepris depuis sous la direction de l'architecte Mauss l'ont remise en état tout en laissant à peu près intact l'édifice primitif.

Selon la tradition déjà mentionnée, la première basilique aurait été consacrée à Sainte-Marie de la Nativité, parce qu'elle s'élevait sur le lieu de la naissance de la Vierge, c'est-à-dire sur l'emplacement de la maison de Saint-Anne, sa mère. Sous la domination franque un couvent de femmes fut adjoint à l'église (1).

Quand Saladin eut repris Jérusalem, il installa dans l'édifice une église importante, et consacra cette transformation par une inscription qui fut encastrée au-dessus de la porte. L'inscription a été enlevée depuis la restauration de l'église.

L'édifice proprement dit est assez bien conservé. Il se compose de trois nefs et de trois absides rondes à l'intérieur, polygonales à l'extérieur. Un triple portail, situé à l'ouest, correspond aux trois nefs. Du côté opposé, elles aboutissent à un transept surmonté d'une coupole byzantine remaniée sans doute par les architectes de Saladin. L'ogive est visible partout. Quelques traces de fresques signalées par M. de Vogüé se voyaient autrefois aux murs des absides.

Ce savant en a retrouvé d'autres dans l'une des deux cryptes situées sous l'église et qui sont toutes deux taillées dans le roc vif. Celles-ci seraient donc d'anciennes chapelles aménagées dans ce rocher que la tradition considère comme ayant été la demeure de saint Joachim et de sainte Anne.

Les travaux de déblaiement exécutés autour de l'église lors de la restauration ont mis à jour les restes d'une piscine qu'on considère aujourd'hui comme la véritable piscine de Béthesda. Nous traiterons la question dans le chapitre consacré aux principales piscines de Jérusalem.

Revenus dans la rue de la voie Douloureuse, nous rencontrons d'abord une ruelle conduisant à la porte Bab Hita du Haram. La rue, voûtée en cet endroit, pré-

(1) Il est question de ce couvent dans Guillaume de Tyr.

LA VOIE DOULOUREUSE

sente à droite un mur antique surmonté d'une tour carrée en ruine, et percé d'une fenêtre grillée ayant vue sur un cimetière turc abandonné. On pense généralement que ces ruines appartenaient à une des tourelles qui flanquaient la tour Antonia. Mais M. de Saulcy veut absolument y voir le monument élevé sur le tombeau du prince asmonéen Alexandre Jannée. Nous n'avons pas l'autorité voulue pour discuter cette opinion.

Un peu plus loin, toujours à droite, s'élève la chapelle de la Flagellation, bâtie sur le lieu présumé où le Christ subit ce supplice. (On en désigne plusieurs.) L'église ancienne, ravagée par les Turcs, fut rendue aux Franciscains en 1838 par Ibrahim-Pacha. Elle a été reconstruite aux frais du duc de Bavière.

La caserne d'infanterie qui occupe l'emplacement de la tour Antonia marque le lieu de la première station du *chemin de la Croix*. Le prétoire de Pilate se trouvait là, croit-on, à l'angle nord-ouest de la terrasse du Temple. Mais la tradition qui désigne ce dernier lieu ne date que des dernières croisades. Les traditions antérieures avaient assigné au prétoire divers autres emplacements consacrés par des basiliques aujourd'hui disparues.

On vénère encore actuellement à Rome un escalier de marbre taché, dit-on, du sang de Jésus, et qui est considéré comme ayant fait partie du prétoire de Pilate. Cet escalier sacré (sancta Scala) marquait la *première station*. Il aurait été remplacé depuis par une chapelle turque située dans la caserne.

On compte 14 stations et 1320 pas de la première au Calvaire : seulement, comme la voie Douloureuse est coupée vers son extrémité par des constructions modernes, on ne peut en suivre jusqu'au bout le parcours réel. La *deuxième station* est devant la caserne, près de la chapelle de la Flagellation. C'est là que Jésus fut chargé de la croix.

Après la deuxième station nous trouvons, toujours à droite, la grande maison d'éducation dirigée par les sœurs de Sion et à laquelle est adjointe une chapelle dont le mur extérieur supporte l'*arc de l'Ecce homo*.

Cet arc et les terrains avoisinants ont été achetés par la communauté. Mais parlons d'abord du couvent, dont la haute direction appartint au P. Ratisbonne jusqu'à la mort de ce religieux en mai 1884.

L'institution est tenue par seize religieuses à qui sont confiées une centaine de jeunes filles. C'est du couvent de Sion que sortent une grande quantité de ces petites images qu'achètent tous les pèlerins et qui sont faites de fleurs desséchées provenant des divers lieux sanctifiés par les traditions. On en fait également au couvent de Saint-Joseph.

La chapelle attenante au couvent est de construction récente comme la maison elle-même. La muraille de gauche est taillée dans une paroi de rocher qu'on croit pouvoir identifier avec la contrescarpe du fossé qui s'étendait devant la forteresse Antonia et qui séparait cette dernière du quartier Bezetha (1).

Des fouilles pratiquées dans les dépendances du couvent ont fait découvrir des galeries souterraines et les restes d'une citerne dans laquelle il faut voir sans doute la piscine Strouthion (2).

Passons à l'arc de l'*Ecce Homo*.

L'arcade extérieure était revêtue, il y a quelques années encore, d'un plâtrage arabe qui a fini par tomber à la suite d'un éboulement. Il a été restauré depuis. D'ailleurs, au cours des travaux entrepris par les Dames de Sion, on avait constaté que l'arcade appartenait à une triple porte, mais de quelle époque? Voici à ce sujet l'opinion de M. de Vogüé (3):

« La tradition qui s'attache à ces ruines est vraie en ce sens que la tour Antonia étant la demeure du procurateur romain, les scènes de la flagellation et de l'*Ecce Homo* ont dû se passer à proximité de la tour et probablement aux endroits désignés dans la tradition; mais l'arc en lui-même est bien postérieur à la mort du Christ, et n'a pu jouer aucun rôle dans les sanglants épisodes de la Passion. Aussi la pieuse croyance qui place au sommet de l'arcade centrale l'exposition du Sauveur est-elle relativement moderne; on n'en trouve pas trace dans les pèlerinages antérieurs au seizième siècle. »

Hâtons-nous d'ajouter, pour les traditionnalistes que ces conclusions bouleversent, que M. de Vogüé appuie son opinion sur l'examen de deux des voussoirs de l'arc sur lesquels il a découvert des inscriptions grecques évidemment postérieures à la fondation d'Aelia Capitolina. Et les traditionnalistes ne peuvent élever ici l'argument d'une reconstruction partielle de l'arc primitif, qui expliquerait la présence de ces deux pierres moins anciennes que le reste du monument, car les voussoirs en question paraissent avoir appartenu à un monument plus ancien que l'arc lui-même.

La troisième station se trouve à l'intersection de la rue Sitty-Mariam et de la rue qui aboutit à la porte de Damas. Une colonne brisée marque le lieu où Jésus tomba une première fois sous le poids de la croix. Une chapelle de la *Défaillance* a été élevée dans le couvent arménien situé à gauche.

La voie Douloureuse fait ici un angle et se dirige vers le sud. Au bout de quelques pas nous rencontrons la maison de Lazare, et, un peu plus loin, la *quatrième station*, où Jésus rencontra sa mère. La voie reprend ici la direction ouest et se confond avec la rue Tarik el-Alam. Au coin de cette rue dont l'entrée

---

(1) Il est question de cette contrescarpe dans Josèphe (*De bell. jud.*).
(2) Josèphe nous apprend que cette piscine était située vis-à-vis de la tour Antonia.
(3) *Le temple de Jérusalem*.

est voûtée, on montre la *maison du mauvais riche*, ornée de mosaïques. Un trou dans une pierre du mur de gauche indique la *cinquième station* où Simon le Cyrénéen fut chargé de porter la croix de Jésus.

Dans le fond de la rue une nouvelle arcade indique la sixième station, en même temps qu'une colonne brisée marque l'emplacement de la maison de sainte

EMPLACEMENT DE LA TOUR ANTONIA

Véronique, et le lieu où elle essuya le visage de Jésus. On montre le tombeau de la sainte dans un souterrain (à gauche de la rue) dont l'accès est fort incommode.

La *septième station* où Jésus tomba pour la seconde fois marque aussi l'emplacement de l'ancienne *porte Judiciaire*. La maison au pied de laquelle Jésus tomba se montre à gauche, à l'entrée d'une voûte. Dans une chapelle voisine on montre une colonne qui aurait appartenu à l'ancienne porte, et sur laquelle aurait été affiché l'arrêt de Pilate condamnant Jésus à mort.

Nous passons sous la voûte à gauche, et nous arrivons bientôt à l'endroit où s'arrête aujourd'hui la voie Douloureuse. Nous sommes ici à la huitième station, indiquée par un trou creusé dans la muraille du couvent grec Saint-Caralombos. C'est le lieu où Jésus parla aux filles de Jérusalem qui le suivaient.

Des constructions récentes interceptent le passage ici. Pour rejoindre la *neuvième station*, il nous faut revenir à la porte Judiciaire et prendre la rue qui va de la porte de Damas à la porte de Sion. De là une ruelle en pente qui passe devant les colonnes antiques du parvis de la basilique de Constantin nous mène à l'entrée du couvent copte, où une colonne encastrée dans la muraille désigne la *neuvième station*, c'est-à-dire l'endroit où Jésus tomba pour la troisième fois.

Les autres stations sont dans l'intérieur de l'église. La *dixième*, où Jésus fut dépouillé de ses vêtements, se trouve dans la chapelle supérieure (latine) du Calvaire, à l'endroit marqué dans le sol par une mosaïque. La *onzième*, où Jésus fut crucifié, est dans la même chapelle, devant l'autel. La *douzième*, où le Christ mourut sur la croix, et la *treizième*, celle de la descente de croix, sont indiquées par des autels voisins auprès desquels on montre la *roche fendue*.

La *quatorzième station* est dans le Saint-Sépulcre.

Au sujet de l'ensevelissement de Jésus, saint Jean nous fournit dans son Évangile les renseignements suivants (chapitre XIX, versets 38 à 42) :

« Après cela Joseph d'Arimathie, qui était disciple de Jésus, mais disciple caché, parce qu'il appréhendait les Juifs, supplia Pilate de lui permettre d'ensevelir le corps de Jésus. Pilate le lui permit. Il vint donc, et enleva le corps de Jésus (v. 39). Nicodème, qui autrefois avait été trouver Jésus pendant la nuit, y vint aussi, portant environ cent livres d'une mixtion de myrrhe et d'aloès (v. 40). Ils prirent donc le corps de Jésus et l'enveloppèrent dans des linceuls avec des aromates, selon la manière d'ensevelir qui est ordinaire aux Juifs (v. 41). Or, il y avait au lieu où il avait été crucifié, un jardin, et, dans ce jardin, *un sépulcre tout neuf, où personne n'avait encore été mis* (v. 42). Comme donc c'était le jour de la préparation du sabbat des Juifs, et que ce sépulcre était proche, ils y mirent Jésus. »

Le passage que nous avons souligné semble indiquer qu'il y avait dans le voisinage d'autres sépulcres encore, mais qui avaient dû être utilisés déjà.

Or, on se rappelle que dans une chambre sépulcrale attenante à l'une des chapelles syriennes, on a trouvé deux fours à cercueils taillés dans le roc et semblables à celui qu'on considère comme le Saint-Sépulcre.

Le voisinage de ces tombes, que paraît sous-entendre le passage de saint Jean, et qui de plus indique suffisamment que l'endroit était alors en dehors de l'enceinte de la ville, n'est-il pas une double preuve en faveur de l'authenticité du Calvaire?

LES PISCINES

De même que la condition absolue pour voyager sans embarras dans le désert est d'y rencontrer des oasis, de même il nous paraît indispensable d'entrecouper

LA MAISON DITE DU « MAUVAIS RICHE »

de quelque chapitre moins aride une série de descriptions qui, finalement, risqueraient d'égarer l'attention du lecteur.

Ce n'est pas que les piscines nous paraissent constituer par elles-mêmes des oasis suffisantes ; nous sommes convaincu, au contraire, que l'esprit ne saurait être supérieurement récréé par la contemplation d'une vieille citerne desséchée et à demi comblée d'immondices.

Mais il y a autre chose ; il y a l'histoire moderne de ces piscines, histoire pour le moins aussi intéressante que tout ce que l'antiquité nous réserve encore de surprises.

Si l'on pouvait réunir dans un même lieu (je raisonne par l'absurde), tous les savants qui ont pâli sur la piscine de Béthesda, tous les culs-de-jatte de l'histoire, tous ceux qui se traînent, sans cesse, au-devant du fait accompli, et ne le rencontrent jamais, tous les aveugles, tous les sourds, tous les bancals de la critique, de l'archéologie, de la tradition, quelle *Cour des Miracles* moderne n'aurait-on pas à opposer à celles du temps de Jésus, — j'entends les piscines elles-mêmes où les vrais sourds, les vrais aveugles, les vrais culs-de-jatte se pressaient en foule pour obtenir leur guérison ?

Et nous n'écrivons pas cela pour le simple plaisir de jouer avec les mots. La critique de tout temps s'est acharnée sur les piscines avec une passion, une furie dont personne au monde ne saisit le prétexte. Telle citerne, d'ailleurs parfaitement insignifiante, pourrait être dès longtemps comblée avec les seules traditions qu'y ont entassées les savants. Telle autre serait, au contraire, un abîme sans fond à en juger par tous ceux qui y ont perdu leur latin.

Il résulte de cet état de choses que la confusion la plus épouvantable n'a cessé de régner depuis des siècles au sujet de la plupart des piscines de Jérusalem. Tel pèlerin ancien n'a pas hésité à égarer l'histoire, pour le simple plaisir de placer son mot, et comme cet acte de coupable vanité s'est renouvelé très fréquemment, il est à peu près impossible aujourd'hui, même en pataugeant dans tous les bourbiers plus ou moins profonds de Jérusalem, de retrouver une piscine petite ou grande dont le nom soit à l'abri de toute contestation.

Ceci posé, il s'agit avant tout d'éviter d'introduire plus de désordre encore dans une question déjà si embrouillée.

Nous ne parlerons donc, autant que possible, que des trois principales piscines situées à l'intérieur de la ville, quitte à retrouver les autres quand l'occasion s'en présentera.

Quelques mots d'abord sur les eaux de Jérusalem en général.

On sait déjà que chaque maison à Jérusalem a sa citerne ou ses citernes particulières. Or, bien que la population actuelle soit peu considérable, l'eau des citernes ne suffit point aux besoins de la consommation quotidienne. Cette eau d'ailleurs est souvent saumâtre, de mauvais goût, et bonne tout au plus pour servir aux usages domestiques. La classe aisée achète son eau potable, et celle-ci lui est

ARC DE L'ECCE-HOMO

fournie en général par les sakhas (1), qui portent en ville l'eau des trois principales fontaines de la vallée du Cédron : la source de la Vierge, la fontaine de Siloé (celle-ci alimentée par l'autre) et le Bir-Eyoub (puits de Job).

Quant aux piscines, dans leur état actuel, il n'y faut point songer ; elles sont presque toujours à sec et offrent d'ailleurs le même inconvénient que les citernes particulières. Mais il n'en était pas de même dans l'antiquité. Ces piscines étaient alors toutes neuves et la plupart communiquaient avec des sources ou des branches de sources dont quelques-unes n'ont pu être retrouvées aujourd'hui. De plus les canaux d'écoulement qui mettaient en communication les piscines élevées avec celles de niveau inférieur étaient pour la même raison en fort bon état, tandis qu'aujourd'hui la plupart sont effondrées, ou détériorées de façon à ne plus pouvoir servir, ce qui revient au même.

On comprend d'ailleurs que cette question des eaux, qui a préoccupé la plupart des premiers rois de Juda, était de la dernière importance au temps où Jérusalem comptait encore 100,000 habitants, mais qu'elle a été négligée par la suite, lors des désastres successifs des Juifs et de la diminution constante du chiffre de la population.

Salomon, le premier, avait songé à suppléer à l'aridité du terrain calcaire où est bâtie la ville en y amenant les eaux provenant de contrées plus fertiles. Le Temple en faisait alors une consommation effrayante, à tel point, que les vastes citernes aménagées dans la plate-forme n'y suffisaient point. Le grand aqueduc qu'il fit construire et qui partait des trois étangs connus aujourd'hui sous le nom de *Vasques de Salomon* fut uniquement destiné à approvisionner le sanctuaire.

Quant à la ville, elle n'avait alors qu'une seule source, celle de Gihon. Quelle était cette source de Gihon? Personne n'en sait rien. On l'a successivement placée à l'ouest, au nord, à l'est de la ville. A force de chercher, quelques auteurs modernes en sont arrivés à la conclusion suivante : — l'ancienne source de Gihon est une source située au nord de la ville et dont les deux branches principales ont été retrouvées.

L'une de ces deux branches serait la source intermittente de la Vierge précédemment nommée, l'autre serait une source également intermittente, découverte récemment près du bazar des marchands de coton, et dont nous avons parlé à propos du Haram-ech-chérif. Cette conclusion doit-elle être admise sans réserves? Nous allons le voir.

D'après la Bible, c'est le roi Ézéchias qui le premier utilisa cette source qu'on

---

(1) Les *sakhas* ou porteurs d'eau se recrutent parmi la misérable population des Maugrebins. La plupart ont à leur service des ânes chargés de porter les outres qui contiennent l'eau.

appelait alors *Gihon supérieur* et qui semble avoir été un étang situé en dehors de la ville. Ézéchias fit creuser dans l'intérieur de la ville même une piscine située dans un plan inférieur à celui de la source de Gihon, et la Bible nous apprend qu'à l'arrivée des Assyriens, il dirigea les eaux de la fontaine vers cette piscine et fit ensuite boucher la source. Ajoutons que la piscine inférieure avait pris le nom de *Gihon inférieur*.

Or voici pourquoi les savants se sont trouvés si fort embarrassés lorsqu'il s'est agi de retrouver le *Gihon supérieur* et le *Gihon inférieur*. A l'ouest, au sud et à l'est de la ville, une demi-douzaine de piscines et de prétendues sources répondaient aux conditions exigées pour leur identification.

Chacun donc a voulu découvrir les deux piscines en litige : Jérusalem s'est trouvé subitement peuplé de piscines d'Ézéchias et de piscines supérieures ou inférieures. Piscine d'Ézéchias : le Birket Hammam-el-Batrak ; piscine d'Ézéchias : l'étang de Siloé (que l'ancienne enceinte enfermait à l'intérieur de la ville) ; piscine d'Ézéchias : la piscine de l'église Saint-Anne (selon Brocard) ; piscine (ou Gihon) supérieure : l'étang de Mamillah ; piscines supérieures : la piscine Strouthion, la piscine Bethesda, etc., etc.

Dans ce capharnaüm d'opinions contradictoires nous aurions mauvaise grâce à placer notre avis, si humble soit-il. Toutefois pouvons-nous nous permettre de citer la Bible. Dans un passage des *Rois* (livre II) il est question d'un *acqueduc du haut étang qui est au grand chemin du champ du Foulon*.

Ailleurs la Bible dit encore : « Ézéchias boucha aussi le haut canal des eaux de Guihon, et les conduisit droit en bas, vers l'occident de la cité de David. » (III *Chronique*, XXXII, 30.)

Les deux passages évidemment donnent tort aux voyageurs modernes dont j'ai signalé la découverte plus haut. Ils semblent donner raison au contraire à ceux qui identifient le Gihon supérieur avec l'étang de Mamillah situé dans le voisinage de la porte de Bethléhem, et la piscine inférieure avec le Birket-Hammam-el-Batrak. Cette dernière, qui est une des mieux conservées de Jérusalem, a d'ailleurs toujours été considérée comme la piscine d'Ézéchias proprement dite, et, malgré tous les débats soulevés par les deux Gihon, personne encore n'a cherché à lui contester son nom.

Maintenant donnons une idée au lecteur de ce qu'est la piscine la mieux conservée de Jérusalem. Pour l'examiner, il nous faut pénétrer dans une des maisons dont les murs de derrière sont les propres murailles de la piscine. Car celle-ci est située au milieu du pâté de constructions modernes qui occupent l'angle gauche formé par la rencontre de la rue de David avec la rue Chrétienne.

Ce qui frappe tout d'abord dans l'examen du réservoir, c'est son peu de profondeur (3 mètres environ au-dessus du niveau de la rue). Le fond est en cailloutis. Il est recouvert en été d'une flaque d'eau bourbeuse où il n'est pas rare d'apercevoir quelques batraciens prenant leurs ébats parmi les plantes aquatiques qui en agrémentent la surface. En hiver le spectacle change peu. L'eau est un peu plus profonde et un peu plus claire. Mais elle ne s'élève jamais à plus de quelques pieds, car elle est utilisée aussitôt par un établissement de bains voisin (Hammam-el-Batrak) qui a cédé en revanche son nom moderne à l'antique grenouillère. D'où il résulte que celle-ci porte maintenant trois noms : piscine d'Ézéchias, réservoir des bains du patriarche (Birket Hammam-el-Batrak) et le nom d'Amygdalon (étang de la tour) sous lequel la désigne l'historien Josèphe.

GUÉRISON DU PARALYTIQUE (A BÉTHESDA) *

Passons à la piscine de Béthesda qui est, après les piscines d'Ézéchias, celle qui a donné le plus de fil à retordre aux archéologues et aux exégètes.

Nous avons vu que quelques savants modernes veulent aujourd'hui identifier cette piscine avec le réservoir appelé Hammam-ech-Chifa situé au fond du bazar des marchands de coton. Qu'est-ce qui autorise cette identification ? Rien absolument. La maçonnerie du réservoir n'est pas ancienne. Elle ne rappelle en rien la description que nous trouvons dans l'évangile selon saint Jean (1). La prétendue source intermittente qu'on y a retrouvée nous paraît due à des eaux d'infiltration.

(1) « Or, il y a à Jérusalem, au-dessus de la Probatique, une piscine appelée en hébreu *Bethesda*, ayant cinq portiques. » Il est vrai que le sens du mot hébreu Béthesda (maison de salut) se rapproche beaucoup de celui de *Hammam-ech-chifa* (bain salutaire).

* Cette gravure reproduit, dans ses dimensions originales, un ivoire en demi-relief qui ornait la couverture d'un Nouveau Testament datant du cinquième siècle, et conservé à Ravenne. Jésus tient une croix de la main gauche, et de la droite bénit le paralytique. La stature du Christ est plus élevée que celle de l'autre personnage, et sa figure est imberbe selon le type admis dans toutes les effigies du temps.

De plus le puits en question a 30 mètres de profondeur, de telle sorte que les pauvres infirmes qu'on eût *jetés dedans* (c'est l'expression que saint Jean place dans la bouche du paralytique) s'y seraient infailliblement noyés. Donc, tout bien considéré, cette citerne, située au fond d'un bazar, nous paraît tout simplement avoir été le réservoir d'un établissement de bains, comme d'ailleurs son nom l'indique.

Cependant la piscine de Béthesda a existé puisque Jésus y a guéri un paralytique. D'après les Évangiles il semble même qu'elle ait été très fréquentée. D'autres piscines plus anciennes et moins importantes se sont conservées jusqu'à nos jours. Comment la piscine de Béthesda, qui était un véritable monument, puisqu'elle avait cinq portiques, aurait-elle disparu sans laisser de traces? En Orient rien ne disparaît, tout au contraire y est immuable. Jérusalem surtout s'inscrit en faux contre l'apophtegme de Lucain. Ici les ruines demeurent ; un édifice s'écroule-t-il, on ne le relève que lorsqu'on ne peut faire autrement. L'Oriental est par tempérament ennemi de ce qui change, mais jamais il ne lui viendra à l'idée de s'insurger contre ce qui est un fait accompli. C'est ce que Mahomet appelle dans le Koran : *se résigner à la volonté de Dieu*. Aussi la Palestine offre-t-elle ce spectacle étrange d'un pays qui ne sait garder ni la mémoire des lieux ni le souvenir des faits les plus récents, et qui conserve des monuments tributaires de plus de vingt siècles, perpétuant avec eux toutes les fausses traditions qui s'y rattachent.

En désespoir de cause on plaça la piscine de Béthesda au nord-est du Temple (où on la montre encore aujourd'hui) et on la confondit dès lors avec le *Birket Israï'n*, que nous avons mentionné à propos de l'enceinte du Haram. Ce *Birket Israï'n* est un énorme bassin à demi comblé d'ordures qui s'étend devant le Haram, sur un tiers environ de la longueur du mur d'enceinte, et vers l'angle nord-est. Le mur de l'ouest du bassin laisse apercevoir deux arcades de voûte dont l'entrée est masquée par des touffes d'arbustes et qui ne tarderont pas à disparaître sous le flot montant des immondices.

Chateaubriand, qui nous a laissé une description minutieusement détaillée de la nature des matériaux employés dans la construction des murs du réservoir, a remarqué ces deux arcades et il a supposé que c'était la tête d'un aqueduc qui conduisait les eaux au Temple.

M. de Saulcy, qui a refait cette description à sa manière, a été également intrigué par les deux voûtes, et il a supposé que c'étaient des canaux qui mettaient le réservoir en communication avec la piscine voisine de Strouthion, aujourd'hui couverte par des constructions modernes.

Sont venus les Anglais qui ont remarqué les deux arcades avant toute autre chose, et qui n'ont fait aucune supposition. Seulement ils sont descendus dans le réservoir, ils ont pénétré sous les voûtes, ils ont trouvé des galeries souterraines qu'ils ont fouillées en tous sens, et ils n'ont cessé d'aller en avant que lorsqu'ils se sont vus arrêtés par des murs.

Ce simple fait rapproché de ce qui précède vaut des volumes d'histoire contemporaine ; m'est avis qu'il éclaire puissamment l'origine de la puissance coloniale et maritime de cette nation qui va partout et en tout plus avant que les autres.

Le résultat des fouilles anglaises a démontré que pour une fois M. de Saulcy avait tort, et que Chateaubriand au contraire pouvait avoir raison, car Warren a retrouvé un canal d'écoulement se dirigeant vers l'intérieur du Haram. Tout cela cependant ne prouvait rien en faveur de l'identification du réservoir avec la piscine de Béthesda, et les savants commençaient déjà à ne plus voir dans le *Birket Israï'n* que la *piscine probatique* lorsqu'une nouvelle *piscine de Béthesda* fut découverte juste à temps pour remplacer celle que les années avaient fini par démoder.

Je laisse ici la parole à M. de Saulcy qui, un des premiers, a propagé la découverte.

Après avoir étudié plusieurs textes, et principalement les *Gesta Francorum* (1) qui placent la piscine cherchée devant l'église Sainte-Anne et font observer qu'on n'y descend plus que par un seul portique, bien qu'elle en eût cinq autrefois, M. de Saulcy conclut ainsi :

« Heureusement, la vraie piscine de Béthesda, sanctuaire indiscutable désormais, a été retrouvée, et c'est à mon ami M. Mauss que nous en devons la découverte.....

« C'est dans l'enclos même de Sainte-Anne, et devant l'église, que des sondages opérés par M. Mauss l'ont fait reconnaître. Les bases des colonnes qui soutenaient le porche unique, existant au moment où l'Anonyme a écrit son livre inséré dans le *Gesta Dei* ont été retrouvées en place ! Le fût de l'une d'elles a été redressé et surmonté du chapiteau découvert près de lui ; le pavé en mosaïque du porche a été retrouvé aussi ; enfin le bassin même de la piscine a été révélé par les mêmes sondages...

« Du reste, ajoute M. de Saulcy, l'idée de commencer les recherches qui ont été couronnées d'un si précieux succès était venue à M. Mauss, lorsqu'il eut extrait de cet endroit un pied votif d'une certaine Lucilla Pompilia, qui fut probablement guérie à la piscine. » Ce pied de marbre est aujourd'hui au musée judaïque du Louvre.

Pour terminer l'historique des piscines intérieures, ajoutons qu'un des auteurs anglais les plus compétents (Robinson) identifie la piscine de Béthesda avec la source intermittente de la Vierge (2).

(1) *Gesta Francorum et aliorum Hierosolymitanorum*. L'auteur resté longtemps anonyme est Tutebode. L'ouvrage se trouve dans la collection *Gesta Dei per Francos* de Bongars et dans la collection Duchesnes (*Historiae Francorum scriptores*...).
(2) C'est le même Robinson qui a découvert le premier les canaux qui mettent cette source en communication avec celle de Siloé. (Voir les *Biblical Researches*.)

FORTERESSES ANTIQUES

Disons tout de suite que les forteresses dont il s'agit ne sont point d'une importance telle que nous ayons cru devoir leur consacrer une étude détaillée. D'autre part, nous ne pouvions nous passer de les mentionner au moins, comme nous le ferons plus loin, pour le reste des monuments anciens ou modernes disséminés dans les quatre principaux quartiers de Jérusalem. Les lecteurs, que le sujet intéressera particulièrement, trouveront sur les forteresses en question une fort savante discussion dans les derniers ouvrages de M. de Saulcy, dans *Jérusalem* entre autres.

Les quatre forteresses dont on a retrouvé les restes ou au moins la place, datent toutes de l'époque d'Hérode. Elles ont joué un rôle assez considérable dans le suprême désastre qui a anéanti la nation juive, aussi Josèphe nous en donne-t-il une description très détaillée. L'historien nous apprend d'abord que le palais d'Hérode était adjacent aux trois tours Hippicus, Phasaël et Mariamne, et que ces trois tours avaient été érigées dans la partie septentrionale (occidentale aujourd'hui) de la muraille d'enceinte. Il y avait là, anciennement, la tour ou forteresse de David qui commandait l'angle formé par la rencontre des branches septentrionale et occidentale de la première enceinte, et il est probable que les fondations de cette forteresse ont dû être utilisées par Hérode pour la construction de l'une des trois tours. Mais pour laquelle? Les archéologues naturellement n'ont pu tomber d'accord sur ce point.

Quand on entre dans la ville par la porte de Jaffa, on a en face de soi la *citadelle* actuelle (le *Kal'a* des musulmans). Le drapeau turc flotte à son sommet, et elle est gardée par un poste de soldats généralement occupés à tricoter des chaussettes. Quand je dis *citadelle*, il ne faudrait pas prendre ce mot trop au sérieux. Les Turcs n'ignorent pas que Jérusalem n'a plus aucune importance politique, et que son enceinte, par conséquent, n'a pas besoin d'un appareil bien menaçant. La citadelle comprend trois tours (modernes en grande partie) et quelques constructions menaçant ruine. Entre les créneaux de la tour qui est pavoisée, on distingue les gueules de quelques canons rouillés : c'est tout.

Selon l'opinion générale, les trois tours actuelles du Kal'a seraient, quant à l'emplacement et aux fondations, les tours Hippicus, Phasaël et Mariamne. Selon M. de Saulcy, la tour du N.-O., celle qui est adossée au mur d'enceinte occuperait l'emplacement de la tour Hippicus (1); la seconde, celui de la tour Phasaël, et la

---

(1) Une école déjà s'est établie dans cet endroit, celle des Frères Ignorantins.

LA PISCINE D'ÉZÉCHIAS, A JÉRUSALEM

troisième, celle du sud, celui de la tour Mariamne. Un puits, signalé par Josèphe, existe encore dans la première; ses fondations aussi paraissent remonter à l'époque d'Hérode. Quant à la seconde, M. de Saulcy l'identifie avec la tour de David proprement dite, à cause du massif qui en forme la base. Ce massif est formé en partie de gros blocs à encadrements constituant, pour notre savant, un appareil bien antérieur à celui des constructions d'Hérode.

Telle est la citadelle moderne de Jérusalem. Reste une quatrième forteresse antique située à l'angle nord-ouest de l'enceinte actuelle. Celle-ci, à la vérité, ne présente que des ruines. Dans quelques années, peut-être, ces ruines elles-mêmes auront cessé d'exister, car je me suis laissé dire que l'emplacement avait été acheté par le patriarche latin, Mgr Bracco. Et, comme cet emplacement, ajouté aux terrains vagues qui s'étendent aux abords de l'édifice patriarcal produit une très jolie superficie totale, capable de contenir une église et plusieurs couvents, je ne serais pas étonné qu'à une époque non lointaine les archéologues n'eussent à rayer de leurs papiers les ruines de la forteresse de Goliath (1).

Ce sont les Turcs qui ont donné aux ruines en question ce nom de Goliath (Kasr-Djaloud), qu'aucune tradition, d'ailleurs, ne justifie. Au reste, hâtons-nous de dire que la forteresse ne présente plus aujourd'hui qu'une masse informe de maçonnerie un peu plus haute qu'un étage ordinaire, et qu'il faut la clairvoyance et la sagacité d'un Robinson ou d'un Saulcy pour y retrouver soit les traces d'un château de Tancrède, soit celles de la tour *Pséphinos* devant laquelle, dit Josèphe, vint camper l'armée de Titus.

Maintenant que le lecteur peut se faire une idée assez nette de la physionomie matérielle de la ville, d'après le caractère presque uniforme des monuments antiques que nous venons de décrire et qui s'harmonise si singulièrement avec l'aspect délabré des choses environnantes, qu'on nous permette, sur ce sujet spécial, quelques considérations d'un ordre plus élevé, se rattachant directement aux questions d'esthétique que nous avons effleurées dans un des chapitres précédents. Nous chercherons à démontrer une fois de plus que le climat et les milieux expliquent logiquement les usages et le caractère des Orientaux.

Cette double influence, nous l'avons vue se révéler jusque dans les traits généraux de la physionomie, jusque dans l'aspect de ces maisons sans façade extérieure, construites à l'image même de la vie musulmane dont elles semblent le frappant symbole, murées et mystérieuses comme elle, comme elle façonnées selon les impérieuses exigences du climat.

Cette remarque peut être étendue et généralisée. Si nous faisons abstraction

---

(1) Selon Tobler, au contraire, cette première tour serait celle de Phasaël

des styles particuliers de l'architecture orientale pour ne nous attacher qu'à son type général, nous voyons l'influence des milieux se révéler jusque dans les plus humbles conceptions de l'art. L'aspect des monuments antiques de Jérusalem offre un caractère désolé qui se retrouve non seulement dans les environs immédiats de la ville, mais dans les constructions qui composent la ville elle-même. Et ce caractère évidemment est dû bien moins à la vétusté de ces monuments qu'au style qui les a conçus (1). Leurs formes s'harmonisent parfaitement avec les formes et les paysages environnants, et impliquent, par conséquent, un style qui s'est inspiré de ces formes et de ces paysages.

Examinez les monuments syriens antérieurs à l'époque chrétienne. Dans des paysages sans symétrie, vous trouverez des synagogues massives, à façades irrégulières, des forteresses plus irrégulières encore, et qui semblent avoir été taillées sur le modèle des rochers environnants (2).

Plus tard, l'époque chrétienne a beau introduire en Syrie une architecture nouvelle, le caractère général des monuments chrétiens diffère peu des autres.

A Jérusalem, surtout, ils ont tous un air de famille provenant assurément de quelques traits communs. Châteaux forts, forteresses, couvents, basiliques primitives à piliers, tous ces édifices, avec leurs lignes massives et tourmentées, leurs formes rigides et *inorganiques* (l'expression est de Herbert Spencer) résultant surtout des gros blocs utilisés dans leur construction, éveillent dans l'esprit l'idée vague d'une relation existant entre eux et la nature pétrifiée, inorganique elle-même des plateaux qui dominent Jérusalem. En thèse générale, il y a donc une corrélation nécessaire, inéluctable, entre un type d'architecture et le milieu où il est né.

Cette théorie, formulée pour la première fois par l'éminent écrivain que nous venons de nommer, est confirmée dans l'espèce par un simple coup d'œil jeté sur Jérusalem. Mais nous irons plus loin encore. Un système d'architecture est-il adopté par un pays étranger, ce système se transformera en se naturalisant, de telle sorte que cette transformation établira entre le style étranger et son milieu d'adoption un rapport semblable à celui qui existait entre ce même style et son pays d'origine. La physionomie toute spéciale des monuments syriens des premiers temps du christianisme vient directement à l'appui de ce corollaire. Un autre argument non moins concluant se tirerait de l'examen de ce même style transformé par les Arabes.

La psychologie de cette théorie pourrait facilement se déduire de quelques-unes des observations faites précédemment. Mais le lecteur nous saura gré de citer

---

(1) Les Juifs, a dit Chateaubriand, avaient le goût du sombre et du grand.
(2) Fait curieux, on retrouve cette observation inconsciemment formulée par Josèphe dans la description qu'il fait des tours Hippicus, Phasaël et Mariamne.

ici un passage de la remarquable étude de Herbert Spencer sur *l'origine des styles en architecture* (1).

Voici d'abord comment l'esthéticien anglais est arrivé à concevoir sa théorie. Un jour qu'il visitait une galerie de peinture, il est frappé de l'effet choquant d'un édifice régulier au milieu d'une scène où la régularité manquait. Une dame, en passant, fait observer que *cela manquait de pittoresque*. Cette critique naïve, banale, se trouve être on ne peut plus exacte, et voilà l'imagination du grand esthéticien voguant sur

INTÉRIEUR DE LA PORTE SAINT-ÉTIENNE

un océan de réflexions à propos de l'essence pittoresque et du non-pittoresque.

« Ma pensée allait son train. Je me rappelai qu'un château fort, de tous les genres d'édifices le plus irrégulier dans son plan, ne nous plaît nulle part autant qu'au milieu des rocs et des précipices. Les formes moitié régulières, moitié irrégulières de nos vieilles fermes, de nos manoirs et abbayes gothiques à pignons, paraissent s'harmoniser fort bien avec une campagne ondulée, boisée. Dans les villes, nous aimons mieux une architecture symétrique; là elle n'excite en nous aucun sentiment de discordance parce que tous les objets environnants — hommes, chevaux, voitures — sont symétriques aussi.

(1) *Essais sur le progrès*, par Herbert Spencer (Germer-Baillière, édit.).

« Alors il me revint une idée qui s'est bien des fois présentée à moi : c'est qu'il y a une relation entre les divers styles d'architecture et les différentes classes d'êtres ou d'objets qui sont dans la nature. Les édifices de style grec ou romain semblent, avec leur symétrie, avoir leur modèle dans le règne animal. Dans le gothique, qui est en partie irrégulier, les idées qui dominent paraissent prises du règne végétal. Et les édifices décidément irréguliers, comme les châteaux forts, sont, on peut dire, construits à l'imitation des formes du monde inorganique.

« Voilà une théorie qui est de pure fantaisie. — C'est ce qui semble à première vue ; mais elle a, pour s'appuyer, des faits nombreux. »

Pour Herbert Spencer, le plus significatif d'entre ces faits est précisément l'harmonie qu'on remarque entre chaque type d'architecture et le milieu dans lequel il est né. Comment, en effet, expliquer cette harmonie, dit-il, sinon en disant *que les objets d'alentour ont mis quelque chose de leur caractère essentiel dans le mode de construction adopté ?* Et, un peu plus loin, il constate la parenté évidente des toits plats usités dans les villes orientales, et des minarets qui se dressent çà et là, avec les plaines qui le plus souvent les environnent, où d'instant en instant pointe un palmier...

... L'écrivain anglais termine ainsi :

« De ce que je viens d'exposer il ne faudrait pas conclure que les hommes, en donnant à leurs édifices les caractères essentiels des objets environnants, l'ont fait avec intention. Non.

« C'est à leur insu qu'ils ont été inspirés par les formes environnantes. Si l'architecture à toits plats et symétrique est née en Orient chez des tribus de pasteurs vivant au milieu de leurs troupeaux et dans de vastes plaines, c'est, à ce qu'il semble, que l'habitude de voir des lignes horizontales et des formes symétriques a guidé les constructeurs. Partout agissent des influences semblables. Un psychologue n'en sera point surpris. Car toutes nos idées doivent être faites d'images et de fragments d'images reçus par les sens ; il est impossible à l'homme de se figurer un dessin dont les éléments ne lui soient pas venus du dehors ; son imagination se déploiera donc selon la route que lui tracent ses perceptions habituelles, et les traits les plus fréquents de ces perceptions habituelles s'imprimeront sur son dessin. »

Dans la citation que nous venons de faire on remarquera qu'il n'est pas question de la coupole. C'est qu'en effet la coupole n'est pas née en Syrie. Il est même probable qu'elle ne s'est naturalisée que difficilement chez les peuples sémitiques, habitués aux lignes horizontales des déserts. Aux époques successives de son introduction dans l'architecture hébraïque et dans l'architecture arabe, nous constatons en effet ce phénomène de transformation dont nous parlions plus haut. La coupole passe du plein cintre au cintre surbaissé, et le surbaissement devient si excessif que la coupole parfois s'affaisse jusqu'au niveau de la voûte plate. La plupart des coupoles qui surmontent les maisons de Jérusalem semblent de loin de simples renflements ombellés. Chez les Arabes, au contraire, la coupole prend une forme ovoïde, bulbeuse en quelque sorte, le dôme semble avoir une invincible tendance à se terminer en pointe comme la flèche d'un minaret ou le sommet d'une tente. A ce propos, nous nous souvenons que Chateaubriand fait quelque part cette remarque, fort judicieuse, que la mosquée octogonale d'Omar (la Sakhra) ressemble de loin à une tente plantée dans le désert.

CHAPITRE XI

LE QUARTIER FRANC

Topographie générale. — Rue Chrétienne. — État des chrétiens de Jérusalem. — Le clergé d'Orient. — Histoire d'une subvention. — Monseigneur Vincent Bracco et le ministre des affaires étrangères. — Les Franciscains de Terre-Sainte. — Le couvent de Saint-Sauveur. — Histoire des Franciscains ; leur administration, leur mission tutélaire et civilisatrice. — Règle monastique ; culture intellectuelle des moines. — Le couvent de Mar-hanna. — Erreurs et partialité de Lamartine. — Cinquante ans après ; Jérusalem, ville libre. — Le régime de la tolérance universelle. — Prospérité des couvents ; triomphe des chrétiens.

Le lecteur désireux de se rendre compte de la Jérusalem moderne peut le faire à peu de frais, quoi qu'en aient dit certains écrivains privés du don de la mémoire des lieux, et pour qui le moindre lacis de ruelles devient un dédale inextricable. La topographie de la ville, dans son état actuel, est des plus simples, nous croyons l'avoir dit déjà.

Les quatre principaux quartiers qui se partagent Jérusalem sont indiqués à peu près par les quatre collines qui occupent les quatre angles du quadrilatère, et aussi par deux rues perpendiculaires entre elles qui traversent la ville d'un bout à l'autre en se coupant vers le milieu, et par conséquent au centre même du quadrilatère.

Bien entendu, ces rues, comme toutes les rues des villes orientales, se composent en grande partie de ruelles ou de tronçons de rues faisant suite les unes aux autres et dont la plupart portent des noms différents empruntés généralement au nom de la porte à laquelle la rue aboutit, à celui d'un marché qu'elle traverse, au métier dominant qui s'y exerce, à la population spéciale qui l'habite, etc...

L'une de ces rues, dirigée du nord au sud, part de la porte de Damas pour aboutir à la porte de Sion ; elle sépare, au nord, le quartier Franc ou chrétien du quartier musulman et, au sud, le quartier arménien du quartier juif.

L'autre part de la porte de Jaffa pour aboutir à la porte Bab-es-Silselé du Haram, et se dirige par conséquent de l'ouest à l'est. A l'ouest, elle sépare le quartier chrétien (nord) du quartier arménien (sud) ; à l'est, elle sépare le quartier musulman (nord) du quartier juif (sud). Nous avons déjà dit que le quartier des Maugrebins formait le prolongement sud du quartier musulman, mais il semble faire partie aussi du quartier juif qu'il prolonge vers l'est jusqu'au Haram, et dont il offre d'ailleurs les dehors malpropres et répugnants.

La position des quatre quartiers est ainsi parfaitement définie ; il ne nous reste plus qu'à jeter un coup d'œil rapide sur chacun d'eux en particulier : — les autres petits détails topographiques que nous glanerons au cours de cette inspection, ajoutés à ce que le lecteur sait déjà, suffiront à lui donner l'idée la plus nette possible de la physionomie matérielle de la ville.

Le voyageur qui a étudié Jérusalem ailleurs que dans les publications récentes, ne pourra s'empêcher de faire dès les premiers pas une remarque générale, c'est que, malgré le caractère immuable des cités orientales et la vie stagnante qu'on y mène, la physionomie intime et morale de la ville sainte est bien changée depuis un siècle, depuis cinquante ans surtout. Le lecteur pourra aisément se rendre compte de cette transformation, car nous ne négligerons pas de comparer, quand l'occasion s'en présentera, nos propres observations avec celles des voyageurs plus anciens.

Le quartier franc est aujourd'hui, je ne dirai pas le plus beau, mais le moins laid des quartiers de Jérusalem (autrefois ce privilège appartenait au quartier arménien). La rue principale (rue Chrétienne) a quelques boutiques, une maison de banque, une librairie même, la seule de Jérusalem. Tout ce côté de la ville d'ailleurs ne renferme, à part quelques boutiques et magasins sans enseigne ni étalage, que des couvents, des hospices et autres édifices chrétiens du même genre.

A considérer le quartier dans l'ensemble, coupé de ruelles tranquilles où l'on n'entend que des murmures d'orgue et des sons de voix pieuses chantant vêpres ou matines, à voir aussi les allures libres et dégagées des rares chrétiens qui y font du commerce, on se croirait subitement transporté dans une petite ville exclusivement chrétienne dont ceux-ci seraient les seuls et véritables maîtres.

Cette paix et cette liberté dont jouissent aujourd'hui les chrétiens de la ville est une des précieuses conquêtes de la diplomatie étrangère. Je crois qu'il faut faire remonter aux négociations entreprises après la guerre de Crimée, l'origine des premières libertés réelles accordées aux chrétiens. Du temps de Volney, de

Chateaubriand, du temps de Michaud et de Lamartine même, ces libertés étaient encore tout illusoires.

« On parle quelquefois de la tolérance des Turcs, dit Volney dans son *Voyage en Syrie*, voici à quel prix elle s'achète :

« Toute démonstration publique de culte est interdite aux chrétiens, hors du Kesraouân où l'on n'a pu l'empêcher : ils ne peuvent bâtir de nouvelles églises ; et si les anciennes se ruinent, ils ne peuvent les réparer que par des permissions qu'il faut payer chèrement. Un chrétien ne peut frapper un musulman sans risquer sa vie ; et si le musulman tue un chrétien, il en est quitte pour une rançon. Les chrétiens ne peuvent monter à cheval dans les villes ; il leur est défendu de porter des pantoufles jaunes, des châles blancs, et toute couleur verte. Le rouge pour la chaussure, le bleu pour l'habillement, sont celles qui leur sont assignées. La Porte vient de renouveler ses ordonnances pour qu'ils rétablissent l'ancienne forme de leur turban : il doit être d'une grosse mousseline bleue, avec une seule lisière blanche : s'ils voyagent, on les arrête en mille endroits pour payer des rafars ou péages, dont les musulmans sont exempts : en justice le serment de deux chrétiens n'est compté que pour un ; et telle est la partialité des qâdis, qu'il est presque impossible qu'un chrétien gagne un procès ; enfin, ils sont les seuls à supporter la capitation, dite karadj, dont le billet porte ces mots remarquables : djazz-el-râs, c'est-à-dire *rachat du coupement de la tête*, par où l'on voit clairement à quel titre ils sont tolérés et gouvernés. »

Rien ne subsiste de tout cela, si ce n'est la chaussure rouge, que les Syriens chrétiens portent encore, volontairement d'ailleurs, pour se distinguer des autres Arabes. Quant à leur coiffure, c'est le tarbouch ordinaire, parfois entouré d'un turban noir fort mince.

Les principaux édifices du quartier franc sont : les couvents grecs, au nombre d'une quinzaine, les couvents latins ou catholiques et les hospices qui en relèvent, le patriarcat latin et ses dépendances, l'établissement des sœurs de Saint-Joseph, et le *Mouristan* (ancien hospice des chevaliers de Saint-Jean) concédé à la Prusse. Tout ce groupe d'édifices est traversé par quatre ou cinq petites ruelles tortueuses et limité au nord et à l'ouest par des jardins et des terrains vagues qui s'étendent jusqu'aux fortifications.

En somme, c'est la religion grecque qui est le plus considérablement représentée à Jérusalem, elle rivalise de puissance et de richesse avec l'Église arménienne. Nous avons vu ailleurs quelles étaient les principales sources de cette richesse. De plus, les Grecs, fort industrieux, ont centralisé dans leurs mains tout le commerce de Jérusalem qui d'ailleurs se réduit à fort peu de choses. Ils se sont, du même coup, substitués aux Juifs pour qui Jérusalem est avant tout la ville sainte et la seule où ils dédaignent le commerce pour se consacrer tout entiers au culte de leurs traditions nationales et religieuses.

La nation française n'est guère représentée à Jérusalem que par la protection qu'elle accorde à l'Église latine et par les secours qu'elle ne cesse d'envoyer à ses coreligionnaires d'Orient, italiens pour la plupart, ou espagnols. Il y a cependant au quartier franc un *hôpital français* de Saint-Louis desservi par les sœurs de Saint-Joseph dont nous avons loué ailleurs l'esprit d'abnégation et de dévoûment. Ces mêmes sœurs, au nombre d'une douzaine seulement, y tiennent une école de filles qui compte près de deux cents élèves dont quelques-unes, les plus pauvres, sont nourries et logées.

Bien qu'en voie de laïcisation, notre gouvernement s'est aperçu que le seul moyen de maintenir notre prestige et notre influence en Orient et d'y contre-balancer efficacement le despotisme et l'intolérance des Turcs, était de protéger avant tout ceux qui représentent là-bas notre civilisation et notre religion dominante. Gambetta, m'a-t-on dit, n'est jamais resté sourd aux prières des diverses institutions françaises de la ville sainte, et le ton dont on m'a parlé là-bas du défunt homme d'État me permet de certifier que sa mort a dû causer bien des regrets parmi les catholiques français de Jérusalem.

Le gouvernement actuel soutient encore de son budget les principaux évêques de l'Église latine d'Orient, et il a accordé récemment une subvention annuelle de 12,000 francs à monseigneur Vincent Bracco, patriarche de Jérusalem. L'histoire de cette subvention, que je tiens de source absolument certaine, est même assez piquante.

Lorsque monseigneur Vincent Bracco entra en possession du patriarcat, en 1873, il s'aperçut que les ressources manquaient pour continuer les œuvres fondées par son prédécesseur, monseigneur Valerga. Il s'adressa à notre ministère des affaires étrangères alors dirigé par M. de Freycinet, à l'effet d'obtenir une subvention exceptionnelle de quelques milliers de francs. Peu après, soit que sa demande fût restée sans effet, soit toute autre raison, le patriarche se rendit lui-même en France pour présenter verbalement sa requête au ministre. Arrivé à Paris, il trouva le ministère, comme d'habitude, à la veille d'une crise ; le portefeuille allait passer, disait-on, des mains de M. de Freycinet à celles de M. Barthélemy-Saint-Hilaire. Il n'y avait pas de temps à perdre.

L'entrevue fut courte et froide, paraît-il, entrecoupée, comme toutes les audiences ministérielles, par les allées et venues des huissiers. Entre deux battements de porte, le ministre préoccupé accorda tout ce qu'on lui demandait. Et son successeur tint parole.

Seulement la suite des événements prouva que l'un ou l'autre des deux ministres

LE BIRKET-ISRAIN (PISCINE PROBATIQUE ?)

avait mal compris, ou que M. de Freycinet avait cru devoir réparer par une insigne gracieuseté le froid accueil qu'il avait fait au patriarche. En effet, le chiffre de la subvention dépassait tout ce qu'avait espéré monseigneur Bracco, et, au lieu d'être passagère, comme il l'avait demandé, elle était annuelle.

Nous avons dit quelques mots déjà du palais patriarcal et de ses vastes dépendances qui comprennent jusqu'à la forteresse de Goliath. Il ne nous reste qu'à mentionner la cathédrale attenante au patriarcat et qui a été construite par monseigneur Valerga. On sait que ce dernier a été le premier titulaire de la dignité patriarcale, depuis son rétablissement en 1848 par Pie IX.

Avant cette date, et pendant des siècles (1), la plupart des missions de Terre-Sainte relevaient du couvent franciscain de Saint-Sauveur et précédemment du couvent de Sion dont les Franciscains ont été spoliés en 1561. Ces moines énergiques et infatigables ont été de tous temps préposés à la sauvegarde des lieux saints et à celle aussi des intérêts de tous les catholiques de Terre-Sainte. C'est grâce à cette double mission tutélaire, si noblement accomplie, que les Franciscains se sont taillé dans le passé un manteau de gloire qu'ils portent encore aussi dignement qu'aux temps sombres où le fanatisme et la cruauté des musulmans faisaient d'eux des martyrs.

Les Franciscains possèdent aujourd'hui deux couvents, celui de Saint-Sauveur situé dans les environs du patriarcat, et un couvent plus petit, attenant à l'église du Saint-Sépulcre, et habité par une douzaine de moines qui gardent les lieux saints. Ils possèdent également deux hospices, celui de Casanova, également situé près du patriarcat, et un autre établissement, voisin de l'église de la Flagellation.

On trouvera la description du couvent de Saint-Sauveur dans tous les ouvrages. Mais son histoire, depuis un siècle, nous semble assez intéressante pour que nous essayions de la résumer ici. Les quelques citations et rapprochements que nous allons faire pourront servir de base à ceux qui voudraient étudier le développement de la liberté civile et religieuse dans la Jérusalem moderne.

Disons tout d'abord que les Franciscains sont en général italiens ou espagnols ; il est excessivement rare de trouver parmi eux un Français. La haute direction du couvent est entre les mains d'un supérieur qui porte le titre de *custode*. Il est sujet du pape.

Au supérieur est adjoint un vicaire qui doit être sujet français. Faute de Français, cette dignité est généralement confiée à un Italien. Le troisième grand dignitaire du couvent est espagnol et porte le titre de *procureur général*.

Volney nous apprend qu'à la fin du siècle dernier la situation du couvent de

(1) Le patriarcat latin avait été aboli en 1291.

Saint-Sauveur était des plus précaires. L'administration du couvent était alors chargée d'une dette de 600 bourses (750,000 livres). Le procureur général dut écrire au roi d'Espagne (1) pour faire cesser ce désordre, et il profita de cette occasion pour se rendre indépendant vis-à-vis des deux autres dignitaires, car le roi, pour faire droit à sa requête, lui confia la gestion particulière de tous ses dons. Nous donnons en note un extrait de la requête, qui établit très clairement la position des Franciscains de cette époque vis-à-vis des diverses puissances européennes.

La révolution de 89 et les guerres générales qu'elle entraîne font oublier les lieux saints ; une nouvelle crise se déclare au couvent latin, et les Franciscains ne

CHAPITEAU D'UNE COLONNE A JÉRUSALEM

tardent pas à se voir plongés dans la plus profonde misère. A cette époque on fut, paraît-il, obligé de vendre les vases sacrés et les ornements des autels pour ne pas laisser mourir de faim les chrétiens de Jérusalem.

L'arrivée de Bonaparte en Syrie n'était pas faite pour améliorer la situation des Pères latins. D'ailleurs *Jérusalem n'entrait pas dans la ligne d'opération du grand conquérant.* Le mot est historique.

Quand Chateaubriand arrive à Jérusalem, il trouve les Franciscains dans la

---

(1) Il lui exposa, dit Volney, « que, le zèle des princes chrétiens s'étant beaucoup refroidi depuis
» plusieurs années, leurs anciennes largesses au couvent de Terre-Sainte avaient considérablement
» diminué ; que le roi très fidèle avait retranché plus de la moitié des quarante mille piastres fortes
» qu'il avait coutume de donner ; que le roi très chrétien (le roi de France) se tenant acquitté par la
» protection qu'il accordait, payait à peine les mille écus qu'il avait promis ; que l'Italie et l'Allemagne
» devenaient de jour en jour moins libérales, et que Sa Majesté Catholique était la seule qui continuât
» les bienfaits de ses prédécesseurs. »

plus grande pauvreté, et en proie aux vexations continuelles des Turcs qui les pressurent tant qu'ils peuvent. Son arrivée au couvent fait événement. Depuis des années on n'avait vu un pèlerin français ; on le regarde comme un sauveur. Le couvent était précisément envahi par des soldats du pacha, qui se faisaient donner tout ce qu'était à leur convenance. Je cite :

« Il faut être dans la position des Pères de Terre-Sainte pour comprendre le plaisir que leur causa mon arrivée. Ils se crurent sauvés par la présence d'un seul Français. Je remis au père Bonaventure de Nola, gardien du couvent, une lettre

LA PORTE SAINT-ÉTIENNE

de M. le général Sébastiani. « Monsieur, me dit le gardien, c'est la Providence qui vous amène. Vous avez des firmans de route ? Permettez-nous de les envoyer au pacha ; il saura qu'un Français est descendu au couvent ; il nous croira spécialement protégés par l'Empereur. L'année dernière il nous contraignit de payer soixante mille piastres ; d'après l'usage, nous ne lui en devons que quatre mille, encore à titre de simple présent. Il veut cette année nous arracher la même somme, et il nous menace de se porter aux dernières extrémités si nous la refusons. Nous serons obligés de vendre les vases sacrés, car depuis quatre ans nous ne recevons plus aucune aumône de l'Europe : si cela continue, nous nous verrons forcés d'abandonner la Terre-Sainte et de livrer aux mahométans le tombeau de Jésus-Christ. »

Et cet autre passage encore de Chateaubriand mérite d'être cité. L'auteur d'*Atala* a visité la bibliothèque du couvent, et il a retrouvé d'anciens firmans obtenus par les Pères pour se défendre contre l'oppression des gouverneurs turcs : « J'avoue, dit-il, que mon admiration pour tant de malheurs si courageusement supportés était grande et sincère; mais combien aussi j'étais touché en retrouvant sans cesse cette formule : *Copie d'un firman obtenu à la sollicitation de M. l'Ambassadeur de France*, etc. ! Honneur à un pays qui du sein de l'Europe veille jusqu'au fond de l'Asie à la défense du misérable et protège le faible contre le fort ! »

Chateaubriand a trouvé au couvent de Saint-Sauveur un seul religieux français. Celui-ci semble avoir été le dernier, car les auteurs de la *Correspondance d'Orient* nous apprennent, à la date de 1831, que, depuis plus de vingt ans, il n'y a pas eu de moine français dans les couvents de Terre-Sainte (1).

« Ce qui m'étonne, dit Michaud, et m'afflige tout à la fois, c'est de n'entendre parler ici qu'un mauvais italien ou un mauvais espagnol; cette langue française, qu'au rapport d'un vieil historien, on parlait jadis à Jérusalem comme à Paris, est à peine connue dans le monastère des pères latins, et tandis que toutes les langues de l'univers sont journellement entendues autour du saint Tombeau, la langue du peuple de France est celle qu'on y parle le moins. »

Plus loin, le même auteur nous apprend que, quand il est arrivé à Jérusalem, le couvent de Saint-Sauveur était rempli de tristesse et de deuil, se voyant à la veille d'être ruiné par les exactions des Turcs. « Le couvent attenant au Saint-Sépulcre, dit-il, tombe en ruines de toutes parts et menace d'ensevelir sous ses débris la sainte milice qui veille sur le Tombeau. Pour obtenir la seule permission de le réparer, les Franciscains ont donné aux musulmans plus d'argent qu'il n'en faut pour bâtir un palais, de telle sorte que, quand les travaux de réparation ont été autorisés, les pauvres moines n'ont plus eu les moyens de les faire exécuter.

« Sans doute, la France ne les oublie pas. Elle ne cesse de leur adresser les dons recueillis dans les quêtes et les sermons de charité; le roi lui-même (Charles X) leur accorde une subvention annuelle de 2,000 francs, mais il faut songer que les Pères ont à subvenir aux besoins de tous les couvents latins de Syrie et à soulager surtout la misère des catholiques arabes de Jérusalem.

« Le monastère de Saint-Sauveur paye le karatch pour ces derniers; il est leur patrie, leur citadelle, leur unique fortune, leur seul bien. Sans le couvent de Terre-Sainte les catholiques ne seraient pas assez riches pour acheter l'air qu'ils respirent, l'eau et le pain qui soutiennent leurs jours; il leur faudrait déserter la ville de Jésus-

---

(1) On m'a affirmé pourtant qu'il y avait récemment au couvent de Saint-Sauveur un moine parisien, *ex-garde municipal*. L'entrée de ce dernier dans la communauté a certainement dû faire sensation.

Christ, ou abjurer leur foi pour ne pas mourir de faim. » Et l'auteur ajoute que les catholiques de Terre-Sainte suivent anxieusement les événements d'Europe ; « ils voient avec peine les idées nouvelles prendre racine en France ; ils savent bien qu'eux, les protégés des vieilles monarchies, n'ont rien à attendre des révolutions de l'avenir. »

Je ne discuterai pas l'opinion que pouvaient avoir des « révolutions de l'avenir » les catholiques arabes de 1831. Leur situation actuelle, plus prospère qu'elle ne l'a jamais été et l'ère de la liberté inaugurée depuis peu dans tous les domaines de la vie civile et de la vie religieuse prouvent assez combien cette opinion était injuste et mal fondée.

Dans la même *Correspondance* nous trouvons des détails intéressants sur l'existence intime des Pères de Saint-Sauveur, et particulièrement sur ce qu'était alors la vie intellectuelle au couvent. Au point de vue des heures de prière ou de pénitence, cette existence ressemble à celle de tous les monastères. Mais les cénobites de Terre-Sainte sont loin d'avoir le degré d'instruction et d'amour pour la science qui distingue beaucoup de religieux en France. Le travail intellectuel semble banni des règles de Saint-Sauveur :

« Il ne m'est jamais arrivé, dit l'auteur déjà cité, de trouver un religieux avec un livre à la main. Puisqu'il est vrai que l'homme ne vit pas seulement de pain, mais aussi de choses intellectuelles ; pourquoi nos cénobites, durant leurs longues heures de loisir, ne donneraient-ils rien à leur esprit ? Dans la solitude, dans la prison, dans l'exil, un livre est un ami qui remplit et charme nos journées : ne serait-il pas une heureuse et puissante distraction dans le cercle monotone de la vie religieuse ? Nos pauvres Latins ont pris un peu trop à la lettre ces paroles de l'Évangile : *Porro unum est necessarium*. Une seule chose est nécessaire, le salut de l'âme ; le Christ a voulu aussi que nous fussions des enfants de lumière, et mes vénérables hôtes semblent l'avoir oublié. »

Ailleurs, l'auteur visite la bibliothèque française du couvent, c'est-à-dire le dépôt de livres exclusivement français confié au père vicaire qui, nous l'avons dit déjà, est censé remplir une dignité française, bien qu'il soit italien ou espagnol et qu'il ignore parfaitement notre langue. Après avoir passé à travers une complication de toiles d'araignées, défendant l'accès des rayons, l'auteur fait une bien curieuse découverte :

« Je ne sais comment vous dire que j'ai reconnu, au milieu des livres les plus graves et les plus austères, *le Secrétaire des Amants*, petit volume in-18 rempli d'épîtres amoureuses, et Bussi-Rabutin, qui, sans doute, a fait le pèlerinage pour ses péchés. N'allez pas, d'après cela, rire malignement sur le compte de nos pauvres pères latins, car tous ces ouvrages français sont pour eux lettres closes ; personne ici n'est capable de comprendre un ouvrage écrit dans notre langue. N'ayant point trouvé la *Jérusalem délivrée* dans le cabinet des livres dont Augustino Méra est le gardien, je lui en exprimais ma surprise; le bibliothécaire espagnol n'avait jamais entendu prononcer le nom du Tasse et s'est contenté de me répondre: « Nous n'avons point ici de mauvais livres. » Tant d'ignorance ne peut être rachetée que par des vertus égales à celles qui distinguent le père Augustino. »

Cette accusation d'ignorance portée contre les moines de Terre-Sainte, en général, on la retrouve dans plusieurs auteurs contemporains, dans Lamartine notamment.

Il ne faut pas oublier, cependant, qu'à l'époque où ces derniers visitent la Palestine, les moines chrétiens (latins, grecs, arméniens ou syriens), appartiennent encore exclusivement à des familles de paysans pauvres, et que c'est, en général, leur condition misérable qui les a jetés dans les ordres. Il devait y avoir des exceptions cependant, puisqu'à cette époque déjà, le couvent de Saint-Sauveur dirigeait une école dont les principaux professeurs se recrutaient parmi les Pères eux-mêmes. Une autre considération qu'il ne faut pas oublier, c'est qu'en bien des cas, une grande quantité de ces moines est affectée au service des pèlerins et des visiteurs étrangers qui descendent dans les hospices latins. A ceux-là échouent les travaux les plus rudes et les plus grossiers. Ils frottent, ils nettoient, ils récurent la vaisselle, ils font la cuisine et le service des chambres et de la table, et leur rôle est en tous points celui des plus infimes garçons d'auberge. A quoi leur servirait dès lors, la science ou l'érudition, et comment trouveraient-ils le temps de les acquérir ?

A propos des moines du couvent grec-catholique de *Marhanna*, Volney cite un exemple d'ignorance bien plus stupéfiant que celui dont il est question dans la *Correspondance d'Orient :*

« Les moines de Marhanna, dit-il (1), qui ont des livres, et qui entretiennent des relations avec Rome, ne sont pas moins ignorants que les autres. Jamais, avant mon séjour, ils n'avaient ouï dire que la terre tournât autour du soleil, et peu s'en fallut que cette opinion n'y causât du scandale : car les zélés, trouvant que cela contrariait la sainte Bible, voulurent me traiter en hérétique : heureusement que le vicaire général eut le bon esprit de douter et de dire : « *Sans en croire aveuglément* « *les Francs, il ne faut pas les démentir ; car tout ce qu'ils nous apportent de leurs* « *arts est si fort au-dessus des nôtres, qu'ils peuvent apercevoir des choses qui sont* « *au-dessus de nos idées.* » J'en fus quitte pour ne point prendre la rotation sur mon compte, et pour la restituer à nos savants, qui passent sûrement chez les moines pour des visionnaires. »

---

(1) *Voyage en Syrie* (tome second, chap. XXXIX).

C'est pourtant de ce même couvent de Marhanna qu'est sortie, dans la première moitié du dix-huitième siècle, une des premières imprimeries arabes qui aient réussi en Turquie. C'est qu'ici encore il faut faire, au sujet des moines, la distinction de rang que nous avons établie plus haut. Volney ne manque pas de nous apprendre qu'à l'exception du supérieur, du dépensier, et du vicaire, chacun d'eux exerce un métier nécessaire ou utile à la maison. L'un est tisserand, et fabrique les étoffes ; l'autre est tailleur, celui-ci cordonnier, celui-là maçon. « Deux sont chargés de la cuisine, quatre travaillent à l'imprimerie, quatre à la reliure, et tous aident à la boulangerie, au jour que l'on fait le pain. »

On voit par là que la vie des moines de Terre-Sainte est loin d'être une vie paresseuse et contemplative comme certains auteurs ont essayé de nous la dépeindre.

Au reste, je ne ferai pas à mes lecteurs l'injure de croire qu'ils tiennent pour plus éclairés les religieux mahométans ou les rabbins de Syrie. Toute la science de ceux-là, quand ils sont lettrés, se réduit, pour les premiers, à discuter les cent mille commentaires dont on a entouré le Koran ; pour les seconds, à connaître et à approfondir tous les cas de conscience, arguties et subtilités élaborés par les auteurs du Talmud. Un auteur anglais (1) moderne parle d'un rabbin de nos jours, qui ignorait jusqu'au nom de l'Europe et désignait collectivement tous les pays autres que la Palestine par cette périphrase : *les pays qui environnent la Terre-Sainte ou pays extérieurs* (en hébreu : *Chutselorets*).

L'opinion de Lamartine au sujet des moines de Terre-Sainte est doublement curieuse, d'abord parce que l'aveugle partialité du poète pour les Turcs lui fait tracer un tableau évidemment faux de la situation des moines vis-à-vis des maîtres du pays, tableau qui diffère du blanc au noir avec celui tracé un an auparavant par les auteurs de la *Correspondance d'Orient*, ensuite parce que sa critique est en pleine contradiction avec le ton général de l'ouvrage où l'auteur se prosterne devant les traditions les plus douteuses et avec le respect outré dont il entoure, partout ailleurs, les religieux de tous les cultes, bien qu'il ne les voie en général que de loin, et à travers cette même poésie contre laquelle il s'élève subitement avec si peu d'à-propos.

Après avoir condamné les peintures fausses et romanesques que ses prédécesseurs ont faites des couvents de Terre-Sainte, il essaye de démontrer *que rien n'est moins poétique ni moins religieux vu de près* :

« Tout cela est beau et grand dans la pensée, dit-il, mais dans le fait il faut en rabattre presque tout le grandiose. Il n'y a point de persécution, il n'y a plus de martyre ; tout autour de ces hospices, une population chrétienne est aux ordres et

---

(1) Frankl, *The Jews in the East* (Les Juifs en Orient).

au service des moines de ces couvents. Les Turcs ne les inquiètent nullement, au contraire ils les protègent. C'est le peuple le plus tolérant de la terre, et qui comprend le mieux le culte et la prière dans quelque langue ou sous quelque forme qu'ils se montrent à lui. Il ne hait que l'athéisme qu'il trouve, avec raison, une dégradation de l'intelligence humaine, une insulte à l'humanité bien plus qu'à l'être évident, Dieu. Ces couvents sont, de plus, sous la protection redoutée et inviolable des puissances chrétiennes et représentées par leurs consuls. Sur une plainte du supérieur, le consul écrit au pacha, et justice est faite à l'instant même. Les moines que j'ai vus dans la Terre-Sainte, bien loin de me présenter l'image du long martyre dont on leur fait honneur, m'ont paru les plus heureux, les plus respectés, les plus redoutés des habitants de ces contrées. Ils occupent des espèces de châteaux forts, semblables à nos vieux castels du moyen âge ; ces demeures sont inviolables, entourées de murs et fermées de portes de fer. »

Ne serait-ce pas à croire vraiment que le poète est tout aussi ignorant (en histoire du moins) que les moines dont il s'occupe, ou qu'il méconnaît volontairement le rôle admirable qu'ont joué de tout temps les Franciscains de Terre-Sainte.

D'autre part, si tout est vrai dans ce que nous venons de citer, il faut convenir que dans un pays aussi sûr, où le plus pauvre moine exerce un tel prestige sur les populations indigènes, le poète Lamartine, membre de l'Assemblée nationale (1), touriste, grand seigneur couvert par l'amitié d'Ibrahim, précédé en Syrie par une réputation de puissance qui s'était répandue, on ne sait comment, dans les régions les plus ignorées, Lamartine, dis-je, prenait des précautions bien inutiles quand il se faisait escorter partout par de nombreux cavaliers armés jusqu'aux dents, et ne se hasardait à pénétrer dans certaines villes de Syrie qu'à la faveur d'un déguisement arabe.

Mais continuons de citer.

Voici comment Lamartine nous dépeint l'existence intime des moines.

« Ils n'ont d'autre occupation que les offices de l'Église, la promenade dans les jardins ou sur les terrasses du couvent. Point de livres, nulles études, aucune fonction utile. L'ennui les dévore, des cabales se forment dans l'intérieur du couvent ; les Espagnols médisent des Italiens, les Italiens des Espagnols. Nous fûmes peu édifiés des propos que tenaient, les uns sur les autres, les moines de Nazareth. Nous n'en trouvâmes pas un seul qui pût soutenir la moindre conversation raisonnable sur les sujets même que leur vocation devait leur rendre les plus familiers. Aucune connaissance de l'antiquité sacrée, des Pères, de l'histoire des lieux qu'ils habitent. Tout se réduit à un certain nombre de traditions populaires et ridicules

---

(1) Lamartine, on se le rappelle, fut élu député pendant son séjour en Orient.

qu'ils se transmettent sans examen, et qu'ils donnent aux voyageurs comme ils les ont reçues de l'ignorance et de la crédulité des Arabes chrétiens du pays. Ils soupirent tous après le moment de leur délivrance, et retournent en Italie ou en Espagne, sans aucun fruit pour eux ni pour la religion. »

Il est évident que Lamartine n'a étudié, en Syrie, que le seul couvent de Nazareth, où les règles étaient alors plus douces que dans les autres monastères de Terre-Sainte, et cela de l'avis de tous les moines latins eux-mêmes.

Quoi qu'il en soit, tout cela est bien changé aujourd'hui. Au moment où l'antique foi chrétienne s'apprête à disparaître de l'Europe, où sans doute elle a cessé d'être utile, elle se ranime en Terre-Sainte, où elle est nécessaire encore ; elle brille d'un plus vif éclat à Jérusalem, où la religiosité des musulmans s'empresse de lui rendre hommage. Jérusalem est en passe de devenir en quelque sorte une ville libre. Plus d'oppression. Plus de divisions. Musulmans et chrétiens fraternisent ou du moins entretiennent d'excellents rapports basés sur quelques bakschichs donnés de bonne grâce d'une part et acceptés de l'autre avec une dignité reconnaissante (1). Seuls les Juifs — qui n'ont besoin de rien (et pour cause) ou qui se consolent, s'ils sont misérables, en contemplant le mur de Salomon — sont encore récalcitrants. Mais, comme tout le monde les méprise, cela ne change rien à la face des choses.

Les diverses nations chrétiennes s'abritent chacune sous le pavillon inviolable de leurs consuls respectifs. Les Turcs les protègent toutes également, — autant qu'un Turc peut protéger un chrétien. Une diplomatie habile vient resserrer encore les liens de quelques-unes d'entre elles avec la Porte. Celle-ci dès lors se met en quatre pour contenter ses amies. Elle leur fait des cadeaux princiers : à l'une, une église, à l'autre un hôpital, à celle-ci un tombeau vénéré, à celle-là un vieux couvent, etc... Sa tolérance ne connaît plus de bornes. Au Haram, les Européens entrent partout comme chez eux, et pour un peu la Turquie abandonnerait aux chrétiens ce sanctuaire où pendant des siècles les infidèles ne pouvaient pénétrer sous peine de mort (2).

Quant aux moines, ils sont privilégiés entre tous. Plus de persécutions, plus de martyre, comme disait Lamartine beaucoup trop tôt ; la tolérance des Turcs vantée par lui alors qu'elle était encore dans l'œuf, a enfin germé pour la plus grande sécurité de nos cénobites, et il serait à souhaiter que les religieux de nos diverses confessions fussent aussi bien disposés les uns envers les autres que le gouvernement l'est envers tous les cultes en général. Si le respect qui semble naître sous les

(1) Si cette bonne harmonie devait cesser de régner un jour, c'est à messieurs les archéologues qu'il faudrait s'en prendre. A force de couvrir d'or les musulmans, ceux-ci finiront par les rendre d'autant plus exigeants qu'ils les auront gâtés davantage.
(2) L'accès du Haram et de ses édifices n'est permis aux chrétiens que depuis la guerre de Crimée.

pas d'un Père latin traversant la cité sainte n'est pas absolument gratuit, il n'en est pas moins certain qu'il existe, car il a pour mesure exacte le volume de la canne dont la plupart de nos Franciscains ne se séparent plus aujourd'hui quand ils sont forcés de sortir. Cette canne, qui a remplacé l'antique bourdon, ne dédaigne pas de faire connaissance avec les dos arabes dont l'attitude lui paraîtrait vexatoire, — familiarité qu'un bourdon d'autrefois ne pouvait se permettre sans qu'il en coûtât gros à son propriétaire.

Le couvent de Saint-Sauveur a-t-il continué de péricliter, comme le craignaient les Syriens catholiques que nous avons vus si mal augurer des « révolutions de l'avenir »? Au contraire, ces révolutions lui ont profité, et il est aujourd'hui plus prospère que jamais. Charles X envoyait aux Latins 2,000 francs par an : le gouvernement républicain leur en a octroyé 12,000.

Grâce à la sécurité du pays, le nombre des pèlerins et des visiteurs a augmenté dans des proportions si considérables qu'un Chateaubriand même pourrait passer inaperçu dans la foule. Aussi, le refuge latin n'est-il plus la masure misérable dont les habitants microscopiques troublaient jadis le repos de madame de Lamartine.

Tandis que les Russes, les Arméniens, les Grecs se sont bâti des palais un peu partout, les Latins ont adjoint à leur couvent un édifice considérable (Casa-Nova), tenu confortablement, presque luxueusement. Cet édifice lui-même a une succursale mentionnée plus haut.

Quant au couvent proprement dit, il ne cesse d'étendre ses conquêtes. Les Pères comptent parmi eux des hommes fort instruits et du plus grand mérite qui se sont voués à l'éducation des enfants. La bibliothèque actuelle peut rivaliser avec celle du patriarcat ; une excellente imprimerie fonctionne dans le couvent, et publie des livres d'études dans plusieurs langues ; les écoles du couvent sont les plus assidûment fréquentées de Jérusalem....

Avouez qu'on peut se croire bien loin de l'époque si rapprochée pourtant où les Franciscains se débattaient encore entre les mains rapaces de l'autorité séculière, où l'on vendait les vases sacrés pour ne pas mourir de faim, où les moines voyaient les toits de leurs cellules se disjoindre et s'effondrer sur leurs têtes, où les églises du Calvaire, elles-mêmes, tombaient en ruines... Tout cela paraît un mauvais rêve aujourd'hui.

Les Turcs ont rentré tous leurs vilains défauts, les chrétiens sont libres comme l'oiseau dans le ciel, leurs autels brillent comme des châsses, leurs couvents sont réparés, leurs églises rebâties, l'argent leur vient de tous côtés, sous toutes les formes ; avec cet argent, les patriarches d'aujourd'hui soutiennent des milliers d'âmes chrétiennes, élèvent des cathédrales, construisent des palais, fondent des établissements d'instruction gratuite, achètent, pour étendre leurs biens, jusqu'aux ruines des antiques forteresses.....

Maîtres ainsi du plus beau et du plus important quartier de la ville sainte, forts du crédit de l'Europe qui veille sur eux, les chrétiens braveraient le sultan de Constantinople, lui-même, s'il osait se montrer à Jérusalem.

CHAPITRE XII

QUARTIERS ARMÉNIEN, JUIF ET MUSULMAN

Le plateau de Sion. — La nation arménienne. — Le quartier juif. — Un mauvais rêve. — Le Juif des rues. — Les Juifs d'Orient. — Industries, écoles, rabbins. — Les superstitions et les arguties patronnées par le Talmud. — Anges et démons. — *Charité bien ordonnée...* — Les achénazims. — Le quartier des Mogrebins. — Le mur de Salomon. — Litanies juives. — Le rôle des prophètes. — Destinée du peuple juif ; amélioration de sa condition sociale en Orient. — Le quartier musulman. — Akra et Bezetha. — Décadence de l'Asie mahométane. — L'éducation et l'instruction chez les Musulmans : le Koran, les hautes études ; littérature et jurisprudence. — Décadence des nations musulmanes.

La physionomie matérielle du quartier arménien est à peu près la même que celle du quartier franc : les rues y sont assez bien entretenues, et les édifices modernes y abondent. Nous avons dit déjà que les murs actuels de la ville coupaient en deux le plateau du mont Sion de façon à laisser en dehors de l'enceinte toute l'extrémité méridionale de la colline, centre de la ville haute sous David, et où l'on montre encore aujourd'hui le tombeau de David, le Cénacle et plusieurs autres édifices plus ou moins anciens que nous examinerons ailleurs. Ce quartier extérieur qu'une route directe passant par la porte de Sion met en communication avec la ville porte aujourd'hui le nom arabe de Nebi-Daoud (prophète David). C'est donc la partie septentrionale du mont Sion, limitée par les rues de David et de Sion, et par les fortifications de la ville, qui forme le quartier actuel des Arméniens.

Le centre même du quartier est occupé par les principaux édifices arméniens qui s'étendent au nord jusqu'à la place des Postes, et sont entourés à l'ouest et au sud d'immenses jardins appartenant au patriarche et aux principaux dignitaires de l'Église arménienne. Ces édifices sont : le patriarcat, un vrai palais ; le couvent, renfermant des bâtiments considérables habités par deux cents religieux et pouvant contenir des milliers de pèlerins ; l'hospice, le séminaire, et la cathédrale de Saint-

Jacques, considérée à juste titre comme un des plus beaux et des plus riches sanctuaires de Jérusalem. Tout cela est trop moderne pour que je puisse me permettre aucune description.

On sait que la nation arménienne, quoique peu nombreuse, a de tout temps été la plus riche de Jérusalem; au commencement de ce siècle, alors que toutes les confessions chrétiennes se trouvaient dans le plus profond dénuement, les Armé-

PRÊTRE JUIF (CALMET)

niens achetaient aux Turcs, pour *quinze cent mille* piastres, le droit d'entretenir des lampes au Saint-Sépulcre.

Je n'ai pas besoin d'ajouter que les sources de cette richesse sont les mêmes que chez les Grecs, c'est-à-dire qu'elle est due surtout aux aumônes des innombrables pèlerins qu'une dévotion fanatique pousse chaque année vers les saints lieux. Ce fanatisme a d'ailleurs ici un caractère de sincérité, de dignité même, qui le rend fort respectable. Les religieux de cette nation sont moins casuistes et moins intolérants que les Grecs. Ils ne sont pas moins instruits qu'eux. Leur couvent possède, tout comme le couvent grec de Nicolas et le couvent de Saint-Sauveur, une imprimerie et une bibliothèque considérable; on y a même installé récemment un musée et un atelier de photographie qui fournit d'excellents clichés.

Le quartier arménien renferme aussi un couvent de femmes dont la règle est d'une rigueur exceptionnelle.

LE QUARTIER JUIF

Ce quartier, situé en grande partie sur le versant oriental de Sion, est plein de ruelles en pente, d'une couleur et d'une odeur si peu agréables que les chiens

OFFRANDE DE TOURTERELLES

errants eux-mêmes, chargés en Asie de la salubrité des rues, hésitent à y pénétrer.

Le premier coup d'œil est navrant. Sous des saillies de murs qui se touchent, interceptant la lumière du jour, dans l'air lourd de miasmes, des haillons flottent, achevant de boucher le ciel et chargés évidemment de guetter une peste toujours imminente dont ils répandront les germes sur les têtes des passants.

Peut-être aussi qu'une main distraite les a suspendus là dans l'intention de les faire sécher, et les a oubliés ensuite. Car il y a des années qu'ils sont là, humides encore, et flasques, et immobiles comme des haillons qui auraient perdu tout espoir de jamais changer d'air.

Le quartier paraîtrait mort, n'étaient çà et là quelques débits de vin, non moins laids et sombres que le reste du tableau, et où l'on voit des personnages fantastiques s'attabler devant des boissons improbables.

Une rue plus particulièrement vivante et bâillonneuse le traverse du nord au sud, la rue des Juifs. Quelques maisons sont percées au rez-de-chaussée de trous sombres dont les habitants doivent certainement pratiquer quelque négoce, mais j'ignore lequel. La rue aboutit d'un côté au Bazar central — un bazar de petite ville, pas plus intéressant que celui de Jaffa — de l'autre, à une place généralement couverte de bestiaux.

A chaque pas on est coudoyé par des fantômes à houppelande crasseuse, portant les cheveux en tire-bouchon sur les tempes, des caricatures de juifs polonais, les uns flânant, les autres affairés, tous également taciturnes. Des ânes, des chameaux, des femmes à perruque rousse, vieilles comme le monde, font également partie du tableau.

Et tout cela passe en silence, le dos courbé, le regard et les gestes fuyants : un mauvais rêve qui marche !

Mais là-bas, le long de ces masures qui fument au soleil, une voix nasillarde s'élève, une voix misérable et douce dont le son familier vous dépayse à tel point la ville sainte qu'on en rougit pour ceux qui l'habitent. C'est le Juif des rues, l'humble chiffonnier, l'acheteur de vieux os et de vieilles hardes, le ramasseur de bouts de cigare, le cuistre sans vergogne qui lorgne amoureusement les fenêtres sous lesquelles il passe en bêlant son opprobre. Le Juif des rues ! — une individualité, un personnage que nous connaissons tous, une voix qui a troublé ou amusé notre enfance, et que plus tard nous avons entendue partout, un être universel, impérissable, éternellement errant comme son symbolique aïeul, un personnage que toutes les civilisations ont tiré à cent mille exemplaires sans qu'il ait rien perdu de son type originel. Marchand d'habits à Paris, marchand de ferrailles ou d'os à Berlin, marchand de chiffons à Liverpool, à Dresde, ou à Alger, marchand de n'importe quoi à Jérusalem, sous la casquette ou sous le turban, sous le chapeau de soie ou sous le chapeau à cornes, il est toujours lui, toujours le même, bravant l'exil et la misère, triomphant des siècles et des climats, des mœurs et des costumes.

Mais d'où vient donc qu'à Jérusalem, à deux pas du Saint-Sépulcre, nous pardonnons à ce descendant de Judas, que nous nous sentons un attendrissement pour ce misérable, une compassion pour ce grotesque ? Eh ! mais, c'est que cette voix si souvent entendue, cet être qui a multiplié dans tous les pays du globe son éternelle image nous restitue ici, sans s'en douter, l'hospitalité que le monde lui accordait ; jadis il nous faisait rêver à son pays, il nous fait rêver au nôtre aujourd'hui, et le voyageur surpris, retrouvant sa silhouette familière dans ce coin de terre perdu, sent diminuer soudain les distances qui le séparent du pays cher à sa mémoire.

Toutes les fois qu'il s'est agi de dépeindre la race juive, les Juifs d'Orient surtout, les auteurs ont pris un ton amer susceptible d'apitoyer quelques personnes, mais que rien ne me paraît devoir justifier. Pourquoi s'entêter à faire des Juifs le peuple opprimé par excellence, une race errante, proscrite, sans patrie, sans foyer, etc. ? Les Juifs, mais ils se sont assimilé les us et coutumes de toutes les nations du monde, ils parlent leurs langues, ils ont adopté leurs costumes ; que les pauvres diables dont j'ai parlé, et qui font partie intégrante de la physionomie de toutes nos grandes cités, se tendent la main par delà les mers, et les Juifs auront le monde entier pour patrie. Cela ne vaut-il pas mieux que d'être citoyen d'un petit coin de terre, d'un pays perdu sur la mappemonde, pour ne plus rien être sitôt qu'on passe les frontières ?

Les Juifs, un peuple opprimé? Leurs financiers tiennent les monarques en échec ; l'argent et le commerce de l'Europe sont entre leurs mains ; Rothschild voudrait acheter la Syrie demain et y fonder une nouvelle dynastie de princes juifs, qu'il faudrait une coalition de l'Europe entière pour faire échouer ce projet.

A Jérusalem, aucune nation n'est moins opprimée que les Juifs, parce que là encore les accompagne le prestige du capital, et l'on sait si le capital doit être mis en ligne de compte chez les Turcs. Sans doute, le tableau que nous avons tracé du quartier juif n'est pas de nature à donner une haute idée de leur situation matérielle ; mais si leur quartier est moins beau et moins propre que les autres, c'est parce qu'ils le veulent bien et il serait absurde aujourd'hui de chercher la raison de leur malpropreté traditionnelle dans le despotisme des Turcs. (1)

Les Juifs ne sont pas plus opprimés aujourd'hui que les chrétiens, car leur situation s'est améliorée en même temps que celle des autres nations immigrées en Palestine. Les *achénazim* (juifs d'Europe, russes, allemands et surtout polonais), dont le nombre domine dans la ville sainte, sont tous placés sous la protection de leurs consuls respectifs. Quant aux Juifs indigènes, ils jouissent de l'immunité qui, en Orient, est le partage exclusif des gueux : jamais un Turc ou un Arabe ne songera à molester un pauvre diable qui ne pourrait acheter son repos par le plus faible *bakschich*.

C'est parmi la classe misérable des Juifs indigènes que se recrutent les rares Israélites qui exercent un métier à Jérusalem, encore ne paraît-il pas certain que ce

(1) **La malpropreté des Juifs**, excessive en Orient surtout, tient à leur misère s'ils sont pauvres, à leur avarice, s'ils sont riches. Le fléau est donc général. Un exemple : A Jérusalem, la plupart des Juifs, pour ne pas acheter de l'eau, lavent leur linge dans l'eau puante de leurs citernes alors que cette eau a servi déjà à une foule d'autres usages.

métier les fasse vivre, car leur misère en général est grande. Le sentiment de leur avilissement dans cette même ville qui fut l'orgueil de leur nation, leur fanatisme sans cesse alimenté par l'aspect des lieux saints et les traditions encore vivantes ici de leur gloire nationale, semblent les plonger dans une sorte de stupeur indifférente qui paralyse chez eux les qualités industrieuses propres à leur race. N'étaient les dons de leurs coreligionnaires immigrés et les nombreuses aumônes envoyées par les Juifs d'Europe, les Juifs indigènes auraient peut-être déjà disparu de Jérusalem. Ce qui n'empêche pas la plupart d'entre eux de professer pour les *achénazim* une répugnance voisine du mépris. Les Juifs d'Occident leur sont en général suspects parce qu'ils se sont trop mêlés avec les chrétiens et exposés à toutes sortes d'hérésies par l'adoption des nationalités étrangères.

Après ce que j'ai rapporté du rabbin d'Orient, ignorant jusqu'au nom de la partie du monde où il vivait, je n'ai pas besoin d'insister sur l'ignorance profonde où croupissent aujourd'hui les derniers enfants de Juda. Leurs écoles actuelles (je ne parle pas de celles fondées par les missions étrangères) ont pour but unique d'apprendre aux enfants le Talmud et les traditions rabbiniques, c'est-à-dire un tissu de légendes et de superstitions à faire dresser les cheveux sur la tête. Un petit Juif éprouve-t-il le besoin d'être édifié au sujet de l'institution du sabbat? On lui apprend au nom de Moïse d'abord, puis au nom de Shammaï, de Hillel et autres autorités rabbiniques, que le premier devoir du Juif est de ne se livrer à aucune espèce d'occupation pendant toute la durée du sabbat, que, ce jour-là, une femme ne doit *porter* aucune espèce de rubans sur elle, à moins qu'ils ne soient cousus à l'un de ses vêtements, — qu'il ne faut pas *porter* de fausses dents, — qu'il est interdit de se servir d'échasses pour traverser un ruisseau, car se servir des échasses c'est les *porter*, — qu'une personne qui aurait mal aux dents ne doit pas se rincer la bouche avec du vinaigre, à moins d'avaler le vinaigre, — que nul ne doit se permettre de tracer le moindre caractère écrit, — qu'un malade ne doit point faire quérir un médecin, ni frotter celui de ses membres qui serait le siège d'une douleur, — qu'un tailleur ne doit pas sortir le vendredi soir avec son aiguille, de peur qu'il ne l'oublie quelque part, et qu'il ne profane ensuite le jour du sabbat en s'occupant de la chercher, — qu'un cuisinier doit quitter son tablier, et ne point le remettre pendant toute la durée du sabbat, car porter un tablier, c'est aussi porter quelque chose, — qu'il ne faut allumer aucune lumière ni faire aucun feu, etc., etc.

Dans le domaine des superstitions, le rabbin mettra à contribution l'histoire compliquée de toutes les superstitions hébraïques pour enseigner à l'enfant le nombre exact d'anges, de diables et de mauvais esprits qui doivent l'escorter à travers la vie du monde.

L'imagination des peuples sémitiques a toujours été portée à expliquer les évé-

PARTIE DES MURS DU TEMPLE :ENDROIT DES LAMENTATIONS DES JUIFS

nements les plus communs de la vie par l'intervention d'une puissance surnaturelle. De là les légions d'anges et de démons qu'on trouve dans les récits talmudiques, et qui sont devenus pour les Juifs une source inépuisable de superstitions. D'après le Talmud babylonien (*Berachoth*, 32 b) le nombre des anges se monterait à 1,064,340,000,000,000. (Je laisse au lecteur le soin d'exprimer ce chiffre en milliards.) Quant aux démons, chaque homme en aurait 10,000 à sa droite et 1,000 à sa gauche. Le temps, qui ne respecte rien, n'a pu anéantir les superstitions des Juifs d'Orient. La croyance aux *Shédim* ou *esprits du mal*, s'est perpétuée jusqu'à nos jours. A Jérusalem, on montre encore certaines maisons du quartier juif, exclusivement habitées par des femmes sous prétexte que les *Shédim* ne permettraient pas que des femmes et des hommes y demeurassent ensemble.

Outre le service du culte et de l'enseignement, les rabbins se chargent de distribuer aux pauvres leur part (*chaluka*) des aumônes envoyées d'Europe. La manière dont ces distributions sont faites a souvent excité les récriminations des Juifs pauvres qui accusent leurs rabbins de mettre trop ouvertement en pratique le proverbe : *Charité bien ordonnée*, etc.

Un juif hiérosolymite m'a raconté à ce sujet le fait suivant que je livre sous toutes réserves, n'ignorant pas que celui qui reçoit est généralement l'ennemi personnel de celui qui donne, surtout quand ce dernier est un simple intermédiaire. Au reste les lecteurs pourront consulter Frankl (*Jews in the East*) (1), qui rapporte des faits du même genre.

Il y a quelques années de cela, les Juifs de Jérusalem crièrent famine. Leurs coreligionnaires d'Europe ne se firent pas prier, et les aumônes affluèrent entre les mains des rabbins. Comme c'était surtout de la faim que se plaignaient les pauvres, on résolut d'employer l'argent à acheter des viandes, de la farine, etc... et de revendre le tout avec perte jusqu'à épuisement de la somme recueillie. Ce qui fut dit fut fait, seulement les rabbins achetèrent à bas prix des denrées corrompues, qu'ils purent revendre à leurs pauvres sans y perdre un sou.

J'insiste sur ce fait que les Juifs pauvres sont loin d'être en majorité parmi la population israélite de Jérusalem. J'ai dit que cette population se composait surtout d'*achénazim* qui sont en général des Juifs polonais. Or ces *achénazim* ne se retirent à Jérusalem que lorsqu'ils ont amassé en Europe une fortune suffisante pour leur permettre de terminer leur existence dans le repos et l'oubli des spéculations matérielles. Ils se distinguent des Juifs d'Orient par une attitude moins humble, qui devient chez quelques-uns même un semblant d'arrogance, et ne rappelle en rien

---

(1) « Quarrels about the money, complaints of the greed and embezzlement of the Rabbis, wrong distributions of the *chaluka*, or alms, and the *kadima*, or honorary pay, form the main history of the Jews in modern Jerusalem. It is a profoundly melancholy tale, and no one who knows the facts will deny it, least of all pious and worthy Jews. (*The Jews in the East*.)

les traits louches sous lesquels les auteurs ont coutume de représenter les Juifs de Jérusalem.

Ces deux branches bien distinctes de la nation juive se subdivisent elles-mêmes en sectes particulières qui se haïssent entre elles, mais qui recherchent toutes également l'ombre de la muraille de Salomon. Il est temps de parler de ce mur qui borne l'existence spirituelle des Juifs de Jérusalem comme il limite les manifestations extérieures de leur culte.

Mais, pour le trouver, il nous faut traverser le quartier des Mogrebins qui mérite bien un coup d'œil en passant. La malpropreté et la misère y sont les mêmes qu'au quartier juif, sinon plus grandes encore. Ai-je dit que ce quartier était habité par une colonie de Barbaresques fanatiques, composée des descendants des Maures d'Espagne, et de quelques Berbères ou Africains du nord, que les révolutions interminables de leur pays ou la folie religieuse ont poussés vers Jérusalem?

Ce sont ces Maures surtout qui exercent tous les métiers inférieurs dans la ville sainte, depuis celui de porteur d'eau jusqu'à ceux de commissionnaire et de portier. Ils habitent, à l'est du quartier juif, un terrain assez accidenté, où ils se sont construit des masures sans nom, mais qui ont l'avantage d'être dans le voisinage de leur mosquée. (Voir la description du Haram.) Une ou deux rues infectes traversent parallèlement le quartier pour aboutir au vallon à demi comblé du Tyropaeon qui s'étend en face de l'angle sud-ouest du Haram, et qui forme aujourd'hui une grande place couverte de figuiers de Barbarie (cactus). La place limite le quartier mogrebin au sud et le coup d'œil ici ne manque pas de pittoresque. A gauche le mur du Temple, en face de ce mur, de l'autre côté de la place, le versant rocailleux du mont Sion; sur la droite, quelques-unes des masures extrêmes du quartier mogrebin, entrevues à travers les enchevêtrements des cactus, donnent au spectateur l'illusion d'un de ces villages berbères accrochés au flanc des montagnes en Algérie, et dont les rues sont formées de véritables allées de cactus disposés en berceau.

Le mur de Salomon fait face aux maisons qui limitent le quartier des Mogrebins à l'est. Pour y arriver, nous remontons la rue des Mogrebins presque vers le milieu et prenons à droite une ruelle qui nous jette dans le Hoch-el-Bourak, à peu près en face du lieu des lamentations.

Je ne recommencerai pas à mesurer des pierres dont aucune preuve péremptoire ne certifie la haute antiquité. Pour la partie archéologique, le lecteur trouvera d'amples détails dans les ouvrages que j'ai cités à propos du Haram. Quant à la description du lieu en général, elle a été faite mille fois, et tout le monde d'ailleurs connaît le chef-d'œuvre de Bida.

Quand on a franchi le sentier de Bourak on se trouve devant une porte basse qui donne accès dans le lieu des lamentations. Le mur dit de Salomon s'étend sur une longueur de cinquante mètres, comprise entre les murailles des maisons particulières qui s'adossent au mur du Temple et celles des bâtiments du Mekhémé.

Les lamentations ou litanies que les Juifs viennent réciter au pied de ce mur le vendredi soir, retracent, en les déplorant, les causes multiples qui, selon les prophètes,

JÉRUSALEM : VUE DISTANTE (CÔTÉ SUD-EST)

ont amené la destruction de la nation. Voici le plus beau fragment que nous connaissions de ces litanies (1) :

VOIX DU COHÈNE

A cause du palais qui est dévasté.

VOIX DU PEUPLE

Nous sommes assis solitaires et nous pleurons.

(*Cette phrase est dite en cadence par tous les Juifs, en réponse à chacune des paroles du cohène.*)

LE COHÈNE : « A cause du temple qui est détruit : — (PEUPLE) « Nous sommes assis, solitaires, etc.
A cause des murs qui sont abattus : — Nous sommes assis solitaires.....
A cause de notre majesté qui est passée : — Nous sommes assis solitaires.....
A cause de nos grands hommes qui ont péri : — Nous élevons la voix.....
A cause de nos trésors qui sont anéantis : — Nous élevons la voix.....
A cause des prêtres qui ont failli : — Nous élevons la voix..... »

. . . .

(1) On trouvera dans le *Guide* du frère Liewin un texte très complet de ces litanies.

D'autres prières, également entre-coupées d'antiennes, sont destinées à appeler la miséricorde de Jéhovah sur Sion et sur son peuple, à hâter l'avènement du Messie, le *libérateur de Jérusalem*. Faisons remarquer à ce propos qu'en Europe, aucun gouvernement ne permettrait aux habitants d'un pays conquis de se réunir publiquement à l'effet de prier pour la libération du territoire (1). Avis à ceux qui déclament sans cesse contre l'intolérance des Turcs.

La vision de tant d'hommes pleurant sur les ruines d'une muraille avec des termes empruntées à des générations disparues dans la nuit des siècles, ne peut manquer de faire naître dans l'âme des pensées philosophiques.

En général, les auteurs se sont montrés à cet endroit d'une sensiblerie exagérée. Je ne vois rien dans le spectacle de la muraille ou de ceux qui se lamentent au pied et dont les larmes ne peuvent être provoquées que par une exaltation factice née de l'ignorance, des superstitions, et de cette ténacité fanatique avec laquelle les Juifs, depuis leurs désastres, s'accrochent à l'espoir d'une résurrection nationale (2), je ne vois là rien, dis-je, qui doive arracher des larmes à un voyageur moderne, si ce n'est la contagion purement physique exercée par les spectacles tristes en général.

L'Européen qui a vu, dans son pays, les Juifs à la tête de toutes les entreprises financières, environnés de tout le prestige de la fortune, exerçant le pouvoir le plus absolu sur des peuples d'agioteurs, capables de faire à toute heure pencher l'équilibre européen en jetant leur coffre-fort dans la balance, celui qui s'est rendu compte de cette suprématie occulte des Juifs d'Occident, suprématie qui a certainement été la cause de l'extension récente du mouvement antisémitique, celui-là ne peut manquer de faire un parallèle qui sera loin d'être en faveur des Juifs de Jérusalem.

Et, de fait, cette poignée d'hommes qui se lamentent et se consument de désespoir au pied d'un mur peut-être apocryphe, tandis que leurs coreligionnaires plus actifs, plus intelligents marchent à la conquête du monde, ne nous inspirent qu'une pitié restreinte. De quel sceau fatal Dieu les aurait-il spécialement marqués ? Quel crime prétendent-ils expier ? Les désastres dont ils semblent souffrir étaient nécessaires et inévitables puisqu'ils ont changé la face du monde, réels d'ailleurs en ce qu'ils ont frappé un peuple autrement grand, autrement énergique que ces pâles débris de Juda, ils deviennent imaginaires pour ceux qui n'en connaissent même pas

(1) Un exemple moderne. Après la guerre de 1870-71, les pasteurs et curés d'Alsace-Lorraine prirent l'habitude de mêler aux prières faites du haut de la chaire les noms des deux malheureuses provinces et de les unir avec celui de la France dans un même appel à la miséricorde divine. Ils ne tardèrent pas à être réduits au silence par le gouvernement prussien, qui fit défendre à tout jamais de prier publiquement pour le salut de l'Alsace et de la Lorraine.

(2) Cette espérance indéracinable semble occuper dans la foi religieuse des Juifs la place que tient dans la foi chrétienne l'espoir d'une seconde vie.

l'histoire exacte, et qui les déplorent de confiance, alors que deux mille ans écoulés en ont dès longtemps effacé les traces et immobilisé les conséquences. Voyez cette foule qui pleure, ces yeux rougis et hagards, ces échines courbées, cette posture avilie qu'ils affectionnent sur le théâtre ordinaire de leurs lamentations, et dites s'il ne vaudrait pas mieux labourer la terre avec ses ongles et faire litière de l'orgueil national et de ses préjugés que d'entretenir à ce prix le culte platonique d'un relèvement improbable? Je suis personnellement convaincu que les Rothschild ne donneraient pas un farthing pour voir refleurir l'époque de Job ou celle des règnes du prophétisme, et qu'ils n'échangeraient pas un de leurs millions contre la promesse d'un prochain relèvement national, quand même on leur offrirait de rebâtir le Temple par-dessus le marché.

J'ai parlé de l'époque prophétique; qu'on me permette à ce sujet une observation que je ne crois pas si paradoxale qu'elle pourrait le sembler au premier abord. Les prophètes ont été certainement les instruments inconscients de la plupart des malheurs qui ont frappé la nation juive, comme aussi à certaines époques ils ont été les instruments d'une restauration passagère. Ils nous apparaissent aujourd'hui comme une race sinistre d'augures et de devins, vrais oiseaux de malheur, criant sans cesse à l'abomination de la désolation, et prédisant en une seule journée plus de catastrophes que n'en comporte tout un cycle terrestre. Les événements qui amenèrent la destruction finale de Jérusalem par Titus n'eurent d'autre cause que la fermentation croissante des esprits, sous l'influence des traditions encore vivantes des anciens prophètes. Dans la *Vie de Jésus* par Ernest Renan, nous lisons ceci:

« Depuis que la nation juive s'était prise avec une sorte de désespoir à réfléchir sur sa destinée, l'imagination du peuple s'était reportée avec beaucoup de complaisance vers les anciens prophètes. Or de tous les personnages du passé dont le souvenir venait comme les songes d'une nuit troublée réveiller et agiter le peuple, le plus grand était Élie... » Et ailleurs: « Le peuple tenait Jean pour un prophète, et plusieurs s'imaginaient que c'était Élie ressuscité. La croyance à ces résurrections était fort répandue; on pensait que Dieu allait susciter de leurs tombeaux quelques-uns des anciens prophètes pour servir de guides à Israël vers sa destinée finale. »

Ce sont ces mêmes souvenirs, ces mêmes prophéties terribles, ce même esprit de vengeance, de rénovation, ces mêmes espérances concentrées toutes sur le rêve d'un avenir national qui ont été les facteurs uniques de tout ce que le peuple juif a fait de grandiose, de tout ce qu'il a commis de hideux (1). Et cela est logique:

---

(1) « Les meilleurs des hommes, dit E. Renan, dans l'*Antechrist*, ont été des Juifs, les plus malicieux des hommes ont aussi été des Juifs. Race étrange, vraiment marquée du sceau de Dieu, qui a su

quand une seule et même idée gouverne l'imagination d'un peuple pendant des années, elle arrive nécessairement à produire les excès les plus contraires. La dernière conséquence logique de la chimère juive est ce fanatisme dégradant des Juifs d'Orient, qui, encrassés dans leur ignorance et leurs superstitions, pensent que la dévotion suprême consiste à s'accroupir au pied d'un mur pour y pleurer sur des choses dont ils ne peuvent mais, et y attendre un messie réfractaire depuis plus de deux mille ans. C'est certainement aussi la preuve la plus éclatante de la puissance des illusions humaines.

Une dernière remarque à ce sujet. J'ai toujours pensé que c'était une destinée bien bizarre que celle de ce peuple chassé de son sol natal pour avoir trop écouté les prophètes en général, et chassé du ciel pour en avoir méconnu un seul, qui était précisément le véritable. En effet, parmi tous les prophètes qui apparaissent peu de temps avant le dernier désastre des Juifs, il en est un seul, Jésus, qu'ils refusent d'écouter parce qu'il ne répond pas à leurs aspirations, et les voilà damnés pour l'éternité.

D'après tout ce que je viens de dire on pourrait croire que les Juifs n'ont que le seul mur de Salomon pour se livrer aux pratiques de leur culte et pleurer la ruine de Sion. Loin de là. Il faut bien avouer, à notre grande honte, qu'à Jérusalem les Juifs ne sont détestés que par les chrétiens, qui leur ont voué une haine inextinguible. Les Turcs, on le sait, les Turcs modernes, du moins, respectent toutes les croyances ; ils ont accordé aux Juifs toutes les libertés dont jouissent les autres nations.

Plusieurs synagogues s'élèvent dans le quartier juif, et même, je crois, dans les environs de la ville. Aucune autorité ne songe d'ailleurs à en limiter le nombre. Sous tous ces rapports, les Juifs ont largement bénéficié de l'ère de tolérance inaugurée par le gouvernement turc depuis la guerre de Crimée.

Pour s'en rendre compte, il suffit de comparer leur condition actuelle avec la situation précaire faite à leur culte dans la première moitié de ce siècle.

Voici, d'après la *Correspondance d'Orient*, la description de l'unique synagogue que possédaient les Juifs de Jérusalem en 1831 :

« A peu de distance du lieu où jadis ils bâtirent au Seigneur le plus beau temple qu'ait élevé la main de l'homme, les enfants d'Abraham ont pour sanctuaire d'humbles chambres souterraines où le jour arrive à peine par quelques ouvertures ; le haut des murs offre de petites tribunes ou galeries grillées pour les femmes ; en

---

produire parallèlement et comme deux bourgeons d'une même tige, l'Église naissante et le fanatisme féroce des révolutionnaires de Jérusalem, Jésus et Jean de Giscala, les apôtres et les Zélotes sicaires, l'Évangile et le Talmud ! » Ailleurs l'auteur dit encore : « On peut dire de cette race le bien qu'on voudra et le mal qu'on voudra, sans cesser d'être dans le vrai, car.... le bon Juif est un être excellent, et le méchant Juif est un être détestable. C'est ce qui explique la possibilité...., que l'idylle évangélique et les horreurs racontées par Josèphe aient été des réalités sur la même terre, chez le même peuple, vers le même temps. »

bas se trouvent des bancs pour les hommes. Au fond de chaque chambre, un long rideau dérobe aux yeux les saintes Écritures, transcrites sur des rouleaux de parchemins, enfermés dans un coffre ; c'est là comme le tabernacle. Dans la principale de ces chambres un drap de pourpre brodé d'or entoure de respect et de mystère les tables de la loi. Durant leurs cérémonies, auxquelles j'ai assisté deux fois, les Juifs ont le front couvert d'un voile de serge blanche avec une bordure bleue ; des cordons pendent aux quatre coins de ce voile (1). Pendant que les rabbins lisent tout haut dans les livres de Moïse ou des prophètes, les assistants répondent avec des versets de la Bible, ou pleurent et s'agitent comme saisis d'un violent désespoir ; puis on déroule devant eux les parchemins des saintes Écritures ; chacun les touche pieusement avec le bout d'un des cordons du voile qui couvre sa tête. Une aspersion d'atargul ou d'essence de roses sur tous les israélites présens termine la cérémonie. Cette malheureuse nation cache dans les lieux souterrains ses prières et ses lamentations religieuses, comme autrefois les disciples du Christ cachaient leurs mystères. Les Juifs finissent, comme les chrétiens ont commencé ; la croix sortit des catacombes de Rome pour aller régner sur le monde, et la dernière espérance d'Israël mourra dans la synagogue souterraine de Jérusalem. »

La chute est belle sans doute, mais notre temps en a condamné le sens divinatoire. En général, la manie de préjuger des événements me paraît regrettable chez l'historien, lors même qu'elle n'a d'autre but que de fournir une période harmonieuse. On s'expose ainsi à des regrets tardifs que

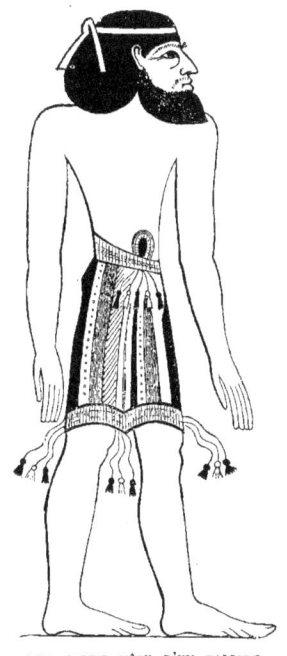

JUIF CAPTIF VÊTU D'UN TALLITH A FRANGES

le souvenir d'une phrase élégante, vieillie parfois elle-même, ne saurait compenser.

(1) Ce voile n'est évidemment qu'un souvenir du costume antique des Juifs. D'après la loi de Moïse, tout Juif devait porter aux quatre coins de son *tallith* un gland à franges attaché par un cordon de couleur bleue, couleur symbolique destinée à lui rappeler qu'il était sanctifié devant l'Éternel. Deux de ces glands tombaient sur le bas de la robe ; les deux autres se ramenaient par-dessus les épaules, les Juifs se drapant habituellement dans un des pans du vêtement. (Voir FARRAY, *The life of Christ*.)

LE QUARTIER MUSULMAN.

Les musulmans occupent naturellement le quartier le plus considérable de Jérusalem. Ce quartier comprend au point de vue topographique, trois divisions de niveau différent et distinctes aussi de nom : le Harem-ech-Chérif qui occupe à lui seul un emplacement aussi vaste que les quartiers arménien et juif réunis; le quartier d'*Akra*, au centre à peu près de la ville, et celui de *Bezetha* au nord du Haram, ces deux derniers bâtis en amphithéâtre sur les collines dont ils ont pris le nom.

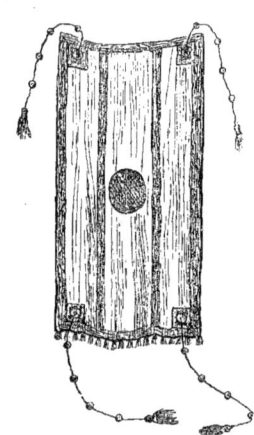

TALLITH DES JUIFS

L'aspect est celui de toutes les villes musulmanes : maisons cubiques, d'un blanc cru, percées dans le haut d'une petite fenêtre grillée, rues étroites, tortueuses, malpropres et où les odeurs agréables font complètement défaut. Pour tout le reste le lecteur s'en peut rapporter aux descriptions générales que nous avons faites ailleurs, et, pour la physionomie intime, au chapitre des mœurs et usages qui, on se le rappelle, avait surtout pour objet la cité musulmane.

Nous ajouterons quelques mots seulement sur la question généralement la plus importante dans l'étude d'un centre social, si petit soit-il ; — la manière d'élever et d'instruire les enfants. Celle-ci est d'ailleurs la même dans toutes les villes de Syrie.

On sait de quel éclat brillèrent jadis les sciences et la poésie dans l'Asie mahométane. Nul doute que si l'imprimerie avait existé au temps des Kalifes et si elle avait été connue au temps des Arabes, l'Orient ne fût devenu un foyer de lumière que la décadence de ses institutions politiques n'eût pu éteindre par la suite. Mais il était dit que le flambeau du mahométisme se consumerait stérilement, sans profit du moins pour la culture intellectuelle des nombreux prosélytes qu'il devait faire ; — le Koran, devenu la base de toute éducation et le fondement de toute science, enrayait par lui-même le mouvement qu'il avait provoqué, en assignant des limites à l'intelligence et en la forçant à tourner éternellement dans le cercle étroit de ses rêves extatiques, de ses visions inutiles.

Aussi l'enseignement des sciences et des lettres a-t-il fini par être complètement négligé dans toutes les villes d'Orient, et les écoles d'autrefois tombent en ruines à mesure que s'épaisit autour du Koran le rempart des commentaires et des paraphrases dont la discussion fait l'unique occupation des lettrés arabes (1).

C'est ainsi que l'étude du droit, par exemple, consiste surtout en commentaires religieux qui ont pour base le Koran et la tradition. De cette combinaison de deux matières déjà bien touffues par elles-mêmes il résulte naturellement une science touffue, hérissée, formidable. Le seul ouvrage d'Al-Bochari, par exemple, renferme *sept mille deux cent soixante-quinze* chapitres; chaque chapitre a nécessité lui-même un certain nombre de commentaires, et commentaires et chapitres doivent être appris à peu près textuellement, par tout lettré consciencieux (2).

Bien entendu, rien de tout ceci ne s'applique aux deux ou trois écoles musulmanes de Jérusalem, qui sont de simples écoles primaires, où les enfants viennent apprendre l'alphabet ou les versets du Koran qui servent de prière aux mahométans. Ces écoles, situées dans des rues obscures, installées dans des bouges ouverts sur la rue, indiquent de loin leur présence à l'étranger qui passe à l'improviste. Un vacarme indescriptible s'en échappe. On risque un coup d'œil, et l'on aperçoit une trentaine de gamins assis pêle-mêle sur leurs talons, et qui hurlent des monosyllabes sur une cadence très précipitée et avec les grimaces et les contorsions les plus drôles du monde (3).

Dans le fond, une muraille couverte de caractères énormes sur lesquels un bras promène une espèce de roseau. Le bras est celui du *Chodscha* ou maître d'école, homme généralement très consciencieux s'il en faut juger par les grimaces qu'il ébauche lui-même, et qui semblent le pénible reflet de celles dont il voudrait pouvoir débarrasser ses élèves.

A part quelques notions et connaissances arriérées que je ne chercherai même pas à définir, c'est là tout ou à peu près tout ce qu'on enseigne aux petits musulmans de Jérusalem. Qu'ils sachent lire le Koran, c'est tout ce qu'on leur demande. L'écriture même de la langue semble être considérée en Syrie comme une chose

---

(1) Les hautes études consistent à apprendre la grammaire et le droit. « Or si l'on observe, dit Volney, que la base perpétuelle de ces études est le Koran ; que l'on doit méditer à fond ses sens mystiques et allégoriques, lire tous les commentaires, toutes les paraphrases de son texte (et il y en a deux cents volumes sur le premier verset), si l'on observe qu'il faut discuter des milliers de cas de conscience ridicules : par exemple, s'il est permis d'employer de l'eau impure à détremper du mortier, si un homme qui a un cautère n'est pas dans le cas d'une femme souillée ; qu'enfin l'on débat longuement si l'âme du prophète ne fut pas créée avant celle d'Adam, s'il ne donna pas des conseils à Dieu dans la création, et quels furent ces conseils, l'on conviendra que l'on peut passer la vie entière à beaucoup apprendre et à ne rien savoir. »

(2) Voir à ce sujet l'ouvrage si intéressant de Herman Vambéry : *Sittenbilder ausdem Morgenlande* Berlin, 1876).

(3) La langue arabe (j'entends l'arabe littéraire, celui du Koran) est très difficile à prononcer, à cause de ses mille inflexions terminales, qui font l'objet d'une grammaire spéciale. De là les grimaces sans doute.

secondaire, par les musulmans du moins. Tandis que dans les grandes villes turques on apprend avant tout aux enfants l'écriture sacrée (1), au risque même de négliger l'écriture de la langue usuelle, rien de pareil ne se fait à Jérusalem.

Bien peu de musulmans savent écrire, soit en arabe vulgaire soit en arabe sacré; ils ne sont familiers d'ailleurs avec aucun art, et tout, dans cette ville morte, semble ainsi participer à l'inertie et à la décadence générales.

Il faut dire cependant que les Orientaux rachètent généralement leur ignorance par une intelligence très ouverte, très vive, une aptitude remarquable à comprendre toutes choses à première vue, et une sorte de distinction naturelle qui souvent ne s'acquiert chez nous que par l'expérience greffée sur une forte éducation.

Ces qualités précieuses tendent malheureusement de plus en plus à disparaître, car l'éducation est ce que les Asiatiques négligent le plus. Dès l'âge le plus tendre, les enfants sont livrés à eux-mêmes, soumis au contact de tous les vices, de toutes les promiscuités, et il n'est pas rare de voir, sur des visages de dix ans, se flétrir déjà l'incarnat de l'innocence et de la jeunesse. Et cet abandon complet de l'enfance éclaire, ce nous semble, plus puissamment que tout le reste, les causes de la décadence profonde, irrémédiable de toutes les nations musulmanes.

Quand la religion d'un peuple tend à borner le jeu de ses facultés naturelles, à circonscrire le foyer de sa vie intellectuelle et morale, à opprimer son libre arbitre par un fatalisme irraisonné qui laisse le champ ouvert à toutes les faiblesses, à toutes les apathies; quand toutes ses lois, toutes ses institutions contribuent à entraver le libre cours des plus nobles ambitions, quand l'enfance même est livrée sans défense aux vices terribles dont les germes se développent dans le morne silence d'une conscience assoupie, paralysant à la fois le cœur et la raison, — ce peuple-là est mûr pour sa ruine définitive et son asservissement : il périra par où il a péché.

(1) Les Turcs, entre autres, écrivent fort mal le turc, puisqu'on ne leur apprend à l'école que l'écriture sacrée, l'écriture en général n'étant estimée que comme moyen de conserver et de propager la foi religieuse, c'est-à-dire le Koran. Jadis, tout bon musulman, depuis les plus humbles jusqu'aux princes mêmes, devait avoir copié de ses mains un exemplaire au moins du Koran. On cite même un officier de Mourad IV qui, bien que très riche, se vantait de n'avoir jamais pourvu à ses moyens d'existence immédiats qu'en rédigeant des copies du Koran : l'argent ainsi gagné devenait sacré pour lui, et il se faisait gloire d'en vivre.

CHAPITRE XIII

LA VILLE SAINTE ET LES PÈLERINS

Du rôle de l'argent en Terre-Sainte. — Le *struggle for life;* aspects multiples sous lesquels il se révèle à Jérusalem. — Silhouette de boutiquier pieux. — Les petites industries. — Physiologie du pèlerin russe. — Lamentable odyssée. — Les pèlerins asiatiques. — Les scandales du Saint-Sépulcre.

Nous terminons ici notre étude sur Jérusalem, par quelques observations rapides sur les pèlerinages, en général, et sur le caractère religieux que revêtent, dans la ville sainte, toutes les transactions de la vie matérielle.

Ces dernières, comme partout ailleurs, convergent autour d'un seul et même but: l'argent. Jérusalem n'offrant à l'esprit aucune distraction capable de le détourner de ses spéculations intimes, l'amour de l'argent et la recherche des moyens de se le procurer deviennent les principes actifs de toute existence hiérosolymite. Et la lutte est d'autant plus âpre dans la ville sainte, et s'y révèle avec d'autant plus d'intensité qu'elle s'exerce dans les domaines les plus variés, le commerce proprement dit étant presque nul.

Pour ne pas prendre sur moi seul la responsabilité des quelques remarques que je vais faire à ce sujet, je citerai ici un passage du révérend Thomson, où l'auteur américain a résumé en quelques lignes la tendance générale des esprits en Palestine:

« Aujourd'hui, dit-il, tout le monde trafique, spécule et triche. Le pâtre sur la montagne parle de *piastres* du matin au soir ; de même le muletier sur la route, le fermier dans la campagne, l'artisan dans son échope, le boutiquier dans son magasin, le pacha dans son palais, le kadi au tribunal, le mollâ dans la mosquée, le moine, le prêtre, l'évêque, — l'argent, l'argent, l'argent ! vœu de toutes les âmes, thème de toutes les conversations, point de mire de toutes les ambitions. Tout se vend et s'achète, — chaque prière est cotée, chaque péché à son tarif (1). » (*The Land and the Book*, New-York, 1859.)

Je me hâte de dire bien haut que les missions françaises ne sauraient tomber sous le coup de ce blâme général. Les latins ont toujours donné l'exemple du plus entier désintéressement, à l'égard des pèlerins surtout, et cela dans les hospices aussi bien que dans les couvents et dans les églises. Les Grecs et les Arméniens au contraire vendent à leurs coreligionnaires jusqu'au droit de prier, et se font des revenus énormes avec la confession des péchés.

Il ne faudrait pas croire que la mêlée des convoitises et des besoins offre à Jérusalem le caractère âpre et brutal du *struggle for life* dans nos cités européennes. Elle a ici au contraire une austérité, une gravité en quelque sorte sacerdotale, née certainement du contact et du spectacle incessants de toutes les choses pieuses et saintes de la ville. Les intérêts personnels ne se font jour que sous le masque de la dévotion.

Achetez dans un magasin quelques souvenirs de Jérusalem, le boutiquier aura l'air de vous donner le bon Dieu par-dessus le marché, comme si cet article était, en général, sous-entendu dans toute emplette; marchandez, et il prendra une mine si respectablement triste que vous vous demanderez avec inquiétude si vous ne venez pas d'offenser le ciel dans la personne de ce saint et digne homme. Puis, quand il fera un paquet de vos objets, observez-le encore : maintenant il a l'air de s'être sacrifié pour l'expiation de vos péchés et de ceux de vos semblables, cela ressort clairement de sa présence ici, dans ce magasin à Jérusalem, où il n'avait que faire, où seule une sainte vocation a pu l'amener, celle, par exemple, de présider une vente perpétuelle de charité; cela ressort de l'air d'humilité et d'abnégation avec lequel il ficèle votre paquet, de l'air presque joyeux dont il se sépare de sa marchandise, de l'air onctueux dont il vous salue en pensant qu'il vient de faire une œuvre agréable à Dieu, et qu'il est nécessaire qu'il soit là pour aider à l'édification des pèlerins en général en leur vendant des objets en bois d'olivier...

Quand vous sortez de là, vous croyez à un malheur de plus, vous regrettez presque d'avoir emporté la marchandise que vous avez payée, vous êtes confus de n'avoir pas compris que cet homme faisait partie des exhibitions saintes de la ville, qu'il célébrait les mystères de son culte en ayant l'air de faire le boniment pour son compte personnel... Mais une image qui depuis quelques instants se débattait dans votre mémoire comme dans un vague brouillard se dresse tout à coup en pleine lumière ; — votre

(1) *The Land and the Book*. New-York, 1859 : « To this day, every body trades, speculates, cheats. The shepherd-boy on the mountain talks of *piastres* from morning till night ; so does the muleteer on the road, the farmer in the field, the artisan in the shop, the merchant in his magazine, the pacha in his palace, the kadi in the hall of judgement, the mullah in the mosque, the monk, the priest, the bishop — money, money, money ! the desire of every heart, the theme of every tongue, the end of every aim. Every thing is bought and sold — each prayer has its price, each sin its tarif ». (II, ch. xxvii.)

boutiquier hiérosolymite a décidément quelque parenté avec l'immortel Peksniff de Dickens, et vous passez outre en souriant à votre tour des petites misères humaines…

La silhouette que je viens d'ébaucher est celle d'un honnête homme pourtant, et j'aurais pu tomber plus mal, car les pieux larrons ne manquent pas dans ce bazar des croyances les plus diverses. Mais je craindrais, en traitant ce sujet, de froisser trop d'illusions et de chagriner inutilement bien des cœurs sincères. Je me résume.

Cette Jérusalem moderne où tout est solennel, où tout semble préparé pour édifier pèlerins et visiteurs, où chaque marchand semble avoir détourné à son profit une parcelle de la sainteté des lieux, où les plus infimes brocanteurs ont plutôt l'air d'accomplir un vœu, de remplir un pieux serment que de se livrer à un commerce destiné à leur fournir le pain quotidien, — cette ville pieuse où chaque pierre est consacrée, où chaque passant tient son rôle, remplit son petit sacerdoce particulier dans le grand mystère général, — cette ville trois fois sainte présente aujourd'hui ce spectacle unique au monde : une population entière, où dominent les nations les plus civilisées, courbée dans une même attitude hypocrite, se débattant dans toutes les petitesses, dans toutes les misères de la vie, sur la terre des plus grands et des plus nobles spectacles, au milieu des souvenirs les plus respectables que nous ait légués l'histoire de l'humanité.

Les objets pieux dont je parlais tout à l'heure, souvenirs, chapelets, scapulaires, crucifix, images saintes, se vendent partout à Jérusalem, dans toutes les boutiques, aux environs de toutes les églises et de tous les monuments. Leur fabrication constitue même la seule branche importante de l'industrie hiérosolymite. Les objets sculptés en bois, en nacre, etc., se confectionnent principalement à Bethléhem ; les images sortent généralement des couvents chrétiens qui font, sous ce rapport, une sérieuse concurrence aux familles pauvres de Jérusalem (1).

La population a, heureusement pour elle, une autre ressource bien plus importante : ce sont les sommes considérables laissées par les quinze ou vingt mille pèlerins qui viennent annuellement visiter la ville sainte. Les deux tiers de ces pèlerins se recrutent parmi les confessions grecque, arménienne et maronite. Le reste se compose de musulmans, et d'un faible nombre d'étrangers appartenant aux différentes nationalités de l'Europe occidentale. Nous ne nous occuperons pas de ces derniers qui sont généralement des personnages riches ou de distinction, gens de qualité, savants, poètes, lettrés, et dont les faits et gestes à Jérusalem ne donnent lieu à aucun commentaire spécial.

L'histoire des pèlerinages grecs, russes et asiatiques offre au contraire de véritables odyssées, où les superstitions les plus invraisemblables, entretenues par

---

(1) Les principaux couvents exportent chacun annuellement plusieurs centaines de caisses de ces objets de piété.

une foi aveugle, produisent tour à tour des scènes touchantes, grotesques, ou odieuses, et des aberrations telles qu'il faut remonter aux origines les plus ténébreuses du paganisme pour en retrouver de semblables.

Sans doute elle est digne d'admiration, cette piété fervente qui guide des milliers d'hommes, d'enfants, de vieillards, parmi tous les obstacles d'une route interminable à pied, à travers des contrées inconnues et désertes, qui leur fait braver tous les dangers, toutes les souffrances, toutes les avanies inséparables d'un pareil voyage; le philosophe cependant sera froid devant ce spectacle en songeant que la plupart de ces gens souffrent tant de maux pour venir dépenser dans la ville sainte le produit d'une vie entière de travail honnête.

A Jérusalem, en effet, il verra ces honnêtes paysans russes ou grecs, ces pauvres femmes toutes ridées et qui ont vieilli dans les plus durs labeurs, tout ce monde d'humbles, d'innocents, de naïfs, il les verra, tremblants d'une sainte terreur, ahuris, affolés par le sentiment de fautes qu'ils n'ont jamais commises, se précipiter dans les couvents et les églises, traînés à la remorque par des moines bouffis de piété, courir d'une pierre à une autre, se prosterner au coin des bornes, prier, se confesser, pleurer à tort et à travers, et, à chaque pas, déliant les cordons de leur bourse, donnant pour des pauvres fictifs, donnant pour des sanctuaires imaginaires, donnant pour une foule de choses et d'êtres improbables, jusqu'à ce que leur dernier rouble, resté aux mains des prêtres cupides, ait payé leur dernière prière.

Alors ils errent tristement dans la Jérusalem de leurs rêves, avec le vague sentiment d'une douloureuse mais pieuse réalité, celle d'une existence gaspillée pour le bon Dieu ou la Panagia, qui, *peut-être*, n'en demandaient pas tant.

Et cette ville sainte leur paraît plus redoutable et plus mystérieuse encore, maintenant qu'ils y ont vu leur fortune fondre, et disparaître comme dans un creuset magique, changée en pierres sans doute !... De fait l'entretien de toutes les ruines saintes coûte si cher que cette transsubstantiation s'expliquerait tout naturellement. Aussi le prestige des lieux saints s'augmente-t-il pour eux de tout l'or qu'ils y ont laissé et qu'ils croient retrouver, ô pieuse illusion! jusque dans la couleur des murailles et le son des pavés.

Quant aux pauvres qui ont dû participer à leurs largesses et qui devraient pouvoir leur faire l'aumône à présent, ils s'obstinent dans leur pauvreté. Chez ceux-là aussi l'or se sera changé en pierre, car il y a dans les rues autant de mendiants qu'auparavant et autant de portes pieuses fermées aux prières de ces mendiants.

Et le découragement ne tarde pas à envahir les malheureux pèlerins. Arrivés au déclin de l'âge, ils sentent bien que jamais ils ne pourront recommencer leur dure carrière, et ils souhaitent la mort pour être enterrés du moins dans le voisinage de Jésus.

Mais il y a beaucoup d'appelés et peu d'élus ; ils savent cela.

Et le plus grand nombre se décide enfin à se faire rapatrier par les consuls. De retour dans leurs pays, ils montrent avec orgueil leurs diplômes ou les tatouages mystiques de leurs bras (1); on les considère comme des demi-saints et tous leurs

PORTE DE JAFFA, A JÉRUSALEM

compatriotes s'empressent de leur offrir la plus large hospitalité; cela ne les empêche pas d'être forcés de mendier leur pain, et de tomber finalement dans la misère la plus dégradante.

Telle est l'histoire d'une foule de pèlerins russes, paysans honnêtes et pieux, partis avec une fortune amassée à la sueur de leurs fronts, et revenus dans leurs

(1) Beaucoup de pèlerins se font encore graver sur la main ou sur le bras des figures de croix, de lances, et autres emblèmes accompagnés du chiffre de Jésus et de Marie. Cette gravure se fait avec des aiguilles dont on remplit les piqûres de poudre à canon ou d'autres préparations corrosives. L'opération est douloureuse et non exempte de périls. Volney a vu un pèlerin à qui on avait piqué le nerf cubital et qui en avait perdu le bras.

foyers nus comme devant, victimes d'une foi aveugle qui les a déshérités sur terre sans leur avoir fait une place dans le ciel.

Et ne croyez pas que ces malheureux se vengent de leurs maux en les contant à leurs coreligionnaires disposés à partir, pour les dissuader de leurs projets. Les moines arméniens et grecs ont prévu ce cas, et, de peur de voir diminuer le nombre de leurs proies, ils défendent à leurs fidèles, sous peine d'excommunication, de raconter les souffrances et les avanies qu'ils auraient endurées pendant le pèlerinage.

Cette précaution nous paraît d'ailleurs inutile, puisque l'exemple même de la détresse de ceux qui se sont laissé dépouiller n'arrête personne. Depuis quelques années surtout le mouvement des pèlerinages n'a fait qu'augmenter, et les désordres causés par la rapacité des moines se sont multipliés dans la même proportion.

Les faits mêmes ont pris tant de gravité que le gouvernement russe s'est vu obligé d'intervenir et de protéger lui-même ses nationaux. Seulement, comme il ne peut pas officiellement faire opposition à l'Église, son bras droit, et qu'il a tout intérêt à ne pas voir diminuer le zèle religieux de ses sujets, il s'est arrêté à un système de protection occulte assez original, et qui mérite d'être connu.

A leur arrivée à Jaffa, tous les pèlerins russes sont dirigés sur le consulat.

Là, chacun est tenu de déposer une somme de 25 roubles environ, qu'il retrouvera à son retour de Jérusalem et qui lui permettra de rentrer en Russie. Notez qu'il faut agir de menaces pour obtenir de certains d'entre eux le dépôt de cette somme, car ceux qui ne sont pas très riches ont peur qu'il ne leur reste pas suffisamment d'argent à donner aux moines. On cite le cas d'un paysan russe qui, en 1878, laissa 50,000 roubles au consulat. Mais le fait est fort rare. Il y a surtout parmi eux une foule de pauvres diables ayant amassé quelques roubles durement gagnés, avec lesquels ils s'embarquent à la grâce de Dieu, sans se demander comment ils feront pour revenir. Ceux-là on les retient à Jaffa quelques jours, puis on finit par leur permettre de continuer leur route, et, à leur retour, on les rapatrie aux frais du gouvernement, mais secrètement, de peur que les fanatiques en général ne comptent trop sur cette ressource.

Ajoutons qu'à Jérusalem les pèlerins russes en détresse trouvent aujourd'hui un refuge hospitalier dans les magnifiques établissements de la colonie située au nord-ouest de la ville, sur la route de Jaffa.

Ce tableau ne serait pas complet si nous ne disions quelques mots des scandales occasionnés, à Pâques, par la rencontre de toutes ces hordes fanatiques dans l'église du Saint-Sépulcre. La tâche sans doute n'est pas des plus agréables, mais le silence généralement affecté à cet endroit, ces derniers temps surtout, nous paraît avoir contribué à égarer l'opinion publique sur les véritables auteurs de ces scandales.

Il importe avant tout de mettre hors de cause les Latins d'Europe représentant à Jérusalem les deux ou trois peuples qui sont l'avant-garde de la civilisation. Leur petit nombre d'ailleurs disparaît forcément dans la foule des autres pèlerins. Reste donc les Grecs, les Arméniens et les Syriens.

Nous avons vu les Grecs à l'œuvre à propos du feu sacré, et nous ne devons plus nous étonner de les voir mêlés à tous les scandales. Mais les pires fauteurs de désordres sont encore les pèlerins asiatiques. On ne se fait aucune idée en Europe

LA VALLÉE DU CÉDRON
VUE PRISE DE LA PORTE SAINT-ÉTIENNE

de ce que peut devenir la religion chrétienne dans ces contrées perdues de l'Asie, au contact de toutes les hérésies, sous l'influence de superstitions remontant aux temps barbares et dont l'ignorance de ces peuples est la plus fidèle conservatrice. Les Orientaux, en adoptant le christianisme, l'ont transformé à leur image, adapté à leurs mœurs, à leurs goûts ; il en est résulté une pétrification informe de traditions mêlées et confondues, destinées à frapper l'imagination, mais qui laissent sommeiller les facultés les plus élevées du cœur et de l'intelligence.

C'est ce qui explique l'amour fanatique des chrétiens orientaux pour les manifestations extérieures de leur culte, et leur peu de respect pour le culte lui-même, considéré comme la formule éternelle et invariable de la piété.

A l'église, dès que l'encens cesse de fumer, sitôt que les chants s'apaisent, l'Oriental, que rien n'impressionne plus, se croit chez lui. Son sentiment religieux tombe en même temps que l'exaltation factice qui l'avait provoqué, et il prendra volontiers le sanctuaire, avec ses murailles nues, pour une place publique.

Qu'on juge maintenant des désordres qu'entraîne le séjour prolongé, dans l'église du Saint-Sépulcre, de la foule entière des Orientaux, surtout lorsque les fêtes des diverses confessions tombent à la même époque, mélangeant les sectes et les nations, entassant dans les divers sanctuaires de l'église cinq à six mille pèlerins dont un grand nombre réussit à y passer la nuit... Mais je laisserai ici la parole à un des rares auteurs qui ait risqué la description des scènes inénarrables dont il a été le témoin (1).

Le récit a trait aux cérémonies du jeudi saint :

« L'intervalle de chaque cérémonie latine est rempli par les courses et les jeux des petits enfants, par les conversations ou les promenades des hommes : les femmes rient et causent entre elles comme dans un harem ou dans une réunion champêtre ; on mange, on boit, on fume autour du divin tombeau. A voir le mélange bruyant des grecs, des arméniens, des catholiques, et des musulmans étendus sur le pavé, au pied des autels, à l'entrée des chapelles, on croirait que des caravanes de différentes nations sont venues se reposer dans ce temple comme dans un khan. Le voisinage de la chapelle de Sainte-Hélène, la chapelle de la Division des vêtements, et tout l'espace qui s'étend jusqu'à la chapelle de la Madeleine, offrent en ce moment l'aspect d'un bazar ; on y vend tous les comestibles du marché, on y boit la liqueur de moka comme dans les cafés de la ville, et, j'ose à peine l'écrire, la fumée de la cuisine orientale se mêle à la fumée de l'encensoir. »

Et l'auteur s'arrête positivement pour renvoyer le lecteur à une note placée au bas de la page, et où il exprime en latin ce que sa pudeur l'empêche de dire en français. Nous donnons la note en nous gardant bien de la traduire :

« *Me pudet cuncta narrare scandala quae adveniunt in ecclesiâ sanctissimi Sepulcri. O mores hominum! sub umbrâ noctis, nonnulli christiani schismatici turpiter sanctuarium polluere, quia persuasum habent pueros conceptos coram divino tumulo, regnum coelorum infallibiliter rapturos.* »

Un peu plus loin nous trouvons des détails non moins extraordinaires sur la nuit passée dans l'église du jeudi saint au vendredi saint :

« Les gardiens musulmans dorment sur leur estrade, voisine de la porte du temple ; tous les chrétiens enfermés dans l'église reposent du sommeil le plus profond ; les uns sont couchés sur des bancs ou des caisses, d'autres sur les marches des autels, sur des nattes ou des tapis au milieu de la nef ; la chapelle de la Madeleine est remplie de femmes étendues sur des nattes, enveloppées dans leurs longs

---

(1) Voir le tome IV de la *Correspondance d'Orient*.

voiles blancs ou vêtues d'un simple caleçon; les enfants à la mamelle dorment sur le sein de leurs mères : chacun garde dans son sommeil l'attitude où le sommeil l'a surpris, ce qui forme un spectacle des plus bizarres...

« A trois heures du matin, tout le monde était déjà réveillé, les hommes reprenaient leur turban, et leur ceinture, les femmes leur voile ou leur feredgé; chaque famille, rangée autour d'un vase de terre rempli de feu, se réchauffait en attendant le jour ; le nectar arabe égayait ce réveil ; chaque groupe avait son narguillé qui passait de main en main comme une coupe dans un banquet. Les causeries avaient recommencé, les enfants étaient revenus à leurs jeux, le bruit profane avait succédé au religieux silence de la nuit. »

Nous n'ajouterons rien à ces récits dont la naïveté garantit la bonne foi. Constatons seulement qu'il est peu convenable de voir le tombeau du Christ servir de théâtre à des scènes semblables, et souhaitons que Jérusalem, entrée depuis quelques années, dans une ère de progrès très significatifs, ne tarde pas à voir disparaître entièrement ces derniers vestiges d'une civilisation arriérée.

CHAPITRE XV

LE JARDIN DES OLIVIERS ET LA VALLÉE DE JOSAPHAT

La banlieue de Jérusalem. — L'église de l'Assomption. — Géthsémané. — Le jardin des Oliviers. — Jérusalem vue du haut du mont des Oliviers. — Kefr-el-Tour. — La Chapelle de l'Ascension. — Le *Credo* et le *Pater Noster*. — Monument de madame la princesse de la Tour d'Auvergne. — Tombeaux d'Absalon, de Josaphat, de saint Jacques et de Zacharie. — Histoire de brigands. — Siloé. — La secte des porte-guenilles. — Pascal, Carlyle et La Bruyère. — La fontaine de la Vierge. — Piscines de Siloé. — Une fête juive sous Alexandre Jannée. — En-Roguel.

Les chapitres qui vont suivre seront consacrés à l'étude des environs immédiats de Jérusalem, c'est-à-dire des régions situées au bout du rayon circulaire de la ville, de la banlieue, en un mot.

Disons tout de suite que cette banlieue présente en général tous les caractères d'une vaste nécropole qui devait, à l'époque judaïque, entourer Jérusalem de tous les côtés. On y rencontre en effet un grand nombre de tombeaux antiques et de grottes sépulcrales de diverses époques, dont la plupart, il est vrai, ne présentent plus aucun intérêt. Ces dernières années, le gouvernement turc a songé à utiliser quelques-unes de ces grottes, et les a transformées en carrières d'exploitation, au grand désespoir des archéologues. Ceux-ci ont poussé les hauts cris sans songer que le présent fournirait bien assez de problèmes aux archéologues de l'avenir, pour peu que la fantaisie leur prenne dans deux ou trois siècles de reconstituer l'histoire moderne de Jérusalem avec les pierres, les épitaphes et les ossements des cimetières actuels des vallées du sud et de l'est.

En sortant par la porte Saint-Étienne, nous avons en face de nous le mont des Oliviers dont les crêtes basses dominent le ravin du Cédron qui suit vers le Sud une direction parallèle au mur d'enceinte de la ville. La vue est ici peu récréative. Nous sommes sur un sol pierreux et pelé; à droite, des tombes musulmanes, à gauche une citerne à sec (le *Birket Sitty-Mariam*) et d'autres tombes musulmanes dont le blanc cru tranche sur le fond vert des oliviers. Devant nous deux ou trois chemins à peu près déserts, et le sentier qui nous conduit directement au fond de la vallée du Cédron, où nous traversons le lit à sec du torrent sur un petit pont d'une arche (*pont supérieur*).

Un peu plus loin, à l'est, nous rencontrons à gauche du chemin un escalier qui nous

LE MONT DES OLIVIERS

conduit sur le parvis d'une église située en contre-bas. Cette église, dite de l'Assomption, appartient aux Grecs et aux Latins, et renferme le tombeau traditionnel de la Vierge. Tous les cultes d'ailleurs y ont leurs lieux de prière, car le tombeau de Marie est vénéré par les musulmans. (Voir pour les détails d'architecture et pour l'historique M. de Vogüé et M. de Saulcy.)

L'église est située au-dessous du parvis, et l'on y descend par un grand escalier de marbre de 48 marches. A mi-chemin de la descente on trouve dans le mur latéral deux petites chapelles où seraient les tombeaux de saint Joseph, de saint Joachim et de sainte Anne, traditions d'ailleurs difficiles à concilier avec ce que nous savons sur l'emplacement du tombeau de la Vierge.

Au bas de l'escalier nous entrons dans le sanctuaire proprement dit, salle rectangulaire fort étroite, fort petite et dont les lampes combattent difficilement l'obscurité. A droite, dans une petite chapelle en partie taillée dans le roc on

VUE PRISE DU SOMMET DU MONT DES OLIVIERS

montre le *tombeau de la Vierge*, sorte de sarcophage de marbre renfermant la couchette de la tombe antique.

Du parvis, une galerie à gauche conduit dans un autre sanctuaire où l'on descend également par quelques marches, c'est la *grotte de l'Agonie*, où Jésus eut une sueur de sang. La grotte paraît être naturelle, malgré l'ouverture ronde et les traces de peinture du plafond. M. de Saulcy veut y voir une citerne antique, d'autres un pressoir à huile à cause du voisinage du jardin des Oliviers.

Celui-ci, dont le nom de *Gethsemané* signifie en effet pressoir à huile, est situé en face de l'église, de l'autre côté de la route. Il appartient aujourd'hui aux franciscains qui y cultivent des fleurs destinées à figurer dans les images saintes dont nous avons parlé ailleurs.

On ne peut faire un pas ici sans fouler des lieux consacrés par les récits évangéliques. Au commencement de la période chrétienne de nombreux édifices pieux, disparus depuis, s'élevèrent tout autour du jardin. On montre encore près de la porte d'entrée un rocher indiquant la place où les apôtres s'endormirent, et, un peu plus loin, un fragment de colonne planté sur le lieu dit du *baiser de Judas*. Il y a de plus, dans le jardin, une allée où sont indiquées quatorze stations.

Le jardin moderne, entouré d'une haie, renferme sept ou huit oliviers aux troncs énormes, vieux géants balafrés et crevassés comme les rochers d'une falaise, et qui ont vu passer des siècles. Les Franciscains s'en exagèrent l'âge cependant, en s'imaginant qu'ils sont contemporains de Jésus-Christ. M. de Saulcy fait remarquer avec raison qu'au moment du siège de Jérusalem par Titus tout ce qu'il y avait d'arbres à quatre lieues à la ronde fut abattu, et qu'il n'est pas probable qu'on ait respecté ceux de la vallée du Cédron.

On prétend généralement que les chapelets de Jérusalem sont faits avec les noyaux des olives du jardin. Cette tradition ne doit pas non plus être prise à la lettre, car jamais les oliviers du jardin ne suffiraient à l'effrayante consommation de chapelets qui se fait dans la ville sainte.

A mi-chemin du sentier qui part du jardin pour aboutir au sommet du mont des Oliviers nous nous arrêtons pour jeter un coup d'œil sur la ville. Les principaux édifices de la partie orientale dressent leur coupole en pleine lumière; la vue de l'angle sud-est surtout est des plus nettes, et comme le regard plonge jusqu'au fond du ravin du Cédron, Jérusalem avec son mur crénelé semble perchée au sommet d'un gigantesque rempart éboulé.

La tradition place au lieu où nous sommes l'*endroit où Jésus pleura sur la ville.*

Nous continuons à gravir les flancs ravinés de la colline plantée çà et là d'oliviers, de figuiers, et de caroubiers, et en dix minutes nous arrivons au sommet, d'où la vue est plus belle encore.

Jérusalem apparaît tout entière, comme isolée dans un ciel sans horizon, enfonçant les flèches et les dômes de ses édifices dans la lumière éblouissante qui l'environne. La note austère de ses milles coupoles prend à cette lumière quelque chose de plus tendre, et l'on a peine à croire que c'est la même ville dont les masures branlantes semblaient tout à l'heure surgir du sein des décombres et des ordures. C'est toujours le même effet de mirage déjà signalé, plus intense ici parce que le paysage tout entier se présente comme sur un plan en relief. Vision étrange et amgique! dans le contour étincelant de ces dômes, dans ces tours massives découpant sur le ciel leurs lignes symétriques, dans les formes aériennes de ces minarets amincis par la perspective, l'œil ne distingue plus ni la vétusté des pierres, ni les teintes plombées du métal, ni les sinistres déchirures de ces remparts gigantesques dont les siècles dès longtemps ont fait éclater le granit; et l'on oublie pour un instant que cette cité n'est plus que la dix-septième ombre d'elle-même, ville qui a vu peu à peu tous ses organes envahis par la lave montante de la pierre, et dont le cœur, atteint à son tour, bat ses dernières pulsations au milieu des ruines sous lesquelles tendent à l'ensevelir depuis le commencement du monde et l'hostilité des hommes et l'hostilité de la nature.

Si maintenant nous voulons jouir du panorama de l'est, il nous faut monter sur le minaret de la mosquée qui a remplacé l'ancienne basilique de l'Ascension. Le coup d'œil n'est pas moins grandiose. Aussi loin que le regard porte, ce ne sont partout que des cimes bleuâtres; la transparence exquise de l'air couvre tout le paysage d'un voile d'azur pâle, à l'exception d'une sorte de nappe d'un bleu sombre qu'on voit briller à l'est, — la mer Morte! Par un étrange effet optique la dépression considérable du lac vu à cette distance est à peine sensible à l'œil, et le lac lui-même, encadré dans ce décor vaporeux et étincelant de lumière perd le caractère de grandeur sauvage qui lui est propre.

Lamartine a donné en quelques lignes la description la plus exacte et la plus pittoresque de ce même panorama vu des hauteurs de Sion :

« ... Une large ouverture dans les collines de l'est conduit de pente en pente, de cime en cime, d'ondulation en ondulation, jusqu'au bassin de la mer Morte, qui réfléchit là-bas les rayons du soir, dans ses eaux pesantes et épaisses, comme une épaisse glace de Venise, qui donne une teinte mate et plombée à la lumière qui l'effleure. Ce n'est point ce que la pensée se figure, un lac pétrifié dans un horizon triste et sans couleur! C'est ici un des plus beaux lacs de Suisse ou d'Italie, laissant dormir ses eaux tranquilles entre l'ombre des hautes montagnes d'Arabie qui s'étendent, comme des Alpes, à perte de vue derrière ses flots, et entre les cimes élancées, pyramidales, coniques, légères, dentelées et étincelantes des dernières montagnes de la Judée. »

De tous les monuments qui se sont élevés autrefois sur le mont des Oliviers, il ne reste aujourd'hui que la mosquée désignée plus haut et qui renferme la chapelle de l'Ascension. Il y a par contre beaucoup de monuments modernes. Un petit hameau encore est bâti sur la même cime; ses premiers fondateurs auront utilisé sans doute quelques débris d'édifices anciens, ce qui explique sa présence insolite dans cet endroit. Le nom de ce hameau est *Kefr-et-Tour*, village des Oliviers.

On a identifié le mont des Oliviers avec le lieu de l'Ascension de Jésus; — cette tradition est de toute manière entachée d'arbitraire, car aucun des Évangiles ne donne d'indication précise à ce sujet. D'après S. Luc même, l'ascension aurait eu lieu à Béthanie. Quoi qu'il en soit, la tradition remonte à l'époque de Constantin, et n'a jamais varié depuis.

Les bâtiments de la mosquée, en grande partie modernes, comprennent un couvent de derviches et la chapelle dite de l'*Ascension*, sanctuaire musulman où les chrétiens sont néanmoins admis à célébrer leurs offices à certaines époques. Cette chapelle, plusieurs fois détruite et rebâtie, n'offre plus rien d'ancien; — c'est un petit édifice octogonal de six à sept mètres de diamètre, situé au milieu d'une grande cour.

On y montre l'empreinte d'un pied du Christ, et la petite coupole du centre est censée couvrir le lieu d'où Jésus s'est élevé au ciel.

Il est possible que la cour où s'élève la chapelle occupe l'emplacement même de la première basilique, bâtie par Hélène ou par Constantin, car ce sanctuaire ne paraît avoir été qu'une sorte de cour entourée de portiques couverts, et il est probable que les constructions qui s'y sont succédé plus tard s'élevèrent chacune sur un périmètre tout indiqué par des restes de fondations qu'on avait chaque fois soin d'utiliser, et qu'elles durent satisfaire toutes à la condition de rester sans toit, condition alors imposée par une tradition des plus répandues. Qu'on nous permette d'appuyer cette hypothèse par une citation d'Arculphe, qui visita les lieux saints vers la fin du septième siècle.

Arculphe trouva sur le mont des Oliviers une église en rotonde, celle que fit construire l'évêque Modeste, en remplacement de la basilique de Constantin, détruite par Chosroès en 614.

« Le point le plus élevé du mont des Oliviers est celui d'où l'on dit que le Seigneur monta au ciel. On y a construit une grande église en rotonde, avec trois portiques cintrés couverts en dessus. L'intérieur de cette église n'a ni toit ni voûte, et reste ouvert sous le ciel nu; à l'orient il y a un autel couvert d'un petit toit. On n'a pas voûté l'intérieur de l'église, afin que de ce lieu, où se posèrent pour la dernière fois les pieds divins lorsque le Seigneur s'éleva au ciel sur une nuée, une voie toujours ouverte jusqu'au ciel y conduisît les prières des fidèles. »

Un peu plus loin Arculphe donne une autre tradition encore au sujet de l'absence de la voûte :

« Dans la fête solennelle de l'Ascension, tous les ans, vers midi, lorsqu'on a terminé le saint mystère de la messe, vient à souffler un vent si impétueux que l'on ne peut rester debout ni même assis dans l'église ou dans les lieux voisins, mais il faut rester le visage prosterné contre terre jusqu'à ce que cette terrible tempête soit passée. C'est ce vent épouvantable qui est cause qu'on ne peut construire de voûte au-dessus de l'empreinte des pieds du Seigneur. »

Remarquons que tous ces détails concordent parfaitement avec ceux que nous trouvons dans saint Jérôme sur la première basilique, d'où l'on peut conclure

JÉRUSALEM, VUE PRISE DU MONT DES OLIVIERS

que l'église de Modeste, décrite par Arculphe, était proprement l'église de Constantin restaurée.

Les croisés utilisèrent plus tard les ruines de cette seconde église, les musulmans utilisèrent les constructions des croisés et jamais, depuis, le lieu de l'Ascension n'a varié. La cour où se trouve la chapelle actuelle bâtie par les musulmans et plusieurs fois restaurée elle-même, est donc bien l'emplacement de la première basilique, et les ruines trouvées par M. de Saulcy à une assez grande distance de cette chapelle, ne nous paraissent pas constituer un fait capable d'infirmer ces déductions logiques.

La grotte de sainte Pélagie (1), située dans le voisinage de la chapelle, n'offre aucun intérêt; selon la tradition ce serait le lieu où mourut dans la pénitence une courtisane d'Antioche, surnommée la *Perle*, et qui fut canonisée après sa mort.

A une centaine de mètres au sud de la mosquée ou plutôt du couvent, nous trouvons un groupe de monuments presque tous modernes. Quelques ruines d'abord à signaler sur le lieu du *Credo*, c'est-à-dire à l'endroit où fut instituée la confession de foi apostolique; un peu plus loin, au sud-est, c'est le lieu où Jésus enseigna aux disciples la prière du *Pater noster*. Madame la princesse de la Tour d'Auvergne a acheté ces deux emplacements pour en faire don à la France, et elle a fait entourer le *Pater* de superbes galeries couvertes aboutissant au sud à une chapelle où elle s'est fait élever un monument funéraire magnifique, orné d'une statue de grandeur naturelle. Une église neuve et un couvent de carmélites font partie du même groupe d'édifices.

En descendant la montagne dans la direction sud-ouest, on aperçoit à mi-côte un groupe de rochers, l'entrée du tombeau dit *des Prophètes*. C'est une sorte de labyrinthe taillé dans le roc et dont les deux galeries principales sont disposées en hémicycle sur deux arcs de cercle concentriques. Le vestibule de ce tombeau est une sorte de rotonde recevant sa lumière d'en haut, et d'où partent deux couloirs aboutissant aux galeries désignées. Une trentaine de fours à cercueils s'ouvrent dans toute la longueur de la paroi de la galerie extrême. Nous sommes évidemment en présence de grottes sépulcrales datant de l'époque juive, et les traces d'inscriptions retrouvées dans le monument suffisent à témoigner de sa haute antiquité.

(1) « Près de là (près de la pierre de l'Ascension), dans une chapelle, repose Pélagie, courtisane devenue sainte. Nul, dit-on, en état de péché mortel, ne peut passer entre sa tombe et le mur; mais je ne sais trop, car plusieurs y passent, et je l'ai vu. » (BROCARD.)

VALLÉE DE JOSAPHAT

Si, partant du pont supérieur ou du jardin de Gethsemané, nous prenons la direction sud, nous entrons dans la vallée de Josaphat proprement dite, qui n'est que le Cédron inférieur. Le chemin que nous suivons maintenant aboutit au village de Siloé ; il occupe le fond, c'est-à-dire le thalweg de cette vallée célèbre où les mythologies juive, chrétienne et musulmane ont placé la grande scène du jugement dernier. Et de fait on aime à se figurer ici les générations mortes, tassées sous la terre brûlante, figées dans les formes symboliques des rochers, — torrent d'os calcinés, desséché comme le Cédron lui-même, poussière rentrée dans la poussière, — la créature absorbée par la création, — tout cela se réveillant subitement au souffle de la trompette céleste, dans un tumulte de champ de bataille, au milieu des fumées et des tonnerres du feu plutonien, — des morts de quatre mille ans brisant la léthargie des siècles, soulevant de leurs crânes les pierres lourdes des tombeaux, — chaque fente, chaque crevasse vomissant une larve hideuse et la vallée funèbre changée subitement en une mer débâclée où roulent pêle-mêle les résidus terrestres de toute l'humanité.

Une vision de ce genre n'a rien d'extraordinaire dans un lieu pareil qui est encore aujourd'hui la nécropole favorite des Juifs et des musulmans. Partout, le long des chemins, sur les hauteurs, au flanc des collines, le regard flotte sur des tombes, sur des entrées de grottes sépulcrales, sur des monuments et des catafalques, — lugubre moisson de pierres qui semblent autant d'excroissances poussées dans le sol à mesure que les formes humaines enterrées là s'y sont désagrégées. A droite les musulmans ; à gauche les Juifs.

Passons aux tombeaux antiques.

Le premier qu'on rencontre à gauche, en descendant la vallée, est le *tombeau d'Abraham*, le *Tantour Fir'aoun* (bonnet de Pharaon) des mahométans. C'est un grand cube taillé dans le roc contre lequel il s'adosse, et surmonté d'un tambour cylindrique qui est lui-même surmonté d'une flèche unique, le tout mesurant treize à quatorze mètres de hauteur. Sa base, comme celle de tous les monuments de Jérusalem, est enterrée sous les décombres. Cette observation de monuments disparaissant peu à peu sous les décombres, nous l'avons faite mainte fois déjà, et c'est là un symptôme grave pour la vieille ville. Je suis persuadé qu'un archéologue mathématicien nous calculerait, avec une grande approximation, dans combien d'années le dernier monument antique de Jérusalem aura été enterré par le flot montant des décombres et des détritus. Le calcul est aisé, si on veut tenir compte toutefois de la folie des antiquaires eux-mêmes, qui, après avoir déménagé toute l'Egypte des Pharaons, à l'exception des pyramides et autres monuments intransportables, ont commencé depuis quelques années à se pourvoir à Jérusalem.

SÉPULCRE DANS LA VALLÉE DE JOSAPHAT NOMMÉ : LE TOMBEAU D'ABSALON

Les faces du monument d'Absalon sont ornées de demi-colonnes supportant une frise dorique. Une brèche faite dans la face nord permet d'en visiter l'intérieur qui d'ailleurs ne présente aucune particularité intéressante.

La paroi du rocher, immédiatement derrière ce monument, présente une excavation qui est l'entrée du tombeau dit de *Josaphat*.

Cette entrée présente encore quelques traces d'un fronton de l'époque judaïque;

elle communique avec diverses chambres funéraires, dont quelques-unes semblent avoir été ornées jadis de peintures à fresques.

A une cinquantaine de mètres au sud du tombeau d'Absalon, la colline rocheuse présente deux autres monuments non moins intéressants ; ce sont les tombeaux de saint Jacques et de Zacharie.

Le premier de ces monuments consiste en une excavation assez vaste qui forme plusieurs chambres sépulcrales contenant des niches à cercueils et communiquant

TOMBEAUX DE LA VALLÉE DE JOSAPHAT

entre elles par des ouvertures percées dans les parois du roc. Ce mausolée offre, du côté de la vallée, une façade imposante se composant d'une frise dorique à triglyphes supportée par deux colonnes doriques et deux demi-pilastres. Mais l'entrée est au-dessus de cette façade et en arrière ; il faut tourner à gauche et gravir le rocher dans lequel est taillé le monument. On arrive à une sorte de puits dont la pente oblique descend dans le vestibule du tombeau. Ce vestibule est percé au sud d'une ouverture qui conduit, par un passage grossièrement taillé, au tombeau de Zacharie. C'est-à-dire que l'orifice sud de ce passage s'ouvre dans la paroi de gauche du rocher qui entoure ce dernier monument.

Les nombreuses inscriptions anciennes et modernes, qu'on trouve à l'extérieur et à l'intérieur du tombeau de saint Jacques, ont fait jadis le désespoir des savants.

Quelques-uns avec raison pensaient y trouver quelque éclaircissement sur la destination première du monument qui, bien entendu, n'a jamais été le tombeau d'aucun S. Jacques. Malheureusement l'inscription la plus importante échappait aux investigations des savants, grâce à l'impossibilité matérielle de la déchiffrer sur l'architrave, qu'il n'y avait pas moyen d'examiner d'une façon commode.

Il appartenait à M. de Vogüé de résoudre la difficulté par un estampage. L'inscription était hébraïque et elle nous apprenait que le mausolée dit de saint Jacques avait servi de sépulture à une famille sacerdotale issue de Hezir, fils d'Eléazar, qui était lui-même fils d'Aaron. Cette découverte, peu importante par elle-même, frappait au cœur M. de Saulcy qui, le premier, avait eu l'idée d'un estampage, mais n'avait pu l'exécuter. *Sic vos non vobis!*

Aussi, au second voyage de M. Saulcy, l'inscription fut-elle soumise à un moulage énergique qui ne laissa pas échapper un iota. Ce moulage, qui ne pouvait évidemment pas prêter un nouveau sens à l'inscription, servit de base à un certain nombre de chicanes archéologiques sur des erreurs de siècles, des improbabilités paléographiques, qui, paraît-il, avaient glissé de la plume de M. de Vogüé. Il en résulte qu'aujourd'hui il est absolument impossible à un profane d'avoir la moindre idée raisonnable de l'histoire de ce monument.

Je livre le cas, à titre de document (1), à celui qui voudrait faire un jour la physiologie de la science archéologique. Une science aussi subtile devrait, à ce qu'il semble, vivre de concessions réciproques. Mais non, la plupart des archéologues modernes partent de ce principe qu'une opinion a d'autant plus de poids qu'on a perdu plus de temps à la concevoir. De telle sorte que chacun cherche à faire triompher la sienne, en raison des peines d'ailleurs gratuites qu'il s'est données pour y atteindre. Ces peines, dans l'espèce, ont existé, en ce qui concerne M. de Saulcy. Non seulement notre savant avait longuement étudié le monument lui-même, mais il y a été victime d'une tentative criminelle, et il est toujours dur d'avoir risqué sa vie pour une pierre mortuaire dont on est frustré ensuite par un collègue. Je cite l'anecdote contée avec beaucoup de bonne humeur par M. de Saulcy lui-même. Elle servira d'avertissement aux futurs archéologues en matière d'inscription, tentés de troquer leurs chambres confortables du Mediterranæan Hotel contre les grottes sépulcrales de la vallée de Josaphat :

---

(1) J'ai eu mainte fois déjà l'occasion de déclarer que je tenais M. de Saulcy pour un savant d'un très grand mérite, mais quelle fatale manie des discussions byzantines dès que l'amour-propre s'en mêle! La question archéologique se perd alors dans les infiniments petits de l'argutie à froid, et je ne sache pas de pages d'un effet plus fâcheux, et où la véritable science soit plus opprimée par l'élément « choses en l'air » que celles où M. de Saulcy se met à chicaner ses confrères pour le simple plaisir d'avoir le dernier mot. Je ne doute pas un seul instant que ce défaut chez lui n'ait sa source précisément dans son trop grand amour de l'exactitude mathématique et historique. Mais il faut bien se dire que si tout le monde voulait avoir raison ici-bas, la vie ne serait pas tenable.

« Un beau jour, j'étais entré dans le tombeau de saint Jacques avec mon ami l'abbé Michon, afin de recueillir les mesures dont j'avais besoin pour en dresser le plan. Un flâneur arabe nous aperçut lorsque nous nous glissions dans le couloir ouvert dans la cour du tombeau de Zacharie.

Nous n'avions pas d'autres armes apparentes qu'un mètre et un cahier de dessin. — Bonne aubaine! pensa le drôle, et il vint s'asseoir à la porte du couloir et attendit que nous sortissions pour nous rançonner.

Une simple corde lui servant de ceinture supportait un khandjar de la plus belle dimension, sur lequel son propriétaire comptait apparemment pour nous inspirer un grand respect de sa personne.

Lorsque après quelques heures de travail nous eûmes franchi la petite porte basse à côté de laquelle notre bandit fumait patiemment son tchibouk, il se leva et, s'approchant de moi, m'enjoignit de lui donner tout de suite un bakhchich. « Un bakhchich! lui dis-je, et pourquoi? Est-ce parce que tu as vu mon nez, ou parce que j'ai vu le tien? — Je veux un bakhchich, et tu vas me le donner, » me répondit-il d'un ton menaçant. Je compris qu'il était temps de mettre un terme à cette conversation, et je tirai de mon gousset, au lieu du bakhchich attendu, un de ces pistolets qu'on appelle coups de poing. Je l'armai, et, l'approchant du front de mon interlocuteur: « Je ne demande de bakhchich à personne moi! lui dis-je, et je n'en donne que quand cela me plaît et à qui je veux. Quant à toi, si tu veux manger du plomb, c'est à ton service! — Non! » s'écria-t-il en se rejetant en arrière, et il se mit en devoir de déguerpir au plus vite, renonçant à un colloque qui avait pris une tournure si différente de celle sur laquelle il comptait. Sans mon bienheureux pistolet, il eût fallu se débarrasser de ce coquin à prix d'or. »

Ajoutons, pour rassurer les explorateurs futurs, que les amateurs de bakhchich hantent aujourd'hui de préférence des endroits plus fréquentés que les tombeaux de la vallée de Josaphat.

Le tombeau de Zacharie est un cube semblable à celui du tombeau d'Absalon; les deux monuments ne diffèrent que par la flèche, le dé du tombeau de Zacharie étant surmonté d'une pyramide quadrangulaire. Il est d'ailleurs plus petit que celui d'Absalon, ou du moins il le paraît, car il est difficile de dire de combien la base peut être enterrée. Taillé dans un bloc entièrement monolithe, il est isolé du roc et ne présente d'ouverture sur aucune de ses faces; il est donc probable qu'il ne correspond à aucune des grottes sépulcrales du voisinage.

Plus que tous les autres monuments du groupe, celui-ci semble avoir été pour les Juifs un centre d'attraction, et c'est là sans doute qu'ils se feraient enterrer de préférence encore aujourd'hui, s'il restait la moindre place vierge. Mais les abords du monument sont littéralement encombrés de pierres tumulaires qui semblent prêtes à monter les unes sur les autres, et qu'on prendrait, à une certaine distance, pour des débris du monument lui-même si celui-ci n'était pas parfaitement intact.

Toujours est-il que le contraste de toutes ces petites pierres avec le monolithe autour duquel elles se serrent amène forcément une réflexion baroque, produite par l'aspect de bien des cimetières de ce genre : il est impossible que le nombre des morts vulgaires représentés par toutes ces pierres tiennent dans une si petite place, alors que le mort de distinction semble déjà bien à l'étroit dans son grand mausolée.

De fait, les morts inconnus dont les croix fourmillent dans nos grandes nécropoles tiennent-ils de la place ? Non ; l'esprit des vivants les isole volontiers de toute idée de forme, et

VALLÉE DU CÉDRON ; GETHSÉMANÉ

tandis que l'épouse, le frère, l'ami voient éternellement sous le gazon la dépouille mortelle du mari, du frère, de l'ami qu'ils ont aimés, l'indifférent se les représente comme autant de petits amas de poussière réductibles à zéro dans le néant universel.

Et comme en définitive nous avons chacun nos indifférents dont le nombre total forme l'humanité tout entière, il en résulte qu'un cimetière n'est, dans la pensée de l'humanité, qu'un immense tombeau vide, sorte de laboratoire du néant, où les enterrés disparaissent aussitôt, absorbés par le grand Tout, ne laissant comme trace de leur passage qu'une fleur, une pierre ou une croix.

Les monuments que nous venons de décrire sont situés à peu près en face de l'angle sud-est du Temple. La vallée de Josaphat devient ici plus étroite et plus profonde, et elle continue à s'abaisser vers le sud en contournant à gauche les bases tourmentées de la dernière croupe du mont des Oliviers.

Au bout de la route que nous suivons, voici

VALLÉE DE CÉDRON

un groupe de petits cubes couleur de terre, suspendu au flanc de la montagne. Ce ne sont plus des tombeaux cette fois, mais des habitations renfermant une population active et bien vivante. A première vue on pourrait s'y tromper cependant, car toutes ces masses carrées, lourdes, d'aspect sombre, et qui semblent toujours prêtes à s'affaisser, leur ensemble compact, lié à la roche, confondu avec elle, éveillent des idées funèbres bien peu en rapport avec l'image gracieuse évoquée par le joli nom du village lui-même : Siloé (ou Silouan pour les Arabes).

Aussi bien la population de Siloé serait une population de fossoyeurs, que la situation et l'aspect général du village répondraient parfaitement à leur profession ; un coup d'œil suffit pour reconnaître que nous sommes dans un vaste cimetière et que les habitants de Siloé vivent en communion intime avec les morts.

En général les musulmans n'ont pas peur du spectre hideux qui fait défaillir plus d'un chrétien, ils ne connaissent pas l'emblème de la faux et du sablier, le néant revêt dans leur imagination des couleurs douces et agréables, et l'Orient est le seul pays où les vivants puissent demeurer en paix avec les mânes de ceux qui ont quitté ce monde.

LULAB ET CITRON

A l'entrée du village, un monument funéraire monolithe en forme de pyramide semble indiquer à l'étranger l'ancienne destination du pays, tout en lui laissant supposer que les tombeaux sont aujourd'hui bannis des lieux habités. Mais il en est de cette pyramide comme des placards affichés à l'entrée de nos communes pour avertir le pauvre monde que la mendicité y est interdite, et dont on doit conclure aussitôt qu'on trouvera les rues peuplées de mendiants. Elle est en effet le point de départ d'une série de grottes sépulcrales disséminées sur toute la surface du banc de rocher qui supporte le village.

« Je ne puis m'expliquer, dit M. de Saulcy, comment un monument d'une importance aussi grande, et qui d'ailleurs saute aux yeux des passants, a pu rester inaperçu des voyageurs... »
La raison en est bien simple : il y a un mur devant, et, à moins d'arriver par le sentier du haut, un voyageur distrait — on l'est toujours plus ou moins en voyage — peut très bien passer sans l'apercevoir.

M. de Saulcy a pensé que le monument n'est pas un tombeau, mais un *sacellum* égyptien élevé par Salomon à la Divinité particulière d'une de ses femmes païennes.

Cela est possible, puisque nous sommes ici au pied de la montagne du

Scandale (1), mais cela ne change rien à la signification actuelle du monument qui, placé comme il est, serait aussi bien l'emblème d'une corporation de fossoyeurs, comme paraissent en être les habitants de Siloé.

La physionomie générale ne répond pas tout à fait à l'aspect de ses environs. A mesure qu'on y pénètre, l'impression se fait plus agréable ; la route est bordée de maisons des deux côtés ; les champs qui s'étendent dans la vallée sont cultivés et présentent des carrés de légumes de la plus belle venue, des choux-fleurs, entre autres, d'une grosseur remarquable. Cette fécondité de la terre est due en partie aux eaux abondantes qui sont toute la richesse de ce village.

Mais là encore les excavations tumulaires ne manquent pas, — à chaque pas le roc s'ouvre en bouche sombre au milieu des maisons, des trous noirs apparaissent dont quelques-uns sont habités, soit par des hommes, soit par des bêtes, — parfois par des bêtes et des hommes tout ensemble : — ici les vivants ont disputé aux morts leur place dernière, ce coin de terre destiné au repos éternel a été rendu à l'activité et au travail, et, de même qu'un vieil habit oublié dans la poussière des années peut briller encore sur le dos d'un pauvre, de même cette nécropole, où la mort semblait devoir régner en souveraine, est devenue pour des malheureux un asile florissant et prospère ; le principe vital a de nouveau fécondé son sol, et à voir aujourd'hui cette campagne couverte de maisons, peuplée d'êtres animés, on se demande avec inquiétude si ce renouveau ne doit rien au sinistre engrais laissé dans la terre par les morts d'autrefois.

Je ne parlerai pas des habitants eux-mêmes ni de leurs occupations.

On les dit voleurs, je n'en crois rien. Ce sont de fort braves gens qui cultivent tous plus ou moins la terre, soit pour leur propre compte, soit pour le compte des autres. On ne peut passer par là sans voir la fleur du village répandue de ci, de là, dans les endroits appropriés à cet usage, et peuplant la campagne de silhouettes penchées dans des attitudes laborieuses et pénibles.

En rapprochant ce détail de la singularité primitive et misérable de leurs demeures, il est impossible de ne pas songer à leur appliquer cette boutade féroce de Carlyle dépeignant la classe pauvre en Angleterre, — ce qu'il appelle la secte des porte-guenilles :

« On les prendrait volontiers pour des adorateurs d'Hertha, la Terre, car ils sont sans cesse occupés à travailler et à fouiller dans son sein avec sollicitude ; ou, enfermés dans des oratoires privés, ils méditent et manipulent les substances qui en proviennent ; s'il leur arrive, ce qui est rare, de lever les regards au ciel, ils le font avec une indifférence relative. D'autre part, comme les druides, ils vivent

---

(1) Alors Salomon bâtit un lieu haut à Kémos, l'idole des Moabites, sur la montagne qui est vis-à-vis de Jérusalem, et à Molec, l'idole des enfants de Hammon (I Rois, xi, 7).

dans des demeures sombres; souvent même ils cassent les vitres de leurs fenêtres (quand ils ont des fenêtres), et les bouchent avec des morceaux d'étoffes ou d'autres substances opaques, jusqu'à ce que l'obscurité convenable soit rétablie. Ils ont leurs observances aussi quant au régime. Tous ces pauvres diables sont rhizophages (ou mangeurs de racines) (1). »

La citation est imprévue sans doute, mais on avouera que le rapprochement est curieux. Que faut-il penser après cela du mot de Pascal relatif au caractère instable et ondoyant de la Vérité? Voici une simple boutade humoristique,

LE MONT DES OLIVIERS, VUE PRISE DE JÉRUSALEM

presqu'un trait local, qui, transporté à plus de mille lieues, trouve encore son application, malgré la différence considérable des latitudes et des climats.

Il serait donc vrai que la misère n'engendre qu'une seule façon de vivre, qui

(1) One might fancy them worshippers of Hertha, or the Earth: for they dig and affectionately work continually in her bosom; or else, shut up in private oratories, meditate and manipulate the substances derived from her; seldom looking up towards the heavenly luminaries, and then with comparative indifference. Like the druids, on the other hand, they live in darke dwellings; often even breaking their glass windows, where they find such and stuffing them up with pieces of raiment or other opaque substances, till the fit obscurity is restored. In respect of diet, they have also their observances. Al poor slaves are rhizophagous (or root eaters). (Carlyle, *Sartor Resartus.*)

En comparant cette boutade avec le célèbre passage des *Caractères* de La Bruyère : « L'on voit certains animaux farouches, etc., » on est bien tenté d'accuser Carlyle de plagiat.

JÉRUSALEM VUE DE LA FONTAINE EN-ROGEL.

est la même dans tous les temps, sous tous les méridiens et que de toutes les vieilles formes civiles et religieuses de la société humaine, la seule impérissable est le troglodytisme et l'adoration d'Hertha, l'*alma parens* des porte-guenilles dont parle Carlyle

Comment expliquer cette indifférence féroce de la nature pour ceux précisément qui vivent le plus intimement avec elle? Comment expliquer que la terre n'ait encore rien fait pour l'avènement des pauvres diables qui sans cesse scrutent ses entrailles et sollicitent ses bienfaits ? Quel abîme ouvert à la pensée humaine, et comme on comprend bien les railleries douloureuses qui échappent à des philosophes tels que La Bruyère ou Carlyle, en présence de cette race de parias éternellement courbés sous l'ahan, perpétuant ses fastes misérables à travers toutes les révolutions physiques et sociales, et cela en dépit du Christ des pauvres, mort là-bas, sur ce Calvaire qui fait aujourd'hui la gloire et la honte de Jérusalem . .

En face du village, au nord, un sentier escarpé conduit à la *fontaine de la Vierge*, située près des ruines d'une ancienne mosquée, sur le flanc opposé de la vallée de Josaphat. Le bassin qui renferme l'eau est situé à une certaine profondeur dans le rocher et on y descend par un escalier de trente marches coupé en deux par un palier. La source est intermittente comme nous l'avons dit, et communique par un canal souterrain avec la fontaine ou piscine de Siloé. Le puits a été exploré par divers voyageurs, par Werren entre autres, qui y a découvert une autre galerie se dirigeant vers l'ouest et terminée par une salle voûtée où l'on a trouvé quelques lampes de verre, et plusieurs ustensiles juifs.

On sait que les Juifs et plus tard les chrétiens ont attaché toutes sortes de légendes et de superstitions à l'intermittence de cette fontaine ; la science l'a expliquée depuis par la cause la plus simple et la plus naturelle. Le canal d'écoulement partant du fond du bassin s'élève au-dessus du niveau ordinaire de l'eau pour redescendre ensuite par une branche coudée jusqu'au niveau de décharge. Cette disposition, comme on voit, est celle du siphon théorique. L'eau s'écoule dès qu'elle est arrivée dans le réservoir à la hauteur du coude, et elle cesse de couler, sitôt que son niveau ne dépasse plus celui de l'orifice de décharge.

La fontaine de Siloé est située au sud-ouest du village, à l'entrée du chemin qui mène à la ville en suivant le thalweg du Tyropæon. Le bassin, où se voient des restes de constructions antiques, mesure environ 16 à 17 mètres de longueur sur 6 de largeur. Il est souvent question dans la Bible de cette piscine qui paraît avoir été l'une des plus importantes de l'ancienne ville juive. Le mur de l'enceinte primitive passait probablement entre le bassin supérieur et le bassin inférieur situé à l'est, et hors d'usage aujourd'hui (1).

(1) Les auteurs anciens ne sont pas d'accord sur le tracé de l'ancienne enceinte relativement à la

La piscine de Siloé jouait un grand rôle dans les principales réjouissances qui, au temps de Jésus, marquaient chacun des sept jours de la fête des Tabernacles. Dès l'aube le peuple se rendait au Temple, et quand l'offrande matinale était faite, un des prêtres descendait à la piscine de Siloé, et y puisait de l'eau dans une aiguière d'or. Cette eau était ensuite portée en procession triomphale jusqu'à l'autel situé dans le Temple, où son arrivée était annoncée par les fanfares joyeuses des trompettes sacrées. Le prêtre vidait solennellement l'aiguière dans un

BOSQUET D'OLIVIERS

bassin d'argent, à droite de l'autel, tandis qu'on remplissait de vin un autre bassin d'argent, à gauche.

Alors on entonnait le *Hallel* (Psaumes de David, CXIII-CXVIII) et quand on arrivait au verset : « Louez l'Éternel, car il est bon, et sa miséricorde dure éternellement, » chaque prêtre agitait triomphalement le lulab (1) sacré qu'il tenait à la main.

piscine de Siloé. D'après le texte grec de Josèphe (*Bell. jud.*), il semblerait, en effet, que la première muraille passait entre les deux bassins. Plus tard le pèlerin de Bordeaux nous fournit le renseignement suivant : « Item exeunti in Hierusalem ut ascendas Sion, in parte sinistra, et deorsum *in valle juxta murum*. est piscina quæ dicitur Siloa... » Et il ajoute, selon la légende qui avait cours alors : « Hic fons sex diebus atque noctibus currit ; septima vero die est sabbatum, in totum nec nocte nec die currit. » Enfin l'auteur de l'Itinéraire d'Antonin de Plaisance dit au chapitre xxv : « Fons Siloa modo intra civitatem inclusus est, quia Eudocia imperatrix ipsa addidit muros in civitate, etc... »

(1) Le *lulab* était un faisceau de palmes ou de branches de saule, ou encore un fruit (citron,

Des réjouissances universelles terminaient le soir cette fête qui semble avoir été la fête la plus populaire parmi les Juifs, mais dont l'origine n'a pu être retrouvée avec certitude. Farrar pense que le diapason extraordinaire qu'atteignait la jovialité publique, les processions triomphales introduites dans la cérémonie sous les Hérodes et l'enthousiasme universel avaient leur source dans le souvenir de l'accident terrible qui avait marqué jadis la célébration de cette fête sous Alexandre Jannée.

LE LIT DU CÉDRON

Celui-ci s'étant permis de répandre dédaigneusement l'eau à terre, au lieu de la verser dans le bassin sacré, les Pharisiens lui jetèrent à la tête les citrons qu'ils portaient à la main. Alexandre Jannée ayant appelé ses mercenaires à son aide, un massacre s'ensuivit, où périrent environ six mille hommes.

Et l'auteur que je viens de nommer ajoute naïvement ou malicieusement — avec les Anglais on ne sait jamais — : « Cette destination interdite des fruits (sacrés) transformés en projectiles ne semble pas avoir été un fait rare (1). »

pêche, etc.), que chaque Juif devait porter sur lui durant tout le temps de la fête. « Et au premier jour vous prendrez du fruit d'un bel arbre, des branches de palmes, et des rameaux d'arbres, et des saules de rivière, et vous vous réjouirez pendant sept jours devant l'Éternel. » (Lévit., xxiii, 40.)
(1) « The feast was called *Shimeath beth hashoabah*. The origin of the ceremony is quite obscure, but it is at least possible that the extra joy of it — the processions, illuminations, dances — commemo-

L'eau de la piscine de Siloé sert principalement à arroser les fameux jardins potagers de la vallée, lesquels semblent avoir remplacé les jardins royaux dont il est question dans la Bible.

Quant au bassin inférieur, il est hors d'usage depuis fort longtemps, s'il faut en croire les arbres d'un âge respectable qui y ont poussé.

Revenus au village, nous reprenons notre route vers le sud, et nous ne tardons pas à arriver au point de jonction des vallées de Josaphat et de Hinnom, d'où nous apercevons maintenant une partie de l'enceinte méridionale de Jérusalem et les monuments qui couronnent à l'ouest le faubourg de Sion.

Nous remarquons sur notre gauche des restes de bâtiment, ruines d'une mosquée sans doute, et à quelques pas de là un puits maçonné recouvert d'un hangar : c'est la fontaine *En-Roguel* de la Bible, le *Bir-Eyoub* des Arabes.

Cette fontaine, dont nous avons parlé déjà à propos des eaux de Jérusalem, est encore appelée par les chrétiens puits de *Néhémie* ou du feu, parce que Néhémie, selon la tradition, y aurait retrouvé le feu sacré que les prêtres avaient caché dans cet endroit.

Le paysage ici est moins sombre, et le Bir-Eyoub sert souvent de lieu de promenade aux habitants de Jérusalem. Une branche de la vallée du Cédron, appelée *vallée du Feu* ouvre à l'est une perspective riante. A l'ouest s'étend le Ouadi-er-Rebabi, où nous nous engageons.

rated the triumph of the Pharisees in having got the better of Alexander Jannæus, who, instead of pouring the water on the altar, disdainfully poured it on the ground. The Pharisees in their fury hurled at his head the citron-fruits which they were carrying in their hands, and on his calling his mercenaries to his aid, a massacre of nearly six thousand ensued.... This unauthorised use of the fruits as convenient missiles seems not to have been rare. » (W. Farrar, *The life of Christ*.) — L'auteur anglais ne s'est pas demandé à quel usage était destinée l'eau du bassin d'argent. Le Talmud nous permet d'éclaircir le fait, car il nous apprend (chap. xxxv, Avoth de Rabi-Nathan), qu'à l'époque des grandes fêtes, l'eau de Siloé servait à combattre l'indigestion chez les prêtres qui avaient trop mangé de viandes consacrées. Or il faut savoir que l'eau de Siloé a une saveur salée et un goût fort désagréable, ce qui explique au besoin l'acte irrévérencieux du roi qui en avait peut-être goûté. Alexandre Jannée ignorait d'ailleurs l'usage qu'en faisaient les prêtres et ne pouvait se douter de la fureur qu'il provoquerait en les frustrant d'une eau dont ils comptaient se servir comme médecine.

CHAPITRE XV

LA VALLÉE DE HINNOM ET LE FAUBOURG DE SION

Un village troglodyte. — Hakeldama. — La nécropole juive. — *Retraite des apôtres* — Le champ du sang. — Origines et histoire d'une superstition. — Le Birket-es-Soultan. — Faubourg de Sion ou de Nebi-Daoud. — Le Cénacle. — La sainte Cène. — Tombeau apocryphe de David. — Mont du Mauvais-Conseil. — L'arbre de Judas. — Les lépreux de Jérusalem, et la maladrerie allemande. — Le Birket-Mamilla.

Selon la Bible, la vallée de Hinnom ou des enfants de Hinnom (Ge beni-Hinnom) aurait été le théâtre des sacrifices faits à Moloch par les rois idolâtres, par Achaz et par Manassé, entre autres (1). D'où sans doute le nom de Géhénne (abréviation de Ge beni-Hinnom que lui donnèrent plus tard les chrétiens.

La vallée se dirige d'abord en droite ligne vers l'ouest, entre le mont du Scandale et les hauteurs du faubourg de Sion. Elle contourne ensuite les flancs du mont Sion pour remonter vers le nord parallèlement au mur occidental de la ville. La position du Birket-Mamilla en marque à peu près l'extrémité supérieure.

Quelques auteurs donnent le nom de *vallée de Gihon* à la portion de la vallée comprise entre le *Birket-es-Soultan* (en face de l'angle sud-ouest de la ville et le Birket Mamilla).

Le chemin que nous suivons sur le flanc méridional de l'Ouadi-er-Rebabi serait bien le plus triste qu'on puisse imaginer si l'on n'avait, pour se récréer, la vue, le panorama de Siloam que nous laissons sur notre droite ; le village, à mesure

---

(1) II *Chroniques*, xxviii : « 3. Il fit aussi des encensements dans la vallée des fils de Hinnom, et il fit brûler de ses fils au feu, selon les abominations des nations que l'Éternel avait chassées de devant les enfants d'Israël. » Le roi désigné ici est Achaz. Manassé l'imita.

II *Chroniques*, xxxiii : « 6. Il fit aussi passer ses fils par le feu dans la vallée des enfants de Hinnom.... »

qu'on s'en éloigne, semble rentrer dans la roche d'où il émergerait tantôt.

Au bout de quelques pas nous nous trouvons de nouveau en plein cimetière, c'est-à-dire que la paroi rocheuse à demi éboulée que nous longeons présente un aspect lamentable de carrière abandonnée. Le rocher est taillé, ciselé, crevassé en mille endroits, avec des fissures naturelles, à côté d'excavations artificielles à l'entrée ébréchée, grossièrement maçonnée, et noire comme l'orifice d'une cheminée.

Tout le versant de la colline, à l'est et à l'ouest du Haceldama, jusqu'au chemin qui monte vers Sion échelonne à des hauteurs diverses des groupes mornes

JARDIN DE GETHSÉMANÉ

d'excavations, avec çà et là des entailles fraîches, argileuses, blanchissantes au soleil et qui font ressembler la contrée à un village troglodyte que la pioche vient de mettre à jour. Tout cela dans une solitude et un silence qui pèsent lourdement sur l'imagination la moins sombre.

Et c'est bien un village troglodyte que cette vieille nécropole juive, mais un village abandonné. La mort ne fait-elle pas de chacun de nous un troglodyte, nous forçant, pour nous humilier plus profondément, de retourner à la condition des âges primitifs, nous mesurant même les quelques pieds de terre destinés à recevoir ce qui reste de notre grandeur foudroyée ? La terre heureusement est plus clémente. Sitôt que nous arrivons dans notre dernière demeure, elle soulève douce-

ENTRÉE D'UNE GROTTE SÉPULCRALE

ment le couvercle de notre cercueil, livre notre corps glacé aux caresses des affinités cosmiques, et quand nos molécules se sont désagrégées dans le redoutable et mystérieux travail des éléments inorganiques, elle nous rend à l'immortalité ou au néant : — cette tombe fermée recélait un homme, ouvrez-la, vous n'y trouverez le plus souvent qu'un peu de poussière, parfois rien.

Il y a quelque chose de plus pénible à voir qu'un tombeau, c'est un tombeau vide ; il y a quelque chose de plus pénible encore qu'un tombeau vide, c'est un tombeau d'où les vivants ont chassé les morts, et où ces usurpateurs n'ont laissé à leur tour que les traces de leur profanation. Des générations alternées de morts et de vivants se succédant dans les mêmes cavernes, s'abritant des mêmes ténèbres, comme s'il n'y avait pas pour les vivants assez de place au grand soleil, à la surface libre du globe, — telle est l'histoire de la nécropole antique de la vallée de Hinnom. Chacune de ces grottes sombres a eu son anachorète qui balayait soigneusement les restes putréfiés de son prochain, étendait sa natte sur ces pierres où la mort avait traîné son suaire glacé, et faisait sa sieste quotidienne à la place même où un être humain avait dormi son sommeil éternel (1). Il est certes difficile d'imaginer comment des hommes sains et forts, croyant en Dieu et au diable, ont pu vaquer à leurs occupations terrestres, dire des prières, compter les heures dans ces caves funèbres que le mystère impénétrable de la mort peuplait de visions troublantes, et où l'heure suprême de l'éternité avait pour jamais arrêté le cours du temps.

Arrivons au détail de ces grottes. L'aspect extérieur est à peu près le même partout. Une entrée basse, parfois maçonnée en voûte ou présentant des restes d'ornements grossièrement taillés, et où aboutit une rampe très courte ou un escalier ; cette entrée est souvent noircie par la fumée, de même que l'intérieur. Quelques-unes des caves ont deux étages. Nous conseillons au lecteur qui voudrait les visiter en détail de se servir du plan donné par Tobler, et qui se trouve d'ailleurs dans le savant guide publié sous la direction de l'éditeur Baedeker (2). On s'attendra au reste à trouver bien des changements, car depuis une vingtaine d'années, un grand nombre de ces grottes ont été mutilées par des travaux d'exploitation et quelques-unes même sont aujourd'hui méconnaissables. M. de Saulcy, qui a visité Jérusalem en 1850, a constaté, lors d'un second voyage fait treize ans plus tard, la disparition d'un certain nombre de sépulcres qu'il avait remarqués et dessinés lors de sa première visite.

---

(1) « Exeuntes a Siloa venimus in agrum qui comparatus est pretio sanguinis Dominici ; qui vocatur Acheldamac, hoc est ager sanguinis, in quo omnes peregrini sepeliuntur. Inter ipsa sepulchra sunt cellulae servorum Dei, ubi fiunt multae virtutes, et per loca inter monumenta sunt vinneae et pomeria. » *Itinéraire d'Antonin de Plaisance*, chap. XXVI.)

(1) *Palestine et Syrie*. (Karl Baedeker, éditeur. Leipzig. 1882.)

Le plus curieux des monuments du premier groupe que nous rencontrons sur notre chemin est une grotte située sur une petite plate-forme et dont l'entrée est décorée d'une frise dorique à triglyphes. La grotte se compose d'un vestibule et de quelques chambres garnies de tombeaux ou de fours à cercueil. Les voûtes sont toutes ornées de peintures à fresque peu anciennes. Les chrétiens ont donné à cette cave le nom de *Retraite des Apôtres*, d'après une tradition qui la désigne comme ayant servi de refuge aux apôtres après l'arrestation de Jésus. Les Grecs y célèbrent parfois des offices parce qu'ils y voient l'ermitage de Saint-Onuphre.

La grotte voisine porte une inscription permettant de conclure qu'elle était jadis la propriété de l'église de Sion, qui d'ailleurs avait fait élever quelques tombeaux dans le voisinage.

Pour les autres grottes nous renvoyons le lecteur aux sources déjà indiquées, n'ayant pu nous-même les visiter toutes en détail. L'endroit où nous sommes arrivés est le champ du Hak-el-damma ou champ du sang, acheté par Judas avec le prix de sa trahison. Les chrétiens arabes lui ont donné le nom de el-Ferdoús, le Paradis, allusion assez transparente puisqu'on y enterrait jadis tous les pèlerins, comme nous l'apprend Antonin de Plaisance dans le passage déjà cité (*hoc est ager sanguinis, in quo omnes peregrini sepeliuntur*, etc.)

Un monument funéraire s'élève au milieu du champ, dominant les grottes à l'ouest. La base, taillée dans le roc, est à demi enterrée sous les décombres et les éboulements de terre. La terrasse qui en recouvre les voûtes est percée d'ouvertures par lesquelles on descendait les corps dans l'intérieur, aménagé en caveaux funéraires. Dans le voisinage du monument le sol est entaillé par la pioche, et tout me porte à croire que le monument lui-même ne tardera pas à disparaître.

Ce n'est point d'ailleurs l'argile du champ de Judas qu'enlèvent aujourd'hui les ouvriers des carrières ; je gagerais qu'il ne reste plus un mètre cube de l'humus primitif ; — le champ tout entier a dû disparaître dans les mutilations successives. Il fut un temps en effet où le Hak-el-damma fut exploité à l'égal d'un gisement aurifère. Le bruit s'était répandu parmi les premiers chrétiens de Jérusalem, que ce sol avait la propriété remarquable de décomposer avec une rapidité merveilleuse les corps qu'on y enterrait. Ce bruit évidemment devait reposer plus ou moins sur l'expérience du fait, puisqu'on enterrait alors pas mal de monde au Hak-el-damma, et que le phénomène pouvait être vérifié tous les jours. Ce qu'il y a de certain, c'est que l'impératrice Hélène mit ce sol en coupe réglée, et qu'à diverses époques des navires quittèrent le port de Jaffa, emportant des chargements considérables du champ de Judas.

Des expériences faites avec cette même terre, par des savants modernes, n'ont donné, il est vrai, aucun résultat. Mais comme il n'y a pas de feu sans fumée, et point de tradition — tradition de ce genre surtout — sans un grain de vérité, je n'en persiste pas moins à croire que les flancs du mont du Mauvais-Conseil pouvaient avoir, dans une certaine limite, la propriété qu'on leur attribuait.

En ceci, d'ailleurs, les faits sont d'accord avec la science. Un sol argileux est peu favorable à la conservation des corps, leur enterrement dans une couche superficielle d'humus, l'humidité, le contact de l'air ne peuvent que hâter la décomposition.

Or, le sol du Hak-el-damma devait être essentiellement perméable aux influences

VALLÉE DE JOSAPHAT : ANGLE SUD-EST

de l'air et de l'humidité ; de l'air, à cause des nombreuses excavations dont il était percé, de l'humidité, à cause de la déclivité du terrain. L'eau est certainement le destructeur le plus actif des cadavres, comme Shakespeare le fait dire à son fossoyeur dans Hamlet (1), et il est facile de comprendre que les eaux des grandes

(1) *Hamlet*. — Combien de temps un homme reste-il en terre avant de pourrir ?
Le Fossoyeur. — Ma foi, s'il n'est pas déjà pourri avant de mourir, — car nous avons, par le temps qui court, beaucoup de corps gangrenés, qui peuvent à peine soutenir l'inhumation, — il pourra se conserver huit ou neuf ans ; un tanneur se conserve neuf ans.
Hamlet. — Pourquoi plus longtemps qu'un autre?
Le Fossoyeur. — L'exercice de sa profession lui a tellement tanné la peau, qu'elle reste très longtemps imperméable ; or, vous saurez que l'eau est le destructeur le plus actif des cadavres, etc....
(*Hamlet*, acte V, scène I.)

pluies, coulant du haut des pentes supérieures du mont du Mauvais-Conseil, pouvait jusqu'à un certain point séjourner dans les surfaces horizontales que présentait le sol argileux des caveaux et des fosses du Hak-el-damma, ou du moins les détremper entièrement. La vertu singulière de cette terre résidait donc non pas dans la nature du sol lui-même, mais dans la position du champ, dans son orientation, dans les influences climatériques auxquelles il était soumis, dans ses configurations superficielle et souterraine.

Et voilà qui explique très naturellement que cette même terre ait cessé d'avoir la vertu qu'on lui attribuait, chaque fois qu'on la détachait du champ de Judas pour la transporter ailleurs.

N'est-il pas permis maintenant de sourire discrètement à la pensée de tant de naïfs transportant à grands frais une terre qui perdait toutes ses propriétés par le seul fait de son déplacement, et n'est-ce pas là l'histoire de bien des découvertes modernes qui perdent toute application et toute portée sitôt qu'on les transporte hors du champ d'action où elles avaient germé?

Un certain nombre de grottes s'étendent encore à l'ouest du Hak-el-damma, et nous rencontrons là le chemin antique qui traverse la vallée de Hinnom pour aboutir à la porte de Sion, et sur le parcours duquel M. de Saulcy a découvert autrefois les restes présumés d'un escalier de la cité de David. Ces restes sont aujourd'hui absolument introuvables.

Laissant ce chemin à droite, nous nous dirigeons sur l'angle ouest de la vallée en contournant la colline de Sion. A gauche, sur la route qui mène à la porte de Jaffa, se dresse le superbe hospice des Juifs, fondé par Sir Montefiore. Devant nous s'étend le bassin énorme du Birket-es-Soultan (170 mètres de long sur 66 de large). A quel règne faut-il faire remonter l'origine de ce colossal étang? M. de Saulcy pense qu'il a été construit sous les croisades, parce qu'il portait en ce temps-là le nom de lac *Germain* et parce que son appareil ne lui paraît pas digne des rois de Juda. Les auteurs allemands et anglais penchent au contraire pour l'origine judaïque.

Il est d'ailleurs hors d'usage aujourd'hui et ne présente plus qu'une immense fondrière devenue le théâtre quotidien de toutes sortes d'industries pauvres.

On remarque ici quelques débris de l'aqueduc de Salomon. Le faubourg de Sion s'élève au-dessous de nous à notre droite, derrière les bâtiments de l'école anglaise autour de laquelle sont groupés tous les cimetières chrétiens. Nous sommes en présence d'un des points les plus intéressants de la ville antique. Les Anglais ont retrouvé là, au milieu des cimetières, une partie du fossé de la ville jébuséenne ou au moins du fossé qui courait sous l'angle de Sion. Un escalier taillé dans le roc de l'escarpe a été mis à nu. On y voit des ouvertures de colonnes, des assises de tour, et, dans les parties inférieures de l'escarpe, quelques excavations servant à des troglodytes modernes dont les traits sont arrivés, grâce sans doute à un exercice journalier, à réfléchir aussi fidèlement que possible la mélancolie des cimetières environnants.

Après avoir longé ces derniers jusqu'à la hauteur de l'angle sud-ouest de la ville actuelle, nous revenons sur nos pas pour nous diriger sur le groupe de constructions, qui entourent le cénacle et forment le faubourg de Nebi-Daoud.

Ces constructions ont remplacé l'ancienne église de Sion, « la première et la mère de toutes les églises », comme dit Guillaume de Tyr. Cette église avait été élevée sur le lieu de la descente du Saint-Esprit, et la tradition qui place au même endroit l'institution de l'Eucharistie ou la Sainte Cène, est postérieure à la première de plusieurs siècles. A la première basilique, bâtie par Hélène sans doute, succéda, au temps des croisades, une autre église dont il ne reste guère que deux pièces, celles du Cénacle proprement dit. Au premier étage on montre une grande salle formant deux nefs séparées par des colonnes. C'est là qu'aurait été prononcé le sermon après la scène; la pièce inférieure, attenante à la salle où l'on montre le tombeau de David, est celle où eut lieu le souper.

Il est regrettable qu'on n'ait pu fixer d'une façon précise le lieu et les détails de ce quatrième acte à jamais mémorable du grand drame chrétien où Jésus résumait toute l'œuvre de sa vie, dans l'institution de l'Eucharistie, dans le lavement des pieds, et dans le sermon où il donnait à ses disciples ce dernier et suprême commandement : « Aimez-vous les uns les autres comme moi-même je vous ai aimés. »

« L'imagination, dit M. Farrar, aime à se retracer tous les détails probables de cette scène profondément émouvante et éternellement sacrée, et si nous comparons les notices sur les anciens usages juifs, avec les coutumes immémoriales que l'immuable Orient a conservées jusqu'à nos jours, nous ne pouvons avoir que peu de doutes sur la nature de ses dispositions en général.

« La scène ne ressemblait en rien à celles que Léonard de Vinci et d'autres grands peintres nous ont rendues familières. La salle avait probablement des murailles blanches et n'était ornée tout juste que du strict confortable. Les couches ou coussins, chacun assez vaste pour tenir trois personnes, garnissaient les trois côtés d'une ou de plusieurs tables basses en bois peint d'une couleur éclatante et de la même hauteur à peu près que les sièges. La place d'honneur était celle du milieu sur le triclinium ou sur la natte du centre (1). Celle-ci était naturellement occupée par Notre-Seigneur (2).... »

(1) Parce que ceux qui n'avaient pas adopté la coutume romaine des triclinia mangeaient accroupis sur des nattes.
(2) Imagination loves to reproduce all the probable details of that deeply moving and eternally

On montre encore dans la salle la place où était la table du repas ; mais quelle foi ajouter aux traditions du Cénacle en général, puisque le bâtiment délabré auquel ces traditions se rattachent remonte tout au plus au quatorzième ou au quinzième siècle, et qu'aucune donnée précise ne nous autorise à chercher ici plutôt qu'ailleurs le théâtre de ce mémorable événement ?

Toutes les constructions du Cénacle et de ses dépendances appartiennent depuis fort longtemps aux musulmans qui les ont transformées en une mosquée. Depuis qu'ils se sont emparés des lieux, l'accès du tombeau de David est interdit aux chrétiens. Les pèlerins, à la vérité, n'y perdent pas grand'chose.

Car le prétendu tombeau de David, qu'on peut contempler à travers une grille (moyennant un bakchich), n'est proprement qu'un fac-simile de l'ancien, — sorte de sarcophage bas recouvert d'une étoffe de satin vert et rouge. L'Écriture ne désigne pas le lieu de la sépulture de David (1). Dans les premiers temps chrétiens on cherchait le tombeau dans les environs de Bethléhem. (Voir les écrits de saint Jérôme, d'Antonin de Plaisance, d'Arculphe... etc.) Néanmoins Benjamin de Tudèle le place sur le mont Sion, ainsi que les tombeaux des autres rois juifs. Mais la légende qu'il rapporte au sujet de la découverte de ces tombeaux nous permettrait presque de douter de sa bonne foi. Il y est question de deux ouvriers chargés de reconstruire une muraille écroulée, et qui, en déblayant le terrain, découvrent tout à coup des grottes merveilleuses aux parois revêtues d'or et d'argent. On retrouva dans ces grottes les tombeaux de David, de Salomon, et de tous les autres rois de Juda, et, la chose constatée, on se hâta de refermer les caveaux. . . . .

Et Benjamin de Tudèle ajoute qu'il tient cette histoire d'un rabbin de Constantinople qu'on avait appelé à Jérusalem pour le consulter sur l'origine desdits tombeaux.

M. de Saulcy, on le sait, a fait d'importantes découvertes au Koubour-el-Molouk, dont il a fouillé les caveaux pendant des mois à diverses reprises. La première fois il y découvrit un couvercle de sarcophage orné de sculptures qui est aujourd'hui au Louvre. Était-ce là le sarcophage de David ? M. de Saulcy n'en doutait pas un seul instant. (Voir le *Voyage en Syrie et autour de la mer*

---

sacred scene ; and if we compare the notices of ancient Jewish custom, with the immemorial fashions still existing in the changeless East, we can feel but little doubt as to the general nature of the arrangements. They were totally unlike those with wich the genius of Leonardo da Vinci, and other great painters, has made us so familiar. The room probably had white walls, and was bare of all except the most necessary furniture and adornment. The couches or cushions, each large enough to hold three persons, were placed around three sides of one or more low tables of gaily painted wood, each scarcely higher tan stools. The seat of honour was the central one of the central *triclinium*, or mat. This was, of course, occupied by the Lord.

(1) Un passage de Néhémie (III, 16) permet néanmoins de conclure que les rois de Juda avaient été ensevelis dans les flancs du mont Moriah.

Morte, tome II.) Mais le temps, à cette époque, et la découverte faite en 1863 d'un sarcophage complet devait refroidir son enthousiasme pour le pauvre couvercle, et dans son dernier ouvrage sur Jérusalem, M. de Saulcy abandonne (ouvertement du moins) la cause de David pour ne plus plaider que celle des rois juifs en général. Les trois voyages du savant portent les dates de 1853, 1863, 1869. Ces trois voyages ont donné lieu aux trois ouvrages suivants : *Voyage en Syrie*, etc. — *Voyage en Terre-Sainte*. — *Jérusalem*. Prenez dans ces trois ouvrages ce qui a trait aux découvertes faites par l'auteur au tombeau des Rois, et vous obtiendrez un quatrième ouvrage plein de sarcophages et de couvercles de sarcophages toujours les mêmes, mais offrant le plus grand intérêt philosophique, par l'exemple des vicissitudes auxquelles sont exposées les convictions d'un archéologue, lors même qu'elles ont pour base le granit d'une tombe royale.

Ce qui ne doit pas nous empêcher de reconnaître l'importance des découvertes faites par notre savant, découvertes que nous résumerons plus loin. Le tombeau de David est resté introuvable, sans doute, mais ce n'est pas à M. de Saulcy qu'il faut en imputer la faute.

En contournant les constructions du Cénacle, nous pouvons nous avancer jusqu'à l'extrémité sud du plateau de Sion, d'où l'on jouit d'une excellente vue sur la vallée de Hinnom.

En face de nous, le mont du Mauvais-Conseil couronné de quelques ruines et d'une construction blanche, — un tombeau musulman — à côté de ce tombeau, un arbre jetant comme une ombre mauvaise sur ce cône aride — inclinant ses branches échevelées vers l'orient — sombre vision sortie peut-être d'une nuit de déluge, alors que les éléments déchaînés assaillaient les cimes environnantes, et dont il est resté ce témoin unique, courbé sous une rafale invisible, demandant grâce pour le continent submergé. Qu'on imagine cet arbre dressé dans les ténèbres qui ont signalé la mort du Christ, et faisant onduler dans le vide, sous le ciel immobile, le cadavre de celui qui l'avait trahi ! Car telle est la légende née de ce sombre tableau, légende qui, seule peut-être parmi toutes les traditions du pays, trouve l'imagination du voyageur disposée à la crédulité, et cela en dépit des autres endroits où l'on montre d'autres arbres de Judas. Le décor se prête merveilleusement au hideux dénouement de cet éternel drame du remords, — si cela n'est pas, cela pourrait être, et cette pensée suffit pour arrêter la discussion sur les lèvres.

Retournant vers la porte de Sion, nous passons devant le couvent arménien où l'on place une *maison de Caïphe*. Le couvent renferme une chapelle, quelques ruines, et les tombeaux des patriarches arméniens. On y montre aussi la prison de Jésus et divers autres endroits consacrés par des traditions généralement apocryphes. Laissant la porte de Sion à notre droite, nous revenons sur nos pas en longeant les murs de la ville vers l'ouest, puis nous reprenons notre itinéraire autour de Jérusalem en remontant vers le nord jusqu'à la porte de Jaffa.

À la porte de Jaffa nous prenons la route de Gaza, dont le premier embranchement à gauche conduit à l'*hôpital des lépreux*. Les lépreux de Jérusalem ont droit au moins à une étude en passant, et il vaut mieux les étudier ici que sur les routes où quelques réfractaires montrent encore leurs plaies hideuses. Avant le bel établissement créé par les Allemands, les lépreux formaient une secte en quelque sorte maçonnique, dont le but essentiel était la conservation et la propagation du mal dont ils étaient atteints. Disons tout de suite que cet hôpital, où les malades sont d'ailleurs fort bien traités, est aussi nécessairement une maison de détention, et c'est sans doute la cause qui en éloigne tant de malheureux qui préfèrent leur misère à une guérison improbable dont l'essai leur coûte tout d'abord la liberté. La détention est d'ailleurs ici un mal nécessaire, si elle est un mal, car, la lèpre n'ayant point de remède connu, le but essentiel à poursuivre est l'extinction complète de la race des lépreux. Et ce résultat ne peut s'obtenir qu'en empêchant les individus atteints de vagabonder à leur guise et de s'unir entre eux. Mais là est la difficulté. Les lépreux n'entendent pas du tout être guéris aux dépens de leurs passions physiques, et se sacrifier individuellement pour le bien du plus grand nombre.

Qu'on nous permette d'emprunter à ce sujet quelques détails à un auteur moderne qui semble avoir étudié la question à fond :

« Les lépreux de Jérusalem ne sont pas précisément pauvres. Ils possèdent des troupeaux, des chameaux, des terres, situées à Ramleh — ce qui m'a expliqué la quantité de mendiants que j'ai vus dans la localité — vivent en dehors des lois, ne payent pas d'impôts, ne sont pas soumis au service militaire, et dépendent d'un cheick, dont la juridiction s'étend sur tous les lépreux de la Terre-Sainte. Ce cheick est chargé d'appliquer et d'exécuter les lois spéciales à la confrérie. Son autorité est reconnue par le gouvernement ottoman. La mendicité, première source de la fortune des lépreux, est continuée en qualité de profession commode et lucrative. Sans songer, et peut-être sans savoir que ces créatures, indignes du nom d'hommes, perpétuent volontairement, par le mariage et le refus obstiné d'un traitement, une maladie dégradante et hideuse, les Hiérosolymitains chrétiens, musulmans, ou juifs, se sentent remués de pitié à l'aspect d'un lépreux, et lui accordent de larges aumônes en nature ou en numéraire. Ces aumônes sont scrupuleusement apportées au cheick qui les verse dans la caisse commune.

« Un des médecins les plus distingués de Jérusalem m'a affirmé qu'un jour, voyant sur son passage un jeune lépreux horriblement défiguré, il lui proposa de le soigner, de le nourrir, pendant le temps du traitement, et, aussitôt qu'il serait guéri, de lui procurer un travail rémunérateur. Le lépreux refusa net, en disant : « Si je me porte bien, on me chassera de chez nous ! Et comment mangerai-je quand je serai vieux ? On ne peut pas travailler toujours !... D'ailleurs ! je ne sais ce qui fait le plus souffrir... ma maladie ou le travail ! »

Nous avons reproduit ces renseignements sous toutes réserves. Ce qu'il y a de

LE VILLAGE DE SILOAM

certain, c'est que la lèpre a en Orient ses immunités que les malheureux, atteints de ce mal, semblent jaloux de conserver. On a vu des misérables, sains de corps, se communiquer la maladie pour échapper aux obligations que leur eût imposées une vie normale.

Mis au ban de la société, ces êtres dégénérés se sont accommodés à leur mal, que l'habitude, cette seconde nature, leur avait appris à supporter, peut-être même à considérer comme un bienfait, puisqu'il leur créait une existence nouvelle, délivrée des dures nécessités qui pèsent sur la classe pauvre dans tous les pays du monde. De là, à concevoir un idéal de vie extra-sociale, une grande famille de déclassés rassemblée sous le même stigmate de la lèpre il n'y avait qu'un pas.

En présence des tristes conséquences de ce fléau, conséquences aggravées surtout par l'apathie des gouvernements d'autrefois, il nous faut bien reconnaître que les lois méticuleuses de Moïse, concernant la lèpre, avaient leur raison d'être, et il nous faut par contre aussi blâmer ceux qui de nos jours encore laissent un libre cours au mal. Espérons que l'exemple humanitaire donné par les Allemands ne restera pas sans profit ; la persistance de la lèpre serait une tache dans l'œuvre de civilisation universelle entreprise par les nations chrétiennes en Orient.

L'hôpital allemand est situé au fond d'une des dernières ondulations de terrain qui terminent au nord-ouest la vallée de Hinnom. L'extrémité nord de cette vallée est occupée par le Birket-Mamilla, une piscine semblable à celle du Birket-es-Soultan, un peu plus petite seulement et en meilleur état ; le réservoir, qui est rectangulaire 90 mètres de longueur sur 60 mètres de largeur), est situé au milieu d'un cimetière mahométan. Nous avons mentionné cette piscine ailleurs et nous avons dit qu'elle alimentait le Birket-Hammam-el-Batrak. Elle est désignée dans Josèphe sous le nom de *Piscine des Serpents*.

PISCINE DE SILOAM

CHAPITRE XVI

TOMBEAU DES ROIS, GROTTES ROYALES, ETC.

Amas de cendres. — Description du *Tombeau des Rois*. — Les hypothèses de M. de Saulcy. — Le squelette d'une reine. — Le couvercle du Louvre. — Histoire d'une découverte archéologique. — Visions de l'avenir. — Le *Tombeau des Juges*. — La porte de Damas. — Grottes de Jérémie. — Les *Carrières de Salomon*, dites *Grottes royales*. — Légende du Kerm-ech-Cheik. — La tour des Cigognes.

En poursuivant notre chemin vers le nord, nous arrivons sur la route de Jaffa, décrite déjà au commencement de cet ouvrage. Le paysage se fait moderne ici; à droite et à gauche de la route de Jaffa nous apercevons une foule de bâtiments neufs groupés autour de la colonie russe qui forme à elle seule une petite ville, avec ses murailles surmontées du mât consulaire et les dômes étincelants de sa cathédrale. En avant de la colonie se trouve le nouvel hôpital français, entouré de quelques maisons particulières. Plus loin, à gauche, le couvent allemand du *Talitha coumi*, à droite le consulat autrichien et diverses maisons d'éducation.

Le chemin qui longe la muraille-est de la colonie russe aboutit au nord à un *amas de cendres* dont l'origine a fait couler beaucoup d'encre en pure perte. D'où provenaient toutes ces cendres? Se fussent-elles rencontrées en Europe, auprès d'une ville quelconque, les savants passaient à côté, sans peut-être les voir, et personne à coup sûr n'eût songé à poser la question. Mais à Jérusalem, rien ne doit s'expliquer naturellement, et la moindre chose prend des proportions incalculables.

Jamais il ne serait venu à l'esprit d'un archéologue que ces cendres pouvaient être tout simplement des cendres vulgaires, des cendres comme nous pouvons en ramasser tous dans nos cheminées; tel antiquaire se serait laissé fouetter en place publique plutôt que d'admettre une opinion aussi dénuée d'hiéroglyphes et de citations grecques. A Jérusalem, heureusement pour les savants, le champ des hypothèses ne saurait être limité, et les ténèbres de l'histoire juive leur donnent, d'autre part, toute latitude de jongler avec les siècles et les traditions.

Aussi la petite colline de cendres servit-elle longtemps de tréteau à toutes sortes de parades archéologiques qui produisirent au grand jour les conjectures les plus imprévues. Les cendres étaient les résidus des anciennes fabriques de savon de la ville, ou bien les cendres des soldats de Titus, dont les corps devaient avoir été brûlés selon la coutume romaine, ou bien encore celles des holocaustes, etc., etc.

M. de Saulcy, que le problème avait longtemps troublé, eut, il y a vingt ans, l'heureuse idée de mettre fin au débat en faisant analyser divers échantillons de ces cendres à l'École des mines, à Paris. Il résulta de cette analyse que les cendres étaient tout bonnement des cendres de charbon ou de bois, et une fois de plus les brouillons de l'archéologie durent venir à résipiscence. Je suis certain d'ailleurs que la leçon n'a corrigé personne, et que les faiseurs de rébus, obligés de se contenter du vulgaire charbon, sont occupés depuis à chercher un moyen d'assigner à ce charbon une origine préhistorique.

Après avoir dépassé l'amas de cendres, nous traversons un bosquet fort agréable où dominent les oliviers. Le chemin que nous suivons prend une direction sensiblement nord-est et nous conduit sur la route de Naplouse, à la hauteur du *tombeau dit des Rois*, aujourd'hui situé dans un enclos de murailles.

M. de Saulcy a trop de fois et trop minutieusement étudié, fouillé et décrit ce célèbre monument pour que nous puissions nous permettre de donner ici autre chose qu'une description succincte empruntée en partie aux divers ouvrages de l'éminent archéologue. Au reste il n'y a pas à se dissimuler que le *Tombeau des Rois* a été en réalité découvert par M. de Saulcy : — la propriété d'une découverte étant une propriété, notre emprunt devient un emprunt forcé.

Bien entendu nous ne nous engageons nullement par là à partager les opinions de l'auteur au sujet de l'identification de ce lieu avec celui de la sépulture des rois de Juda. L'archéologie nous paraissant d'essence hostile au parti pris et aux opinions arrêtées, nous tenons autant que possible à rester neutre dans ce genre de questions. Peu nous importe que lesdits tombeaux aient renfermé des dépouilles de rois ou de pauvres hères, puisqu'aussi bien il ne reste plus trace de ces personnages, surtout depuis les fouilles de M. de Saulcy. Pour nous le Koubour-el-Molouk n'est ni le tombeau de la reine Hélène d'Adiabène dont il est question dans Josèphe, ni celui des rois juifs, ni enfin aucun des autres tombeaux spécialement reconnus par les auteurs ; nous nous contentons d'y voir une série de caveaux dont l'origine inconnue a de tout temps préoccupé l'opinion des érudits et des lettrés, et c'est à ce titre seul qu'il doit nous intéresser.

LE VILLAGE DE SILOAM

Donnons d'abord une description sommaire du monument.

Un escalier, taillé dans une rampe inclinée vers l'est, a été mis à jour par les fouilles de M. de Saulcy. Cet escalier conduit à une porte cintrée qui débouche sur une cour carrée servant de vestibule extérieur au tombeau proprement dit. Une entrée surmontée d'une frise assez bien conservée se montre dans la paroi ouest de cette cour. Le motif principal de la frise reproduit une couronne et des triglyphes alternant avec des boucliers ; au centre, une grappe de raisin. Le tout est encadré par une guirlande de feuillage et de fruits retombant à droite et à gauche du portail.

L'entrée des caveaux est dans le vestibule intérieur à gauche. On arrive par quelques marches dans une salle carrée jadis fermée par une porte massive de pierre qui est aujourd'hui au Louvre. Nous franchissons l'ouverture taillée dans la paroi ouest de cette salle et nous nous trouvons dans une grotte rectangulaire percée de neuf petites portes cintrées donnant accès dans des tombes munies de couchettes funéraires et de lampadaires, le tout taillé dans le roc. Un caveau de niveau plus bas encore s'étend en arrière des tombes de la face de droite ; c'est celui où M. de Saulcy a trouvé le couvercle de sarcophage richement orné qui figure aujourd'hui au Louvre sous cette dénomination : *tombeau d'un roi de Juda*. *Tombeau de David !* eût écrit M. de Saulcy, s'il n'avait tenu qu'à lui. Lors de sa découverte, en effet, il était fermement persuadé que c'était là le tombeau du roi prophète (voir le *Voyage en Syrie et autour de la mer Morte*).

En effet, ce tombeau, qui avait tant coûté de peine à M. de Saulcy, pouvait-il être le tombeau du premier venu, d'un personnage quelconque sans aucune importance historique ? Raisonnablement non. Mais de là à y voir le tombeau de David, il y avait encore un abîme. Cet abîme, M. de Saulcy le combla au moyen d'une hypothèse péremptoire : — le caveau où gisait le couvercle en question devait occuper la place d'honneur du monument. Pourquoi la place d'honneur ?

M. de Saulcy répond : parce qu'il est taillé dans l'axe général du monument.

Cette affirmation, nous devons le reconnaître, est tout à fait gratuite. M. de Saulcy donne ici à ce mot axe un sens trop étendu. L'axe général d'un monument aux dispositions aussi peu symétriques que le *Tombeau des Rois* nous paraît difficile à déterminer. En réalité chacune des trois grottes principales qui s'ouvrent sur le vestibule intérieur a son axe particulier. Dans ce sens, nous accorderons que le caveau de M. de Saulcy est situé dans l'axe du vestibule de l'ouest. Cette position lui assigne-t-elle la place d'honneur ? Nullement. Nous serions plutôt tenté d'attribuer ce rang au caveau de même niveau où l'on a trouvé le couvercle à rosaces (également au Louvre). Ce caveau occupe à peu près le centre du monument considéré dans son ensemble, et se trouve bien plus que tout autre situé sur un axe général. Malheureusement le couvercle qu'on y a trouvé n'est qu'un couvercle fort mesquin à rosaces, tout à fait indigne du roi David, et offrant d'ailleurs l'inconvénient d'avoir été connu longtemps avant les fouilles de M. de Saulcy.

Les convictions de notre savant étaient probablement déjà ébranlées par l'incrédulité générale, lorsqu'un événement imprévu vint, en 1869, leur porter un coup funeste. M. de Saulcy découvrit une chambre nouvelle, et, dans cette chambre, un sarcophage encore intact renfermant le squelette d'une reine. Du coup David et son couvercle passèrent au second plan. Aussi, dans son second ouvrage, M. de Saulcy abandonne-t-il le couvercle pour concentrer toute sa sollicitude sur le squelette (1). Il insiste bien encore en passant sur la question de l'*axe principal* et de la *place d'honneur*, mais il ne se soucie plus d'y mettre de force le roi David, comme si cet infortuné souverain n'avait plus aucun droit à une place d'honneur, maintenant que notre savant tient un sarcophage avec une reine dedans.

Je saute les vingt dernières années de l'histoire posthume du roi David et je feuillette le dernier ouvrage où M. de Saulcy récapitule toutes ses découvertes. En nivelant l'importance de ces dernières, le temps a aussi nivelé l'enthousiasme qu'elles avaient suscité chez l'archéologue. Et Dieu sait pourtant si cet enthousiasme — pour la reine surtout — avait été grand. (Le lecteur en jugera plus loin.) Mais tout n'est que poussière en somme. La reine comme le roi sont rentrés dans ces ténèbres d'arrière-plan, où les sarcophages les mieux conservés, les ossuaires les plus probants perdent leur caractère révélateur. Pour ce qui est de la reine, M. de Saulcy raconte pour la dernière fois qu'au moment où il lui passait les mains sous le crâne, le plus délicatement possible, tout s'affaissa et disparut comme par enchantement, ne laissant au fond du tombeau qu'une longue tache de terreau brunâtre, mêlé d'esquilles.

« Il ne nous resta, ajouta-t-il avec l'émotion contenue provoquée par ce triste souvenir, il ne nous resta de ce corps, encore entier tout à l'heure, qu'une partie de la mâchoire inférieure avec les dents, puis quelques fragments d'os ; le reste s'était évanoui.

« Le terreau humain fut recueilli avec un soin religieux, et nous pûmes constater que le long du côté gauche du cadavre il y avait des milliers de petits fils d'or tordus, d'une ténuité extrême, et qui avaient dû faire partie d'une bande d'or bordant un linceul d'un tissu de lin assez grossier, et dont quelques mailles se sont conservées seules sur un petit fragment d'os. Voilà tout ! Pas un bijou, pas une bague, pas un collier ! Rien, absolument rien. Hérode avait passé par là, et il avait fait les choses en conscience (2). »

(1) Voir le *Voyage en Terre-Sainte* (tome I, page 369).
(2) *Jérusalem*, page 235.

Après avoir constaté simplement que c'était là une reine de Juda, comme l'indique l'inscription tracée sur le sarcophage, le savant s'arrache définitivement à cette lugubre vision pour ne plus discuter que l'authenticité en général du Tombeau des Rois. Et ce qui prouve bien qu'il ne perçoit plus qu'un rapport fort éloigné entre le fameux couvercle du Louvre et le roi David, c'est qu'il relègue son ancienne opinion dans un chapitre où elle n'a que faire et où elle passe inaperçue.

Ce chapitre est intitulé. « *Ossuaires judaïques*, et il contient quelque part cette

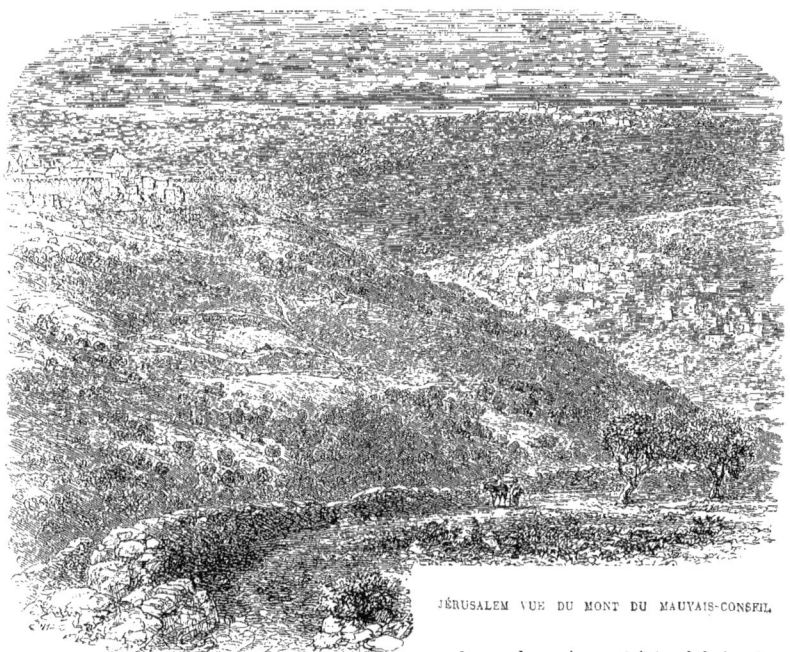

JÉRUSALEM VUE DU MONT DU MAUVAIS-CONSEIL.

phrase laconique, triste débris des convictions enthousiastes de l'auteur du *Voyage en Syrie*, etc. (il s'agit du caveau qui occuperait la place d'honneur) : « Je n'hésite pas, dit simplement M. de Saulcy, à le reconnaître comme le caveau de la tombe du chef de la dynastie, du roi David. » C'est tout.

Mais ces citations sont anticipées ; je reviens à la description générale du monument, tel qu'il était en 1859.

Sortis du vestibule de l'ouest, et revenus à la cour intérieure qui forme le vestibule principal, nous apercevons dans la paroi sud de cette cour deux autres entrées menant dans deux chambres carrées, renfermant chacune six tombes plus ou moins achevées. La chambre de droite a de plus une ouverture à droite de la porte d'entrée, qui mène, par un escalier suivi d'un palier incliné, à une chambre basse semblable à celle du prétendu caveau d'honneur. C'est cette chambre qui occupe à peu près le centre du monument, et où M. de Saulcy a trouvé un couvercle orné de trois rosaces (signalé déjà par des voyageurs qui ont précédé le savant), qui est aussi au Louvre aujourd'hui.

Lors de son second voyage en 1873, M. de Saulcy fit déblayer et nettoyer le monument de fond en comble. Ces travaux firent trouver d'abord une foule d'objets de l'époque romaine, urnes cinéraires, fioles lacrymatoires, lampes de terre cuite, figurines, monnaies, etc... On trouva aussi des ossuaires, et quelques ossements épars, mais c'était là choses sans importance. Une découverte capitale attendait les travailleurs, celle du sarcophage de la reine. Dans ses deux derniers ouvrages, M. de Saulcy a narré sa découverte de la façon la plus agréable. Les deux versions sont identiques à quelques détails près, mais la première est plus dramatique que la seconde, et la seconde est moins longue que la première. Je choisis la seconde, en me réservant d'y faire intervenir, en temps et lieu, l'élément dramatique emprunté à la première.

« J'espérais toujours que la découverte d'une chambre nouvelle me fût annoncée, et, un matin, mon contre-maître vint me dire qu'en achevant de déblayer le vestibule extérieur, on venait de reconnaître, à droite de la porte d'entrée, et sous un monceau de terre, une porte non encore signalée.

« Mes amis et moi y courûmes aussitôt; on ouvrit, et nous pénétrâmes dans une chambre inconnue. Tout y était bouleversé; elle n'avait contenu qu'un seul sarcophage. De la cuve, tirée hors de sa place primitive le fond seul était intact; les parois latérales avaient été dépecées à coups de marteau. Le couvercle était entier, gisant à côté de la cuve brisée; il ne présentait aucun ornement.

« A quelle époque avait-elle été découverte et dévastée de cette façon barbare? Nous ne tardâmes pas à être tirés d'incertitude sur ce point. Deux fragments de journaux, l'un français, l'autre anglais, gisaient au fond de la cuve. Ils furent vite ramassés, et l'un d'eux portait la date 1860.

« Une fois que la chambre basse correspondant au vestibule intérieur eut été retrouvée, je ne doutai plus guère de l'existence de celle qui devait correspondre à la pièce supérieure. Cette hypothèse ne tarda pas à se vérifier.

« Je fus prévenu de la découverte d'un joint dans la banquette du contour. En effet, il y avait là une dalle encastrée dans la banquette même et semblant former la continuation de celle-ci; elle fut lestement culbutée, et, dès qu'on l'eut retournée, nous reconnûmes une de ces portes de pierre qui jadis avaient fermé toutes les entrées des caveaux et des tombes. La porte est aujourd'hui dans la salle judaïque du Louvre. « Au-dessous, le roc de la banquette était remplacé par de la maçonnerie que l'on entama promptement. Dans ce blocage se trouvait engagé un fragment de couvercle de sarcophage et deux morceaux d'une petite caisse à ossements. Toute cette clôture avait donc été ajustée et remaniée après une violation de la chambre.

« Quand le blocage fut arraché, on se vit en face d'une dalle carrée bouchant une ouverture cintrée, dont le tympan formait, avec le dessus de la dalle, une sorte de petite armoire. Dans celle-ci, des ossements humains avaient été déposés.

« La dalle verticale fut chavirée, et derrière elle se présentèrent quelques hautes marches d'escalier. On attendit un instant pour permettre à l'air de pénétre

TRICLINIA

dans le caveau, puis, lorsque les flammes des bougies purent y brûler, on se glissa dans le souterrain. Devant l'entrée, un arcosolium supportait un sarcophage en place, avec couvercle en dos d'âne. Comme ce couvercle avait en longueur des dimensions trop considérables pour pouvoir entrer dans l'arcade destinée à le recevoir, on en avait brutalement mutilé les extrémités afin d'enlever de la pierre ce qui entravait sa mise en place. Sur le devant du cercueil se montraient deux disques ébauchés et en saillie, entre lesquels était tracée une inscription sémitique de deux lignes et de deux écritures différentes. »

Il nous faut avoir recours ici à la première version. Elle nous apprend que M. de Saulcy n'a pas assisté à ces découvertes préliminaires. Il était resté sur le palier du vestibule extérieur, et il fumait tranquillement — en apparence du moins — pour écarter les soupçons. On le prévint qu'un sarcophage intact avec une inscription venait d'être découvert.

« A cette annonce, je perdis un instant la tête, je plantai là tout mon monde et je me précipitai vers le caveau, où je descendis en tout hâte, suivi de M. Guérin... Je me hâtai de copier tant bien que mal l'inscription à la faible lueur de nos bougies, et je constatai que le couvercle du sarcophage était scellé à la cuve avec le même ciment qui scellait, dans la porte d'entrée, la dalle rectangulaire au-dessus de laquelle on avait trouvé des ossements humains. Cela fait, je remontai tout ému et je priai Gélis de descendre aider à ouvrir le sarcophage et à recueillir tout ce qui pourrait s'y trouver. »

Et quelques lignes plus loin...

« J'ai déjà dit que j'avais un peu perdu la tête. En voici la plus magnifique preuve. Au moment où Gélis allait descendre au caveau, je lui remis un pistolet de poche en lui recommandant de s'en servir contre le premier indiscret qui viendrait les déranger. Gélis me rit au nez, mit le pistolet dans sa poche, et disparut. Aujourd'hui je crois très sincèrement que j'ai eu là un moment d'aliénation mentale. En quelques minutes, qui lui parurent un siècle, le tour fut fut fait. Le scellement de ciment n'existait qu'à la face antérieure du sarcophage. Des bois et des couffes furent disposés pour éviter un malheur, et le couvercle, descellé et culbuté sans recevoir une égratignure, fut descendu sur le sol de la chambre. Une fois enlevé, il laissa voir un squelette bien conservé, la tête appuyée sur un coussinet ou dormitoire ménagé dans la masse au fond de la cuve. De l'occiput aux extrémités des pieds, qui avaient dû se déverser par suite de la décomposition des chairs, le cadavre mesurait un mètre soixante ; il était donc de très petite taille. Toute la partie antérieure de la tête s'était effondrée et était retombée dans le fond de la boîte osseuse. »

C'est à ce moment que M. de Saulcy eut l'idée de passer délicatement ses mains derrière le crâne, et le squelette royal s'évanouit comme un songe. Il ne resta de ce qui fut une reine, qu'un peu de terreau brunâtre indiquant sa place au fond du cercueil.

M. de Saulcy cependant ne s'est pas tenu pour battu, il a fait étudier au point de vue anatomique les débris osseux qui restaient, et le lecteur trouvera à la fin du tome II de son *Voyage en Terre-Sainte*, un appendice renfermant diverses considérations sur les apophyses géni-supérieures du menton, les fosses digastriques, les dents de la reine, et un chapitre sur le développement de sa mâchoire.

A Dieu ne plaise que je raille ici, en ayant l'air de subordonner les citations qui précèdent à une boutade que je guettais depuis le commencement. Je ne suis pas de ceux qui aiment à donner aux choses graves plus de légèreté qu'elles n'en comportent. Dans ce zèle archéologique qui s'acharne sur les tombes, et sur les cadavres qu'elles peuvent renfermer, je vois un fait brutal capable de froisser

GROTTES DE HAKELDAMA

plus d'une âme délicate, et je me souviens involontairement de la scène où Hamlet, voyant un crâne rouler sous la bêche du fossoyeur, s'écrie : « Il fut un temps où cette tête avait une langue et chantait ; et voilà ce drôle qui la fait rouler à terre comme si c'était la mâchoire de Caïn, le premier homicide. »

L'archéologie n'a-t-elle pas cessé d'être une science utile et généreuse, du jour où elle a cessé de s'appliquer à nous donner la vision des choses éteintes, pour aborder des spéculations excusables seulement chez les sciences qui travaillent pour l'avenir sans vivre du passé ? Si « un peu de terreau » est la seule forme sous laquelle les siècles doivent nous transmettre les rois et les reines du monde ancien, qu'on les laisse dormir en paix, leurs mâchoires et leurs dents ne nous intéressent pas. Ce qui nous intéresse, c'est leur âme, leur individualité pensante. Qu'on nous les montre debout, vivant et respirant comme nous, aimant, souffrant, priant, qu'ils soient des êtres humains et non des abstractions historiques, exprimées par des mots, des cendres exprimées par une formule.

Que prétendons-nous comprendre aux générations mortes si nous étudions leur poussière avec le même œil indifférent dont nous sondons les substructions d'une muraille antique ? Pour comprendre la géométrie dans l'espace, il faut voir dans l'espace ; pour comprendre le passé, il faut voir dans le passé. Avec les archéologues on s'imaginerait volontiers que la Jérusalem ancienne était une ville composée de ruines et de décombres, de remblais, et de termes techniques, le tout amalgamé avec des styles d'architecture et des inscriptions expressément destinées à condenser des mystères indéchiffrables pour nous, une ville où les tombeaux même n'existent que par le caractère de leurs frises et l'importance des hiéroglyphes gravés sur leurs parois. Et l'on oublie que ces ruines étaient des palais ou des temples majestueux reflétant les goûts, les tendances artistiques, le sentiment religieux de l'époque, ces décombres, des maisons abritant les drames familiers, joyeux ou douloureux, de l'existence humaine, recélant des hommes qui allaient à leurs occupations quotidiennes et en revenaient, qui vivaient comme nous de plaisirs et de peines alternés, — et que le tout formait une cité bruyante, remuante, agitée, sur laquelle le soleil s'est levé des millions de fois sans que jamais un seul de ses habitants eût pensé voir la fin de cet état de choses.

Et il est juste que ceci nous attriste, pour peu que nous fassions un retour sur nous-mêmes. Nous aussi nous sommes destinés à devenir la proie de l'archéologie. Je vois, dans une vision prophétique, le flambeau de la civilisation européenne s'éteindre, et Paris, ce Paris de tous les artifices, de toutes les complexités, s'endormir dans un linceul de pierre, avec des silhouettes vagues d'antiquaires égarés parmi ses ruines et ses tombes, bavardant misérablement des pierres de ses édifices, analysant les cendres de ses jardins qu'ils prendront pour des cendres humaines, cherchant à déchiffrer les enseignes qui éclairaient ses rues de leur clair langage, — tandis que nous, Parisiens, nous qui aurons créé tout cela, qui aurons vécu, aimé, souffert là où sont accumulées ces ruines, nous qui aurons chacun laissé un peu de la poussière de nos ailes sur ces pierres, qui les aurons animées de nos rêves brûlants et de nos désespoirs, nous qui possédions des recoins familiers pleins de rires et de larmes parmi ces choses rigides et insensibles, nous aurons nous-mêmes passé, n'ayant laissé au fond de nos cercueils qu'un peu de terreau mêlé d'esquilles, de débris osseux qu'on trempera dans la gélatine pour les conserver, après quoi ils pourront servir à des considérations sur la structure de nos tibias ou l'usure de nos molaires... — Laissons cela.

Une véritable nécropole antique s'étend au nord-ouest du *Tombeau des Rois*. La roche est percée en maint endroit d'excavations funéraires dont la plupart semblent avoir servi de carrières. Un seul de ces tombeaux est encore assez bien conservé pour offrir quelque intérêt au visiteur, c'est le *Tombeau des Juges* (Koubour-el-Khoudah).

Dispositif de vestibules à peu près semblable à celui du Tombeau des Rois. Mais le vestibule extérieur ne présente plus qu'une cour ouverte dont l'entrée offre des traces de mutilations récentes. L'entrée du vestibule intérieur est surmontée d'un fronton orné de rinceaux de feuillages et de fruits, le tout encadré dans des moulures. Un autre fronton surmonte l'entrée de la première salle sépulcrale. Cette salle présente sur la gauche une dizaine de fours à cercueil placés sur deux rangs superposés, la paroi de droite et celle du fond ont chacune une ouverture donnant accès dans deux autres chambres plus petites. Un petit couloir descend à l'étage inférieur, dans des chambres souterraines qui n'ont rien gardé de leur physionomie primitive.

PORTE DE DAMAS, GROTTES ROYALES

La porte de Damas, point de départ des routes de Naplouse et de Neby-Samouil, présente de loin l'aspect d'une vieille forteresse gothique. Elle est surmontée d'un tympan ogival et flanquée de deux tours crénelées, sous lesquelles s'étendent des caveaux dont l'appareil remonterait à l'époque d'Hérode Agrippa. La base du monument est d'ailleurs notablement enterrée.

LE MONT DU MAUVAIS CONSEIL

Quand on arrive devant la porte de Damas, en revenant des tombeaux que nous venons de décrire, on aperçoit à gauche un chemin qui longe le fossé de la ville dans la direction de l'angle nord-est. Le chemin passe, au bout d'une centaine de pas, au pied d'une colline dans les flancs de laquelle sont taillées quelques grottes entourées de vergers. Cette propriété appartient aujourd'hui à une communauté de derviches qui y ont élevé un oratoire. Les musulmans y vénèrent les tombeaux du Sultan Ibrahim et de Barouk-ed-Din. Les chrétiens y cherchent la grotte et la prison de Jérémie. La grotte de Jérémie proprement dite ressemble à une carrière abandonnée. Le gardien musulman y montre la couchette du prophète, dans une petite saillie du rocher, qu'on ne peut d'ailleurs atteindre qu'au moyen d'une échelle. Quant à la prison, on la place dans une citerne creusée dans un caveau voisin. Toutes ces traditions bien entendu ne reposent sur aucune donnée sérieuse.

En face de la colline, le rocher qui supporte la muraille d'enceinte de la ville présente une excavation par où l'on pénètre dans les vastes souterrains qui s'étendent sous le quartier de Bezetha. Un auteur arabe (Madgi-ed-Dyn) les désigne sous le nom de *Magharet-el-Kettan* (grotte de la toile), mais l'opinion commune les identifie avec les *grottes royales* ou *carrières de Salomon*. Un fait surtout qui prouverait en faveur de leur haute antiquité, c'est la découverte faite dans les parois de ces grottes d'une figure taillée en creux et représentant un taureau ailé à face humaine, coiffé d'une tiare. Serait-ce là un modèle de ces figures de chérubins qui formaient le motif dominant de la décoration intérieure du premier temple?

La troisième enceinte de Jérusalem s'étendait, selon Josèphe, à travers les grottes royales. Il est donc probable qu'avant les travaux d'Agrippa, le fossé qui sépare la colline d'en face du mur du quartier de Bezetha n'existait pas, et qu'un même massif de rochers réunissait les grottes royales et la grotte de Jérémie, cette dernière formait ainsi l'extrémité septentrionale des souterrains de Salomon. Maintenant ces carrières ont-elles été réellement exploitées par les ouvriers chargés de construire le temple de Salomon, c'est ce qui est bien difficile à déterminer, les traces de cette exploitation concordant absolument avec celles de toutes les autres carrières anciennes de Jérusalem.

Telle est du moins l'opinion des savants; personnellement nous nous sommes abstenu de visiter ces catacombes qui n'offrent plus qu'un médiocre intérêt.

En continuant notre chemin vers l'angle nord-est de la ville, nous passons au pied de la tour où était percée autrefois la porte d'Hérode (Bab-es-Sahiri).

Devant nous, sur la gauche, se dresse le pignon du Kerm-ech-Chéik, un monument arabe qui a une fort jolie légende. Je la cite d'après un auteur moderne.

« Lorsque le sultan de Babel-Bakhtunnassr (Nabuchodonosor) envoyé par Dieu pour punir les fils d'Israël qui avaient abandonné la doctrine de l'unité, dépouilla le Temple de tous les objets précieux qui s'y trouvaient réunis, il se réserva pour lui-même le trône de Salomon, avec ses supports, les deux lions d'or pur animés par un art magique qui en défendaient l'entrée, et distribua le reste du butin aux différents rois de sa cour. Le roi de Roum reçut l'habit d'Adam et la verge de Moïse, le roi d'Antakié eut pour sa part le trône de Belkis et le paon merveilleux dont la queue, toute en pierrerie, formait à ce trône un riche dossier; le roi d'Andalousie prit la table d'or du Prophète. Un coffret en pierre qui contenait le Tourat (Bible) était au milieu de toutes ces richesses, et nul n'y faisait attention, bien qu'il fût de tous les trésors le plus précieux. On le laissa donc abandonné au caprice des pillards qui parcouraient la ville et le Temple, faisant main-basse sur tout ce qu'ils rencontraient, et le dépôt de la parole divine disparut dans cet immense désordre.

« Quarante ans plus tard, sa colère apaisée, Dieu résolut de rétablir les fils d'Israël dans leur héritage et suscita le prophète Euzer (Esdras), sur qui soit le salut! Prédestiné par la volonté divine à une mission glorieuse, celui-ci avait passé toute sa jeunesse dans la prière et la méditation, négligeant les sciences humaines pour s'absorber dans la contemplation de l'Être infini, et vivant séparé du monde au fond d'une des grottes qui entourent la ville sainte. Cette grotte s'appelle aujourd'hui encore *el Œzérié* (tombeau d'Esdras). Obéissant à l'ordre de Dieu, il sortit de sa retraite et vint au milieu des fils d'Israël leur indiquer comment ils devaient rebâtir le Temple et remettre en honneur les anciens rites.

« Mais le peuple, peu confiant dans la mission du prophète, déclara qu'il ne se soumettrait point à la loi, que même il cesserait les travaux de construction du Temple et s'en irait habiter d'autres pays, si l'on ne lui représentait le livre où notre seigneur Moïse (sur qui soit le salut!) avait consigné toutes les prescriptions religieuses à lui dictées sur le mont Sinaï. Ce livre avait disparu, et toutes les recherches pour le retrouver avaient été infructueuses.

« Euzer donc, dans ce grand embarras, fit à Dieu de ferventes prières pour qu'il le tirât de peine et empêchât le peuple de persister dans la voie de perdition. Il était assis dans un champ de vigne, à l'endroit où s'élève aujourd'hui le Pin, contemplant avec tristesse les ruines du Temple autour desquelles s'agitait la multitude indocile. Tout à coup, une voix d'en haut lui ordonne d'écrire, et, bien qu'il n'eût jamais pris en ses mains un *qalam* (plume en roseau), il obéit sur-le-champ.

« Depuis la prière du midi jusqu'au lendemain à la même heure, sans prendre de nourriture, sans se lever, il continua d'écrire tout ce que lui dictait la voix céleste, n'hésitant pas un seul instant, n'étant pas même arrêté par les ténèbres de la nuit, car une lumière surnaturelle éclairait son esprit et un ange guidait sa main.

« Tous les fils d'Israël, dans l'ébahissement, contemplaient en silence cette manifestation de la toute-puissance divine. Mais lorsque le prophète eut terminé sa copie miraculeuse, les imans, jaloux de la faveur particulière dont il venait d'être l'objet, prétendirent que le nouveau livre était une invention diabolique et ne ressemblait nullement à l'ancien.

« Euzer s'adressa de nouveau à la bonté infinie, et, cédant à une inspiration subite, il se dirigea, suivi de tout le peuple, vers la fontaine de Siloam. Arrivé devant la source, il lève les mains au ciel, fait une longue et ardente prière, et la foule se prosterne avec lui. Tout à coup apparaît à la surface de l'eau une pierre carrée, qui flotte comme soutenue par une main invisible ; dans cette pierre les imans reconnaissent, en tremblant, le coffret sacré depuis si longtemps perdu ; Euzer le prend avec respect ; le coffret s'ouvre de lui-même ; le Tourat de Moïse en sort comme s'il était animé d'une vie propre, et la nouvelle copie, s'échappant du sein du prophète, va d'elle-même se placer dans la boîte sacrée.

« Le doute n'était plus permis : cependant le saint homme exige que les imans confrontent les deux exemplaires. Ceux-ci, malgré leur confusion, obéissant à sa volonté, témoignent à haute voix, après un long examen, que pas un mot, pas un *hareket* (accent) n'établit la moindre différence entre le livre écrit par Euzer et celui qu'avait tracé Moïse ; dès qu'ils ont rendu cet hommage à la vérité, Dieu, pour les punir de leurs premières erreurs, éteint leurs yeux et les plonge dans d'éternelles ténèbres.

« C'est ainsi que les fils d'Israël furent ramenés à la foi de leurs pères. L'endroit où s'était assis le chef que Dieu leur avait donné fut appelé depuis Kerm ech Chéik (l'enclos ou la vigne du chéik). »

Nous arrivons enfin à la tour des Cigognes (*Bourdj-lak-lak*) qui occupe l'angle nord-est. A gauche, la route qui conduit à Anata, à droite, le chemin qui longe la muraille orientale de Jérusalem jusqu'à la porte Saint-Étienne.

En faisant ici quelques centaines de pas vers le nord, on arrive au coude formé par le massif rocheux qui supporte cette partie de la ville.

A nos pieds, s'étend la partie supérieure de la vallée de Josaphat dont les flancs opposés présentent ici un aspect des plus riants tandis que les plateaux supérieurs, c'est-à-dire les cimes de la chaîne qui relie le mont des Oliviers au mont Scopus, restent nus et stériles. Nous sommes précisément au point où le Cédron tourne à l'ouest pour former les deux branches qui enferment le plateau méridional du Scopus.

Revenons à l'angle nord-est ; nous nous acheminons cette fois vers la porte Saint-Étienne, ayant devant nous, de l'autre côté de la vallée, la cime septentrionale du mont des Oliviers, le *Viri Galilæi* de la tradition chrétienne, que couronne un bâtiment en ruine appartenant, je crois, aux Grecs, — un peu plus loin la cime de l'Ascension, puis celle du Scandale qui ferme l'horizon au sud.

Rentrés à Jérusalem, nous disons définitivement adieu à la ville sainte, et nous nous apprêtons à faire la première excursion indiquée à tous les voyageurs, celle de Bethléhem.

CHAPITRE XVII

BETHLÉHEM

Les légendes de Bethléhem : la naissance de Jésus. — L'histoire des faits prime l'histoire des lieux. — De Jérusalem à Béthléhem. — Plaine des géants, route d'Hébron. — Le tombeau de Rachel et les traditions qui établissent ou récusent son authenticité.— Physionomie de Bethléhem. — Églogue biblique. — Couvent et église de la Nativité. — La crèche de Jésus. — Les Innocents. — Saint Jérôme. — Illusions artistiques de Chateaubriand ; Murillo et Maello. — Les Mages d'après les historiens de l'antiquité. — Beit-Sahour-en-Nassara et la grotte des Bergers. — Grotte du Lait. — Histoire de Bethléhem. — Mœurs et caractère de ses habitants, appréciations de Volney, Michaud, Poujoulat, etc... — Le champ des pois. — Triomphe des Béthléhémites chrétiens sur les Bethléhémites musulmans.

BETHLÉHEM

Bethléhem, nom suave que nos lèvres ont murmuré dès le premier âge et qui venait chaque année allumer l'auréole resplendissante du *Gloria in excelsis* autour de nos émotions de Noël! Nous nous souvenons d'un petit ange habillé de mousseline à paillettes scintillantes, un ange aux vêtements de femme, qui portait une couronne d'or, et qui flamboyait au sommet de l'arbre de Noël comme le symbole supraterrestre de cette fête donnée par le ciel aux enfants. Que de promesses magiques, que de visions extraordinaires recélait alors ce petit nom d'auberge juive! Était-ce la réalisation immanquable de ces promesses qui nous permettait de croire au ciel et à ses mystères, et dorait notre enfance de ces précieuses illusions que plus tard, la société se charge si misérablement de battre en brèche?

Il y avait alors un jour au moins dans l'année où Dieu se laissait approcher, se manifestait aux petits sous une forme à la fois symbolique et pratique, un jour sur trois cent soixante-cinq où la religion austère et abstraite qu'on nous prêchait tous les autres jours se faisait humaine et prenait les proportions purement matérielles d'une immense corne d'abondance, — prestige infaillible qui rend toute religion populaire.

Bethléhem représentait ainsi le renouvellement annuel d'une alliance avec le Dieu de la bonne conduite et des leçons sues par cœur, d'un bail en vertu duquel nos anges gardiens entraient en possession de nos consciences de gamins et nous donnaient en échange quelques jouets que nous nous hâtions de mettre en pièces, seule façon logique d'en jouir. Mais plus d'un petit, hélas! a refusé de le renouveler plus tard, lorsque, dégoûté des sempiternels soldats de plomb, il a demandé la lune dans un seau, et que le ciel, qui n'a rien de semblable en magasin, est resté sourd à ses prières!...

Tous nous débutons ainsi dans la vie avec des ambitions ridicules qui avortent sous l'œil impassible de la Providence. Que de vieilles lunes, artificielles et trompeuses, disparues avec les seaux où elles nous étaient apparues, tandis que la véritable lune continue à nous narguer du haut de ce ciel avec qui ses pareilles nous avaient brouillés !

Et pourquoi brouillés, mon Dieu? Nous accusons le ciel de n'être plus le ciel, quand c'est nous qu'il faut accuser de n'être plus des enfants. Sans doute il est des larmes de certaines choses, sans doute il est triste de voir aujourd'hui une voûte opaque et implacable à la place de ce firmament radieux où les anges de la bonne nouvelle étendaient leurs ailes d'or et d'azur, où le *Gloria in excelsis* retentissait comme une fanfare de promesses merveilleuses ; le voyageur des pays lointains sait mieux que personne combien son cœur se serre quand, passant d'aventure à cette même époque de Noël, au pied de cimes inaccessibles, dressées sous des ciels vides et inconnus, il l'aperçoit si haut, si loin, ployant sous la neige ou noyé dans les brumes, irrémissiblement perdu pour lui, ce même sapin dont les aiguilles vertes brillaient de mille feux au foyer paternel, être vivant et familier qui aimait et qu'on aimait et qui porte là, dans l'éternel exil, le deuil silencieux de tant de sympathies mortes... Mais c'est nous qui l'avons voulu... Les bougies de l'arbre fument encore, il ne tient qu'à nous de les rallumer, et cependant nous ne le ferons pas. La mousseline dorée de l'ange flotte toujours au sommet du sapin, mais ce n'est plus qu'un chiffon sans âme, la défroque d'une personne pendue en effigie. Nous avons chassé l'ange et nous avons mis des éteignoirs sur les cierges qui brûlaient autour. Ne nous a-t-il pas chassés du paradis autrefois? Alors c'est une revanche. Depuis que nous avons prié la Providence de ne plus intervenir dans nos affaires, nous nous consolons ainsi avec des boutades.

Un Dieu aveugle, despotique et qui s'engraissait avec la sueur du peuple trônait là-haut. Nous l'avons remplacé par des gendarmes d'abord, puis par un sphynx mystérieux à bésicles qui se nourrit exclusivement de la sueur des fronts de savants. Mais celui-là aussi était aveugle.

Aujourd'hui qu'on s'en est aperçu, on met ces infirmités sur le compte de l'âge, et on songe à le réparer. Notre siècle est précisément occupé à ces réparations. Depuis quelques années ses yeux sont des lanternes de locomotive éclairées à la lumière électrique, et ses lunettes des lunettes d'approche.

Ce monstre moderne, qui, depuis qu'il pense voir clair, voit dans le Dieu d'autrefois son ennemi personnel, a commencé par le nier. Quelques-uns ont protesté et protestent encore, mais cette querelle est vieille comme le monde, et personne, que je sache, n'a porté une lumière nouvelle dans les débats. Le monstre a ensuite braqué sa lunette sur cette Palestine surannée où il y avait encore tant de choses à découvrir, il a fouillé dans les coins et recoins le berceau du Christ, il a secoué au vent les vieilles langes de notre religion, qui moisissaient là-bas dans la poussière des légendes. Et il a nié Bethléhem, la crèche, les anges, les bergers, les mages, toute cette charmante idylle qui depuis dix-neuf siècles a ramené la joie et l'espérance sur tant de fronts tristes, a endormi tant de douleurs et de désespoirs vrais, a fait s'étreindre tant de mains résolues à se fuir éternellement.

La science ne sait-elle donc pas qu'il en est de certaines légendes comme de ces préjugés qui ont passé dans le sang d'un peuple et qui sont dès lors nécessaires à son bonheur? Que le Christ soit né à Nazareth plutôt qu'à Bethléhem, la question me paraît en réalité beaucoup moins importante que celle du bonheur des millions d'hommes qui ont cru et qui croient encore à cette légende ou du moins au fait pur et simple de la naissance du Christ.

Que nous importe, à la vérité, que telle tradition se soit trompée de place, qu'on ait confondu des dates et des noms, que tel fait géographique ou la position de telle pierre démentent ou contredisent les récits évangéliques, l'histoire des faits prime l'histoire des lieux, et l'œuvre de Jésus ne s'appuie pas sur des discussions de principes ou des subtilités de détails.

Dès lors pourquoi ne pas nous laisser l'idylle de Bethléhem, puisqu'elle fait partie de notre éducation première à tous, puisqu'elle a été la source de nos premières idées d'amour et de fraternité? Je suis le premier à admirer les recherches de la science et de l'érudition, dès qu'il s'agit de documents dont l'humanité peut tôt ou tard tirer un profit quelconque, mais s'acharner contre une légende qui n'a d'autre importance réelle que celle que l'imagination et le cœur veulent bien lui prêter, c'est porter inutilement le trouble dans bien des âmes candides, et cela au risque de détruire le fondement de croyances reconnues nécessaires à leur bonheur.

Cela dit, nous pouvons nous mettre en route pour Bethléhem en avertissant le lecteur qu'il va reconnaître, s'il veut bien nous suivre, tous les lieux auxquels s'attachent les récits poétiques de la naissance du Christ, et qu'il y retrouvera l'empreinte séculaire des traditions vraies ou fausses dont ils sont le berceau.

Après avoir laissé à droite l'hospice de Montefiore et la nouvelle colonie des *Templiers* (voir le chap. sur Jaffa), et, à gauche, le mont du Mauvais-Conseil, nous atteignons un vaste plateau qui n'est autre que la plaine des Géants ou de Rephaïm, où David vainquit les Philistins. Nous découvrons au loin quelques maisons entourant un couvent, puis les villages modernes de Beitsafifa et de Cherafat. Un peu plus loin sur une hauteur, au bord de la route, le couvent grec de Mar-Élyas, fondé par un nommé Élyas qu'on a fini par confondre avec le prophète Élie, d'où les diverses traditions dont le couvent, depuis deux ou trois siècles, s'est adjugé le privilège et l'exploitation.

Du couvent, la route d'Hébron nous mène directement au tombeau de Rachel, monument de construction évidemment arabe et moderne qui renferme un sarcophage non moins moderne. Ce tombeau a exercé la sagacité de tous les archéologues contemporains, voire même des voyageurs anciens. Faut-il chercher ici le lieu véritable de la sépulture de Rachel? Ce qu'il y a de certain, c'est que le monument actuel a remplacé d'autres monuments plus anciens qui se sont succédé sur les mêmes lieux.

Voici ce que nous lisons à ce sujet dans la relation d'Arculphe : « Du sépulcre de Rachel. — La Genèse rapporte que Rachel fut aussi ensevelie à Effrata, c'est-à-dire dans le pays de Betléem, et le livre des lieux (*Locorum Liber*) rapporte aussi qu'elle fut enterrée dans ce pays, près de la route. J'interrogeai Arculphe sur cette route, et il me répondit : « Il existe une voie royale qui mène de Jérusalem, vers le midi, à Chébron (Hébron); Betléem est située près de cette voie, à l'orient, à environ six milles de Jérusalem. Le sépulcre de Rachel est à l'extrémité occidentale de cette voie, c'est-à-dire à main droite quand on va à Chébron. Il est d'une grossière construction, sans ornement, couvert seulement d'une pyramide de pierre. On y voit encore aujourd'hui son nom écrit tel que le fit inscrire son mari Jacob. »

Deux autres passages de la Bible sont en contradiction avec les données fournies par la Genèse. Dans le premier livre de Samuel, chap. X, Samuel dit à Saül : « Quand tu seras aujourd'hui parti d'avec moi, tu trouveras deux hommes près du sépulcre de Rachel, sur la frontière de Benjamin, à Tselkah, etc. » Or la frontière de Benjamin ne passait pas à la hauteur de Bethléhem. Et, d'autre part, le passage de Jérémie : « Vox in Rama audita est, ploratus et ululatus multus, Rachel plorans filios suos, etc... » ferait croire que le prophète plaçait la

---

(1) Gen., xxxv, 19, 20.

LA TOMBE DE DAVID A JÉRUSALEM

sépulture de Rachel dans la Rama de Benjamin. Pour accorder ce dernier passage avec celui de la Genèse, on a cherché longtemps les ruines de Rama sur la colline voisine du tombeau, mais on sait aujourd'hui que l'antique Rama doit être identifiée avec le village de Ram, situé au nord de Jérusalem, à l'est de la route de Naplouse. Donc obscurité complète au sujet de l'authenticité du lieu où s'élève le Koubbet-Rahil. Ce qui n'empêche pas les Juifs, les chrétiens et les musulmans de venir prier sur cette tombe. Je crois même qu'on en a fait un sépulcre à l'usage des Arabes du pays.

Nous nous dirigeons maintenant droit sur Bethléhem, dont les blanches maisons à arcades se montrent à gauche sur une hauteur ondulée aux flancs cultivés en terrasse. Est-ce la fertilité des campagnes environnantes qui a fait donner à la petite ville le nom de *maison de pain* (*Beit-lahem*), ou cette dénomination serait-elle dérivée d'antiques traditions hospitalières que ce pays a d'ailleurs parfaitement perdues depuis, nous n'en savons rien (1).

La nature particulièrement riante de cette contrée où abondaient jadis toutes les ressources naturelles semble avoir été particulièrement propice à l'éclosion des plus douces idylles, qu'elles fussent nées du hasard ou de l'imagination. L'Évangile y place la naissance du Christ entourée des circonstances les plus poétiques et les plus propres à exalter toutes les sympathies, la Bible y a encadré l'églogue de Ruth et y a fait naître la plus illustre des familles juives, celle du roi David, issue d'Obed, le fils de Ruth et de Booz.

Bethléhem se termine à l'est par une sorte de forteresse assez imposante et qui n'est que l'ensemble des murailles enfermant les trois couvents latin, grec et arménien. Le couvent latin, habité par des franciscains qui y pratiquent la plus large hospitalité, communique, par un passage intérieur, avec *l'église de la Nativité*, bâtie sur l'emplacement de la grotte où Jésus-Christ est venu au monde.

C'est évidemment un misérable khan syrien qu'il faut voir dans l'hôtellerie dont parle saint Luc. Nous avons donné au commencement de cet ouvrage une description générale des khans. Celui qui abrita les parents de Jésus semble avoir été une simple grotte taillée dans la roche ou dans l'argile, comme on en trouve encore actuellement dans la colline de Bethléhem, et qui servent également aux hommes et aux bêtes. La tradition qui place ce khan dans les ruines d'une forteresse de David qui devait s'élever là, est relativement peu ancienne.

(1) Nous ne pouvons d'ailleurs admettre l'explication mystique de Mgr Darboy : « Dieu, qui se plaît à mettre dans les choses matérielles un présage et un emblème des choses les plus spirituelles, avait permis sans doute que Bethléem fût appelée ainsi, parce que là devait naître un jour, selon la chair, celui dont la doctrine est le véritable aliment de l'homme, le pain des intelligences. » Ni la supposition d'autres auteurs qui cherchent l'origine du nom de Bethléhem dans ces paroles d'Isaïe : « Son pain lui sera donné.... » (Esaïe, xxxiii, 16.)

Justin Martyr (an 103-166 de notre ère) place la naissance du Christ dans une grotte (1). Sa première *Apologie* est datée de l'an 138, c'est-à-dire qu'elle suit d'un siècle à peu près la mort du Christ, et la tradition depuis n'a pas varié.

L'emplacement même de cette grotte semble s'être fidèlement conservé à travers les siècles. Adrien, dit-on, y fit élever un autel à Adonis, ce qui permit à l'impératrice Hélène de retrouver le lieu plus tard. L'église actuelle de la Nativité, fort ancienne, serait, selon M. de Vogüé, la basilique même de Constantin, construite sous la direction d'Hélène vers l'an 330, mais l'opinion générale y voit une église de Justinien.

Telle que nous l'ont transmise les âges, et malgré les nombreuses vicissitudes qu'elle a subies, l'église n'en est pas moins un monument des plus intéressants.

L'ÉTOILE DES MAGES

Pour nous éviter de refaire une description faite par tant d'autres, nous donnerons celle de Chateaubriand, nous contentant d'indiquer au passage les détails que le temps écoulé aurait fait varier.

« Le couvent de Bethléhem tient à l'église par une cour fermée de hautes murailles. Nous traversâmes cette cour, et une petite porte latérale nous donna passage dans l'église (2). Cette église est certainement d'une haute antiquité, et, quoique souvent détruite et souvent réparée, elle conserve les marques de son origine grecque. Sa forme est celle d'une croix. La longue nef, ou, si l'on veut, le pied de la croix est orné de quarante-huit colonnes d'ordre corinthien, placées

---

(2) Dixon et Farrar supposent que la grotte faisait partie de ce même khan désigné pendant des siècles sous le nom de maison de *Chimham*, laquelle occupait peut-être l'emplacement même de la maison héréditaire de Booz, de Jessé et de David.

(1) L'entrée principale est aujourd'hui à l'ouest, et le parvis semble même correspondre à l'ancien atrium de la basilique, dont il ne reste d'ailleurs que des traces insignifiantes. Des trois portes qu donnaient dans le vestibule, deux ont été murées, et la troisième a été transformée en une simple petite porte basse, pour empêcher les Arabes de la franchir à cheval comme ils en avaient coutume autrefois.

sur quatre lignes. Ces colonnes ont deux pieds six pouces de diamètre près de la base, et dix-huit pieds de hauteur, y compris la base et le chapiteau (1). Comme la voûte de cette nef manque, les colonnes ne portent rien qu'une frise de bois qui remplace l'architrave et tient lieu de l'entablement entier. Une charpente à jour prend sa naissance au haut des murs et s'élève en dôme pour porter un toit qui n'existe plus, ou qui n'a jamais été achevé (2). On dit que cette charpente est de bois de cèdre, mais c'est une erreur. Les murs sont percés de grandes fenêtres : ils étaient ornés autrefois de tableaux en mosaïque et de passages de l'Évangile,

MAISONS DANS BETHLÉHEM

écrits en caractères grecs et latins : on en voit encore des traces. . . . . . .

« Les restes des mosaïques que l'on aperçoit çà et là, et quelques tableaux peints sur bois, sont intéressants pour l'histoire de l'art : ils présentent en général des figures de face, droites, roides, sans mouvement et sans ombre ; mais l'effet en est majestueux et le caractère noble et sévère (3). . . . .

(1) Ces colonnes entièrement monolithes ne sont pas de marbre, comme l'affirmait Lamartine, elles ont été taillées dans un calcaire très dense, à veines blanches.
(2) Au cours d'une restauration générale, l'édifice en effet avait reçu une toiture couverte en plomb. Cette toiture fut arrachée par les Turcs au moment des troubles qui signalèrent en Palestine la fin du dix-septième siècle, et le plomb fut converti en balles. C'est après le passage de Chateaubriand seulement qu'on construisit le toit aigu actuel, dont les ornements ont en partie disparu.
(3) Ces mosaïques consistaient surtout en représentations d'anges, d'autels, d'églises, d'arcades et

« La secte chrétienne des Arméniens est en possession de la nef que je viens de décrire. Cette nef est séparée des trois autres branches de la croix par un mur, de sorte que l'église n'a plus d'unité. Quand vous avez passé ce mur, vous vous trouvez en face du sanctuaire ou du chœur, qui occupe le haut de la croix. Ce chœur est élevé de trois degrés au-dessus de la nef. On y voit un autel dédié aux mages. Sur le pavé, au bas de cet autel, on remarque une étoile de marbre : la tradition veut que cette étoile corresponde au point du ciel où s'arrêta l'étoile miraculeuse qui conduisit les trois rois. Ce qu'il y a de certain, c'est que l'endroit où naquit le Sauveur du monde se trouve perpendiculairement au-dessous de cette étoile de marbre, dans l'église souterraine de la Crèche. Je parlerai de celle-ci dans un moment. Les Grecs occupent le sanctuaire des Mages ainsi que les deux autres nefs formées par les deux extrémités de la traverse de la croix. Ces deux dernières nefs sont vides et sans autels.

« Deux escaliers tournants, composés chacun de quinze degrés, s'ouvrent aux deux côtés du chœur de l'église extérieure, et descendent à l'église souterraine (1), placée sous ce chœur. Celle-ci est le lieu à jamais révéré de la nativité du Sauveur. Avant d'y entrer, le supérieur me mit un cierge à la main et me fit une courte exhortation. Cette sainte grotte est irrégulière, parce qu'elle occupe l'emplacement irrégulier de l'étable et de la crèche. Elle a trente-sept pieds et demi de long, onze pieds trois pouces de large et neuf pieds de haut. Elle est taillée dans le roc : les parois de ce roc sont revêtues de marbre, et le pavé de la grotte est également d'un marbre précieux. Ces embellissements sont attribués à sainte Hélène. L'église ne reçoit aucun jour du dehors et n'est éclairée que par la lumière de trente-deux lampes envoyées par différents princes chrétiens. Tout au fond de la grotte, du côté de l'orient, est la place où la Vierge enfanta le Rédempteur des hommes. Cette place est marquée par un marbre blanc incrusté de jaspe et entouré d'un cercle d'argent, radié en forme de soleil. On lit ces mots à l'entour : HIC DE VIRGINE MARIA JESUS CHRISTUS NATUS EST.

« Une table de marbre, qui sert d'autel, est appuyée contre le rocher, et s'élève au-dessus de l'endroit où le Messie vint à la lumière. Cet autel est éclairé par trois lampes, dont la plus belle a été donnée par Louis XIII.

« A sept pas de là, vers le midi, après avoir passé l'entrée d'un des escaliers qui montent à l'église supérieure, vous trouvez la crèche. On y descend par deux degrés, car elle n'est pas de niveau avec le reste de la grotte. C'est une voûte peu

de plantes dont l'ensemble formait parfois des compositions fantastiques. Il en est bien peu qui se soient conservées entières.

(1) Cette église souterraine est une vaste crypte fort irrégulière formant plusieurs grottes qui communiquent entre elles par un couloir taillé dans le roc. Une sortie existe à l'extrémité nord ; elle aboutit à l'escalier qui conduit à l'église Sainte-Catherine attenante au couvent latin.

élevée, enfoncée dans le rocher. Un bloc de marbre blanc, exhaussé d'un pied au-dessus du sol, et creusé en forme de berceau, indique l'endroit même où le souverain du ciel fut couché sur la paille (1). . . . .

« Rien n'est plus agréable et plus dévot que cette église souterraine. Elle est enrichie de tableaux des écoles italienne et espagnole. Ces tableaux représentent les mystères de ces lieux, des vierges et des enfants d'après Raphaël, des Annonciations, l'Adoration des Mages, la venue des Pasteurs, et tous ces miracles mêlés de grandeur et d'innocence. Les ornements ordinaires de la crèche sont de satin bleu brodé en argent. L'encens fume sans cesse devant le berceau du Sauveur. J'ai entendu un orgue, fort bien touché, jouer à la messe les airs les plus doux et les plus tendres des meilleurs compositeurs d'Italie. . . . .

« Nous descendîmes de la grotte de la Nativité dans la chapelle souterraine où la tradition place la sépulture des Innocents. »

Rappellerons-nous, à propos du massacre des Innocents, qu'une tradition très ancienne prétend qu'un des propres fils d'Hérode fut du nombre des victimes, et que César Auguste, en apprenant le fait, laissa échapper ce trait : « Il vaut mieux être le porc d'Hérode que son fils. » L'anecdote peut n'être pas authentique ; elle arrive à propos pour stigmatiser ce roi sanguinaire qui versait indifféremment le sang des siens, empoisonnait ou faisait étrangler tous ceux qui lui portaient ombrage, violait les tombes, et multipliait le nombre de ses crimes pour en oublier l'horreur ?

Rien ne nous permet d'affirmer que la grotte en question ait servi de sépulcre à une époque quelconque si ce n'est une opinion ancienne relevée par Stanley (*Sinaï and Palest.*) et d'après laquelle les Arabes reconnurent, en pillant l'église, que la grotte de la Nativité était un ancien sépulcre. Mais Stanley a sans doute recueilli là une tradition locale, de source musulmane, car aucun auteur ne fait mention de ce pillage, et l'église semble avoir échappé même aux dévastations générales ordonnées par Hakim.

Chateaubriand omet le puits que l'on aperçoit dans le roc en allant de la chapelle des Innocents à celle de Saint-Jérôme. Une légende bien bizarre s'y rattache. L'étoile qui guidait les mages se serait arrêtée au-dessus de la grotte pour tomber dans ce puits, où les femmes d'alors ne pouvaient la contempler qu'à la condition d'être vierges.

La partie nord de la crypte est occupée par les tombeaux de saint Eusèbe de Crémone, et de sainte Paule, puis par le tombeau et par l'oratoire de saint Jérôme, ce dernier situé tout à fait dans le fond.

(1) Cette crèche n'est qu'un fac-simile de la crèche primitive qu'Hélène aurait transportée à Rome. On y voit une représentation en cire de l'enfant Jésus.

L'éclat et le prestige qu'ont répandu sur le nom de saint Jérôme les travaux et la piété de l'illustre auteur de la Vulgate me dispensent de refaire ici un portrait que n'ont pas manqué de tracer tous les écrivains qui ont visité Bethléhem.

La vie ascétique qu'il s'imposa en expiation des fautes qu'il pensait avoir commises en aimant trop le monde et ses plaisirs et en vouant un culte profane à Cicéron, à Horace, à Virgile, l'austère et pieuse affection qui présida à sa liaison avec Paule et sa fille Eustochie, — ses succès à Rome, ses défaillances, ses luttes, — ses discussions avec le prêtre Ruffin qui le traitait de *grammairien profane*, enfin son renoncement définitif aux vanités de ce monde, le cri d'amer et douloureux reproche qu'il jeta à sa patrie européenne au moment où il repartait pour

LE COUVENT DE LA NATIVITÉ, A BETHLÉHEM

s'ensevelir définitivement en Terre-Sainte : « J'étais insensé de vouloir chanter les cantiques du Seigneur dans une terre étrangère, d'abandonner la montagne de Sinaï pour mendier le secours de l'Égypte ; j'avais oublié ce que dit l'Évangile : qu'on ne peut sortir de Jérusalem sans tomber entre les mains de voleurs qui nous dépouillent, nous blessent et nous tuent (1), » tous ces détails sont connus des plus humbles lettrés, et si je les rappelle ici, c'est que les reliefs d'un grand caractère nous frappent plus intimement sur les lieux mêmes où il s'est manifesté.

« On voit dans l'oratoire de saint Jérôme, dit Chateaubriand, un tableau où ce saint conserve l'air de tête qu'il a pris sous le pinceau du Carrache et du Dominiquin. Un autre tableau offre les images de Paule et d'Eustochie. Ces deux héritières

(1) Ce style figuré et biblique était celui de tous les historiens sacrés ; sa sincérité lui permettait alors d'atteindre aux plus beaux effets. L'Angleterre puritaine offre encore des échantillons de ce style, mais les historiens contemporains (Carlyle entre autres) s'en servent également pour la note grave et pour la note humoristique.

de Scipion sont représentées mortes et couchées dans le même cercueil. Par une idée touchante, le peintre a donné aux deux saintes une ressemblance parfaite ; on distingue seulement la fille de la mère à sa jeunesse et à son voile blanc : l'une a marché plus longtemps et l'autre plus vite dans la vie, et elles sont arrivées au port au même moment. Dans les nombreux tableaux que l'on voit aux lieux saints et qu'aucun voyageur n'a décrits, j'ai cru quelquefois reconnaître la touche mystique et le ton inspiré de Murillo : il serait assez singulier qu'un grand maître eût à la crèche ou au tombeau du Sauveur quelque chef-d'œuvre inconnu. »

INTÉRIEUR DE LA CHAPELLE DE LA NATIVITÉ

C'est là une illusion artistique que nous ne pouvons pas partager, les tableaux qui décorent l'église de la Nativité nous paraissant dus en général à des pinceaux d'une médiocre valeur. Il y a néanmoins une assez belle toile dans la chapelle latine des Mages. C'est un tableau qui représente la scène de l'Adoration. Il y a là un coup de lumière d'un bel effet, mais nous sommes encore bien loin de la fameuse *Notte* (*la Nuit*) du Corrège. Le nom du peintre n'est d'ailleurs pas Murillo, mais Maello (1), et la toile n'a guère qu'un siècle d'existence.

Nous ne voudrions pas insinuer que la ressemblance des deux noms ait poussé Chateaubriand à penser au célèbre auteur de l'*Assomption*.

Le souvenir des mages s'est attaché à divers lieux que l'on montre depuis des

(1) Peintre espagnol de la fin du dix-huitième siècle.

siècles à Bethléhem et aux environs, sans que l'âge respectable de ces traditions ait rien ajouté de positif à leur caractère légendaire. La question des mages est restée dans de profondes ténèbres, et rien n'empêcherait un esprit léger de trouver dans ces ténèbres un singulier contraste avec la clarté mystérieuse dont l'Évangile et les peintres enveloppent ces personnages inconnus. Étaient-ce des rois, des savants, des astrologues, ou de ces illuminés sibyllins dont l'espèce abonde en Orient?

Le nom de « mages » que nous trouvons dans le texte grec de S. Mathieu est absolument vague. Il désignait dans l'origine une sorte de lettrés mèdes et persans; il fut ensuite appliqué aux astrologues et aux devins orientaux (Actes des apôtres, XIII, 6). Ceux qui tenaient ce rôle dans l'antiquité étaient en général pris pour des Chaldéens, ou du moins connus sous ce nom, même en Occident. L'historien grec Diogène Laërce nous apprend qu'au dire d'Aristote un mage syrien avait prédit à Socrate qu'il mourrait de mort violente, et Sénèque raconte que des mages visitèrent la tombe de Platon et y firent brûler de l'encens comme sur l'autel d'une divinité. Nous ne savons d'ailleurs rien de positif quant à l'origine, au nombre, et aux noms des mages qui vinrent trouver Jésus. Les traditions à ce sujet sont excessivement confuses et contradictoires. (Voir Farrar, *The Life of Christ*.) L'histoire des *Bergers* a, elle aussi, sa petite géographie sainte dans la campagne environnante, et qui ne repose pas sur des données plus précises que celle des mages. Ces choses-là d'ailleurs ne se discutent pas, et j'avoue même qu'on ne songe guère à les discuter sur ce coin de terre où la foi aveugle et naïve des habitants n'a d'égale que leur ardente piété.

A peu de distance à l'est de Bethléhem se trouve un petit village nommé Beit-Sahour(1), riche en troupeaux, en bergers qui font paître ces troupeaux, et en grottes affectées à l'usage des uns et des autres. Ce hameau était tout indiqué pour l'adaptation de la tradition évangélique. On y a donc placé l'habitation des bergers de l'Évangile, et l'on montre, dans le voisinage, la grotte où leur apparut l'ange de la bonne nouvelle. Cette grotte ne renferme qu'une chapelle délabrée appartenant aux Grecs. On remarque dans les environs quelques ruines, provenant sans doute de l'église qu'on avait bâtie là au temps d'Arculphe, et où l'on montrait les tombeaux des trois bergers (2).

Un autre lieu traditionnel de la campagne de Bethléhem, c'est la grotte *du Lait* (oratoire latin), un des nombreux souterrains indiqués comme ayant servi de retraite à la sainte famille. Les musulmans exploitent le calcaire de cette grotte et

---

(1) Beit-Sahour-en-Nassara (Beit-Sahour des Chrétiens) ainsi appelé pour le distinguer du Beit-Sahour-el-Atoka situé plus haut à l'extrémité sud de la vallée du Cédron.

(2) *Des tombeaux des trois pasteurs qui, à la naissance du Seigneur, furent entourés d'une clarté céleste.* (Arculphe, collection Charton, *Voyageurs anciens et modernes*, tome II.)

le vendent sous la forme de galettes. Toutes sortes de vertus sont attachées à ces galettes, dont la digestion malheureusement n'est pas facile. Ce qui n'empêche pas les chrétiens eux-mêmes de partager à cet égard les superstitions des disciples de Mahomet.

Passons à l'histoire de Bethléhem et de ses habitants.

Si Bethléhem fut dans l'origine le pays par excellence de la pastorale et des pasteurs, il faut croire cependant que cette population essentiellement rustique n'avait aucune des aimables qualités qui distinguent en général les héros des anciennes fictions bucoliques. Les quelques détails que nous glanons dans le passé nous les représentent comme des gens peu sociables, revêches et retors, ayant emprunté à certains animaux du pays leurs qualités prédominantes. Esprits bornés, mais rusés, cruels même, ils aiment à se cantonner dans une ignorance toute chrétienne leur permettant d'être moins accessibles à une foule d'exigences naturelles qui seraient pour eux d'amères sujétions. L'amour du prochain est incompatible avec leur caractère défiant et dépourvu de scrupules.

On voit dans certains pays de pauvres diables peinant sur les grandes routes ou dans les champs et qui se lèvent de leur travail, tout fumants, pour donner au passant, rassuré par leur aspect humble, leur naïf langage, des indications parfaitement erronées, mettant une complaisance infinie à perdre à cela deux fois plus de temps qu'une réponse sincère ne leur en aurait coûté. Rien de plus triste, j'en appelle à tous les voyageurs, que cette épreuve faite de la duplicité humaine, en rase campagne, cette vision de rustre matois sortant d'une enveloppe grossière et primitive dont il n'y avait pas lieu de se méfier. Les Bethléhémites ont été ces rustres-là dans le passé, et rien n'indique que le développement du christianisme, marchant de concert à Béthléhem avec le développement de l'industrie des chapelets, ait dépouillé chez eux le vieil homme. Une curieuse tradition s'est conservée dans les environs de la ville.

On montre, non loin du tombeau de Rachel, un champ parsemé de ruines, le « *champ des pois* ». Jésus, passant auprès de cet endroit, y aperçut un homme occupé à ensemencer le champ. Poussé par son caractère généreux, toujours prêt à s'intéresser aux plus humbles travailleurs, Jésus ne put s'empêcher de s'arrêter et, pour lier conversation, il demanda au paysan ce qu'il semait là. — Des pierres, répondit celui-ci, et il lui tourna le dos. Jésus se le tint pour dit, mais le manant fut cruellement puni de sa grossière plaisanterie, car le champ produisit en effet des pierres de la forme d'un pois.

Cette légende, bien qu'apocryphe, est la seule du pays à laquelle on puisse reconnaître un double caractère d'authenticité. Car on peut voir encore, dans la contrée environnante, quelques spécimens des susdites pierres, et quant au semeur lui-même, rien ne nous autorise à lui refuser la qualité de Béthléhémite.

Au temps de Jésus, Bethléhem, bien que fortifié autrefois par Roboam, n'était plus qu'un hameau sans importance, dont les légendes chrétiennes seules parvinrent un peu plus tard à relever le prestige. A la fin du quatrième siècle, saint Jérôme y trouva un monastère que sainte Paule reconstruisit et agrandit, et qui reçut alors les plus illustres familles romaines. D'autres édifices pieux vinrent s'adjoindre à ce monastère; Justinien y bâtit une église (1), et releva les murailles de la ville. Dès ce moment la prospérité de Bethléhem, sans cesse accrue par les nombreux pèlerinages, devint proverbiale et continua de s'étendre, jusqu'à la fin des croisades. Ses murs, renversés par les Arabes, avaient été aussitôt relevés par les Francs.

LES MAGES APPORTANT LEUR OFFRANDE *

En 1244 l'invasion des Karesmiens lui porta un coup funeste, et, deux siècles plus tard, elle fut ravagée de fond en comble, et vit disparaître ses principaux édifices en même temps que sa forteresse.

Mais l'âge moderne ramena à Bethléhem une sécurité plus grande que partout ailleurs. Ses habitants chrétiens, rompus à la lutte, se groupèrent autour des couvents érigés en forteresses, et ne tardèrent pas à former avec leurs concitoyens musulmans une alliance offensive et défensive. Les généreux franciscains eurent, hélas! bien plus à se plaindre qu'à se louer de leur zèle querelleur qui attira

---

(1) Cette église ne peut être que l'église actuelle de la Nativité ou celle dont parle Arculphe à propos du tombeau de David. Cette dernière était située dans une vallée, *au nord du mont Bethléhem*. Il n'en reste plus de traces.

* Copie d'un bas-relief ornant un sarcophage placé dans la cathédrale de Ravennes (au 600 de notre ère).

LE JARDIN DE GETHSÉMANEE

plus d'une fois à Bethléhem des hordes de Bédouins et de musulmans d'Hébron, ces derniers ennemis jurés des Béthléhémites (1).

A propos des nombreux griefs qu'on a coutume, en Palestine, d'imputer aux Bethléhémites modernes, je citerai ici un passage de la *Correspondance d'Orient*, qui nous permet de juger de ce qu'ils étaient encore au commencement de ce siècle :

« Bethléhem compte deux mille habitants, dont quinze cents catholiques, quatre cents Grecs schismatiques et le reste musulmans. Les mécréans ont toujours été en petit nombre dans ce pays, parce que les Bethléhémites, hommes forts et courageux, ne supportent qu'avec peine la présence des sectateurs de Mahomet. Une remarque à faire, c'est que Bethléhem est peut-être la seule cité d'Orient qui ne soit point gouvernée par un chef musulman ; il n y a ici ni aga ni mutzelin. Les Bethléhémites catholiques, dans leurs querelles et leurs affaires, ont recours au père gardien du couvent latin et au religieux qui remplit les fonctions de curé ; ils invoquent aussi l'autorité des principaux chefs des familles. Le pacha ne peut guère obtenir d'eux que le paiement des impôts annuels ; les taxes arbitraires sont toujours suivies de quelques révoltes ; les Bethléhémites prennent alors les armes et se cantonnent dans le monastère comme dans un fort. Il leur arrive souvent de mettre à contribution la charité de nos religieux, et quand ceux-ci se trouvent dans l'impuissance de les secourir, les pauvres pères sont maltraités et contraints de se réfugier à Jérusalem. On m'a raconté à ce sujet des anecdotes qui ne sont point à la louange des Bethléhémites, voici un trait de ce genre qui vous suffira : Il y a une vingtaine d'années que le chef du couvent, n'ayant pu satisfaire à des demandes d'argent qu'on lui avait faites, fut arrêté dans une rue de Bethléhem, et entraîné vers un four pour y être brûlé ; pendant que le four chauffait et qu'on s'apprêtait à consommer le crime, un des Bethléhémites, touché de compassion, sollicita la délivrance du pauvre père ; après une délibération de quelques instants, le religieux fut mis en liberté. La vie de nos cénobites, comme vous voyez, est mêlée d'assez de mauvais jours pour qu'ils ne puissent oublier qu'ils habitent une terre barbare.

« Il est des Bethléhémites qui s'imaginent que le couvent est obligé de payer pour eux, par la seule raison qu'ils sont catholiques, et quelques-uns n'embrassent la foi romaine, que pour avoir part aux aumônes des Latins . . . .

« Ainsi le monastère franc est pour les Bethléhémites un temple d'où leur prière

---

(1) « L'intérêt de la sûreté, plus fort que celui de la religion, fait vivre les chrétiens en assez bonne intelligence avec les Musulmans leurs concitoyens. Ils sont les uns et les autres du parti Yamâni, qui, en opposition avec le Qaïsi, divise toute la Palestine en deux factions ennemies. Le courage de ces paysans, fréquemment éprouvé, les a rendus redoutables dans leur voisinage. » (Volney, *Voyage en Syrie*, tome II, État politique de la Syrie.)

monte au ciel, un tribunal où se jugent toutes leurs querelles, une hôtellerie où les pauvres trouvent du pain, et, au besoin, comme je vous l'ai dit plus haut, une forteresse pour repousser toute espèce d'agression (1). »

Je me hâte d'ajouter qu'aujourd'hui l'équilibre a été rétabli entre l'autorité religieuse, l'autorité séculière et le pouvoir despotique que s'arrogeaient les habitants

BAS-RELIEF ANTIQUE : REPAS DE JÉSUS

ANCIENNE TABLE SERVANT AUX REPAS

de Bethléhem. Grâce aux bachi-bouzoucks du voisinage, les religieux sont à l'abri de toutes violences. Quant à la bonne harmonie qui régnait entre les chrétiens et les musulmans de la ville, elle se réduit tout juste à une stricte tolérance, d'autant plus facile à exercer chez les premiers que les musulmans ne sont plus aujourd'hui qu'au nombre de trois cents environ (sur 5,000 habitants chrétiens de tous les rites). L'année même où Poujoulat écrivait la lettre citée plus haut a vu finir la vieille alliance qui unissait jadis les deux religions. Une émeute causée par des

(1) *Correspondance d'Orient*, tome IV, lettre xcv.

impôts les arma l'une contre l'autre, et tous les musulmans de Bethléhem furent expulsés sans autre forme de procès. Ils avaient cependant repris pied dans la ville lorsqu'une nouvelle émeute partie du quartier musulman en 1834 leur attira les rigueurs d'Ibrahim-Pacha. Leur quartier fut rasé, et la population chrétienne de Bethléhem resta maîtresse définitive de la place.

Aujourd'hui, bien qu'ils n'aient rien perdu de leur humeur atrabilaire, les

PORTRAIT ANTIQUE DE JÉSUS

chrétiens bethléhémites ont cherché d'autres issues à leur zèle belliqueux. Les travaux du labour utilisent tous les bras inactifs à l'humble industrie des croix, chapelets, et autres ouvrages sculptés en nacre ou en bois d'olivier.

Ainsi se réalise un peu tardivement à Bethléhem la promesse de paix dont ce petit coin de terre fut le premier à entendre les célestes accents.

CHAPITRE XVIII

LES BASSINS DE SALOMON, THÉCOA, HÉRODIUM

Origine des bassins de Salomon (?). — Le Quâlat-el-Bourak. — La Fontaine scellée. — L'aqueduc de Salomon. — Ponce Pilate et les Juifs. — La vallée d'Eurtas. — Ruines d'Ethan. — Le *hortus conclusus*. — Kharcitoun. — La grotte d'Habdullam (el-Maama). — Thécoa. — Désastre des croisés. — Le *Mont des Francs* ou le *Djebel-Ferdeis* (Paradis). — Hérodium. — La forteresse et le palais d'Hérode : description de Josèphe. — Tombeau d'Hérode (?). — Où les auteurs de la *Correspondance d'Orient* nous montrent comment on ne doit pas écrire l'histoire.

Les bassins de Salomon sont situés au bord de la route antique d'Hébron, à une lieue environ au sud de Bethléhem, dans une plaine étroite abritée par une chaîne de petites collines. Les savants n'ont pu s'entendre sur l'origine de ces bassins dont la construction n'a été attribuée à Salomon que d'après un passage fort vague de l'Ecclésiaste (1), qui nous forcerait alors à reconnaître, dans la petite vallée aux jardins potagers d'Eurtas, l'emplacement du jardin de Salomon, le *hortus conclusus* du Cantique des cantiques.

Les trois bassins sont toujours pleins d'une belle eau claire, et leur superbe dallage est parfaitement conservé, mais leurs aqueducs sont en ruine et n'envoient plus d'eau à Jérusalem. Au seizième ou au dix-septième siècle les Turcs firent élever dans cet endroit un château fort destiné à protéger le pays contre les incursions des Bédouins du désert de Judée. Les murailles crénelées du château subsistent intactes, mais le bâtiment offre à l'intérieur l'aspect le plus délabré qui se puisse voir. Il sert aujourd'hui de garnison à un poste de gendarmes turcs, mais les voyageurs des deux derniers siècles constatent qu'il a souvent changé de destination ; on n'y a trouvé pendant fort longtemps qu'un khan abandonné, et

(1) *Ecclésiaste*, II, 5, 6 : « Je me suis fait des jardins et des vergers, et j'y ai planté toutes sortes d'arbres fruitiers. Je me suis fait des réservoirs d'eau pour arroser le parc planté d'arbres. »

ce n'est que depuis quelques années que la garnison turque a été rétablie (1).

Les trois bassins sont situés à des niveaux différents et creusés en pente, de façon à déverser leurs eaux l'un dans l'autre. Ils reçoivent des eaux de source et des eaux de pluie. Leur surface affecte la forme d'un trapèze. Le bassin inférieur, qui est le plus grand, a 177 mètres de longueur, 60 de largeur sur la grande base du trapèze, et 15 mètres de profondeur; les parois sont soutenues par des contre-forts et présentent des escaliers dans les angles intérieurs. Les trois bassins communiquent entre eux par des canaux creusés dans les parois inférieures (est).

Une des principales sources qui communiquaient avec ces bassins par des canaux souterrains ou des aqueducs, porte le nom arabe d'*Aïn Salih*. Pour les chrétiens c'est la *Fontaine scellée* du *Cantique des cantiques*. L'entrée de cette fontaine est dans le voisinage du château, à l'ouest.

Le bassin supérieur et le bassin du milieu avaient chacun leur aqueduc qui y amenaient l'eau de sources bien plus éloignées. L'aqueduc supérieur est sans doute le plus ancien, bien qu'il soit le mieux conservé; c'est l'aqueduc dit de Salomon, dont nous avons déjà retrouvé des traces dans la vallée de Hinnom. Ponce Pilate, dit-on, le fit construire, — réparer, disent ceux qui tiennent pour l'origine salomonienne, — et y consacra de fortes sommes d'argent prélevées sur le « Corban » ou trésor sacré. Cette mesure souleva les colères des juifs; une émeute sanglante s'ensuivit. Pilate, exaspéré par les imprécations du peuple, se vengea à la façon d'un Hérode. Des soldats vêtus en gens du peuple, mais qui portaient des armes sous leur costume, reçurent l'ordre de se répandre parmi les groupes insurgés : sommés de se disperser, les juifs refusent ; alors, sur un signal, les soldats se jettent sur eux, et une horrible mêlée se produit où périssent à la fois innocents et coupables.

Des bassins de Salomon nous descendons vers l'est dans la vallée d'*Eurtas* ou *Artas*, en suivant pendant quelque temps les restes de l'aqueduc de Salomon. Notons qu'en certains points l'eau passe dans des tuyaux en terre cuite, détail indiquant que les réparations faites par Ponce Pilate n'ont pas été les dernières.

Voici, sur une colline ronde, les ruines de l'antique *Étam* mentionnée dans les chroniques bibliques; plus loin c'est le village musulman d'Eurtas, — avec une petite colonie française (alsacienne, je crois) — enfoncé dans les vergers. Un ruisseau ombragé de saules serpente dans le fond de la vallée. Le site est fort agréable, et semble une véritable oasis dans cette contrée désolée où se montre déjà l'aridité du désert. De là la tradition qui l'identifie avec le *hortus conclusus* de Salomon.

Nous sommes ici d'ailleurs sur la limite des terres cultivées; en avançant plus

---

(1) Les Arabes l'appellent aujourd'hui le *Qudlat-el-Bourak*.

vers l'est, nous entrons dans la zone de plaines stériles semées de collines nues et rocailleuses, qui distingue le désert de Judée. Pour trouver un peu d'eau, il faut descendre jusqu'à Khareitoun, où se trouve le puits très fréquenté du *Bir-el-Aïnesée*. Il y a là, dans un endroit parfaitement désert et sauvage, à l'entrée d'une gorge resserrée entre des roches effritées, un village en ruines, probablement une ancienne colonie de moines. Son nom de Khareitoun lui viendrait d'un certain M. Chariton, fondateur de la colonie, qui se retira et mourut dans la grotte voisine de ce lieu, désignée par les Arabes du pays sous le nom d'*el-Maama* (lieu de refuge.) Une tradition chrétienne a identifié cette même grotte avec celle d'Hadullam, où se réfugia David. Ce qu'il y a de certain, c'est que la grotte a joué comme lieu de refuge un grand rôle, non seulement dans l'histoire juive, mais encore dans l'histoire des croisades.

Guillaume de Tyr rapporte qu'en 1138, les Turcs s'étant emparés de Thécoa,

TOMBEAU DE RACHEL

les habitants de cette ville se réfugièrent dans la caverne d'Odolla, — ce qui n'a rien d'invraisemblable, la grotte se composant d'une infinité de galeries entre-croisées capables de contenir une grande quantité de monde (1). La tradition arabe exagère les choses en affirmant que trente mille habitants de la contrée s'y réfugièrent jadis pour échapper à la peste, — d'autant plus qu'il serait mille fois préférable de courir les chances de la peste que de s'enterrer en

---

(1) Tobler dit que la longueur ou la profondeur de la grotte est de 170 mètres. Les Bédouins du pays affirment au contraire qu'on y ferait une bonne journée de marche.

foule dans des souterrains sans air et où règne une température étouffante.

Quoi qu'il en soit, la grotte mérite d'être visitée, et l'excursion n'offre aucun danger, à la condition que les touristes soient munis d'un fil d'Ariane quelconque. Inutile de dire que l'excavation est entièrement naturelle, et qu'elle a été produite par le travail des eaux. Les parois des galeries sont d'une couleur crayeuse et blanchâtre. Elles se resserrent ou s'élargissent en divers endroits, et présentent parfois des niches ou fours à cercueils. On a retrouvé dans ces niches des fragments de sarcophages, d'urnes et de lampes, indiquant que la grotte avait reçu anciennement une destination sépulcrale.

La ville de Thécoa était située à l'ouest du vallon où nous sommes, dans une contrée absolument déserte. On remarque, sur la colline qui domine la *Vallée Perdue*, quelques ruines éparses, noircies par les siècles, derniers vestiges sans doute de cette ville, une des plus antiques de la Judée. (Josué, XV, Septante.) Les restes d'une fontaine baptismale en porphyre, où l'on distingue encore des fleurs de lis, indiquent l'emplacement de l'église Saint-Nicolas du moyen âge. La ville fut funeste aux croisés, comme nous l'apprend Guillaume. Tandis que l'armée chrétienne était occupée à purger le pays à l'est du Jourdain des brigands qui l'infestaient, les musulmans s'emparèrent de Thécoa et massacrèrent le peu d'habitants qui n'avaient pas eu le temps de se réfugier dans la caverne d'Hadullam. A la nouvelle de ce désastre, Robert le Bourguignon, maître des Templiers, réunit quelques chevaliers restés à Jérusalem et fondit sur Thécoa. Mais les musulmans avaient eu le temps d'abandonner la ville. Les Francs se mirent à leur poursuite, et, dans la chaleur de l'action, se dispersèrent au mépris de toute prudence. Les Turcs, s'en étant aperçus, se rallièrent, et les groupes épars des chevaliers chrétiens furent écrasés isolément. Une foule de nobles Francs périrent sous les armes des infidèles, et depuis Thécoa jusqu'à Hébron, le pays, dit Guillaume de Tyr, fut jonché de cadavres.

A une lieue au nord-est de Thécoa se dresse un mamelon qui forme un cône à peu près régulier; c'est le *mont des Francs; le Djebel Ferdéis* (Paradis) des Arabes, — deux noms que n'explique d'ailleurs aucune considération historique ou géographique. Il y a bien une tradition chrétienne qui assigne au mont des Francs un rôle important dans les guerres saintes; les croisés se seraient réfugiés là au moment des dernières luttes et s'y seraient maintenus pendant près d'un demi-siècle contre les armées turques. Mais cette légende ne mérite point la moindre créance.

L'opinion qui a prévalu voit, dans les ruines dont la montagne est couverte, celles de Hérodium, la fameuse forteresse d'Hérode dont nous trouvons dans Josèphe une description fort détaillée.

A soixante stades de Jérusalem, à l'endroit même où il vainquit les Juifs, Hérode, devenu roi, éleva un palais fameux qu'il entoura d'une ville à laquelle il donna le nom d'Hérodia. Il avait déjà construit en Arabie une forteresse appelée Hérodium.

« Il donna le même nom, dit Josèphe dans la *Guerre judaïque* (1), à une hauteur située à soixante stades de Jérusalem, qui n'était point naturelle, et qu'il fit élever en forme de mamelon, au moyen de terres rapportées; des tours rondes en couronnaient le sommet. Au-dessous, il bâtit des palais dont l'intérieur était extrêmement riche, et l'extérieur si splendide qu'on ne pouvait y jeter les yeux sans admiration. Il y fit venir de fort loin et avec une dépense considérable, de belles eaux en abondance. On y montait par deux cents degrés de marbre blanc. Il édifia, au pied de la colline, un autre palais pour recevoir ses amis; ce palais était si spacieux et muni de tant de choses qu'on l'eût pris pour une ville, à n'en regarder que l'étendue et les richesses; mais tant de magnificence faisait voir que c'était une demeure royale. »

Lorsque Hérode mourut, sa dernière volonté fut d'être enterré à Hérodium. On lui fit des funérailles magnifiques, s'il faut en croire le récit du même Josèphe (*Ant. Jud.*, XVII, VIII, 3). Le corps était porté dans une litière d'or incrustée d'une foule de pierres précieuses de toutes les espèces. Hérode, drapé dans la pourpre royale, était étendu sur un matelas également de pourpre. Un bandeau lui ceignait le front, et sur ce bandeau s'appliquait la couronne. Le sceptre était placé dans sa main droite. Le cortège était formé des armées de toutes les nations, Juifs, Thraces, Germains, Gaulois, etc... L'historien malheureusement ne précise point l'endroit où le roi fut enseveli, et ne donne aucun détail sur son monument funéraire. Aussi les opinions des archéologues se réduisent-elles à de pures conjectures.

On remarque, au pied du mamelon, sur le versant ouest, un étang à sec que les Arabes appellent Birket Bint-es-Soultan (étang de la fille du sultan).

Au centre du bassin s'élève un massif de ruines qui a été exploré en 1863 par des amis de M. de Saulcy, MM. Salzmann et Mauss. On a trouvé au sommet du massif le sol d'une chambre et les traces d'un pavage en mosaïque formé de gros cubes noirs et blancs. Ces ruines seraient-elles les restes du tombeau d'Hérode? M. de Saulcy et ses amis le croient fermement, et les considérations dont ils appuient leur opinion ne nous paraissent pas en effet dénuées de vraisemblance (2).

L'état actuel de ces ruines en général concorde d'ailleurs parfaitement avec les

---

(1) *Bell. Jud.*, liv. I, XII, 10.
(2) Voir l'appendice VI, tome second du *Voyage en Terre-Sainte*.

données de Josèphe. On retrouve au sommet de la montagne, qui a été évidemment aplani, puis évidé en entonnoir pour les besoins de l'enceinte, quelques débris de murailles et de tours où se reconnaît d'une façon formelle l'appareil hérodien.

Avant d'abandonner le mont des Francs, on ne peut manquer de jeter un coup d'œil sur le panorama qui se déroule au loin, — la mer Morte, avec ses amphithéâtres de roches grimaçantes, la chaîne bleuâtre des montagnes Arabiques, par delà le désert de Judée ; de l'autre côté, Bethléhem, les montagnes avoisinant la ville sainte, et, tout à fait au nord, le minaret de Nebi-Samouïl, l'arrière-plan de tous les paysages qui rayonnent dans cette direction.

La vue est célèbre par les récits de tous les voyageurs contemporains. Un fait

ENVIRONS DE BETHLÉHEM : LE CHAMP DES BERGERS

encore que je ne puis m'empêcher de signaler à propos du mont des Francs, c'est la bourde inénarrable que cette colline juive fait commettre aux auteurs de la *Correspondance d'Orient*. Dans la lettre CXXI, datée d'avril 1831 et signée P..... je trouve ce passage absolument stupéfiant : « *Mais la légende des Bethléémites est d'accord avec l'histoire quand elle donne aux ruines du Mont-Français une origine contemporaine des croisades. C'est là que je crois pouvoir placer le château de Saint-Abraham, dont parle Albert d'Aix. Le chroniqueur dit que ce château est ainsi appelé parce qu'on assurait qu'il avait été bâti par Abraham, et que le patriarche y avait eu son sépulcre* (1). »

Eh quoi ! Poujoulat l'érudit, le savant collaborateur de Michaud, l'infati-

(1) *Correspondance d'Orient*, tome V.

gable compulseur de textes anciens, Poujoulat qui devait connaître l'histoire des croisades mieux que les croisés eux-mêmes, Poujoulat ignorait que les mots *castellum* ou *præsidium ad sanctum Abraham* désignaient, comme de juste, la ville sainte d'Abraham, c'est-à-dire l'antique Hébron ! Et il continue ensuite à raconter que le château de Saint-Abraham fut pris par Godefroy de Bouillon et donné en fief à Guillaume Charpentier, puis à Jacques d'Avesnes, sans s'apercevoir qu'il fait précisément l'histoire d'Hébron et non celle du mont des Francs ! Et Michaud qui savait par cœur toutes les chroniques anciennes des croisades a pu laisser imprimer cela dans sa volumineuse *Correspondance !* C'est là pour le moins le fait d'une impardonnable négligence, car Hébron est suffisamment désignée par la citation même que fait Poujoulat de la chronique d'Albert d'Aix.

Pour clore la question, voici qui établit l'origine de cette dénomination de *château de Saint-Abraham* appliquée à Hébron. Cette origine remonte bien au delà des croisades. Dans la relation de Willibald il est dit ceci : « Ils allèrent ensuite à Saint-Zacharie prophète, puis au *château d'Aframia*, où sont ensevelis Abraham, Isaac et Jacob avec leurs épouses. » Or *Aframia* ne peut être qu'une altération du mot Abraham, et la forteresse qui protégeait alors les sanctuaires d'Hébron, avait été probablement construite par les musulmans au septième siècle. Les croisés la trouvèrent encore debout, puisque Sœwulf, à la date de 1103, nous apprend que les monuments des patriarches étaient entourés de châteaux forts. Il y a donc évidemment identité entre le château d'Aframia de Willibald, le château fort de Sæwulf, et le *præsidium ad sanctum Abraham* des croisés, qu'il faut nécessairement fixer à Hébron, car jamais aucun auteur ancien ne s'est avisé de placer ailleurs la sépulture des patriarches, et Poujoulat a fait injure à Albert d'Aix en le supposant assez ignorant pour commettre cette bévue.

CHAPITRE XIX

HÉBRON

La vallée de Mamré. — Ramet-el-Khalil. — Khirbet-en-Nassara. — Le chêne d'Abraham. — Le champ Damascène. — Hébron, la ville ancienne et la ville moderne. — La vie patriarcale chez les Juifs et chez les Arabes. — Le personnage d'Abraham devant la critique moderne. — Mœurs des Musulmans du pays d'Hébron, leur fanatisme. — Les industries de la ville ; ses divers quartiers. — L'étang d'Isboseth. — Le Haram d'Hébron et les tombeaux des patriarches. — Discussion des textes anciens et modernes : Josèphe, le pèlerin de Bordeaux, Eusèbe, saint Jérôme, Antonin de Plaisance, Arculphe, Willibald, Benjamin de Tudèle, Ali-Bey, etc... — Document communiqué par M. le comte Riant : *Chronique de l'an 1119*. — Les cendres des patriarches retrouvées; confirmation du témoignage de Benjamin de Tudèle. — Origine de la mosquée et de l'enceinte du Haram.

Nous avons vu que le chemin qui conduit de Jérusalem à Hébron se sépare de la route de Bethléhem à la hauteur du tombeau de Rachel et passe ensuite auprès des bassins de Salomon. Nous passerons sous silence cette fois les petits détails de la contrée, de peur d'élargir outre mesure le cadre de cet ouvrage. Le lecteur se rappelle que nous sommes sur la limite du désert de Judée ; du haut des collines montueuses, boisées parfois, que nous traversons, nous apercevons, par quelques ouvertures de l'horizon, les plaines jaunes et brûlées qui s'étendent vers l'ouest. Il n'est pas rare même de distinguer, au fond d'un vallon animé par le bruissement d'une source, quelques tentes noires de Bédouins, semblables à des vêtements de deuil étalés parmi la chétive verdure de l'endroit.

Le pays est parsemé de ruines d'une origine généralement obscure, où il est fort difficile de reconnaître les villages mentionnés par Josué. A trois kilomètres environ d'Hébron, nous entrons dans la vallée de Mamré ou des Térébinthes, fort bien cultivée, et plantée de vignes.

A gauche de la route, sur le sommet d'une colline, la ruine appelée par les musulmans Ramet-el-Khalil (hauteur du favori de Dieu). Les traditions juive et musulmane y voient l'endroit où Abraham planta sa tente; mais on ne saurait rien préciser au sujet de l'histoire de la ruine elle-même (1).

Un peu plus loin nous faisons un crochet pour voir le fameux chêne de Mamré.

Un sentier à droite nous conduit aux ruines de Khirbet-en-Nassara, un ancien village chrétien qui semble s'être formé autour de la basilique que Constantin avait fait ériger en ce lieu pour y consacrer la demeure d'Abraham. Le chemin qui de là conduit au chêne passe près d'un hospice russe.

Nous nous trouvons en présence d'un arbre magnifique dont le tronc mesure 9 à 10 mètres de circonférence, et se divise en un certain nombre de rameaux qui s'étendent à une distance prodigieuse. La tradition du moyen âge veut que ce soit là le chêne, ou du moins un des rejetons du chêne sous lequel Abraham traita les anges. On sait la manie du pays de coller sur toutes les choses des étiquettes bibliques, comme les botanistes ornent d'inscriptions latines les plantes de leurs jardins. C'est elle qui entasse quarante siècles sur des monuments âgés de quelques centaines d'années à peine, qui perpétue les cèdres du Liban, et éternise les chênes d'Abraham. Le pèlerin de Bordeaux, saint Jérôme, Arculphe, etc., et à leur suite tous les auteurs modernes décrivent un chêne d'Abraham, qu'ils placent un peu plus au nord ou un peu plus au sud, et les plus crédules cherchent à expliquer sa longévité surnaturelle. En comparant aujourd'hui les textes anciens, nous constatons que, déjà du temps d'Arculphe, le chêne d'Abraham n'est plus celui que décrit saint Jérôme, et nous passons outre.

Un sentier nous ramène sur la route de Jérusalem, aux portes d'Hébron. La ville, appelée par les musulmans *El-Khalil*, est située au fond d'une vallée fertile, plantée principalement de vignes et d'oliviers.

A ceux qui ont lu la Genèse et les livres des Rois, je me dispenserai de retracer le rôle biblique d'Hébron. On sait qu'elle fut la dernière étape de l'existence errante d'Abraham, et que David y régna pendant sept ou huit ans. Quant au reste, un passage du chapitre précédent indique suffisamment que nous avons quelque chance de retrouver ici les traces d'une antiquité authentique, à cela près que l'ancienne Hébron, la Kiriath-Arbâ de Josué, paraît avoir été située sur la colline d'en face, et non au lieu où se trouve la ville moderne (2). La légende n'a pas épargné Hébron. On y place la naissance et la mort d'Adam, et l'on montrait jadis un champ, aujourd'hui planté de vignes (*champ Damascène*) dont l'argile rougeâtre aurait servi de moule au premier homme.

Maintenant, avant d'aller plus loin, il serait peut-être convenable de démontrer

---

(1) Voir cependant la relation de l'excursion faite à Hébron et à Hérodium par MM. Salzmann et Mauss. (Appendice VI, tome II du *Voyage en Terre-Sainte* de M. de Saulcy.)

(2) Voir l'opinion de Benjamin de Tudèle.

l'existence d'Abraham ; malheureusement nous n'avons là-dessus aucune opinion personnelle. Il nous paraît aussi aisé de voir dans le personnage du patriarche une expression ethnique, comme dit M. Renan, ou, comme le pense Voltaire, un grand pillard devant l'Éternel, tels que nous en trouvons à la souche de tous les peuples sémitiques. Nous nous représentons encore volontiers Abraham sous les traits d'un de ces chefs bédouins dépeints par Volney qui les compare aux fermiers des pays de montagne, dont ils ont la simplicité dans les vêtements, comme dans la vie domestique et dans les mœurs (1). Certainement, si Abraham a existé, il n'a pu exister que sous ces deux dernières formes. Il est par excellence l'Arabe nomade, ennemi du repos, des choses qui se répètent, qui menacent de ne pas changer, voyageur éternel qui promène des idées indécises dans des horizons toujours nouveaux et des rêves immenses dans des déserts sans bornes, à qui la familiarité d'un lieu est odieuse, par le seul fait qu'on y voit se renouveler le lendemain ce qui s'est passé la veille et qu'il n'a pas, lui, le sentiment de l'habitude. Il est aussi par excellence le Juif des premiers temps, forcé de se créer une patrie aux dépens des autres, et qui erre tant qu'il n'a pas vaincu, par la ruse ou par la force, l'hostilité combinée des hommes et des choses.

La vie errante des patriarches nous donne l'idée la plus juste de la première condition de l'homme dans ces pays de déserts où un même sol ne pouvait suffire à nourrir longtemps ses habitants, — et cette existence était loin, sans doute, de réaliser l'idéal honnête et vertueux que lui prêtent les récits bibliques. Si, dans notre société moderne, un groupe d'individus dénués de préjugés se proposait de faire schisme et de revenir à la vie patriarcale en reprenant les traditions d'Abraham, il est à supposer qu'ils ne tarderaient pas à avoir maille à partir avec les rouages compliqués qui fonctionnent chez nous pour la défense de la propriété et du droit commun. Abraham, au reste, pouvait avoir raison jadis, alors surtout qu'il était le plus fort, mais son exemple ne sert plus d'excuse aux Bédouins modernes qui se trouvent en conflit avec les autorités des pays où ils tentent parfois de le faire revivre.

A Hébron précisément, et dans la contrée avoisinante, on retrouve encore dans les mœurs, les traces évidentes des traditions patriarcales, car les Turcs n'y ont qu'une autorité précaire, grâce au voisinage des Bédouins. Les habitants sont d'un fanatisme à toute épreuve, comme il convient aux habitants d'une ville sainte. Mais ce fanatisme n'exclut ni la mauvaise foi ni l'absence de sens moral ; chez les musulmans la religiosité semble au contraire développer les passions les plus égoïstes.

---

(1) Tel *chaïk*, dit Volney, qui commande à cinq cents chevaux, ne dédaigne pas de seller et de brider le sien, de lui donner l'orge et la paille hachée. Dans sa tente, c'est sa femme qui fait le café, qui bat la pâte, qui fait cuire la viande. Ses filles et ses parentes lavent le linge, et vont la cruche sur la tête et le voile sur le visage, puiser l'eau à la fontaine. (*Voyage en Syrie*, tome I.)

Rien de moins paisible que les belles campagnes d'Hébron. A chaque instant, nous dit Volney les paysans font des incursions sur les terres les uns des autres, et ravagent mutuellement leurs blés, leurs doura, leurs sésames, leurs oliviers, et s'enlèvent leurs brebis, leurs chèvres et leurs chameaux. Sont-ce leurs richesses mêmes qui excitent cette humeur querelleuse? C'est fort probable. En attendant, il est regrettable qu'une contrée aussi étonnamment fertile soit abandonnée tout entière aux musulmans, à l'exclusion des chrétiens qui n'y trouvent aucune sécurité. Entre les mains de ces derniers, Hébron serait certainement devenue la ville la plus importante de la Palestine, grâce aux sources nombreuses qui arrosent ses champs et ses vergers, grâce à ses vignes admirables, les mêmes peut-être qui fournirent la grappe merveilleuse que les éclaireurs de Moïse coupèrent près du torrent d'Escol (1), grâce aussi à ses antiques verreries, ses fabriques de savon, ses tanneries, et à toutes les ressources qu'on pourrait encore tirer du trafic avec les Bédouins. Avec les musulmans, au contraire, Hébron se contente d'une demi-prospérité stagnante. Il y a là une fabrique de verre qui n'a pas fait un pas depuis le moyen âge. On se contente toujours d'y fabriquer des lampes, et des anneaux de verre colorés qui servent de bracelets aux Arabes syriennes (2). Du temps de Volney les produits des superbes vignobles du pays ne servaient qu'à faire des raisins secs assez mal préparés, mais les Juifs ont depuis converti cette exploitation en une fabrique de vin dit d'Hébron qui ne figure pas parmi les plus mauvais de Syrie.

Le coup d'œil de la ville vue du haut de la colline principale qui la domine est fort pittoresque : un fouillis de maisons blanches à coupoles ou à toits plats grimpant les unes par-dessus les autres et où pointent çà et là des minarets étincelants, le tout enfoui dans la sombre verdure des oliviers. Elle se divise aujourd'hui en deux quartiers principaux, reliés entre eux par des jardins. Le quartier du nord s'appelle Haret-ech-Chéich ; ses maisons sont groupées autour d'une belle mosquée neuve dont le minaret s'aperçoit de fort loin. Un autre quartier plus petit, le Haret-Bab-es-Saouiyé, prolonge celui-ci vers l'ouest. On peut visiter dans le voisinage l'aqueduc de Kachkala, quelques grottes anciennes, et l'antique bassin auprès duquel David aurait fait pendre les meurtriers de son rival Isboseth, dont on montre le tombeau ailleurs dans une maison de la ville.

(1) *Nombres*, XIII, 23 et 24. — Ils montèrent donc vers le midi, et vinrent jusqu'à Hébron, où étaient Ahiman, Scisaï et Talmaï issus de Hanak. Or Hébron avait été bâtie sept ans avant Tsohan d'Égypte. Et ils vinrent jusqu'au torrent d'Escol, et coupèrent de là une branche d'un cep avec une grappe de raisin, et ils étaient deux à la porter avec un levier. Ils apportèrent aussi des grenades et des figues.

(2) Ces anneaux ont souvent la grosseur d'un pouce et davantage ; on les passe au bras dès la jeunesse ; il arrive, ainsi que je l'ai vu plusieurs fois, que le bras, grossissant plus que la capacité de l'anneau, il se forme au-dessus et au-dessous un bourrelet de chair, en sorte que l'anneau se trouve enfoncé dans une dépression profonde dont on ne peut plus le retirer : cela passe pour une beauté. (Volney, *Voyage en Syrie*.) Ajoutons qu'on vend encore aujourd'hui de ces anneaux dans le parvis de l'église du Saint-Sépulcre, principalement le dimanche.

Le quartier sud, le plus considérable, et aussi le plus important, est celui du *Haram* qu'on croit bâti sur l'emplacement de la grotte de Makpela. Ce quartier, qui se compose déjà de deux quartiers distincts jadis et séparés par des dépressions de terrain, s'en est annexé un troisième bien plus petit et qui est complètement détaché du groupe principal : c'est le Haret-el-Mouchareca ou Haret-el-Ouad. Un autre étang d'Isboseth se montre au nord de ce quartier : c'est évidemment une piscine antique.

La grande mosquée du Haram occupe l'angle nord du quartier inférieur du

LES BASSINS DE SALOMON

Haret-el-Haram, désigné par les musulmans sous le nom de Haret-el-Kalaa. Le Kalaa en question n'est autre que l'ancien château de Saint-Abraham, contigu au Haram, et qui, malgré son délabrement, sert aujourd'hui de citadelle à la ville et de garnison à un bataillon turc.

L'édifice du Haram est assis sur la pente d'une colline. Le mur d'enceinte, construit de blocs à refends comme celui du Haram de Jérusalem, forme un parallélogramme rectangle. Il est haut de 15 mètres environ, et présente sur chaque face extérieure une rangée de pilastres engagés. Une corniche en bandeau plat termine cette muraille antique que les Turcs ont couronnée d'un mur moderne à créneaux et flanqué de minarets aux angles.

Dans l'intérieur de la cour, vers le sud, s'élève la mosquée proprement dite qui paraît être une ancienne église chrétienne. Elle renferme les cénotaphes érigés à la mémoire d'Abraham, de Sara, de Jacob, d'Isaac, de Léa, de Rébecca, etc. — Ces monuments sont en pierre et recouverts de tapis précieux ou de draperies de soie rouge et verte à arabesques d'or et d'argent ; quelques-uns sont surmontés de coupoles. Quant aux cendres de ces personnages, elles doivent se trouver dans les souterrains qui s'étendent sous la mosquée et qui seraient les grottes mêmes de la caverne de Makpéla. (On sait qu'Abraham avait acheté cette caverne aux habitants d'Hébron pour y ensevelir Sara ; le champ où elle était située devint ainsi la propriété d'Abraham, et la grotte servit de sépulcre à toute la famille.)

Il nous a été impossible de contrôler les renseignements que nous venons de donner sur la mosquée. On sait que le fanatisme des musulmans, qui a visiblement tiédi partout ailleurs, n'entend rien abandonner de ses prérogatives à l'endroit du Haram d'Hébron. L'accès du monument est rigoureusement interdit aux chrétiens, même aux musulmans qui n'appartiennent pas à une secte sainte entre toutes. Depuis la fin de la domination chrétienne une dizaine d'Européens à peine ont pu visiter le Haram. A une date récente nous citerons le prince de Galles, Stanley, Pierrotti, le consul allemand Rosen, Fergusson.

Mais deux autres questions non moins compliquées se présentent au savant dans l'étude du Haram. A quelle époque appartient la muraille d'enceinte? Quelle est l'origine de l'édifice dont les Turcs ont fait une mosquée ?

Nous avons scrupuleusement étudié les textes anciens et modernes, tout en profitant des lumières apportées par tous les auteurs qui nous ont précédé, et nous avouons que ces divers problèmes ne nous paraissent pas impossibles à résoudre, malgré la confusion, les erreurs, les inexactitudes semées comme à plaisir dans les textes anciens.

Voici d'ailleurs l'exposé succinct de nos recherches combinées avec celles des auteurs modernes. Bien qu'aride, la question est trop importante pour que nous puissions nous dispenser de la traiter au moins d'une façon sommaire, et les curieux s'y intéresseront certainement.

Nous laissons de côté la Bible, comme de juste. Dans les *Antiquités judaïques*, Josèphe nous apprend qu'Abraham et ses descendants élevèrent des monuments à la mémoire de Sara, et dans la *Guerre judaïque* il dit que les sépulcres d'Abraham et de ses enfants se voyaient encore de son temps, construits de marbre précieux, et magnifiquement ornés. C'était en effet la coutume sous Hérode d'ériger des cénotaphes de marbre sur la tombe des personnages illustres ; il est donc probable que les monuments dont parle Josèphe n'étaient pas bien

LES COUVENTS DE BETHLÉEM

anciens. Les premiers auteurs sacrés, Eusèbe et saint Jérôme les mentionnent sans plus de détails.

Le pèlerin de Bordeaux (333) semble avoir en vue l'enceinte carrée du Haram dans ce passage : « Inde Terebintho Chebron : ubi est memoria per quadrum ex lapidibus miræ pulchritudinis, in qua positi sunt Abraham. Isaac, Jacob, Sara Rebecca et Lia. »

Deux siècles s'écoulent qui voient l'aurore radieuse du christianisme briller sur le monde entier du haut du trône des premiers empereurs chrétiens. Le sol de la Terre Sainte s'est couvert d'édifices pieux. Partout s'élèvent des témoignages grandioses de la piété de Constantin, d'Hélène, de Justinien. L'Itinéraire d'Antonin de Plaisance (570) parle d'une basilique élevée sur le lieu de la sépulture des patriarches : « Est ibi basilica ædificata in quadriporticus ; atrium in media discoopertum, et per medium discurrit cancellus, et ex uno latere intrant Christiani, ex alio Judæi, incensa facientes multa. »

Nous pouvons dès maintenant conclure qu'une basilique s'élevait à cette époque dans l'enceinte du Haram, érigée par Constantin ou par Justinien (1).

La plupart des auteurs des siècles suivants n'ont pas strictement visité tous les endroits qu'ils décrivent, et quelques-uns d'ailleurs n'ont pas écrit eux-mêmes leur relation. D'où il est résulté parfois que les récits ou traditions dont ils se sont fait l'écho ont confondu entre eux tels lieux ou tels monuments très rapprochés. C'est ce qui semble être arrivé à Arculphe.

Ce saint évêque qui visite la Palestine immédiatement après l'invasion sarrasine ne trouve que des vestiges de mur à la place de l'antique Hébron, et quelques cabanes où se retirent les habitants. « Le lieu des sépulcres, dit la relation, est entouré d'un petit mur carré. Adam, le premier homme, à qui Dieu, son créateur, dit aussitôt après son péché : « Tu es de terre et tu iras dans la terre, » est séparé des trois autres. Son corps est placé vers l'extrémité nord de ce mur triangulaire non pas dans un sépulcre de pierre taillé dans le roc, comme les autres de sa race, mais dans la terre même, et poussière il repose dans la poussière, en attendant la résurrection avec tous ses descendants. C'est ainsi que s'est accomplie la sentence divine prononcée contre lui. Comme notre premier père, les trois autres patriarches sont couverts d'une vile poussière ; leurs quatre sépulcres ont seulement de petits dômes arrondis dans une seule pierre comme ceux d'une basilique, et précisément de la longueur et de la largeur de chaque sépulcre. Les trois sépulcres d'Abraham, d'Isaac et de Jacob voisins les uns des

---

(1) Cette basilique dans tous les cas ne doit pas être confondue avec celle élevée par Constantin sur l'emplacement de la maison ou du chêne d'Abraham, et dont nous avons parlé plus haut à propos de Kirbet-en Nassara. (Voir Sozomène, *Hist. ecclésiast.*, liv. II, chap. IV.)

autres, sont couverts, comme nous l'avons dit, de dômes faits en pierre dure; mais le sépulcre d'Adam a un dôme d'une couleur plus sombre et d'un moindre travail. Arculphe vit aussi là trois dômes plus petits et plus modestes sous lesquels reposent Sara, Rébecca et Léa. Ce champ sépulcral des patriarches est à environ un stade, vers l'ouest, de l'antique cité de Chébron. » (1)

Qu'est devenue la basilique de Constantin ou de Justinien qu'un siècle auparavant Antonin avait trouvée debout, et toute neuve encore? Et la muraille antique de David ou d'Hérode ? Ce ne peut-être elle qu'Arculphe appelle un petit mur carré. Si le digne évêque a réellement visité Hébron, il est permis de supposer qu'il a pu voir des tombeaux juifs tout autres que ceux reconnus avant et après lui pour les tombeaux des patriarches. Autrement le passage est inexplicable. (Voir à ce sujet la note 1, page 342 de cet ouvrage).

Ajoutons que Willibald qui parcourt les mêmes lieux quelques trente ans plus tard trouve les tombeaux des patriarches protégés par un château fort. (Voir le chapitre précédent.)

Sæwulf (1) fait la même remarque en 1103. A cette date Hébron est entre les mains des premiers croisés. Elle l'est encore au moment du voyage de Benjamin de Tudèle (1160-1170). Celui-ci visita la grotte funéraire des patriarches, et parle du temple de Saint-Abraham. Nous citons le passage, que nous recommandons à l'attention du lecteur. On verra pourquoi.

« De Bethléem à Hébron il y a six parasanges. Cette ville située autrefois sur une montagne est maintenant déserte et ruinée. La ville d'aujourd'hui est dans la vallée. Dans la plaine de Macpéla il y a un grand temple appelé Saint-Abraham qui du temps des Ismaélites était une synagogue des Juifs. Les gentils, c'est-à-dire les chrétiens y ont bâti six tombeaux sous les noms d'Abraham et de Sara, d'Isaac et de Rébecca, de Jacob et de Léa ; ils disent aux voyageurs que ce sont les sépultures de ces patriarches et en tirent de l'argent; mais s'il vient un juif, qui donne de l'argent au portier de la caverne, on lui ouvre une porte de fer faite du temps de nos pères; alors, descendant avec des flambeaux à la main, ils ne trouvent rien dans la première où la seconde caverne; mais venant à la troisième, ils y trouvent les six tombeaux d'Abraham et de Sara, d'Isaac et de Rébecca, de Jacob et de Léa, vis-à-vis les uns des autres. Chacun a son inscription propre. Sur le tombeau d'Abraham est cette inscription : « Ceci est le tombeau d'Abraham notre père, qui repose en paix. » Et de même sur le tombeau d'Isaac et sur les autres. Il y a une lampe allumée, dans la caverne, qui brûle jour et nuit

---

(1) *Voyageurs anciens et modernes.* (Collect. Charton.)
(2) Saewulfi relatio de peregrinatione ad Hierosolymam et terram sanctam. (Collect. Guill. de Rubric), p. 237.)

sur les tombeaux. On y voit aussi des tonneaux pleins des os des Israélites, qui apportaient là chacun leurs morts et les os de leurs ancêtres, qui sont encore là jusqu'à ce jour (1). »

Inutile maintenant de citer les rares auteurs modernes qui ont visité la mosquée. Nous ne mentionnerons que la description faite par l'Espagnol Badia, qui signe

UNE ROUTE DANS LE DÉSERT DE JUDÉE

Ali-Bey. L'auteur dit que les sépulcres d'Abraham et de sa famille sont dans un temple qui était jadis une église grecque, et que l'entrée des chambres où sont les tombeaux est défendue par des grilles en fer et des portes en bois, plaquées en argent, avec des serrures et des cadenas du même métal. Il est évident qu'Ali-Bey ne parle que des cénotaphes et qu'il n'a pas vu les souterrains (2).

(1) *Voyageurs anciens et modernes*. (Collect. Charton.)
(2) Voir les *Voyages d'Ali-Bey*, t. II, p. 233. La description se trouve reproduite dans la *Correspondance d'Orient*, t. V, et dans l'ouvrage de monseigneur Darboy. Une description non moins détaillée se trouve dans l'*Allgemeine Zeitung des Judenthums*, du docteur Loewe (1839).

Nous avions dès longtemps compulsé ces divers documents, et constaté le peu de lumière qu'ils jettent sur les questions qui nous occupent, lorsqu'en août 1883, une communication faite à un journal de Paris par un membre de l'Académie des inscriptions, M. le comte Riant, vint enfin soulever une partie du voile, en ce qui concerne du moins les tombeaux des patriarches. M. le comte Riant, occupé à réunir des documents pour le cinquième volume des *Historiens occidentaux des croisades*, venait de recevoir d'une bibliothèque étrangère la copie d'un texte précieux remontant à l'an 1119 ou 1120, c'est-à-dire à l'époque du royaume chrétien de Jérusalem. Ce texte confirme en grande partie le témoignage de Benjamin de Tudèle, et ne permet plus de douter de l'origine chrétienne de la mosquée. Nous allons reproduire les quelques fragments donnés par l'auteur de la communication. Le titre du récit indique qu'il s'agit de l'*Invention des saints patriarches, Abraham, Isaac et Jacob*. C'est l'œuvre d'un moine appartenant à la communauté de clercs latins établie à Hébron après la prise de Jérusalem (1099).

Le chroniqueur commence par décrire le sanctuaire dont parle Benjamin de Tudèle, c'est-à-dire l'église qui avait été une synagogue aux premiers temps de la domination musulmane. A ce propos l'auteur de la communication commet une grave erreur. « Ce sanctuaire, dit-il, *qui avait été une synagogue, devint une mosquée au septième siècle, lors de l'invasion musulmane*, et se transforma en monastère chrétien, au commencement du douzième siècle. »

Cette appréciation est non seulement en contradiction avec ce que dit Benjamin de Tudèle, mais encore avec les renseignements fournis par le document lui-même, tels que nous les trouvons analysés quelques lignes plus bas.

En effet, le passage de Benjamin de Tudèle n'offre aucune équivoque. Il parle d'un vaste temple appelé Saint-Abraham, et qui, du temps des Ismaélites, c'est-à-dire du temps de la domination musulmane, fut une synagogue. Quant à l'analyste du document communiqué par M. le comte Riant, il continue ainsi :

« Quand survint l'invasion sarrasine au septième siècle, les Grecs qui
« habitaient Hébron, avant de s'enfuir, eurent soin de murer l'entrée des sépulcres.
« Les infidèles, ajoute notre document, firent, mais en vain, d'actives recherches
« pour y pénétrer. *Les Juifs leur vendirent le secret, moyennant la concession
« d'une synagogue voisine des tombeaux*. C'est sans doute la synagogue mentionnée
« par Benjamin de Tudèle... »

Oui certes, nous en sommes absolument convaincu. Mais l'auteur de la communication retombe aussitôt dans l'erreur signalée plus haut, en ajoutant : « Les musulmans construisirent une mosquée sur le lieu consacré par la vénération des siècles. » Ce renseignement évidemment erroné émane-t-il du document lui-même? Peu importe, nous allons rétablir les faits.

Les musulmans n'ont jamais songé à convertir en mosquée une synagogue qui existait là avant leur arrivée en Syrie. L'édifice qui devint la mosquée était évidemment une basilique chrétienne, dont une partie seulement fut concédée aux juifs. Dans les premiers temps de la domination musulmane il y eut donc là réunis dans un même édifice une mosquée et une synagogue. En sa qualité de juif, Benjamin de Tudèle ne mentionne que la synagogue.

Or cet édifice ne pouvait être que la basilique (Justinienne sans doute) décrite dès 570 par Antonin de Plaisance «.... basilica ædificata in quadriporticus; atrium « in media discoopertum, et per medium discurrit cancellus, et ex uno latere « intrant Christiani, ex alio Judaei, incensa facientes multa. » Et ce passage nous paraît maintenant d'autant plus précieux qu'il nous explique parfaitement que les juifs aient pu vendre plus tard aux musulmans le secret de l'entrée des souterrains. Ce secret, en effet, ils le connaissaient fort bien, puisqu'ils avaient tout un côté qui leur était réservé dans la basilique, et que les premiers empereurs chrétiens leur avaient permis de vénérer les tombeaux des patriarches au même titre que les chrétiens. Il est certain aussi que les musulmans ne changèrent rien à l'édifice, et que les juifs conservèrent simplement la partie de la basilique où les chrétiens leur avaient permis de venir prier, et dont ils firent une synagogue. La basilique fut sans doute restaurée plusieurs fois dans la suite, par les musulmans d'abord, par les croisés ensuite, et en dernier lieu peut-être par les successeurs de Saladin. Il paraît qu'on y voit encore actuellement la trace des colonnes formant l'exonarthex de l'ancienne basilique. Cependant la plupart des savants ne veulent voir dans la mosquée qu'une église des croisés. Les documents que je viens de mettre sous les yeux des lecteurs prouvent mathématiquement qu'ils ont tort.

Les prévisions de MM. Salzmann et Mauss en 1862 étaient fort justes au contraire. Ils n'ont trouvé à la mosquée aucun des caractères d'une église des croisés, et son aspect général les a décidés, de même que M. de Saulcy, pour la basilique. Aucun doute ne saurait donc subsister aujourd'hui à ce sujet (1).

Après la prise de Jérusalem, les croisés ne tardèrent pas à occuper Hébron, et l'édifice occupé par les musulmans et les juifs fut restitué au culte chrétien par un archevêque d'Apamée. On y adjoignit, comme d'habitude, un couvent de moines latins. Le récit d'Albert d'Aix (liv. VII) nous permet d'affirmer que les

---

(1) Le passage d'Arculphe reste donc définitivement incompréhensible, car Arculphe a visité la Palestine après la conquête de la Syrie par les Musulmans. Il est vrai qu'entre son époque et celle d'Antonin de Plaisance se place l'invasion des Perses sous Chosroës. Mais il est peu probable que Chosroës ait poussé jusqu'à Hébron (qui n'existait plus alors que de nom) tout exprès pour détruire une église. Nous nous en tiendrons donc à l'opinion déjà formulée au sujet d'Arculphe : le digne évêque n'a pas vu Hébron, ou s'est laissé tromper par les Musulmans ou les Juifs du pays. Sa relation d'ailleurs est pleine d'erreurs de ce genre, que nous pourrions aisément relever.

Turcs avaient élevé une forteresse auprès de la mosquée. Cette forteresse, la même sans doute que Willibald mentionne déjà au commencement du huitième siècle sous le nom de *château d'Aframia*, fut emportée d'assaut par Godefroy. Elle devint, comme nous l'avons dit, le *castellum* ou *præsidium ad sanctum Abraham* des Francs qui la firent restaurer sans doute. « Les Turcs, dit Albert d'Aix, tous les autres gentils et les juifs, témoignaient le plus grand respect pour cette forteresse, et l'honoraient en toute dévotion, et les fidèles catholiques ne l'entretenaient pas avec moins de soin et de religion. » Le Kalaa actuel des Turcs nous représente évidemment ce qui reste du *castellum* dont les ouvrages devaient couvrir jadis toute la muraille sud du Haram, comme on peut le constater encore. Le couvent latin fut sans doute aménagé dans la forteresse même.

A l'approche des croisés les Turcs firent ce qu'avaient fait les chrétiens au septième siècle : ils murèrent l'entrée des caveaux, dont l'existence sous le sol de la basilique semble être restée pendant un siècle complètement ignorée des Francs. Et ceci explique la donnée si vague d'Albert d'Aix qui ne parle que du château de Saint-Abraham et dit que ce château s'appelait ainsi *parce qu'on assurait qu'il avait été bâti par Abraham et que le patriarche y avait eu son sépulcre*(1).

Les souterrains en effet ne furent découverts par les Francs qu'en 1119 ou 1120. C'est le document de M. le comte Riant qui nous l'apprend. Nous ne pouvons mieux faire que de copier ici toute la partie de la communication qui a trait aux tombeaux. Les révélations du moine latin vont nous expliquer, tout en le confirmant, le récit fait par Benjamin de Tudèle.

« Un jour, au mois de juin 1119 ou 1120, un moine en prière dans l'église ayant remarqué qu'un souffle de vent frais sortait de l'interstice de deux dalles, eut l'idée de sonder cet interstice et le trouva profond de onze coudées. Avec la permission du seigneur du lieu, nommé Baudouin, des fouilles furent faites et mirent à découvert l'entrée d'un caveau où l'on descendit, à l'aide d'une corde, Eudes, le doyen des religieux. Mais ce dernier s'étant fait remonter sans avoir pu rien voir, un de ses confrères, Arnoul, se fit descendre à son tour, éclaira le caveau, et, sondant les parois, y trouva un endroit sonnant le creux.

« En ce point, on ouvrit le roc et on vit une sorte d'aqueduc large d'une coudée, long de dix-sept, haut de onze. Ici, même construction, pas le moindre joint. A force d'explorations, cependant, on trouve une pierre dont l'extraction donne accès à une basilique ronde, pouvant contenir trente personnes. On crut qu'il n'y avait rien au delà et que les reliques étaient sous le sol de la basilique. C'était une erreur. L'exploration des parvis recommença. Une pierre en forme de coin fut

---

(1) Il faut ajouter qu'Albert d'Aix n'est pas allé en Terre-Sainte.

enlevée et découvrit la véritable sépulture, le 25 juin, après trois semaines de recherches et d'attente.

« Le prieur ordonna à Arnoul d'y pénétrer, un cierge dans chaque main, et en priant à haute voix; Baudouin, invité à accompagner le moine, saisi d'épouvante,

UNE SOURCE EN PALESTINE

revint en hâte au jour. Arnoul, resté seul, ne trouve, en fait de reliques, qu'une terre qui paraissait avoir été imbibée de sang.

« Le lendemain, une seconde tentative fut faite. « Le prieur, dit le texte, que nous traduisons, recommande à Arnoul de fouiller sur tous les points avec le plus grand soin. Arnoul obéit, et pénètre dans le troisième caveau un bâton à la main, En fouillant le sol avec ce bâton, il trouve les ossements de saint Jacob. Et, ne sachant pas encore à qui ils appartenaient, il les réunit en un monceau. Puis, passant outre et redoublant d'attention dans son examen, il aperçoit, vers la tête de saint Jacob, l'orifice d'une autre grotte où étaient les os des bienheureux Abraham et Isaac; cet orifice était alors bouché. Il l'ouvre : et, dans le fond, il découvre le corps du patriarche saint Abraham. A ses pieds gisaient les os du bienheureux Isaac son fils. Car ils n'étaient pas tous, ainsi que l'affirment quelques auteurs, ensevelis dans une même grotte : Abraham et Isaac occupaient la grotte du fond ; Jacob, la grotte d'entrée. » La communauté, apprenant cette précieuse trouvaille, se livre à l'allégresse et aux prières. « Arnoul prend de l'eau et du vin avec lesquels il lave les saints ossements ; il scelle séparément les reliques de chaque patriarche, les place sur des tables de bois, préparées à cet effet, les laisse dans les caveaux et se retire. »

« Cela se passait en présence de toute la communauté. « Quand tous se furent retirés, le prieur scella l'entrée avec soin, afin que personne n'entrât sans sa permission. Un jour, quelques religieux y vinrent prier et remarquèrent, à droite de l'entrée, les traces d'une inscription gravée sur une pierre et les firent voir à leurs confrères. Personne alors ne put dire ce qu'elles signifiaient. Une pierre fut enlevée en cet endroit, mais ils ne trouvèrent que le sol. Toutefois, réfléchissant que ces lettres n'avaient pas été gravées sans motif, ils sondèrent la muraille, à gauche de l'entrée et, le 27 juillet, trouvèrent environ quinze vases de terre remplis d'ossements, qu'ils ne purent attribuer sûrement à personne. Il faut croire pourtant que ces restes sont ceux de quelques grands personnages des fils d'Israël. » Nous omettons, dans cette rapide analyse, le récit des solennités religieuses auxquelles donna lieu cet événement.

Ainsi se trouve complété et confirmé le témoignage de Benjamin de Tudèle. Nous savons donc aujourd'hui que le souterrain se composait de six locaux : 1° un vestibule vide ; 2° un long couloir ; 3° une petite salle circulaire ; 4° au point où finissait le couloir, probablement à angle droit avec lui, la première grotte (celle de Jacob) avec un sol de terre ; 5° au fond de celle-ci la deuxième grotte (celle d'Abraham et d'Isaac) ; 6° enfin, à gauche de l'entrée de cette dernière, et en face d'une inscription probablement hébraïque, une cavité peu considérable (celle des quinze vases).

Aucun objet ne fut trouvé avec les corps des patriarches ; rien n'autorise à croire que celui de Jacob, comme on l'a conjecturé, fût à l'état de momie. Et l'auteur de la communication ajoute avec raison : « Le témoignage de Benjamin de Tudèle, postérieur au document, montre que si les corps furent un moment extraits des caveaux, ils y furent replacés, et laisse à penser qu'ils y étaient encore en 1187, époque où Hébron retomba aux mains des infidèles, et que, par conséquent, ils y occupent aujourd'hui la même place.

Nous n'ajouterons rien : la question du tombeau d'Abraham nous paraît suffisamment éclaircie ; dans tous les cas il n'est plus permis de douter que les cendres conservées dans les caveaux du Haram ne soient d'une très haute antiquité, et que plusieurs personnages que les traditions les plus anciennes considèrent comme ayant été les patriarches juifs n'aient été enterrés là.

Quant à l'origine du mur d'enceinte du Haram, la question reste à l'état de problème, et nous paraît d'ailleurs infiniment moins importante. Les archéologues anglais et allemands y voient un ouvrage d'Hérode ; M. de Saulcy et ses amis penchent pour l'époque de David. De quel côté est la vérité ? Il est probable qu'on ne le saura jamais.

Le lecteur nous pardonnera de nous être attardé sur un terrain purement

MONNAIE DE HÉRODE LE GRAND

archéologique. Nous sommes d'un siècle curieux, où les sciences exactes ont pénétré dans les domaines les plus reculés de l'art ; la poésie elle-même n'est plus à l'abri des recherches de détails précis et d'observation rigoureuse. Le temps n'est plus où l'on parcourait, le cœur et le cerveau libres, en philosophe, en penseur, les pays hérissés de traditions et de souvenirs historiques, où l'on faisait deux mille lieues à travers les embûches et les mystères des siècles sans sortir un seul instant des sphères bleues de la métaphysique.

Nous sommes tous devenus Anglais sous ce rapport, Anglais modernes j'entends. Sterne lui-même aurait mauvaise grâce à refaire aujourd'hui son *Voyage sentimental*. Qu'un poète étourdi vienne à buter contre un pavé, il sera impardonnable s'il relate le fait sans l'entourer de considérations sur l'âge, la forme, l'essence de la pierre : la curiosité du public est excitée, il faut bon gré, mal gré la satisfaire ; — qu'il lui arrive, dans l'innocence de son âme, de comparer un clocher à un *i*, on lui demandera de mettre le point sur cet *i*...

A ceux qui n'aiment pas les points sur les *i* nous conseillons de ne lire aucun ouvrage moderne sur la Syrie.

CHAPITRE XX

DE JÉRUSALEM A JÉRICHO

Le sort d'une parabole. — Le Bédouin, son caractère, ses mœurs, son scepticisme. — Opinion de Chateaubriand, de Volney, d'Ernest Renan. — Réhabilitation du Bédouin maraudeur. — Sciences et littérature chez les Arabes nomades. — Les *Mille et une Nuits*. — Béthanie. — La géographie des lieux saints dans la *Légende des Siècles*. — Le château de Lazare. — Abou-Dis et Bethphagé. — Le *Zizyphus spina Christi*. — Paysages du désert. — Les quatre Jéricho. — Avatars et mystifications. — El Riha. — La pomme de Sodome. — Où il faut chercher la rose de Jéricho. — Trop d'épines. — Le mont de la Quarantaine. — La fontaine d'Élisée et la Jéricho des Chananéens.

« Un homme descendait de Jérusalem à Jéricho, il tomba entre les mains des voleurs qui le dépouillèrent... »

Cette entrée en matière de la parabole bien connue où Jésus nous enseigne nos devoirs envers le prochain, nous met tout de suite au courant des mœurs qui dominaient jadis dans le pays que nous allons parcourir. Ces mœurs se sont peu améliorées depuis. L'histoire des époques postérieures à celle de Jésus nous apprend que les Bédouins et les Arabes de la contrée se sont toujours comportés de façon à ne pas démentir la réputation qu'on leur avait faite ; et l'incident réel ou fictif qui amène la parabole est devenu une vérité de tous les temps.

Le voyageur moderne qui tenterait de traverser isolément l'extrémité nord du désert de Jérusalem risquerait à coup sûr de tomber entre les mains des maraudeurs bédouins ou autres, et s'exposerait de plus à ne pas rencontrer de bon Samaritain, le fait des Samaritains bons ou mauvais d'aujourd'hui n'étant pas celui d'errer sur les grandes routes de Jérusalem en quête d'un touriste en détresse. Cela soit dit en guise d'avis à ceux de nos lecteurs que le voyage tenterait : une escorte est indispensable, *et elle suffit d'ailleurs pour écarter tout péril*. J'insiste sur ce détail rassurant, car Chateaubriand, Lamartine et quelques auteurs, parmi lesquels il faut ranger, je crois, M. de Saulcy lui-même, mettent un certain amour-propre à constater, en revenant de ces parages, que le bruit de leur mort s'est répandu à Jérusalem, comme il arrive pour des personnes qu'on sait devoir courir de graves dangers. Or ces écrivains ont tous voyagé sous bonne escorte... D'où je me permets de conclure que c'est une habitude du pays de propager des nouvelles déplaisantes sur le compte des absents — les bruits de mort concernant les voyageurs qui ont pris leurs précautions n'ayant aucune raison d'être.

Avant de nous engager sur la route de Jéricho, disons quelques mots du Bédouin, le plus intéressant de tous les voyageurs qui plient et déplient leur tente dans cette lamentable contrée.

Je ne sais ce qui a pu disposer Chateaubriand à voir dans le Bédouin l'*homme civilisé retombé dans l'état sauvage*, si ce n'est la nécessité de mener à bonne fin le parallèle qu'il trace entre celui-ci et le sauvage d'Amérique.

Rien de moins juste que cette appréciation du Bédouin considéré comme type humain ou comme type social. S'il est un sauvage celui qui supplée aux dons de l'instruction et de l'éducation par une noblesse de race, qui partout, dans le commerce familier de la vie, déploie, comme des grâces naturelles, des qualités natives, ces mêmes ressources d'entregent, de souplesse, d'affabilité, de ruse, de politesse, de distinction, apanage exclusif chez nous des hommes dits supérieurs dont une forte éducation première ou l'habitude du monde a modifié dans ce sens l'égoïsme et la vulgarité originelles, — il serait à souhaiter que son espèce pût être greffée sur notre société raffinée : l'Europe n'y pourrait que gagner. Il ne manque pas à Paris, sur le boulevard, de gens naïfs et grossiers, persuadés néanmoins qu'ils ont inventé la politesse et le scepticisme ; à ceux-là il est bon d'apprendre qu'un Bédouin d'Asie leur en remontrerait avec les seules qualités qu'il tient d'Ismaël, fils d'Abraham. Et d'abord le Bédouin sceptique a nié Dieu avec d'aussi bonnes raisons qu'eux et avant eux, voire même avant Voltaire, ce qui lui donne le pas sur tout notre siècle. Quant au reste, le Bédouin est un délicat, un raffiné, sachant distribuer généreusement de la main droite ce qu'il se sera injustement approprié avec la main gauche, apportant dans les rudesses et les promiscuités de la vie nomade une décence et une correction exemplaire, assurant le respect à la femme, la protection au faible, la justice à l'opprimé ; ne se trouvant ni trop grand pour descendre aux plus humbles occupations de la vie domestique, ni trop petit pour prétendre aux plus grand rôles, aux dignités les plus éclatantes, rompu aux hasards, à l'imprévu, aux vicissitudes, tenant tête aux fortunes les plus diverses, dominant les succès comme les revers, — marchant de pair toujours avec sa destinée.

Tel est du moins le portrait que font de lui les auteurs qui l'ont étudié de près, et tout, en vérité, dans sa tenue, dans ses extérieurs, dans ses allures même les plus superficielles tend à confirmer l'opinion qu'on peut s'en faire dans les lectures.

M. Ernest Renan a donné l'appréciation la plus juste possible de cette distinction native de l'Arabe, indépendante de toute culture intellectuelle :

« L'état de grossièreté où reste, chez nous, par suite de notre vie isolée et tout individuelle, celui qui n'a pas été aux écoles est inconnu dans ces sociétés, où la culture morale et surtout l'esprit général du temps se transmettent par le contact perpétuel des hommes. L'Arabe, qui n'a eu aucun maître, est souvent néanmoins très distingué ; car la tente est une sorte d'académie toujours ouverte, où, de la rencontre des gens bien élevés, naît un grand mouvement intellectuel et même littéraire. La délicatesse des manières et la finesse de l'esprit n'ont rien de commun en Orient avec ce que nous appelons éducation. Ce sont les hommes d'école au contraire qui passent pour pédants et mal élevés. Dans cet état social, l'ignorance, qui chez nous condamne l'homme à un rang inférieur, est la condition des grandes choses et de la grande originalité. » (*Vie de Jésus*.)

La société, chez les Bédouins, est constituée sur les mêmes bases que préconisent à tort ou à raison nos plus grands hommes d'État modernes : leur gouvernement est à la fois républicain et monarchique, c'est dire qu'il équivaut à peu près à la monarchie constitutionnelle, au régime actuellement en faveur en Angleterre, avec cette différence qu'au désert les mœurs simples et primitives, les intérêts communs d'une existence intimement liée au sol ingrat qu'elle a pour théâtre, l'absence de préjugés et de besoins factices, le néant de la propriété et du capital, tendent à niveler tous les rangs, à faire celui qui obéit l'égal de celui qui commande, à ne mettre en évidence que le seul prestige moral, et à combler ainsi les abîmes profonds qui chez nous séparent inévitablement les diverses classes de la société.

Leur droit criminel se résume dans la loi du talion : le crime puni par une peine proportionnée au délit ou à l'offense, la victime se faisant justice elle-même, ou à défaut d'elle ses parents, le meurtre vengé par la mise à mort du meurtrier, et personne ne pouvant se soustraire aux atteintes de cette loi qui frapperait le schéik de la tribu lui-même, le jour où il se rendrait coupable d'une faute grave.

Ce que nous venons de dire s'applique surtout au Bédouin de race, au maître des grands déserts arabiques. Ceux de Palestine, à la vérité, ont perdu quelque peu de leur caractère nomade, et bien que les traits caractéristiques de la race ne se soient nullement perdus chez eux, ils ont néanmoins quelque tendance à adopter les mœurs et les coutumes des paysans de ces contrées. Une tribu trouve-t-elle, dans un pays désert, un sol particulièrement fertile, des sources, des pâturages suffisants pour ses troupeaux, des relations faciles et productives avec les indigènes des contrées limitrophes, il peut arriver qu'elle passe, sans quitter la tente, d'une vie nomade à une vie sédentaire, car ses déplacements, de plus en plus rares, se circonscrivent alors dans les régions peu étendues de l'oasis où elle a élu domicile. C'est ainsi que certaines tribus peu considérables se sont fixées d'une façon définitive sur les frontières de la Syrie, dans les oasis du désert de Judée et de la vallée du Jourdain. Ce changement de condition entraîne, comme de juste, la déchéance de bien des privilèges de race, la perte de certaines libertés, la soumission aux autorités militaires des centres voisins ; aussi le Bédouin ainsi transformé est-il généralement méprisé et considéré comme un renégat par ceux qui ont conservé intacts toutes leurs traditions d'origine.

Les vrais Bédouins ne quittent pas les grands déserts d'Arabie et d'Égypte et sont par conséquent extrêmement peu connus, même des peuples civilisés qui habitent ces pays. Volney rapporte que les cavaliers du désert qui vinrent à Acre du temps de Daher (1750-1776) y firent la même sensation que feraient parmi nous des sauvages de l'Amérique. « On considérait avec surprise, dit-il, ces hommes plus petits, plus maigres et plus noirs qu'aucuns Bédouins connus ; leurs jambes sèches n'avaient que des tendons sans mollet ; leur ventre était collé à leur dos ; leurs cheveux étaient crêpés presque autant que ceux des nègres. De leur côté tout les étonnait ; ils ne concevaient ni comment les maisons et les minarets pouvaient se tenir debout, ni comment on osait habiter dessous et toujours au même endroit ; mais surtout ils s'extasiaient à la vue de la mer, et ils ne pouvaient comprendre ce désert d'eau. On leur parla de mosquées, de prières, d'ablutions ; et ils demandèrent ce que cela signifiait, ce que c'était que Moïse, Jésus-Christ et Mahomet, etc. »

Ceci vient à l'appui de ce que nous avons dit du scepticisme du Bédouin dont l'ignorance en matière de religion est bien plus feinte que réelle. En général, nous apprend le même auteur plus loin, ils disent volontiers que la religion de Mahomet n'a point été faite pour eux. « Car, ajoutent-ils, comment faire des ablutions, puisque nous n'avons point d'eau ? Comment faire des aumônes, puisque nous ne sommes pas riches ? Pourquoi jeûner le ramadan, puisque nous jeûnons toute l'année ? Et pourquoi aller à la messe si Dieu est partout ? Du reste, chacun agit et pense comme il veut et il règne chez eux la plus parfaite tolérance (1). »

La réputation de pillard qu'on a faite chez nous au Bédouin et qu'il a méritée du reste, a donné lieu cependant à des interprétations fort injustes. L'Arabe

---

(1) D'après Niebuhr certaines tribus bédouines de l'Arabie auraient dès longtemps adopté une religion tout à fait indépendante dont les principes sont « que Dieu seul doit être invoqué et adoré comme auteur de tout ; qu'on ne doit faire mention d'aucun prophète en priant, parce que cela touche à l'idolâtrie ; que Moïse, Jésus-Christ, Mahomet, etc., sont à la vérité de grands hommes, dont les actions sont édifiantes ; mais que nul livre n'a été inspiré par l'ange Gabriel, ou par tout autre esprit céleste. » (Cité par Volney, *Voyage en Égypte et en Syrie*.)

nomade n'est rien moins que sanguinaire, et s'il pille ses voisins, c'est-à-dire ses ennemis, c'est en vertu d'un droit que lui confirme en quelque sorte sa situation précaire, droit qu'il reconnaît volontiers aussi à ses adversaires. Tout pillage est chez lui la conséquence d'un *casus belli* fort légitime, et comme il n'y a d'autre guerre possible entre Bédouins du désert que la guerre de maraude ou de pillage, l'Arabe guerrier est nécessairement un pillard de profession.

La guerre, telle qu'il l'entend, nous paraît au reste une chose bien plus humaine que les épouvantables tueries qui portent ce nom chez les peuples plus civilisés. Chez nous la guerre a surtout pour but de tuer, chez lui elle se borne à chasser l'ennemi, et la chose se fait autant que possible sans effusion de sang, car la vie est considérée de part et d'autre comme une chose trop précieuse pour la risquer en dépouillant les autres inutilement (1).

En définitive, il faut bien le reconnaître, l'Arabe rachète amplement les défauts inhérents à sa nature par les grandes vertus domestiques et hospitalières attachées à la vie pastorale, et Volney, Lamartine et quelques autres penseurs, n'avaient peut-être pas tort en estimant qu'avec de tels éléments il serait facile d'opérer une grande révolution politique et religieuse dans l'Asie. Pour terminer, je ne sache pas qu'on ait fait un plus grand éloge des Bédouins que ce tableau de leurs mœurs domestiques tracé par Volney et qui est conforme aux peintures qu'en font tous les auteurs modernes ayant vécu quelque temps sous les tentes d'une tribu.

« Tous les biens d'une famille consistent en un mobilier, dont voici à peu près l'inventaire : quelques chameaux mâles et femelles, des chèvres, des poules, une jument et son harnais, une tente, une lance de seize pieds de long, un sabre courbé, un fusil rouillé à pierre ou à rouet, une pipe, un moulin portatif, une marmite, un seau de cuir, une poêlette à griller le café, une natte, quelques vêtements, un manteau de laine noire ; enfin, pour tous bijoux, quelques anneaux de verre ou d'argent que la femme porte aux jambes et aux bras. Si rien de tout cela ne manque, le ménage est riche. »

Cet inventaire constitue relativement un avoir assez considérable, et il est bon de faire remarquer ici que le simple Bédouin est rarement assez riche pour posséder toutes ces choses à la fois.

« Ainsi restreints au plus strict nécessaire, continue Volney, les Arabes ont aussi peu d'industrie que de besoins ; tous leurs arts se réduisent à ourdir des tentes grossières, à faire des nattes et du beurre. Tout leur commerce consiste à échanger des chameaux, des chevaux mâles et des laitages, contre des armes

(1) Il appert des renseignements fournis par Volney, dans son *Voyage en Syrie*, qu'une bataille entre Bédouins consiste surtout à s'élancer bride abattue les uns contre les autres et à se terroriser en brandissant de longues lances. La victoire se décide par la fuite du parti qui aura été le plus accessible à la peur.

des vêtements, quelque peu de riz ou de blé, et contre de l'argent qu'ils enfouissent. »

Volney passe ensuite à l'examen de leur valeur intellectuelle. Il ne faut chercher naturellement aucune science chez le Bédouin qui n'a, pour s'instruire, que le grand livre de la nature. Mais, admirablement doué quant à l'imagination, il supplée aux lacunes de son instruction par les dons les plus délicats du sentiment et de la sensibilité poétique. Ces facultés d'ordre métaphysique sont naturelles chez eux, nécessaires même, et leur littérature, toute d'imagination, ne tend qu'à les développer.

Elles sont d'ailleurs purement instinctives, et M. Ernest Renan les attribue avec raison à l'influence du climat. « Les climats froids, dit-il, en obligeant l'homme à une lutte perpétuelle contre le dehors, font attacher beaucoup de prix aux recherches du bien-être et du luxe. Au contraire, les pays qui éveillent des besoins peu nombreux sont les pays de l'idéalisme et de la poésie. Les accessoires de la vie sont insignifiants auprès du plaisir de vivre. L'embellissement de la maison y est superflu ; on se tient le moins possible enfermé »... (*Vie de Jésus*.)

« Leurs sciences dit Volney, sont absolument nulles ; ils n'ont aucune idée ni de l'astronomie, ni de la géométrie, ni de la médecine. Ils n'ont aucun livre, et rien n'est si rare, même parmi les chaïks, que de savoir lire. Toute leur littérature consiste à réciter des contes et des histoires, dans le genre des Mille et une nuits. Ils ont une passion particulière pour ces narrations ; elles remplissent une grande partie de leurs loisirs, qui sont très longs. Le soir ils s'asseyent à terre à la porte des tentes, ou sous leur couvert, s'il fait froid, et là, rangés en cercle autour d'un petit feu de fiente, la pipe à la bouche et les jambes croisées, ils commencent d'abord par rêver en silence, puis, à l'improviste, quelqu'un débute par un Il y avait au temps passé, et il continue jusqu'à la fin les aventures d'un jeune chaïk et d'une jeune Bédouine : il raconte comment le jeune homme aperçut d'abord sa maîtresse à la dérobée, et comment il en devint éperdument amoureux ; il dépeint trait par trait la jeune beauté, vante ses yeux noirs, grands et doux comme ceux d'une gazelle ; son regard mélancolique et passionné ; ses sourcils courbés comme deux arcs d'ébène ; sa taille droite et souple comme une lance : il n'omet ni sa démarche légère comme celle d'une jeune pouline, ni ses paupières noircies de kohl, ni ses lèvres peintes de bleu, ni ses ongles teints de henné couleur d'or, ni sa gorge semblable à une couple de grenades, ni ses paroles douces comme le miel. Il conte le martyre du jeune amant, qui se consume tellement de désirs et d'amour, que son corps ne donne plus d'ombre. Enfin, après avoir détaillé ses tentatives pour voir sa maîtresse, les obstacles des parents, les enlèvements des ennemis, la captivité survenue aux deux amants, etc., il termine, à la satisfaction de l'auditoire, par les ramener unis et heureux à la tente paternelle ; et chacun de payer à son éloquence le *ma cha allah* qu'il a mérité. Les Bédouins ont aussi des chansons d'amour, qui ont plus de naturel et de sentiment que celles des Turcs et des habitants des villes ; sans doute parce que ceux-là ayant des mœurs chastes connaissent l'amour ; pendant que ceux-ci, livrés à la débauche, ne connaissent que la jouissance...

« ... On a souvent, dit l'auteur pour conclure, reproché aux Arabes cet esprit de rapine ; mais, sans vouloir l'excuser, on ne fait point assez d'attention qu'il n'a lieu que pour l'étranger réputé ennemi, et que par conséquent il est fondé sur le droit public de la plupart des peuples. Quant à l'intérieur de leur société, il y règne une bonne foi, un désintéressement, une générosité qui ferait honneur aux hommes les plus civilisés. »

Nous pourrions multiplier ces citations, mais celle-ci suffit, je pense, pour montrer que le simple observateur qui préjuge de l'excellent naturel des Bédouins par les échantillons même dégénérés qu'il lui arrive de rencontrer en parcourant le pays ne court aucun risque de se tromper. Les Arabes ont bien réellement comme vertus de race les qualités qu'ils semblent porter isolément et qu'un examen même superficiel suffit à discerner.

Là-dessus, faisons route vers Jéricho.

PALMIERS ET FRUITS DE SYRIE

Je ne m'attarderai pas à décrire encore une fois le pays, au point de vue physique ; les contrées désertes de Judée se ressemblent toutes. Toujours mêmes lignes plates ou tourmentées, mêmes nudités jaunes, grises, noires, mêmes collines rocailleuses, mêmes formes pétrifiées de granit ou de sable ; même nature malingre, grimacière éclatant en touffes épineuses de buissons nains, de chardons embroussaillés, — des collines et des vallées crayeuses où de petits arbres infirmes, tordus, convulsés, mettent à peine une tache d'ombre, nul élément animé, nulle trace de vie, et, planant sur le tout, je ne sais quel sentiment d'intense léthargie, l'oppression de toutes ces choses mortes endormies sous un ciel de feu.

La route elle-même est d'ailleurs la mieux entretenue du pays. Tandis que la plupart des autres chemins qui aboutissent à Jérusalem, — celui de Jaffa surtout, — sont des casse-cou perpétuels, celui de Jéricho peut se comparer à nos bons chemins vicinaux d'Algérie. Aussi le voyage se fait-il aisément en une demi-journée. Jusqu'à Béthanie on a le choix entre plusieurs routes et sentiers se partageant les flancs ou les sommets du mont des Oliviers, mais le mieux est de prendre le chemin qui passe au-dessus des sépulcres de la vallée de Josaphat et longe ensuite le flanc de la cime centrale de la montagne, entre celle-ci et le mont du Scandale. C'est la route de Jéricho proprement dite et c'est probablement aussi celle que suivait Jésus lorsqu'il se rendait à Béthanie, qui n'est qu'à trois quarts d'heures de distance de Jérusalem (1). Ce village s'appelle aujourd'hui el-Azarié, nom arabe dérivé de *Lazare*. Ses alentours sont bien cultivés, mais le village lui-même n'offre qu'un ramassis de huttes maçonnées servant d'abri à quelques pauvres fellahs qui vivent surtout du produit de leurs figuiers et de leurs oliviers. Le nom que lui donne la Bible semble indiquer qu'il fut autrefois un lieu de retraite pour les lépreux. Avec le temps sans doute d'autres habitants vinrent s'adjoindre aux premiers venus, les lépreux disparurent peu à peu, et le petit village caché dans un bouquet de verdure, à l'entrée d'un désert, devint un des endroits les plus riants et les plus prospères de la banlieue de Jérusalem. Tel il était certainement au temps de Jésus, qui l'aimait doublement, et pour les récon-

---

(1) Notre grand poète national s'est toujours piqué — dans ses préfaces du moins — d'être scrupuleusement exact dans les choses de l'histoire et jusque dans les plus petits détails de temps et de lieux. Pourquoi, dit-il dans la *Légende des Siècles*:

> Or de Jérusalem, où Salomon mit l'arche,
> Pour gagner Béthanie il faut trois jours de marche.
> (*Le Christ et le Tombeau.*)

Chacun de ces vers renferme une grosse erreur. La Bible nous apprend que c'est David qui fit transporter solennellement l'arche d'alliance à Jérusalem, et d'autre part saint Jean, au chap. xi, verset 18, nous dit que Béthanie était à quinze stades de Jérusalem, qui est effectivement la distance de la moderne Béthanie. Ajoutons que Victor Hugo a semé à profusion dans ses vers ces sortes de fantaisies géographiques et historiques ; elles fourmillent dans la plupart des poèmes de la *Légende des Siècles*. Ce qui tendrait à nous faire croire que l'érudition d'un poète est en raison inverse de la richesse de ses rimes.

fortantes amitiés qu'il y trouvait, et pour le voisinage de la ville sainte qu'il pouvait venir contempler à toute heure en gravissant les flancs de la montagne où s'adosse Béthanie.

Quand on approche du village, une ruine informe qui domine le misérable petit groupe des maisons frappe tout d'abord les regards. C'est ce que les voyageurs d'autrefois, et même quelques auteurs modernes appellent le château de Lazare, c'est-à-dire les débris de la forteresse qui protégeait l'abbaye de Saint-Lazare.

Le seul examen des matériaux qui sont encore debout nous défend de partager cette opinion; ce n'est point là une construction des croisés; il est probable qu'il faut y voir un ouvrage d'Hérode ou de ses successeurs immédiats, peut-être même, comme le croit M. de Saulcy, une ruine purement judaïque.

« Arculphe, visiteur des lieux saints, a été voir le petit champ de Béthanie, au milieu de la grande forêt des Oliviers. Dans ce champ est un monastère et une grande basilique, sur la grotte d'où le Seigneur fit sortir Lazare mort depuis quatre jours. »

De ce passage d'Arculphe nous devons conclure que l'abbaye de Saint-Lazare, fondée en 1138, n'a fait que succéder à un monastère plus ancien. Guillaume de Tyr, dans son quinzième livre, fait l'histoire de cette abbaye.

Mélisende, femme de Foulques, quatrième roi de Jérusalem, la fit bâtir pour en doter sa sœur Yvette, qui avait pris le voile au couvent de Sainte-Anne à Jérusalem. Il répugnait à la reine de voir sa sœur observer les règles d'une simple religieuse. En la mettant à la tête du monastère de Saint-Lazare, elle en faisait une puissante dame et lui donnait pour ainsi dire en fief toute une portion du royaume. Car les terres et dépendances qu'elle attacha au couvent s'étendaient jusque dans la vallée du Jourdain et renfermaient la ville, alors importante, de Jéricho. Celui-ci regorgeait de richesses, et s'appuyait sur une forteresse formidable dont il n'est resté aucune trace.

Quant au prétendu tombeau de Lazare, dont une église fort ancienne marquait jadis l'emplacement, on en peut voir encore la grotte taillée dans le roc. Elle se compose de deux chambres différentes de niveau, dont l'une est une ancienne chapelle, l'autre une chambre sépulcrale. Le monument, apocryphe à coup sûr, n'a rien de remarquable. On montre dans le village quelques autres endroits consacrés par l'histoire de Jésus et de la pieuse amitié qui le liait à Marthe et à Marie, et à Simon le Lépreux; leur autenthicité n'est pas davantage à l'abri de la critique.

Au sortir de Béthanie, la route gravit la hauteur qui domine le village, et au sommet de laquelle on montre la *pierre du repos*. C'est sans doute ici qu'il faut placer l'autre église dont parle Arculphe dans le passage qui suit celui que nous venons de citer; il ne reste rien de cet édifice.

Une vallée s'ouvre un peu plus loin, dont le flanc opposé est couronné par les cahutes blanches du village d'*Abou Dis*, qu'on a essayé d'identifier avec

DÉSERT DE JUDÉE : MARAUDEURS BÉDOUINS

Bethphagé. Cette identification ne repose pas sur des données précises mais elle n'offre rien d'improbable. Bethphagé devait être situé à peu près vers le sud-est et en regard de Béthanie, vers l'est dans tous les cas, puisque dans une étape vers Jérusalem Bethphagé est mentionné toujours avant Béthanie (1); M. Renan nous le

(1) On sait le mépris qu'avaient les Juifs pour les Samaritains. Aussi les pèlerins qui venaient du nord, préféraient-ils faire un grand détour que de passer par la Samarie. Ils suivaient ordinairement la vallée du Jourdain jusqu'à Jéricho, où ils se réunissaient à ceux de la Pérée; on traversait ensuite le

dépeint comme un endroit agréable, couvert de figuiers, et qui, voisin de Gethsémani, servait comme lui de lieu de plaisance aux Hiérosolymites. Mais cette opinion au sujet de son emplacement, qui était aussi celle des croisés, a été abandonnée avec raison par la plupart des auteurs. En définitive, il ne paraît pas impossible que Bethphagé ait été situé en un point quelconque de la colline où se voit aujourd'hui *Abou Dis*.

Notre chemin ne tarde pas à descendre dans la vallée que creusent entre elles

ROUTE DE BÉTHANIE

les collines qui se font face, et nous arrivons à un puits alimenté par l'unique source du pays : l'Aïn-el-Hod. C'est une halte naturelle pour tous les voyageurs ; jadis elle aurait aussi servi de lieu de repos aux disciples de Jésus, s'il faut en croire la tradition qui lui a donné le nom de *fontaine des Apôtres*.

A partir de cet endroit, nous traversons une série de petites vallées où la végétation des steppes s'accuse de plus en plus ; le sol est couvert de chardons et de broussailles, et, par instants, de petits arbustes à épines de diverses espèces. On distingue entre autres le *Zizyphus lotus* et le *Zizyphus spina Christi*. Ce dernier a donné son nom arabe *Sidr* à l'une des vallées. Son fruit a quelque analogie

---

désert par groupes, par crainte des malfaiteurs. Jésus lui-même prit quelquefois ce chemin. Saint Luc, parlant de son dernier voyage à Jérusalem (chap. xix), nomme également Bethphagé avant Béthanie.

avec nos jujubes. La tradition affirme que c'est le même arbrisseau dont les épines servirent à tresser la couronne du Christ.

Partout, au bord de la route, sur le sommet des collines, des ruines de khans ou de forteresses qui commandaient jadis les passages dangereux, et tenaient en respect les brigands et les pillards bédouins qui infestaient la contrée. Des rochers abrupts, entrecoupés de ravins profonds envahissent peu à peu tout le paysage, d'ailleurs absolument désert. Le torrent, la feuille d'arbre, l'insecte qui vole ou qui rampe parmi les brins d'herbe, tout cela qui partout ailleurs met dans l'air les bruissements et les frémissements de la vie, qui a une voix — une voix qui domine parfois la voix humaine et qui parle haut à l'imagination ou au cœur du voyageur — tout cela est ici sans bruit, sans mouvement, sans vie. On a devant soi un paysage fait de choses mortes, ayant perdu leurs ombres, se consumant éternellement dans une immobilité incandescente, dans cette ardeur du ciel presque visible à force d'être sensible, et l'on se dit que ce paysage calciné va sans doute s'émietter subitement, se réduire en poussière au simple toucher, au souffle d'une brise, comme ces cendres légères donnant encore au sein des flammes l'illusion de l'objet lui-même, mais dont il ne reste rien dès qu'on veut les saisir, — eh bien non, ce paysage est vivant et vrai, à l'apparence de la vie près : — la vie circule dans cette végétation empêtrée, enchevêtrée, qui a des épines comme un vieux mur a des toiles d'araignée, et l'on est tout étonné d'entendre résonner sous ses pas la terre qu'on foule.

Une autre illusion se produit encore : les choses les moins concrètes prennent la consistance, la rigidité inorganique des masses pétrifiées qui vous entourent. Le ciel paraît taillé d'un seul morceau, un morceau de vide terriblement lourd ; le nuage qui flotte à l'horizon semble un rocher immobilisé sur le sommet de cette montagne, — le reflet rougeâtre de ce grès, c'est une couche épaisse de sang (1), on a peur de déranger quelque chose à cette vieille ruine là-haut en traversant l'ombre qu'elle jette sur la route à ses pieds ; l'ombre et la ruine sont également denses et tout cela doit se tenir.

Mais tout à coup, au sortir d'une de ces gorges, creusées assurément par les démons du pays, la vue change. Une plaine grisâtre, dont quelques renflements verts rompent l'unité, se déroule à nos pieds : la vallée du Jourdain.

Au milieu de la plaine, une suite d'ondulations de terrain boisées dessinent le cours du Jourdain.

A l'arrière-plan, au pied des montagnes qui ferment l'horizon, une grande nappe bleu de Prusse : la mer Morte.

(1) La route de Jéricho franchit en effet une colline appelée *colline du sang*. La tradition y a attaché un sens néfaste, à cause de la couleur rouge du rocher, mais l'endroit a pu être réellement le théâtre de scènes sanglantes et il fut de tout temps réputé dangereux. On voit sur la hauteur, les ruines d'un château fort dont la présence est assez significative.

DE JÉRUSALEM A JÉRICHO

Après une descente assez raide, nous traversons une petite vallée parsemée de ruines, romaines sans doute, et notre guide ne tarde pas à nous apprendre que nous sommes en vue de Jéricho. Un mot avant d'aller plus loin. Je défie le voyageur le plus grave de séjourner une heure seulement dans cet endroit sans se sentir égayé intérieurement par l'éclosion d'une certitude drolâtique qui s'épanouira dans tout son éclat à mesure qu'il tentera de s'assimiler le pays : la nature et l'histoire se sont entendues ici pour mystifier la postérité.

Embrassons d'un seul coup d'œil toutes les déceptions accumulées autour de nous.

Sous le nom de Jéricho quatre villes importantes se sont succédé dans cette plaine : — la ville des Chananéens, la ville israélite, la ville romaine et la ville des croisés. La première s'est écroulée comme un château de cartes au son des trompettes de Josué, et si bien écroulée qu'elle n'a laissé aucune trace. Les trois autres, après des fortunes diverses, n'en ont pas laissé davantage. Que reste-t-il de la florissante cité des Palmiers? Que reste-t-il de la ville romaine dont Antoine fit don à sa maîtresse, la reine d'Égypte, et qu'Hérode embellit de ses palais ? Que reste-t-il de la *nouvelle Jéricho* des croisés qui comprenait un évêché et trois monastères ? Rien. Il y a là une agglomération de cabanes arabes, et une vieille tour en ruines (1) : c'est *Riha*, la Jéricho d'aujourd'hui. Les palmiers eux-mêmes, qui n'avaient pourtant rien à démêler avec l'histoire, ont disparu ; ne laissant que deux ou trois rejetons qu'on ne peut pas raisonnablement considérer comme tributaires des siècles.

Le nom arabe du village actuel signifie *parfum* : — les voyageurs n'y trouveront d'autres parfums que ceux qu'ils porteraient par hasard sur eux.

La vallée de Jéricho était une oasis délicieuse, un vrai paradis : — c'est un affreux désert.

La contrée était célèbre pour ses baumiers : — il n'y a plus de baumiers (2). Les fellahs cultivent cependant quelques jardins où il n'est pas rare de voir des arbustes chargés de belles pommes rouges. Cueillez-en une et mordez à même, vous aurez

---

(1) La tour est un fort du moyen âge, peut-être une construction sarrasine du douzième siècle. On ne s'explique pas pourquoi la tradition locale veut qu'elle ait été bâtie sur l'emplacement de la *maison de Zachée*. Elle sert encore aujourd'hui de garnison à quelques gendarmes turcs.

(2) « Aujourd'hui, dit Volney parlant de l'ancien baumier, il n'existe pas un de ces arbustes à Riha ; mais l'on y en trouve une autre espèce, appelé zaqqoûn, qui produit une huile douce aussi vantée pour les blessures. Ce zaqqoûn ressemble à un prunier, il a des épines longues de quatre pouces, des feuilles semblables à des feuilles d'olivier, mais plus étroites, plus vertes, et piquantes au bout : son fruit est un gland sans calice, sous l'écorce duquel est une pulpe, puis un noyau, dont l'amande rend une huile que les Arabes vendent très cher à ceux qui en désirent : c'est le seul commerce de Riha, qui n'est qu'un village en ruines. » Le témoignage de Volney est parfaitement exact. Le *zakkoun* (ou *zakhioun*) des Arabes n'est autre que le faux baumier de Galaad ; il produit l'huile de Zachée bien connue des pèlerins, et constitue aujourd'hui encore la branche la plus importante du commerce de Riha. Le noyau du zakkoun sert aussi à confectionner des rosaires.

la bouche pleine de cendres amères que vous rejetterez avec dégoût : — c'est la pomme de Sodome (1).

Alors vous vous souvenez à propos d'un *article de Paris*, une fleur merveilleuse qui se vend dans les bazars de la rue de Rivoli : la rose de Jéricho. Puisqu'on vend à Paris des roses de Jéricho, il est probable qu'on doit en vendre aussi à Jéricho

JÉRUSALEM VUE DE LA ROUTE DE BÉTHANIE

même, c'est du moins une supposition que le voyageur le plus sceptique est en droit de faire. Vous questionnez un Arabe du pays. Celui-ci hausse les épaules. Des roses de Jéricho? Il n'a jamais vu cela, il ne sait même pas ce que c'est. Et votre guide confirme son assertion. La rose de Jéricho, l'*Anastatica*

---

(1) Cette fameuse pomme de Sodome, qui a donné lieu à mainte discussion depuis Tacite et Josèphe, serait le fruit d'un arbuste épineux, classé, par Linné, sous la dénomination de *Solanum melongena*. Tous les auteurs l'ont décrit sous des noms divers. Le fruit est jaune ou rouge, d'une saveur salée ; l'intérieur est plein de pépins noirs qui ressemblent à des cendres. C'est le *hadak* des Arabes. Il y a encore une autre pomme de Sodome qui pousse sur l'arbre dit *Ochr* (*Calotropis procera*). Cette espèce d'arbre appartient à l'Arabie méridionale, mais on en rencontre quelques échantillons dans les environs d'Engeddi.

hierochontia de Linné, si elle a jamais existé à Jéricho, y est devenue introuvable depuis fort longtemps. Mais on en trouve encore quelques-unes sur les rivages sud de la mer Morte.

Les rivages sud de la mer Morte ! Singulier parterre pour des roses. Et là-dessus, quatre-vingt-dix-neuf fois sur cent, le voyageur préférera cueillir la mystérieuse rose dans les vitrines de la rue de Rivoli, où elle est d'un abord plus facile. Et il se

BETHPHAGÉ

consolera en songeant qu'il avait tort de croire que l'article de Paris se fabriquait en Allemagne, puisque nos bazars vont jusqu'à mettre à contribution les grèves abandonnées de la mer Morte.

Une dernière épreuve l'attend, s'il lui prend fantaisie de visiter en détail les jardins des braves maraîchers arabes de Jéricho. Un proverbe fort juste nous apprend qu'il n'y a pas de roses sans épines ; les jardins sont là pour prouver que la réciproque n'est pas vraie, et qu'il peut y avoir, dans un espace même restreint et parfaitement vierge de roses, plus d'épines que toutes les roses du monde réunies n'en pourraient fournir. C'est même un fait remarquable que dans un pays où la rose n'a pu s'acclimater (1), les épines croissent et multiplient comme champignons

---

(1) La rose de Jéricho, bien entendu, n'est pas une rose. Elle ferait injure à son pays d'origine ; si elle achevait de duper son monde en usurpant un nom auquel elle n'a aucun droit. C'est une plante ligneuse, de l'espèce des crucifères.

en forêt ; et cela au point de se substituer à toute autre végétation. On les retrouve sur les plantes les moins susceptibles en apparence de comporter cet ornement. Et à chaque pas ce monde spinifère revêt un aspect inattendu. Ici c'est un arbre, ici une broussaille, là une haie, plus loin tout un mur, tout cela présentant des enchevêtrements inextricables de dards, d'aiguillons, de pointes fines, et c'est miracle de voir les indigènes circuler dans cette nature hérissée sans y laisser leur peau.

Mais j'imagine que ce sont eux-mêmes qui ont créé cette superfétation d'épines autour de leurs propriétés, pour les rendre inabordables, — et voilà comme un esprit ingénieux sait faire tourner à son profit les côtés les plus désavantageux de la nature.... En attendant, les relations entre prochains doivent être terriblement malaisées sur ce terrain-là.

A une lieue environ au nord-ouest de Riha s'élève le mont de la Quarantaine où l'on a placé la scène de la tentation de Jésus-Christ. Je ne sais trop pourquoi on a coutume de dépeindre ce lieu comme un des plus sauvages déserts qu'on puisse imaginer. Le peu d'élévation de la montagne repousse toute hyperbole de ce genre : c'est un entassement de blocs sombres et nus, et perforés en tant d'endroits que l'idée d'une carrière, se présentant inévitablement à l'esprit, empêche l'impression grandiose qu'on en pourrait recevoir. J'accorderai au besoin que le *mont de la Quarantaine* est une réduction au centième de quelque chose de sombre et de majestueux ; à mon avis, ce petit recoin sauvage est écrasé surtout par la grandeur du cadre qui le contient, c'est-à-dire de tout le pays environnant.

Les nombreuses grottes de la montagne, habitées jadis par des ermites, sont aujourd'hui abandonnées. Toutefois il y en a d'invisibles ou d'inaccessibles qui, dans l'esprit des indigènes, recéleraient encore quelques vivants : des moines ou des Bédouins ; des moines, cela me paraît peu probable ; quant aux Bédouins, j'ai lu, je ne sais plus où, qu'ils entassaient dans les cachettes de ces montagnes, leurs grains et leurs provisions, probablement aussi le fruit de leurs rapines. J'avoue que je n'ai pas été tenté de vérifier le fait, la contrée n'offrant pas la moindre sécurité au voyageur incapable d'inspirer aux Bédouins un respect emprunté à toute autre considération que celle du mérite personnel.

A mi-chemin du Djebel-Karantel (c'est le nom arabe de la montagne, on rencontre la fameuse *fontaine d'Élisée* (1), appelée maintenant fontaine ou *source du sultan* (Aïn-es-Sultan).

Site agréable. La fontaine, qui a sa source au Djebel-Karantel, est ombragée par quelques-uns des arbres à épines déjà nommés. On remarque dans le voisinage des traces d'anciennes voies romaines, et il n'est pas douteux que ce ne soient là

(1) Voir le sixième livre des *Rois*, II, 19-22.

des débris de la Jéricho d'Hérode. La science est ici d'accord avec l'histoire. Du temps d'Arculphe on a cherché dans ce même endroit l'emplacement de la maison de Rahab, la courtisane qui cacha les espions de Josué, mais il est parfaitement reconnu que la Jéricho des Chananéens était située plus au nord, au pied du mont de la Quarantaine, et la Bible ne laisse aucun doute à ce sujet. On remarque également dans les environs les ruines d'un aqueduc du temps des croisades, et celles d'un monastère, probablement celui de la *Quarantaine*, qui relevait du couvent de Mélisende à Béthanie.

Je ne parlerai pas du site biblique de Gilgal ou Galgala. Depuis Arculphe et Willibald, qui y ont trouvé une église sur le lieu présumé où les Juifs déposèrent les douze pierres ramassées dans le lit du Jourdain, on n'a plus retrouvé aucune trace ni de la Gilgal de Josué, ni de la Gilgal de Saül, et les auteurs ont tour à tour placé aux quatre points cardinaux l'une où l'autre de ces deux villes. Nous demandons la permission de passer outre (1).

(1) Le lecteur, que cette question de pure archéologie intéresserait, pourra consulter les *Biblical Researches* et le *Voyage en Terre Sainte* de de Saulcy, tome I.

CHAPITRE XXI

LE JOURDAIN ET LA MER MORTE

Les gués du Jourdain. — La vie des anciens anachorètes. — Histoire de Marie l'Égyptienne. — Mœurs des pèlerins d'autrefois. — Les pénitentes du *Faust* de Gœthe. — Première apparition de la mer Morte. — Contes et légendes. — Expédition du capitaine Lynch. — Expédition du duc de Luynes. — Science et fantaisie : *la Palestine de l'avenir*. — Le projet du docteur Blandet : création d'une mer intérieure syrienne et d'un canal maritime joignant la Méditerranée et la mer Rouge à travers la Terre-Sainte. — Jérusalem, port de mer ! — Inconvénients du projet Blandet. — Projet du duc de Sutherland (avril, 1884). — Le tour du lac.

Nous voici cheminant vers le Jourdain sous un soleil torride, à travers une plaine grisâtre où les ronces le disputent aux épines, animée parfois par le profil mélancolique d'une cigogne, dressée sur une patte avec un air d'objet artificiel, — pauvre émigrante qui regrette ses cheminées de Strasbourg ! Dans ma pensée Strasbourg a toujours été attaché à l'aspect d'une cigogne, et la présence de cette bête ici jette un étrange dépaysement dans la vallée biblique du Jourdain. Elle pourrait au besoin servir de texte à une déclamation sur le peu de consistance de ce que nous appelons *couleur locale*. La destinée prochaine de l'Orient est sans doute de ressembler à l'Occident, au soleil près. Là où les contemporains de Jérémie rencontraient des lions, nous rencontrons maintenant des cigognes de Strasbourg. Ce serait le cas de dire *déjà !* On m'objectera que la cigogne appartient avant tout aux *Mille et une nuits* qui ont quelques siècles de plus que les cheminées d'Alsace. Tant pis, j'aime mieux la considérer ici comme une Alsacienne émigrée en Orient, quitte à la prendre là-bas pour un volatile musulman égaré sur les bords du Rhin.

Notre chemin passe au pied du *Kasr-el-Yehoudi* (château des Juifs), un ancien couvent sans doute, en dépit de son nom arabe, et, une demi-heure après, nous atteignons les rives du Jourdain. On nous fera grâce ici d'une longue description. Tout le monde sait que le Jourdain est une rivière jaune, ou plutôt couleur de soufre, aux bords ombragés par des arbres magnifiques. L'ancien lit du fleuve, à sec aujourd'hui, offre un sol marneux d'une grande étendue et entièrement dépourvu de végétation. Le lit actuel, à quelque distance du premier, un peu plus bas et séparé de celui-ci par d'épais fourrés de buissons, n'offre qu'une trentaine de mètres de largeur. La pente du fleuve est considérable (1), et son courant, par conséquent, très rapide. Sa profondeur est néanmoins très variable, et diminue assez en automne pour qu'on y rencontre maint endroit guéable (2).

Deux de ces endroits sont considérés comme répondant aux traditions bibliques et évangéliques. L'un serait le gué qui servit au passage des Juifs conduits par Josué; l'autre, le lieu où fut baptisé Jésus-Christ. Ces identifications, bien entendu, ne s'autorisent d'aucune preuve sérieuse, car s'il était possible, jusqu'à un certain point, de retrouver le Betharaba de saint Jean, il n'en est pas de même pour celui du passage des Juifs qui ont dû franchir le fleuve en divers points assez distants les uns des autres. C'est le seul moyen d'expliquer le miracle biblique.

Les deux endroits servent depuis longtemps de lieux de bains aux chrétiens. Celui du Kasr-el-Yehoudi, le plus fréquenté, est le lieu adopté par les pèlerins grecs. Le second, plus au sud (el-Makta), est celui des Latins, dans le voisinage de l'ancien couvent de Saint-Jean, en face du mont Nébo, qui ferme l'horizon à l'est. Le pays, absolument désert aujourd'hui, — excepté aux époques des fêtes où les pèlerins de tous rites y viennent en masse se livrer à des baignades extravagantes, — était autrefois peuplé d'ermites et d'anachorètes de toutes nations, de tous sexes, qui menaient là l'existence la plus bizarre et la plus précaire dont on ait idée. Car tous ces hommes pieux n'étaient pas des saint Jérôme, cherchant dans la solitude l'apaisement du calme, de l'infini vague, nécessaires à leur génie tourmenté; et toutes ces saintes femmes ne ressemblaient pas à la vierge Cymodocée, dont Chateaubriand a pu dire : « Elle errait comme une âme..... (3). »

Saint Jérôme nous représente le côté purement idéal de cette vie ascétique. Chateaubriand en a voulu peindre le côté réel et vivant; mais il a puisé aux sources d'une inspiration trop pure qui l'a forcé à lui sacrifier la réalité. Il y a cependant, dans les scènes dont furent témoins au moyen âge les solitudes de la vallée du Jourdain, un aspect autre que celui de la poésie chrétienne pure, et il est regrettable sans doute que Chateaubriand n'ait point voulu le voir. Ces

---

(1) 435 mètres de l'Hermon au lac Houlé, 276 entre les lacs de Houlé et de Génézareth, et 200 entre ce dernier lac et la mer Morte. Total : 911 mètres de pente.
(2) On y a installé récemment quelques bacs.
(3) Les Martyrs.

existences confinées dans un désert brûlant, perdues pour le monde vrai où elles ont aimé, haï, souffert, pleuré, aussi étrangères au reste de l'humanité que s'il n'y avait jamais eu rien de commun entre elles et leurs destinées, — ces hommes et ces femmes expiant qui de grands forfaits, qui des passions vicieuses, qui des péchés imaginaires, — compliquant l'histoire aventureuse de leur existence passée par les hasards et les nécessités misérables d'un exil volontaire finissant par faire d'eux des désespérés, des visionnaires mystiques, des illuminés ou des fous, — les mystères personnels qui planaient sur chacun d'eux, mystères touchants parfois, parfois aussi sombres, hideux, effrayants, ombres d'un passé dont le seul souvenir donnait des frissons au sein même des sables chauffés à blanc, et continuait de faire autour de ces saints et de ces saintes, une solitude formée de tous les abîmes qui les séparaient individuellement de la société, une solitude plus vide, plus morne, plus écrasante mille fois que les sombres paysages qui leur servaient d'horizon, — voilà des images sans doute qui n'auraient pas déparé le cadre majestueux d'un ouvrage comme les *Martyrs*.

Shakespeare, nous en sommes sûr, eût placé dans ce désert qui vit tant de vices repentants marqués au fer rouge des plus terribles macérations, un de ces admirables drames humains dont le secret s'est perdu avec lui. Pour nous, qui n'avons d'autre prétention que de tenir ici l'humble plume d'un touriste voyageant au galop, nous voudrions évoquer quelques-unes des ombres légendaires qui ont traîné leur deuil le long des rives de ce fleuve décoloré, et la chose nous paraît d'autant plus facile qu'aujourd'hui le moindre lettré peut puiser à pleines mains dans les documents de ce passé où la légende est si intimement mêlée à l'histoire.

En relisant les *Acta sanctorum*, nous avons été frappé surtout de cette étrange histoire de Marie l'Égyptienne qui nous montre, sous ses traits purement terrestres et humains, la plus grande des pécheresses repenties que l'Église a canonisées. Cette seule légende, telle que la rapporte Sophronius, évêque de Jérusalem, suffit au penseur pour reconstituer avec leurs couleurs, tout à la fois intimes et surnaturelles, les scènes poignantes dont la vallée du Jourdain était alors le théâtre familier. Le lecteur que le spectacle des grandes naïvetés et des grandes vertus d'autrefois a le don d'émouvoir suivra avec intérêt le récit que nous allons faire d'après Sophronius ; c'est une peinture animée et vivante des mœurs des anachorètes du désert de Judée, en même temps qu'une des rares légendes de la Palestine propres à faire revivre sous leur double aspect humain et historique les milieux où elles sont nées ; les personnages y posent sans voiles, et dans le libre exercice de leur farouche intimité.

Nous n'avons pas toutefois la prétention de livrer aux auteurs un champ vierge de tous sillons. Le génie impassible et nuageux de Gœthe semble avoir eu un caprice passager pour les grandes et mystérieuses figures du désert de Judée, et en particulier pour Marie l'Égyptienne, et, comme la question n'est pas sans importance, nous essayerons plus loin de fixer les traces de ce caprice, telles que nous les avons retrouvées dans l'épilogue du second *Faust*.

Venons à l'histoire de la pécheresse, racontée par l'évêque Sophronius (1).

Dans un couvent de la Palestine vivait un homme dont les mœurs et les vertus austères sanctifiaient la foi. Cet homme s'appelait Zozime. Ayant suivi sa divine vocation depuis l'âge le plus tendre, il atteignait maintenant sa cinquante-troisième année. Et il n'était peut-être pas loin de penser qu'il avait suffisamment approfondi les sciences et les choses de ce monde, et qu'il ne lui restait rien à apprendre. Mais une voix s'éleva en lui, qui lui enjoignit de chercher un nouveau théâtre pour sa pieuse activité, car l'homme n'est point parfait, et la tentation est toujours là qui le guette dans les ténèbres. Zozime se leva donc, et, conduit par Dieu dans la vallée du Jourdain, il entra dans un couvent situé sur les bords du fleuve. (*Le couvent de Saint-Jean probablement.*) On l'y reçut avec les plus grands honneurs, et il embrassa tous les devoirs des pieux moines et se soumit aux mêmes austérités qu'eux. Les portes de ce cloître ne s'ouvraient qu'une fois l'an, à l'époque du Carême, où une vie plus âpre encore devait préparer les saints hommes aux solennités de la Pâque. Pourvus à peine du nécessaire, ils se répandaient dans le désert isolément pour prier et pour jeûner. Et ils rentraient pour le dimanche des Rameaux, et tout ce qu'ils avaient vu et fait pendant leur absence restait un mystère entre eux. Pendant des jours, Zozime erra ainsi dans les sables du désert, priant et se mortifiant, et ne songeant qu'à l'édification de son âme. Or, le vingtième jour, au matin, une forme étrange se dressa subitement à ses côtés. Il crut d'abord à quelque apparition infernale venue pour le tenter, et se mit à trembler de peur; mais, ayant remarqué que c'était une créature humaine, il s'approcha d'elle, heureux de rencontrer un être vivant dans ces effrayantes solitudes où la source de toute vie semblait tarie. Il reconnut alors que c'était une femme au corps bruni par le soleil, et dont la nuque disparaissait sous une chevelure blanche et crépue, semblable à une toison de laine. Et comme la femme, l'ayant aperçu, se mettait à fuir de toutes ses forces vers le désert, il la rassura par ses paroles, et lui demanda sa bénédiction et une prière.

Dans ce moment ils étaient séparés par le lit à sec d'un torrent, et la femme se tenait toujours à distance, à demi cachée par les buissons.

« Pardonne-moi, ô vieillard, dit-elle à l'abbé Zozime, je suis une pauvre femme dépouillée de tous vêtements; jette-moi ton manteau et j'irai avec toi. » Quand Zozime eut obéi à sa prière, elle se jeta à genoux et lui avoua qu'elle était

(1) Nous composons ce récit d'après le texte latin de Paulus Diaconus (Coll. des Bollandistes).

DÉSERT DE JUDÉE

une pécheresse ; et le vieillard se jeta à genoux aussi, et ils se demandèrent mutuellement leur bénédiction. Zozime, s'étant relevé, vit avec une sainte épouvante que la femme élevait les bras au ciel dans une prière muette, et que son corps semblait flotter au-dessus du sol. Alors, croyant qu'il avait affaire à un esprit, il se jeta la face contre terre et implora la pitié du Seigneur. Mais la femme lui dit qu'elle n'était qu'un vase d'impuretés que Dieu avait purifié par ses miracles. Et, pour le persuader, elle lui conta son histoire en ces termes :

« Je suis née en Égypte [1]. A l'âge de douze ans, je quittai ma famille pour venir à Alexandrie. Ayant perdu mon innocence, je ne tardai pas à tomber de vice en vice, dans la plus vile débauche ; le souvenir des désirs insatiables dont j'étais tourmentée me couvre encore de confusion. Je ne me vendais pas, je n'acceptais même jamais rien, de peur de ne pas trouver assez d'hommes pour assouvir la fureur qui me possédait. Je vécus ainsi dans la misère, me contentant de quelques racines pour toute nourriture, ne désirant d'ailleurs rien d'autre que les voluptés toujours nouvelles dont je me rassasiais. Cette vie infâme dura plus de dix-sept ans… »

Un jour, ayant remarqué sur le port un navire prêt à faire voile pour la Syrie, et qui devait transporter les pèlerins d'Égypte qui se rendaient à Jérusalem pour les fêtes de l'Élévation de la sainte croix, la fantaisie lui prit de partir avec eux. Elle se jeta au milieu d'un groupe de jeunes gens, et leur promit de se livrer à eux s'ils voulaient l'emmener. L'offre naturellement fut acceptée. La traversée ne fut pour elle qu'une série d'infâmes souillures ; l'insatiable pécheresse séduisit ceux mêmes à qui elle répugnait, en leur apprenant les plus honteux mystères.

« Je me demande encore comment la mer a pu porter d'aussi monstrueux scandales, et pourquoi elle ne nous engloutit pas tous dans ses abîmes. Mais Dieu est miséricordieux et ne veut pas la mort du pécheur. Arrivée à Jérusalem, je continuai de mener la même vie jusqu'aux fêtes, au sein des pires débauches, et me livrant sans distinction aux indigènes. Cependant, le saint jour de l'Élévation de la croix venu, je me mêlai à la foule qui se portait vers l'église, et, poussée par tous ceux qui se pressaient autour de moi, j'atteignis l'entrée du sanctuaire. Mais, ô miracle ! tandis que les autres entraient, une force invisible me repoussait toutes les fois que je tentais de franchir le seuil, c'était comme un bras de fer qui s'abaissait sur moi et me clouait sur place. Restée seule dans le vestibule, je me demandai la cause de ce prodige qui m'empêchait de contempler la croix. Et, à mesure que je descendais dans les ténèbres de ma conscience, ma poitrine

---

[1] Ce récit va nous donner l'idée la plus juste de ce qu'étaient les pèlerinages d'autrefois, et des basses turpitudes qui régnaient alors parmi ces chrétiens de tout âge, de tout sexe, poussés chaque année vers Jérusalem par des considérations souvent fort étrangères à la foi.

se gonflait de douloureux soupirs, et les larmes jaillissaient de mes yeux. »

A ce moment elle aperçut, au-dessus d'elle, la sainte Vierge au fond de sa niche, et, lui tendant les bras, elle la supplia d'avoir pitié d'elle ; et de lui permettre de chercher son salut dans la contemplation de la croix. Aussitôt elle se sentit apaisée, et put entrer dans le sanctuaire. Et comme elle demande le pardon de ses fautes, une voix d'en haut lui dit de se retirer dans le désert. Elle part immédiatement,

BETHANIE

et se dirige vers les solitudes du Jourdain, où elle passe quarante-sept ans sous les cendres du plus sincère repentir, sanctifié encore par les plus dures expiations. Maintenant qu'elle vient de faire la rencontre de Zozime, elle le prie de ne dévoiler à personne le lieu de sa retraite, et de venir la visiter tous les ans. Trois ans plus tard, Zozime, étant revenu dans le désert, la trouva morte, et lut sur le sable son nom, qu'elle avait refusé de lui révéler, accompagné sans doute d'un mot d'adieu. Il essaya d'ensevelir le corps, mais les forces lui manquèrent, car la terre était sèche et dure. Comme il regardait autour de lui, il aperçut un lion étendu dans le sable et qui le dévisageait d'un air calme. Zozime fit le signe de la croix pour conjurer la bête, puis, la voyant docile, il lui ordonna de creuser une fosse avec ses ongles, et le lion obéit. Ainsi fut ensevelie Marie l'Égyptienne. Quant à Zozime, il mourut dans son cloître, à l'âge de cent ans.

Ajoutons que l'Église grecque a reconnu la légende qui a mêlé l'histoire de Zozime à celle de Marie, et qu'elle fête le même jour la sainte pécheresse et le saint anachorète.

BÉTHANIE A VOL D'OISEAU

Nous disions tout à l'heure que Gœthe, en composant son mystique épilogue de Faust, semble avoir eu un caprice pour les anachorètes du désert de Judée. Il fait en effet apparaître Marie d'Égypte parmi les saintes qui intercèdent en faveur de Marguerite. Je cite la scène.

RAVINS, BOIS, ROCHERS, DÉSERTS
(Saints anachorètes dispersés dans la montagne, et campés sur la cime des rochers.)

CHŒUR ET ÉCHO.

La montagne s'agite avec ses bois, ses rochers en surplomb, et les racines qui s'y cramponnent ; le tronc se presse contre le tronc, le flot court au-devant du flot ; les cavernes ouvrent leurs abris profonds, les lions rôdent paisibles et muets, honorant le mystère sacré de ces lieux d'amour.

PATER ESTATICUS (flottant de haut en bas dans les nues).

Éternelle flamme divine, liens d'amour incandescents, douleur brûlante du cœur, écumantes aspirations vers Dieu ! flèches, transpercez-moi ! lances, détruisez-moi ! frondes, abattez-moi ! éclairs, foudroyez-moi ! que l'élément périssable soit anéanti et qu'il ne reste en moi que le rayonnement éternel de l'éternel noyau d'amour ! »

Je saute quelques tableaux et je passe à l'apparition des trois saintes.

MAGNA PECCATRIX (*Sancti Lucæ*, VII, 36.)

Par l'amour qui versa le baume de ses larmes sur les pieds divins de ton Fils, en dépit des sarcasmes des Pharisiens, par l'urne précieuse qui versa les riches parfums, par la chevelure bouclée qui essuya si doucement les membres sacrés.

MULIER SAMARITANA (*Sanct. Johann.*, IV).

Par la citerne où s'abreuvaient jadis les troupeaux d'Abraham, par le vase dont les bords rafraîchirent les lèvres du Seigneur, par la source pure et féconde qui jaillit depuis abondamment, éternellement limpide à travers le monde.

MARIA ÆGYPTIACA (*Acta Sanctorum*).

Par le lieu très saint où repose le corps du maître, par le bras salutaire qui me repoussa du sanctuaire, par l'expiation sincère qui dura quarante ans parmi les solitudes, par les saints adieux que je traçai sur le sable avant de mourir...

A TROIS.

Toi, qui ne repousses point les plus grandes pécheresses, toi qui sais offrir au repentir la récompense de l'éternité, daigne aussi accorder ton pardon à cette âme généreuse qui, inconsciente de sa faute, n'a péché qu'une seule fois !

. . . .

A mesure qu'on se rapproche de la mer Morte, en descendant le cours du Jourdain, le pays devient de plus en plus intéressant, sinon pour l'artiste, du moins pour le naturaliste et le géologue. Le fleuve continue à fuir sous les saules, les tamarins et les acacias ; chaque pas en avant soulève des buissons environnants quelque bête ailée, aux formes malingres, étrange de couleur, — une cigogne, une sauterelle géante, un aigle, un vautour. Plus loin, on quitte le fleuve à un coude qu'il fait vers l'ouest ; la végétation disparaît, on traverse des terres alluviennes au sol marneux, parfois incrusté de sel ou disparaissant sous des renflements de sable.

Et la mer Morte apparaît subitement : une grève aplatie, fangeuse, au-dessus de laquelle ondulent faiblement les panaches blancs des roseaux ; à l'horizon, un paysage lunaire, avec son silence éternel, sa sinistre majesté, ses tons livides et incolores ; des précipices gris trempant leurs bases déchiquetées dans des abîmes bleus. Des pics nus surplombent ce lac endormi dont la surface garde le silence des siècles sombres, a l'immobilité des choses solides et qu'on peut couper, — on dirait un morceau de mer qui, au moment de la pétrification universelle des choses, aurait tenté de se figer, mais qu'une force supérieure a arrêté en plein travail de solidification, et condamné à rester éternellement dans cet état intermédiaire.

Si un tel paysage inspire de l'horreur, comme le prétendent certains voyageurs, c'est du moins une horreur tranquille et passagère comme celle qui vous gagne en contemplant du fond d'une loge de théâtre, les scènes fantastiques tirées des romans de Jules Verne. Prenez l'homme le plus brave et mettez-le en face d'un monstre. Si le monstre bouge, s'il écume, s'il fait du bruit surtout, le premier mouvement de l'homme sera d'imiter les coursiers d'Hippolyte. Si au contraire il reste calme et immobile, bien plus s'il conserve les apparences rigides d'un monstre passé de vie à trépas, l'homme finira par rire de sa première terreur, il s'approchera, il le flairera, il s'assurera qu'il ne peut plus mordre, et peu à peu, familiarisé avec son aspect, il finira par le traiter tout juste avec les égards dus à un monstre empaillé.

La mer Morte est un monstre qui n'a plus rien d'horrifiant, une momie empêtrée de bitume, qui dort son dernier sommeil, roulée dans des bandelettes de terre dont elle ne peut plus rompre la trame ; — plus de manifestations hostiles, plus de flammes, plus de tempêtes, rien qu'un miroir d'acier réfléchissant une paix sombre, une muette impassibilité qui semble faite de l'extinction de tous les volcans du monde. Une poudrière éclaterait au sein de ces eaux épaisses qu'elle ne produirait ni écume ni tapage. Est-ce à dire qu'elles n'aient joué aucun rôle jadis dans les foudres sifflantes de Jéhovah ? Ce qui est certain, c'est qu'il ne reste d'autres traces du feu d'artifice biblique que quelques baguettes noircies flottant le long des grèves, encore les savants contestent-ils également le noir de leur couleur et celui de leur origine.

Le spectacle sans doute est oppressif, mais cette oppression est le résultat d'un fait purement physique : la pression excessive de l'atmosphère. Il ne faut pas oublier en effet que le niveau de la mer Morte est à 392 mètres au-dessous du niveau de la Méditerranée, et que nous nous trouvons dans les mêmes conditions de pression que si nous étions dans une mine profonde. Et, de fait, rien de plus semblable à une vaste mine que cette nature essentiellement minérale où le sel, le bitume, le soufre semblent s'être donné le mot pour substituer leurs formes inorganiques à tous les aspects ordinairement vivants de la création.

Les étranges particularités qui distinguent la mer Morte et ses rivages désolés s'expliquent d'ailleurs de la façon la plus logique. Il résulte des analyses faites de ses eaux qu'elle contient en dissolution 25 p. 100 de parties solides, dont près de la moitié de sel marin. La présence de ce dernier s'explique par les gisements salins qu'on trouve encore au sud-ouest du lac (1). Il va sans dire qu'une pareille solution de sel est incorruptible ; si Poujoulat avait eu les moindres notions de chimie, il

---

(1) M. Louis Lartet pense au contraire que c'est à des sources souterraines encore inconnues qu'il faut attribuer les causes de la salure exagérée de la mer Morte. (*Recherches sur les variations des salines de l'eau de la Mer Morte*, etc. (Bull. de la Soc. Géol. de France).

n'eût pas répété avec les voyageurs anciens que les eaux de la mer Morte étaient corrompues. Quant à sa concentration, elle s'explique par une évaporation constante et excessive qui couvre parfois de brouillards épais toute la surface du lac.

On comprend néanmoins que les poissons ne puissent vivre dans cette espèce de saumure où entre aussi une certaine quantité de goudron minéral provenant sans doute de gisements sous-marins. Ceux qu'y apporte le Jourdain périssent en fort peu de temps. L'atmosphère du lac, saturée de particules salines, est de même impropre à la vie végétative (1). L'eau est onctueuse à la vue et au toucher à cause de la grande quantité de chlorure de chaux qu'elle contient; elle est aussi naturellement plus dense que l'eau de mer ordinaire, ce qui explique que bien des corps solides deviennent insubmersibles dans la mer Morte. Le corps humain est dans ce cas. On a calculé que la moyenne de la pesanteur spécifique de l'eau est de 1,166, mais ce chiffre est d'ailleurs fort variable. La densité des couches inférieures est plus grande que celle des eaux de la surface; elle est minimum dans la partie nord, à cause de l'apport considérable des eaux du Jourdain.

Sans vouloir toucher ici au côté légendaire de la mer Morte, côté que nous examinerons plus tard, nous pouvons dire dès à présent que ses rivages n'offrent aucune trace des sombres cataclysmes mentionnés dans la Genèse. Les rares ruines qu'on y rencontre sont des ruines de couvents ou d'ermitages. Si la science peut affirmer que les bas-fonds de la mer recèlent des gisements d'asphalte ou de calcaire bitumineux, comme il appert des morceaux de bitume qui de temps en temps remontent à la surface, elle ne saurait affirmer de même qu'ils recèlent des villes englouties, car les villes englouties ne remontent pas. Et cela est fâcheux. Car, si elles remontaient, les antiquaires les traiteraient comme l'asphalte, ils en livreraient les fragments au commerce, et cette nouvelle industrie serait un bienfait du ciel pour un pays si pauvre de ressources. Mais on sait que la mer garde jalousement ses proies, et ne les rend que si on les lui reprend de force; quant au ciel, il n'est pas dans ses habitudes de réparer les maux qu'il engendre; on sait qu'il reprend volontiers ce qu'il a donné, mais il n'y a pas d'exemple qu'on l'ait vu rendre ce qu'il avait repris.

Au reste, il n'est pas prouvé que le ciel soit pour quelque chose dans les malheurs de Sodome, de Gomorrhe et des autres villes de la Pentapole. Elles peuvent avoir disparu dans une catastrophe analogue à celle qui a récemment détruit Casa-

---

(1) Les rares spécimens de végétaux qu'on rencontre sur les bords de la mer Morte sont des plantes ligneuses comme la rose de Jéricho, ou des plantes salées comme le *Salsola kali* (en arabe *houbébé*). C'est une plante lisse, à petites feuilles brillantes et glacées. Les Arabes la traitent par l'incinération. Les résidus de soude (al-kali) qu'elle laisse sont employés dans la fabrication du savon. On sait que les savonneries de Syrie fournissent pour la seule consommation du pays 50,000 quintaux de savon par an. Le chiffre est considérable, et si la propreté d'un peuple se mesure à la quantité de savon qu'il consomme, les Syriens méritent la palme de ce chef.

micciola ; l'aspect plutonien du pays et les nombreuses sources sulfureuses ne sont pas faits pour démentir cette hypothèse.

La science moderne a fait plus pour la mer Morte que n'ont fait tous les siècles passés réunis. Ceux-ci se sont contentés de se renvoyer l'un à l'autre les erreurs et les exagérations des premiers voyageurs qu'égarait généralement une connaissance trop approfondie des traditions bibliques. Quelques-unes de ces erreurs même ont eu cours jusque dans la première moitié de ce siècle, et cela en dépit de Malte-Brun, de Volney, de Busching.

« Si jamais les Turcs le permettaient, disait Chateaubriand en 1807, et

VALLÉE DU JOURDAIN : JÉRICHO

qu'on pût transporter une barque de Jaffa à la mer Morte, on ferait certainement des découvertes curieuses sur ce lac. Les anciens le connaissaient beaucoup mieux que nous, comme on le voit par Aristote, Strabon, Diodore de Sicile, Pline, Tacite, Solin, Josèphe, Galien, Dioscoride, Étienne de Byzance. Nos vieilles cartes tracent aussi la forme de ce lac d'une manière plus satisfaisante que les cartes modernes. Personne jusqu'à présent n'en a fait le tour, si ce n'est Daniel, abbé de Saint-Saba. »

Les prévisions de Chateaubriand relatives à un voyage d'exploration en bateau se sont réalisées dès 1847. C'est aux Américains, comme toujours, qu'était réservé l'honneur d'appliquer pour la première fois à la mer Morte une méthode scrupuleuse d'analyse et d'expérimentation (1). Partie du lac de Tibériade, l'expédition américaine, embarquée sur deux bateaux métalliques, a descendu le Jourdain

---

(1) Voir le volume du capitaine Lynch : *Narrative of the United Etates expedition*, etc. Baltimore, 1852, et le rapport officiel du même auteur

jusqu'à la mer Morte où elle est arrivée non sans quelque danger. Elle y a fait une croisière de près d'un mois, sillonnant et sondant le lac dans tous les sens. Grâce à elle et à l'expédition française qui vint plus tard compléter ses travaux, on peut dire que la mer Morte, si bien connue des anciens, est devenue une conquête du dix-neuvième siècle.

L'imagination la plus placide, la plus réfractaire aux grandes émotions, ne saurait s'empêcher de porter une envie rétrospective au capitaine Lynch, qui fut le héros de cette campagne scientifique. Être le premier à trouer les brouillards de ce lac d'huile grand comme le lac de Genève, se sentir dans cette nature morte la seule chose animée, vivante, pensante, explorer ces flots lourds qu'aucune rame n'a frappés depuis des siècles (1), régner en maître sur ces abîmes immobiles, sonder leurs entrailles muettes, faire écumer leur surface livide, surprendre leurs

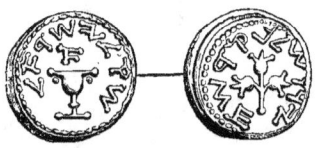

MONNAIE HÉBRAIQUE *

sourds gémissements, arracher leur secret aux crevasses effrayantes de leurs falaises, voir la nuit du ciel descendre sur la nuit de cette mer, et refouler cette nuit, et dissiper par sa seule présence ces ténèbres accouplées, et soulever du geste le voile de mystère et d'horreur que la Bible a jeté sur tout cela, — quel paysage sublunaire, quel nouveau monde ignoré, fantastique, offrirait à l'homme une dose aussi compliquée de sensations neuves !

Mais, depuis l'expédition américaine, la mer Morte a été plus amplement explorée encore par l'expédition de M. le duc de Luynes dont faisaient partie le naturaliste Louis Lartet et le capitaine Vignes. C'est au travail de M. Lartet que nous empruntons le tableau suivant des analyses quantitatives des eaux recueillies en différents points de la surface du lac et à diverses profondeurs.

(1) Du temps de Josèphe, et pendant tout le moyen âge, la mer Morte a été sillonnée par des barques, mais il n'en est plus question dans les derniers siècles qui ont précédé le nôtre.

* La pièce de monnaie ancienne représentée ci-dessus a été trouvée dans des fouilles faites dans la plaine de Jéricho, en 1874. Les antiquaires anglais et allemands lui assignent, ainsi que M. de Saulcy, une origine contemporaine de l'époque d'Ezra le Scribe. L'une de ses faces montre le calice sacré destiné à la manne surmonté de la lettre phénicienne F (l'*Aleph* des Samaritains) qui indique la première année du règne d'Ezra (457 av. J.-C.). La légende gravée en exergue en caractères samaritains signifie : *Sicle d'Israël*. La face opposée porte une image conventionnelle de la verge d'Aaron, avec la légende : *Jérusalem la sainte*.

INDICATION DES POINTS où ont été recueillies les eaux.	PROFONDEUR en mètres	RÉSIDU SALIN, etc.	EAU	DENSITÉ à + 15°.	CHLORE	BROME	ACIDE sulfurique.	MAGNÉSIUM	SODIUM	CALCIUM	POTASSIUM	SILICE
En mer, en face et près du ras Dale, vers le milieu de la longueur de la mer Morte.	surface.	27.078	972.922	1.0216	17.628	0.167	0.202	4.197	0.883	2.150	0.474	0.006
Lagune, au N. du Djebel-Usdom, à l'extrémité S.-O. de la mer Morte.	surface.	47.683	952.317	1.0375	29.826	0.833	0.676	3.470	7.845	4.481	0.779	traces.
Près de l'Îlot, à l'extrémité N.-O. de la mer Morte.	surface.	205.789	794.211	1.1647	126.321	4.568	0.494	25.529	22.400	9.094	3.547	traces.
En mer, à 5 milles à l'E. du Wady-Mrabba.	20ᵐ	204.311	795.689	1.1877	145.543	3.204	0.362	29.881	13.413	11.472	3.520	»
En mer, près du ras Mersed.	42ᵐ	260.994	739.006	1.2154	165.443	4.834	0.447	41.004	24.786	3.693	2.421	»
En mer, à 5 milles à l'E. du ras Feschkah.	120ᵐ	262.648	737.352	1.2225	166.340	4.870	0.451	41.306	25.071	3.704	3.990	»
Id.	200ᵐ	271.606	728.394	1.2300	170.465	4.385	0.459	42.006	25.107	4.218	4.503	»
En mer, à 5 milles à l'E. du Wady-Mrabba.	300ᵐ	278.135	721.865	1.2363	174.935	7.093	0.523	41.428	14.300	17.269	4.386	»

Les chiffres correspondent à 1000 parties en poids, et non à 1 litre d'eau.

Après les travaux minutieux de l'expédition française il était tout naturel de penser que la mer Morte n'aurait plus maille à partir avec la science contemporaine.

Mais les réalités purement positives ne sauraient contenter certains cerveaux avides d'extraordinaire. La mer Morte a inspiré depuis à un savant le rêve le plus étrangement improbable et le plus sérieux néanmoins qui ait jamais eu pour point de départ un endroit quelconque solide ou liquide de notre globe. Nous allons l'exposer ici pour montrer de quel essor puissant est capable la fantaisie humaine lorsqu'elle est adroitement secondée par la science.

Il ne s'agit de rien moins que de submerger le Gohr tout entier, en exhaussant le niveau de la mer Morte, ce qui aurait pour effet immédiat de rendre à la Palestine sa fertilité d'autrefois, et de transformer Jérusalem en port de mer. La question est étudiée tout au long, théoriquement et pratiquement, dans un livre du docteur Blandet, *la Palestine de l'Avenir* (1). Il faut dire que le docteur Blandet est un savant très distingué, qui connaît le pays à fond pour y avoir passé de longues

MONNAIE HÉBRAÏQUE *

années, et qui a consacré le meilleur de son temps à une étude sérieuse et approfondie de ce projet, plus facile à réaliser peut-être que la création d'une mer intérieure en Tunisie dont il est loin d'offrir les nombreux et sérieux inconvénients. Malheureusement un obstacle insurmontable, aujourd'hui écarté pour le second, subsiste encore pour le premier et subsistera peut-être toujours. Le projet tunisien serait exécuté par la France dans un pays placé sous son protectorat. La Palestine, hélas ! est un pays turc ; et offrir au gouvernement turc de bouleverser physiquement et de son propre gré une partie quelconque de son empire, cela équivaut à lui proposer de prendre la lune avec les dents. Un Turc, nous l'avons dit déjà, ferait volontiers un détour d'un kilomètre plutôt que de se baisser pour bouger de place une pierre qui lui barrerait le passage. Et on lui demanderait de transvaser la Méditerranée ! Si la Porte a eu connaissance du livre de M. Blandet, elle a dû pousser un cri d'horreur. Quoi qu'il en soit, examinons le projet en quelques lignes.

---

(1) *La Palestine de l'Avenir*, par le docteur Blandet (1872, in-8°).

* Le type de ce sicle diffère peu du précédent et remonte sans doute aussi à l'époque d'Ezra le Scribe. On y voit le calice sacré, et la tige armée de trois bourgeons symbolisant la *verge d'Aaron qui fleurit*. La lettre qui surmonte le calice signifie la « *cinquième année* » (du règne d'Ezra). Le sicle appartiendrait ainsi à l'an 453 (av. J.-C.).

Le Gohr (1), comme le fait très justement remarquer le docteur Blandet, est un sillon, une espèce de crevasse de l'écorce terrestre qui, en Syrie, s'étend parallèlement à la Méditerranée, du 31° au 33° degré de latitude, sur une longueur de 15 kilomètres. Ce Gohr, moins l'Arabah au sud, est tout entier en contre-bas de la Méditerranée; la dépression atteint son maximum (800 mètres) au fond de la mer Morte. Celle-ci n'est qu'une réduction de l'apport fluviatile qui y lutte difficilement contre l'évaporation excessive (2) et les vents desséchants. Antérieurement à ces concentrations, une grande mer intérieure submergeait le Gohr et les vallées latérales; ce fait est suffisamment établi par la structure géologique du Gohr. Toute la partie méridionale de la vallée offre des formations alluviennes et des dépôts de lacs (3). Quelques géologues cependant sont allés trop loin en tensant que cette mer avait pu communiquer avec la mer Rouge. Si l'absence de pout fossile marin dans les formations les plus anciennes du Gohr ne suffisait pas

PLAINE DE JÉRICHO

à réduire à néant cette hypothèse, elle tomberait d'elle-même devant un simple examen physique de la vallée de l'Araba qui est complètement barrée par une chaîne de montagnes formant la ligne de partage des eaux.

Le docteur Blandet, lui, se propose simplement de rétablir la mer intérieure qui submergeait le Gohr proprement dit, et de créer ainsi une petite Méditerranée syrienne parallèle à la grande : la vallée du Jourdain, avec sa stérilité et son climat malsain, serait supprimée, et la Palestine, déchiquetée en une foule de fiords comme les côtes d'Écosse ou de Norwège retrouverait sa fertilité primitive.

Mais comment le savant s'y prend-t-il pour inonder le Gohr? Tout simplement

---

(1) *El Gohr*, qui signifie dépression, cavité, est le nom arabe de la vallée du Jourdain. Sa plus grande largeur est de trois lieues environ (à Jéricho). Au nord, elle s'étend jusqu'au Liban inférieur. Elle atteint sa dépression maximum dans le bassin de la mer Morte, et remonte ensuite vers le sud en formant le désert de l'Arabah qui s'étend jusqu'à la mer Rouge.

(2) Le degré d'évaporation varie selon la saison, le temps et l'heure du jour; par moment elle est si intense qu'on croirait voir une épaisse fumée flotter au-dessus du lac.

(3) On trouve de nombreux dépôts de marne sur les montagnes qui avoisinent la mer Morte, à plus de 100 mètres de hauteur.

en y introduisant la Méditerranée, au moyen d'une tranchée pratiquée dans le plateau de Galilée, entre Acre et Tibérias. Cette tranchée aurait 25,000 mètres de longueur (1), 8 mètres de profondeur et de 50 à 100 mètres de largeur. Les travaux seraient d'ailleurs d'une exécution facile et ne coûteraient qu'une soixantaine de millions. En effet, la section du canal de 8 mètres sur 50 donne 400 mètres, soit un débit de 50,000,000 de mètres cubes par jour, qui est le débit moyen de la Seine à Paris. Étant donnée la capacité du Gohr (240 milliards de mètres cubes) il faudrait donc une vingtaine d'années pour le remplir, part faite à l'évaporation et à la perméabilité du sol. L'élévation quotidienne du niveau des eaux serait d'ailleurs presque insensible ($0^m,05$ en mer Morte et $0^m,025$ en Galilée).

Qu'arriverait-il alors ? Jéricho, Bethsaïde, Tibérias et quelques autres bourgades sans importance disparaîtraient dans l'inondation ; de même le Jourdain et la principale rivière du sud, le Jeib. Le niveau de la mer Morte exhaussé de 392 mètres, tout le pays compris entre la chaîne basse des monts de la Judée et les montagnes de Moab, serait submergé et l'on aurait une mer nouvelle de 50 lieues de long sur 4 de large, dont la profondeur atteindrait 800 mètres (maxim.) en mer Morte, 425 au lac de Génésareth, et 300 dans le Gohr. Ses limites sud passeraient entre Dobt-el-Bogla et El-Sathé ; au nord elle s'arrêterait à la hauteur du *pont des filles de Jacob* ; mais le flot remonterait en outre dans les vallées secondaires de l'est et de l'ouest et inonderait les nombreux ouadis du Jourdain, de la mer Morte et du Jeib.

La configuration de la Judée ainsi transformée, *Jérusalem serait presque un port de mer, tournant le dos à la Méditerranée* — conséquence capitale du projet, dont je laisse le soin au lecteur de déduire tous les corollaires possibles.

Il en serait de même d'Hébron, malgré ses 900 mètres d'altitude, car Hébron, selon le docteur Blandet, serait relié à la mer par le torrent Birket-el-Khalil. La Judée, devenue une péninsule, serait pour jamais à l'abri des invasions bédouines. Plus de déserts au ciel de feu, plus de chaleurs excessives et malsaines ; la dépression du Gohr supprimée et l'atmosphère rendue à sa pression normale, ce serait comme si le pays eût remonté en latitude de quelques degrés (2). La Judée, assainie par son contact intime avec la mer, jouirait du climat de toutes les plages

---

(1) Ce chiffre nous paraît erroné ; la distance la plus courte entre Acre et Tibérias est plus considérable.

(2) Nous avons dit d'ailleurs que cette dépression considérable a pour conséquence immédiate un climat extraordinairement chaud et sec, se rapprochant beaucoup de celui des zones tropicales. La vallée du Jourdain emprunte à ces circonstances exceptionnelles une physionomie toute spéciale assez semblable à celle des oasis sahariennes, une végétation luxuriante alternant avec d'immenses étendues de steppes frappées d'une éternelle et irrémédiable stérilité. D'ailleurs son climat malsain et ses grandes chaleurs y rendent les conditions de la vie fort précaires. Le capitaine Lynch a constaté, en mai, une température de 43° degrés à l'ombre. Les habitants du Gohr doivent à ces diverses causes débilitantes un type fort dégénéré.

méditerranéennes du sud, et rien ne l'empêcherait plus de reconquérir cette fertilité merveilleuse des temps bibliques, qui faisait du pays de Chanaan un vrai paradis terrestre.

Enfin, le docteur Blandet propose de relier, par un chemin de fer, l'extrémité sud de sa mer (Dobt-el-Bogla) avec le port d'Akabba, sur le golfe du même nom, ou, mieux encore, de joindre les deux mers (la méditerranée syrienne et la mer Rouge), au moyen d'un canal maritime creusé à travers l'Arabah, — l'extrémité nord de la mer syrienne communiquant déjà avec la Méditerranée par le canal galiléen d'Acre à Tibérias. Un nouveau canal de Suez, comme on voit, mais dont le tort capital, à mon avis, serait peut-être précisément de ne pas faire double emploi avec le premier, car bien des puissances y trouveraient leur compte (1).

Et c'est là ce qui me fait craindre que le projet du docteur Blandet ne tente jamais qu'un gouvernement dont le but serait de faire une concurrence déloyale à l'œuvre de M. de Lesseps. Et ce gouvernement-là se heurterait sans nul doute au veto de toutes les autres puissances unies pour le maintien de l'équilibre européen et intéressées par-dessus tout à ne pas voir la question d'Orient et la question égyptienne se compliquer d'un nouveau problème.

Il y a autre chose encore. Je ne sais trop si les États catholiques ne chercheraient pas querelle à celui qui, devançant les siècles athées que l'humanité a en perspective, tenterait de réaliser dès aujourd'hui cette *Palestine de l'avenir*, éclose dans le cerveau d'un savant. Précipiter la Méditerranée sur la Terre-Sainte, inonder pour jamais toute une moitié des pays bibliques, supprimer de la carte le fleuve le plus sacré du monde, faire disparaître une multitude de lieux saints également chers aux dévots aveugles, aux exégètes, et aux antiquaires et dont l'anéantissement provoquerait l'écroulement, la chute dans le vide, des mille et une traditions qui se sont formées autour !... non, décidément, l'auteur d'un pareil sacrilège serait voué à trop d'exécrations !

L'honnête docteur Blandet n'a évidemment pas songé qu'en inondant le Gohr et en transformant Jérusalem en port de mer, il anéantirait en partie les traces des pas et des prétendus miracles de Jésus. Quant à nous, il va sans dire qu'en prêtant notre publicité — d'ailleurs bien modeste et éventuelle — à son œuvre, notre intention n'est pas de la présenter autrement que comme une fantaisie attrayante, ouvrant à l'imagination toute sortes de rêves séduisants, réalisable d'ailleurs en pratique, impraticable seulement en ce que ses résultats sont condamnés à l'avance par les exigences de la politique actuelle de l'Europe et de ses traités internationaux. —

(1) Ces lignes étaient écrites quand les journaux anglais nous ont appris, en date du mois d'avril 1884, que le duc de Sutherland étudiait un projet de canal maritime devant joindre la Méditerranée et la mer Rouge, à travers la Terre-Sainte.

Cela soit dit pour rassurer les intransigeants du traditionnalisme (1).

Les pages qui précèdent démontrent pleinement que nos connaissances géographiques et autres concernant la mer Morte n'ont plus rien à envier à celles des auteurs anciens, comme le prétendait autrefois Chateaubriand qui s'est certainement illusionné sur le compte de ces derniers. Nous possédons aujourd'hui les

FONTAINE D'ÉLISÉE

cartes les plus détaillées du pays asphaltite, cartes à peu près désertes dans l'origine comme le pays lui-même, mais qui n'ont pas tardé à voir surgir, aux endroits les plus inattendus, une foule de Sodomes et de Gomorrhes dont M. de Saulcy et quelques-uns de ses contemporains revendiquent individuellement la paternité.

Quant au tour du lac qui, en 1807, n'avait encore illustré qu'un seul personnage,

(1) On verra, dans le chapitre suivant, que personnellement nous nous proposons de rallier toutes les opinions en prenant précisément le contre-pied du projet Blandet.

il a servi depuis à établir la réputation de maint voyageur, et, du train dont vont les choses, avec les vitesses toujours plus grandes mises par la science au service de nos déplacements, il ne me paraît pas impossible que le lac en question ne devienne quelque jour une promenade aussi fréquentée que celui du bois de Boulogne, toutes proportions gardées.

RUINES D'UN CHATEAU FORT A JÉRICHO

Le tour de la mer Morte est une excursion de deux jours qui se fait aujourd'hui bien plus aisément qu'on ne croit, à la condition toutefois d'avoir un bon guide, une escorte, et une bourse bien garnie. Le chapitre qui suit est destiné à le prouver par un argument égal en valeur à celui de ce philosophe ancien qui, pour démontrer l'existence du mouvement, se mit à marcher.

CHAPITRE XXXII

AUTOUR DE LA MER MORTE

Un secret professionnel. — Apparition des *djinns*. — Itinéraire dans l'espace. — Paysage lunaire. — Engeddi. — Encore les épines. — Despotisme du règne minéral. — Masada. — Une ruine du temps des Machabées. — Histoire de la forteresse de Masada. — Massacre des Zélotes par les légions de Silva. — Du rôle de la pierre dans l'histoire de l'humanité. — La mer Morte réduite à sa plus simple expression. — La symphonie du blanc. — Le Djebel-Ousdoum ou la montagne de sel. — Où faut-il placer Sodome? — Origines probables de la catastrophe biblique. — Où l'auteur triomphe personnellement. — Contre-pied du projet Blandet : suppression de la mer Morte. — Le bassin Asphaltite dans cent ans.

Plus que jamais nous nous efforcerons ici de donner à notre récit un caractère purement descriptif, et ce pour n'être pas tenté d'écarter de cet ouvrage la mention des lieux placés en dehors de notre itinéraire, mais que nous ne saurions passer sous silence sous peine d'être incomplet. Nous nous efforcerons aussi de bannir avec soin les incidents de route, et pour cause. Le lecteur sait maintenant que la note dominante d'un voyage en Judée est bien plutôt la monotonie que le pittoresque; encore ce pittoresque, lorsqu'il existe, n'a-t-il pas des aspects multiples, capables d'offrir au regard des surprises toujours nouvelles. Loin de là. Les paysages d'ici, et particulièrement ceux du désert de Judée, ont la fixité morne et invariable de la pierre dans laquelle ils sont taillés; les lieux sauvages et les horizons tourmentés se suivent et se ressemblent. Telle gorge ou telle vallée sinistre dont un bout entrevu dans une échancrure de la gorge précédente semblait promettre merveilles, ne fait que continuer, en le répétant, le paysage qu'on vient de quitter, et si l'on n'avait de temps en temps, pour se réconforter, la vue, le cadre magique et un peu plus accidenté de la mer Morte, l'impression générale se changerait promptement en lassitude, tant l'âme humaine est peu faite pour supporter la continuité des spectacles tristes, si grandioses soient-ils.

Il en est de même des incidents de route, dont le récit offre d'ailleurs un inconvénient plus grave, celui d'établir une sorte d'identité, un air de famille souvent déplaisants entre toutes les relations de voyages ayant trait à un même pays. Et cela parce qu'à moins d'accidents graves et d'aventures extraordinaires — le plus souvent imaginaires — ces sortes de narrations se ressemblent autant que les susdits paysages. Rien de plus propre à rappeler un incident de voyage noté dans un ouvrage sur la Palestine qu'un autre incident noté dans un autre ouvrage sur le même sujet. Bien des auteurs contemporains se sont rendus ridicules et fastidieux parce qu'ils se sont crus obligés de conter par là même leurs discussions avec les drogmans, leurs querelles avec les Sheiks bédouins, tous ces petits désagréments inséparables d'un voyage en Syrie, mais que le voyageur devrait savoir supporter sans les faire partager au lecteur. Parce que nous foulons les terres bibliques, et que les hommes et les bêtes (j'entends les chameaux et les Bédouins) de ce pays célèbre par ses traditions miraculeuses et plus encore par sa mauvaise fortune historique, nous servent celles-ci de montures, ceux-là de guides, donnerons-nous à ces chameaux et à ces Bédouins plus d'importance que s'ils nous rendaient le même service en Égypte ou au Sahara ?

A ceux qui persistent à prendre le chapitre des incidents personnels pour thermomètre de l'intérêt d'une relation de voyage, dévoilons un secret professionnel : quatre-vingt-dix-neuf fois sur cent le voyageur qui parle n'a eu que des aventures insignifiantes, et si par extraordinaire il a couru des périls sérieux et réellement graves, la nature de ces périls ou leurs conséquences le déterminent à les passer sous silence.

Qui s'en serait douté ? Le rivage désert où nous venons de mettre pied à terre, en face d'un îlot à demi submergé, est tout préparé pour une sieste dont le besoin d'ailleurs ne laisse pas que d'être vivement éprouvé après une pareille étape. Il y a là des bâtons fichés dans le sable et qui peuvent à bon droit passer pour un don gracieux de la mer Morte elle-même, car il n'est pas vraisemblable qu'ils aient poussé là d'une façon naturelle. Peut-être le rivage nord de ce lac biblique a-t-il été concessionné aux *Djinns* qui, dans l'espoir d'y attirer un peu plus de monde, l'ont accommodé ainsi pour satisfaire aux exigences légitimes des touristes amateurs de *comfort*. Toujours est-il que cette attention, de quelque part qu'elle vienne, a le mérite du désintéressement ; — on ne paye absolument rien pour étendre des toiles sur ces bâtons, se coucher sous ces tentes improvisées et lorgner en toute commodité le majestueux spectacle qui vous environne.

La tente est d'ailleurs un pis aller dont le voyageur sera souvent forcé de se contenter à partir de maintenant, car il ne trouvera sur le bord occidental de la mer Morte aucun gîte pour y passer la nuit. On peut éviter cet inconvénient, pour la première journée seulement, en allant coucher au couvent de Mar Saba. Le détour sera de 5 à 6 heures pour aller et autant pour revenir, mais on ne regrettera pas cette perte de temps, car le couvent et ses environs offrent le site le plus pittoresquement sauvage du désert de Judée, comme nous le savons du reste par les relations de la plupart des voyageurs qui nous ont précédé.

Nous bornerons ici nos indications pratiques, de peur d'empiéter sur les attributions de l'excellent manuel Baedeker dont, pour notre compte, nous ne nous séparons pas un seul instant. Pour ne pas embarrasser nos lecteurs avec tous les ravins, toutes les gorges, tous les torrents, tous les précipices, toutes les crêtes lacérées que nous allons rencontrer, nous imaginons une sorte d'itinéraire dans l'espace, une vue à vol d'oiseau, prise à une centaine de pieds au-dessus du niveau du lac Asphaltite, et embrassant d'un même coup d'œil tous les accidents, tous les reliefs du paysage.

A notre droite, une plaine jaunâtre, sans arbres, effondrée en ravins, en fentes, en crevasses, ou renflée en petites collines rondes, en plateaux penchés couverts parfois de petites taches noires — des campements bédouins ; — de loin en loin, une ruine assez semblable à un éboulement du rocher qui la porte, suspendue au bord d'un abîme, — quelque ancien couvent, une laure, un ermitage, une tour de garde, — et ce paysage fermé à l'ouest par un enchaînement tourmenté de montagnes grises imitant les ombellements d'une de ces grandes foires parisiennes, ne laissant voir de loin qu'un alignement de tentes gigantesques dressées dans le vide du ciel — c'est le désert de Judée.

Au-dessous de nous, la mer Morte dont le bassin tranquille, vu d'une des hauteurs qui la dominent, paraît complètement bleu, mais d'un bleu infiniment plus sombre que la Méditerranée. Le rivage occidental enfonce dans cette nappe épaisse quelques dents hérissées de rochers à pic, le cap el-Fechka, le cap Mersed, etc...

Même paysage en face. Le rivage oriental dresse au-dessus de la mer des falaises gigantesques, entrecoupées de déchirures profondes. L'horizon est fermé par une ligne continue et légèrement tremblée de cimes bleuâtres : la chaîne des montagnes de Moab et du pays de Galaad qui masquent le grand désert arabique.

A Aïn-Fechka, à l'endroit même où la source sulfureuse qui porte ce nom se jette dans la mer, nous pouvons encore une fois contempler de près les magnifiques roseaux dont le rivage est panaché en maint endroit. Nous franchissons ensuite les croupes arides et ravinées du cap el-Fechka — un paysage fait avec des montagnes tombées de la lune et qui se seraient cassées en tombant.

Une foule de ravins venant du fond du désert débouchent successivement dans la mer, où ils n'apportent d'ailleurs que les cailloux d'un torrent généralement absent. Et toujours des sources sulfureuses qui frappent l'odorat plus souvent que la vue (Aïn-Ghoueir, Aïn-Terabé); et toujours le même paysage lunaire figé dans les grimaces antédiluviennes de l'écorce terrestre,, un chaos que la nature a oublié de déblayer depuis le dernier tremblement de terre, qui a dû le fracasser à l'époque tertiaire (?)......... Qu'elle ait laissé intacte toutes ces vilaines choses, tandis qu'elle foudroyait et faisait rentrer dans les limbes de jolies villes, gaies et bien portantes, comme Sodome et Gomorrhe, cela manque absolument de tact et de logique.

Aussi est-ce un tort qui nous paraît de plus en plus grand, que d'attribuer aux effets de la colère divine, un cataclysme aussi dénué de sens commun; — mais nous examinerons la question tout à l'heure.

Nous voici errant dans le gypse et la marne, à des hauteurs vertigineuses, et recueillant les traces antéhistoriques de la grande mer intérieure que les vents d'autrefois ont dû bercer entre ces abîmes (1). Les croupes des montagnes s'allongent en plateaux, descendent en ravins ou en précipices vers le lac dont ils élargissent ou rétrécissent à leur gré les plages désertes, et nous obligeant à faire autant d'ascensions et de descentes inutiles. Des pierres bitumineuses roulent sous nos pas, quelques rares oiseaux d'espèce inconnue passent au-dessus de nos têtes d'un vol pressé. Le paysage continue de s'aplanir un peu, et se fait moins sombre; la végétation reparaît çà et là, et avec elle les terribles épines de Jéricho. Ceci nous apprend que nous approchons de la source d'*Engeddi* (*Aïn Djiddi*).

Du côté du désert une trouée se fait dans les masses rocheuses; on aperçoit le sentier en spirale qui grimpe vers les hauteurs du pays d'Hébron. Mais notre chemin remonte et nous ne tardons pas à avoir devant nous les quelques bâtiments ruinés qui indiquent l'emplacement d'Engeddi.

C'est en vain que nous cherchons les bois de palmiers dont parle l'historien juif Josèphe. Ceux-ci ont disparu comme à Jéricho, et comme à Jéricho ils ont été remplacés par les faux baumiers, par les décevants pommiers de Sodome (le *Calotropis procera* et le *Solanum sanctum*), par les *Zizyphus* et par tous les spinifères imaginables. Aussi ce lieu n'a-t-il rien qui doive le désigner particulièrement à la curiosité du voyageur, si ce n'est son nom biblique qui pourrait bien être usurpé. On remarque néanmoins dans les environs quelques traces de terrasses anciennes qui répondraient aux descriptions que fait Josèphe des jardins d'Engeddi. Quant à l'Aïn-Djiddi, c'est une source d'eau chaude, dont le nom moderne, qui signifie « *source des chèvres* », ne nous rappelle aucun fait connu.

A partir d'Engeddi, le pays cesse d'être sulfureux pour devenir de plus en plus salé. La végétation n'essaye pas de lutter contre le despotisme du règne minéral. Elle se hâte de disparaître dès qu'on s'éloigne d'Engeddi, et les épines font place à

---

(1) Pokoke a trouvé dans ces mêmes parages des coquillages de mer (volutes et bivalves fossilisés.)

un désert de pierre. Si elle reparaît par place, ce n'est qu'après s'être soumise au caprice en question dont elle porte dès lors les traces irrécusables. A l'exception de la rose de Jéricho, les rares plantes qu'on trouve ici ne semblent avoir obtenu le droit de vivre qu'à la condition de charrier dans leurs veines et leurs rameaux le sodium qui est la caractéristique du pays (1). Et je ne sais trop s'il faut admirer ou blâmer le procédé que cette nature originale a trouvé pour faire porter à tout ce qui relève et procède d'elle sa singulière livrée.

Nous recommençons à traverser un paysage montagneux semblable comme aspect à tous les précédents, coupé par instants par des torrents à sec ou par des étangs salés. A de rares exceptions près, le sol que nous foulons se montre d'une aridité désespérante. Une gazelle ou un bouquetin qu'on voit bondir sur les aspérités lointaines des rochers est peut-être le seul animal vivant de ces parages. Cela dure ainsi cinq mortelles heures, pendant lesquelles la mer Morte en face de nous déroule lentement les formes changeantes de ses promontoires. Nous atteignons enfin le pied de la montagne qui porte les ruines de la forteresse de Masada (*Kasr-Sebbeh*).

Là commence une grimpée assez raide sur des pentes rocailleuses jalonnées de ruines, de débris, de murailles et de tours, ouvrages des Romains sans doute. On suit une sorte de ravin appelé la vallée des Ruines, et, après quelques accidents de terrain où les décombres s'amoncellent en plus grande quantité encore, on arrive au sommet de la montagne devant une sorte d'arc de pierre revêtu d'inscriptions arabes. Le monument est ancien et paraît remonter à l'époque des croisades mais les inscriptions sont dues probablement aux tribus bédouines du voisinage.

L'arc franchi, nous sommes sur l'ancienne plate-forme de la forteresse. C'est un plateau d'une étendue considérable supporté par des rochers à pic de près de 400 mètres de hauteur que couronne la vieille muraille d'enceinte élevée par Hérode; celle-ci fait tout le tour du plateau. Avec les détails que nous fournit Josèphe, et les ruines d'ailleurs assez bien conservées du château et des ouvrages environnants, nous pouvons reconstituer sur les lieux mêmes et avec une certaine précision toute l'histoire de Masada.

C'est à l'époque héroïque des Machabées que la Bible fait remonter l'origine de cette forteresse perchée, comme un nid d'aigle, au sommet d'un rocher inaccessible : mais le formidable appareil de la muraille d'enceinte, dont on peut encore admirer les restes aujourd'hui, est attribué par Josèphe au roi Hérode le Grand.

(1) Il faut citer entre autres le *Salsola kali* déjà mentionnée page 384. C'est d'ailleurs une plante propre à toutes les côtes méditerranéennes. Dans le midi de la France elle sert également à la fabrication de la soude.

Cette muraille avait 37 tours qui communiquaient avec l'intérieur de la forteresse. Le roi des Juifs ne s'en tint pas là.

Dans la même enceinte il se fit élever un palais superbe, semblable à ceux dont il avait déjà doté Jérusalem et Hérodium, et où les marbres et les mosaïques ne furent point épargnés; l'édifice était flanqué aux quatre angles de tours énormes. Le château des Machabées ainsi restauré et agrandi, muni d'un escalier unique taillé en spirale dans le roc, — seul chemin qui donnât accès dans la place, — avec ses ouvrages de défense extérieurs et intérieurs, pouvait à bon droit être considéré comme une forteresse imprenable.

LE JOURDAIN

C'est sans doute ce qui décida la petite poignée de Zélotes échappés aux soldats de Titus à l'occuper lorsque Jérusalem eut été prise et le temple livré aux flammes. Conduits par Éléazar, ils s'emparèrent de la place par la ruse, et ce coup de main réussit tout d'abord au delà de leurs espérances, car ils trouvèrent dans la forteresse des armes et des vivres en grande quantité. Retranchés dans ce refuge suprême, ils jurèrent de poursuivre, jusqu'à la mort du dernier d'entre eux, l'œuvre de résistance qui venait d'échouer si misérablement à Jérusalem, entraînant la destruction de la ville et le massacre de ses habitants.

Les légions romaines, commandées par Silva, avaient installé leur camp au pied de la montagne, vis-à-vis de l'angle ouest du plateau, très probablement sur la petite hauteur que les guides vous désignent encore aujourd'hui comme marquant l'emplacement de ce camp. Toutes les ruines qu'on remarque de ce côté de la montagne s'accordent parfaitement avec le récit de Josèphe.

Les Romains commencèrent par investir la place au moyen d'un mur destiné à empêcher la fuite des assiégés, et qui faisait tout le tour de la montagne ; on en retrouve par places encore quelques débris. Puis ils élevèrent une chaussée de 200 coudées de haut reliant le camp à la montagne ; et qui permit à leurs machines de siège d'attaquer le mur d'enceinte même de la forteresse. C'est de cette chaussée apparemment que proviennent les décombres qu'on remarque à l'entrée actuelle de l'enceinte.

Les assiégés, voyant leur position devenir de plus en plus critique, multiplièrent

LE MONT DE LA QUARANTAINE

les ouvrages de défense à l'intérieur de l'enceinte. Ils élevèrent entre autres un mur de poutres dont ils garnirent de terre les intervalles vides. Les Romains jetèrent du feu contre les poutres et la muraille tout entière ne tarda pas à devenir la proie des flammes.

Les Zélotes allaient être pris, mais ils avaient juré qu'on ne les prendrait pas vivants. Voyant leur dernière chance de salut s'évanouir avec la destruction de leur dernier ouvrage, ils ne songèrent plus qu'à tenir leur serment, et tous, sans exception, se donnèrent la mort après avoir au préalable tué leurs femmes et leurs enfants. La place fut prise, mais les Romains ne trouvèrent que les cadavres des défenseurs ensevelis sous les débris de leur forteresse.

Le lecteur nous pardonnera cette digression ; nous sommes sur les lieux mêmes où les Juifs jouèrent, il y a dix-huit siècles, ce drame sanglant ; les ruines de décor donnent à ces souvenirs le relief puissant des choses encore debout et ce sont elles-mêmes qui ont évoqué cette page d'histoire.

La Palestine, cette terre antique où tous les siècles ont laissé leurs empreintes, cette terre agonisante que les ruines du vieux monde couvrent comme d'un linceul de pierre, n'est à tout prendre qu'une sorte de carte historique en relief où les siècles, les nations, les empires, les chutes, les conquêtes, les apothéoses, — où tout cela indistinctement est attesté, confirmé, perpétué dans les mille formes simples ou sublimes, insignifiantes ou symboliques de la seule matière impérissable : la pierre. C'est elle qui, à Jérusalem, nous a raconté l'aurore de la nation juive, avec David et Salomon ; c'est elle qui nous a révélé les terribles détails de sa chute définitive, sous les coups de Titus, c'est elle enfin qui vient de nous narrer ce sombre épilogue qui s'appelle Masada. Que tant de miracles et de deuils, de faits héroïques et d'actions infâmes, d'épopées glorieuses et d'épouvantables catastrophes aient pu tenir sur une bande de terre aussi étroite, cela n'a rien qui doive étonner. Supposez un espace indéfiniment petit, aussi petit que l'imagination puisse le concevoir, il y aura toujours de la place pour un malheur. Chez les Juifs, dans un pays grand comme la main, ce sont les malheurs qui l'emportent, et la roche Tarpéienne y est plus près du Capitole que dans aucun autre lieu du monde.

En tant que roche Tarpéienne, le rocher de Masada nous a fait oublier la mer Morte dont la nappe est toujours là, immobile, à quelques centaines de pieds au-dessous de nous, superbe de calme et d'apaisement. Ce lac épais qu'un cataclysme a dû arrêter en pleine cristallisation (j'en suis de plus en plus convaincu) a pris quelque chose du repos de tous les siècles qui ont passé dessus : — le monde a changé dix fois peut-être de face tandis que cette tache bleue continuait de réfléchir les immuables précipices de ses côtes. Le spectacle qui nous émeut en ce moment, et nous donne ces impressions fiévreuses qui se dégagent des choses pas encore vues, ce spectacle a dû paraître banal déjà et vieux comme le monde au patriarche Abraham.

Mais cette considération n'enlèverait à la mer Morte rien de sa majesté propre si elle ne se chargeait elle-même ici de rentrer dans les proportions banales d'un simple étang.

D'abord la longue presqu'île jaunâtre, aplatie que détache la rive opposée lui enlève la moitié de sa largeur ; un soleil éclatant chasse devant lui ses vapeurs, met en pleine lumière ses grèves dénudées, barbouillées de plâtre ou de boue calcaire, où écume une eau basse, docile aux accidents de la côte, agitée par un roulis vague, furtif, avare de ses lames et qui se dissimule sous les apparences d'un perpétuel mouvement de retrait.

Et cette note s'accentue à mesure que nous nous rapprochons de la baie méridionale. Ce n'est plus ici qu'un flot baveux, roulant en arrière, s'effarouchant de son propre bruit, battant en retraite devant un ennemi inconnu et, une fois au large, se dissipant en nuages.

Une marche de quelques heures à travers un paysage montueux de marne et de gypse nous a amenés à la pointe sud-ouest du lac, au pied de la fameuse montagne de sel (Djebel-Ousdoum). Le lac n'est plus qu'un vaste étang où l'on aurait pied un peu partout. Voulez-vous vous faire une idée exacte du tableau? Prenez le bassin des Tuileries, campez-le au pied de la butte Montmartre, du côté où elle fait face au square d'Anvers; semez du sel de ménage sur le tout, délayez aussi dans le bassin un peu d'asphalte de nos trottoirs, puis agitez... Vous aurez une mer Morte en miniature (baie sud), ressemblance parfaitement garantie, à quelques détails près.

Maintenant, retournez-vous. Vous êtes en présence d'une nature morte, un enchaînement de collines spectrales où le sel, cristallisé sous les formes les plus fantastiques a remplacé les arbres, les plantes, les animaux, et tout ce qui ailleurs respire sous le soleil. Le minéral sournois dont nous constatons depuis Engeddi les empiètements lents, mais persévérants, vient d'envahir le paysage entier où il triomphe à présent au mépris de tous les corps animés et inanimés. C'est ici la symphonie du blanc, — d'un blanc sale, par exemple! d'un blanc qui est au blanc de neige ce que le sel gris est au sel ordinaire; encore faut-il faire la part des couches de marne dont la mer d'autrefois a confié un respectable dépôt à son ancien bassin. Les collines de sel n'ont pu se débarrasser entièrement de ce dépôt, même en faveur de la symphonie dont elles sont d'ailleurs le motif principal, je veux dire l'expression la plus intense. Celle-ci va crescendo de la base au sommet, avec de nombreux intervalles à effets tout particuliers, véritables points d'orgue où elle éclate dans le tutti formidable de tous les aspects, cônes, pyramides aiguilles, qu'une montagne cristallisée est susceptible de revêtir.

Ce dernier fait, qui n'a rien que de très naturel, n'en a pas moins dû frapper vivement l'esprit des indigènes du pays, et il est à peu près certain que la fable de la femme de Loth n'a d'autre origine que la présence, fort ancienne, des blocs de sel tourmentés qu'on trouve sur la montagne et dont quelques-uns auraient jadis roulé jusque dans la vallée.

Au reste, les superstitions qui se rattachent à la contrée n'ont pas empêché ses possesseurs actuels de l'exploiter en carrière, et, de fait, ils auraient eu tort de laisser perdre, par respect pour une sotte légende, les mines inépuisables de sel gemme que renferme la montagne. Faisons remarquer à ce sujet que le *Djebel-Ousdoum* n'a guère plus d'une centaine de mètres de hauteur, mais qu'il s'étend sur une longueur de plusieurs kilomètres.

Au point de vue historique le Djebel-Ousdoum n'a pas peu contribué à embrouiller le problème, insoluble sans doute, de Sodome et des villes englouties. En effet, il est hors de doute que le mot *Ousdoum* ne soit une altération de *Sodome*; c'est donc ici même que les traditions les plus anciennes auraient placé la vallée de Siddim où étaient situées Sodome et Gomorhe. Les chapitres xviii et xix de la Genèse ne renferment rien qui puisse infirmer cette opinion ; tout, au contraire, dans le récit biblique semble indiquer qu'il faut chercher Sodome vers le sud de la mer Morte plutôt que vers le nord. Il n'en est pas moins vrai que plusieurs auteurs répudient hautement le Djebel-Ousdoum et s'obstinent à placer la vallée de Siddim au nord du lac. Parmi ces derniers il en est un qui est allé plus loin que tous les autres : M. de Saulcy a retrouvé les traces de la plupart des villes détruites par le feu du ciel, et il a entouré ses découvertes de trop d'érudition pour ne pas s'illusionner lui-même sur leur valeur (1). Le public cependant n'a point partagé la grande confiance de M. de Saulcy et les choses en sont restées là.

Mais une autre question non moins intéressante se pose à côté de la première, et qui a été, elle aussi, l'objet de nombreuses controverses. Comment la science moderne doit-elle expliquer le sinistre miracle dont il est question dans la Genèse?

Nous avons vu que le lac lui-même n'est que la réduction d'une mer intérieure plus grande, antérieure certainement à l'époque diluvienne, et qu'il faut faire remonter probablement à l'époque tertiaire ou plus avant encore. Mais ceci n'implique pas qu'au temps d'Abraham le bassin ait eu sa forme actuelle d'une façon absolue. Des secousses plutoniennes, des tremblements de terre ont pu à cette époque en modifier les contours ; quelques ouadis riverains ont pu disparaître, engloutissant les cités qu'ils renfermaient, et la mer aura élargi sa surface aux dépens de sa profondeur.

Nous sommes ramenés ainsi aux croyances anciennes qui cherchaient les ruines de Sodome et de Gomorhe au fond du lac Asphaltite. Ce qui explique toutefois qu'on n'ait jamais trouvé ces ruines, c'est qu'elles sont naturellement invisibles, notre hypothèse n'admettant, tout comme les autres, qu'une seule et même solution, c'est que les ruines, si elles existent, gisent ensevelies dans les couches du sol sous-marin, c'est-à-dire dans les couches du sol riverain primitif que le flot recouvre depuis la catastrophe.

Une autre explication se présente, également basée sur la structure géologique du bassin, et plus conforme peut-être au récit de la Bible.

(1) Voir le *Voyage en Syrie et autour de la mer Morte.*

VALLÉE DU JOURDAIN (EL-GHOR).

D'après le témoignage écrit de Moïse, et d'après celui de Josèphe plus tard, la vallée de Siddim renfermait des mines de bitume, et, pouvons-nous ajouter, sans doute aussi des sources de pétrole, celles-ci accompagnant généralement les gisements d'asphalte. Deux hypothèses se présentent dès lors. La croûte peu épaisse du sol profondément excavé aura pu s'effondrer, entraînant tout ce qui se trouvait à sa surface, ou bien les sources de pétrole se seront enflammées et les villes, peut-être elles-mêmes bâties en pierres bitumineuses puisque cette pierre se taille et se polit comme le marbre tout en brûlant comme l'asphalte — auront été consumées sans laisser de traces. Ainsi le feu du ciel, c'est-à-dire la foudre, peut avoir eu sa part dans les causes de la catastrophe sans que la science puisse y trouver à redire. Il est vrai qu'à Bacou, centre minier des rivages occidentaux de la mer Caspienne, un accident de ce genre est arrivé de nos jours sans le concours du ciel ; l'incendie des sources paraît avoir eu une origine purement accidentelle. Il peut en avoir été de même pour les puits et les sources de la vallée de Siddim.

Quant à l'hypothèse qui veut que les villes détruites aient été bâties en pierres bitumineuses, elle n'a rien que de fort naturel. Cette façon de construire était d'une pratique générale dans l'ancienne Égypte, et plus tard dans toute l'Asie. D'après Diodore de Sicile, les murailles de Babylone étaient cimentées et enduites avec de l'asphalte. Memphis, Thèbes, Ninive avaient des murailles et des constructions où le mortier d'asphalte jouait un rôle considérable.

Le même auteur nous a laissé une page curieuse sur les éruptions d'asphalte si fréquentes jadis à la surface de la mer Morte et sur la façon dont les habitants du pays les utilisaient.

« Tous les ans, dit-il, il s'élève à la surface du lac une quantité d'asphalte sec de la largeur de trois arpents, pour l'ordinaire, quelquefois pourtant d'un seul, mais jamais moins. Les sauvages habitants de ce canton nomment *taureau* la grande quantité et *veau* la petite. Cette matière, qui change souvent de place, donne de loin l'idée d'une île flottante. Son apparition s'annonce près de vingt jours d'avance par une odeur forte et puante de bitume qui fait perdre au loin à l'or, à l'argent et au cuivre, leur couleur propre, à près d'une demi-lieue à la ronde. Mais toute cette odeur se dissipe dès que le bitume, matière liquide, est sorti de cette masse. Le voisinage du lac, exposé d'ailleurs aux grandes ardeurs du soleil et chargé de vapeurs bitumineuses, est une habitation très malsaine et où l'on voit peu de vieillards, mais le terrain en est excellent pour les palmiers, dans les endroits où il est traversé par des fleuves . . . .

« Quant à l'asphalte, les habitants l'enlèvent à l'envi les uns des autres, comme feraient des ennemis réciproques, et sans se servir de bateaux. Ils ont de grandes nattes faites de roseaux entrelacés qu'ils jettent dans le lac ; et, pour cette opération, ils ne sont jamais plus de trois sur ces nattes, deux seulement naviguant avec des rames pour atteindre la masse d'asphalte, tandis que le troisième, armé d'un arc, n'est chargé que d'écarter à coups de traits ceux qui voudraient disputer à ses camarades la part qu'ils peuvent avoir ; quand ils sont arrivés à l'asphalte, ils se servent de fortes haches avec lesquelles ils enlèvent comme d'une terre molle la part qui leur convient ; après quoi ils reviennent sur le rivage.....

« Ces barbares, qui n'ont guère d'autre commerce, apportent leur asphalte en Égypte, et le vendent à ceux qui font profession d'embaumer les corps ; car, sans le mélange de cette matière avec d'autres aromates, il serait difficile de les préserver longtemps de la corruption à laquelle ils tendent. »

Revenons à la question des ruines. En dernière analyse, il serait encore permis d'assimiler les causes premières de la destruction des villes bibliques à celles de la récente catastrophe de Casamicciola, où l'action des eaux souterraines a joué un si grand rôle ; la présence inconnue là-bas de nombreuses sources thermales ne nous paraît pas défavorable à cette assimilation. De toute manière nous sommes donc forcés d'admettre l'existence des ruines ; et cette opinion est celle de la majorité des personnes qui traitent la question sérieusement.

Sans doute, les ruines existent, mais où faut-il les chercher ? Dans les couches superficielles du sol sous-marin ou dans les couches profondes du sol riverain ?

Voilà le problème qui reste à résoudre, problème intéressant en somme, et dont la solution, pour peu qu'on voulût essayer seulement d'y atteindre, amènerait peut-être les découvertes les plus précieuses pour la science, pour l'histoire, et pour l'exégèse.

Mais comment essayer ? De prime abord les difficultés et les incertitudes paraissent vraiment trop grandes. Aussi n'a-t-on jamais songé à entreprendre des fouilles sérieuses, celles du sol sous-marin étant considérées comme impraticables (1), et celles du sol riverain n'offrant peut-être pas des chances suffisantes.

C'est ici que nous allons triompher personnellement. Il est évident que la question d'argent est dans l'espèce la plus importante et qu'elle doit avoir le pas sur toutes les autres préoccupations. Si les travaux doivent occasionner des dépenses exagérées, on ne trouvera pas un gouvernement décidé à les entreprendre. Donc, résoudre cette difficulté, c'est transporter la question sur son véritable terrain, et peut-être hâter sa solution. Nous laissons de côté la préoccupation du sol riverain pour n'envisager que celle du sol sous-marin. Un moyen se présente pour étudier ce sol, un moyen auquel on n'a peut-être pas songé encore

---

(1) La surface même de ce sol ne peut d'ailleurs rien nous apprendre à ce sujet ; cela résulte clairement des sondages opérés à diverses reprises, lesquels n'ont rien révélé d'insolite.

précisément parce qu'il était le plus simple, un moyen à longue échéance sans doute, mais qui simplifie considérablement la question des frais.

Il consiste à supprimer l'étang inutile, — voire même nuisible, puisqu'il empoisonne tout autour de lui les sources de la vie — de la mer Morte. C'est, on le voit, le projet renversé du docteur Blandet, qui voulait au contraire lui restituer son importance primitive. La solution que nous proposons est peut-être moins rapide que celle du savant docteur, mais elle n'est pas d'une exécution moins facile en pratique.

La nôtre a même sur

AU BORD DE LA MER MORTE

la sienne l'avantage de ne froisser aucune susceptibilité. Supprimez la mer Morte, il n'y aura rien de changé à la configuration de la Terre-Sainte; il n'y aura qu'un lac de moins, et un lac qui personnellement ne joue aucun rôle sérieux dans les traditions bibliques. Il y a plus.

Le projet du docteur Blandet vise un résultat diamétralement opposé aux lois physiques qui régissent la transformation lente du globe terrestre. Si l'ancienne mer intérieure s'est retirée du Gohr, c'est que ses éléments ont été vaincus dans la lutte inégale qu'elle a dû soutenir pendant des siècles contre des influences naturelles tendant à la réduire à sa plus simple expression. Ce qu'il y a de certain, c'est que la suppression de l'ancienne mer est le résultat de l'évolution d'une période géologique inconnue, que cette suppression était nécessaire puisqu'elle a eu lieu, et qu'elle répondait sans doute aux besoins du dynamisme physique et chimique de cette partie du globe.

Aucune révolution ne se produit dans le monde organique ou inorganique qui n'ait son but et sa raison d'être. Quels sont ce but et cette raison d'être, nous l'ignorons, mais nous ne pouvons en nier l'existence en présence de l'harmonie supérieure qui préside aux lois de la création. Rétablir ce que cette harmonie a jugé nécessaire de faire disparaître, c'est s'insurger contre ses lois, et par conséquent tenter une œuvre folle dont il n'y a rien de bon à attendre.

Créer une mer artificielle destinée à remplacer un désert aride, passe encore, mais rétablir une mer qui a disparu par la force des choses, c'est au moins de la témérité. M. Blandet avait sans doute avant nous envisagé ce côté de la question, mais il aura pensé que l'homme peut bien se passer de la sanction de la nature, celle-ci ne manquant aucune occasion de se passer de la sienne.

Le savant a eu tort. Il compte rendre la vie à un pays mort en lui restituant les éléments de sa fertilité primitive. Mais la fertilité d'un pays n'est pas le résultat d'une cause unique dont l'homme peut à son gré diriger le mécanisme et faire varier le mode d'application. Encore cette cause ne peut-elle être isolée de la marche du temps et soustraite à la solidarité générale des influences cosmiques. L'opération de la transfusion du sang pratiquée sur un cadavre lui rendrait-elle un atome de vie?

En saturant de vapeur d'eau l'atmosphère de ce pays dont le climat n'est déjà que trop funeste à ses habitants, le savant risque pour le moins d'y déchaîner une de ces terribles épidémies dont l'Asie semble être la terre d'élection, et la Judée, — conforme en ceci à sa destinée, — trouvera sa perte dans ce qui était fait pour son salut. Donc les résultats caressés par le savant, bien qu'appuyés sur des considérations logiques en tous points et conformes à la science, sont aléatoires et incertains, une cause insoupçonnée pouvant les altérer, les pervertir, peut-être même les enrayer dès le début, à l'encontre de toutes les prévisions.

On comprendra que nous n'ayons point voulu surcharger de ces réflexions le chapitre précédent. Les inscrire en marge du projet Blandet, c'était lui enlever son originalité propre, et donner à la solution que nous proposons, relativement aux fouilles éventuelles du bassin asphaltite, une importance qui n'est pas dans notre pensée.

Nous ne pouvions cependant les passer sous silence, puisque ce sont elles qui nous ont suggéré l'idée de renverser le problème de la Palestine de l'avenir, non dans le but de faire refleurir les myrtes, baumiers et palmiers de la vieille terre de Chanaan, mais dans celui de favoriser les recherches de la science et de créer si possible un nouveau filon archéologique et géognostique dans ce pays que les archéologues et les naturalistes ont drainé à fond.

Donc nous proposons de supprimer la mer Morte, et nous en fournissons les moyens théoriques, laissant aux intelligences compétentes le soin d'en étudier l'application qui, croyons-nous, ne présente aucune difficulté.

Il n'existe qu'un moyen de supprimer le lac, c'est d'obtenir son dessèchement, puisque son bas niveau rend tout système d'écoulement impossible.

Or il est un fait qu'on ne peut pas révoquer en doute, c'est que ce niveau tend à baisser de siècle en siècle, en dépit de l'apport fluviatile. Il est même probable que cet abaissement lent et graduel a été une des causes déterminantes de la réduction de l'ancienne mer à ses limites actuelles. Le fait que nous constatons aujourd'hui, confirmé d'ailleurs par les dépôts de marne et autres alluvions qu'on trouve sur les montagnes environnantes, ne serait donc que la continuation d'un phénomène permanent, aussi ancien que la mer elle-même.

Celle-ci peut aussi avoir été éliminée en partie par d'autres causes inconnues, ce détail importe peu. Ce qui est certain, c'est que la mer actuelle baisse insensiblement, d'une quantité d'ailleurs inappréciable dans un temps donné, et dont nous ne tiendrons pas compte dans la suite. Mais cet abaissement prouve une chose, c'est qu'il est dans l'ordre naturel que la mer Morte disparaisse. Notre but est donc précisément celui de la nature, et, pour l'atteindre, nous n'avons qu'à lui faciliter son œuvre en supprimant les causes qui paralysent le jeu de ses forces.

Ces forces, nous l'avons dit, ne sont autres que celles du soleil, générateur universel de tout mouvement, de toute puissance mécanique, agissant à la surface de notre globe, — le soleil qui, dans l'espèce, s'était chargé de démontrer la théorie mécanique de la chaleur longtemps avant qu'on l'inventât.

En effet, puisque la mer Morte n'a point d'exutoire souterrain — et cela est hors de doute — c'est l'évaporation seule qui maintient l'intégrité de son niveau, que le Jourdain et les autres rivières du bassin asphaltite tendent continuellement à élever. Donc la quantité d'eau consommée par le soleil est égale à la quantité d'eau débitée par les rivières, et je ne fais ici qu'énoncer un fait que personne ne conteste plus. La quantité d'eau évaporée est même supérieure, puisque le niveau du lac tend plutôt à baisser qu'à rester stationnaire.

En admettant donc qu'on suspende l'apport fluviatile, c'est-à-dire qu'on détourne le cours du Jourdain, seule rivière importante du Gohr, le soleil continuant à agir avec la même intensité, le niveau de la mer Morte s'abaissera graduellement, et assez rapidement pour que la dégradation soit rendue appréciable en moins d'un mois. Pas n'est besoin d'être grand mathématicien pour calculer approximativement le nombre d'années exigées pour l'épuisement complet du bassin. — Il n'y a pas une inconnue dans le problème. Nous connaissons la longueur du lac, sa largeur et sa profondeur moyenne. La quantité d'eau évaporée quotidiennement est égale à la quantité de l'apport fluviatile. Et nous pouvons représenter l'apport fluviatile par le seul Jourdain dont le débit quotidien est de 6 millions de tonnes. Les autres rivières peuvent être négligées, car ce ne sont en général que de minces filets d'eau ou des torrents à sec pendant la plus grande partie de l'année. Donc, l'apport du Jourdain supprimé, le soleil commencerait le dessèchement du bassin à raison de 6 millions de tonnes par jours. Mais cette quantité, constante au début, varierait ensuite en raison directe de la décroissance des eaux, l'évaporation d'un liquide étant d'autant moins intense qu'elle s'exerce sur une plus petite surface.

En résumé, la part faite dans le calcul aux causes de ralentissement résultant de

MONNAIE DE HÉRODE ANTIPAS

variations atmosphériques et de la diminution progressive de la surface liquide, causes qui se chiffrent par un très petit nombre d'années de retard, on peut fixer approximativement le temps nécessaire à l'épuisement à soixante ans au plus. Encore ce chiffre comporte-t-il une marge arbitraire de dix ans représentant le retard éventuel apporté à la marche générale de l'opération par l'apport des ruisseaux tels que le Yarmouk, l'Arnon et le Jabbok, qui se jettent dans le Jourdain au-dessous de l'endroit où commencerait le lit artificiel du fleuve, ceux-ci continuant de verser leurs eaux dans l'ancien lit et par conséquent dans la mer Morte.

Donc au bout de soixante années environ, — période qu'on pourrait réduire de moitié en aidant la nature, il ne resterait plus des eaux de la mer Morte que ce qu'elles contenaient de parties solides, c'est-à-dire leur quart en poids, représenté par de gigantesques amoncellements de collines salées dues à la précipitation des cristaux qui se seraient formés au fur et à mesure de la condensation. L'industrie alors trouverait son profit à déblayer la route aux savants.

Quant à trouver le point le plus commode pour détourner le cours du Jourdain et le conduire dans la Méditerranée, c'est l'affaire des ingénieurs : le point choisi devra satisfaire naturellement à deux conditions capitales, celles d'être aussi élevé que possible au-dessus du niveau de la Méditerranée, et de permettre néanmoins au canal projeté de recevoir les eaux du plus grand nombre possible des affluents supérieurs et sources secondaires du Jourdain (1). On voit que ces conditions déterminent un point qui serait à peu près à égale distance de Banias et du lac Houlé.

Quant au canal, il passerait au moyen d'une tranchée profonde entre les petites ramifications de la chaîne de partage des eaux (Liban méridional) et verserait ses eaux dans un des ouadis qui débouchent dans la Méditerranée, au-dessous de Tyr.

Maintenant, je suis bien convaincu que ce projet ne tentera aucun Lesseps présent ou futur, notre siècle n'aimant pas les entreprises à longue échéance.

---

(1) Un canal coupant la plaine au sud de Dan, perpendiculairement au cours du fleuve, recevrait à la fois les eaux des sources de Banias, du Leddan et celles du Hasbani et du Derdera.

CHAPITRE XXIII

AUTOUR DE LA MER MORTE

(COTE ORIENTALE)

Histoire des Moabites et des Iduméens. — Prophéties de Jérémie. — La vallée de l'Araba. — Histoire des Nabatéens. — Obscurité des origines de Pétra. — L'influence turque en Moabitide. — Le mont Hor. — Topographie des ruines de Pétra. — Le défilé du *Sic* et la source de Moïse. — Tableau des ruines de Pétra. — Kérac (Kir Moab). — La presqu'île El-Lisân. — Montagnes et gorges du littoral oriental de la mer Morte. — Machéro. — Histoire d'Antipas et d'Hérodiade. — Un « pas seul » exécuté par une princesse juive. — Singulière appréciation d'un auteur anglais.

Un mot d'histoire maintenant.

Il n'est peut-être pas inutile de rappeler en quelques mots le rôle joué dans l'histoire du monde par les pays situés au sud de la mer Morte, sur les confins de l'Arabie, pays si peu connus de nos jours que maint auteur moderne en confond les villes entre elles, ne faisant qu'une seule et même cité, par exemple, de Pétra, l'ancienne capitale de l'Arabie Pétrée, et de Kérac, la vieille ville moabite. Disons, en passant, que l'origine de cette confusion remonte à l'époque des croisades où le possesseur du siège épiscopal de Kérac prenait le titre d'archevêque de « *Petra deserti* ».

Ces contrées, fertiles et florissantes autrefois comme tout le pays de Chanaan, placées sur les limites extrêmes des grands déserts arabiques, étaient par leur situation même une proie facile que l'élément nomade devait éternellement disputer à l'élément sédentaire et indigène. Aussi les anciens habitants du pays, ceux qu'on considère comme congénères des peuplades sémitiques proprement dites, eurent-ils à soutenir des luttes perpétuelles contre une foule d'envahisseurs attirés tantôt par l'esprit de convoitise qui est le trait dominant des peuples orientaux, tantôt par le fait des rivalités politiques surgissant entre les grandes puissances qui se partageaient le monde; d'abord contre les Hébreux arrivant d'Égypte, puis contre les différentes tribus du désert, plus tard contre les Grecs et les Romains, et finalement contre les sectataires de l'Islam. Le fanatisme religieux, considéré sous toutes les formes que la barbarie ou la civilisation lui ont données, entre aussi pour une bonne part dans les causes qui amenèrent la ruine et la désolation du pays, car cette passion, despotique et meurtrière par-dessus toutes, a

LA MER MORTE AU CLAIR DE LUNE

toujours les mêmes conséquences fatales, qu'elle s'exerce au nom de Jéhovah, de Baal, de Jupiter, de Dieu ou de Mahomet.

D'après les anciennes divisions du pays, les contrées à l'ouest, au sud et au sud-est de la mer Morte étaient habitées par les Iduméens et les Moabites, peuplades sémitiques qui pendant des siècles tinrent en échec la grande nation juive. Le territoire des Iduméens s'étendait au nord jusqu'à Hébron et se confondait au sud avec celui des Moabites. Au nord du pays de Moab qui renfermait alors des cités extrêmement florissantes mentionnées par Jérémie, s'étendait le pays de Galaad, entre l'Arnon et le Jabbok, habité par les Ammonites, puis par les Amorites, qui refoulèrent les premiers vers le désert. C'est ce même pays qui devint la Décapole des Romains, et qu'on désignait au temps de Jésus-Christ sous le nom de Pérée (1).

On sait comment le déclin de la nation juive suivit de près l'apogée de sa grandeur. Les Iduméens et les Moabites ne virent pas sans quelque joie l'anéantissement des oppresseurs contre lesquels ils avaient tant de fois vainement défendu l'intégrité de leurs territoires.

Mais Jéhovah leur réservait dans l'avenir, à ces idolâtres incorrigibles qui se moquaient des infortunes d'Israël, un châtiment proportionné à la grandeur de leurs crimes et que les menaces prophétiques de Jérémie dépeignent plus de deux siècles à l'avance en ces termes saisissants :

« Donnez des ailes à Moab, pour qu'il s'envole, car ses villes seront détruites et personne n'y habitera plus. La honte sera sur le pays, et son sceptre sera brisé. Et Moab se roulera dans son vomissement et on se moquera de lui. Car ne t'es-tu pas moqué d'Israël ? Ne l'as-tu pas comparé à un voleur surpris parmi les larrons et n'as-tu pas tressailli de joie chaque fois que tu parlais de lui ? Habitants de Moab, quittez les villes et habitez les cavernes ; soyez comme la colombe qui bâtit son nid dans les anfractuosités des rochers, car l'allégresse et la joie se retireront de vos champs fertiles, et le chant de la vendange n'y retentira plus. Comme une flûte plaintive, mon cœur gémit sur vos malheurs, car il n'y aura que deuil sur vos maisons et dans vos places, parce que l'Éternel brisera Moab comme un vase qui lui déplaît... » (Jérémie, chap. XLVII.)

ROSEAU DE PALESTINE

« ..... Pour ce qui est de l'Idumée, l'Éternel a dit : « J'ai juré qu'elle serait couverte d'opprobre et de désolation et réduite en un désert perpétuel ainsi que toutes ses villes. Je la rayerai des nations et la rendrai méprisable entre toutes. Car sa présomption et son orgueil l'ont aveuglée, parce qu'elle habite les rochers et s'est emparée de la cime des montagnes. Mais quand même tu aurais élevé ton nid aussi haut que celui de l'aigle, je l'atteindrai et le précipiterai à terre Et

(1) Cette contrée porte aujourd'hui le nom de Belka.

l'Idumée sera si bien dévastée, que quiconque la verra sera frappé de surprise et rira de ses plaies... » (Jérémie, chap. xlix.)

Deux cents ans ne s'étaient pas écoulés depuis que les terribles paroles du prophète avaient retenti sur le pays, que déjà la prophétie commençait à s'accomplir.

A cette époque les Iduméens occupaient toute la vallée de l'Araba, jusqu'à la mer Rouge, mais ils ne luttaient plus qu'avec peine contre la puissance toujours croissante des peuplades qu'ils avaient soumises. Certaines tribus arabes que les hasards de la vie nomade avaient amenées dans cette oasis, s'y étaient fixées d'une façon définitive, et, cédant aux exigences de leur nouveau pays, elles avaient abandonné la vie pastorale pour se livrer à la culture du sol. Décidés à imposer et à maintenir par la force les droits qu'ils pensaient avoir acquis sur la contrée, ces Arabes se groupèrent, fondèrent des villes, et marchèrent ensuite à la conquête des pays limitrophes.

Telle est sans doute l'histoire de ces Nabathéens qui, deux siècles avant Jésus-Christ, fondaient dans l'Araba un véritable royaume arabe avec Pétra pour capitale, menaient de front le négoce et la guerre, refoulaient les Iduméens vers Hébron, anéantissaient les Moabites, s'emparaient d'Ammon et disparaissaient subitement, ne laissant d'autres traces de leur passage dans l'histoire que le souvenir de leur propre soumission aux Romains (à l'époque où ceux-ci conquirent la Syrie), et les ruines d'une ville essentiellement posthume, dont les habitants avaient pressenti le court destin, à en juger par la place et l'importance exagérées qu'y tiennent les monuments funéraires, — ville que notre temps n'a commencé à connaître que lorsque depuis longtemps ces mêmes monuments s'étaient écroulés sous le poids des siècles, entraînant avec eux les façades des rochers où ils étaient taillés.

Les Nabathéens qui, au temps de Jésus-Christ, tiennent encore tête aux Hérodes, finissent par s'effacer si bien sous la domination romaine qu'à l'époque de la conquête du pays par Omar, c'est à peine s'il est question d'eux.

Pendant tout le temps des croisades le voile de l'oubli et du silence continue de s'épaissir autour des ruines de Pétra. Aucun chroniqueur n'en fait mention. Et pourtant tout le pays autour de la mer Morte est sillonné sans cesse par les armées chrétiennes ; Kérac était, nous l'avons dit, une seigneurie française et le siège d'un archevêché dont la dignité empruntait son titre à Pétra ; Renaud de Châtillon poussait ses expéditions jusqu'aux bords de la mer Rouge et même jusqu'aux environs de la Mecque. Il en fit une, entre autres, destinée à reprendre aux infidèles un port voisin d'Akaba ; à cette occasion les chrétiens de Kérac construisirent des vaisseaux qui furent transportés à dos de chameau jusqu'au golfe d'Akaba. Il est donc plus que probable que l'expédition dut camper aux environs de Pétra, mais, ignorant sans doute la situation exacte des ruines, leur existence même peut-être, elle passa sans s'en douter auprès de la vallée qui les renferme.

Cette ignorance retarda de plusieurs siècles la découverte de Pétra. Après la chute définitive de la domination chrétienne en Terre-Sainte, les Bédouins du désert envahirent tous les pays de frontières, et l'accès de l'ancienne Nabathée devint dès lors impossible aux infidèles. Pendant fort longtemps aucun voyageur ne s'y hasarda (1); en France même on semblait avoir perdu jusqu'au souvenir de la ville, comme il résulte de quelques lignes extraites de l'ouvrage du savant Volney que, pour la première fois peut-être, nous trouvons ici en défaut :

« Ce pays, dit l'auteur du *Voyage en Syrie*, n'a été visité par aucun voyageur ; cependant il mériterait de l'être, car d'après ce que j'ai ouï dire aux Arabes de Bakir, et aux gens de Gaze qui vont à Maan et à Karak sur la route des pèlerins, il y a au sud-est du lac Apshaltite, dans un espace de trois journées, plus de trente villes ruinées, absolument désertes. Plusieurs d'entre elles ont de grands édifices avec des colonnes, qui ont pu être des temples anciens, ou tout au moins des églises grecques. »

Mais on pardonne d'autant plus volontiers à Volney que la plupart des voyageurs qui lui succèdent à un demi-siècle de distance, pour ne nommer que les auteurs de la *Correspondance d'Orient*, donnent sur ce pays qu'ils n'ont pas vu les renseignements les plus fantaisistes et les plus erronés. Ce n'est que depuis l'ouvrage de Laborde (*Voyage dans l'Arabie Pétrée*), et les ouvrages plus récents du duc de Luynes (*Voyage aux bords de la mer Morte*) et de Palmer (*the Desert of the Exodus*), que les archéologues ont pu entrer en rapport intime avec les ruines de Pétra.

Aujourd'hui encore un voyage à Pétra est une grosse affaire, et qui devient impraticable même toutes les fois que les tribus bédouines du sud de la mer Morte sont en guerre entre elles ou en délicatesse avec les autorités du pays, ce qui arrive bien plus souvent qu'on ne pense. Dans tous les cas, il est bon de recommander au voyageur une escorte nombreuse et sûre et une confiance aussi restreinte que possible dans la garnison turque de Kérac, qui a pour principe de ne pas se mêler de ce qui ne la regarde pas et ne manque jamais d'appliquer ce grand moyen de conciliation qui consiste à fermer les yeux. J'imagine qu'avec des mesures de ce genre, les démêlés de la Turquie avec ses sujets bédouins doivent être peu sanglants, mais aussi les revenus de ce pays ne doivent-ils guère embarrasser les caisses du fisc au bout de l'année.

(1) Les plus anciens voyageurs qui visitèrent le pays sont Burkhard et Irby

Les Bédouins qui occupent aujourd'hui l'antique pays d'Édom et de Moab se distinguent par leurs allures frondeuses et indépendantes : il semble que ce soit la destinée de cette contrée de toujours nourrir des habitants révoltés ou pour le moins belliqueux et intraitables. Inutile d'ajouter que les chrétiens y sont en minorité, et que leur courage est en général la seule garantie de leur sécurité. Comme exemple de la difficulté des relations au commencement de ce siècle entre indigènes et étrangers on peut citer l'histoire du capitaine Lynch forcé d'emmener en otage le chéik musulman de Kérak pour assurer le salut de son expédition.

MONTAGNES DE MOAB (VUE PRISE DE MASADA)

Vingt-quatre heures de route environ à travers un pays de vallons et de collines marneuses ou crayeuses où poussent quelques rares arbustes, conduisent de la Sabka à Pétra, située au pied du mont Hor, au centre d'une chaîne de montagnes d'où se détachent un peu plus bas les premiers monticules de la ligne de partage des eaux, qui coupe la vallée de l'Araba.

Le mont Hor est une montagne de grès complètement nue, étrangement tourmentée dans sa forme, offrant deux sommets à pente rapide du haut desquels on jouit d'une vue admirable sur le désert qui s'étend à l'ouest et sur le panorama des cimes environnantes.

Un prétendu tombeau d'Aaron (construction arabe moderne), situé à l'entrée d'une gorge, dans le voisinage des plateaux supérieurs, sert de lieu de pèlerinage aux Bédouins qui traversent le pays. On y rencontre aussi quelques indigènes misérables qui viennent enterrer leurs morts sur le sommet de la montagne, selon la coutume traditionnelle des Arabes.

La vallée de Pétra est une petite vallée presque circulaire, de fond inégal, encaissée dans des rochers à pic dont la plupart ont soixante mètres de hauteur et dont les principales parois ont été taillées par la main de l'homme en escaliers, en façades de temples, de tombeaux, de monuments pieux.

La chaîne des rochers offre sur tout le pourtour de la vallée de nombreuses ouvertures, gorges et vallées latérales, mais la seule entrée qui présente un accès facile est le défilé du Sic qui traverse la vallée de l'est à l'ouest, et sert de lit au

LA MER MORTE

ruisseau d'*Aïn-Mousa* (source de Moïse) ; — ce ruisseau proviendrait, selon le géographe arabe Yakout, des sources que fit jaillir Moïse en frappant le rocher de son bâton. (La légende biblique ancienne se trouve aussi dans le Coran.) Il est plus que probable d'ailleurs que la vallée elle-même fut autrefois le lit d'un lac qu'alimentaient les nombreux torrents qui jaillissaient des gorges d'alentour, mais que les eaux de ce lac ont dû s'écouler jadis au moment où le cirque de rochers se fendait violemment à l'est et à l'ouest pour former le défilé naturel du Sic.

La grande Pétra ne semble avoir été en somme qu'une ville de grottes et de tombeaux, toute en excavations aux orifices délicatement ciselés, toute en frises monumentales, en façades sculptées dans le roc : on dirait l'ébauche d'une composition sculpturale gigantesque, exécutée en demi-relief dans un paysage naturel.

Le style, par son ornementation surchargée, présente certains caractères tout à fait modernes, mais il rappelle, dans son ensemble, l'influence que dut exercer sur l'art primitif et douteux des Nabathéens la domination romaine.

Mais, quoi qu'en disent les antiquaires, il n'est guère de spectacle plus imposant et plus majestueux que celui offert par les gorges sculptées de l'Aïn-Mousa lorsqu'on pénètre dans la vallée par l'extrémité ouest du défilé du Sic. Le premier monument que l'on rencontre en suivant le cours du ruisseau est le château de Pharaon (Kasr' Firaoun), situé dans le voisinage d'un arc de triomphe encadrant dans son ogive une perspective prodigieuse de tombeaux taillés dans le roc. Les ruines en maçonnerie du château lui-même n'ont pas d'importance. Partout où le regard peut atteindre, les rochers à pic sont, de la base au faîte, creusés, taillés, ciselés.

Nous rencontrons successivement des ruines de pont, d'église, d'acropole avec des restes d'ornements rappelant les principaux arts étrangers du troisième siècle, le genre égyptien entre autres. Certaines excavations situées à des hauteurs considérables, sont reliées entre elles par des couloirs intérieurs ou rendues accessibles par des degrés découpés en saillie sur la paroi du roc.

Puis le Sic trace un circuit à travers les ondulations de terrain, les cônes et les mamelons peu élevés du centre de la vallée, remonte vers le sud, pour faire un second coude vers l'est, à partir duquel il commence à se rétrécir jusqu'au sortir de la vallée de Pétra. Ce dernier coude naturel a été utilisé pour l'emplacement d'un immense théâtre dont les ruines magnifiques sont fort bien conservées. La scène fait partie aujourd'hui du lit de l'Aïn-Mousa, mais l'amphithéâtre proprement dit subsiste. L'enceinte, taillée tout entière dans le rocher, en hémicycle selon la coutume romaine, a 36 mètres de diamètre, et pouvait contenir environ 3,000 à 4,000 spectateurs. Les sièges présentent 33 rangées concentriques superposées en gradins et également taillées dans le roc.

Vues du haut des degrés les plus élevés de ce théâtre, les parois des rochers environnants font rêver d'un pays de Titans qui, arrêtés par la mort dans leur ascension suprême, auraient creusé leurs tombes tout en haut des flancs abrupts à l'aide desquels ils devaient escalader les nues, afin de mourir le plus près possible des dieux qu'ils espéraient détrôner.

Et l'on se demande comment le peuple nabathéen qui a ciselé de tels monuments a pu disparaître de la surface de la terre sans laisser aucune trace dans l'histoire sociale et politique des nations.

Revenons à la mer Morte.

Une journée de marche environ à travers un terrain accidenté, parsemé de ruines, tantôt sablonneux, tantôt cultivé, nous conduit de l'extrémité sud de la mer Morte à Kérak, une des villes les plus importantes du littoral asphaltite. L'antique forteresse des Moabites (Kir Moab) est située sur un plateau très élevé, à 970 mètres au-dessus de la Méditerranée. On y pénétrait jadis par deux entrées voûtées, creusées dans les soubassements de ses remparts, l'une de ces deux entrées subsiste, l'autre a été remplacée par deux ou trois passages pour lesquels on a utilisé les anciennes brèches de la muraille d'enceinte.

Inutile de dire que le panorama dont on jouit du haut du plateau de Kérac est un des plus saisissants dont le touriste puisse se flatter de garder la mémoire ; à l'ouest c'est la Judée presque entière avec son désert et ses montagnes aux cimes bleuâtres qui s'étend comme une carte en relief au-delà du lac Asphaltite et des hauteurs abruptes et ravinées qui surplombent la rive occidentale ; au dernier plan, noyés dans une brume argentée, se dessinent le mont des Oliviers et les dômes du quartier russe, — au nord, c'est la vallée du Jourdain jusqu'aux collines de Jéricho.

Kérac compte une dizaine de mille habitants dont 2,000 chrétiens environ ; tous les habitants valides sont armés.

La plupart des monuments anciens de la ville dénotent le style arabe du temps des croisades, avec quelques traces de matériaux remontant à l'époque de la domination romaine.

Les deux édifices les plus importants sont la tour de Bibars, un château aux vastes dépendances qui fut construit sans doute par les partisans de Renaud de Châtillon, et une ancienne église chrétienne qui a été transformée en mosquée. L'église des chrétiens modernes est une église grecque dédiée à saint Georges.

La route que nous allons suivre maintenant pour remonter vers le nord à travers le pays de Moab continuera de nous éloigner insensiblement des bords de la mer Morte qui d'ailleurs, à partir de la presqu'île el-Lisân, dresse un rideau de hautes montagnes tout le long de son rivage. Nous avons dit déjà que cette presqu'île était une langue de terre jaunâtre, brûlée, aplatie sur les bords, mais dont l'extrémité présente des escarpements de 25 à 30 mètres d'élévation, — ni végétaux ni animaux sur ce promontoire désert qui semble participer de la nature et de l'aspect sinistres des eaux mortes du sein desquelles il a dû surgir à l'époque des grands cataclysmes.

Pourtant, avant de quitter définitivement la mer Morte, et pour achever le tableau général que nous avons entrepris de tracer, il nous faut dire quelques mots du pays arrosé par les deux principales rivières que nous rencontrons sur notre chemin, à savoir le Modjib et le Zerka-Maïn, tous deux versant leurs eaux dans le lac Asphaltite après s'être creusé un lit dans les gorges profondes de la chaîne de Moab.

Le premier de ces deux fleuves marque la frontière sud du district actuel de

Belka, l'ancien pays des Ammonites. Laissant derrière nous la fertile oasis de Mezraa habitée par de nombreux Arabes cultivateurs, nous suivons les restes d'une voie romaine qui nous mènent aux ruines insignifiantes de Rabba, ancienne ville moabite située au centre d'une plaine à peu près déserte.

En continuant à remonter vers le nord, on ne tarde pas à rencontrer la gorge du Modjïb qui, en cet endroit distant de plusieurs lieues de son embouchure, coule déjà dans une vallée étroite et profonde, mais dont la végétation est encore des plus luxuriantes. La contrée également très fertile qui s'étend au delà de la rivière est actuellement entre les mains de la tribu des Beni-Sakr et de celle des Beni-Hamidé. Ces Bédouins, peu hospitaliers en général (avis au touriste), ont cultivé la plupart des endroits non boisés des montagnes du pays.

C'est parmi ces montagnes, dont l'altitude, à mesure qu'elles se rapprochent de la mer Morte, atteint jusqu'à 1,200 mètres au-dessus du niveau des eaux du lac, qu'était située la forteresse de Makaur (ou Makéro) dont il reste à peine quelques pierres insignifiantes. Fort peu de voyageurs d'ailleurs ont pénétré jusque-là à cause du caractère difficile des habitants de la contrée. Le site pourtant est intéressant en ce qu'il rappelle la fin misérable de Jean, le précurseur du Christ, et tout le roman cruel de cette Hérodiade dont les aventures jettent un jour si curieux sur les mœurs de la famille des Hérodes.

Il est plus que probable qu'une première forteresse fut bâtie en cet endroit par les anciens rois de Pétra, qui gouvernaient alors toutes les tribus arabes de l'Idumée, et que cette forteresse marquait la limite séparant le territoire arabe proprement dit de celui des Moabites. Mais cette forteresse dut être prise et reprise plusieurs fois, tantôt par les Juifs, tantôt par les Romains, et plusieurs fois détruite au cours de ces révolutions de frontière ; — au reste elle ne semble avoir joué un rôle sérieux dans l'histoire du pays qu'à partir d'Alexandre Jannée.

Ce rôle étroitement lié à l'histoire d'Antipas et d'Hérodiade se trouve résumé dans deux des chapitres les plus remarquablement étudiés, au point de vue historique et documentaire, de la *Vie de Jésus*, de M. Renan : — nous croyons devoir citer les deux passages en entier

« Un des caractères le plus fortement marqués de cette tragique famille des Hérodes était Hérodiade, petite-fille d'Hérode le Grand. Violente, ambitieuse, passionnée, elle détestait le judaïsme et méprisait ses lois. Elle avait été mariée, probablement malgré elle, à son oncle Hérode, fils de Mariamne, qu'Hérode le Grand avait déshérité et qui n'eut jamais de rôle public. La position inférieure de son mari, à l'égard des autres personnes de sa famille, ne lui laissait aucun repos ; elle voulait être souveraine à tout prix. Antipas fut l'instrument dont elle se servit. Cet homme faible, étant devenu éperdument amoureux d'elle, lui promit de l'épouser et de

RUINES DE PETRA

répudier sa première femme, fille de Hâreth, roi de Pétra et émir des tribus voisines de la Pérée. La princesse arabe, ayant eu vent de ce projet, résolut de fuir. Dissimulant son dessein, elle feignit de vouloir faire un voyage à Machéro, sur les terres de son père, et s'y fit conduire par les officiers d'Antipas.

« Makaur ou Machéro était une forteresse colossale bâtie par Alexandre Jannée, puis relevée par Hérode, dans un des ouadis les plus abrupts à l'orient de la mer Morte. C'était un pays sauvage, étrange, rempli de légendes bizarres et qu'on croyait hanté des démons. La forteresse était juste à la limite des États de Hâreth et d'Antipas. A ce moment-là, elle était en la possession de Hâreth. Celui-ci, averti, avait tout fait préparer pour la fuite de sa fille, qui, de tribu en tribu, fut reconduite à Pétra.

« L'union presque incestueuse d'Antipas et d'Hérodiade s'accomplit alors. Les prescriptions juives sur le mariage étaient sans cesse une pierre de scandale entre l'irréligieuse famille des Hérodes et les Juifs sévères. Les membres de cette dynastie nombreuse et assez isolée étant réduits à se marier entre eux, il en résultait de fréquentes violations des empêchements établis par la loi. Jean fut l'écho du sentiment général en blâmant énergiquement Antipas. C'était plus qu'il n'en fallait pour décider celui-ci à donner suite à ses soupçons. Il fit arrêter le baptiste et donner ordre de l'enfermer dans la forteresse de Machéro, dont il s'était probablement emparé après le départ de la fille de Hâreth.

« Plus timide que cruel, Antipas ne désirait pas le mettre à mort. Selon certains bruits, il craignait une sédition populaire. . . . .
Mais les dispositions indulgentes du tétrarque ne tardèrent pas à s'évanouir.

« .... Dans les entretiens que, selon la tradition chrétienne, Jean aurait eus avec le tétrarque, il ne cessait de lui répéter que son mariage était illicite, et qu'il devait renvoyer Hérodiade. On s'imagine facilement la haine que la petite-fille d'Hérode le Grand dut concevoir contre ce conseiller importun. Elle n'attendait plus qu'une occasion pour le perdre.

« Sa fille Salomé, née de son premier mariage, et comme elle ambitieuse et dissolue, entra dans ses desseins. Cette année (probablement l'an 30), Antipas se trouva, le jour anniversaire de sa naissance, à Machéro. Hérode le Grand avait fait construire dans l'intérieur de la forteresse un palais magnifique, où le tétrarque résidait fréquemment. Il y donna un grand festin, durant lequel Salomé exécuta une de ces danses de caractère qu'on ne considère pas en Syrie comme messéantes à une personne distinguée. Antipas charmé ayant demandé à la danseuse ce qu'elle désirait, celle-ci répondit, à l'instigation de sa mère : « La tête de Jean sur ce plateau (1). »

---

(1) Plateaux portatifs sur lesquels, en Orient, on sert les liqueurs et les mets.

Antipas fut mécontent ; mais il ne voulut pas refuser. Un garde prit le plateau, alla couper la tête du prisonnier, et l'apporta.

« Les disciples du baptiste obtinrent son corps et le mirent dans un tombeau. Le peuple fut très mécontent. Six ans après, Hâreth ayant attaqué Antipas pour reprendre Machéro et venger le déshonneur de sa fille, Antipas fut complètement battu, et l'on regarda généralement sa défaite comme une punition du meurtre de Jean. »

Il nous semble curieux d'opposer à cette citation l'appréciation de M. Farrar, auteur de la *Vie du Christ*, concernant la fille d'Hérodiade. Le révérend chapelain de la reine Victoria, ignorant, à ce qu'il semble, que certaines danses de caractère étaient alors fort en honneur chez les Syriens, même dans les rangs les plus élevés de la société, semble bien plus scandalisé du fait de voir une princesse exécuter un « *pas seul* » (l'expression est en français dans le texte anglais de l'ouvrage) devant les convives à moitié ivres de son royal oncle que du prix cruel qu'elle sait tirer ensuite de l'influence de ses charmes. « Hérode, dit-il, n'espérait peut-être pas offrir à ses hôtes le luxe rare de voir une princesse — sa propre nièce, une petite-fille d'Hérode le Grand et de Mariamne, une descendante de Simon le grand prêtre et de la grande lignée des princes Asmonéens — se dégrader en leur faisant l'honneur d'exécuter, devant eux, une danse mimée. Cependant, à l'issue du festin, les convives étant gorgés de victuailles et de vin, Salomé elle-même, la fille d'Hérodiade, alors dans tout l'éclat de sa jeune et radieuse beauté, vint exécuter, comme on dirait maintenant, un « *pas seul* » au milieu de ces soupeurs lubriques et à moitié ivres. »

Et il ajoute en note cette réflexion inattendue : « Cette époque néfaste offre plus d'un exemple de cette sorte de *nonchalance* (le mot est encore en français) cruelle et sanguinaire chez les femmes de naissance noble. Fulvie transperça d'une aiguille d'or la langue de Cicéron, après que la tête de ce dernier eut été séparée du tronc, et Agrippine outragea de même la tête de sa rivale Lollia Paulina. Il est triste de penser que la décapitation n'était pas précisément tenue en horreur par les Juifs. »

« But Herod had not anticipated for his guests the rare luxury of seeing a princess, his own niece, a grand daughter of Herod the Great and of Mariamne, a descendant therefore of Simon the High Priest and the great line of Maccabaean princes — a princess who afterwards became the wife of a tetrarch and the mother of a king honouring them by degrading herself into a scenic dancer. And yet when the banquet was over, when the guests were full of meat and flushed with wine, Salome herself, the daughter of Herodias, in the prime of her young and lustrous beauty, executed, as it would not be expressed, a « *pas seul* » in the midts of those dissolute and half intoxicated revellers. »

« This bad age produced more than one parallel to such awful and sanguinary « *nonchalance* » on the part of women nobly born. Fulvia again and again ran a golden needle through the tongue of Cicero's dissevered head ; and Agrippina similarly outraged the head of her rival, Lollia Paulina (Dio

Certains historiens (S. Jérôme et Nicéphore entre autres) rapportent que Salomé trouva la mort dans un accident suscité par la colère divine. Nicéphore raconte que, « comme elle passait sur un lac gelé, la glace se rompit ; elle tomba la tête la première dans l'eau, eut la nuque tranchée par l'arête d'un glaçon, et mourut ainsi, Dieu lui ayant appliqué une peine analogue au crime qu'elle avait commis. »

Mais le révérend Farrar fait remarquer avec raison, cette fois, que cette

DANSEUSE (SYRIE ANCIENNE)

tradition est sujette à caution, car l'histoire, dit-il, perd Salomé de vue à partir de son second mariage avec Aristobule, et comme les décrets du Juge suprême ne sont pas toujours exécutés dans cette vie, il se peut bien, somme toute, qu'elle soit morte, comme Lucrèce Borgia, en odeur de sainteté auprès de sa petite cour.

Cass. xlvii. 9 ; lx. 33). It is sad to know that decapitation was regarded by the Jews with no very special horror. »

Il nous reste peu de choses à dire pour terminer la description du littoral oriental de la mer Morte. En continuant d'avancer vers le nord, le spectacle du pays ne fait que renouveler sans cesse les aspects que nous venons de décrire; ce ne sont que montagnes, précipices, gorges boisées, ravins verdoyants, vallées étroites tapissées de lauriers-roses et de touffes d'oléandre d'où s'élève de loin en loin le murmure d'une source ou le grondement d'un torrent. C'est l'ouadi Zghara, avec ses abîmes verdoyants, — la riante gorge du Zerka Maïn où commencent à reparaître les palmiers et toute la flore tropicale du Gohr, — la vallée de Callirrhoé — un joli nom — avec ses sources d'eau chaude célèbres dans l'histoire et dans les traditions de la contrée.

A propos du nom de Callirrhoé, faisons remarquer qu'il n'est pas de pays au monde dont la géographie offre autant de vocables euphoniques et doux à l'oreille que la Syrie, qui fut le berceau des premiers hommes; — ne dirait-on pas que le langage des premières races humaines, de l'enfance de l'humanité, ait été un bégayement harmonieux dans sa naïve simplicité, comme celui des années d'enfance de l'homme lui-même ?

A partir de Callirrhoé, les chemins deviennent impraticables; les montagnes envahissent le pays tout entier; du haut d'un des plateaux voisins nous disons un dernier adieu à la mer Morte, et nous prenons la route qui se dirige vers l'est, en s'enfonçant dans l'intérieur des terres, pour remonter vers le nord ensuite, à partir des dolmen ruinés de Maïn (l'antique Baal Méon).

Cette route nous conduira à Piladelphia, au cœur même de l'ancien pays des Ammonites (Pérée).

CHAPITRE XXIV

A TRAVERS LA PÉRÉE

Encore de l'archéologie. — Les descriptions de M. de Saulcy. — Medba. — Les Arabes « *Adouan* ». — Le mont Nebo et la vallée d'Ayn-Mousa. — La ville d'Hesbon. — Amman (Philadelphia), son histoire. — Cruautés de David. — Description des ruines d'Amman d'après M. de Saulcy. — Le canal Saint-Martin des Philadelphiens. — La vallée d'Oued-echta. — Merveilleux effets de la pluie. — Arak-el-Emir. — Es-Salt. — Les Ruines de Gérasa.

Les premières ruines importantes que nous rencontrons, après avoir dépassé Baal Meon, sont celles de Medba, où nous conduit un tronçon de voie romaine qui se prolonge sur une étendue de près de 10 kilomètres.

Mais, avant d'aller plus loin, avertissons le lecteur que nous nous engageons ici dans une série de descriptions que nous n'avons pu vérifier par nous-même ; il faut toute la haute expérience de l'antiquaire vieilli dans le métier pour étudier et décrire avec fruit les amas de ruines souvent obscures qui couvrent le pays d'Ammon, et ce n'est pas certes avec nos douteuses qualités de touriste que nous aurions pu nous en tirer honorablement ; aussi nous a-t-il paru nécessaire, — pour le chapitre qui va suivre et pour quelques autres encore où l'archéologie passe forcément au premier plan — de mettre de nouveau à contribution la science incontestable de M. de Saulcy dont le *Voyage en Terre Sainte* est plein de notes scrupuleusement exactes sur l'Ammonitide. Le tome Ier de cet ouvrage contient la relation complète d'une *reconnaissance* faite dans ce pays par l'auteur accompagné de quelques amis dont nous avons eu déjà l'occasion de citer les noms. On y rencontre trop souvent ces mots en vedette à la tête de chaque chapitre : « *Avant le lever du soleil nous étions tous debout*, » formule qui, à la longue, engendre la monotonie, — mais il n'en est pas moins vrai que ces habitudes matinales ont permis à

M. de Saulcy de faire des recherches et des observations excessivement importantes, auxquelles nous nous proposons de faire de fréquents emprunts.

A propos de Medba M. de Saulcy constate qu'il a déjà trouvé deux Medba, au nord et au sud de celle-ci, découverte qui jette beaucoup de confusion sur certains passages de la Bible, mais que nous enregistrons sans l'apprécier autrement, car ce qui reste de la ville que nous avons sous les yeux — blocs à refends, réservoir

RUINES DE MACHÉRO

gigantesque, vestiges de tour et de temple — ne suffirait peut-être pas à justifier une discussion purement spécieuse. A partir de Medba, nous entrons sur le territoire des Arabes « Adouan », dont les campements montrent par intervalle le cercle de leurs tentes noires dans le creux d'un vallon et sur le flanc des montagnes. Toutes ces familles reconnaissent l'autorité d'un seul et même chef, le chéik Gobelân, le même qui depuis quelques années escorte les touristes qui visitent Ès-Salt, Amman, et Gérasa.

De Medba un chemin de deux lieues environ à travers une plaine calcinée conduit à Hesbon. Mais bon nombre de voyageurs préfèrent passer par les montagnes situées à l'ouest de la plaine, et la vue du mont Nebo, le spectacle de la ravissante vallée d'Ayn-Mousa compensent amplement les peines qu'ils peuvent prendre en montant ou en descendant, sans besoin réel, les sentiers bordés d'abîmes de cet étrange pays.

Il n'y a pas bien longtemps qu'on est fixé sur la position exacte du mont Nebo
— la montagne du haut de laquelle Moïse, avant de mourir, a contemplé la terre
promise, — et je ne serais pas surpris qu'il y eût encore quelques savants prêts à
contester l'identification dernière faite par M. de Saulcy qui, lui aussi, l'avait
d'abord placé dans le Gohr, près de Jéricho. En dehors des souvenirs bibliques
qui s'y rattachent, le mont Nebo n'offre d'ailleurs rien de bien remarquable, si ce
n'est la vue admirable dont on jouit du haut des plateaux supérieurs. Immédiatement au pied de la montagne, c'est le vallon d'Aïn-Mousa avec sa forêt de roseaux
et ses sources nombreuses qu'on entend bruire dans les replis des collines abruptes

LES COLLINES DE GALAAD

entre lesquelles il est encaissé, — au loin, c'est le Jourdain, la plaine de Jéricho,
les collines de Samarie, les montagnes de Judée, la mer Morte, enfin toute la
Palestine proprement dite, vue à vol d'oiseau, et c'est bien là le panorama décrit
dans les versets bibliques qui ont trait à la mort de Moïse.

1. *Moïse monta des plaines de Moab à la montagne de Nebo, sommet du
Fisgah, qui est en face de Jéricho ; l'Éternel lui fit voir tout le pays, de Galaad
jusqu'à Dan ;*

2. *Et tout Nephtali, et tout le pays d'Ephraïm et de Manassé, et tout le
pays de Juda, jusqu'à la mer ultérieure ;*

3. *Et le midi, et la campagne de la vallée de Jéricho, ville des Palmiers,
jusqu'à Zoar.*

4. *L'Éternel lui dit : Voici le pays que j'ai confirmé par serment à Abraham,
à Isaac et à Jacob, savoir : à ta postérité je le donnerai. Je te l'ai fait voir par
tes yeux, mais tu n'y passeras pas.*

5. *Moïse, serviteur de Dieu, mourut là, au pays de Moab, selon la parole de l'Éternel.*

Au sortir des contreforts du mont Nebo, nous redescendons dans la plaine et nous obliquons vers l'est pour rejoindre Hesbân, l'ancienne Hesbôn, qui fut la capitale de Sihoûn, roi des Amorrhéens. On trouvera dans le Deutéronome et dans le livre de Josué les documents historiques qui la concernent.

Pour ce qui est des ruines actuelles, peu intéressantes, je me contenterai de reproduire la description sommaire qu'en fait M. de Saulcy :

« Le plateau le plus septentrional est entièrement couvert d'amas de ruines informes, au milieu desquelles paraissent de nombreuses piscines. Au centre de ce plateau se trouve une enceinte rectangulaire qui semble avoir entouré un temple. Cette enceinte, formée de grandes assises, et qui a une quarantaine de mètres de longueur sur trente environ de largeur, est à peu près orientée du nord au sud, comme celle d'Arak-el-emir. A l'extrémité sud est un soubassement d'édicule de petites dimensions (quinze mètres environ sur huit). Celui-ci est orienté de l'est à l'ouest. Ce plateau a deux cent cinquante mètres de longueur sur cent de largeur à peu près ; et il est entièrement couvert, ainsi que la naissance des pentes, de monceaux de décombres. Le second plateau, celui qui est au sud-ouest, est aussi long, mais plus étroit de moitié que le premier. Il est aussi couvert de ruines, mais dans la portion la plus rapprochée du nord. Là se trouve encore l'emplacement d'un temple de vingt mètres de longueur sur quinze de largeur, orienté aussi de l'est à l'ouest. A cinquante mètres à l'orient de ce temple se voient les restes d'une tour carrée, et entre ces deux monuments une grande colonne est couchée à terre ; elle est d'un travail grossier. L'extrémité sud de ce second plateau présente des carrières précédées d'amas de décombres. Ceux-ci sont séparés du reste des ruines par un intervalle libre de près de deux cents mètres. »

Quatre bonnes lieues de plaine accidentée conduisent de Hesbân à Amman, la capitale des Ammonites. Faisons grâce au lecteur des détails de la route qui, malgré ses tronçons de voie romaine et les quelques ruines plus ou moins bibliques dont elle est parsemée, est d'autant plus ennuyeuse qu'elle se prolonge à travers toute la contrée avec la même uniformité de couleur et d'horizon. La campagne pourtant y est en fort bon état et, à part les quelques campements d'Adouan qu'on rencontre de loin en loin, ce pays de ruines paraît habité surtout par des laboureurs paisibles, suprêmement indifférents, qui creusent leurs sillons au milieu des débris des siècles passés. Leur silhouette devient plus fréquente à mesure qu'on approche des ruines d'Amman, étagées sur une colline, au centre d'une plaine très fertile qu'arrose un petit ruisseau qui porte divers noms dans la langue du pays. Ces ruines, les plus importantes que nous ayons rencontrées jusqu'à présent, méritent d'être étudiées avec soin, et c'est ici que le travail de M. de Saulcy, qui lui-même affirme qu'il faudrait y passer des mois pour tout voir, va nous être d'un grand secours.

Rappelons brièvement d'abord le rôle historique d'Amman. La plus ancienne mention qui soit faite de Rabbat-Ammon se trouve dans le livre de Josué et dans le Deutéronome. Dans le chapitre III de ce dernier livre nous apprenons que la contrée fut habitée jadis par une branche de la peuplade des Rephaïm, cette race de géants dont nous avons déjà trouvé des traces sur la route d'Hébron. Moïse dit qu'on conservait à Rabbat-Ammon le cercueil d'Og, dernier roi des Rephaïm.

Plus tard la ville fut prise par Joab, général de David, et David lui-même entra dans la ville pour y consacrer cette victoire par un de ces horribles massacres tels que les rois juifs seuls savaient en ordonner pour la plus grande gloire de Jéhovah.

S'il faut en croire le deuxième livre de Samuel (chapitre XII), David commença par renverser l'idole de Melkom, le dieu des Ammonites, après avoir eu soin de lui enlever sa couronne (qui pesait un kikar d'or) et d'en ceindre sa propre tête.

« Puis, ajoute Samuel, il fit sortir le peuple qui y était, le mit sous des scies, « sous des herses de fer et sous des haches de fer, et le fit passer par un four à « briques. Il fit de même pour toutes les villes des enfants d'Ammon, puis il retourna « avec tout le peuple à Jérusalem. »

Après plusieurs destructions successives qui d'ailleurs avaient été prédites à cette malheureuse ville par Jérémie et par Ézéchiel, Amman tomba au pouvoir de Ptolémée III Philadelphe, roi d'Égypte qui la reconstruisit et lui donna le nom de Philadelphia, qu'elle garda ensuite sous la domination romaine, bien que celui d'Amman fût toujours resté en usage dans le pays.

L'immense amas de ruines qui subsiste aujourd'hui rappelle d'ailleurs exclusivement la ville romaine, et la destruction complète d'une aussi grande quantité d'édifices bâtis avec une solidité merveilleuse paraît devoir être attribuée surtout à des secousses anciennes du sol.

Voici la description de ces ruines telle que nous la trouvons dans les pages que leur a consacrées M. de Saulcy :

« Thermes, basilique, temples, colonnades, théâtres, se succèdent sans intervalle sur une étendue d'un quart de lieue. Je n'ai jamais rien vu de plus beau, pour ma part, et tous mes compagnons pensent exactement comme moi. Nous avons traversé la rivière pour aller mettre pied à terre sur la rive droite, devant un théâtre adossé au flanc de la montagne, et d'une conservation miraculeuse.

« Devant le théâtre, et parallèlement à la scène, subsiste une rangée de colonnes encore debout et supportant leur architrave, malheureusement un peu disloquée. En arrière de ce rang de colonnes, en commençait un autre, recoupant le premier à peu près à angle droit, mais dont il ne reste plus que quatre colonnes debout. Une sorte de place carrée, ainsi environnée d'un portique, ornait donc les abords du théâtre. Sur la face opposée à l'angle conservé de ce portique, la colonnade était remplacée par la façade d'un assez vaste monument, dans lequel il faut absolument pénétrer pour en deviner la destination. C'était un *odeum* ou théâtre couvert. Sur la façade extérieure, on aperçoit force trous de crampons, qui ont dû servir à fixer des ornements d'applique et un encastrement, dans lequel était évidemment encadrée une inscription qui a disparu. Des consoles, encore en place, ont dû servir de supports à des bustes. Le toit qui couvrait ce charmant édifice est tombé depuis longtemps, et il est resté à peine quelques gradins du côté droit de la scène. Tout l'intérieur est encombré de monceaux de pierres de taille, entassées les unes sur les autres. C'est aussi à l'intérieur que l'on voit, au-dessus de la porte latérale par laquelle on pénètre aujourd'hui dans cette ruine, un entablement surchargé d'ornements au milieu desquels paraît la louve allaitant Rémus et Romulus. »

A gauche du théâtre couvert ou *odeum* la rivière fait un coude à angle droit, puis au pied des escarpements auxquels est adossé le grand théâtre, elle se redresse et court parallèlement à l'axe de la ville. Cette rivière, le géographe arabe Alboufeda l'appelle le Nahr-ez-Zerka. et sur le dire de quelques Bédouins de son escorte, M. de Saulcy paraît tenté de la prendre pour un petit bras du Yabbok (1), le grand Zerka qui arrose le pays de Galaad, beaucoup plus au nord, et se jette dans le Jourdain. Cette identification nous paraît tout à fait invraisemblable, — sans compter que le nom de Zerka est donné à plusieurs autres rivières. Mais continuons la description des ruines.

La ville, qui se divisait jadis en ville basse et en ville haute, présente encore aujourd'hui une hauteur couronnée d'une muraille d'enceinte formidable, avec çà et là des assises de tours carrées, le tout représentant une citadelle (ou Qalâah). M. de Saulcy nous apprend que tout le flanc de la montagne que couronne cette citadelle a été couvert d'habitations dont il ne reste que des voûtes effondrées ; pour y atteindre d'ailleurs, il faut franchir la rivière. Et M. de Saulcy la franchit, et savez-vous ce qu'il trouve dans le lit de cette rivière? une statue de femme assise, en marbre blanc, revêtue de draperies d'assez bon goût.

Seulement la femme assise n'avait pas de tête : les musulmans l'avaient « décapitée ».

Une fois qu'on a franchi l'enceinte du Qalâah, on trouve une foule d'édifices, temples, réservoirs, citernes dont les ruines sont disséminées sur le plateau. Le style de l'ornementation des édifices rappelle, paraît-il, celui des ruines de Pétra et de Baalbek.

« Non loin du temple, dit M. de Saulcy, est un édifice, probablement arabe, nommé El-Qasr, « le palais », et dont rien à l'extérieur ne dénote la magnificence. Une fois qu'on a pénétré, pour ainsi dire en rampant, dans cette enceinte si grossière au dehors, on se trouve dans une vaste salle carrée, sur laquelle s'appuient, en formant les bras d'une croix grecque, quatre salles, où donnent entrée de hautes arcades ogivales. Toutes les parois intérieures de la salle centrale et des quatre autres sont couvertes de ciselures d'une élégance rare, si l'exécution laisse à désirer. Des rangées d'arcades superposées et en plein cintre règnent sur tout

LE JABBOK

le pourtour, et forment ainsi une décoration continue d'un goût exquis. Les colonnettes, qui séparent les arcades juxtaposées, n'ont pas de chapiteau. L'ornementation est purement végétale, et les ceps de vigne y abondent. Pas de mihrab, pas de trace d'inscription religieuse arabe, ce n'est donc pas une mosquée ; la forme générale de croix que présente le plan de ce curieux édifice semble en désaccord flagrant avec les idées de l'islamisme. Je m'y perds, et je laisse à de plus habiles le soin de deviner l'origine de ce palais. »

« Derrière le Qasr s'étend une grande et belle muraille romaine, ornée de niches à fronton. Au delà se voit tout un quartier de ville, où les habitations ruinées sont accumulées les unes sur les autres. Au milieu d'elles s'élève un joli petit édicule, garni d'une grande niche à voûte en coquille. Certainement il y a eu là quelque statue que les Arabes auront brisée, et dont les fragments sont peut-être cachés sous les décombres. La face postérieure de la muraille romaine dont j'ai parlé tout à l'heure est également garnie de niches; mais celles-ci sont plus petites, ornementées dans le goût arabe, et présentent, au lieu de la voûte en coquille habituelle, un évidement taillé en fer de lance triangulaire. Au delà des ruines d'habitation dont je viens de parler, est le mur de l'acropole, dominant un ravin profond et escarpé, au bas duquel on aperçoit des grottes servant en ce moment d'habitation à quelques familles arabes. Aux extrémités de la longue branche de la muraille d'enceinte qui revêt de ce côté l'escarpement du Qalâah, sont les restes de deux grandes tours carrées. »

Ce que dit l'auteur des grottes habitées, prouve une fois de plus, ce me semble, que l'Arabe de ces contrées s'accommode tout aussi bien de l'ombre des ruines, quand il en trouve, qu'il s'accommode du soleil des déserts ; en Syrie d'ailleurs il n'est pas une ville en ruines qui n'ait sa population plus ou moins nombreuse et plus ou moins flottante, et ceci explique peut-être que dans ce triste pays on ne relève jamais les décombres d'une cité, ses habitants de rencontre sachant parfaitement les utiliser tels quels.

Citons encore la description si intéressante que fait M. de Saulcy du *grand théâtre* assis sur le fleuve de la colline qui domine l'odeum.

« Après avoir passé devant une petite porte romaine sans aucun ornement, placée isolément à gauche du théâtre, j'entre dans celui-ci par le dernier, c'est-à-dire le plus élevé, de ses gradins. Je ne connais rien de plus beau ni de mieux conservé en ce genre. Là-haut, on se sent presque pris de vertige. Une galerie est au niveau de ce dernier gradin, et, au centre même de cette galerie, s'ouvre une loge carrée avec fronton, flanquée de deux grandes et belles niches. Là était sans doute la loge impériale. Trois zones de gradins dans un état de conservation parfait sont superposées et séparées par des chemins ou galeries auxquels aboutissent des rampes d'escalier donnant un accès facile à tous les rangs. Les trois zones comportent, la première quatorze, la seconde seize, et la troisième dix-huit gradins. Tout cela est d'une simplicité qui est loin d'exclure la magnificence, et de tous les points de l'amphithéâtre, ainsi que j'en ai fait l'expérience, on entend à merveille les paroles prononcées, sans trop forcer la voix, à l'endroit où était la scène. Celle-ci, je l'ai déjà dit, est ruinée, et ne se manifeste plus que par quelques arasements sans importance. »

Enfin M. de Saulcy retrouve aussi à Amman la promenade du canal Saint-Martin de Paris, et comme la chose est pour le moins inattendue, je cite ces quelques lignes encore, — pour en finir avec la capitale des Ammonites :

« A petite distance du lieu où nous avons établi notre camp, la rivière est dominée de fort près par un banc de rochers se rattachant à la montagne à laquelle le théâtre est adossé. Sur une étendue de près de trois cents mètres, cette rivière a ses bords revêtus de belles murailles romaines qui, évidemment, étaient reliées d'un bord à l'autre par une voûte dont les amorces paraissent souvent, et dont un beau tronçon d'ailleurs est resté entier. Ceci nous rappelle à première vue le canal Saint-Martin qu'on a transformé en promenade établie sur les voûtes qui le recouvrent. L'édilité parisienne n'a droit qu'à un brevet de perfectionnement ; le brevet d'invention reviendrait en toute justice à celui qui a recouvert le cours du Nahr-ez-Zerka, dans l'intérieur de Philadelphia. »

Ceci prouve suffisamment, ce me semble, que nos inventions actuelles ne sont que d'intelligentes *exhumations*.

Pour continuer notre excursion à travers le pays des Ammonites proprement dit, il nous faut redescendre d'une bonne demi-journée dans la direction sud-ouest. Cette route en retour nous conduit à Arak-el-Emir en passant par quelques petites localités ruinées dont il est inutile de mentionner les noms ; à mesure qu'on approche de l'ancienne capitale syrienne (?), cette route offre d'ailleurs le plus pittoresque spectacle. La nature subitement donne un de ces coups de baguette féerique dont elle paraît prodigue au sein des plus mornes paysages de Terre-Sainte ; une vallée s'élargit, suspendant des gazons admirables le long des berges d'un ruisseau dont le murmure est couvert par le ramage inattendu d'une foule d'oiseaux de toutes plumes ; des chênes séculaires couvrent les rochers, tapissent le fond de la vallée, baignent leurs branches jusque dans les ondes du ruisseau, une mousse verte et tendre recouvre le sol, étouffant jusqu'au bruit des pas, invitant aux poses nonchalantes de la sieste... Et lorsqu'on demande le nom de cette charmante vallée, les Adouan vous répondent à l'envi : « Oued-echta, oued-echta », — ce qui ne peut se traduire autrement que par « *vallée de la pluie* » ! Maintenant il ne faut pas oublier que la pluie qui, à Paris, et dans bien d'autres contrées européennes, n'éveille que des idées désagréables, est considérée au contraire, dans ces climats arides, comme un élément précieux, susceptible d'évoquer toutes les poésies, de symboliser toutes les grâces de la nature.

D'autre part, il faut observer aussi que, si la pluie est rare sous les latitudes où nous sommes, elle a en revanche une efficacité miraculeuse ; sitôt qu'elle tombe, le sol s'entr'ouvre comme par enchantement, toute une végétation apparaît, poussant à vue d'œil, dérobant aux regards la terre qui lui a donné naissance, envahissant tout, s'attachant à tous les obstacles qu'elle rencontre, grimpant le long des arbres, — tout comme dans cette gracieuse et poétique fantaisie d'Alphonse Daudet intitulée : « *Wood'stown* ».

M. de Saulcy a assisté à un phénomène de ce genre à la suite d'un orage survenu dans la contrée même dont nous parlons. Je cite :

« Pendant notre déjeuner, le ciel s'était couvert, de gros nuages noirs avaient envahi le ciel, le tonnerre avait grondé, et à midi, ni plus ni moins, il pleuvait à torrents, ainsi que nos Arabes nous l'avaient annoncé dès la veille. Ces gens-là sont sorciers. Heureusement c'était un orage. Lorsqu'il a été passé, le vent s'est remis au beau, et, à partir de deux heures, nous avons pu retourner au travail. J'ai pu aussitôt après l'orage constater à l'aise la rapidité avec laquelle la végétation se développe en ce pays. Toute la surface du terrain est couverte de plants de *Cilla*, que l'on voit, pour ainsi dire, sortir de terre et grandir à vue d'œil ; ce qui est certain, c'est qu'en faisant attention autour de soi, on voit des plaques de terre se soulever, se fendiller, et livrer le passage à de grosses pointes vertes qui se développent rapidement. Deux heures après, toutes les feuilles se sont détachées les unes des autres, et cette végétation formidable continue à monter. C'est véritablement merveilleux. »

Cela dit pour justifier le nom de l'oasis que nous venons de traverser, passons à la description des ruines d'Arak-el-Emir dont la vallée en ampithéâtre fait suite à l'Oued-echita.

L'historien juif Josèphe attribue la fondation d'Arak-el-Emir au roi Hyrcan. Celui-ci, persécuté par ses frères, se serait réfugié dans la contrée située à l'est du Jourdain et y aurait élevé une forteresse et un château destinés à le protéger contre les hostilités des Arabes. Le nom de Tyr donné à cette forteresse se retrouve en effet dans celui d'Ouadi-Syr que porte le ruisseau qui coule au fond du ravin d'Arak-el-Emir. Mais bien que les descriptions de Josèphe concordent en partie avec la disposition des ruines actuelles, les savants pensent avec raison que le roi Hyrcan dut utiliser pour la construction de sa forteresse l'emplacement et les ruines d'une ville ammonite dont le nom s'est perdu.

Ces ruines d'ailleurs ne sont pas très considérables, mais leur situation est fort pittoresque, ainsi que le constate M. de Saulcy dans cet aperçu géographique qu'il donne du site : « Au fond de la vallée ouverte en amphithéâtre s'élève un double étage de roches à pic, dans lesquelles on aperçoit de loin quelques entrées de cavernes. Au-dessus, la montagne, d'ailleurs assez basse, est verdoyante et plantée d'arbres. A droite et à gauche, s'élèvent deux flancs bien verts, garnis aussi, par-ci, par-là, d'assez beaux arbres qui de loin ont la tournure de chênes. En avant des roches qui ont donné leur nom à la localité (*arak* veut dire des « roches difficilement accessibles »), s'étale une large esplanade que couvrent à droite des ruines assez étendues ; un ressaut assez considérable, garni de revêtements de grosses pierres, relie le plateau supérieur à une autre esplanade moins large qui, par un second ressaut, arrive au niveau d'un grand édifice en ruines. Un vaste enfoncement entoure, de trois côtés seulement, la plate-forme dont le centre est occupé par cette ruine. Que l'on se figure l'enfoncement rempli d'eau, et la ruine sera sur une sorte de presqu'île, reliée à la terre ferme par un isthme assez large. En beaucoup de points, la dépression de terrain qui contourne la ruine a des talus extérieurs, garnis de revêtements formés de blocs énormes. »

Nous ne croyons pas devoir nous étendre davantage sur l'étude de ces ruines

VUE D'ENSEMBLE DES RUINES DE GERASA

dont aucun voyageur n'a pu préciser l'âge, et nous reprenons notre route vers le nord pour gagner cette fois les hauts plateaux du pays de Galaad.

Nous trouvons dans la Bible des données géographiques et historiques fort précises sur cette contrée, si fertile encore aujourd'hui, qu'Israël arracha aux deux peuples idolâtres (les Rephaïm et les Amorites) qui s'en partageaient la possession.

Bien entendu, toutes distinctions de frontières ont disparu depuis, et le pays de Galaad, déjà englobé par les Romains dans la Pérée, n'est, à proprement dire, que la région nord du district actuel de Belka dont le nom a été substitué par les Turcs à celui de la province romaine. Ce pays a subi d'ailleurs le même sort que les contrées du sud ; il est tout entier occupé par des familles de Bédouins que les excellentes conditions d'un sol très productif et facile à cultiver ont fait passer de l'état nomade à l'état agricole. La rivière qui l'arrose, en le divisant par le milieu, est le Zerka (rivière Bleue) qui n'est autre que le Jabbok dont il est question dans l'Ancien Testament, à propos des frontières du royaume amorrhéen et du royaume d'Og le géant.

La première ville que nous rencontrons, à une demi-journée de marche au nord d'Arak-el-Emir est Ès-Salt, le chef-lieu même du district turc de Belka.

Située sur le versant d'une montagne, à 830 mètres au-dessus du niveau de la Méditerranée, Ès-Salt offre de loin un fort joli coup d'œil au voyageur sortant des étroites vallées qui l'environnent. Un château fort en ruines, — dernier vestige sans doute des ouvrages de Saladin qui, au temps de ses défaites, s'était retranché dans ce pays — domine encore la ville qu'il protégeait jadis. A part cette ruine et quelques grottes sépulcrales taillées dans le flanc de la montagne, rien d'ancien à Ès-Salt, rien surtout qui puisse nous autoriser à identifier ce hameau arabe avec la ville biblique de Ramoth-Galaad, bien que la distance d'Ès-Salt à Amman soit à peu près celle qui existait, selon Eusèbe, entre les deux villes anciennes.

De même qu'à Jaffa un gouverneur turc de troisième ordre (kaïmacan) réside à Ès-Salt, mais la situation de ce dernier est bien moins enviable que celle du kaïmacan de Jaffa, car la composition et l'esprit de la population d'Ès-Salt sont en tout semblables à ceux des habitants de Kérak : chrétiens et musulmans s'y exècrent, mais savent s'unir au besoin dans une commune résistance contre le despotisme turc ; la partie arabe de la population a conservé d'ailleurs les allures frondeuses et indépendantes du Bédouin, et son attitude presque ouvertement hostile ne contribue pas peu à rendre fort précaire l'autorité du représentant du pouvoir.

Pour aller d'Ès-Salt aux ruines de Gérasa (une demi-journée de route), on traverse les hauts plateaux de Galaad, sillonnés de sentiers pierreux et coupés de sept à huit vallons parallèles boisés de chênes et de pins, et où coulent, parmi les touffes fleuries des lauriers-roses, autant de ruisseaux et de torrents qui se jettent dans le Jabbok ou Zerka qui est lui-même, comme nous l'avons dit, un affluent du Jourdain.

Les ruines magnifiques de Gérasa rappellent assez, par leur étendue, leur conservation et leur style, celles de Palmyre, la reine du désert arabique. Bien que située sur les limites de l'Arabie, Gérasa fit partie, ainsi que nous l'apprend Josèphe, de la Décapole de Pérée. Les Romains, qui introduisaient dans tous les pays conquis leurs arts et leur civilisation, durent rebâtir la ville tout entière, de manière à faire de cette place frontière une cité luxueuse et formidable. Le style qui domine dans les ruines est d'ailleurs précisément celui des deux ou trois siècles qui suivirent la conquête définitive de la Syrie par les Romains, et c'est bien le cadavre d'une ville romaine que nous avons sous les yeux, d'une ville qui fut, selon l'expression des historiens du temps, une des cités les plus florissantes et les plus prospères de l'Arabie.

Cette prospérité pourtant ne paraît pas avoir survécu à l'invasion musulmane, car, au moment des premières croisades, nous apprenons que les murs de Gérasa sont en ruine et que le roi de Damas fortifie la ville en y construisant une citadelle. Au treizième siècle, Yakout le géographe arabe, nous apprend que Gérasa n'existe plus que de nom, et que, de l'industrie si prospère de la ville, il ne reste plus que quelques moulins bâtis sur les bords du Kérouan, petit ruisseau qui traverse Gérasa et se jette dans le Jabbok.

Le lit de ce ruisseau forme une petite vallée étroite à flancs parallèles, dont les escarpements de part et d'autre supportaient, sur deux ou trois ressauts, les principaux édifices de Gérasa. La grande colonnade, qui traverse la ville d'un bout à l'autre, court tout le long du premier ressaut de la rive droite.

Si l'on entre dans la ville par le côté sud, on remarque à 400 mètres environ en deçà de la muraille d'enceinte une porte monumentale à trois baies présentant l'aspect d'un arc de triomphe. A gauche de cette porte, s'étend un immense bassin de 200 mètres de long et 90 de large ; particularité curieuse : le fond de ce bassin, exhaussé par des décombres sans doute, est aujourd'hui cultivé, de même d'ailleurs que la plupart des emplacements de la ville qui ne sont point occupés par les ruines proprement dites.

Ceci s'explique par la présence, dans le voisinage de Gérasa, d'un village arabe (Souf) dont les habitants se livrent essentiellement à l'agriculture. Ces derniers ont imité leurs prédécesseurs nomades en ceci, qu'ils ne se sont nullement préoccupés de relever les colonnades et les portiques ciselés des édifices romains ou d'en utiliser les matériaux épars sur le sol, mais, trouvant un avantage à passer de la vie pastorale à la vie agricole, ils ont planté leurs tentes au milieu de ces ruines et ont mis en coupe réglée tous les terrains non encombrés par des débris d'œuvre d'art, débris qu'ils respectaient autant par paresse que par indifférence. Et c'est ainsi qu'on peut voir aujourd'hui les légumes pousser dans des bassins où les procureurs romains organisaient jadis des joutes navales, — car celui dont il vient d'être question était évidemment une *naumachie*.

En pénétrant dans la ville même par la porte qui faisait partie de la muraille d'enceinte, on passe au pied d'une colline que couronnent les ruines d'un temple et d'un théâtre adossés l'un contre l'autre et qui dominaient tous les autres monuments de la ville. Le théâtre paraît avoir été merveilleusement décoré ; il reproduit à peu près la disposition de ceux que nous avons décrits précédemment à propos de Petra et d'Amman.

Un peu plus loin, au nord, un hémicycle de colonnes indique la place du *forum*, — un emplacement de 120 pas de diamètre environ, — où l'on remarque encore des traces de dalles et de pavés. Cinquante-huit de ces colonnes sont encore debout ; l'ensemble est grandiose et rappelle presque (selon le géographe Kiepert) le coup d'œil de la place de Saint-Pierre à Rome.

C'est de ce forum que se détache la grande colonnade qui traverse la ville du sud au nord, en suivant le tracé d'une rue dont le pavé subsiste encore par endroits. Certains voyageurs affirment que la colonnade de Palmyre n'est pas plus imposante d'aspect que celle de Gérasa, dont une centaine de colonnes sont encore debout et dans un état de conservation merveilleux.

Au point de jonction de la rue principale avec une rue transversale qui, elle aussi, était bordée de colonnes, la grande colonnade aboutit aux quatre piédestaux

RUINES DE GÉRASA

d'un tétrapyle dont les bases disparaissent aujourd'hui sous les ronces et les broussailles. En descendant la petite rue, à droite, on arrive à un grand escalier aboutissant à un pont de trois arches qui traverse le ruisseau non loin de l'aqueduc qui figure sur notre gravure (page 441).

A mi-chemin de l'extrémité de la rue principale, c'est-à-dire au centre même de la ville, la colonnade s'ouvre à gauche sur une perspective de temple dont le grand style, et les dispositions en général, rappellent d'une façon frappante le merveilleux temple du Soleil de Palmyre. Cet édifice, dont la façade principale est tournée vers l'est, occupe une vaste terrasse qui domine la rue et tout le centre de la ville. Il est entouré d'une forêt de colonnes en pierre calcaire comme la plupart des constructions de la ville, mais dont une grande quantité malheureusement ont été renversées, par des tremblements de terre sans doute.

Le grand portique, exhaussé de plusieurs degrés, se composait de trois rangées de colonnes corinthiennes au nombre de treize, dont une dizaine environ sont encore debout; ces colonnes, dont les chapiteaux à feuilles d'acanthe présentent un travail fort délicat, ont chacune douze mètres de haut et près de deux mètres de diamètre; c'est assez dire que l'édifice tout entier est d'un grand appareil, et que ce n'est pas

UNE PARTIE DES RUINES DE GERASA

sans quelque raison que certains voyageurs, mis subitement en présence de tant de débris gigantesques, ont cru revoir les ruines grandioses et inoubliables de Palmyre ou de Baalbek.

Une foule d'autres édifices encore dressent leurs colonnes dans les environs du temple que nous venons de décrire ou sur le flanc opposé de la petite vallée, mais l'aperçu sommaire que nous venons de donner, et les gravures jointes à notre texte, nous paraissent suffisants pour caractériser, d'une façon générale, les monuments d'une ville qui renferme dans son enceinte les ruines les plus intéressantes de la Pérée.

De même, nous ne citons que pour mémoire la cité en ruines de Mkès (l'ancienne Gadara) placée sur la limite nord de la Pérée, et qui fut, jadis, la première ville de la Décapole. Mkès est située à une journée de marche au nord-ouest de Gérasa, mais ses ruines sont trop peu intéressantes pour nous permettre de nous y arrêter. En poussant jusqu'à Gérasa notre excursion à travers la Pérée, notre but était d'offrir au lecteur un tableau succinct de l'état des pays bibliques situés à l'Est du Jourdain, entre l'Arnon et le Jabbok ; ce but, nous l'avons accompli sans difficulté, grâce aux travaux de nos devanciers les plus récents, mais la Pérée n'en reste pas moins pour nous un pays ingrat et déplaisant, dont l'histoire ne nous retrace aucune de ces scènes familières à la mémoire et au cœur, telles que nous en trouvons à chaque pas en Judée, en Samarie, en Galilée.

Aussi, est-ce avec une joie véritable que nous reprenons, pour ne plus le quitter, notre itinéraire personnel qui va nous conduire, en deux étapes, de Jérusalem à Naplouse, en Samarie.

CHAPITRE XXV

LA SAMARIE ET LES SAMARITAINS

Scission des Juifs et des Samaritains. — Le culte du Garizim, — rites actuels. — Route de Naplouse. — Aïn-el-Aramyé. — Le puits de Jacob (Bir-Yacoub). — Naplouse (Sichem). — Les Francs de Naplouse. — Mœurs du patriarche Héraclius. — La synagogue et le Pentateuque des Samaritains modernes. — Les monts Ebal et Garizim.

L'histoire de la Samarie et des Samaritains met en relief, une fois de plus, l'influence profonde qu'exerce sur les destinées d'un peuple la disposition physique des lieux qu'il habite. Le sol merveilleusement fertile de ce pays a donné aux Samaritains la prospérité matérielle, la sécurité domestique, ces deux conditions indispensables à la conservation de la foi et de l'indépendance nationales ; leurs gorges et leurs montagnes, d'autre part, étaient autant de forteresses naturelles qui les protégeaient contre l'oppression des dominateurs successifs qui écrasèrent la Judée. Le Samaritain a pu conserver ainsi toute la pureté de son type primitif ; sauvage et fier, tirant sa force de son intolérance même, rendant dédain pour dédain aux Hiérosolymites qui le méprisaient, il a résisté plus longtemps qu'eux à l'invasion étrangère ; aujourd'hui encore la Samarie est comme une petite province autonome au centre de la Palestine, une province où les pachas turcs ont toutes les peines du monde à lever l'impôt, où les routes sont peu sûres, où le moindre fellah est armé jusqu'aux dents, et où les femmes, soigneusement voilées, fuient devant l'étranger, comme s'il amenait la peste dans le pays.

Du temps de Jésus, les pèlerins de Galilée qui se rendaient à Jérusalem aimaient mieux faire le grand détour de la Pérée que de suivre la route ordinaire des caravanes et de s'exposer ainsi aux avanies des Samaritains. Les anciens rabbins juifs d'ailleurs prétendaient « qu'un morceau de pain des Samaritains est de la chair de porc » et, sous ce prétexte, défendaient à leurs coreligionnaires de boire ou de manger avec les enfants de Sichem.

Cette aversion des Juifs pour les Samaritains remontait, on le sait, au temps de la captivité d'Israël en Assyrie. A leur retour, les Samaritains ne rougirent point de se mélanger aux colons païens émigrés dans le pays, tandis que les Israélites

LA VALLÉE DE NAPLOUSE

s'efforçaient de maintenir dans leur intégrité primitive la religion et les mœurs du judaïsme.

Sous Néhémie, la séparation des deux peuples devint définitive. Les Juifs repoussèrent les Samaritains qui demandaient à participer à la reconstruction des murs et du temple de Jérusalem; dès lors, les hostilités étaient ouvertes, toutes relations cessèrent entre les gens de Jérusalem et ceux de Sichem (Naplouse), et l'isolement des Samaritains demeura définitif.

Ceux-ci alors choisirent pour *lieu saint* le sommet du Garizim qui domine la vallée de Naplouse, et y élevèrent un temple, peut-être même une ville sainte, où furent conservées toutes les traditions de leur culte. Disons à ce propos que les tradition de la foi samaritaine diffèrent peu de celles des autres Juifs. Ils sont monothéistes, croient à un Dieu abstrait, sans qualité ni attributs humains, aux bons et aux mauvais esprits, à la résurrection, au jugement dernier, à la venue future d'un messie qu'ils considèrent comme l'égal de Moïse. De tous les livres de la Bible, ils n'ont adopté que le Pentateuque, écrit en caractères hébraïques (ils ont rejeté les lettres chaldéennes).

Josèphe, l'historien, rapporte que le temple du Garizim fut brûlé par Jean

GROUPE DE SAMARITAINS

Hyrcan en l'an 129 avant Jésus-Christ. Retranchés dans une énergie farouche et indomptable, les Samaritains restèrent fidèles à leur culte et à leurs traditions d'indépendance. Un soulèvement éclata sous Ponce-Pilate; mais une armée romaine commandée par Vespasien prit le Garizim et massacra près de 12,000 hommes.

Ce châtiment pourtant est loin de les anéantir; courbés sous le joug de l'étranger, ils restent armés quand même, n'attendant qu'une occasion pour se révolter de nouveau; leurs collines deviennent autant de citadelles inexpugnables, leurs gorges autant de défilés funestes à l'ennemi imprudent; chaque fois que les Romains se lassent, ils relèvent la tête, et alors ce sont des représailles terribles qui commencent; le voyageur isolé, les caravanes même, attaqués à l'improviste, trouvent la mort au milieu des moissons luxuriantes que le vent fait onduler jusque sur les cimes traîtresses des montagnes; ils martyrisent les chrétiens, brûlent des églises, et finissent par se rendre si redoutables que l'empereur Justinien envoie une armée en Samarie, chargée de soumettre définitivement le pays, en portant le feu et la mort au sein des populations rebelles.

Cette fois, la Samarie succombe sous le nombre et la force, la plupart de ses défenseurs meurent sous les ruines de leurs foyers et de leurs synagogues, les autres s'exilent, mais le petit nombre de ceux qui restent s'efforce de perpétuer à travers les âges les traditions du culte samaritain.

Au douzième siècle, la secte des Samaritains ne compte plus que 200 partisans établis à Césarée, et une centaine à Naplouse; mais il y en avait quelques familles encore dans diverses autres villles de la Syrie.

Benjamin de Tudèle, le voyageur juif, donne sur eux les curieux détails qui suivent, et où l'on retrouve le mépris traditionnel du juif pur pour les sectaires du Garizim. « Les Samaritains ont des sacrificateurs de la postérité d'Haron, qu'ils appellent Haronites. Ils ne donnent point leurs filles à ces sacrificateurs, ceux-ci ne prenant pour femmes que des filles de race sacerdotale, pour ne pas se confondre avec le peuple. Cependant ces sacrificateurs de leur loi sacrifient et offrent des holocaustes dans l'assemblée qu'ils ont sur le mont Garizim, comme il est écrit sur le livre de la loi (*Deut.*, XI, 20) : « Tu donneras la bénédiction sur la montagne de Garizim. » C'est pourquoi ils disent que c'est la maison du sanctuaire. Ils offrent des holocaustes le jour de Pâques, et les autres jours de fête, sur un autel bâti sur le mont Garizim, de ces pierres dont les Israélites ont dressé un monument lorsqu'ils passèrent le Jourdain. Ils se disent de la tribu d'Éphraïm. Ils ont parmi eux le sépulcre du sage Joseph, fils de Jacob, notre père, selon ce qui est dit (*Jos.*, XXIV, 32) : « On ensevelit à Sichem les os de Joseph, que les Israélites avaient apportés d'Égypte. »

« Les Samaritains n'ont pas ces trois lettres *hé*, *cheth* et *ajin*. Ils n'ont point de *hé* dans le nom d'Abraham, notre père; c'est pourquoi ils n'ont point de gloire. Ils manquent du *cheth* dans le nom d'Ischak, notre père; c'est pourquoi ils n'ont point de piété. Enfin ils n'ont point de *ajin* dans le nom de Jacob, notre père, et, par conséquent, ils manquent aussi d'humilité. Au lieu de ces trois lettres, ils mettent un *aleph*, par où ils font connaître qu'ils ne sont pas de la postérité d'Israël : ils ont la loi de Moïse, excepté ces trois lettres. Ils se gardent soigneusement de la souillure des morts, des os des tués par accident, et des sépulcres. Lorsqu'ils vont à leur synagogue, ils dépouillent leurs habits ordinaires, et, après s'être lavé le corps avec de l'eau, ils en prennent d'autres. C'est ainsi qu'ils en usent toujours. »

Les derniers sectaires que nous avons retrouvés à Naplouse ne paraissent avoir ni augmenté ni diminué de nombre depuis Benjamin de Tudèle; ils portent en général le turban pourpre pour les distinguer des autres juifs, et l'ensemble de leurs traits offre, comme on peut le voir sur notre gravure, le type juif le plus accentué. La philologie, d'ailleurs, n'a pas perdu de vue ces fidèles gardiens d'une langue et d'une religion mortes; de même que le grand rabbin de cette petite secte correspondait, au seizième siècle, avec Scaliger, de même l'un de ses successeurs correspondait encore, au commencement de ce siècle, avec M. Sylvestre de Sacy, le célèbre orientaliste.

Ceux d'aujourd'hui sont, d'ailleurs, aussi fidèlement attachés que leurs ancêtres au culte du Garizim. Bien que leur temple soit détruit depuis deux mille ans, ils vont encore, trois fois l'an, sacrifier sur cette montagne, à la fête des pains sans levain, à la fête des semaines, et à celle des tabernacles.

En 1869, l'auteur de *Palestine et Syrie* (Bædeker, éditeur) a eu la bonne fortune d'être témoin d'une de leurs fêtes, celles du grand jour de Pâques, et le récit qu'il en fait est trop intéressant pour que nous ne le citions pas en entier.

« Déjà, sept jours auparavant, les Samaritains étaient tous arrivés sur la hauteur et avaient fixé leurs tentes dans cette combe. Chacun avait revêtu ses habits de fête. Nous commençons par prendre le café dans la tente du grand-prêtre, dont la femme était occupée à préparer « l'aliment amer »; c'était une herbe amère et bouillie, qu'elle enveloppait dans une pâte azyme. Un peu avant le coucher du soleil, nous nous rendons sur la place où l'on offrait les sacrifices; c'était dans la direction du sommet. Sur un feu bien entretenu de branchages, étaient suspendues de grandes chaudières remplies d'eau; quelques pas plus haut, brûlait dans une fosse profonde un autre feu entretenu avec le même soin. A droite du premier feu, dans un espace entouré de pierres basses, se tenaient douze hommes (selon le nombre des tribus d'Israël) en turbans et en manteaux blancs. Le regard dirigé vers le sommet de la montagne, ils chantaient, sur un ton uniforme, des passages de l'Écriture et des prières. Devant eux, sur un bloc de pierre, se tenait un jeune prêtre, tourné du côté du soleil couchant; derrière lui, mais en dehors de l'enceinte de pierres, les spectateurs. Les plus anciens membres de la communauté s'approchèrent et se placèrent à côté du Côhen (grand prêtre) Amran, prenant part en silence à la prière des douze; des hommes et de jeunes garçons vêtus de blanc se placèrent autour du feu, conduisant sept agneaux blancs; derrière eux se pressaient les femmes et les enfants.

« Lorsque le dernier rayon du soleil se fut éteint dans la mer, le prêtre chanta trois fois une bénédiction et prononça à voix retentissante le passage de l'*Exode* XII, 6 : « Et toute l'assemblée d'Israël l'égorgera vers le soir. » Aussitôt, les bouchers, qui avaient essayé auparavant le tranchant de leurs couteaux sur le bout de leur langue, saisissent les animaux et leur coupent la gorge en un clin d'œil, tout en prononçant une formule de prière. Les douze s'approchent de la place du sacrifice, en continuant à lire à haute voix; à l'ouïe du passage où il est commandé de teindre avec du sang les jambages de la porte, les pères plongèrent l'index dans le sang chaud et en marquèrent leurs enfants du front au bout du nez. Le chant continua sans interruption, jusqu'à ce que le plat de paille avec l'aliment amer eût été placé devant le grand prêtre, qui présenta à chacun son morceau. Les hommes baisèrent respectueusement la main de leur prêtre et rendirent le même hommage

MONT GARIZIM

aux anciens, puis ils s'embrassèrent et se baisèrent, en se souhaitant une joyeuse fête. Quant aux bouchers, qui ne pouvaient pas interrompre leur travail, le prêtre leur mit le morceau dans la bouche; après les hommes et les garçons, les femmes mangèrent à leur tour ce qui était resté. Pour que la laine s'enlevât plus rapidement, on jeta de l'eau bouillante sur les animaux. Dès qu'un agneau était dépouillé de sa laine, on lui passait une barre de bois à travers les pieds de derrière : deux jeunes gens élevaient cette barre sur leurs épaules et la tenaient ainsi pendant que l'animal était éventré. Les animaux furent examinés avec soin, et on veillait de près à ce qu'aucun étranger ne souillât le sacrifice en s'approchant trop de la victime.

« Un agneau étant déclaré défectueux par le grand prêtre, il fut jeté dans le feu et brûlé en même temps que la laine, les entrailles et les pieds de devant des autres animaux. Après que les agneaux eurent été frottés de sel, on les suspendit à de longues perches, et ils furent portés vers la fosse avec accompagnement d'oraisons ; à un certain passage de la prière, on les mit tout d'une fois dans la fosse ; l'ouverture en fut promptement fermée par une claie de branchages que l'on recouvrit de mottes de gazon.

« Les douze hommes revinrent au lieu fixé pour la prière et lurent sans cesse jusqu'à minuit. A ce moment, la fosse fut ouverte, on en retira les agneaux rôtis

MONT EBAL

et on les porta sur la place dans des corbeilles neuves ; les Samaritains mangèrent l'agneau de Pâques, accroupis sur le sol et tenant un bâton dans la main gauche. C'était une scène particulièrement saisissante que de voir ces hommes vêtus de blanc prendre le *repas de l'alliance*. Nous nous éloignâmes au moment où commença la prière du matin, qui se prolonge pendant quatre heures. »

M. Ernest Renan fait remarquer avec raison que les Samaritains étaient, sous tous les rapports, une nation fort inférieure à la nation juive proprement dite, dont ils n'avaient ni le génie ni la savante organisation. En effet, isolés comme ils l'étaient dans un pays de montagnes sans débouchés pour le commerce, condamnés à ne vivre que des produits du sol, les Samaritains devaient, par nécessité, tourner tous leurs efforts vers l'agriculture.

Aujourd'hui, quand on songe que ce même peuple, décimé par des invasions continuelles, a tenu tête, pendant des siècles, aux divers pouvoirs qui le rançonnaient et le tenaient courbé dans un servage presque perpétuel, on est presque saisi d'admiration en voyant l'état prospère des campagnes, les admirables moissons de blé, de doura, qui se pressent autour des villages coquets cachés au fond des vallées, les masses d'oliviers qui se dessinent à perte de vue, les vignobles qui s'étagent en gradins sur le flanc des montagnes, élevant leurs verts amphithéâtres jusqu'aux cimes en apparence les plus sauvages et les plus désertes.

Le paysage qui se déroule sous les yeux du voyageur qui est sorti de Jérusalem par la porte de Damas et a franchi les derniers versants du mont Scopus reste tout d'abord, pendant trois bonnes heures, nu et désert, aride même, semblable en tout à celui qu'il a laissé derrière lui. La petite localité pseudo-biblique d'El-Biré, où généralement l'on passe la nuit, n'offre guère un coup d'œil, plus gai, mais, dès qu'on a dépassé celle-ci, les horizons verdissent, indiquant qu'on va entrer dans une zone plus fertile.

Un peu plus loin, en effet, s'ouvre la riante vallée de Djifna, avec ses flancs de coteaux plantés d'oliviers, de vignes, de figuiers. Le village actuel de Djifna, qui serait la Gophna dont il est question dans Josèphe (*De Bell. jud.*, IV), est presque exclusivement habité par des chrétiens. Il est situé non loin de la colline de Tibnet où se trouvent plusieurs caves sépulcrales antiques parmi lesquelles M. Guérin a retrouvé le tombeau de Josué. Les autres savants et antiquaires qui se sont occupés de la question n'étant pas tous d'accord sur cette identification, je n'insiste pas. En quittant la vallée de Djifna, on traverse un vallon étroit et solitaire, l'Ouadi-el-Aramyé, qui tire son nom d'une source s'échappant goutte à goutte d'une paroi de rocher ; c'est la source d'Aïn-el-Aramyé (source des brigands). Ce nom lugubre, placé à l'entrée du pays samaritain, était peut-être jadis un avertissement ! Dans tous les cas le lieu est assez solitaire et assez retiré pour qu'on puisse le soupçonner d'avoir servi de théâtre à plus d'un guet-apens ; au reste, un château fort élevé par les croisés protégeait autrefois la sortie de ce défilé, ainsi que le témoignent les ruines qu'on rencontre un peu plus loin, sur une colline, à gauche.

La route de Naplouse passe ensuite non loin de la colline où sont situées les ruines de *Seiloun*, qui n'est autre que le *Silo* si souvent cité dans l'Ancien Testament. Le livre de Josué nous apprend que c'est à Silo que se fit le partage du pays conquis, et que fut placée l'arche de l'alliance ; le livre XXI des Juges décrit les fêtes accompagnées de danse qui s'y célébraient, chaque année, en l'honneur de

Jéhovah. Les ruines de Silo sont déjà mentionnées par saint Jérôme, elles n'ont d'ailleurs aucune importance.

Nous ne tardons pas à atteindre les crêtes qui dominent la grande plaine de la Maknah d'où la vue s'étend sur les principales montagnes de Samarie, l'Ebal et toute la chaîne du Garizim. La plaine, très fertile, arrosée de plusieurs torrents, est jalonnée de fort jolis villages disparaissant dans des massifs d'oliviers et d'arbres fruitiers de toutes sortes ; les noms doux et euphoniques se succèdent à l'envi : Haouârah, Haoudallah, Haouerta, Roudjib, etc...

A l'angle du Garizim, à l'endroit où la plaine de la Maknah s'ouvre à gauche pour former la vallée de Naplouse, s'élève la petite muraille qui entoure aujourd'hui le fameux *puits de Jacob* (Bir Yacoub). Disons tout de suite que l'identification de ce puits avec celui dont il est question dans l'histoire du Christ, ne repose absolument que sur les traditions du pays, car l'indication fournie par les Évangiles est peu précise à ce sujet. D'après l'*Exode* ce puits aurait été donné par Jacob à Joseph, et ce dernier même y aurait été enseveli. Le tombeau de Joseph, qu'on montre non loin de là, est d'ailleurs un monument moderne, restauré en 1868, par le consul anglais Rogers.

Le puits proprement dit est une sorte de citerne très profonde, fort souvent à sec, ce qui explique que le capitaine Anderson (*Our Work in Palestine*, p. 201) ait pu y descendre jusqu'à une profondeur de 75 pieds, sans rencontrer d'eau. Cette profondeur, qui était peut-être plus considérable encore jadis, explique aussi que Jésus, qui s'était arrêté en cet endroit, exténué de fatigue, attendit qu'une femme, une Samaritaine, vînt puiser de l'eau au moyen d'une corde, pour lui demander à boire. Mais citons ici l'histoire du Christ et de la Samaritaine, telle que nous la trouvons analysée et commentée dans la *Vie de Jésus*, de M. Ernest Renan.

« Quand on suivait cette route [1], on faisait ses provisions d'avance ; encore évitait-on rarement les rixes et les mauvais traitements. Jésus ne partageait ni ces scrupules ni ces craintes. Arrivé, dans la route, au point où s'ouvre sur la gauche la vallée de Sichem, il se trouva fatigué, et s'arrêta près d'un puits. Les Samaritains avaient, alors comme aujourd'hui, l'habitude de donner à tous les endroits de leur vallée des noms tirés des souvenirs patriarcaux ; ils regardaient ce puits comme ayant été donné par Jacob à Joseph ; c'était probablement celui-là même qui s'appelle encore maintenant *Bir-Iakoub*. Les disciples entrèrent dans la vallée et allèrent à la ville acheter des provisions ; Jésus s'assit sur le bord du puits, ayant en face de lui le Garizim.

« Il était environ midi. Une femme de Sichem vint puiser de l'eau. Jésus lui demanda à boire, ce qui excita chez cette femme un grand étonnement, les Juifs

---

[1] La route de Naplouse.

s'interdisant d'ordinaire tout commerce avec les Samaritains. Gagnée par l'entretien de Jésus, la femme reconnut en lui un prophète, et, s'attendant à des reproches sur son culte, elle prit les devants. « Seigneur, dit-elle, nos pères ont adoré sur cette montagne, tandis que, vous autres, vous dites que c'est à Jérusalem qu'il faut adorer. — Femme, crois-moi, lui répondit Jésus, l'heure est venue où l'on n'adorera

LE PUITS DE JACOB

plus ni sur cette montagne ni à Jérusalem, mais où les vrais adorateurs adoreront le Père en esprit et en vérité. »…..

« Le jour où il prononça cette parole, ajoute M. Renan, il fut vraiment fils de Dieu. Il dit pour la première fois le mot sur lequel reposera l'édifice de la religion éternelle. Il fonda le culte pur, sans date, sans patrie, celui que pratiqueront toutes les âmes élevées jusqu'à la fin des temps. »

Sitôt le puits de Jacob dépassé, on entre dans la vallée de Naplouse proprement dite, qui s'étend entre la chaîne mamelonnée du Garizim à gauche, et les terrasses verdoyantes de l'Ebal à droite. Avant d'arriver aux portes de la ville dont les minarets et les tourelles se détachent sur le fond vert de sa ceinture d'oliviers, on passe devant les établissements militaires turcs, — une caserne et un arsenal récemment construits.

Naplouse est en somme une ville très moderne, où subsistent fort peu de traces de l'époque des croisades; elle n'a joué d'ailleurs qu'un rôle très passif dans l'histoire des guerres saintes. Tombée entre les mains des croisés immédiate-

LE SOMMET DU GARIZIM

ment après la prise de Jérusalem, son nom ne paraît dans les chroniques qu'à l'époque des dissentions intestines du royaume et des rivalités des divers princes chrétiens.

C'est ainsi que Guillaume de Tyr ne parle de Naplouse qu'à propos des démêlés qui s'élevèrent entre le roi Baudouin et sa mère, démêlés excités par un nommé Manassé qui s'était rendu odieux aux grands du royaume par l'ascendant qu'il exerçait sur Mélisende.

Le royaume de Jérusalem avait d'abord été partagé entre la mère et le fils : Mélisende régnait sur Jérusalem et sur Naplouse; Baudouin était souverain de Tyr et de Ptolémaïs. Cet accord ne pouvait produire une paix durable. La discorde, étouffée un moment, ne tarda pas à renaître. Les choses en vinrent au point que Baudouin prit les armes contre sa mère, attaqua d'abord Manassé dans le château de Miribel, et le força de se rendre; puis il s'empara de Naplouse, et vint enfin assiéger Mélisende, qui s'était retirée dans la tour de David. A la fin, des hommes amis de la concorde parvinrent, à force de prières, à opérer une réconciliation : la ville de Naplouse fut abandonnée à la reine Mélisende; Baudoin régna seul sur tout le reste du royaume. Ainsi la paix, dit Guillaume de Tyr, reparut comme l'étoile du matin, brillant au milieu des nuages. (*Biblioth. des Croisades*, tome I.)

A l'époque où Saladin reconquit la Palestine, Naplouse était une ville très prospère, exclusivement habitée par des chrétiens immigrés d'Occident, croisés et fils de croisés, et par ceux qu'on appelait alors des *poulains*, enfants d'un père européen et d'une mère syrienne. De ce mélange des croisés avec la population aborigène était sortie une race nouvelle, molle et efféminée, paraît-il, considérant la Terre-Sainte comme un petit Éden terrestre où il ne s'agissait que de se laisser bien vivre, où les mœurs faciles et dissolues dussent être pratiquées comme une compensation à l'exil, au climat incommode, aux vicissitudes de la guerre, où toutes les turpitudes pouvaient se commettre en vertu d'un droit acquis au prix du sang versé, — de celui versé par les pères du moins.

Dans l'ouvrage de Bernard le Trésorier, le continuateur de Guillaume de Tyr, nous trouvons à ce sujet une anecdote qui rappelle quelque peu, par sa substance, un de ces *échos* de la chronique scandaleuse du Paris mondain d'aujourd'hui.

Il s'agit des mœurs du patriarche Héraclius et de ses relations avec la femme d'un mercier de Naplouse, une *poulaine* sans doute, nommée Pasquières de Riviers. (Ce nom noble porté par la femme d'un mercier est déjà une surprise; les descendants immédiats des premiers croisés dédaignaient moins le négoce, paraît-il, que les porteurs de vieux blasons d'aujourd'hui.) Nous laisserons parler le chroniqueur lui-même.

« Quand le patriarche fut venu de Romme, il aima la femme d'ung mercier de Naples (Naplouse), qui estoit à sept milles de Jhérusalem, et la maudoit souvent et elle y aloit, et il lui donnoit assez de son avoir pour estre bien de son mari. Ne demoura guaire que son mari ne mourust. Après ce, le patriarche la fist venir en Jhérusalem et lui acheta là bonne maison de pierre ; si la tenoit à la veue de tout le monde ainsi comme l'homme fait sa femme, fors tant que elle ne fust mie en une mesme maison avecque lui. Quant elle alloit au moustier, elle estoit aussi atournée (parée) de riches draps comme si ce fust une empereuresse (impératrice) ou une royne, et ses serviteurs devant elle. Quant il avenoit que alcunes gens la voyoient qui ne la cognoissoient, si demandoient qui celle dame estoit. Ceulx qui bien la cognoissoient disoient que c'estoit la patriarchesse. Elle avoit nom *Pasquière de*

Riviers et avoit enfans du patriarche; dont il advint une foys qu'en ung ost (assemblée) où le roy estoit et le patriarche et les barons de la terre pour conseil prendre de combattre aux Sarrasins qui près d'illec estoient, vint ung fol (un fou) au patriarche; si lui dist cryant tout : *Sire patriarche, donnez moy bon loyer, car je vous apporte bonnes nouvelles. Pasquière de Riviers votre femme a une belle fille.* Lors lui dist le patriarche : *testoy fol* (tais-toi, fou). »

A cette époque tous les grands de Naplouse étaient possesseurs d'immenses fortunes, et menaient la vie très large. Depuis la première croisade le numéraire avait considérablement augmenté, et, comme toujours, le luxe et le bien-être entraînaient à leur suite la décadence des mœurs et des vertus primitives. Une preuve directe de cette augmentation du numéraire en Terre-Sainte c'est que les prisonniers de marque qu'on faisait alors de part et d'autre se rachetaient au prix de rançons exorbitantes. L'historien arabe Ibn-Alatir rapporte que le fils de Sardan, seigneur de Ramla et de Naplouse, tombé entre les mains de Saladin au combat livré près de Panéas, sur les bords du Jourdain, au lieu nommé *gué de Jacob*, où les Francs avaient érigé une forteresse, se racheta moyennant la somme de *cent mille pièces d'or*, et la liberté de mille prisonniers musulmans. Le même auteur dit ailleurs que le docteur musulman Issa, qui jouissait de la faveur de Saladin, ayant été fait prisonnier, le sultan donna pour sa rançon *soixante mille pièces d'or*.

Auparavant, ajoute avec raison le commentateur de l'historien, on eût à peine donné pour la personne d'un souverain ce qu'on sacrifiait maintenant pour la personne d'un particulier ou du moins d'un simple seigneur.

Les monuments du temps des croisades ne sont pas nombreux à Naplouse, nous l'avons dit. On n'y retrouve guère que deux églises anciennes dont l'une est aujourd'hui une mosquée ; construite par les chanoines du Saint-Sépulcre, elle a un portail qui rappelle celui de l'église de Jérusalem. La ville n'en est pas moins fort intéressante à visiter, avec son grand bazar, son marché où se confondent et se coudoient tous les costumes des contrées environnantes, ses rues très animées le soir par une population industrieuse et active (Naplouse a 13 à 14,000 habitants dont un millier de chrétiens et 200 Samaritains); le coup d'œil général est plus pittoresque encore.

L'aspect de la ville est pittoresque, surtout du haut des pentes du Garizim ou des terrasses bordées de cactus de l'Ebal, d'où la vue embrasse toute la vallée ; celle-ci tire sa merveilleuse fertilité des nombreuses sources qui s'échappent du flanc des montagnes et coulent sous le sol de la ville même.

Nous avons dit précédemment tout ce qu'il y avait à dire sur les mœurs de la petite secte samaritaine qui réside à Naplouse. Elle forme une petite communauté à part, complètement isolée, dans un quartier situé à l'extrémité sud-ouest de la ville. Leur synagogue — un petit bâtiment tout à fait insignifiant — est desservie par un grand prêtre qui est en même temps le chef spirituel et le suzerain de la communauté. Un voile cache l'endroit de la synagogue où se trouve la châsse qui renferme le vieux Pentateuque manuscrit, le codex unique de la foi samaritaine, celui qu'on n'exhibe qu'aux grands jours de fête pour le livrer au baiser des fidèles. Notre gravure (page 469) représente cette pieuse relique elle-même ou du moins celle que l'on montre d'habitude aux voyageurs.

Il faut dire ici que le cohen actuel des Samaritains (Yacoub Cheleby) en possède deux ou trois fac-similés qu'il se fait un véritable plaisir de débiter par tranches aux étrangers, ce qui explique qu'on trouve dans les relations de nos prédécesseurs un vieux Pentateuque se multipliant à l'infini, et qui est toujours censé le même. Mais comme un seul exemplaire, même débité feuille par feuille, ne pourrait suffire à l'effrayante consommation qu'en font les Anglais, il faut bien admettre la pluralité des échantillons. Celui que représente notre gravure a-t-il été écrit, comme l'affirment les Samaritains, de la main d'Éléazar, fils d'Aaron? après ce que nous venons de dire, on nous permettra d'en douter.

Pour en finir avec les Samaritains, disons que le Juif étranger est toujours resté pour eux l'ennemi héréditaire, et que celui-ci, de son côté, ne se lasse pas de garder, vis-à-vis des derniers rejetons de la secte, la même attitude méprisante et haineuse prise à l'origine de la scission des deux peuples. Le docteur Frankel, auteur des *Juifs d'Orient* (*Jews in the East*) cite un trait qui met bien en relief cette haine si vivace encore au cœur des Juifs et des Samaritains modernes de Naplouse.

L'auteur s'était rendu au quartier samaritain où il fut accueilli par le grand prêtre *Salameh Cohen* (le prédécesseur de Cheleby) qui lui dit : « Si vous êtes Juif, comment se fait-il que vous veniez nous voir, nous qui sommes méprisés par les Juifs ? » Et il ajouta qu'eux, les Samaritains, seraient tout disposés à vivre sur un pied d'amitié avec les Juifs, mais que ces derniers se refusaient à tout commerce avec eux. — Dans une visite qu'il fit ensuite à des Juifs *séphardim* de Naplouse, le docteur Frankel demanda à l'un d'eux s'il était en relations avec les Samaritains. Les femmes reculèrent avec un cri d'horreur, et l'une d'elles dit : « Avez-vous été parmi les adorateurs du pigeon ? » L'auteur ayant répondu affirmativement, les femmes se rejetèrent de nouveau en arrière avec dégoût, et l'une d'elles s'écria : « Prenez un bain pour vous purifier ! »

On peut juger, par ce détail tout moderne, de l'esprit qui devait présider aux relations entre Juifs et Samaritains, du temps de Jésus.

A propos du Garizim, dont le point culminant atteint près de 900 mètres

d'altitude et présente un ensemble de ruines d'origines diverses, nous ne pouvons passer sous silence une question d'archéologie qui a servi de thème à bien des discussions... byzantines. M. de Saulcy affirme que ces ruines sont celles d'une ville très considérable, nommée Louza, qui était située au sommet de la montagne ; c'est aussi l'avis du savant géographe Guérin, dont l'autorité nous paraît indiscutable.

D'après M. de Saulcy, on reconnaîtrait très facilement, parmi le dédale des pierres accumulées çà et là, la trace des rues et des chaussées, où se voient encore, à droite et à gauche, des restes d'habitations.

Quoi qu'il en soit, le morceau le plus important et le plus considérable de ces ruines est une sorte de forteresse dont l'enceinte est d'un appareil formidable et certainement très ancien. L'âge et la destination probable de cette construction sont restés inprécis. Sommes-nous réellement en présence d'une forteresse bâtie à l'époque de Justinien ?

L'enceinte du monument est, dans tous les cas, antérieure à cette époque, et ne serait point alors contemporaine de l'édifice proprement dit. En résumé, il nous paraît aussi difficile de se prononcer dans ce sens que de partager l'opinion de M. de Saulcy qui est toujours pour l'antiquité la plus reculée possible, et ne s'émeut point de déclarer que ces ruines ne sont autres que les ruines du propre temple des Samaritains, de celui que les sectaires du Garizim bâtirent quelques 400 ans avant notre ère, et qui fut détruit par Hyrcan.

Laissons une marge conciliante de quelques siècles aux hypothèses présentes et à venir, et passons outre.

La cime de l'Ebal, en face du Garizim, de l'autre côté de la ville, dépasse en altitude tous les sommets voisins. Les flancs de la montagne présentent sur une très grande étendue des grottes artificielles, des tombeaux creusés dans le roc ; c'était là problablement l'ancienne nécropole de Sichem.

Du haut de l'Ébal, nous contemplons pour la première fois distinctement tout l'ensemble de l'admirable pays que traverse notre itinéraire vers le nord.

CHAPITRE XXVI

LA SAMARIE ET LES SAMARITAINS (SUITE)

(DE NAPLOUSE A NAZARETH)

Les ruines de Samarie (Sébastyé). — Archéologie décorative. — Djennin (En-gannim). — La plaine d'Esdraëlon. — Zérin (Jizréel) et les monts Gilboé. — La mort de Saül. — Bataille du mont Thabor; Bonaparte et Kléber à Foulé. — La légende de Kalé-el-Berr (Kléber).

A trois heures de route au nord-est de Naplouse, nous rencontrons la colline qui porte le village de Sébastyé et les ruines de Samarie, l'ancienne capitale du royaume d'Israël. Comme l'avait prédit Michée, les vicissitudes de la guerre ont fait disparaître Samarie d'entre les cités vivantes de ce monde; quelques colonnades romaines flanquées de ruines informes indiquent la place où, pendant des siècles, coula le sang des Juifs et des Samaritains.

Samarie avait subi mainte fois déjà les horreurs de la guerre, lorsqu'elle tomba entre les mains des Romains. Auguste la donna à Hérode, qui la fortifia et l'embellit d'après le goût romain; il substitua en outre à son nom juif celui de Sébastyé que porte le village actuel. (Sébastié est le nom grec d'Augusta.)

Ce village, qui semble avoir surgi du milieu des cendres et des ruines même de l'ancienne ville samaritaine, a l'air d'une sorte de musée de Cluny (la couleur locale mise à part); toute une archéologie décorative embellit les demeures de ses habitants, encombre les rues et le seuil de leurs portes; ils sont en communion intime et perpétuelle avec des débris d'un âge complètement inconnu pour eux, ou dont ils ne connaissent du moins que le côté légendaire; labourent-ils leurs champs, c'est une funèbre moisson de tronçons de colonnes, de fûts et de chapiteaux sculptés, de médailles, de monnaies antiques qui sort de terre à l'improviste, ébréchant le soc des charrues, mettant à la torture leur esprit inculte et fanatique.

Leur ignorance et leur fanatisme sont toutefois suffisamment pratiques pour leur permettre de tirer le meilleur parti possible de leurs découvertes archéologiques; les amateurs d'antiquités qui ont visité le pays, savent à quoi s'en tenir à ce sujet.

D'après ce que nous venons de dire, le lecteur n'aura pas de peine à croire que les ruines actuellement existantes de Sébastyé ne se composent guère que de

LA FÊTE DES TABERNACLES (SYRIE ANCIENNE)

colonnes et de quelques autres débris massifs et lourds, qu'il a fallu respecter quand même, parce qu'ils ne se prêtaient pas au commerce de détail, — le reste, les antiquités d'un transport plus facile, tout ce qui constitue la petite monnaie de l'archéologie, est actuellement éparpillé dans les patries variées des diverses générations de touristes qui ont traversé la Samarie.

Au reste, rien de précis à dire sur les rangées de colonnes plus ou moins bien conservées qu'on trouve sur les deux ou trois terrasses aménagées au sommet de la colline; ce sont là des ruines exclusivement romaines; de Samarie, il ne reste absolument rien, et il est probable que les derniers édifices de la capitale samaritaine ont disparu en même temps que sa gloire mourante jetait ses derniers rayons, éclipsée par celle de Sichem, sa rivale.

Selon une tradition chrétienne qui remonte à l'époque de saint Jérôme, c'est à Sébaste qu'auraient été conservées autrefois les reliques de Jean-Baptiste, et les musulmans montrent encore aujourd'hui dans leur mosquée le prétendu tombeau du prophète Jean. Cette mosquée n'est autre que l'église construite au douzième siècle par les croisés, grâce aux aumônes recueillies par les chevaliers de Saint-Jean, et qui a remplacé sans doute l'ancienne basilique dont quelques auteurs attribuent la fondation à l'impératrice Hélène.

PAVILLONS DE LA FÊTE DES TABERNACLES (D'APRÈS LA MISCHNA DE SURENHUSIUS)

Pour passer par Sébastyé, nous avons abandonné la grande route de Naplouse à Nazareth, celle que suivait Jésus ; nous la retrouvons quelques lieues plus loin, au village arabe de Djennin, qui est l'En-gannim de la Bible (*Josué*, XIX, XXI, etc).

Le site de Djennin est ravissant, comme toute la contrée qui l'environne et qui déjà fait pressentir l'admirable pays galiléen dont on aperçoit les montagnes au delà de la plaine d'Esdraëlon. Le village est situé à l'entrée même de cette plaine restée fameuse dans l'histoire du monde, et dont le sol a tant de de fois gémi sous les combats. De quelque côté que l'on se tourne, c'est un flot de souvenirs qui font battre le cœur, un nom que notre enfance a mille fois prononcé, une image que la pensée a évoquée sans la connaître et qui prend, à l'optique saisissante de la réalité, des proportions plus majestueuses que l'intuition de nos rêves ne peuvent lui en donner.

Au nord, c'est Nazareth, l'humble petit bourg d'où sortit le générateur du monde, à l'ouest la crête sévère du Carmel, et les ravins torrentueux du Kishon qui retentirent des victoires de la prophétesse Déborah ; à l'est, le mont Thabor, témoin silencieux des luttes sanglantes où périrent, après des prodiges de valeur, les derniers défenseurs du royaume chrétien de Jérusalem, où, six siècles plus tard, Bonaparte, Kléber, Junot, Murat, tour à tour, lavèrent dans le sang des Turcs le deuil sanglant infligé à l'antique noblesse de France par l'épée de Saladin ; — dans un plan plus rapproché, c'est, à droite, la montagne biblique de Gilboé aux sommets arides et nus, où périrent Saül et son armée, et, derrière les collines arrondies dont les versants en pente douce apparaissent comme les portants d'un vert décor planté tout le long de la plaine, la petite vallée de Jizréel où furent anéantis Achab et l'horrible Jézabel ; enfin, Naïn et le petit Hermon rappelant quelques-uns des miracles que la tradition et les légendes populaires ont semés partout sur les pas du Christ.

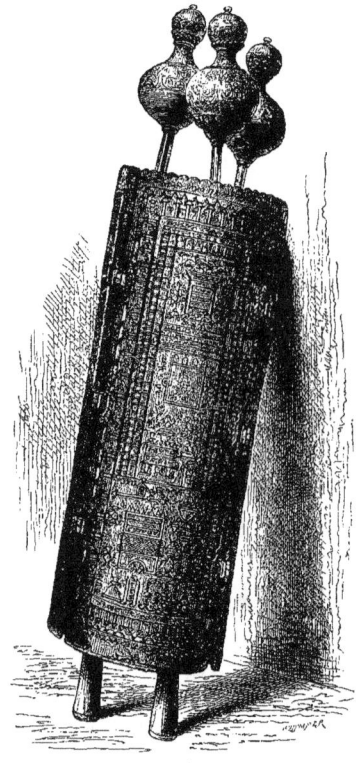

MANUSCRIT HÉBRAÏQUE

La plaine d'Esdraélon s'étend entre les montagnes que nous venons de nommer sur une longueur de huit à dix lieues vers le nord-ouest, mais elle n'a guère que cinq ou six lieues dans sa plus grande largeur, c'est-à-dire entre Jizréel et les premiers gradins du Carmel. Des pelouses verdoyantes couvrent le fond inégal, parfois marécageux de cette plaine admirablement fertile qui envoie ses eaux dans le Jourdain d'une part et dans la Méditerranée de l'autre, au hasard d'une ligne de petites élévations qui se confondent à Zérin avec l'extrémité nord-ouest du Gilboé.

Le hameau de Zérin qui a remplacé la Jizréel biblique est situé sur une petite éminence détachée de cette montagne, à l'endroit sans doute où campa l'infortuné Saül et où il livra sa dernière bataille aux Philistins, qui avaient planté leurs tentes de l'autre côté de la petite vallée, sur la hauteur de Soulem, au pied du Djebel-Dahi (petit Hermon).

La mort de Saül nous a valu une des plus belles pages du livre des *Rois*, celle

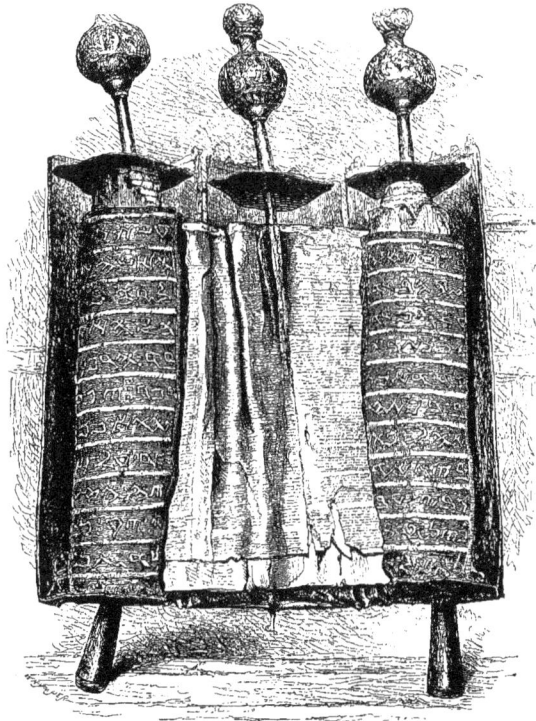

LE PENTATEUQUE DE NAPLOUSE

du chant funèbre composé par David. On sait que, la veille de la bataille, Saül, agité par de sombres pressentiments, consulta une nécromancienne sur le sort qui l'attendait. Celle-ci, grâce sans doute aux ténèbres d'une nuit profonde, évoqua une sorte de fantôme lugubre et mystérieux qui prédit à Saül sa ruine et la défaite de son armée. Le lendemain, en effet, l'armée juive pliait sous le choc des Philistins et se faisait massacrer sur place. A ce moment suprême, Saül, qui s'était évanoui la veille à l'ouïe de la sinistre prédiction, retrouve sa vaillance des grands jours. Pendant plusieurs heures, entouré de ses meilleurs soldats, il tient tête à l'ennemi dont le cercle de fer se rétrécit de minute en minute, il voit ses propres fils, et parmi eux, Jonathas, le meilleur ami de David, succomber autour de lui, et il continue de lutter jusqu'au moment où, atteint par une lance, il se sent lui-même blessé à mort. Alors, se tournant vers un de ses écuyers : « Tue-moi, dit-il, de peur que mon corps ne soit profané par ces barbares. » Mais l'écuyer refusa d'ôter la vie à son roi. Alors, Saül, décidé à mourir quand même plutôt que de se rendre à l'ennemi, se précipita sur sa propre épée.

C'est ce grand désastre qui a inspiré à David ce beau cantique funèbre : « Vois, ô Israël, ceux que la mort t'a ravis en frappant sur tes montagnes ! L'élite d'Israël a succombé sur la colline : comment sont morts les braves ? Ne le dites pas dans Geth, ne le dites pas sur les places d'Ascalon, de peur que les filles des Philistins ne s'en réjouissent, que les filles des profanes n'en triomphent d'aise. Qu'il ne tombe sur vous ni rosée, ni pluie, ô montagnes de Gelboé ! que vos coteaux restent sans moissons, parce que là fut laissé le bouclier des forts, le bouclier de Saül, comme si l'huile sainte n'eût point touché sa tête ! La flèche de Jonathas n'est jamais retournée en arrière : elle se teignait du sang des morts, et perçait la poitrine des plus vaillants ; le glaive de Saül n'a jamais été tiré en vain. Saül et Jonathas, aimables et grands dans la vie, plus agiles que les aigles, plus fiers que les lions, demeurent inséparables dans la mort. Filles d'Israël, donnez des larmes à Saül, qui vous revêtait d'écarlate parmi les délices et vous offrait des ornements d'or pour votre parure. Comment les forts ont-ils péri dans la bataille ? Comment Jonathas a-t-il succombé ? Je te pleure, ô mon frère Jonathas ! toi si beau et plus aimable qu'une aimable femme. Je te chérissais comme une mère chérit son fils unique. Comment sont morts les braves ? Comment s'est éteinte la gloire de nos armes ? »

. . . .

A une lieue de là, la route qui mène à Nazareth passe à Foulé, lieu jadis fortifié, désigné à l'époque des croisades sous le nom de *Castellum Fabae*. Les Templiers possédaient ici un château fort qui fut pris par Saladin après la bataille de Hattin. A deux lieues au nord-est, le Thabor dresse sa cime chauve et rugueuse.

C'est à Foulé même que Bonaparte et Kléber remportèrent la brillante victoire du 16 avril 1799, où une armée turque de 25 à 30,000 hommes fut écrasée par 3,000 soldats français.

En présence des souvenirs sanglants et néfastes pour nous que l'histoire de la chute du royaume de Jérusalem a mêlés à la plupart des noms de cette contrée, c'est avec un tressaillement de joie farouche, facile à comprendre, que nous nous sommes rappelé, sur le sol même qui l'avait vue luire, cette brillante journée enregistrée dans notre histoire contemporaine sous le nom de « bataille du mont Thabor ».

Pendant le siège de Saint-Jean d'Acre la Syrie s'était soulevée, une armée turque se concentrait à Damas, prête à fondre sur la nôtre ; Bonaparte se vit obligé d'envoyer dans l'intérieur du pays des colonnes volantes commandées par Kléber, Junot, Murat. Sur la route de Cana, Junot se vit assailli par des forces ennemies bien supérieures en nombre aux siennes ; il se défendit héroïquement pendant deux jours, attendant que Kléber, qui campait à Saphoureh, vînt le dégager. Grâce en effet à l'arrivée du vainqueur d'Héliopolis, les Français obtinrent une première victoire près de Loubi. Ceci se passait le 11 avril 1799.

Quelques jours après, les Turcs rassemblaient leurs forces au pied du Thabor, et descendaient dans la plaine d'Esdraëlon avec un déploiement formidable de cavalerie, en tout 25 à 30,000 hommes. Au lever du soleil, Kléber, qui avait installé sa petite troupe, forte de deux ou trois mille hommes seulement, près de Foulé, reçut le choc terrible de cette armée. Voyant ses ailes menacées par la cavalerie qui exécutait un mouvement tournant, il commanda de former le carré. Pendant six heures les nôtres se battirent comme des lions, tenant toute l'armée turque en échec ; pourtant ils eussent peut-être fini par succomber sous le nombre, lorsque tout à coup on entendit le canon tonner du côté du nord. Il n'y eut qu'un cri dans la colonne française : « C'est Bonaparte. » C'était lui en effet qui accourait au secours de Kléber, avec 600 hommes.

Arrivé sur le champ de bataille, il partagea sa troupe en deux carrés, de manière à former un triangle équilatéral avec le carré de Kléber. Les Turcs, surpris par le feu terrible qui partait des extrémités de ce triangle, se crurent aux prises cette fois avec une grande armée ; une panique générale s'empara d'eux, et ils ne tardèrent pas à fuir dans toutes les directions. Ce fut une déroute lamentable dont Kléber profita, comme de juste, pour reprendre l'offensive. Les vainqueurs s'élancèrent à la poursuite des fuyards et en massacrèrent une grande quantité ; d'autres trouvèrent la mort en essayant de franchir une rivière proche. Las d'exterminer, les Français quittèrent la plaine et Bonaparte soupa, le même soir, à Nazareth que deux lieues à peine séparent du champ de bataille illustré par cette victoire.

Ce qu'il y a de très curieux c'est que les Bédouins de la contrée ont leur *légende de Kléber*, où ce dernier apparaît comme un héros d'épopée, remportant sur les Turcs une victoire embellie par tous les prodiges chers aux imaginations arabes. J'emprunte le récit de cette légende à un voyageur contemporain qui a eu la bonne fortune de l'entendre conter sous une des rares tentes arabes qu'on rencontre encore dans le pays.

« Un jour, des guerriers vinrent du pays des Francs pour assister Salah Eddin contre le sultan de Constantinople; ils étaient vêtus de fer, et portaient sur la tête des tarbouches d'or surmontés d'une flamme semblable à l'arc-en-ciel; leur chef s'appelait Qalé-el Berr, *la forteresse du pays* (Kléber), et nul cavalier ne pouvait tenir contre lui. Un jour les Turcs, plus nombreux que les mouches qui s'abattent sur un rayon de miel, attaquèrent sa petite armée ; il parvint à ouvrir à ses compagnons un chemin vers la mer, et resta seul au milieu des ennemis. Les cadavres qu'il amoncela autour de lui étouffèrent son cheval, et ce fut à pied qu'il continua le combat. Un pacha, renommé par sa vigueur, voulut se mesurer seul à seul avec le héros, espérant le vaincre, affaibli qu'il était par la fatigue; il lui proposa un combat singulier avec cette condition que nul n'inquiéterait le vainqueur, et que la bataille cesserait quelle que fût l'issue de la lutte. Qalé-el-Berr accepta, et quand son adversaire se précipita sur lui, d'un seul revers de son sabre, il abattit la tête du coursier et coupa le cavalier par le milieu du corps. Le pacha portait dans sa riche ceinture dix mille ghazi (pièces d'or de 20 piastres), et cette cuirasse d'un nouveau genre n'avait pu arrêter le sabre irrésistible du guerrier franc. Les Turcs émerveillés respectèrent la volonté de leur chef, et Qualé-el-Berr s'en retourna paisiblement vers les siens, après avoir chargé sur ses épaules le cadavre de son cheval, qu'il ne voulait pas laisser entre les mains de ses ennemis. »

CHAPITRE XXVII

EN GALILÉE

NAZARETH ET SES ENVIRONS

Description et mœurs d'*En-Nasira*. — Les Nazaréennes. — Cérémonies des mariages d'aujourd'hui. — Lieux traditionnels : la *Fontaine de la Vierge*, etc... — Le combat de Nazareth, extermination des Templiers, mort héroïque de Jacques de Maillé.

Que d'encre répandue, que de pages noircies à propos de ce petit hameau jadis « sans gloire et sans souvenirs », dont le nom resplendit aujourd'hui au-dessus des plus grandes cités de ce monde, à propos de ce pays galiléen dont les horizons magiques ont laissé comme un éblouissement dans la mémoire de ceux même qui l'ont entrevu à peine. Le pinceau rebelle, la plume impuissante des artistes qui ont tenté la description de ce coin de terre paradisiaque se sont heurtés en vain contre la limpidité souriante de son ciel, la lumineuse sérénité de ses lacs, l'imposante et majestueuse harmonie de ses collines et de ses montagnes. Comment traduire en une langue nouvelle des impressions que tant d'autres ont exprimées dans tous les idiomes, chantées sur tous les tons? L'expression des aspects de la nature est limitée comme tout ce qui touche à l'existence même. L'image ondoyante d'un pays étudié, contemplé, dépeint, par plusieurs générations d'écrivains, de poètes, d'artistes, finit par s'immobiliser, se condenser en une série de formules, de clichés dont aucune langue, aucun art ne peuvent plus briser le moule.

La Galilée a épuisé l'imagination de tous ceux qu'elle attirait, et, lentement, elle a subi ce phénomène de cristallisation qui fait d'elle aujourd'hui une vision uniforme, familière, où le nouveau venu cherche en vain un aspect inédcrit, une nuance irrévélée ; elle reste l'original immuable d'un tableau toujours le même que des générations sont venues copier tour à tour et dont les reproductions peintes ou écrites remplissent aujourd'hui tous les musées, ornent toutes les bibliothèques, dont les souvenirs charmants meublent les cerveaux d'une foule d'hommes qui ne l'ont contemplée qu'une fois peut-être, par les yeux ou par la pensée, et ne l'ont plus jamais oubliée.

Il va sans dire que les tableaux et les livres n'ont pas tous réfléchi le pays avec le même art et la même fidélité, et que le voyageur rencontrerait bien des déceptions s'il s'en rapportait indifféremment à tel ouvrage, à tel paysage de maître, sanctionnés sans contrôle par la fantaisie publique.

RUINES D'UN TEMPLE A SAMARIE

Les ouvrages où la sincérité du coloris et l'expression idéale des reliefs sont rehaussés par la réalité précise, l'observation scrupuleuse, exacte, documentaire, comme on dit aujourd'hui, sont excessivement rares, et je ne sache guère que la *Vie de Jésus* qui, à ce point de vue, satisfasse toutes les exigences du touriste, quels que soient son caractère, ses prédispositions morales et religieuses. M. Renan a décrit la Galilée en savant, en philosophe, en poète, il a donné pour cadre à ses admirables peintures le pays d'aujourd'hui tel qu'il l'a longuement et sincèrement étudié, le pays d'autrefois dont une érudition divinatoire lui a permis de reconstituer l'image évanouie. Lorsque, pour la première fois, on foule le sol galiléen, et qu'à l'heure de la sieste, le regard ému encore et surpris se repose longuement sur les verts et calmes horizons de cette patrie du christianisme, endormie sous un ciel brûlant, on revit exactement cette vague mélancolie, ces impressions de Paradis perdu qu'on avait puisées dans la lecture des pages inoubliables où M. Renan a dépeint cette Palestine du nord féconde et vivante, qui a donné au monde « la naïve Sulamite, l'humble Chananéenne, la passionnée Madeleine, le bon nourricier Joseph, la Vierge Marie, » — cette nature ravissante qui imprimait à tous les rêves du Galiléen un tour idyllique et charmant.

Et le voyageur, qui relit ces pages sur les collines mêmes de Nazareth, voit le pays grandir et s'idéaliser sous la magie évocatrice du style, jusqu'au moment où, surprise charmante, il constate que cette vision n'est que le reflet sincère de

PLAINE D'ESDRAELON

la réalité. Les lignes harmonieuses, les aspects doux, lumineux et tranquilles que sa vue embrasse, sont bien ceux du pays « très vert, très ombragé, très souriant, » décrit par l'auteur, « le vrai pays du *Cantique des cantiques* et des chansons du bien-aimé. » On est en avril et « la campagne est un tapis de fleurs, d'une franchise
« de couleurs incomparable, les animaux sont petits et d'une douceur extrême,
« des tourterelles sveltes et vives, des merles bleus si légers qu'ils posent sur
« une herbe sans la faire plier, des alouettes huppées, qui viennent presque se
« mettre sous les pieds du voyageur, de petites tortues de ruisseau, dont l'œil est
« vif et doux, des cigognes à l'air pudique et grave, dépouillant toute timidité, se
« laissent approcher de très près par l'homme et semblent l'appeler. »

S'agit-il de reconstituer l'aspect de la Nazareth d'autrefois, de cette petite bourgade insignifiante où grandit Jésus, l'auteur n'est pas moins vrai ni moins précis ; ses descriptions font merveilleusement revivre sous nos yeux les détails familiers de l'enfance du Christ. Les rues où il joua enfant, nous les retrouvons avec M. Renan dans « ces sentiers pierreux ou ces petits carrefours qui séparent les cases » ; la maison de Joseph ressemblait à « ces pauvres boutiques, éclairées par la porte, servant à la fois d'établi, de cuisine, de chambre à coucher, ayant pour ameublement une natte, quelques coussins à terre, un ou deux vases d'argile, et un coffre peint..... »

ZER'IN (JIZRÉEL) ET LES MONTS GILBOÉ

« Nazareth, dit l'auteur un peu plus loin, était une petite ville, située dans un pli de terrain largement ouvert au sommet du groupe de montagnes qui ferme au nord la plaine d'Esdrelon. La population est maintenant de trois à quatre mille âmes, et elle peut n'avoir pas beaucoup varié. Le froid y est vif en hiver et le climat fort salubre. La ville, comme à cette époque toutes les bourgades juives, était un amas de cases bâties sans style, et devait présenter cet aspect sec et pauvre qu'offrent les villages dans les pays orientaux. Les maisons, à ce qu'il semble, ne différaient pas beaucoup de ces cubes de pierre, sans élégance extérieure ni intérieure, qui couvrent aujourd'hui les parties les plus riches du Liban, et qui, mêlés aux vignes et aux figuiers, ne laissent pas d'être fort agréables. Les environs, d'ailleurs, sont charmants, et nul endroit du monde ne fut si bien fait pour les rêves de l'absolu bonheur. Même de nos jours, Nazareth est encore un délicieux séjour, le seul endroit peut-être de la Palestine où l'âme se sente un peu soulagée du fardeau qui l'oppresse au milieu de cette désolation sans égale. La population est aimable et souriante ; les jardins sont frais et verts..... »

« La fontaine, où se concentraient autrefois la vie et la gaieté de la petite ville, est détruite ; ses canaux crevassés ne donnent plus qu'une eau trouble. Mais la beauté des femmes qui s'y rassemblent le soir, cette beauté qui était déjà remarquée au sixième siècle et où l'on voyait un don de la Vierge Marie, s'est conservée d'une manière frappante. C'est le type syrien dans toute sa grâce pleine de langueur. Nul doute que Marie n'ait été là presque tous les jours, et n'ait pris rang, l'urne sur l'épaule, dans la file de ses compatriotes restées obscures. »

NAÏN

Tout ceci est d'une exactitude parfaite, et rien n'a changé depuis que M. Renan a visité la Galilée, sinon que la population de la ville actuelle d'*En-Nasira* (nom arabe de Nazareth), la population chrétienne surtout, a presque doublé (1).

Les femmes de Nazareth et des environs sont toujours d'une beauté remarquable ; leur type, d'ailleurs, n'a guère varié depuis des siècles ; leurs mœurs seules tendent à se moderniser quelque peu. Parmi les Arabes chrétiennes il n'en est plus beaucoup qui se soumettent de bon cœur à toutes les formalités et cérémonies un peu puériles dont les usages du pays entourent le mariage. Ces cérémonies, réduites en général à leur plus simple expression, offrent pourtant encore quelque attrait aux étrangers, à cause des jolis costumes exhibés dans les cortèges de certaines noces riches.

(1) D'après le dernier recensement Nazareth aurait 6,000 habitants, dont 200 musulmans seulement. La population chrétienne comprend 2,300 à 3,000 grecs, 800 latins, une centaine de protestants et autant de maronites.

Sous toutes les latitudes d'ailleurs, et malgré le progrès universel, le mariage nous paraît avoir conservé quelque chose de la naïveté et de la barbarie des âges primitifs ; chez tous les peuples du monde il est resté une cérémonie accompagnée d'usages cocasses ou inconvenants ; il est bien certain qu'un Syrien prendrait autant de plaisir à suivre les péripéties d'une noce parisienne depuis son entrée dans la mairie jusqu'à sa sortie du bois de Boulogne, que nous-mêmes nous en avons pris maintes fois à étudier un cortège nuptial arabe, c'est-à-dire une de ces foules bariolées, tapageuses, que domine toujours le profil péniblement anguleux du chameau, — bien moins dépaysé ici, cependant, que lorsqu'il apparaît à l'improviste dans le cadre d'une noce rencontrée au Jardin d'Acclimatation.

Nazareth a aujourd'hui tout ce qu'il faut pour devenir la plus jolie et la plus

PLAINE D'ESDRAELON (VUE DISTANTE)

florissante des villes modernes de la Palestine : des environs d'une fertilité étonnante, des jardins toujours frais et verts, un bazar très animé ; seulement les routes de communication sont fort mal entretenues, et les préoccupations religieuses des habitants — pour la plupart agriculteurs — paraissent nuire à son commerce et à son industrie. Les lieux saints et les traditions y abondent comme de juste. Dans l'*église de l'Annonciation* (couvent latin) on montre une foule de chapelles et d'autels servant à consacrer des souvenirs miraculeux : la colonne de Gabriel, la maison de la Vierge, la cuisine de la Vierge, etc.

La maison traditionnelle de Joseph (ou l'*atelier de Joseph*) est située dans le quartier musulman ; les Franciscains y ont élevé une chapelle ; la « synagogue » où le Messie produisit ses premières maximes est une chapelle maronite. Quant à l'endroit où Jésus faillit être *précipité* (1), on le montre, à une lieue au sud de Nazareth, au-dessus de la grande route des pèlerins, mais il y a derrière l'église

(1) S. Luc IV, vers. 28 et suiv.

maronite certain rocher à pic formant un précipice de 40 pieds de profondeur qui nous paraît bien mieux convenir à cette scène.

Un lieu d'une authenticité certaine, c'est la *fontaine de la Vierge*, car elle est précisément l'unique source de Nazareth. Située au bas du coteau qui porte la ville, elle est très fréquentée par les pèlerins et les caravanes; c'est aussi le rendez-vous préféré des belles Nazaréennes.

La ville de Nazareth joue un rôle peu considérable dans l'histoire des guerres saintes; ses environs immédiats (du côté nord) n'en sont pas moins marqués par

DJENNIN ET SES ENVIRONS

un des souvenirs les plus sanglants que les chroniques de l'année 1187 (année où succomba le royaume chrétien d'Orient) nous aient transmis. C'est à 5 kilomètres au nord de Nazareth, dans une des gorges solitaires que domine aujourd'hui le petit village d'El-Mechked, sur la route de Cana, que les Templiers se couvrirent de gloire dans une de ces défenses héroïques et meurtrières rappelant celle de Léonidas et des Spartiates aux Thermopyles.

On sait qu'après la mort de Baudouin V, la succession du trône de Jérusalem avait divisé en deux camps la noblesse du royaume. Tandis que les uns donnaient la couronne et le sceptre à Guy de Lusignan dont le règne devait être si funeste à la domination des Francs, les autres se groupaient autour du comte Raymond, et les deux partis étaient sur le point d'en venir aux mains quand on apprit que la Galilée était envahie par des hordes ennemies commandées par le fils de Saladin.

Le chroniqueur Raoul de Coggeshale, à qui nous empruntons les détails essentiels de ce récit, dépeint cette invasion en des termes saisissants bien qu'empreints de la naïveté propre à tous les écrits de ce temps :

« Ces ministres du crime, dit-il, avaient soif du sang des saints ; et, semblables
« à des chiens que la rage pousse vers des cadavres, ils se dirigèrent d'un pas
« rapide vers la ville de *Cavan* (?), où ils se reposèrent jusqu'au soir. Au coucher

LE VILLAGE DE DJENNIN (EN-GANNIM)

« du soleil, poursuit l'auteur, ils passèrent le fleuve, et, pareils aux enfants de la
« nuit, ils se dispersèrent au milieu des ténèbres dans la Galilée jusqu'à Caphraïm,
« faisant un horrible carnage, chargeant de chaînes une multitude d'hommes
« et de femmes, et traînant avec eux un grand nombre de bêtes de somme. Ces
« infidèles imitaient Satan, leur père, qui égorge (*jugulat*) tous ceux qu'il trouve
« plongés dans le sommeil du crime. »

Le chroniqueur peint ensuite la terreur et le désespoir des habitants de Nazareth, lorsqu'ils virent leurs campagnes couvertes d'infidèles. *Voilà, voilà les Turcs!* s'écriait-on de toutes parts. Alors les crieurs publics parcoururent la ville en disant : *Hommes de Nazareth, prenez les armes et combattez vaillamment pour la cité du véritable Nazaréen.*

EN GALILÉE

Les maîtres de la milice du Temple et de celle de l'Hôpital étaient arrivés à Nazareth, la nuit même qui fut témoin de ces scènes de mort ; ces chevaliers étaient envoyés par le roi et le patriarche avec deux évêques, pour traiter de la paix entre Raymond et Gui de Lusignan. A la nouvelle de l'arrivée des barbares, les guerriers chrétiens prirent les armes. La troupe des croisés n'était composée que de cent trente chevaliers et de trois ou quatre cents fantassins. Toutefois ni le grand nombre d'ennemis, ni leurs carquois remplis de flèches n'épouvantaient les soldats de la croix, qui, de leurs glaives étincelants, renversaient les bataillons ennemis. Mais à la fin il fallut que la bravoure cédât au nombre ; les pèlerins, environnés de tous côtés par une multitude d'infidèles, tombèrent sous les coups

NAZARETH, VUE GÉNÉRALE

des barbares, et les chevaux des Sarrasins foulèrent leurs cadavres ensanglantés.

« Hélas, hélas ! s'écrie l'historien, qui exprimera jamais l'état d'abattement « et de souffrance où étaient nos guerriers ! On voyait les uns, tout couverts de leur « propre sang, résister encore aux coups des infidèles, les autres périr étouffés « sous le poids de leurs frères expirants ; d'autres enfin boire le sang qui coulait « de leurs blessures pour apaiser l'ardeur de leur soif. On vit même de valeureux « chevaliers mourir en s'arrachant du corps les flèches homicides. »

Mais le plus brave de tous ces héros fut Jacques de Maillé, chevalier tourangeau, maréchal de l'ordre du Temple. Resté seul debout, au milieu d'un monceau de cadavres, il continua de se battre comme un lion, et les coups terribles qu'il portait jetaient la terreur parmi les musulmans superstitieux qui le prenaient pour saint Georges à cause de son cheval blanc et de ses armes éclatantes. Ses plus proches ennemis, saisis d'une respectueuse admiration mêlée d'effroi, lui criaient de se rendre, lui promettant la vie sauve. Mais lui, voyant son cheval mortellement atteint, sauta à terre et s'élança dans la mêlée; criblé de blessures, il ne tarda pas à tomber à son tour.

Alors on put voir un spectacle étrange. Une nuée de Sarrasins se ruèrent sur son cadavre, les uns pour le mutiler, les autres pour se partager pieusement les lambeaux de ses vêtements. Il y en eut même qui se teignirent de son sang, croyant s'inoculer ainsi l'héroïsme du chevalier. Enfin on raconte — et là je cite textuellement — qu'au milieu de ces scènes d'horreur, un Sarrasin s'étant enthousiasmé pour Jacquelin de Maillé, le fit eunuque après sa mort, et conserva, avec un soin brutal, les signes de sa virilité, les disposant *tanquam ad usum gignendi*, afin que, s'il était possible, il sortît des restes mutilés d'un cadavre, un héritier d'un si sublime héroïsme.

Quand les Sarrasins eurent quitté le champ de bataille, les chrétiens de Nazareth, conduits par l'archevêque, allèrent relever les corps mutilés de ces héros, et les inhumèrent dans l'église de Sainte-Marie, — à l'endroit même où est actuellement la cour du couvent latin qui a remplacé cette église brûlée en 1263 par le sultan Bibars.

CHAPITRE XXVIII

DE NAZARETH A TIBÉRIADE

Le mont Thabor et son histoire. — Kefr-Kenna et Kanet-el-Djalit; les cruches saintes; la Cana de l'Évangile. — Le champ de bataille de Hattin. — Récit de la bataille d'après les chroniqueurs arabes : fautes commises par Renaud de Chatillon. — Prise de Tibériade par les Sarrasins. — La journée du 2 juillet 1187. — Massacre des chrétiens. — Mort de Renaud, seigneur de Kérak; le roi Guy et sa suite sont emmenés en captivité à Damas. — Conséquences funestes de la bataille de Tibériade.

Un chemin direct conduit de Nazareth à Tibériade en passant par El-Mechhed et Kefr-Kenna, mais on peut, en faisant un détour peu considérable, comprendre dans cette excursion l'ascension du Thabor, situé à 5 ou 6 kilomètres à l'est de Nazareth.

Cette montagne, dont le sommet présente aujourd'hui comme un observatoire naturel d'une demi-lieue carrée, était par là même destinée à jouer un grand rôle dans les guerres perpétuelles qui ensanglantèrent la Galilée inférieure. La première fois qu'il en est question dans l'histoire biblique, elle est citée comme marquant la frontière des tribus d'Issachar et de Zabulon; la prophétesse Deborah y fait retentir le tumulte de ses armées ; plus tard les habitants de la plaine se retranchent sur les divers plateaux de la contrée et bâtissent sur le sommet du Thabor une ville portant le nom de Tabyrion (?); elle tombe entre les mains d'Antiochus le Grand, en 218 avant Jésus-Christ.

Au moment de la conquête définitive de la Palestine par les Romains, la montagne, fortifiée par Josèphe, sert de citadelle aux insurgés galiléens, qui ne tardent pas à succomber sous les coups du général Placidus.

A partir de cette époque, le Thabor disparaît de l'histoire pour plusieurs siècles, mais la légende s'en empare aussitôt, et une tradition se forme dans le pays, recueillie par Origène et par Jérôme, qui place sur le Thabor la scène de la transfiguration de Jésus. La montagne était-elle à cette époque peuplée et couverte de maisons, comme l'affirment les auteurs qui se refusent à admettre cette tradition ? peu importe, car les légendes d'un pays ne se discutent pas. Elles ne se discutaient pas surtout au temps où la foi naïve des premiers chrétiens consolidait aveuglément toutes les traditions en général en couvrant d'édifices pieux les lieux qui leur avaient servi de berceaux ; et c'est ainsi que, dès l'origine de la puissance chrétienne,

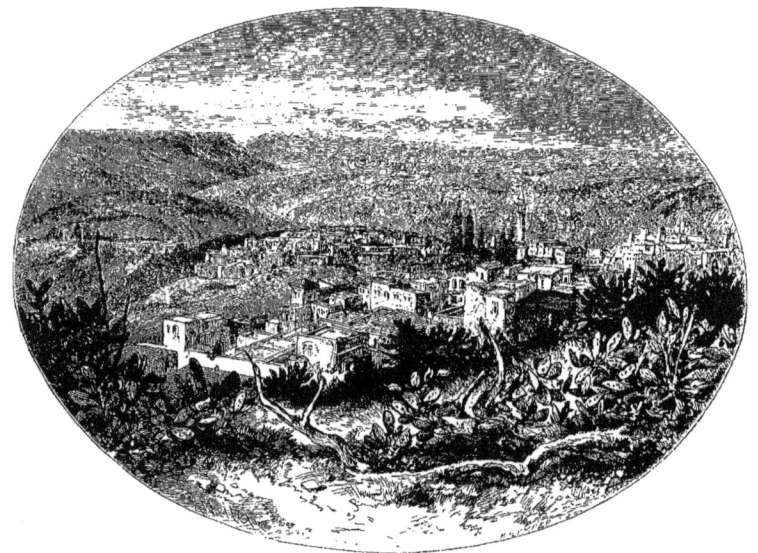

NAZARETH, A VOL D'OISEAU

nous trouvons sur le Thabor trois églises rappelant le souvenir des trois tentes que Pierre proposait à Jésus d'y dresser.

Pendant les croisades, le Thabor, tout en restant un lieu saint couvert de couvents et d'églises, redevint une forteresse que les Francs et les Musulmans se disputèrent plus d'une fois. Les Musulmans finirent par rester maîtres de la place, et le frère de Saladin s'y retrancha dans une position inexpugnable ; dès 1210, en effet, une forteresse garnie de dix-sept tours et dont la muraille d'enceinte enfermait le sommet de la montagne tout entier, le protégeait lui et les siens contre toutes les entreprises des chrétiens.

Le lecteur ne s'étonnera plus, après ces détails, de trouver la cime du Thabor complètement nue et dépouillée d'arbres, tandis que ses flancs, vers la base surtout, présentent des pentes boisées et resplendissantes de verdure. Ce cône rasé convenait également bien à une forteresse et à un autel, de sorte que la piété moderne a continué l'œuvre des guerres d'autrefois, coupant les arbres au fur et à mesure qu'ils s'élevaient, pour faire la place nette aux couvents.

Quant aux ouvrages que la main de l'homme y avait élevés jadis, soit pour y retrancher les armes soit pour y abriter la prière, leurs ruines sont debout encore, éparses sur le sommet ou sur les flancs de la montagne, et Napoléon, du fond de la plaine où il poursuivit et sabra les fuyards turcs, put contempler sans doute les

ENVIRONS DE NAZARETH

débris informes de la forteresse sarrasine qui, six siècles auparavant, faisait pleuvoir le fer et feu sur nos ancêtres, les chevaliers francs.

Le couvent latin d'aujourd'hui renferme les ruines d'une église des croisés datant du douzième siècle; on trouve aussi des ruines d'église dans le couvent grec, mais je crains bien que les deux confessions voisines n'aient pu s'entendre encore sur les souvenirs plus ou moins traditionnels que ces ruines désignent à la piété des fidèles.

En redescendant la montagne par le versant nord, nous nous trouvons dans un pays pittoresquement accidenté; des plaines se succèdent, traversées par intervalle d'une ligne basse de collines nues et rocheuses tirant vers le nord ou vers l'est ; le gibier abonde dans cette contrée, il n'est pas rare de voir un lièvre bondir entre les broussailles du chemin ou une famille de perdrix se lever au cri des muletiers placés en tête des caravanes qui reviennent du marché voisin; parfois même un vol de cigognes traverse le ciel avec un doux bruit d'ailes et des claquements de bec stridents ; le sol paraît aride cependant et peu cultivé, les chemins n'offrent ni ombre ni fraîcheur, et il faut faire des kilomètres pour rencontrer une source ou une fontaine.

L'éternelle mélancolie des champs de bataille pèse encore sur ce pays où tant

UNE RUE A NAZARETH

de sang a coulé, et les rares villages perdus dans ces vallées étroites et desséchées d'où l'on ne peut apercevoir les horizons magiques du lac de Tibériade, paraissent misérables et insignifiants malgré leurs hautes traditions et le rôle mémorable qu'ils ont pu jouer dans les guerres saintes. Kefr-Kenna, une des localités les plus importantes qu'on rencontre sur la route de Tibériade, a 600 habitants à peine, et une source qui est, je crois, le plus clair de l'industrie de ces derniers, car ils ne se font pas faute d'échanger contre de bons *bakschich* l'eau qu'elle débite.

Il est vrai que cette eau est celle qui fut jadis changée en vin par Jésus, car Kefr-Kenna est généralement considérée comme étant la fameuse Cana, où s'accomplit le miracle mentionné par l'évangéliste. Je dois ajouter que ce n'est pas seulement aux Arabes et aux chrétiens grecs de Kefr-Kenna que la sainte légende sert de gagne-pain ; la petite église grecque située près des décombres romains d'où est sorti le village moderne, en tire elle-même un excellent parti en exhibant quotidiennement, pour la plus grande édification des pèlerins naïfs, deux ou trois cruches (1) qui auraient figuré parmi les récipients où se serait accompli le miracle

UNE BOUTIQUE DE CHARPENTIER A NAZARETH

en question ; pour peu que les pèlerins soient exigeants, on leur montre même les ruines de la maison nuptiale.

Ce charlatanisme des popes grecs nous paraît ici d'autant plus abusif que les traditions anciennes placent dans le même pays, au nord de Sepphoris, à Kanet-el-

(1) Les cruches dont on se sert encore aujourd'hui, comme autrefois, dans toute la Palestine sont des urnes plus ou moins élégantes, en terre poreuse, sortes d'alcarazas primitifs, comme on en trouve dans la plupart des pays chauds.

Djalil, une deuxième Cana ni plus ni moins authentique que la première, — mais passons.

Sepphoris, que nous venons de nommer, fut la Diocesarea de la Palestine romaine. Un misérable village musulman a remplacé cette ville dont Antipas avait fait une des places les plus fortes de la Galilée. Il est situé à l'extrémité ouest de cette contrée néfaste qui servit de champ de bataille aux croisés dans les deux san-

PAYSAGE GALILÉEN

glantes journées de Hattin. L'armée chrétienne y campa la veille même de la bataille, puis s'avança vers l'est, où l'attendait l'armée de Saladin, c'est-à-dire vers Loubi, illustré plus tard par les victoires de Junot et de Kléber, et vers le Karn Hattin qui dresse son cône arrondi à une lieue du rivage escarpé de Tibériade. Mais il n'est pas inutile de rappeler ici les circonstances qui précédèrent cette bataille où devaient se briser les derniers efforts des princes francs.

Les documents historiques ne nous font point défaut ici ; les historiens arabes particulièrement abondent en détails sur les nombreuses victoires musulmanes qui précédèrent la prise de Jérusalem par Saladin. Avec les seules chroniques d'Ibn-alatir et d'Emad-eddin nous pouvons reconstituer avec la plus rigoureuse vérité toute l'histoire de la ruine du royaume chrétien (1).

Nous avons raconté ailleurs le funeste combat de Nazareth où périrent les Templiers, et les divisions qui éclataient entre les grands du royaume dès le commencement de l'année 1187, divisions qui furent la principale cause du triomphe de l'islamisme. L'historien Abou-Shamé nous donne à ce sujet l'opinion d'Ibn-alatir qui nous apprend en même temps la façon dont Saladin sut faire tourner ces divisions à son profit.

LE ROCHER DU « PRÉCIPICE » (NAZARETH)

« Le roi Baudouin, dit le Lépreux, se voyant sans enfant, laissa le trône à un fils de sa sœur nommée Sibylle ; et, comme ce fils était encore en bas âge, il lui choisit pour tuteur Raymond,

---

(1) Le lecteur pourra consulter, à ce sujet, le tome IV de la *Bibliothèque des Croisades*, notre récit étant lui-même composé en grande partie avec des extraits du compilateur arabe Abou-shamé traduits par M. Reinaud. Nous avons fait remarquer déjà que ces chroniques arabes, bien que respirant la haine de l'ennemi, c'est-à-dire des croisés, sont en général sincères et impartiales.

comte de Tripoli. Aucun seigneur chrétien n'était alors plus puissant que Raymond; outre le comté de Tripoli, il possédait encore Tibériade du chef de sa femme. Aucun ne jouissait de plus de considération, et ne la méritait davantage par sa bravoure et sa prudence. Il prit donc en main les rênes du gouvernement et administra en qualité de régent. Sur ces entrefaites, le jeune roi mourut et le sceptre passa aux mains de sa mère. Ainsi le comte de Tripoli, qui s'était flatté d'être roi, fut déçu dans ses espérances ; la reine avait épousé un chrétien d'Occident nommé Guy, et lui mit la couronne sur la tête. La cérémonie eut lieu en présence du patriarche, des prêtres, des moines, des hospitaliers, des templiers et des barons du royaume : tous jurèrent obéissance au nouveau roi ; il n'y eut que Raymond qui trouva cette conduite extraordinaire. Peu de temps après, le nouveau roi lui ayant demandé compte de l'emploi des deniers publics, il répondit que ce qu'il avait dépensé, il l'avait fait pour le bien de l'État. Mais cette demande avait irrité son mécontentement, et il parut vouloir se séparer de la cause des chrétiens ; il écrivit même à Saladin pour implorer son appui. Le sultan fut très aise de cette division et promit au comte de l'aider à s'emparer du trône. Il lui renvoya sans rançon plusieurs chrétiens de ses sujets qui étaient prisonniers entre les mains des musulmans, et gagna tellement Raymond par ses manières, qu'il le mit tout à fait dans ses intérêts. »

Selon Ibn-alatir, une des causes qui excitèrent le plus vivement, à cette époque, la colère de Saladin, ce fut la conduite inqualifiable de Renaud, seigneur de Kérak. Assiégé dans cette ville par Saladin, Renaud avait, paraît-il, obtenu la paix en s'interdisant pour l'avenir toute action offensive. Or, cette année-là, une riche caravane arabe vint à passer sur le territoire de *Petra deserti;* Renaud, oubliant ses serments, fondit sur elle, et la pilla sans merci, faisant prisonniers tous ceux qui la composaient. Informé de ce qui s'était passé, Saladin écrivit à Renaud pour lui rappeler la paix conclue, mais remontrances et menaces demeurèrent inutiles. De ce jour, Saladin se promit une vengeance éclatante si jamais Renaud lui tombait entre les mains.

Dès le commencement de l'année 1187 il fit un appel à la guerre sacrée, envoya des émissaires jusque dans les provinces les plus lointaines de son empire, en Égypte, en Mésopotamie, à Arbèles au delà du Tigre. De Bagdad au Caire soixante mille guerriers musulmans se levèrent, et marchèrent sur la Palestine ; puis, tandis que cette armée formidable, principalement composée de volontaires, grossissait chaque jour, il quitta lui-même Damas avec un corps de troupes aguerri, dans le double but de prendre Kérak et de protéger les pèlerins musulmans qui, à cette époque de l'année (mois de mai), traversaient la Syrie du nord au sud pour se rendre à la Mecque.

Il venait précisément de commencer le siège de Kérak lorsqu'il reçut la nouvelle de la victoire remportée par son fils sur les Templiers, près de Nazareth. Transporté de joie, il renonça momentanément à prendre Kérak, et alla rejoindre l'armée principale, pensant avec raison que l'heure était sonnée de frapper un coup décisif.

Les Francs, ayant appris que l'armée musulmane venait de planter ses tentes sur le territoire de Tibériade, s'occupèrent également de mettre sur pied toutes les forces dont ils pouvaient disposer. Les princes oublièrent leurs querelles, et le comte Raymond, menacé d'excommunication, se réconcilia avec le roi de Jérusalem, puis l'armée chrétienne tout entière, cavalerie et infanterie, se dirigea vers les plaines de Sephoris.

A cette nouvelle Saladin tint conseil avec ses principaux émirs, et il fut décidé qu'on se porterait à la rencontre des chrétiens et qu'on s'efforcerait de provoquer une action générale. En conséquence l'armée sarrasine leva le camp et s'avança dans la direction de Sephoris. Elle s'arrêta sur les premières collines, du haut desquelles on put distinguer les tentes des croisés. On passa une journée à s'observer de part et d'autre ; les chrétiens ne semblaient nullement disposés à abandonner leurs positions ; alors Saladin, dont le plan était de les attirer du côté de Tibériade, frappa un premier coup. Il laissa le gros de l'armée à l'endroit qu'elle occupait, et partit avec ses meilleures troupes pour s'emparer de Tibériade. La citadelle résista, mais la ville fut prise et livrée aux flammes.

Les croisés, informés de l'incendie de Tibériade, tinrent conseil. Fallait-il persister à attendre l'ennemi, ou se porter au secours de la citadelle au risque de tomber dans un piège et de se voir cerner tout à coup par l'armée formidable de Saladin? Le comte Raymond émit l'avis le plus prudent et le plus raisonnable : « Tibériade, dit-il, appartient à mon épouse et à moi ; Saladin y a fait ce qu'il a voulu. La citadelle seule tient encore et ma femme y est maintenant enfermée avec mes enfants : cependant qu'il prenne, s'il veut, la citadelle avec ma femme ; j'y consens d'avance ; mais, pour Dieu! retournons sur nos pas. Jamais les musulmans ne se sont présentés avec un appareil aussi nombreux et aussi terrible. Il sera impossible à Saladin de se maintenir dans Tibériade ; il faudrait qu'il s'y enfermât avec toute son armée, chose à laquelle ses troupes ne consentiront jamais, par le désir qu'elles ont de revoir leurs foyers ; et alors nous reprendrons sans peine la ville. »

Mais ce sage conseil ne devait point prévaloir. Le téméraire Renaud, seigneur de Kérak, se leva à son tour, et, toisant le comte qu'il soupçonnait de trahison. « Chercherez-vous à nous faire peur des musulmans ? s'écria-t-il avec indignation. On croirait vraiment que vous êtes pour eux, à vous entendre parler ainsi.

Quant à ce que vous dites de leur grand nombre, la quantité de bois ne nuit pas au feu. » Voyant ses avis si mal interprétés, Raymond n'essaya plus de lutter. « Puisqu'il en est ainsi, reprit-il, faites à votre guise, vous savez que je serai toujours des vôtres; si vous avancez, j'avancerai ; si vous reculez, je reculerai, mais vous verrez ce qui arrivera. » — Il fut décidé qu'on marcherait sur Tibériade.

« A cette nouvelle, rapporte Émad-eddin, Saladin se réjouit et dit : « Nous avons atteint notre but; nous l'emporterons par les armes. Si nous venons à bout de battre l'ennemi, ni Tibériade, ni aucune des places chrétiennes ne pourront nous résister ; toutes les forces ennemies seront détruites. » En effet, continue Émad-eddin, les chrétiens avaient dégarni toutes leurs places pour rassembler plus de monde. Par là ils étaient parvenus à former une armée de plus de cinquante mille hommes. Saladin commença par invoquer le secours de Dieu, et alla rejoindre son armée. On était alors au jeudi 23 de rebi second (2 juillet 1187 de J.-C.). Les Francs s'étaient dirigés vers Tibériade semblables à des montagnes en mouvement ou aux flots d'une mer agitée. Le sultan se plaça devant eux, ayant le lac de Tibériade derrière.

En ce moment la chaleur du jour était brûlante ; l'ennemi paraissait accablé ; il souffrit de la disette d'eau ; car la cavalerie musulmane, répandue sur les deux ailes, lui fermait l'accès au lac. Le sultan veilla toute la nuit et ordonna aux archers de remplir leurs carquois; il en fit distribuer quatre cents charges. Soixante-dix archers furent désignés pour aller sur le champ de bataille, et donner des flèches à ceux qui en manqueraient. Les musulmans montrèrent un courage opiniâtre. En vain les Francs firent les plus grands efforts pour s'ouvrir un passage vers les eaux. Déjà ils étaient tourmentés par la soif et embrasés par la chaleur du jour. Cette première attaque eut lieu un vendredi. Les Francs parurent supporter la soif avec constance et courage. Ils avaient bu toute l'eau des outres : ils avaient mis à sec leurs vases ; ils avaient épuisé jusqu'à l'eau des larmes, et déjà ils allaient succomber à leurs maux, lorsque la nuit survint. Ils passèrent cette nuit dans leur camp, ne sachant ce qu'ils devaient faire. Cependant ils ne se laissèrent point abattre, et ils se dirent entre eux : « Demain nous trouverons de l'eau avec nos épées.

Le lendemain matin, dès l'aube, les Sarrasins sortaient du camp et se rangeaient en ordre de bataille. Les Francs, dit Ibn-alatir, s'avançaient aussi, mais déjà affaiblis par la soif qui les tourmentait. De part et d'autre l'action commença avec fureur. La première ligne musulmane lança une nuée de flèches qui firent un grand ravage parmi les cavaliers chrétiens. L'infanterie chrétienne s'était ébranlée pour se porter vers le lac et y faire de l'eau. Aussitôt Saladin courut se placer sur son passage, animant les musulmans de la voix et du geste.

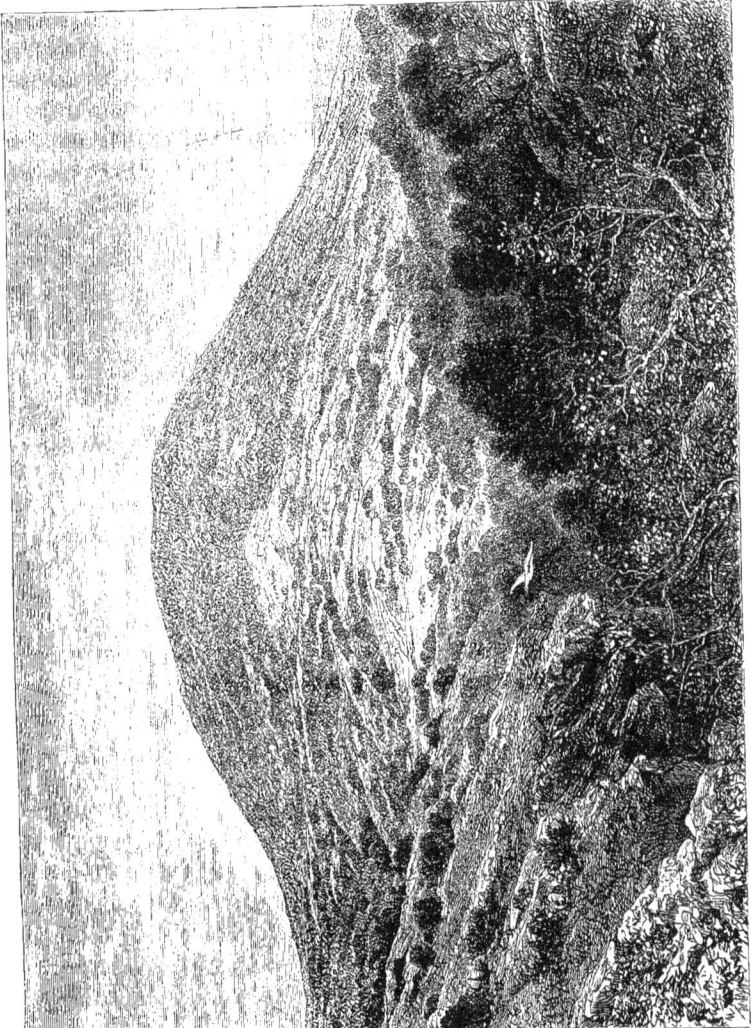

LE MONT THABOR

Tout à coup un des jeunes mameloucks du sultan, emporté par son ardeur, s'élança sur les chrétiens, et après des prodiges de bravoure fut tué. Les musulmans s'avancèrent pour venger sa mort, et firent un grand carnage des infidèles. Bientôt il n'y eut plus pour les chrétiens d'espoir de salut. Le comte de Tripoli essaya de se frayer un passage (1) : Taki-eddin, neveu du sultan, était placé en face ; quand il vit le comte s'avancer en désespéré, il fit ouvrir les rangs, et le comte se sauva avec sa suite. L'armée chrétienne était alors dans une situation horrible. Comme le sol où elle combattait était couvert de bruyères et d'herbes sèches, les musulmans y mirent le feu et allumèrent un vaste incendie. Ainsi la fumée, la chaleur du feu, celle du jour et celle du combat, tout se réunit contre les chrétiens. Ils furent si consternés, que peu s'en fallut qu'ils ne demandassent quartier. A la fin, voyant qu'il n'y avait plus de salut, ils fondirent sur les musulmans avec tant d'impétuosité, que sans le secours de Dieu on n'aurait pu leur résister.

Cependant, à chaque attaque, ils perdaient du monde et s'affaiblissaient; enfin ils furent entourés de toute part et repoussés jusqu'à une colline voisine, près du hameau de Hittin. Là ils essayèrent de dresser quelques tentes et de se défendre. Tout l'effort du combat se porta de ce côté. Les musulmans s'emparèrent de la grande croix que les chrétiens appellent *la vraie croix*, et dans laquelle se trouve un morceau de celle sur laquelle ils prétendent que fut attaché le Messie (1). La perte de cette croix leur fut plus sensible que tout le reste; dès lors ils se regardèrent comme perdus. Le roi n'eut bientôt plus autour de lui sur la colline que cent cinquante cavaliers des plus braves. Afdal, le fils de Saladin, était alors auprès du sultan son père. « J'étais, disait-il lui-même dans la suite, à côté de mon
« père quand le roi des Francs se fut retiré sur la colline; les braves qui étaient
« autour de lui fondirent sur nous et repoussèrent les musulmans jusqu'au bas de
« la colline.

Je regardai alors mon père et j'aperçus de la tristesse sur son visage. Faites mentir le diable! cria-t-il aux soldats en se prenant la barbe. A ces mots, notre armée se précipita sur l'ennemi et lui fit regagner le haut de la colline ; et moi de m'écrier plein de joie : Ils fuient, ils fuient ! Mais les Francs revinrent à la charge et s'avancèrent de nouveau jusqu'au pied de la colline, puis furent repoussés encore une fois; et moi de m'écrier derechef : Ils fuient, ils fuient ! Alors mon

(1) Aboulfarage, à l'exemple de quelques auteurs chrétiens latins du temps, dit dans sa Chronique syriaque que cette fuite était concertée, et que les musulmans ne laissèrent passer Raymond qu'à cause de l'intelligence qui régnait entre eux et lui. La même accusation est répétée dans l'*Histoire des patriarches d'Alexandrie*, où le comte est comparé au traître *Judas, qui vendit son maître*. Ainsi ce sont les auteurs chrétiens qui ont montré le plus d'acharnement contre le comte de Tripoli. Au reste Raymond ne put survivre au désastre de l'armée chrétienne et mourut peu de temps après de douleur. (Note du traducteur, *Bibliothèque des Croisades*.)

père me regarda et me dit : Tais-toi ; ils ne seront vraiment défaits que lorsque le pavillon du roi tombera. Or il finissait à peine de parler que le pavillon tomba. Aussitôt mon père descendit de cheval, se prosterna devant Dieu et lui rendit grâces en versant des larmes de joie. »

« Voici comment le pavillon du roi tomba. Quand les Francs retirés sur la colline attaquèrent les musulmans avec tant de furie, c'est qu'ils souffraient horriblement de la soif et qu'ils voulaient s'ouvrir un passage. Se voyant repoussés,

PORTRAIT ANCIEN DU CHRIST

ils descendirent de cheval et s'assirent par terre. Alors les musulmans montèrent sur la colline et renversèrent la tente du roi. Tous les chrétiens qui s'y trouvaient furent faits prisonniers. On remarquait dans le nombre, outre le roi, le prince Geoffroy son frère, Renaud, seigneur de Carac, le seigneur de Gébail, le fils de Honfroi, le grand maître des templiers et plusieurs hospitaliers et templiers. En voyant le nombre des morts, on ne croyait pas qu'il y eût des prisonniers ; et en voyant les prisonniers, on ne croyait pas qu'il y eût des morts. Jamais les Francs, depuis leur invasion en Palestine, n'avaient essuyé une telle défaite. Moi-même, un an après, je passai sur le champ de bataille et j'y vis les ossements amoncelés. Il y en avait aussi d'épars çà et là, sans compter ce que les torrents et les animaux carnassiers avaient emporté sur les montagnes et dans les vallées. »

Le récit d'Emad-eddin, témoin oculaire de la bataille, n'est pas moins intéressant que celui d'Ib-alatir. Les commentaires dont il accompagne le récit de la prise de la *vraie croix* sont particulièrement curieux ; on croit entendre un des nôtres parlant des hérésies de quelque peuplade païenne.

« La grande croix fut prise avant le roi, et beaucoup d'impies se firent tuer autour d'elle. Quand on la tenait levée, les infidèles fléchissaient le genou et inclinaient la tête. Ils disent que c'est le véritable bois où fut attaché le Dieu qu'ils

CANA EN GALILÉE

adorent [1]. Ils l'avaient enrichie d'or fin et de pierres brillantes ; ils la portaient les jours de grande solennité ; et lorsque leurs prêtres et leurs évêques la montraient au peuple, tous s'inclinaient avec respect. Ils regardaient comme leur premier devoir de la défendre ; celui qui l'aurait abandonnée ne pouvait plus jouir de la paix de l'âme. La prise de cette croix leur fut plus douloureuse que la captivité de leur roi ; rien ne put les consoler de cette perte. Ils l'adorent ; elle est leur Dieu ; ils se prosternent devant elle et l'exaltent dans leurs cantiques. En la possédant, ils croient jouir de tous les biens de la terre ; ils la rachèteraient volontiers de leur propre

---

[1]. Rappelons à ce sujet que les musulmans ne croient pas que Jésus est mort sur la croix. D'après une légende reproduite par Mahomet dans le Coran, un ange aurait délivé le Christ au moment suprême, et les juifs auraient crucifié un inconnu qu'ils prenaient pour lui.

sang; ils espéraient par son moyen obtenir la victoire. Ils ont aussi des croix de métal qu'ils gardent dans leurs maisons, et devant lesquelles ils font des prières. »

A propos de l'équipement des chevaliers francs, Emad-eddin fait encore cette remarque fort juste, que leurs armures sans doute les mettaient à l'abri des coups, mais que, sitôt que le cheval tombait, le cavalier était perdu. « Les chrétiens, dit-il ensuite, étaient des lions au commencement du combat, et ne furent plus à la fin que des brebis dispersées. De tant de milliers d'hommes il ne s'en sauva qu'un petit nombre. Le champ de bataille était couvert de morts et de mourants : je traversai moi-même le mont Hittin ; il m'offrit un horrible spectacle. Je vis tout ce qu'une nation heureuse avait fait à un peuple malheureux. Je vis l'état de ses chefs : qui pourrait le décrire? Je vis des têtes tranchées, des yeux éteints ou crevés, des corps couverts de poussière, des membres disloqués, des bras séparés, des

MÉDAILLES COMMÉMORATIVES DE LA PRISE DE LA JUDÉE

os fendus, des cous taillés, des lombes brisés, des pieds qui ne tenaient plus à la jambe, des corps partagés en deux, des lèvres déchirées, des fronts fracassés. En voyant ces visages attachés à la terre et couverts de sang et de blessures, je me rappelai ces paroles de l'Alcoran : « L'infidèle dira : *Que ne suis-je poussière!* Quelle odeur suave s'exhalait de cette terrible victoire! »

« Les cordes des tentes, dit l'auteur en terminant, ne suffirent pas pour lier les prisonniers. J'ai vu trente à quarante cavaliers attachés à la même corde ; j'en ai vu cent ou deux cents mis ensemble et gardés par un seul homme. Ces guerriers qui naguère montraient une force extraordinaire et qui jouissaient de la grandeur et du pouvoir, maintenant, le front baissé, le corps nu, n'offraient plus qu'un aspect misérable. Les comtes et les seigneurs chrétiens étaient devenus la proie du chasseur, et les chevaliers celle du lion. Ceux qui avaient humilié les autres l'étaient à leur tour ; l'homme libre était dans les fers ; ceux qui accusaient la vérité de mensonge et qui traitaient l'Alcoran d'imposture étaient tombés au pouvoir des vrais croyants. »

La bataille terminée, Saladin s'occupa immédiatement de régler le sort des prisonniers. Fidèle à ses mœurs courtoises et chevaleresques, il fit asseoir le roi Guy à sa droite; les autres prisonniers étaient rangés devant le seuil de sa tente. Le roi ayant demandé à boire, Saladin lui fit apporter de l'eau de neige, mais comme Guy de Lusignan, après avoir bu, présentait le vase à Renaud, le sultan l'arrêta du geste : « Ce n'est pas moi, s'écria-t-il, qui ai dit à ce misérable de boire; je ne suis pas lié envers lui. » Les usages arabes interdisaient en effet de tuer un prisonnier auquel on avait offert à boire ou à manger. Or on se rappelle que Saladin avait contre Renaud des griefs tout particuliers, et qu'il avait juré de se venger.

Se tournant vers Renaud et le foudroyant du regard, il lui rappela tous ses torts, et l'expédition dirigée contre la Mecque, et le pillage de la caravane où le seigneur de Kérak avait violé son serment de paix. « Tu raillais alors tes prisonniers, lui

PORTRAIT DU CHRIST (D'APRÈS UN CAMÉE ANCIEN).

dit-il, faisant allusion à cette dernière affaire, tu leur disais : Implorez donc Mahomet pour voir s'il viendra vous délivrer! Vois maintenant si je ne les venge pas, eux et le prophète. »

Et, ce disant, Saladin porta à Renaud un coup de son épée. Alors les émirs présents, qui n'attendaient que ce signal, se jetèrent sur le seigneur de Kérak et lui coupèrent la tête. Et comme Guy de Lusignan pâlissait, s'attendant au même sort, dit Emal-eddin, Saladin le rassura et lui promit que sa vie serait respectée.

En effet, le roi de Jérusalem et les autres seigneurs captifs furent dirigés sur Damas, mais le sultan fit mettre à mort tous les templiers et tous les hospitaliers, qu'il considérait comme les ennemis les plus acharnés de l'islamisme. Une foule d'autres prisonniers chrétiens périrent sous le glaive de ceux qui les avaient pris ou achetés, car la vie d'un prisonnier dépendait à cette époque exclusivement du caprice de celui à qui il appartenait (1).

(1) Nous avons dit ailleurs que le nombre des prisonniers faits à la bataille de Tibériade était si grand qu'on les vendait à vil prix, et qu'un auteur arabe a pu dire qu'il n'était pas rare alors de rencontrer dans les rues de Damas des têtes de chrétiens exposées en guise de melons.

Tels furent, selon les auteurs arabes, les résultats désastreux de la bataille de Hattin. Le lendemain de cette funeste journée Saladin attaqua la citadelle de Tibériade qui se rendit, mais il respecta le courage et les malheurs de la femme du comte Raymond, et lui permit de se retirer à Tripoli avec son fils et sa suite.

Peu de temps après, la Galilée tout entière était mise à feu et à sang, les troupes de Saladin s'emparaient des principales villes fortes de la Samarie et de la Judée, et, au commencement d'octobre, c'est-à-dire deux mois après la bataille de Hattin, l'étendard musulman flottait sur les murs de Jérusalem.

CHAPITRE XXIX

LA MER DE GALILÉE

(TIBÉRIADE)

Aspect physique de la contrée de Génézareth. — Climat, conditions géologiques, tremblements de terre. — Physionomie du lac; les pêcheurs galiléens d'aujourd'hui. — Inconvénients d'un séjour à Tibériade. — La légende des puces d'Occident. — Histoire de la fondation de Tibériade; les Galiléens écrasés par Vespasien. — Tibériade devient une des villes saintes du peuple juif. — population actuelle de la ville, achenazims et séphardims; sort de la femme juive; polygamie et divorce. — La Tibériade moderne. — Le hammam d'Emmaüs.

Ici, commme ailleurs, de nombreuses déceptions attendent le voyageur qui veut étudier de près le riant décor où se sont déroulées les scènes les plus mémorables de la mission évangélique du Christ.

Ce pays de Génézareth dont les principaux sites ne nous retracent que des souvenirs grandioses : le sermon des Béatitudes, la multiplication des pains, Jésus apaisant les flots du lac, comme il apaisait les tourmentes de tous ces cœurs simples qui l'environnaient, prodiguant aux plus indignes même les consolations de sa grande âme inaltérablement clémente et douce, ce pays, disons-nous, dont la radieuse image est restée gravée dans la mémoire de tous ceux qui se sont plu à suivre en rêveurs les diverses étapes de l'idylle évangélique, semble, lui aussi, retourner lentement aujourd'hui à l'inertie, à la mort.

Un vent de malédiction a soufflé là, desséchant la verte parure des plaines et des coteaux ; sous l'action du feu intérieur, le sol s'est entr'ouvert de toutes parts, engloutissant tout à la fois, les hommes et leurs habitations ; les guerres sont venues à leur tour participer à cette œuvre de dévastation, semant la mort partout et renversant ce que le temps lui-même avait respecté.

Aujourd'hui, le voyageur surpris voit les ruines entassées à la place où s'élevaient les brillantes cités fondées par Hérode et dont telle misérable bourgade arabe, comme Tibériade par exemple, ne rappelle que le nom; des roches noires et calcinées, témoins des derniers cataclysmes du sol, dressent, non loin des rives vertes du lac, la sombre image pétrifiée de divers tremblements de terre dont le pays a souffert, et quelque part, dans un coin de la berge presque déserte de Tibériade, deux ou trois barques seules laissent voir à peine, comme attristées de leur propre isolement, le blanc mélancolique de leur voile.

Et le cœur se serre à la pensée de tant de choses qui s'épanouirent et qui brillèrent là, et qui vécurent de la vie bruyante et agitée dépeinte par les historiens du temps, et qui ne sont plus aujourd'hui, et que ce coin de terre, sans aucun doute, ne verra jamais reparaître.

« Malheur à toi, Bethsaïde, malheur à toi Chorazaïn! » disait Jésus; et ses prédictions se sont réalisées, et, quelques siècles plus tard, une lugubre moisson de ruines a poussé dans les plaines verdoyantes de Génézareth. M. Ernest Renan a exprimé quelque part, dans un langage un peu mystique, mais qui convient admirablement au sujet, la tristesse intime de ce contraste disposant le voyageur qui foule le sol galiléen à reculer dans une sorte d'atmosphère supra-terrestre le pays que lui retraçait la Bible de son enfance.

Après avoir fait remarquer que le beau climat de la Galilée devait faire de l'existence de Jésus et de ses apôtres un perpétuel enchantement : « A l'époque de Jésus, dit-il, avec une naïveté voulue, un abandon de toute préoccupation philosophique par où il semble lui-même soulager sa conscience et son cœur, le ciel n'était pas fermé, ni la terre refroidie.

« La nue s'ouvrait encore sur le fils de l'homme; les anges montaient et descendaient sur sa tête; les visions du royaume de Dieu étaient partout; car l'homme les portait en son cœur. L'œil clair et doux de ces âmes simples contemplait l'univers en sa source idéale; le monde dévoilait peut-être son secret à la conscience divinement lucide de ces enfants heureux, à qui la pureté de leur cœur mérita un jour de voir Dieu. » L'auteur de la *Vie de Jésus* dit ailleurs « que c'est l'islamisme, et surtout la réaction musulmane contre les croisades qui ont desséché à la façon d'un vent de mort le canton préféré de Jésus, » et il pense que la stérilité actuelle d'un sol si fertile jadis n'est due qu'à un changement de climat produit par ces causes purement historiques.

Nous croyons, à la vérité, que le bassin du lac a épuisé lui-même à la longue sa propre fécondité, grâce à la chaleur torride qui y règne, et qui devait y régner de tout temps, à cause de la dépression considérable (200 mètres au-dessous du niveau de la mer) où il est situé.

Sans doute le climat était un peu plus tempéré et la végétation plus active il y a dix-huit siècles qu'aujourd'hui, nous n'en pouvons douter. L'historien Joseph vante la fécondité merveilleuse de la contrée qui environne le lac. « Il n'est pas de plantes, dit-il, qu'elle ne puisse produire. On y voit beaucoup de noyers, et ce sont des arbres qui se plaisent dans les climats les plus froids ; les arbres qui ont besoin de la plus grande chaleur, comme les palmiers, et ceux qui veulent un climat doux et tempéré, comme les oliviers et les figuiers, y trouvent également ce qui leur convient. Ainsi la nature, dans sa prédilection pour ce beau pays, s'attache à y réunir les productions les plus opposées ; et non seulement il y vient un grand nombre d'excellents fruits, mais ils s'y conservent longtemps, quelques-uns même toute l'année. » (*Guerre des Juifs*, liv. III.)

Nous ne nous étendrons pas autrement sur cette question de climat, qui est la même, nous l'avons dit déjà, pour toute la vallée du Jourdain ; cependant il faut faire remarquer que cette chaleur excessive qui a peut-être causé l'épuisement partiel du pays a encore pour auxiliaires les tremblements de terre, malheureusement trop fréquents dans toute la région du lac. Le bassin tout entier se trouve précisément situé sur la grande ligne de secousses plutoniennes qui va de l'Idumée au mont Taurus en passant par Hébron, Naplouse, Baalbek et Alep ; il est même probable que les eaux du lac, dont la profondeur moyenne est de 45 mètres à peine, remplissent une excavation qui se serait produite à la suite de désordres volcaniques ; l'état actuel du pays s'expliquerait donc en définitive par les conditions géologiques du sol.

La végétation est encore très abondante sur les rives mêmes du lac, et particulièrement sur le rivage ouest, du côté de la plaine de Génézareth ; mais, comme toutes les végétations hâtives, elle est de fort peu de durée. Le buis et les lauriers-roses mettent des guirlandes fleuries le long de certaines berges où un palmier parfois complètement isolé secoue au vent son panache mélancolique ; cette verdure est du reste le cadre habituel de ce petit lac dont les eaux tranquilles, bien moins dangereuses dans tous les cas que leur réputation, baignent un petit massif de montagnes point très hautes et qui n'offrent à l'œil que des horizons harmonieux et des perspectives agréables et douces.

Seuls les pêcheurs de la contrée ne ressemblent plus, comme bien l'on pense, aux âmes naïves et simples parmi lesquelles Jésus choisit ses disciples ; à Tibériade et dans les environs ce sont en général de misérables Turcs à peine vêtus ou des Juifs plus misérables encore, gens fort humbles à la vérité, mais fort insignifiants aussi, et qui se contentent de rançonner le voyageur si, par hasard, ils sont à même de lui offrir une barque ; il en résulte que l'amour du lucre est généralement la seule notion qu'emporte d'eux l'Européen qui aura utilisé leur bonne volonté.

La pêche d'ailleurs ne se pratique plus guère que sur les rivages mêmes, bien qu'il ne soit pas permis de supposer que les espèces nombreuses et variées de poissons qu'on trouvait jadis dans le lac, et que les disciples du Christ pêchaient volontiers au filet aient diminué depuis. Encore ne rencontre-t-on de pêcheurs que sur la rive occidentale ; tout le pays situé à l'est du lac, est généralement occupé par des tribus bédouines insoumises parmi lesquelles le voyageur isolé ne peut même songer à s'aventurer.

L'eau du lac, malgré sa saveur *sui generis*, ne serait pas mauvaise à boire si

LA PLAGE DE TIBÉRIADE ET KURN-HATTIN.

elle n'offrait l'inconvénient d'être presque tiède, par suite de la température élevée de la plupart des eaux que reçoit le bassin. Les habitants de la contrée, qui en boivent tous, faute de mieux, la rafraîchissent en la laissant séjourner plusieurs heures dans leurs cruches. Ils ont le tort d'ailleurs d'appliquer ce même procédé au vin qu'ils fabriquent, et qu'ils mettent rafraîchir dans des jarres qui sentent généralement la térébenthine et le naphte ; le vin conserve ainsi sa belle couleur jaune, mais prend un goût détestable qui n'est pas fait pour engager le voyageur à en faire sa boisson habituelle.

Ce détail, insignifiant en apparence, mais auquel viennent s'ajouter une foule d'autres ennuis, est loin de contribuer à embellir le séjour de Tibériade, soit qu'on ait pris quartier au couvent latin, soit qu'on ait planté sa tente au bord du lac. Les puces, qui sont le grand fléau du pays, et dont l'affluence, en certaines saisons, est si prodigieuse qu'elle en devient inexplicable, ne vous épargnent pas plus dans l'un que dans l'autre mode d'installation.

J'eusse peut-être passé sous silence ce détail peu intéressant pour le lecteur qui ne se propose point d'entreprendre un voyage en Galilée, mais il me rappelle directement une légende que me contait un Arabe du pays et à laquelle on ne peut nier du moins le mérite de l'originalité.

« La puce, disait-il, est certainement originaire des pays d'Occident ; elle a du sang infidèle dans les veines, et ce qui le prouve bien, c'est qu'elle s'acharne

KURN-HATTIN (MONT DES BÉATITUDES)

surtout à persécuter les pauvres musulmans. Nous autres Arabes, nous sommes absolument convaincus que la puce actuelle, celle dont nous souffrons tant à Tibériade et dans les environs, a été rapportée d'Europe à dos de Juif, à dos d'*achenazim*, par conséquent. Nos pères nous ont souvent parlé d'une grande bataille qui ensanglanta le lac il y a quelque cent ans, au moment même où une nouvelle recrudescence de Juifs européens se manifestait dans la contrée ; c'était le dernier combat que les puces d'Orient livraient à celles d'Occident pour défendre leur territoire ; elles succombèrent malheureusement dans cette lutte héroïque de dix contre mille, et leurs cadavres jonchèrent les rives du lac comme jadis ceux des Francs vaincus par Saladin, le représentant de Mahomet. Au lendemain de cette victoire le roi des puces d'Occident planta son sceptre dans le cuir d'un des nôtres, et, depuis, les puces juives n'ont cessé de régner sur nous et de nous tourmenter.

De là la vieille haine qui nous anime contre les Juifs en général. Vous voyez ces lauriers verts et ces jolies fleurs qui bordent la rive sud tout du long ; on assure que ce sont les âmes des petits insectes qui ont péri jadis dans la lutte contre les envahisseuses, et nous le croyons tous fermement, car ces grèves verdoyantes et fleuries sont restées funestes aux puces actuelles ; sitôt que vous vous approchez de ces bords qu'elles redoutent, elles vous fuient avec terreur ; baignez-vous au matin dans le lac, vous en sortirez blanc comme neige, et débarrassé de tous les hôtes

URNES ET CRUCHES ORIENTALES

malfaisants qui vous auront incommodé pendant la nuit ; c'est un conseil que vous donneront ici tous les musulmans qui sont vos amis, les Juifs jamais. »

Cette légende, qui pourrait bien n'être qu'une plaisanterie de moukre facétieux, prouve cependant que les Arabes du pays n'ignorent nullement l'origine des Juifs de Tibériade, et qu'ils sont loin de les considérer comme les véritables enfants du pays.

Tibériade ne date guère que des premières années de notre ère.

C'était une des trois ou quatre grandes villes bâties à la mode romaine qu'Hérobe Antipas avait fondées en Galilée pour imiter les goûts fastueusement profanes de son père. Il lui donna le nom de Tibérias (qui est resté aussi au lac) pour perpétuer le souvenir de l'amitié réelle ou simulée qui le liait avec l'empereur romain Tibère. Un monde assez hétéroclite composa dans le principe la population de Tibériade, car les Juifs s'étaient en grande partie refusés à participer aux travaux de fondation de la ville sous prétexte que les rochers où il s'agissait de creuser les fondements renfermaient d'anciennes grottes sépulcrales. (On sait en effet que, pour un Juif, le contact d'un sépulcre entraîne la souillure pour sept jours.) Tibériade fut ainsi dans l'origine une ville quasi-païenne que Jésus visita

RUINES DE KEFR-KENNA

rarement, et qui ne devait faire parler d'elle que trente ou quarante ans plus tard, au moment de la conquête de la Galilée par Vespasien.

A l'approche des premières légions romaines, Josèphe l'historien, alors général de l'armée galiléenne, s'enferma dans Tibériade qu'il avait fait fortifier au préalable. Mais les habitants ne tardèrent pas à se rendre aux Romains, et contraignirent par là les défenseurs de la ville à se réfugier dans la forteresse dont les ruines très considérables sont encore debout au nord de la ville actuelle.

Assiégés par Trajan, les Juifs durent abandonner cette forteresse et se réfugier à Tarichée, au bord du lac, où Titus les assiégea à son tour et les vainquit. Vespasien acheva de les écraser dans un combat naval où plus de six mille Juifs trouvèrent la mort.

Jérusalem ayant été prise et détruite par Titus, l'élite de la nation juive émigra à Tibériade qui ne tarda pas à devenir le flambeau de ce petit peuple vaincu et dispersé. On y transporta le sanhédrin, et une école talmudique, restée célèbre,

VUE D'ENSEMBLE DE TIBÉRIADE

ne tarda pas à s'y fonder sous les auspices des plus savants rabbins juifs. C'est de Tibériade qu'est sortie la *Mischna* ou second recueil de lois, basé sur les traditions mosaïques, et la *Gémara* ou Talmud dit de Jérusalem.

Aujourd'hui encore les Juifs, toujours inébranlables dans leur foi et dans le culte de leurs traditions, forment la majeure partie de la population de Tibériade qui ne dépasse guère 3 ou 4,000 âmes (1). Notez qu'il ne s'agit pas ici de Juifs indigènes, mais de Juifs immigrés, venus d'Allemagne, d'Autriche, de Pologne surtout, et dont la plupart ne savent d'autre langue que l'allemand et portent encore l'affreux costume qui les distingue dans leur pays ; c'est-à-dire le chapeau

(1) La population juive compte 2,000 âmes environ, tant achénazim que sephardim. Les premiers possèdent cinq synagogues, les autres deux seulement.

tromblon, la houppelande crasseuse, et les mèches de cheveux tirebouchonnées qui pendent sur les tempes.

Ce sont en général (et ici j'entends parler des femmes surtout) des êtres mélancoliques et doux qu'on voit errer dans les rues sordides de la petite

RUINES D'UNE SYNAGOGUE JUIVE

ville turque, ayant gardé dans leurs traits comme une vague stupeur du jour où ils se sont vus égarés dans ce pays à demi sauvage dont ils ne comprennent ni les mœurs, ni la langue, ni les destinées.

Le sort de la femme juive en Orient n'est d'ailleurs guère plus heureux que celui de la femme arabe. Elle est, vis-à-vis de l'homme, dans un état d'infériorité légale et de dépendance que la religion mosaïque, telle que la pratiquent les *séphardims* par exemple, ne saurait améliorer en aucune façon. Il n'est pas rare du tout de voir ces derniers pratiquer ostensiblement la polygamie, et il est probable qu'ils justifient ces mœurs à leurs propres yeux en les assimilant à certaines traditions de la vie patriarcale sur lesquelles la législation de Moïse ne s'est pas prononcée.

Quelques-uns aussi, que la polygamie répugne ou effraye, ou qui, en raison de leur misère, voudraient bien jouir des avantages de ce mode d'existence sans en supporter les charges et les inconvénients, trouvent un auxiliaire naturel dans le divorce. Il est surprenant de voir avec quelle aisance certains Juifs d'Orient répudient leur femme légitime pour en prendre une autre. Les Romains de la décadence ne surpassaient certes pas sous ce rapport les Juifs modernes établis en Palestine. Il est vrai que le divorce ne coûte absolument rien à ces derniers,

MONNAIE DE BRONZE DE VESPASIEN

et qu'il y a loin des petites formalités exigées par les rabbins d'Orient pour la rupture d'un ménage aux sages entraves que notre législation a mises au divorce depuis qu'il est rétabli en France (1).

On sait que Tibériade, de même que Safed, a été presque entièrement détruite par le grand tremblement de terre du 1er janvier 1837, qui fit un nombre considérable de victimes et joncha le sol de ruines qui ne contribuent pas peu à embarrasser la circulation dans l'intérieur et aux abords de la petite ville actuelle. La muraille qui la protégeait du côté de la terre a été relevée depuis et garnie de tours solides, mais la forteresse et la citadelle sont restées dans un état de délabrement qui ajoute encore à la note triste des environs immédiats de Tibériade.

Un endroit moins mélancolique, c'est le fameux établissement thermal situé à moins d'une demi-lieue de la ville, à l'endroit sans doute qu'on désignait anciennement sous le nom d'Emmaüs. Il y a là des sources chaudes dont la réputation est

---

(1) En 1856 on a compté seize cas de divorce parmi la petite colonie juive de Jérusalem. Un ouvrage sur les mœurs juives contemporaines nous apprend qu'un Juif d'Orient peut divorcer autant de fois qu'il lui plaît. Les seules formalités exigées sont : 1° le consentement de trois rabbins ; 2° un acte écrit sur un parchemin ne contenant ni plus ni moins de douze lignes et dressé en présence de dix témoins.

fort ancienne et qui de tous temps ont attiré tous les malades des contrées avoisinantes.

Il y a une vingtaine d'années, alors que le bel établissement fondé par les soins d'Ibrahim en 1833 était encore en bon état, tous les Galiléens aisés y venaient faire une saison sous prétexte de guérir leurs rhumatismes. Quelques voyageurs du temps nous ont dépeint les splendeurs et le confort qu'on trouvait alors dans ce caravansérail. Aujourd'hui cette vogue a baissé un peu, et je crois bien que le vieux hammam commence à s'apercevoir que le lac de Génézareth lui fait une sérieuse concurrence.

TIBERIA DE

CHAPITRE XXX

LA MER DE GALILÉE (SUITE)

DE TIBÉRIADE A SAFED

Les bords du lac. — Géographie de la côte ouest, emplacement des bourgades évangéliques. — La foi de Lamartine. — Le village de Medjdel. — Irbid et la citadelle d'Ibn-Maan. — Khan Minieh. — Ruines de Tell Houm (Capharnaum?). — La côte est du lac et le Jourdain. — Route de Tell Houm à Safed. — Ruines de Kérazé (Chorazaïn?). — La citerne de Joseph. — Physionomie de Safed; histoire des premières colonies juives. — Le tremblement de terre de 1837. — Safed en 1831, son industrie, ses mœurs, sa population, d'après la *Correspondance d'Orient*. — Histoire de la forteresse de Safed pendant les guerres saintes; trahison de Bibars, massacre de la garnison chrétienne. — La Safed d'aujourd'hui.

Il faut avoir foulé la terre des miracles évangéliques, avoir rêvé de longues nuits sous le ciel éternellement bleu de la Syrie, contemplé ces horizons tranquilles et cette grève toujours souriante du pays galiléen, habitué ses yeux aux lignes indécises et harmonieuses qui dominent dans tous les aspects du lac, pour comprendre l'inaltérable optimisme de ce doux rêveur qui fut Jésus et les paroles de suprême consolation que cette tendre nature lui inspirait à chaque pas.

Qui donc, dans nos pays aux civilisations compliquées, où tout est impitoyable, où la vie devient une lutte à outrance, qui donc oserait donner à ses proches des conseils semblables à ceux que Jésus prodiguait journellement à ses disciples et à son entourage? qui donc oserait dire aux hommes d'aujourd'hui : « Ne soyez pas inquiets du pain que vous mangerez, ni des vêtements dont vous couvrirez votre corps; la vie n'est-elle pas plus noble que la nourriture, et le corps plus noble que le vêtement? Regardez les oiseaux du ciel : ils ne sèment ni ne moissonnent; ils n'ont ni cellier ni grenier, et votre Père céleste les nourrit. N'êtes-vous pas cependant fort au-dessus d'eux? Quel est celui d'entre vous qui, à force de soucis, peut ajouter une coudée à sa taille ? Et quant aux habits, pourquoi vous en mettre en peine ? Considérez les lis des champs ; ils ne travaillent ni ne filent. Cependant, je vous le dis, Salomon dans toute sa gloire n'était pas vêtu comme l'un d'eux. Si Dieu prend soin de vêtir de la sorte une herbe des champs, qui existe aujourd'hui et qui demain sera jetée au feu, que ne fera-t-il point pour vous, gens de peu de foi ? Ne dites donc pas avec anxiété : « Que mangerons-nous ? que boirons-nous ? de quoi serons-nous vêtus ? » Ce sont les païens qui se préoccupent de toutes ces choses. Votre Père céleste sait que vous en avez besoin.

« Ne vous souciez pas de demain ; demain se souciera de lui-même.

PORTRAIT ANCIEN DU CHRIST

« A chaque jour suffit sa peine. »

Et ces espérances radieuses qu'il prêchait à tous les faibles, à tous les malheureux, à tous les déshérités du sort :

« Heureux, les pauvres en esprit ; car c'est à eux qu'appartient le royaume des cieux !

« Heureux ceux qui pleurent ; car ils seront consolés !

« Heureux les débonnaires ; car ils posséderont la terre !

« Heureux ceux qui ont faim et soif de justice ; car ils seront rassasiés !

« Heureux les miséricordieux ; car ils obtiendront miséricorde !

« Heureux ceux qui ont le cœur pur ; car ils verront Dieu !

« Heureux les pacifiques ; car ils seront appelés enfants de Dieu !

« Heureux ceux qui sont persécutés pour la justice ; car le royaume des cieux est à eux ! »

De pareilles promesses ne seraient-elles pas aujourd'hui désespérément illusoires ? trouverait-on même un homme sincère capable de les comprendre ou prêt à se conformer volontairement à l'idéal qu'elles semblent impliquer ?

Les Galiléens eux-mêmes, que la douceur de leur climat prédispose à l'indifférence matérielle, resteraient sourds aujourd'hui à de semblables prédications : et, de fait, l'humanité ne peut revenir de dix-neuf siècles en arrière, et rien non plus ne nous autorise à mesurer à notre taille, avec les préjugés que nous imposent nos milieux actuels, les grands hommes d'autrefois.

EFFIGIE DE TIBÈRE (d'après une monnaie du temps).

Le chemin en corniche qui, au sortir de Tibériade, longe la rive ouest du lac, tend à effacer l'impression défavorable causée par toutes les ruines qu'on laisse derrière soi. L'horizon, à chaque instant, déroule, sous une lumière intense, les plus riantes perspectives — le bleu profond d'une petite rade où de grands oiseaux de toutes couleurs paraissent endormis sur l'eau, — un promontoire couronné de fleurs et de verdure, — une voile unique qui paraît égarée dans l'immensité ; et, parfois, la route débouchant tout d'un coup dans un vallon où retentit le bruit d'une source, — le babillage de tout un petit monde ailé, — une pente douce couverte de figuiers ou d'orangers laissant apparaître derrière leurs verts massifs les murs blancs d'un hameau arabe.....

Mais, avant de poursuivre nos excursions, une description géographique de la côte que nous allons remonter nous paraît nécessaire, et nous ne croyons pouvoir mieux faire que de reproduire ici l'aperçu général qu'en donne M. Ernest Renan.

« En sortant de Tibériade, ce sont d'abord des rochers escarpés, une montagne qui semble s'écrouler dans la mer. Puis les montagnes s'écartent ; une plaine (*El-Ghoueir*) s'ouvre presque au niveau du lac. C'est un délicieux bosquet de haute verdure, sillonné par d'abondantes eaux qui sortent en partie d'un grand bassin rond, de construction antique (*Aïn Medawara*). A l'entrée de cette plaine, qui est le pays de Génésareth proprement dit, se trouve le misérable village de *Medjdel*. A l'autre extrémité de la plaine (toujours en suivant la mer), on rencontre un emplacement de ville (*Khan-Minyeh*), de très belles eaux (*Aïn-et-Tin*), un joli chemin,

Les Miracles Galiléens : RÉSURRECTION DE LA FILLE DE JAIRUS

étroit et profond, taillé dans le roc, que certainement Jésus a souvent suivi, et qui sert de passage entre la plaine de Génésareth et le talus septentrional du lac. A un quart d'heure de là, on traverse une petite rivière d'eau salée (*Aïn-Tabiga*), sortant de terre par plusieurs larges sources à quelques pas du lac, et s'y jetant au milieu d'un épais fourré de verdure. Enfin, à quarante minutes plus loin, sur la pente aride qui s'étend d'Aïn-Tabiga à l'embouchure du Jourdain, on trouve quelques huttes et un ensemble de ruines assez monumentales, nommés *Tell-Hum*. »

Le profil de la côte dessiné, l'auteur de la *Vie de Jésus* essaye de déterminer l'emplacement de quelques-unes des petites bourgades illustrées par les faits et gestes du Christ.

« Cinq petites villes, dit-il, dont l'humanité parlera éternellement autant que de Rome et d'Athènes, étaient, du temps de Jésus, disséminées dans l'espace qui s'étend du village de Medjdel à Tell-Hum. De ces cinq villes, Magdala, Dalmanutha, Capharnahum, Bethsaïde, Chorazin, la première seule se laisse retrouver aujourd'hui avec certitude. L'affreux village de Medjdel a sans doute conservé le nom et la place de la bourgade qui donna à Jésus sa plus fidèle amie. Dalmanutha était probablement près de là. Il n'est pas impossible que Chorazin fût un peu dans les terres, du côté du nord. Quant à Bethsaïde et à Capharnahum, c'est en vérité presque au hasard qu'on les place à Tell-Hum, à Aïn-et-Tin, à Khan-Minyeh, à Aïn-Medawara. On dirait qu'en topographie, comme en histoire, un dessein profond ait voulu cacher les traces du grand fondateur. »

Les *Miracles Galiléens :* CHRIST MARCHANT SUR L'EAU (d'après un manuscrit du IXe siècle).

Ceci est on ne peut plus juste, et bien mal avisé serait le voyageur qui demanderait compte à ce pays des obstacles qu'il lui plaît d'opposer à la vérification géographique de l'idylle galiléenne. Le résultat de ces examens d'antiquaire peut-il changer quelque chose aux conséquences de la mission de Jésus ? Le christianisme en deviendrait-il plus grand, la foi des croyants plus solide ?

Lamartine, chez qui la foi était toujours empreinte de poésie, a traité cette question de main de maître dans son *Voyage en Orient*.

« Ne croirait-on pas, s'écrie-t-il avec un accent superbe, que les religions sont des choses géométriques que l'on démontre par un chiffre ou que l'on détruit par un argument ; et que des générations de croyants ou d'incrédules sont là toutes prêtes à attendre la fin de la discussion et à passer immédiatement dans le parti du meilleur logicien et de l'antiquaire le plus érudit et le plus ingénieux ? Stériles disputes qui ne pervertissent et ne convertissent personne ! Les religions ne se prouvent pas, ne se démontrent pas, ne s'établissent pas, ne se ruinent pas par de la logique ! elles sont, de tous les mystères de la nature et de l'esprit humain, le plus mystérieux et le plus inexplicable ! elles sont d'instinct et non de raisonnement ! Comme les vents qui soufflent de l'orient ou de l'occident, mais dont personne ne connaît la cause ni le point de départ, elles soufflent, Dieu seul sait d'où, Dieu seul sait pourquoi, Dieu seul sait pour combien de siècles et sur quelles contrées du globe !..... »

CENTURION ROMAIN *

La foi du poète n'était-elle pas d'un ordre plus élevé que l'intolérance systématique et le stérile athéïsme de tels de nos philosophes contemporains ?

Reprenons maintenant en détail l'itinéraire sommairement tracé par M. E. Renan.

Medjdel ou Magdala est le premier village qu'on rencontre sur les bords du lac en remontant la côte ; il est situé à une heure de route environ de Tibériade, mais comme il n'offre d'ailleurs aucun intérêt, le voyageur peut fort bien le laisser à sa droite pour visiter Irbid, distant de Medjdel d'une demi-lieue dans la direction ouest.

Il y a là des ruines excessivement pittoresques, et dont l'histoire du moins se laisse retrouver.

Irbid est l'ancienne Arbela. On peut voir encore, sur le versant du Ouadi Hamam, les ruines d'une synagogue dont il est question dans le Talmud ; c'est celle qui figure dans notre gravure, page 529. Le *Qualat Ibn'Maan*, situé en face du village, est une ancienne forteresse taillée dans des rochers de 350 mètres de hauteur : un dédale de grottes et de couloirs creusés dans le roc ; on y voit aussi des citernes et quelques restes de murailles. Josèphe raconte que cette forteresse que sa situation même et ses moyens de défense rendaient inexpugnable servait de retraite à des brigands dangereux. Hérode en fit le siège, et se vit obligé, pour s'en rendre maître, d'y faire descendre ses soldats dans des caisses maintenues d'en haut par des cordes, ceux-ci

* D'après Menin, « *Il Costume di Tutti Nazione* ».

attaquaient ensuite l'ennemi au moyen de harpons ou de matières enflammées.

Dans les premiers temps du christianisme ces mêmes grottes servaient de retraite à des anachorètes.

Beaucoup de lauriers-roses, mais beaucoup d'épines aussi dans la plaine de Génézareth, dont la végétation est d'ailleurs purement spontanée. Medjdel dépassé, on franchit deux ou trois ruisseaux et l'on arrive en une demi-heure à Khan-Minyeh, où sont quelques ruines et une voie romaine. Le khan, paraît-il, date de l'époque de Saladin. Après ce que nous avons dit plus haut, on comprendra que nous n'entrions pas dans les interminables discussions qu'on a imprimées un peu partout sur la question de savoir si l'on peut identifier Khan-Minyeh avec une des bourgades mentionnées dans les Évangiles.

AIGLE ROMAINE (d'après Montfaucon).

Fort joli chemin de Khan-Minyeh à Tell-Hoûm en passant par Aïn-Tabigha, un charmant coin de verdure avec une source très bruyante au bord de laquelle se penche un moulin arabe.

Intéressantes aussi les ruines de Tell-Hoûm qui, de loin, figurent des masses noires confuses, avec quelques taches grises, là où la pierre n'est plus du basalte. La ruine principale est celle d'une synagogue (1) en marbre blanc, quelques tronçons de colonnes gisent là pêle-mêle avec quelques chapiteaux aux ciselures délicates.

Il est généralement admis que les ruines de Tell-Hoûm représentent Capernaoum ; le lecteur trouvera les raisons de cette identification dans la plupart des ouvrages antérieurs au nôtre.

Avant de quitter le lac pour prendre le chemin de Safed, il nous faut bien dire quelques mots de la rive droite que nous n'avons pu que contempler de loin. De Tell-Hoûm on a encore une fort jolie vue sur le lac qui, on le sait, a la

---

(1) W. Farrar pense que les ruines de Tell-Hoûm représentent les restes de deux synagogues au moins ; l'une d'elles serait celle qui fut bâtie par le centurion romain dont Jésus opéra la guérison miraculeuse (Voir S. Luc, VIII, 3).

forme d'un luth ou plutôt d'une cithare. L'extrémité septentrionale du lac est occupée par une plaine (El-Batiha) dont on voit onduler de loin les jaunes moissons. Nous sommes à l'embouchure du Jourdain. A une lieue de là au nord, l'horizon est coupé par un rideau de collines basses qui se dressent au fond de la vallée et dont l'un des versants porte les ruines de *Julias*, qui serait, dit-on, la vraie Bethsaïde.

Une partie de l'extrémité nord-est de la côte est encore occupée par la plaine, puis tout à coup les bords se font montagneux, présentent des versants très escarpés ; les ruines de ce côté-là sont plus rares. On cite pourtant celles de la citadelle d'El-Hoesn, situées au sommet d'une des collines qui bordent le lac un peu plus loin, et celles de Gamala, sur le territoire de l'ancienne Gamalitide, à l'extrémité sud du lac.

La sortie du Jourdain, à la pointe sud, n'a rien de particulier si ce n'est que le fleuve dont nous avons pu noter ailleurs les couleurs peu séduisantes, est, paraît-il, aussi bleu en cet endroit que le lac lui-même.

MONNAIE DE TIBÈRE.

C'est du moins ce qu'affirme Lamartine, qui ne me paraît pas éloigné de le comparer au Rhône à sa sortie du lac de Genève.

« Ici même, dit-il, le Jourdain est plus qu'un torrent ; quoique à la fin d'un automne sans pluie, il roule doucement dans un lit d'environ cent pieds de large une nappe d'eau de deux ou trois pieds de profondeur, claire, limpide, transparente, laissant compter les cailloux de son lit, et d'une de ces belles couleurs qui rend toute la profonde couleur d'un firmament d'Asie, — plus bleu même que le ciel, comme une image plus belle que l'objet, comme une glace qui colore ce qu'elle réfléchit. A vingt ou trente pas de ses eaux, la plage, qu'il laisse à présent à sec, est semée de pierres roulantes, de joncs et de quelques touffes de lauriers-roses encore en fleurs. Cette plage a cinq ou six pieds de profondeur au-dessous du niveau de la plaine, et témoigne de la dimension du fleuve dans la saison ordinaire des pleines eaux. Cette dimension, selon moi, doit être de huit à dix pieds de profondeur sur cent à cent vingt pieds de largeur. »

Reprenons notre itinéraire à Tell-Hoûm. Une heure et demie ou deux heures au plus suffiraient pour se rendre de Tell-Hoûm à Safed si les chemins n'étaient pas si escarpés et si mal entretenus. Pour peu qu'on n'y prenne garde et que le temps soit mauvais, on tombe là dans des sentiers épouvantables, et c'est alors trois heures et davantage qu'il faut compter pour atteindre la forteresse de Safed.

Pendant une bonne lieue le chemin remonte le lit tourmenté d'un torrent ; on ne tarde pas à passer au pied des ruines de Keraze ou Chorazaïn, car l'identité de ces deux localités est à peu près admise aujourd'hui.

Les ruines assez considérables qu'on a sous les yeux ne manquent pas d'intérêt ; elles sont généralement en basalte comme celles de Tell-Hoûm, on y retrouve des traces de maisons et de rues. Un groupe de ruines assez imposant couronne un des escarpements de la petite vallée dont le fond sert de lit au ruisseau que nous

VAISSEAU ROMAIN (bas-relief ancien).

venons de suivre ; un portail de synagogue semble s'ouvrir sur le ciel et sur le panorama lointain du lac, c'est assez dire qu'il encadre une perspective ravissante...

Une lieue plus loin, dans la direction nord-ouest, on rencontre le Khan *Djoubb Yousouf* où l'on vous montre la fameuse citerne où, d'après une légende arabe, Joseph aurait été précipité par ses frères. Soit dit en passant, la tradition essentiellement arabe qui a consacré cet endroit ne résiste pas à un examen historique sérieux. Nous touchons enfin à la forteresse de Safed qu'on voyait par intervalles planer dans les airs et qui paraissait inaccessible ; au contraire de ce qu'on aurait pu espérer, le chemin devient plus affreux encore à mesure qu'on approche de la ville. Safed, dont l'altitude est considérable (845 mètres) a évidemment souffert plus que toutes les cités voisines des tremblements de terre qui ont dévasté le pays.

Pour qui connaît l'histoire de Safed le spectacle de cette cité jadis si fière, qui fut pendant des siècles le flambeau de la Haute-Galilée, déserte et morne maintenant, a quelque chose de poignant. Retranchée à l'ombre des ruines de sa forteresse, qui naguère dressait fièrement ses deux ailes blanches dans les nues, Safed, au dire des voyageurs qui l'ont visitée avant 1837, paraissait se souvenir encore du passé sombre, mais glorieux, dont elle avait gardé les traces.

Saccagée à plusieurs reprises, par les guerres d'abord, par le tremblement de

LA MULTIPLICATION DES PAINS ET DES POISSONS *

terre de 1759 ensuite, elle s'était chaque fois relevée de ses ruines; sa forteresse résistait à toutes les entreprises des hommes, à toutes les secousses de la terre : après chaque désastre la ville secouait ses cendres pour renaître à une vie nouvelle, et la prospérité rentrait comme par miracle dans cette citadelle où deux peuples, les Turcs et les Juifs, vivaient côte à côte, l'un persécutant l'autre, tous deux se haïssant jusqu'à la mort.

Dès le seizième siècle les Juifs s'établissaient à Safed comme ils s'étaient établis à Tibériade. Ils y fondèrent une vingtaine de synagogues et une académie ou école

---

* Extrait d'un manuscrit du ixe siècle.

rabbinique placée sous la direction de Moïse Galand qui ne tarda pas à surpasser en éclat celle de Tibériade ; ils eurent aussi une imprimerie qui fut célèbre longtemps avant l'introduction des livres à Constantinople et en Égypte.

En 1799 Murat s'empara de Safed avec seize cavaliers qui mirent en déroute

LA TRANSFIGURATION *

toute la garnison de Djezar. Les Juifs formaient à cette époque la majorité de la population.

Après le départ des Français ils eurent à souffrir cruellement des représailles des Turcs, mais le Juif en Orient est habitué aux mauvais traitements, et il oppose aux persécutions un stoïcisme dont tout autre nation serait incapable. Le même fait se renouvela en 1834 à la suite des victoires d'Ibrahim ; les Turcs battus par les

* Extrait du manuscrit de S. Grégoire de Nazianze, n° 251, *Bibliothèque nationale*, Paris).

Égyptiens se vengèrent sur les Juifs; ceux-ci courbèrent encore la tête; ils attendaient le Messie dont l'arivée sonnerait la revanche suprême; les livres sacrés leur promettaient qu'il régnerait pendant quarante ans à Safed avant de s'établir à Jérusalem, son règne était proche, il ne pouvait manquer de venir.....

Le 1ᵉʳ janvier 1837 un bruit épouvantable déchira les airs et fit gronder jusqu'aux entrailles du sol. Était-ce l'arrivée du Messie? Non, c'était le prélude d'une de ces catastrophes qui ruinent une ville pour jamais. La terre s'entr'ouvrit engloutissant les arbres, les maisons, et tout ce qui vivait et respirait à sa surface. Sur les flancs des deux collines qui supportaient la ville de magnifiques plantations d'oliviers s'élevaient en gradins, faisant de verts colliers aux terrasses blanches des faubourgs: oliviers et terrasses disparurent en un clin d'œil dans les crevasses du sol...

Huit à neuf mille Juifs habitaient alors Safed, ils se comptèrent après la catastrophe; leur nombre était réduit de moitié. La population musulmane eut moins à souffrir; elle n'était point considérable à cette époque; les Turcs perdirent cependant plus de mille des leurs et les chrétiens à peu près autant.

Safed ne s'est jamais relevée de ce dernier désastre. Sa forteresse, qui avait résisté au tremblement du terre de 1759, n'offre plus aujourd'hui que des ruines; c'était un monument considérable pourtant, auquel les Templiers sans doute avaient mis la première main.

Quand on a lu dans la *Correspondance d'Orient* les détails si intéressants sur la physionomie de la ville en 1831, un simple coup d'œil jeté sur la Safed d'aujourd'hui suffit pour se rendre compte des funestes conséquences du désastre qui la frappait six ans après l'époque où la lettre dont nous allons citer quelques fragments fut écrite (1).

« Safad n'a ni murs ni enceinte déterminée, ni centre ni unité. Protée à mille formes, avec chaque siècle elle prend une nouvelle face; s'étendant, se resserrant, montant, descendant sans fin; telle qu'une île à laquelle l'alluvion ôte d'un côté et ajoute de l'autre, elle étonne par ce dislocement de parties, n'ayant rien de ce qui constitue une ville. Il semble que les Juifs et les Turcs aient voulu tout à la fois habiter la même ville et se séquestrer mutuellement; la vallée est entre eux une espèce de place neutre laissée à dessein d'empêcher tout contact immédiat. Safad ressemble donc à une ville dont on n'aurait bâti que les faubourgs. C'est moins une cité que la réunion de cinq villages placés avec des intervalles à l'ombre de la même forteresse; isolée sur des hauteurs où l'on n'arrive que par une sorte d'escalier naturel, n'ayant pas des abords plus faciles que Jérusalem à cause des défilés qu'il faut franchir, elle offre une physionomie originale, et qui plaît

---

(1) La lettre de M. Gillot de Kerhardène est datée de Safed, le 14 juin 1831.

par la nouveauté. Ses communications continuelles avec l'Occident au moyen des Juifs, avec Damas au moyen des caravanes, lui donnent tout à la fois quelque chose d'européen sans lui ôter son caractère asiatique, et quelque chose de musulman où l'on sent qu'a pénétré à demi la civilisation occidentale. Notre admission dans le quartier turc en est la preuve. Safad est une sorte d'étape franque placée en avant au milieu des Turcs de la Syrie.

« La ville est bâtie sur trois montagnes et les cinq villages agglomérés dont elle se compose renferment neuf mille habitants. Elle est propre et posée d'une manière pittoresque. La verdure des oliviers et l'azur foncé du ciel font ressortir l'effet varié de mille terrasses toutes blanches et disposées avec symétrie. Du temps des croisades, la montagne de Béthulie était entourée de murs, mais la ville occupait, comme aujourd'hui, trois montagnes au moyen de vastes faubourgs, l'enceinte murée ne suffisant pas à la population. Depuis le tremblement de terre (*celui de* 1759) qui n'avait laissé debout que la forteresse, les Juifs et les Turcs se sont refait deux quartiers en rebâtissant des maisons sur les ruines, rien ne les empêchait d'obéir en cette occasion à leur antipathie mutuelle. Quant aux chrétiens du pays, établis entre les Juifs et les Turcs, ils habitent le village intermédiaire placé sur la route même, mais ils y sont comme inaperçus, n'ayant point d'église (1). Il paraît même que, depuis la chute de l'empire latin, le christianisme n'a jamais pu reprendre racine à Safad.

« De la vallée intermédiaire qui s'ouvre au nord et sépare les deux quartiers, on jouit, à travers le ravin qui mène au lac au sud-est, du point de vue le plus magnifique. Le lac tout entier, pris dans sa longueur, forme la plus sublime perspective. Le bassin bleuâtre semble, par un effet d'optique, s'encadrer dans une bordure de rochers lumineux, et si on se place à l'entrée du ravin où est la fontaine de Judith, on croit toucher le lac avec la main ; comment se persuader qu'il y ait trois lieues de distance ? Ce ravin devient plus bas une vallée qui s'ouvre sur une plaine fertile s'étendant jusqu'aux bords du lac (2).

« Au dix-huitième siècle, sous le cheik Daher, Safad était la capitale de la Galilée, comme elle l'avait été du temps de l'émir Fakardin. C'est l'époque la plus brillante de cette ville. Acre n'était alors qu'un village ouvert, où commandait un aga. Mais quand Daher s'en fut emparé et en eut fait une ville forte, Safad commença à déchoir, parce que le commerce de la Galilée, se déplaçant comme le

---

(1) Les chrétiens de Safed sont en grande partie protestants, ils sont d'ailleurs peu nombreux.
(2) Ce panorama, contemplé du haut des ruines de la forteresse, est toujours merveilleux, et l'auteur de la *Correspondance d'Orient* n'a nullement exagéré. M. Ernest Renan a rendu la même impression dans une langue plus poétique en disant que les eaux du lac, d'un azur céleste, profondément encaissées entre les roches brûlantes « semblent, quand on les regarde du haut des montagnes de Safed, occuper le fond d'une coupe d'or. »

cheik, se porta à Acre, devenu l'entrepôt des négociants européens. Renversée par un de ces tremblements de terre si communs en Syrie, Safad est sortie de ses ruines et me semble aussi florissante que le comporte la situation toujours incertaine du pays.

« Aujourd'hui la Galilée, partagée entre les deux mutzelims (1) de Safad et de Nazareth d'une part, et de l'autre entre les deux agas de Gennin et de Tibériade, n'a plus de ville principale, toutefois la plus importante par son commerce et sa forteresse, Safad, mériterait bien dès à présent le titre de capitale.

« Toute l'industrie de Safad consiste en teintureries d'indigo, dont l'art est héréditaire dans certaines familles israélites, en filatures de coton et en fabrique de belles toiles, aussi blanches que les lis. Les Damasquins et surtout les Druses de l'Anti-Liban font de ces toiles de coton, des usses et des ceintures. Sans doute que ces tissus d'un éclat éblouissant sont le bysse oriental célèbre dans l'antiquité, et dont les lévites se paraient dans les solennités. Les tisserands turcs de Safad sont en réputation dans toute la Syrie. Mais les métiers sont peu actifs, car presque tout le coton s'exporte brut en Europe par la voie d'Acre, où le pacha s'en est réservé le monopole. Jadis Safad fabriquait aussi des étoffes de soie ; les métiers sont tombés peu à peu au milieu des révolutions politiques, et le Liban seul, plus abrité, a conservé la fabrique des soieries et des tissus mêlés.

LES MIRACLES GALILÉENS (guérison du paralytique)*.

« Il se tient tous les vendredis à Safad un grand bazar, semblable à celui qui a lieu tous les lundis au pied du mont Thabor. C'est un bizarre pêle-mêle des costumes les plus divers dont la vue est tout à fait curieuse pour un Européen ; les Motualis des confins de Sour, les Bédouins du Ghor, et même les Druses de l'Anti-Liban, y viennent en foule. Là un Juif est à côté d'un cavalier arabe, un Turc brillant heurte un sauvage motuali, un moucre nazaréen fume le chibouk à côté d'un okal druse, et un riche marchand d'Acre près d'un fellah du Djolan. Les étoffes, les comestibles, les tentes, les cafés, les chevaux, les lances, les vendeurs,

---

(1) Le mutzelim est un gouverneur turc.

* Extrait d'un manuscrit grec du IXe siècle (œuvres de S. Grégoire de Nazianze). (*Bibl. nationale*.)

les acheteurs, les cris divers, la confusion des races, les nuages de poussière, l'effet du soleil sur cette foule en mouvement, tout cela forme un ensemble étrange aussi neuf que surprenant. Le champ de foire est situé sur le penchant occidental de la montagne que couvre le quartier juif. Le bazar s'étend au-dessous du bois d'oliviers jusqu'aux fossés de la forteresse, dans une étendue d'un demi-mille. »

« Cette forteresse me semble un des plus curieux ouvrages de l'Orient. Des murailles épaisses construites en belles pierres de taille, et ayant plus de cent pieds

RUINES D'UNE SYNAGOGUE A IRBID.

d'élévation ; un fossé large et profond creusé dans le roc vif ; la beauté des créneaux qui dominent toute la contrée, la porte qui forme une ogive élégante, le pont étroit qui traverse le fossé et donne ainsi dans la place du côté du midi, et tout cela d'une conservation rare, d'un fini d'exécution admirable, voilà la forteresse de Safad. Elle a la forme ovale et semble une immense tour comme celle de Galata. Le style en est moresque, et elle me paraît être l'ouvrage des califes de Damas (1); je serais assez porté à croire que la forteresse a été réparée par l'émir Fakardin, qui avait amené d'Italie d'habiles ouvriers. Il est facile de voir que la difficulté de

(1) En examinant les ruines actuelles, on serait plutôt tenté de supposer, comme nous l'avons dit que la forteresse fut tout d'abord édifiée par les croisés.

transporter jusque-là des machines de guerre, rendait du temps des croisades cette place imprenable. Baudouin III s'y réfugia après la déroute de son armée près du pont des Filles de Jacob, et le comte de Tripoli, après le désastre de Tibériade, y trouva un asile. »

Les quelques extraits qui précèdent suffisent, ce me semble, à faire ressortir l'importance qu'avait encore Safed avant le dernier tremblement de terre. Dans ce pays où les noms les plus retentissants se trouvent parfois appartenir à de misérables hameaux de 5 à 600 âmes, Safed pouvait passer pour une grande cité, et même, comme le dit l'auteur de la *Correspondance d'Orient*, pour une capitale.

LE SANHÉDRIN (D'APRÈS UNE MOSAÏQUE DE L'ÉGLISE DE SAINT-APOLLINAIRE, A RAVENNE)

Aujourd'hui ce n'est plus qu'une méchante petite ville très sale, aux rues impraticables, sans commerce, sans industrie, sans animation; la forteresse n'est plus qu'un monceau de ruines; rien de ce qui la rendait curieuse ou intéressante à un titre quelconque ne subsiste. Seuls les Juifs, dont rien ne peut détruire les indéfectibles espérances, continuent d'y accourir de tous les points de l'Occident pour y finir leurs jours en paix, tout en attendant l'avènement éternellement imminent du Messie.

La population juive actuelle de Safed est composée à peu près comme celle de Tibériade, le nouveau quartier juif est, comme autrefois, totalement séparé du quartier turc. Il faut dire cependant, comme nous l'avons dit déjà à propos de Jérusalem, que le sort des Juifs s'est considérablement amélioré ici depuis quelques années. A part le petit noyau des Juifs indigènes, ils sont tous placés sous la protection de leurs consuls respectifs, et quand on songe qu'au temps où l'auteur que nous venons de citer visitait le pays, les femmes juives elles-mêmes étaient assaillies à coups de pierre, insultées et malmenées si elles s'approchaient trop près d'une maison turque, il faut bien convenir que l'esprit de civilisation moderne est une belle chose : s'il ne rend pas les hommes meilleurs, du moins les empêche-t-il de nuire à leurs semblables.

Safed n'a pas joué un rôle considérable dans l'histoire des *Croisades*; un souvenir tristement célèbre pourtant s'attache à son nom, celui du martyre de la garnison chrétienne tombée dans un guet-apens dont le sultan Bibars fut l'auteur.

On sait que Saladin avait une première fois pris Safed aux Templiers, peu de temps après la chute de Jérusalem, mais les croisés étaient rentrés plus tard en possession de la place. Les Templiers purent même rebâtir la forteresse que le sultan de Damas avait fait raser en 1220.

Bibars, qui convoitait la place depuis plusieurs années, vint l'attaquer en 1260 Les hospitaliers et autres chevaliers croisés laissèrent naturellement les Templiers défendre leur bien eux-mêmes et se gardèrent bien de se porter à leur secours; à cette époque il n'y avait plus depuis fort longtemps aucune solidarité entre les diverses colonies chrétiennes.

Le sultan se porta contre Safed avec toutes ses forces. Mais laissons parler ici l'auteur arabe Makrizi :

« Le siège commença un lundi 8 de ramadan (mois de juin). Le sultan voulut prendre part en personne aux travaux. Comme ses machines qu'il recevait de Damas, soit à dos de chameaux, soit sur des chariots, n'arrivaient pas assez promptement, et que les chameaux étaient fatigués de la route, il se mit lui-même en marche avec une partie de ses émirs et de ses soldats et aida à traîner ces forteresses mobiles. Les autres se reposaient parfois ; lui, il n'était jamais fatigué. Les machines furent ainsi traînées depuis le Jourdain jusqu'à Safed. Alors l'attaque commença et se poursuivit jusqu'à la fin du mois, c'était celui du jeûne. Le 30 du mois, comme le jeûne allait finir, les émirs, suivant l'usage, se mirent en devoir de venir complimenter le sultan. Mais, en route, un d'entre eux ayant été atteint d'une pierre lancée du haut des remparts, le sultan leur fit dire qu'il n'avait pas besoin de leurs compliments, et que chacun eût à rester à son poste. Défense fut faite, pendant la solennité de la fin du jeûne, de boire du vin, sous peine d'être pendu. Au contraire, cent pièces d'or furent promises à quiconque détacherait les premières pierres des murs de la place. Il ne voulait pas que ses gardes s'occupassent de lui. Dans l'assaut qui suivit, plusieurs musulmans moururent pour la défense de la religion ; mais quand il en périssait un, un autre prenait sa place.

A côté on avait dressé une tente pour les blessés ; ils y trouvaient un médecin, un chirurgien, et tout ce dont ils avaient besoin pour être pansés. Pendant ce temps les assauts se succédaient sans cesse. Le 13 de schaban (mois de juillet), on en livra un qui dura depuis le lever du soleil jusqu'à midi, temps où les troupes étaient dans l'usage de se reposer : comme elles se disposaient à se retirer, le sultan se mit dans une grande colère et leur ordonna de rester sous les armes. « Quoi ! leur dit-il, l'islamisme est en danger, et vous voulez vous reposer ! Restez « à vos postes. » Ce jour-là, plus de quarante émirs furent arrêtés pour être partis trop vite, et on les chargea de chaînes. Cependant, comme leurs compagnons intercédèrent pour eux, le sultan se laissa fléchir et les renvoya, leur recommandant cependant de montrer désormais plus de zèle. L'assaut recommença à l'instant même ; de toute part on entendit le bruit du tambour et d'une musique guerrière. A la fin les assiégés demandèrent à capituler : le sultan le leur accorda, à condition qu'ils sortiraient sans rien emporter en armes ni en argent, et qu'ils ne détruiraient rien dans la place. Lorsqu'ils descendirent de la forteresse, le sultan se plaça à cheval à la porte pour les voir défiler. Les chrétiens, ayant été fouillés, furent trouvés en faute et munis d'armes et de bijoux ; on découvrit même parmi eux des captifs musulmans qu'ils emmenaient, sous prétexte que ces captifs avaient embrassé le christianisme. Bibars regarda cette conduite comme une infraction à la capitulation, et sur-le-champ il fit descendre les guerriers chrétiens de cheval. On les mena hors de la ville, sur une colline, où ils furent gardés avec soin. Le lendemain, le sultan assembla ses émirs, et les félicita sur leur zèle : il leur fit des excuses sur la sévérité dont il avait usé envers quelques-uns d'entre eux, disant que c'était pour les mieux animer à cette belle conquête. Ensuite il les fit monter à cheval ; et se portant sur la colline où étaient réunis les chrétiens, il leur fit trancher la tête : deux hommes seulement furent exceptés de ce carnage ; l'un, parce qu'il avait servi de médiateur dans les conférences qui avaient eu lieu et qu'il s'était fait musulman : l'autre, parce qu'on le destina à porter la nouvelle de ce massacre aux chrétiens des villes voisines. »

Nous avons donné ici le récit de Makrizi parce qu'il est le plus intéressant et le plus mouvementé, mais la façon dont il explique le massacre de la garnison chrétienne est évidemment sujette à caution ; la plupart des autres auteurs arabes rapportent très sincèrement la perfidie de Bibars en cette occasion. Voici en résumé leur opinion d'après la *Bibliothèque des Croisades* : « Le sultan, qui voulait à tout prix s'emparer de Séfed, était décidé à séduire les chrétiens par de belles promesses, sauf ensuite à violer sa parole. Lorsqu'il fut question de jurer, il imagina de mettre à sa place un émir qui jurerait pour lui ; ce fut l'émir Hermoun-aga qu'il choisit pour cet artifice. Hermoun fut placé sur un trône, dans tout l'appareil de la royauté et ayant les officiers du sultan autour de lui : le sultan lui-même était à ses côtés, une épée à la main et dans l'attitude d'un écuyer. Au moment où le député chrétien se présenta pour recevoir la parole du sultan, Hermoun jura d'un ton solennel. Le député se retira sans rien soupçonner, mais la parole de l'émir n'en était pas moins vaine, et le sultan n'était pas obligé de la remplir ; aussi n'hésita-t-il pas à se défaire des défenseurs de Safed, au nombre d'environ deux mille hommes. »

Après ces tristes exploits, Bibars s'occupa de prendre possession de Séfed. Le butin fut distribué aux soldats. Une colonie, venue de Damas, s'établit dans la ville ; on y bâtit deux mosquées ; les fortifications furent réparées, et le sultan y laissa une bonne garnison (1)...

Cette même forteresse, qu'une trahison venait de rendre aux Musulmans pour plusieurs siècles, fut prise en 1799 par treize cavaliers français commandés par Murat, et, n'étaient les menées de la politique internationale, le drapeau français y flotterait peut-être encore aujourd'hui ainsi que dans toute la Syrie.

(1) Bib. des Croisades, tome II.

CHAPITRE XXXI

LES SOURCES DU JOURDAIN

Les synagogues de Meiron et de Kefr Bir'im. — De Safed à Banyas ; le *pont des Filles de Jacob*, souvenir des exploits de Murat en 1799. — Des bords du Jourdain au lac Houlé. — Environs du lac ; — Aïn-Mellaha. — La plaine d'El-Merdj et la source du *petit Jourdain*. — Origines de Cæsarea Philippi (Paneas). — Le village actuel de Banyas. — Histoire de Paneas sous les croisades. — Le château de Soubeibe. — La grotte de Pan. — Le lac Phiala (Birket-er-Ram). — Le mont Hermon ; Hasbeya et le sanctuaire des Druses. — La source supérieure du Jourdain. — Faune et flore de l'Hermon.

Ceux qu'intéressent les ruines hébraïques ne manqueront pas, avant d'entreprendre le voyage de Banyas, de visiter les synagogues de Meiron et de Kefr Bir'im.

Meiron est un petit village arabe, situé à une lieue environ de Safed ; il y a là, de même qu'à Kefr Bir'im, des ruines de synagogue que les Juifs du pays ont en grande vénération, aussi les jours de fête est-on sûr de rencontrer, sur la route de Meiron, toute la population israélite de Safed.

On sait ce qu'étaient les synagogues qui s'élevèrent en Galilée au troisième et au quatrième siècle, alors que ce pays était devenu le centre du judaïsme ; le style en était très simple, les ornementations seules accusaient l'influence de l'art gréco-romain ; à l'intérieur, c'étaient des bâtiments carrés grossièrement divisés en quatre ou cinq nefs, par autant de rangées de colonnes. Le portique, généralement orienté du côté de Jérusalem, semble avoir toujours été la pièce la plus importante de ces constructions.

Celui de la synagogue de Meiron est d'un fort bel appareil ; les jambages du portail, qui a trois mètres de hauteur, sont entièrement monolithes ; dans le voisinage de cette ruine se trouvent les tombeaux de rabbins illustres, tels que Hillel, une des plus grandes figures de l'époque prophétique, et que M. Renan considère comme le véritable précurseur de Jésus ; Siméon Ben Yokhaï, auteur supposé du *Zohar* ; Johanan Sandelar, etc. Chacun de ces maîtres a été inhumé dans un caveau spécial avec les disciples de l'école qu'il avait fondée.

Pour se rendre aux sources du Jourdain, c'est-à-dire à Banyas ou Panias (ancienne Cæsarea Philippi) au pied du mont Hermon, on suit généralement la route qui remonte le long des collines bordant la vallée du Jourdain à l'ouest.

La grande route suivie par les caravanes qui se rendent à Damas passe au contraire à l'est du Jourdain, à travers la contrée du Djolan, mais elle offre par moments si peu de sécurité, à cause des Bédouins nomades et des Turcomans, que les caravanes peu considérables préfèrent passer par Banyas. Cette ville est devenue ainsi l'étape naturelle de tous les voyageurs qui se rendent à Damas par les chemins du sud. Le voyage de Banyas ou de Damas, fait dans ces conditions, est à

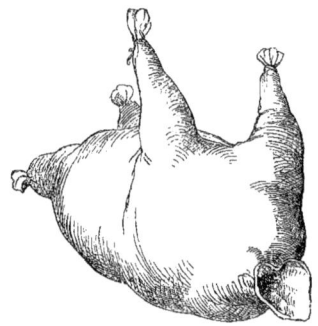

OUTRE SYRIENNE

la fois plus agréable et plus sûr ; quant aux Bédouins de la rive droite du Jourdain, leurs mœurs essentiellement pastorales les rendent peu redoutables.

Au sortir de Safed, la route tout d'abord se dirige droit vers le nord, puis tourne vers l'est pour s'engager dans une vallée rocailleuse et ravinée qui conduit au Jourdain, et débouche sur la rive droite de ce fleuve à la hauteur à peu près du *pont des Filles de Jacob*.

Cet endroit, célèbre dans l'histoire à bien des titres, mérite d'être visité ; le sang des croisés y a coulé mainte et mainte fois, mais les habitants actuels du pays ne prononcent le nom des Français qu'avec terreur (1). C'est là en effet que Murat acheva d'exterminer ou de jeter dans le Jourdain, les Turcs qui fuyaient le champ de bataille du Thabor. La *Correspondance d'Orient*, donne à ce sujet ce détail fort curieux et qu'un Français ne lira pas sans orgueil : « Un cheik qui avait échappé

---

(1) « Un Arabe contre trois Turcs, et un Franc contre dix Arabes » est une locution fort en usage dans toute la Syrie supérieure.

« au glaive de Murat en traversant le Jourdain avec sa jument, racontait ainsi aux
« pères de la Terre-Sainte, sa fuite jusqu'à Damas : « Croyant toujours que l'armée
« française me poursuivait, je galopai sans m'arrêter un instant, sans oser une
« seule fois regarder en arrière. La frayeur m'avait troublé la tête, et je ne me crus
« point en sûreté au milieu du bazar ; j'aurais continué de fuir jusqu'au Nadjd, mais
« ma jument tomba de fatigue. Damas était aussi épouvantée que moi, et, si Bona-
« parte eût paru, la ville sainte n'eût fait aucune résistance. »

Le pont des Filles de Jacob tire son nom de ce que Jacob passa le Jourdain

BAS-RELIEF DE MARBRE TROUVÉ A CYRICUS EN 1840, REPRÉSENTANT UN REPAS DE FAMILLE DANS L'ANTIQUITÉ

dans cet endroit(?) ; c'est un pont de trois arches, en basalte, fort bien conservé, et cintré au milieu comme toutes les constructions syriennes de ce genre. Sa position stratégique importante (il commande toute la vallée du Jourdain et les deux routes de Damas) a été la cause jadis de luttes sanglantes entre les Francs et les Sarrasins. C'est là que Baudouin III traversant le pays fut surpris par Nourredin et obligé de se replier sur Safed.

En 1178 Baudouin IV fit élever une forteresse importante à un kilomètre environ du pont. « Pendant la construction de cette forteresse, dit Guillaume de Tyr, le roi, malgré l'hiver, resta avec toutes ses forces, campé sur les bords du Jourdain. Ayant achevé les ouvrages, il fit une expédition dans la forêt de Banias, où il se laissa surprendre. C'est de là que Homfroi, connétable du royaume latin, blessé en défendant le roi, fut transporté dans la nouvelle place qui venait d'être remise aux Templiers et y mourut aussitôt. A peine Baudouin avait-il repris le chemin de Jérusalem, que Saladin vint assiéger la forteresse, au printemps de 1179. Elle fut sauvée par un singulier hasard. Un habile archer, nommé Regnier de Muron, ayant du haut des murs visé un des principaux émirs, le tua. Les Sarrasins, frappés d'une terreur superstitieuse, levèrent le siège pour venir camper au haut de la vallée.

RUINES D UNE SYNAGOGUE A MEIRON

Saladin revint devant la place, à la fin de l'été, et les templiers se défendirent lontemps, dans l'espoir d'être secourus. Mais le roi de Jérusalem n'avait pas encore fait avancer ses forces rassemblées à Tibériade, que la place assiégée était prise d'assaut et rasée. »

Les ruines de la forteresse, transformées en khan plus tard, servaient ces derniers temps encore de corps de garde à un poste de soldats du pacha de Damas.

Le Jourdain est très rapide en cet endroit, mais il n'a guère que 25 mètres de largeur ; une végétation brillante où dominent les papyrus, les câpriers, les bananiers, les lauriers-roses et le grand roseau à panache, pare les deux rives, et ferait de ce site une halte délicieuse, n'était la chaleur terrible qui y règne dès le commencement de la journée. Au reste le voyageur qui a quitté Safed à quatre ou cinq heures du soir n'a pas de temps à perdre s'il veut arriver au bassin de Houlé avant les brumes, et passer la nuit dans un des villages qui dominent l'extrémité nord-ouest du petit lac.

La plaine qui environne ce dernier est sillonnée de marécages, et par suite très malsaine et d'un accès fort difficile, au nord surtout, les rives du lac elles-mêmes sont à peu près inaccessibles à cause des fourrés profonds de joncs et de papyrus qui le bordent en maint endroit. Le lac de Houlé n'a guère qu'une ou deux lieues de

SAFED (VUE DISTANTE)

largeur et 3 à 5 mètres de profondeur selon les saisons; en été ce n'est plus qu'un vaste marais de forme triangulaire où viennent s'ébattre une foule d'oiseaux nageurs de toute espèce : hérons, sarcelles, pélicans, canards, etc. Le coup d'œil du bassin, vu du haut d'un des ouadis qui dominent l'extrémité nord-ouest, est par lui-même fort intéressant; dans la plaine, plus au nord, il n'est pas rare d'apercevoir des tentes de Bédouins, parfois des troupeaux de buffles étendus parmi les joncs et les roseaux des marais et surveillés par quelque petit pâtre au burnous sale (1).

En quittant *Aïn Mellaha*, qui marque généralement l'étape de nuit, on ne tarde pas à rencontrer un bras du petit Jourdain dont la pente est si rapide qu'en maint

(1) Pour plus de détails sur cette contrée voir l'ouvrage de Macgregor, « *The Rob Roy on the Jordan* ». Londres, 1874.

endroit il forme de véritables cascades. On monte alors le cours de ce ruisseau, laissant successivement à sa gauche la ville biblique de Kédès, où l'on montre les tombeaux de la prophétesse Deborah et de son général Barac ; Blida, un misérable village arabe qui ne rappelle en rien la jolie petite ville algérienne dont il porte le nom ; Mès, autre bourgade insignifiante, et enfin les ruines de la forteresse de Hounin.

Le chemin redescend ensuite et oblique vers l'est. On arrive dans la plaine fertile

RUINES DE TELL-HUM

d'El-Merdj dont l'on pouvait contempler tout à l'heure les magnifiques prairies du haut de la forteresse de Hounin ; toutes les sources du Jourdain se rencontrent dans cette plaine dont elles font une sorte de presqu'île, et se jettent ensuite dans les eaux de Merom (Houlé). On traverse le Derdara sur un pont d'une seule arche à plein cintre, puis on franchit le lit desséché d'un torrent, et on atteint un second pont (El-Ghadjar) sur le Hasbani, un des principaux bras du Jourdain.

De cet endroit on peut visiter le tertre de Tell-el-Kadi, couronné d'un chêne à l'ombre duquel s'élève un tombeau arabe. Les flancs de ce tertre présentent deux ou trois excavations abritées par des touffes de lauriers-roses, et d'où s'échappent les principales sources du Leddan, ou *petit Jourdain*, comme l'appelle Josèphe ; cette expression employée jusqu'à nos jours est d'ailleurs absolument impropre, attendu que le Leddan débite un volume d'eau, deux ou trois fois plus considérable que les autres sources du fleuve.

RUINES A TELL-HUM

On traverse ensuite la célèbre forêt dont parlent tous les chroniqueurs des croisades, et l'on arrive enfin, après une montée très raide, mais qu'abrègent des sentiers où une verdure magnifique répand l'ombre et la fraîcheur, au pied des murs de Banyas. Le vrai nom est *Panéas* que portait la ville ancienne avant que Philippe l'eût reçue d'Hérode son père ; il y fit quelques agrandissements, puis, pour imiter son père en toutes choses, il la nomma Cæsarea, en l'honneur de l'empereur. C'est alors qu'on la désigna sous le nom de Cæsarea Philippi, pour la distinguer de la Césarée de Samarie.

Ce nom n'eut, à la vérité, qu'une destinée fort éphémère, car Hérode-Agrippa débaptisa la ville à son tour, sous le même prétexte d'agrandissement, et la nomma *Neronias*. Mais il était écrit que les noms romains ne feraient point fortune sur les écussons de cette ville, car les empereurs byzantins ne tardèrent pas à lui restituer son nom grec primitif de Panias, dont les Arabes ont fait Banyas.

L'origine de cette ville fut, paraît-il, un temple qu'Hérode fit bâtir au-dessus d'une grotte (celle d'où sort la source) placée sous l'invocation du dieu Pan, et qu'il dédia à l'empereur Auguste, son protecteur. Le nom de Paneas revient assez souvent dans les anciennes chroniques des croisades, à cause du grand nombre de sièges et de combats auxquels donna lieu la possession de la citadelle et du château qui la domine ; c'était dans ce sens la place forte la plus avancée du royaume chrétien du côté de Damas, et c'est ce qui explique l'acharnement que mettaient les deux armées à s'en rendre les maîtres. Par une conséquence logique de cet état de choses, une grande confusion règne aujourd'hui dans tout ce qui touche à cette époque de l'histoire de Panias ; nous allons essayer de la reconstituer aussi brièvement et aussi fidèlement que possible. En 1120, lors du premier siège de Damas par les Francs, Panéas se livra d'elle-même, et fut occupée par eux en même temps que la forteresse de Soubèbe qui la domine et dont nous parlerons tout à l'heure. Prise en 1132 par Ismaël, sultan de Damas, et non par Togdekin, comme dit la *Correspondance d'Orient*, car ce prince était mort en 1128, elle fut reprise en 1139 par les croisés et les Damasquins momentanément alliés.

Dans l'intervalle, en effet, Panias était tombée entre les mains de Zengui, prince d'Alep, et comme celui-ci menaçait à la fois Damas et Jérusalem, une alliance défensive s'était formée entre les chrétiens et l'armée damasquine qui allèrent ensemble faire le siège de Panias après avoir délivré Damas. Moyn-Eddin-Anar, vizir de Damas, établit son camp à l'est de la ville, et le roi de Jérusalem installa le sien à l'ouest, les croisés occupèrent aussi la forêt qui s'étend au sud.

Les musulmans, dont la position dominait les remparts de la ville, commencèrent l'attaque, mais ils n'obtinrent point d'abord de résultat sérieux. On dut construire des tours d'approche, et niveler le terrain pour pousser celles-ci jusqu'aux pieds des murs.

« L'étude du sol actuel, dit la *Correspondance d'Orient*, fait comprendre que l'esplanade, qui reste aujourd'hui près des fossés au-dessus de la ville, est l'œuvre de ce siège, puisque la pente de la colline qui fut aplanie, arrivait jusqu'aux murs à l'orient. On voit aussi par les détails que les Orientaux de cette époque étaient plus habiles que les Francs dans l'art des sièges. Le légat du pape étant arrivé au camp, l'ardeur des assiégeants s'en accrut, et les assiégés n'espérant plus d'être secourus par Zengui, écoutèrent les propositions d'Anar. La place fut restituée aux chrétiens par capitulation, les habitants eurent la vie sauve, et le traité assigna à l'émir de la ville un revenu sur le produit des bains et des vergers. Plus tard Panias passa entre les mains des templiers. »

« ... La ville, dit le même auteur un peu plus bas, n'avait que de simples murailles; les fossés, les tours et le château qui subsistent encore en grande partie sont l'ouvrage des templiers auxquels Nouradin enleva Panias en 1164. Les Francs l'avaient possédée depuis 1138 sans interruption. » Ceci n'est pas exact, car la ville fut encore prise et reprise plusieurs fois dans l'intervalle. En 1148, au moment où l'empereur d'Allemagne vint mettre le siège devant Damas, elle appartenait de nouveau aux musulmans. Anar promit aux Francs de la leur rendre à la condition qu'ils décideraient l'empereur à se retirer; la chose fut faite et les croisés restèrent en possession de Panias jusqu'en 1157, époque où Noureddin entreprit de la reconquérir.

La ville en effet tomba entre ses mains, à la suite d'un combat qui eut lieu entre Panias et Tibériade, et qu'Ibn-Alatir représente comme une victoire éclatante et célèbre. L'auteur arabe raconte comment les prisonniers francs furent conduits à Damas. « Sur chaque chameau, dit-il, on avait mis deux cavaliers chrétiens des plus braves, avec un étendard déployé; à cet étendard étaient attachés la peau et les cheveux enlevés aux têtes des morts. Les chefs allaient aussi à cheval, couverts de la cuirasse, le casque en tête et portant un drapeau à la main. Les fantassins, au contraire, marchaient à pied, les mains liées avec des cordes, trois à trois ou quatre à quatre. Ils arrivèrent dans cet état à Damas. Une multitude de vieillards, de jeunes gens, de femmes et d'enfants sortirent de la ville pour jouir de ce spectacle. C'était une grande faveur de Dieu pour les musulmans, ajoute Ibn-Alatir: aussi, tous appelaient Noureddin leur sauveur, et le comblaient de bénédictions (1). »

Il paraît cependant que la citadelle de Soubeibe, dont il n'est pas souvent question dans tous ces sièges, resta entre les mains des Francs, et que c'est avec son aide que Beaudouin III reconquit la ville peu de temps après. Les chrétiens la reperdirent définitivement en 1164. A cette date, Ibn-Alatir nous apprend que Noureddin se porta encore une fois contre Tibériade, puis contre Panias qui se rendit. Son récit se termine par une anecdote qui peint les guerriers musulmans sous des dehors étrangement gouailleurs :

On vient de voir que c'est le vizir Moyn-Eddin-Anar qui avait fait rendre par deux fois la ville aux chrétiens, — « ce qui, au dire d'Ibn-Alatir, avait fort scandalisé les musulmans et leur avait paru un grand péché. Son fils se trouvant à la

(1) *Bibliothèque des croisades*, tome IV.

conquête que les musulmans firent cette année de cette ville, quelqu'un lui dit : « Cet événement nous cause de la joie ; mais à toi il en doit causer davantage. — Et comment? demanda le fils de Moyn-Eddin. — C'est qu'aujourd'hui, reprit le musulman, Dieu a retiré du feu de l'enfer la peau de ton père. »

Banyas est adossée aux gorges boisées qui descendent des premiers contreforts du mont Hermon. Le site est absolument ravissant ; les vallées qui s'ouvrent à droite et à gauche sont admirablement cultivées, on entend partout le bruit argentin des sources murmurant sous l'ombre douce des lauriers et des oliviers.

RIVAGES DU LAC DE GALILÉE

De la ville malheureusement il ne reste rien ; une soixantaine de petites maisons renferment toute la population du village actuel. Les ruines de la forteresse d'enceinte sont debout encore sur tout le parcours de l'ancien tracé, et les matériaux solides dont elles se composent démontrent suffisamment que la place avait jadis une grande importance.

Le château de Soubeibe, dont nous avons parlé à plusieurs reprises, est situé au-dessus du village, sur la première des petites collines que détache l'Hermon. Rien de plus imposant que cette ruine formidable et le paysage pittoresque qui lui sert de cadre. L'ensemble des constructions du château, un peu irrégulières, mais d'un bel appareil et fort bien conservées, occupe une superficie immense (20 à

LA MER DE GALILÉE

25,000 mètres carrés); c'est là, pour un antiquaire, une bonne fortune comme il ne s'en rencontre guère plus en Syrie ; un artiste, de son côté, ne sera pas moins captivé par le superbe panorama qui se déroule au pied des verdoyants précipices formés par la muraille à pic du rocher qui supporte la forteresse.

C'est ce même rocher qui présente, à sa base, la grotte d'où jaillit une des principales sources du Jourdain, connue sous le nom de source de Banyas. La grotte est fréquemment visitée non seulement par les touristes et les pèlerins, mais aussi par les gens du pays dont elle est un des lieux de promenade habituels. C'est évidemment là l'ancien sanctuaire de Pan, mais où sont les traces du temple

POISSONS DU LAC DE GALILÉE : A, CHROMIS ANDRÆ; B, BARBUS BEDDOMII

qu'Hérode y éleva en l'honneur d'Auguste ? Sur les parois du rocher on peut distinguer quelques restes de niches sculptées et d'inscriptions grecques, c'est tout. La grotte d'où s'échappe la source est haute de vingt-cinq pieds et large de trente.

Cette source a les proportions d'un ruisseau, si bien qu'on s'imaginait autrefois, et Flavius Josèphe mentionne cette croyance, qu'elle était alimentée par les eaux du lac Phiala, ou plutôt que c'étaient ces eaux elles-mêmes qui passaient sous terre pour reparaître à l'orifice de la grotte de Banyas.

Il est sans doute assez naturel de voir Flavius Josèphe partager cette croyance, mais ce qui l'est moins, c'est de voir des auteurs contemporains ignorer que l'impossibilité matérielle du fait a été depuis longtemps démontrée et répéter naïvement avec les écrivains de l'antiquité : « La source apparente du Jourdain est à Banias, au pied d'un contrefort du Djebel-ech-Sheik, l'Hermon des anciens, qui sert lui-même de contrefort à l'Anti-Liban ; mais la source réelle du fleuve se trouve à cinq lieues plus haut, dans la direction de Damas. Là, on voit un lac parfaitement rond et semblable à un bassin, ce qui lui a fait donner par les Grecs le nom de

RUINES DE CHORAZAÏN

Phialé ; il ne diminue, ni n'augmente, ni ne coule sur la terre, il a toujours de l'eau à pleins bords. On ignorait que ce fût la véritable source du Jourdain jusqu'à Philippe, tétrarque de Galilée, qui en acquit la preuve : il fit jeter dans le lac une grande quantité de menue paille qui voyagea sous terre, entraînée par les eaux, et reparut à Panéas (1). »

Le lac en question, en arabe le *Birket-er-Ram*, est situé à 2 lieues au sud-est de Banyas. Le bassin, qui est très probablement un cratère éteint, a une forme à peu près ronde et mesure 3000 mètres environ de circonférence : ses eaux sont généralement corrompues. Quant au reste, le site est dénué de tout aspect mystérieux et sa réputation est certainement surfaite !

RUINES DE CHORAZAÏN

Bien que Banyas soit situé au sud de l'Hermon, on ne peut pas, en sortant de ce village, faire directement l'ascension de la montagne. L'Hermon forme en réalité une chaîne de 7 à 8 lieues de longueur orientée du sud-ouest au nord-est et dont les versants inférieurs paraissent inaccessibles. Pour atteindre facilement la cime principale, il faut se rendre à Hasbeya, petite ville turque située au centre de la courbe légère que fait la chaîne.

La route de Banyas à Hasbeya franchit les rameaux que détache la montagne vers le sud-ouest, à travers une série de paysages dont le pittoresque grandiose

(1) Cette citation, qui retarde si naïvement de plusieurs siècles, est extraite d'un ouvrage contemporain qui abonde en surprises de ce genre ; c'est pourquoi nous ne nommons pas l'auteur.

laisse pressentir déjà le Liban, cette Suisse syrienne. Pendant près de trois heures ce ne sont que des sentiers de montagnes arides et rocailleux, parfois volcaniques et semés de basalte ; de loin en loin un village, ou plutôt un groupe de buttes arabes penché au bord d'un gouffre ; puis, au sortir de la vallée du Hasbani, apparaissent, dans une échancrure de collines, les vertes terrasses de Hasbeya. Le pays paraît fertile et, dans tous les cas, admirablement cultivé ; tous les plateaux en vue sont couverts de vignes et d'oliviers ; le Jourdain ou plutôt le Hasbani et son premier affluent déroulent leurs rubans de cristal dans les deux vallées voisines ; la source même du Hasbani, qui est la source la plus éloignée du Jourdain, s'échappe des flancs de la colline située derrière la petite ville.

PÊCHEUR DU LAC DE GALILÉE

Hasbeya est une localité assez importante ; moins par son commerce que par le chiffre de sa population qui s'élève à 5 ou 6000 âmes, dont près de 5000 chrétiens. Le séjour cependant en paraît triste, à cause du voisinage perpétuel des Druses qui ont, tout près de la ville, un de leurs principaux sanctuaires, le Khalouel-el Biyad. Au moment des troubles de 1860 les Druses, paraît-il, ont massacré, dans Hasbeya, près de mille chrétiens.

L'ascension de l'Hermon demande certaines précautions et un guide sûr, le voyageur pouvant être exposé à des rencontres désagréables, car les gorges de la montagne abritent encore des animaux sauvages comme au temps du *Cantique des cantiques*, des ours (1) entre autres et des loups.

La cime principale de l'Hermon atteint 2,650 mètres au-dessus du niveau de la mer. Avec ses flancs dénudés, son sommet en partie chauve, en partie couvert de

(1) L'ours brun de Syrie (*Ursus syriacus*).

neiges éternelles, cette montagne apparaît encore aujourd'hui telle que la considéraient les anciens, c'est-à-dire comme une colossale divinité de pierre, dressée

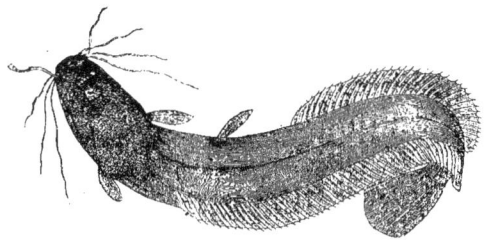

POISSON DU LAC DE GALILÉE : CLARIAS MACRACANTHUS

dans le ciel, muette, songeuse, immuable, rassemblant à son gré les nuages dispersés au-dessus de sa tête, et secouant, chaque matin à l'heure des rosées, la

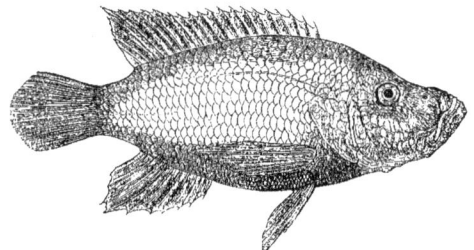

POISSON DU LAC DE GALILÉE : CHROMIS SIMONIS

fraîcheur de ses neiges sur tout le pays étendu à ses pieds. Aussi le nom qu'on lui avait donné signifie *la sainte*, l'*inaccessible*, et les livres sacrés ne parlent-ils d'elle

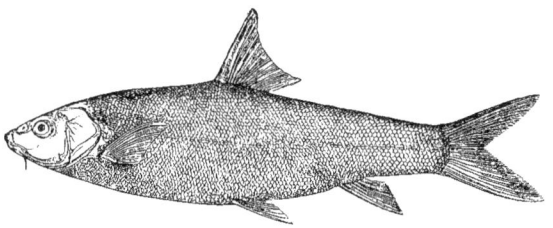

POISSON DU LAC DE GALILÉE : CAPOETA DAMASCINA

qu'avec une sorte de vénération. D'après le livre d'Énoch, c'est sur l'Hermon qu'aurait eu lieu l'alliance des enfants de Dieu avec les filles des hommes, et il paraît probable aussi que c'est sur l'Hermon que les évangélistes ont voulu placer la scène de la Transfiguration. Les Arabes l'ont de même honoré d'un nom imposant : « *la montagne du Cheikh* » (Djebel-ech-Cheikh).

La flore de l'Hermon est tout particulièrement intéressante, en ce qu'elle se distingue par la production d'un nombre extraordinaire d'arbres fruitiers sauvages. Le gommier à épines, le chêne qui donne la noix de galle, et l'amandier ordinaire y sont fort communs ; mais on y rencontre en outre, dans une zone un peu plus élevée, une grande quantité de pruniers, de poiriers, de cerisiers et d'amandiers sauvages. A la hauteur de 1,700 mètres à peu près, la végétation disparaît pour faire place aux roches volcaniques parsemées de buissons épineux comme ceux du Gohr et à des champs de neige que le pied de l'homme n'a jamais foulés (1).

Inutile de dire que la vue qu'on a du haut de l'Hermon est admirable et unique. Ici nous pouvons d'un seul coup d'œil embrasser la Palestine tout entière que nous allons quitter pour entrer dans le Liban. Devant nous un océan pétrifié roulant ses vagues géantes vers le nord, c'est toute la chaîne du Liban ; derrière cet océan de montagnes, l'océan véritable, le coup d'aile de l'immensité, l'infini, une mer et un ciel également bleu : la Méditerranée estompant en pleine lumière les fines découpures des continents, les grèves blanches frangées d'écume, éblouissantes de soleil, les côtes grises ou jaunes, les grandes masses délicatement ciselées de rochers dont quelques-uns s'évasent comme des coupes géantes, et cette nappe d'azur paraissant ici d'un bleu plus sévère, comme doit l'être l'antique mer des côtes de Phénicie ; — au sud, toute la Galilée et la Samarie, avec la grande déchirure du Gohr traçant jusqu'à perte de vue le cours du Jourdain. — Au nord-ouest, une mer encore, mais une mer sans couleur, où flottent des brumes de soleil : — la grande plaine de Damas.

(1) Il y a aussi sur l'une des cimes de l'Hermon des ruines dont l'origine nous paraît difficile à retrouver, à moins que ce ne soient celles du temple dont il est question dans saint Jérôme.

CHAPITRE XXXII

DAMAS

I

Itinéraire. — Physionomie générale de Damas, premier coup d'œil sur la ville, tableau de ses rues et de ses bazars. — Parallèle entre Paris et Damas. — Topographie; les faubourgs et leur population. — Un proverbe justifié. — Promenades nocturnes. — Les quartiers juif, chrétien et musulman. — Les merveilles de Damas chantées par la muse arabe. — Les prunes de Damas origine à un dicton français. — La civilisation européenne restreignant les bornes du pittoresque et de la couleur locale en Orient. — Lamartine et les femmes syriennes. — Extraits du *Voyage en Orient* : description des cérémonies d'une noce syrienne grecque.

Avec le chapitre qui commence nous entrons dans un pays dont la description minutieuse et détaillée nous entraînerait au delà des limites que nous nous sommes tracées dès le début de cet ouvrage. Dans notre pensée, le pays des Croisades, c'est le petit coin de terre illustre dès l'origine des peuples, que les croisades ont eu pour but d'arracher à la domination musulmane, c'est-à-dire la Palestine ou la terre sainte proprement dite.

Le Liban et la Phénicie resteraient donc en dehors du tracé qui, pour nous du moins, délimite cette terre privilégiée, mais comment nous résigner à exclure complètement du cadre de notre ouvrage ce beau pays qui a toujours attiré, outre les savants, tous les poètes et tous les artistes du monde? Pour tout concilier, et ne pas dépasser le but que nous nous sommes proposé, nous abandonnerons pour l'instant nos préoccupations habituelles d'itinéraire et nous ne nous attacherons qu'à l'étude sommaire des grandes villes de la Syrie du Nord. Au reste nous ne pouvons oublier que des plumes célèbres ou plus autorisées que la nôtre ont décrit dès longtemps ces vieilles cités arabes ou phéniciennes qu'un voyage hâtif ne nous a fait voir qu'en songe pour ainsi dire, et c'est à leurs appréciations que nous aurons recours toutes les fois qu'il s'agira de combler une lacune dans nos souvenirs.

De Hasbeya, on peut se rendre à Damas directement en passant par Racheya, mais, depuis l'ouverture de la route française, il est peu de personnes disposées à affronter les fatigues et les risques d'un chemin peu sûr à travers une contrée infestée par les Bédouins, plus nombreux que partout ailleurs dans cette plaine de Damas qui, comme on le sait, confine au grand désert de Syrie. Il est donc plus simple d'aller de Hasbeya à Sidon, puis à Beyrout où l'on prend la diligence (!) pour Damas ; c'est ce chemin que nous ferons tout à l'heure en sens contraire afin de pouvoir redescendre sans interruption toute la côte phénicienne, de Beyrout à Saint-Jean d'Acre. Nous allons d'abord consacrer quelques pages à la grande capitale syrienne.

Ce qui frappe tout d'abord l'Européen dans la physionomie de Damas, c'est l'animation toute moderne de ses rues et de ses bazars, une animation qui semble jurer avec les habitudes orientales, et qui captive plus le voyageur que ne sauraient le faire toutes les autres particularités intéressantes de la ville. Située sur la limite extrême du grand désert arabique, Damas est dans ce sens le véritable boulevard de la Syrie supérieure, un boulevard où se mêlent et se confondent, comme à Paris, tous les costumes et toutes les langues des contrées limitrophes.

Cette affluence, que vient compliquer encore celle des nombreuses bêtes de somme utilisées dans la ville, crée dans la ville même des embarras de circulation auprès desquels les embarras de Paris, qui jadis inspirèrent Boileau, peuvent paraître un jeu d'enfants.

Imaginez, à travers les rues les plus étroites de Paris, le défilé continu, l'entremêlement perpétuel de cavalcades, de piétons, de femmes, de marchands des quatre saisons s'étourdissant à l'envi de leurs complaintes, d'ânes, de chameaux chargés de ballots, d'outres, de solives, de pierres de taille, etc... et vous aurez une faible idée de la bousculade qui se produit dans les rues de Damas dès huit ou neuf heures du matin. Un détail particulièrement frappant, c'est la note toute parisienne que jette dans le tableau le marchand de rafraîchissements, dont l'attirail et les appels de sonnettes semblent copiés sur ceux de nos marchands de coco, et les antiennes, fort amusantes pour qui comprend l'arabe, des marchands de pain, de fruits, de fleurs, de légumes, etc.

« Salih hamatak », « apaise ta belle-mère » est le cri dont le bouquetier accompagne les fleurs qu'il offre au promeneur qui passe. — « Orra tarye min'aïn eddouyé », « cresson tendre de la source *ed douyé* », chante le marchand de salade. Le marchand de concombres promène sa marchandise à dos d'âne, criant sur le ton dolent de nos marchands de pommes de terre : « ô père de famille, achète une charge, 30 paras le roll. » « *Aboulachara* à dix paras la pièce, » gémit le porteur de pain; et le marchand de raffraîchissements scande ses coups de sonnette sur ces mots : « Bien claire, mon enfant, » ou « Prends garde à tes dents » ou « Rafraîchis-toi, apaise ta soif. »

Nous le répétons, l'observateur prendra plaisir à retrouver à Damas cette impression doucement mélancolique qui rend si bien l'idée de la *lutte pour l'existence*, et qui est précisément la note dominante du tableau des rues de Paris, entre neuf heures et midi. Le parallèle est forcé, et d'autant plus frappant qu'en général

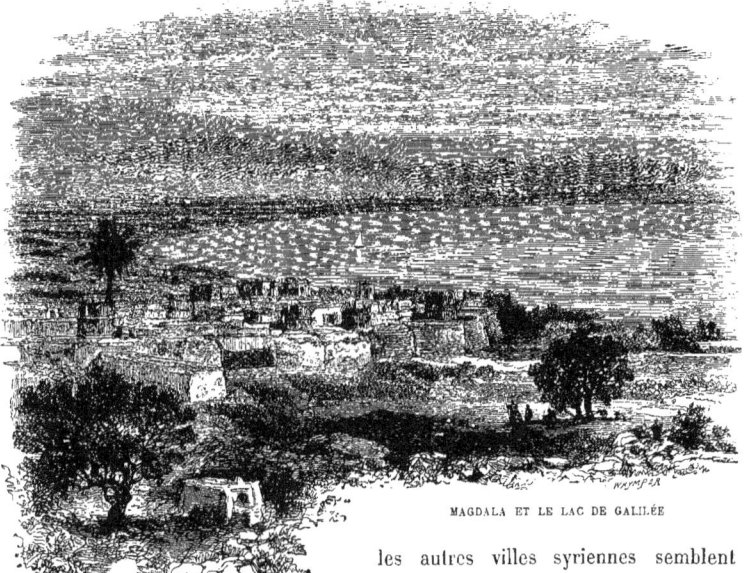

MAGDALA ET LE LAC DE GALILÉE

les autres villes syriennes semblent mortes à toutes les manifestations de la vie extérieure.

Au point de vue topographique, Damas a la forme d'une mandoline, d'une cuiller, ont dit avant nous quelques auteurs peu soucieux du choix de leurs images ; nous préférons la première, qui est tout aussi juste, et moins prosaïque en somme Le manche long et droit de l'instrument serait représenté, dans ce sens, par la rue du *Meïdan* qui est le principal faubourg de Damas. Elle est habitée par une population hétéroclite, étrange, misérable, aux vêtements précaires, à la physionomie sinistre, ramassis de fellahs, de Bédouins, de mendiants, qui, semblable en ceci à la population de tel faubourg excentrique de Paris, a toujours donné le signal de toutes les révolutions. Des hordes venues du désert, Arabes maraudeurs, Courdes, Turcmènes, types farouches que leurs vêtements de feutre ou de peaux de gazelle semblent reculer dans l'Ancien Testament de la civilisation, installent leurs camps volants dans les environs, et promènent parmi la populace avec laquelle ils fraternisent d'instinct, leurs chameaux, leurs armes aux formes bizarres, leurs chevaux harnachés pour le combat.....

A de certaines époques, sur un mot d'ordre venu d'on ne sait où, cette misérable population, qui ne connaît aucune loi, aucun frein, se lève comme un seul homme pour mettre la ville à feu et à sang ; le signal part du Meïdan, des groupes

EXTRÉMITÉ SUD DU LAC DE GALILÉE

se forment, les têtes se rapprochent, on fourbit les lances et les cimeterres, et la sédition éclate avant que ceux qu'elle menace aient eu le temps de se préparer à mourir ou à se défendre.

C'est à ce peuple des faubourgs que s'applique le vieux proverbe *Chami choumi*, « Damasquin, méchant » ; c'est lui qui fomente, inspire, et dirige toutes les émeutes qui ensanglantent la ville ; c'est son implacable fanatisme qui suscita les néfastes journées de juillet 1860 où plus de 6,000 chrétiens périrent sous les armes des Druses, et si l'horreur même de ces dernières scènes n'avait décidé la France à intervenir et à envoyer en Syrie un corps expéditionnaire de dix mille hommes dont l'effet de terreur produit sur les musulmans fut immense, on s'en souvient, il n'y aurait peut-être plus aujourd'hui un seul chrétien à Damas et dans tout le Liban.

C'est grâce aux Français que la ville aujourd'hui offre un peu plus de sécurité à l'Européen. Encore peut-on recommander au voyageur de ne point faire sonner trop haut, dans certains quartiers, sa langue d'origine, ni de s'aventurer la nuit dans les quartiers excentriques, sans une escorte sûre.

Les promenades nocturnes, — au falot, comme dans toutes les villes arabes —

PAYSAGE GALILÉEN

offrent peu d'intérêt par le fait, et présentent, au contraire, quantité d'obstacles. On se heurte à chaque instant contre les barrières de bois qui ferment les rues la nuit, et il faut alors perdre une bonne moitié de son temps à réveiller et à *bakchiser* le nègre, l'aveugle ou le mendiant chargés de l'ouvrir; mille impasses aussi s'ouvrent à chaque pas, qui sont autant de surprises désagréables, et par l'odeur des immondices évitées avec peine, et par le spectacle inopiné de certains accouplements que les mœurs orientales, l'heure et le lieu choisis justifient sans les excuser.

De même que dans la plupart des autres villes syriennes, le quartier juif et le quartier chrétien sont séparés des quartiers musulmans. Le premier renferme une dizaine de synagogues et d'assez belles maisons en partie bâties à l'européenne : le second, qui a été rebâti à neuf presque tout entier depuis l'émeute de 1860 qui y avait amoncelé les ruines, renferme un certain nombre d'églises catholiques, grecques, arméniennes ou maronites, et une assez grande quantité d'écoles.

La profusion des dômes et des minarets du quartier musulman, le massif aérien de ses mille terrasses blanches, les magnifiques vergers qui l'entourent, — cette forêt de jardins désignée sous le nom général de la *Ghouta* et où les Damasquins riches ont chacun leur maison de plaisance — la grande prairie qui s'étend à l'est et qui, à quelques heures de distance, avant d'aboutir au désert, sert de bassin aux lacs où vont se jeter tous les ruisseaux de la contrée, l'harmonie de tant de formes et de nuances délicates réunies sous un même ciel, au sein d'une nature souriante, épanouissant autour de la cité la guirlande impérissable de ses fruits énormes, aux mille couleurs, de ses fleurs aux odeurs rares ou inconnues, font de Damas et de ses environs un des plus beaux panoramas du monde entier.

Aussi Damas est-elle pour les Arabes comme un coin du paradis, et Dieu sait quelle douceur symbolique prend dans leur bouche ce nom D'*ech-Cham* qu'ils lui ont donné et qui représente à coup sûr pour certains d'entre eux, pour les poètes surtout, l'image idéale de toutes les félicités terrestres. Leur *Ghouta* n'est ni plus ni moins pour eux qu'un Éden, et de fait une étendue aussi colossale de jardins (sept à huit lieues de circonférence) où le vert éclatant des feuilles s'étoile et se bigarre des diaprures pourpres ou dorées des oranges, des citrons, des figues, des prunes, des cédrats, des pommes, des grenades, des abricots, doit éblouir à juste titre une imagination arabe habituée aux tons arides, aux perspectives mornes, désolées, incolores du désert.

Voici d'ailleurs en quels termes la muse syrienne célèbre les splendeurs de Damas : « Damas est comme une étoile ou un diamant qui brille sur le front de l'univers ; Damas est le but de tout voyageur. La joie et le plaisir ont choisi cette ville pour demeure. Là sont des palais et des fleuves, des jardins et des nappes d'eau ; là mûrissent des fruits de toutes couleurs, là vous rencontrez des visages de la beauté la plus parfaite. Damas est le plus délicieux des quatre paradis terrestres. On y dit au voyageur : Soyez le bien-venu ; ici on passe bien la nuit, ici le sommeil de la méridienne n'est point troublé. — C'est à Damas que les espérances et les désirs accourent en foule, que les compliments lèvent le voile, que mille voluptés vous sollicitent. Ces demeures et ces lieux de délices, Dieu ne les a fait voir en aucun autre pays de la terre. Tourne-toi où tu voudras à Damas, tu trouveras partout une eau courante et de l'ombre. Heureux celui dont les jours s'écoulent dans cette contrée où souffle une brise embaumée ! Sa boisson du matin et du soir est toujours bonne, et le lever ou le coucher du soleil ne lui apporte jamais aucun chagrin. Damas est le pays des houris, des perles et des paillettes d'or (1). Je dis aux habitants de la vallée de Chamy : Que votre sort est digne d'envie, vous qui habitez des jardins comme ceux de l'éternité! Donnez-nous un peu de votre eau ; nous avons soif, et vous êtes à la source. »

Un des auteurs de la *Correspondance d'Orient* (2) rappelle, au sujet des prunes de Damas, un trait historique fort curieux et qui mériterait d'être enregistré par l'*Intermédiaire des chercheurs et des curieux*. En 1148 les croisés étant retournés à Jérusalem, après avoir vainement assiégé Damas, furent accusés d'avoir fait le voyage de Damas pour des prunes, « et ce fut là, affirme l'auteur de la

MAISONS D'UN FAUBOURG A DAMAS

Correspondance, l'origine du proverbe qu'on répète encore aujourd'hui en Europe. » Cette assertion ne vaudrait-elle pas la peine d'être contrôlée?

On trouvera dans l'ouvrage que nous venons de citer, ainsi que dans le *Voyage* de Lamartine, des détails fort curieux sur la physionomie de Damas dans la première moitié de ce siècle, et nous emprunterons nous-même à ce sujet quelques pages au chantre d'*Elvire* dont les descriptions attrayantes n'ont pas été surpassées depuis. Au reste les mœurs des Damasquins, les choses d'intérieur et les usages en général tendent à changer depuis qu'un nouveau gouvernement favorise les relations diplomatiques et les transactions commerciales ; à Damas comme ailleurs, on commence à s'apercevoir de la toute-puissance de la civilisation européenne, et le Liban n'est plus une barrière suffisante pour protéger ce débris du monde ancien contre le vent de progrès qui souffle d'Occident.

(1) Les grecs donnaient au Barrada le nom de *Chrysorrhoas*, qui signifie « *fleuve d'or* ».
(2) Livre IV, lettre CXLVIII.

Il faut se hâter d'admirer avec Lamartine le luxe tout à fait asiatique qu'offrent à l'intérieur les maisons chrétiennes de Damas, le costume pittoresque et poétique des belles jeunes filles arméniennes, le charme exotique, les étonnantes couleurs d'outre-civilisation, si je puis dire, qui sont le propre de certaines solennités en usage chez les chrétiens indigènes, toutes traditions d'antan dont Damas paraît avoir été le dernier refuge, et dont chaque année qui s'écoule au sablier du Temps emporte un lambeau; demain peut-être le soleil d'un empire nouveau se lèvera sur ce vieux continent et dissipera pour jamais les brumes qu'y avait amassées la nuit

JOURDAIN SUPÉRIEUR

des siècles. A ceux qui, à l'instar d'Edgar Poë, seraient tentés de se plaindre des perpétuels empiètements du progrès, de cet esprit nouveau qui jette comme un linceul sur les hommes et les choses du passé, aux poètes, aux artistes qui assistent avec désespoir à l'évanouissement progressif du *pittoresque* et de la couleur locale et qui gémissent à l'idée de l'*européanisation* universelle du globe, à ceux-là nous répondrons qu'il leur reste le ciel d'Orient, la lumière et les couleurs vivantes de la nature: le morceau suffit, ce nous semble, et, comme on dit dans l'argot du métier « il y a encore de quoi faire. »

La beauté des femmes syriennes semble avoir tout particulièrement captivé le regard, touché l'âme même de Lamartine. Il y revient souvent dans son *Voyage*, il leur consacre ses plus belles pages, il les dépeint avec des caresses et des eni-

DAMAS

vrements de style qui paraissent, par endroits, comme les vibrations naturelles de sa lyre de poète.

« Quelque idée que j'eusse de la beauté des Syriennes, dit-il, dans son chapitre sur Damas, quelque image que m'ait laissée dans l'esprit la beauté des femmes de Rome et d'Athènes, la vue des femmes et des jeunes filles arméniennes de Damas a tout surpassé. Presque partout nous avons trouvé des figures que le pinceau européen n'a jamais tracées, des yeux où la lumière sereine de l'âme prend une

UN MARIAGE SYRIEN CATHOLIQUE

couleur de sombre azur, et jette des rayons de velours humides que je n'avais jamais vus briller dans des yeux de femme; des traits d'une finesse et d'une pureté si exquise, que la main la plus légère et la plus suave ne pourrait les imiter, et une peau si transparente et en même temps si colorée de teintes vivantes, que les teintes les plus délicates de la feuille de rose ne peuvent en rendre la pâle fraîcheur; les dents, le sourire, le naturel moelleux des formes et des mouvements, le timbre clair, sonore, argentin, de la voix, tout est en harmonie dans ces admirables apparitions; elles causent avec grâce et une modeste retenue, mais sans embarras et comme accoutumées à l'admiration qu'elles inspirent; elles paraissent conserver longtemps leur beauté dans ce climat qui conserve, et dans une vie d'intérieur et de loisir paisible, où les passions factices de la société n'usent ni l'âme ni le corps.

« Dans presque toutes les maisons où j'ai été admis, j'ai trouvé la mère aussi belle que ses filles, quoique les filles parussent avoir déjà quinze ans ; elles se marient à douze ou treize ans. Les costumes de ces femmes sont les plus élégants et les plus nobles que nous ayons encore admirés en Orient : la tête nue et chargée de cheveux dont les tresses, mêlées de fleurs, font plusieurs tours sur le front, et

GUÉ DU JOURDAIN SUPÉRIEUR

retombent en longues nattes des deux côtés du cou et sur les épaules nues ; des festons de pièces d'or et des rangées de perles mêlées dans la chevelure ; une petite calotte d'or ciselé au sommet des cheveux ; le sein à peu près nu ; une petite veste à manches larges et ouvertes, d'une étoffe de soie brochée d'argent ou d'or ; un large pantalon blanc descendant à plis jusqu'à la cheville du pied ; le pied nu chaussé d'une pantoufle de maroquin jaune ; une longue robe de soie d'une couleur éclatante descendant des épaules, ouverte sur le sein et sur le devant du pantalon, et retenue seulement autour des hanches par une ceinture dont les bouts descendent jusqu'à terre. Je ne pouvais détacher mes yeux de ces ravissantes femmes ; nos visites et nos conversations se sont prolongées partout, et je les ai trouvées aussi aimables que belles ; les usages de l'Europe, les costumes et les habitudes des femmes d'Occident ont été en général le sujet des entretiens ; elles ne semblent rien envier à la vie de nos femmes ; et quand on cause avec ces charmantes créatures, quand on trouve dans leurs conversations et dans leurs manières cette grâce, ce naturel parfait, cette bienveillance, cette sérénité, cette paix de l'esprit et du cœur qui se conservent si bien dans la vie de famille ; on ne sait ce qu'elles auraient à envier à nos femmes du monde, qui savent tout, excepté ce qui rend heureux dans l'intérieur d'une famille, et qui dilapident en peu d'années, dans le mouvement tumultueux de nos sociétés, leur âme, leur beauté et leur vie.

« Ces femmes, termine Lamartine, se voient quelquefois entre elles ; elle

PLAINES DE LA GALILÉE SUPÉRIEURE

ne sont pas même entièrement séparées de la société des hommes ; mais cette société se borne à quelques jeunes parents ou amis de la maison, parmi lesquels, en consultant leur inclination et leurs rapports de famille, on leur choisit de très bonne heure un fiancé, ce fiancé vient alors de temps en temps se mêler, comme un fils, aux plaisirs de la maison. »

Dans le tome Ier de l'ouvrage que nous venons de citer, le poète dépeint avec la plus scrupuleuse exactitude les cérémonies qui accompagnent une noce syrienne grecque. Nous avons dit ailleurs que tous ces usages commençaient à tomber en désuétude ; dans la Syrie du Nord cependant, c'est-à-dire dans les grandes villes du Liban, elles sont restées à peu près intactes, et nous allons citer ces quelques pages encore, parce qu'elles offrent l'avantage rare d'être l'expression fidèle des usages du pays, tout en réunissant tous les attraits d'une féerie orientale. Le mariage dont parle Lamartine s'est célébré à Beyrout; il débute par le *bain de la fiancée*, qui est le premier acte de toutes les cérémonies de ce genre, et qui est annoncé quinze jours à l'avance aux femmes qui doivent y prendre part, absolument comme un bal en Europe.

Voici la description de cette fête à laquelle assistaient la femme et la fille du poète :

« Les salles de bain sont un lieu public dont on interdit l'approche aux hommes, tous les jours jusqu'à une certaine heure, pour les réserver aux femmes ; et la journée tout entière lorsqu'il s'agit d'un bain pour une fiancée, comme celui dont il est question. Les salles sont éclairées d'un faible jour par de petits dômes à vitraux peints. Elles sont pavées de marbre à compartiments de diverses couleurs, travaillés avec beaucoup d'art. Les murailles sont revêtues aussi de marbre et de mosaïque, ou sculptées en moulures ou en colonnettes moresques. Ces salles sont graduées de chaleur : les premières à la température de l'air extérieur, les secondes tièdes, les autres successivement plus chaudes, jusqu'à la dernière, où la vapeur de l'eau presque bouillante s'élève des bassins et remplit l'air de sa chaleur étouffante. En général, il n'y a pas de bassin creusé au milieu des salles ; il y a seulement des robinets coulant toujours, qui versent sur le plancher de marbre environ un demi-pouce d'eau. Cette eau s'écoule ensuite par des rigoles et est sans cesse renouvelée. Ce qu'on appelle bains dans l'Orient n'est pas une immersion complète, mais une aspersion successive, plus ou moins chaude, et l'impression de la vapeur sur la peau.

« Deux cents femmes de la ville et des environs étaient invitées ce jour-là au bain, et dans le nombre plusieurs jeunes femmes européennes ; chacune y arriva enveloppée dans l'immense drap de toile blanche qui recouvre en entier le superbe costume des femmes, quand elles sortent. Elles étaient toutes accompagnées de leurs esclaves noires, ou de leurs servantes libres ; à mesure qu'elles arrivaient en groupes, elles s'asseyaient sur des nattes et des coussins préparés dans le premier vestibule ; leurs suivantes leur ôtaient le drap qui les enveloppait, et elles apparaissaient dans toute la riche et pittoresque magnificence de leurs habits et de leurs bijoux. Ces costumes sont très variés pour la couleur des étoffes et le nombre et l'éclat des joyaux ; mais ils sont uniformes dans la coupe des vêtements.

« Ces vêtements consistent en un pantalon à larges plis de satin rayé, noué à la ceinture par un tissu de soie rouge, et fermé au-dessus de la cheville du pied par un bracelet d'or ou d'argent ; une robe brochée en or, ouverte sur le devant et nouée sous le sein qu'elle laisse à découvert ; les manches sont serrées au-dessous

(1) *Voyage en Orient*, t. II.

de l'aisselle, et ouvertes ensuite depuis le coude jusqu'au poignet ; elles laissent passer une chemise de gaze de soie qui couvre la poitrine. Elles portent par-dessus cette robe une veste de velours de couleur éclatante, doublée d'hermine ou de martre, et brodée en or sur toutes les coutures ; manches également ouvertes. Les cheveux sont partagés au-dessus de la tête ; une partie retombe sur le cou, le reste est tressé en nattes et descend jusqu'aux pieds, allongé par des tresses de soie noire qui imitent les cheveux. De petites torsades d'or ou d'argent pendent à l'extrémité de ces tresses, et par leur poids les font flotter le long de la taille ; la tête des femmes est en outre semée de petites chaînes de perles, de sequins d'or enfilés, de fleurs naturelles, le tout mêlé et répandu avec une incroyable profusion. C'est comme si on avait versé pêle-mêle un écrin sur ces chevelures toutes brillantes, toutes parfumées de fleurs et de bijoux. Ce luxe barbare est de l'effet le plus pittoresque sur les jeunes figures de quinze à vingt ans. Au sommet de la tête quelques femmes portent encore une calotte d'or ciselé en forme de coupe renversée ; du milieu de cette calotte sort un gland d'or qui porte une houppe de perles et qui flotte sur le derrière de la tête.

« Les jambes sont nues, et les pieds ont pour chaussures des pantoufles de maroquin jaune que les femmes traînent en marchant.

« Les bras sont couverts de bracelets d'or, d'argent, de perles ; la poitrine, de plusieurs colliers qui forment une natte d'or ou de perles sur le sein découvert.

« Quand toutes les femmes furent réunies, une musique sauvage se fit entendre ; des femmes, dont le haut du corps était enveloppé d'une simple gaze rouge, poussaient des cris aigus et lamentables et jouaient du fifre et du tambourin ; cette musique ne cessa pas de toute la journée, et donnait à cette scène de plaisir et de fête un caractère de tumulte et de frénésie tout à fait barbare.

« Lorsque la fiancée parut, accompagnée de sa mère et de ses jeunes amies, et revêtue d'un costume si magnifique, que ses cheveux, ses bras et sa poitrine, disparaissaient entièrement sous un voile flottant de guirlandes de pièces d'or et de perles, les baigneuses s'emparèrent d'elles et la dépouillèrent, pièce à pièce, de tous ses vêtements : pendant ce temps-là, toutes les autres femmes étaient déshabillées par leurs esclaves, et les différentes cérémonies du bain commencèrent. On passa, toujours aux sons de la même musique, toujours avec des cérémonies et des paroles plus bizarres, d'une salle dans une autre, on prit les bains de vapeur, puis les bains d'ablution, puis on fit couler sur les femmes les eaux parfumées et savonneuses ; puis enfin les jeux commencèrent, et toutes ces femmes firent, avec des gestes et des cris divers, ce que fait une troupe d'écoliers que l'on mène

---

(1) Ce que dit le poète des établissements de bains de Beyrout peut s'appliquer exactement à ceux de Damas, qui ne leur cèdent en rien sous le rapport du luxe.

nager dans un fleuve, s'éclaboussant, se plongeant la tête dans l'eau, se jetant l'eau à la figure ; et la musique retentissait plus fort et plus hurlante, chaque fois qu'un de ces tours d'enfantillage excitait le rire bruyant des jeunes filles arabes.

« Enfin on sortit du bain; les esclaves et les suivantes tressèrent de nouveau les cheveux humides de leurs maîtresses, renouèrent les colliers et les bracelets,

LA GROTTE DE PAN A BANYAS

passèrent les robes de soie et les vestes de velours, étendirent des coussins sur des nattes, dans les salles dont on avait essuyé le plancher, et tirèrent, des paniers et des enveloppes de soie, les provisions apportées pour la collation; c'étaient des pâtisseries et des confitures de toute espèce, dans lesquelles les Turcs et les Arabes excellent; des sorbets, des fleurs d'oranger, et toutes ces boissons glacées dont les Orientaux font usage à tous les moments du jour. Les pipes et les narghilés furent apportés aussi pour les femmes plus âgées ; un nuage de fumée odorante remplit et obscurcit l'atmosphère; le café, servi dans de petites tasses renfermées elles-mêmes dans de petits vases à jour en fil d'or et d'argent, ne cessa de circuler, et les conversations s'animèrent; puis vinrent les danseuses, qui exécutèrent, aux sons de cette même musique, les danses égyptiennes et les évolutions monotones de l'Arabie. La journée tout entière se passa ainsi, et ce ne fut qu'à la tombée de

RUINES DU MOYEN AGE A BANYAS

la nuit que ce cortège de femmes reconduisit la jeune fiancée chez sa mère. Cette cérémonie du bain a lieu ordinairement quelques jours avant le mariage. »

Quelques pages plus loin Lamartine donne la description de la seconde partie de la fête, c'est-à-dire des solennités nuptiales elles-mêmes.

« La cérémonie a commencé par une longue procession de femmes grecques, arabes et syriennes, qui sont venues, les unes à cheval, les autres à pied, par des sentiers d'aloès et de mûriers, assister la fiancée pendant cette fatigante journée. Depuis plusieurs jours et plusieurs nuits déjà, un certain nombre de ces femmes ne quitte pas la maison d'Habib et ne cesse de faire entendre des cris, des gémissements aigus et prolongés, semblables à ces éclats de voix que les vendangeurs et les faneurs poussent sur les coteaux de notre France pendant les récoltes. Ces clameurs, ces plaintes, ces larmes et ces joies convenues, doivent empêcher la mariée de dormir plusieurs nuits avant la noce. Les vieillards et les jeunes gens de la famille de l'époux en font autant de leur côté, et ne lui laissent prendre presque aucun repos depuis huit jours. Nous ne comprenons rien aux motifs de cet usage.

« Introduits dans les jardins de la maison d'Habib, on a fait entrer les femmes dans l'intérieur des divans pour faire leurs compliments à la jeune fille, admirer sa parure et voir les cérémonies. Pour nous, on nous a laissés dans la cour ou fait entrer dans un divan inférieur. Là, une table était dressée à l'européenne, chargée d'une multitude de fruits confits, de gâteaux au miel et au sucre, de liqueurs et sorbets, et pendant toute la soirée on a renouvelé cette collation à mesure que les nombreux visiteurs l'avaient épuisée. J'ai réussi à m'introduire par exception jusque dans le divan des femmes, au moment où l'archevêque grec donnait la bénédiction nuptiale. La jeune fille était debout à côté de son fiancé, couverte de la tête aux pieds d'un voile de gaze rouge brodé en or.

« Un moment le prêtre a écarté le voile, et le jeune homme a pu entrevoir pour la première fois celle à qui il unissait sa vie ; elle était admirablement belle. La pâleur, dont la fatigue et l'émotion couvraient ses joues, pâleur relevée encore par les reflets du voile rouge et les innombrables parures d'or, d'argent, de perles, de diamants, dont elle était couverte, et par les longues nattes de ses cheveux noirs qui tombaient tout autour de sa taille ; ses cils peints en noir ainsi que ses sourcils et le bord de ses yeux, ses mains dont l'extrémité des doigts et des ongles était teinte en rouge, avec le henné, et avait des compartiments et des dessins moresques : tout donnait à sa ravissante beauté un caractère de nouveauté et de solennité pour nous dont nous fûmes vivement frappés. Son mari eut à peine le temps de la regarder. Il semblait accablé et expirant lui-même sous le poids des veilles et des fatigues dont ces usages bizarres épuisent les forces de l'amour même. L'évêque prit des mains d'un de ses prêtres une couronne de fleurs naturelles, la posa sur la tête de la jeune fille, la reprit, la plaça sur les cheveux du jeune homme, la reprit encore pour la remettre sur le voile de l'épouse, et la passa ainsi plusieurs fois d'une tête à l'autre. Puis on leur passa également tour à tour des anneaux aux doigts l'un de l'autre. Ils rompirent ensuite le même morceau de pain, ils burent le vin consacré dans la même coupe. Après quoi on emmena la jeune mariée dans des appartements où les femmes seules purent la suivre pour changer encore sa toilette.

« Le père et les amis du mari l'emmenèrent de leur côté dans le jardin, et on le fit asseoir au pied d'un arbre entouré de tous les hommes de sa famille. Les musiciens et les danseurs arrivèrent alors, et continuèrent jusqu'au coucher du soleil leurs symphonies barbares, leurs cris aigus et leurs contorsions auprès du jeune homme, qui s'était endormi au pied de l'arbre et que ses amis réveillaient en vain à chaque instant.

« Quand la nuit fut venue, on le conduisit seul et processionnellement jusqu'à la maison de son père. Ce n'est qu'après huit jours que l'on permet au nouvel époux de prendre sa femme et de la conduire chez lui.

« Les femmes qui remplissaient de leurs cris la maison d'Habib sortirent aussi un peu plus tard. Rien n'était plus pittoresque que cette immense procession de femmes et de jeunes filles dans les costumes les plus étranges et les plus splendides, couvertes de pierreries étincelantes, entourées chacune de leurs suivantes et de leurs esclaves portant des torches de sapin résineux pour éclairer leur marche, et prolongeant ainsi leur avenue lumineuse à travers les longs et étroits sentiers ombragés d'aloès et d'orangers, au bord de la mer, quelquefois dans un long silence, quelquefois poussant des cris qui retentissaient jusque sur les vagues ou sous les grands platanes du pied du Liban. Nous rentrâmes dans notre maison, voisine de la maison de campagne d'Habib, où nous entendions encore le bruit des conversations des femmes de la famille ; nous montâmes sur nos terrasses, et nous suivîmes longtemps des yeux ces feux errants qui circulaient de tous côtés, à travers les arbres, dans la plaine. »

Répétons encore une fois ici que toutes ces cérémonies se sont beaucoup simplifiées depuis. Les patriarches grecs et maronites ont rendu eux-mêmes des décrets tendant à en réduire les proportions et la durée, vu les désordres qui résultaient parfois des réunions nocturnes.

CHAPITRE XXXIII

DAMAS

II

Marchés, bazars, restaurants et cafés de Damas; le « *marché aux poux* », le bazar des Grecs, le bazar des soieries; industries et antiquités frelatées. — Un type qui se meurt: le conteur populaire. — Deux légendes arabes. — Intérieur d'une maison damasquine. — Page d'histoire; le siège de Damas par les croisés en 1148 (d'après Guillaume de Tyr).

Comme nous l'avons dit dans le chapitre précédent, tout l'attrait de Damas est dans ses bazars qui mettent dans la ville l'animation d'une gigantesque et perpétuelle kermesse. Les khans, les établissements de bains, les cafés, aux terrasses baignées d'un ruisseau limpide, ombragées de saules et de platanes, les métiers formant chacun une corporation dont l'industrie embrasse un quartier tout entier, sont pour l'étranger autant d'attractions inoubliables.

La religion musulmane n'est pas moins dignement représentée, car les mosquées de Damas atteignent le chiffre de quatre-vingts environ, sans compter celui des chapelles et écoles qui s'élève à près de deux cents.

Le bazar le plus important de la ville est, comme partout en Orient où le cheval est considéré comme la créature la plus précieuse de la terre, celui des selliers, qui lui-même confine au *marché aux chevaux*. Disons en passant que la place où se tient ce marché est ornée de platanes dont le plus élevé sert encore aujourd'hui de potence.

Viennent ensuite: le bazar bruyant des ouvriers en cuivre, le bazar des fripiers, qui correspond à notre ancienne galerie du Pou volant (place du Temple) si j'en juge par son nom arabe « *Souk-el-Koumilé* » « marché aux poux ». Ajoutons que ce bazar est bien plus animé que ne l'est le Temple de nos jours, car tout s'y vend aux enchères libres, — le bazar des Grecs, où l'on vend, comme de juste, des antiquités plus ou moins frelatées, et des armes et bibelots authentiques du pays qu'après examen on reconnaît être de fabrication européenne, le bazar des étoffes et celui des verreries et des essences.

Ces divers bazars sont groupés autour de la citadelle antique de Damas, et non loin de la Grande Mosquée (Djami-el-Oumaï), mosquée des Ommiades, un édifice superbe dont on trouvera l'histoire et la description détaillée dans l'ouvrage intitulée : « *Palestine et Syrie* » (Baedeker, éditeur). Un peu plus loin se trouvent le bazar des étoffes et celui des librairies, puis le quartier du grand commerce, c'est-à-dire celui des khans ; le tabac, les merceries, les confiseries, les denrées alimentaires, ont aussi chacun leur bazar dans les environs. Mais le plus remarquable bazar est celui des soieries où l'on vend les plus riches produits de l'industrie du Liban, les tapis entre autres, et les voiles de femmes qui, soit dit en passant, se fabriquent en général dans le canton de Glaris, en Suisse.

Tous ces quartiers sont jalonnés de restaurants et de cafés, pour la plupart installés, comme nous l'avons dit, au bord d'un cours d'eau, et qui forment de petits *buen-retiros* où règnent une ombre et une fraîcheur délicieuse. Inutile de dire que les Damasquins, gens d'humeur taciturne et contemplative comme tous les Orientaux en général, y consument le plus clair de leur existence, accroupis des journées entières devant de petites tables, sur des tabourets minuscules, à boire du café et à fumer le narghilé. Le soir, les estrades de ces cafés richement ornées, et chargées de groupes silencieux aux burnous éclatants, aux turbans qui s'inclinent pour poursuivre un rêve vague et lointain, écouter un conte ou une mélodie, font le plus pittoresque effet sous la lumière douce des lanternes multicolores qui tressent des guirlandes autour des terrasses.

Aujourd'hui le conteur populaire, c'est-à-dire le poète arabe qui va de café en café improviser des histoires d'amour, ou répéter les vieilles légendes arabes travesties à l'image de sa muse personnelle, est malheureusement un type à peu près disparu ; l'esprit du jour lui a substitué le chanteur banal qui, de même que chez nous, n'a plus rien de commun avec le troubadour antique. Un des auteurs de la *Correspondance d'Orient* a eu la bonne fortune, si rare aujourd'hui, d'entendre un des derniers bardes de Damas, et il résume ainsi les deux histoires qui furent contées devant lui et qu'il se fit traduire ensuite.

« La première, dit-il, retraçait la vie errante d'un derviche qui, en punition d'une faute, avait passé par toutes sortes de tribulations ; il avait failli mourir de faim sur le chemin de Damas à Bagdad ; des voleurs l'avaient mis à nu et ne lui avaient pas même laissé son rosaire ; puis il arrive qu'il perd la mémoire, et tout, jusqu'aux choses de la veille s'efface de son esprit. Dieu prend enfin pitié du pauvre derviche, il lui rend son bonnet de laine, sa robe, ses babouches, son rosaire, et aussi ses souvenirs; une dervicherie de Badgad l'accueillit avec bonté, et le moine musulman, ainsi rentré en grâce, passa dans le bonheur le reste de ses jours. »

L'auteur de la *Correspondance* fait observer que cette première histoire a duré plus d'une heure, et qu'il omet forcément une foule de détails que les auditeurs musulmans semblaient recueillir avec une incroyable avidité.

« L'autre histoire, dit-il, est une espèce d'apologue entre un tapis et un étendard, placés tous deux dans le palais des califes de Badgad. L'étendard n'avait pu

PAYSAGE GALILÉEN

secouer encore la poussière de vingt batailles, et, sur le point de repartir pour une lointaine expédition, il disait tristement au tapis son voisin : « Un même palais nous enferme, mais nous n'avons point une même destinée ; la tienne me paraît bien digne d'envie. Tandis que, porté dans les airs, je livre mon front aux traits de l'ennemi, à la pluie, aux vents, au sable du désert, toi, mollement étendu sur le marbre ou les boiseries dans le palais de notre maître, tu passes ton temps avec les fleurs, avec les filles jeunes et belles, avec les jeunes et beaux 'garçons ; combien ton sort est heureux ! combien mon destin est amer ! — Ma vie est douce, parce que je suis humble, répond le tapis à l'étendard ; la félicité n'est point réservée à ceux qui comme toi élèvent fièrement la tête. »

Damas offre les plus curieux spécimens de ces maisons dont nous avons esquissé le type général dans un des premiers chapitres de cet ouvrage, à l'article « Mœurs orientales ». Leur extérieur hermétique et misérable conviendrait mieux à un village qu'à une grande cité où viennent se fixer les fortunes les plus considérables du pays. Dans le quartier chrétien principalement la richesse et le luxe des habitants se dissimulent avec soin sous l'apparence misérable des

PAYSAGE GALILÉEN

maisons, car la nécessité plus encore que les usages orientaux commande aux propriétaires de négliger l'extérieur des habitations au profit de l'intérieur, du *home* proprement dit.

Aussi les façades des demeures les plus luxueuses ne sont-elles que de misérables murs de boue, percés, tout en haut, d'une ou deux petites fenêtres grillées. La porte d'entrée, fort basse, ressemble à ces petites portes de basses-cours qu'on trouve dans nos villages de France ; il faut souvent franchir des mares d'eau et

de fange pour y atteindre. Mais pénétrez à l'intérieur de ces maisons, traversez le couloir étroit et tortueux qui précède le vestibule de toutes les habitations de ce genre, et vous vous croirez subitement transporté dans un palais.

Une cour plantée d'arbres de toute essence, orangers, figuiers, palmiers, saules, platanes, sycomores, et ornée de fontaines de marbre dont les eaux jaillissantes répandent une fraîcheur délicieuse, élargit en rectangle la mosaïque brillante de ses dalles ; le marbre poli des murailles disparaît sous la verdure, des portes délicatement sculptées s'ouvrent de toute part sur des appartements dont la richesse et le goût dépassent tout ce qu'une imagination européenne peut rêver.

Les plafonds de cèdre découpé, les murailles avec leurs ornements de stuc peint, leurs lambris et leurs moulures d'or, le plancher de marbre, les tapis de Perse, les divans et les matelas répandus à profusion dans toutes les pièces et qui servent tour à tour de sièges ou de lit de repos aux divers membres de la famille, toutes ces richesses accumulées éblouissent le regard au point qu'on a quelque peine à se figurer que ce sont les mêmes murailles sombres et lézardées qu'on hésitait à franchir tout à l'heure qui servent d'abri à tant de luxe et de confort.

Les maisons des musulmans, des Turcs aisés surtout, dépassent encore en splendeur celles que nous venons de décrire ; les hauts fonctionnaires entre autres ne sortent jamais sans une suite nombreuse d'esclaves, de serviteurs montés sur des chevaux de prix richement caparaçonnés, qui peut donner à elle seule une haute idée de leur train de maison. Les jours de fête et les vendredis, les promenades des environs, la Ghouta, Djobar, Salihyé, offrent le spectacle le plus pittoresque, par la confusion harmonieuse des costumes, des couleurs, les riches cavalcades, la soie précieuse dont s'enveloppent les femmes, — et le Parisien que ses goûts aventureux auront mené au sein de cette foule où il se sentira comme diminué par le dépaysement, la note infamilière de tant de tableaux où son rêve ne s'était point encore accroché, se surprendra volontiers à imaginer l'effet que produirait cette même foule transportée sur la route des Champs-Élysées par une chaude soirée d'août.

Nous n'essayerons pas de résumer ici l'histoire de Damas ; la tâche serait trop longue et d'autant plus malaisée que l'ancienneté de son origine a fait la partie belle aux contes et aux légendes dont le temps et l'imagination des peuples voilent généralement l'évolution de toutes les grandes cités.

C'est grâce à cette ancienneté même et à l'importance qu'elle avait acquise dès le commencement de l'histoire, que Damas s'est trouvée mêlée à toutes les guerres qui ensanglantèrent jadis le sol de la Syrie, et a subi le joug successif de toutes les puissances qui pendant des siècles se sont disputé l'empire du vieux monde. Mais c'est pour les Arabes seuls que Damas a été la *Terre-Promise*. Malgré les promesses de Jéhovah, les Juifs n'y eurent qu'une domination éphémère, et c'est en vain que les croisés plus tard vinrent camper à plusieurs reprises sous ses murailles ; ils n'emportèrent d'elle que la vision éclatante de ses dômes et de ses minarets contemplés du haut des collines voisines.

Le siège le plus important qui figure dans l'histoire des croisades est celui de 1148, qui n'eut d'ailleurs, lui aussi, qu'une issue contraire aux espérances des Francs. Une foule d'auteurs ont raconté cette expédition en détail ; j'emprunte ici à la *Correspondance d'Orient*[1] le résumé succinct des opérations des troupes chrétiennes d'après Guillaume de Tyr.

« Partis de Tibériade, les croisés avaient suivi le lac de Génésareth du nord au midi ; ils étaient passés par Césarée de Philippe ou Panéas, et, après avoir traversé l'Anti-Liban, ils étaient arrivés sur les collines occidentales qui font face à Damas. Guillaume de Tyr cite un village appelé *Darie*, que les pèlerins rencontrèrent à l'entrée de la plaine. De ce côté-là se trouvent quelques villages, mais je n'ai pu en découvrir aucun du nom de Darie.

« On devine les difficultés que présentait aux troupes chrétiennes le passage à travers des jardins épais, entrecoupés de murailles de terre ou clôtures, séparées entre elles par d'étroits sentiers. L'ennemi s'était emparé de tous les défilés, de toutes les avenues ; les maisons de plaisance étaient occupées par des guerriers musulmans, et de tous les points des jardins partaient des flèches et des projectiles. D'autres périls, d'autres genres de mort menaçaient l'armée chrétienne dans son passage ; de petites ouvertures avaient été pratiquées dans les murs de terre le long des chemins, et les lances des musulmans cachés derrière les clôtures perçaient les flancs de nos guerriers. Grand nombre de chrétiens périrent dans ce trajet dangereux, mais les clôtures ne tardèrent pas à être renversées ; sur tous les points l'ennemi fut débusqué, mis en fuite ou frappé de mort. Un corps nombreux de cavalerie musulmane vint au secours des fugitifs ; il voulait empêcher les chrétiens de s'établir sur les rives du Barrady, en face des remparts de Damas, à l'ouest, mais la vigueur courageuse du roi de France et de l'empereur d'Allemagne força la cavalerie musulmane de rentrer dans la ville, c'est dans ce combat que Conrad se signala par un exploit *digne d'être raconté dans tous les siècles*, dit Guillaume de Tyr ; il partagea d'un seul coup d'épée le corps géant qui était venu le défier ; il fit tomber en même temps *la tête, le cou, l'épaule et le bras gauche, et même une portion du flanc gauche*. Après ce rapide triomphe, les croisés campèrent à leur gré aux bords du Barrady, moitié dans les

[1] Tome VI, lettre *CXLIX*.

jardins, moitié dans une prairie appelée aujourd'hui *El-Mergi*, appelée par Ibn-Alatir *Meidan-Alhadhar* (la place verte). L'El-Mergi est une étendue de gazon sans arbres, fermée de petites murailles de terre, cet espace peut avoir une demi-heure de longueur et trois cents pas de largeur ; deux canaux du Barrada arrosent la prairie ; la plus forte des deux branches, au nord de la prairie, offre un pont jeté à fleur d'eau, sous lequel, m'a-t-on dit, on précipitait autrefois les femmes coupables d'adultère. Au sud de la prairie s'élève un kiosque appartenant au pacha.

« Cette position une fois prise Damas ne pouvait plus résister, car la ville, du côté de l'ouest, n'avait que de faibles défenses, et le triomphe des braves était assuré. L'épouvante régnait parmi les habitants ; l'Alcoran du calife Otman, exposé dans la grande mosquée, attirait une multitude éplorée qui avait mis son dernier espoir dans la miséricorde de Dieu. Mais le malheur que Damas redoutait ne devait point s'accomplir ; son salut devait lui venir de la discorde de l'armée chrétienne. A l'ouest, la ville était presque ouverte aux croisés ; la moindre attaque suffisait pour emporter la place ; de plus, les assiégeants avaient à leur disposition les eaux du Barrada, des jardins fleuris de fruits excellents, qui étaient alors en maturité. A l'est s'étendait un grand espace aride, un terrain sans arbres, sans eau, qui n'offrait aucune ressource ; de ce côté d'épaisses murailles et de hautes tours défendaient la ville ; c'est là que les croisés, par une détermination inattendue, transportèrent leur camp. On trouve là, le lieu de la conversion de saint Paul, le cimetière des chrétiens ; ce terrain réunit, chaque année, la caravane de la Mecque avant qu'elle ne se mette en chemin.

« A peine les croisés venaient-ils de former leur nouveau camp, que la ville de Damas reçut dans ses murs une troupe de vingt mille Curdes et Turcomans chargés de la défendre. Les Latins livrèrent quelques assauts inutiles, et bientôt, apprenant la prochaine arrivée d'autres renforts ennemis conduits par les princes d'Alep et de Moussoul, ils abandonnèrent leur entreprise. « Damas se réjouit après avoir
« été frappée de terreur, dit un chroniqueur Franc, mais la harpe des nôtres n'eut
« que de tristes plaintes à redire, et tous nos instruments de musique se changèrent
« en voix lugubres. »

Quelques siècles plus tard Damas, qui avait si bien résisté aux entreprises des chrétiens, fut à plusieurs reprises pillée et saccagée par des hordes tartares, et notamment par les troupes de Tamerlan ; c'est à la suite de ce dernier désastre que les célèbres armuriers de Damas furent emmenés à Samarcande où ils transportèrent le secret de la fabrication des lames tant réputées, secret qui fut dès lors perdu pour Damas.

En 1516 enfin, Selim planta l'étendard turc sur sa citadelle, et la vieille cité arabe est restée depuis une des villes principales de l'empire Ottoman.

CHAPITRE XXXIV

BEYROUT

Importance industrielle et commerciale de Beyrout. — Sa situation, son climat. — Questions d'esthétique : la mer et la montagne. — La ville moderne, sa population, son histoire.

C'est grâce à la France, avons-nous dit dans le précédent chapitre que Damas et Beyrout sont reliées entre elles aujourd'hui par une chaussée carrossable de 112 kilomètres de long, qui franchit le Liban méridional dans sa plus grande largeur, et fait d'un voyage qui, jadis, durait deux jours au moins et présentait de nombreux inconvénients, sinon des dangers sérieux, une simple excursion de douze ou treize heures à peine.

On sait que Beyrout est, depuis le commencement de ce siècle, l'échelle la plus importante de Syrie ; elle sert de port à Damas qu'elle ne tardera pas à surpasser en éclat, grâce à son industrieuse activité et à sa population intelligente où domine l'élément chrétien. Déjà l'influence du génie et de la civilisation d'Occident s'y affirme hautement par le développement donné à l'instruction et à l'éducation, à tout ce qui fait l'homme d'aujourd'hui, à tout ce qui assure au monde nouveau la prépondérance sur le monde ancien. Je doute que l'histoire moderne de nos cités offre rien de comparable à l'essor de cette petite ville dans l'espace des cinquante dernières années qui viennent de s'écouler, et particulièrement depuis l'expédition française en Syrie.

Beyrout, qui en 1835 n'avait que neuf ou dix mille habitants à peine, en comptait vingt mille en 1860. Après les massacres qui signalèrent cette année néfaste, la plupart des chrétiens du Liban accoururent à Beyrout se placer sous la protection de nos couleurs nationales ; les écoles et les établissements religieux français se multiplièrent rapidement, et c'est grâce au prestige séculaire de la France en Syrie, que Beyrout compte aujourd'hui 90,000 habitants, chiffre qui ne tardera pas à atteindre et à dépasser même celui de cent mille. Il serait injuste et inexact de ne pas mentionner ici les efforts de quelques autres puissances européennes qui ont contribué, pour leur part, à cet accroissement prodigieux, ceux des Américains surtout et des Anglais : il serait non moins inexact d'ajouter que ces efforts

PAYSANNE CHRÉTIENNE DU LIBAN

ont été comme toujours moins désintéressés que les nôtres ; au reste c'est à l'expédition française que la ville chrétienne doit d'avoir pu, pour ainsi dire, secouer le joug du fanatisme ottoman en plein pays turc, et braver à jamais la haine héréditaire des musulmans.

Pour le touriste, Beyrout se résume en deux traits caractéristiques : site ravissant, climat délicieux.

La Syrie n'a point de décor plus pittoresque, qui satisfasse aussi complètement la poésie des sens et de l'âme, que celui de la rade de Beyrout faisant éclater les jeux de lumière de ses falaises au pied des sommets neigeux du Liban.

D'une part la mer, de l'autre la montagne, l'infini plat et l'infini élevé confondus sous un même ciel, les deux génératrices des plus fortes sensations humaines se reflétant l'une dans l'autre, échangeant à travers l'espace leurs sons, leurs parfums, et ce je ne sais quoi de fuyant, d'insaisissable, d'âprement onctueux qui vous pénètre à leur contemplation et qui est peut-être le langage mystérieux, la signification même exprimée par les lignes ou les nuances, des formes immobiles de la création.

GROTTES FUNÉRAIRES EN PHÉNICIE

J'ai toujours pensé que l'impression que nous recevons des aspects de la nature est le résultat d'une série de phénomènes physiques, sensible à l'analyse et dont ces aspects mêmes sont les facteurs essentiels; ainsi l'impression que nous recevons des aspects d'une montagne est une impression purement physique, directement proportionnée à ses dimensions et à ses formes géométriques, et que des instruments de précision encore inconnus aujourd'hui pourraient mesurer et définir mathématiquement.

Ainsi les chiffres représentant les impressions superficielles reçues de deux montagnes différentes de forme et d'élévation inégale seraient entre eux comme les chiffres représentant leurs dimensions, et c'est là une expérience élémentaire que tout homme épris d'analyse a pu faire mainte fois sur lui-même, en considérant successivement une petite colline et une montagne situées l'une près de l'autre.

L'expérience est plus facile à faire encore avec deux étendues d'eau, car tout voyageur a pu remarquer que le spectacle inattendu d'une grande étendue d'eau, d'un lac par exemple, produit instantanément une sorte de dilatation des poumons très appréciable, et que cette même dilatation est bien plus sensible encore en présence de la mer [1].

Mais je craindrais, en insistant, de blesser l'idéal des âmes simples, peu éprises de recherches physiologiques et qui aiment la mer ou la montagne pour elles-mêmes sans se soucier de faire la part de la matière dans les émotions délicieuses qu'elles procurent à tous ceux qui savent les comprendre.

Beyrout est le séjour préféré de tous ceux que cet état de mélancolie ondoyant, protéiforme, qui affecte autant le physique que le moral, et qui est le mal propre à une société fiévreuse comme la nôtre, pousse vers l'Orient où le ciel clément sourit toute l'année durant, versant à flots la vie aux natures épuisées, le calme et l'oubli aux âmes que tourmentent les regrets inguérissables. Il faut à certaines sensibilités humaines, qui sont l'apanage exclusif des natures d'élite, des températures de serre chaude, réfractaires aux variations brusques, des ciels lumineux où les nuages ne font que passer, voilant à peine les tièdes baisers du soleil ; le ciel de Beyrout réunit tous ces avantages, ses rivages n'ont que des murmures caressants et des brises embaumées, et les cimes rêveuses du Liban semblent montrer à dessein leurs villages et leurs monastères suspendus dans la paix sereine des abîmes pour inviter les âmes inquiètes à l'oubli de ce monde dans des régions inaccessibles à ses bruyantes vanités, à ses écœurantes tristesses.

Nous ne ferons pas d'autre description de cette ville presque entièrement moderne, où s'arrêtent généralement tous les voyageurs qui viennent visiter le Liban. La vieille ville offre peu de débris antiques, et n'est pas autrement intéressante ; quant à la ville de nos temps, elle ne se distingue des autres villes modernes que par une population plus active, plus industrieuse, chez qui le niveau intellectuel est plus élevé que partout ailleurs en Syrie.

Les environs sont ravissants : des faubourgs vastes et spacieux, des jardins toujours verts, où fleurissent le citronnier, le mûrier, le palmier, des villas élégantes et somptueuses qu'ombragent les pins et les sycomores, la célèbre promenade des Pins, à une demi-lieue de la ville, qui est le bois de Boulogne de

---

1. J'ai bien souvent observé ce phénomène en Suisse, où telles lignes de chemin de fer traversent des sites grandioses. En approchant de Lausanne, par exemple, le train, au sortir d'un tunnel, débouche sur la vue admirable du lac de Genève ; à ce moment un soupir involontaire s'échappe des poitrines de toutes les personnes penchées aux portières. J'ai constaté cette particularité toutes les fois que j'ai fait le trajet, et cela aussi bien chez moi-même que chez les autres.

Beyrout, des falaises qui offrent sur la rade ou sur le Liban des points de vue admirables, — tous charmes qui, joints à la douceur du climat, font de Beyrout une cité privilégiée entre toutes.

Beyrout ne tient pas une place bien considérable dans l'histoire. Détruite sous Antiochus VII, l'ancienne Berytos des Giblites (peuplade chananéenne) était encore en ruine quand elle passa sous la domination des Romains qui la rebâtirent et lui donnèrent le nom d'Augusta Felix. De nouvelles ruines s'y étaient accumulées à la suite d'un tremblement de terre quand elle fut prise par les mulsumans en 635.

En 1125 Baudouin Ier s'en empara et la réunit au royaume chrétien de Palestine, mais elle fut reprise par Saladin en 1187, après la désastreuse bataille de Tibériade. Dix ans plus tard cependant, elle retombait au pouvoir des Francs qui écrasaient entre Tyr et Sidon l'armée de Malek-adel. Le chroniqueur allemand Arnold de Lubek est le seul qui nous donne quelques détails sur cette affaire :

MONNAIE DE TYR

« Les habitants de Bayruth, dit-il, avaient abandonné cette dernière ville et s'étaient retirés dans le château voisin. Ils y avaient transporté des vivres et des armes. La garnison était composée des plus braves guerriers ; quand elle vit l'armée de terre approchée, elle ouvrit les portes du château et sortit pour combattre ; elle n'avait pas encore aperçu l'armée qui venait par mer. »

Ici l'abbé de Lubeck décrit un petit combat à la suite duquel le gouverneur de la place fut fait prisonnier ; puis il poursuit en ces termes :

« Pendant ce combat, l'armée navale s'approchait de la ville, que la garnison musulmane avait abandonnée. Les prisonniers chrétiens restés dans cette ville, voyant des voiles carrées, comprirent que c'était des croisés qui arrivaient. Un de ces prisonniers s'approche de la tour la plus haute et la plus forte, en ouvre doucement la porte avec un instrument, et retenant son haleine, il marche sans bruit, monte et trouve les sentinelles endormies ; il se précipite aussitôt sur elles et les égorge ; élevant alors un étendard, il fait signe aux vaisseaux et invite les croisés à entrer dans la ville. Ceux-ci, ayant compris le signal, et croyant que la chose se faisait par un miracle, se hâtèrent de gagner la rive. Pendant ce temps, le chancelier s'emparait du château. Les ennemis effrayés, voyant la tour perdue, commencèrent à fuir de toutes parts, cherchant leur salut dans les montagnes et dans le creux des rochers. Les chrétiens entrèrent triomphants dans la ville et dans le château, qu'ils trouvèrent remplis de richesses, de vin, de blés et autres provisions destinés à nourrir les habitants pendant trois ans. Il y avait une si grande quantité d'arcs et de ballistes, qu'on aurait pu en charger deux grands vaisseaux.

« La ville de Baruth, ajoute le chroniqueur, ou Bérithe est la plus belle et la plus forte de ce pays; elle a un port excellent ouvert à tous les vaisseaux qui arrivent. C'est dans cette ville que les princes sont couronnés. Lorsque Saladin s'en rendit maître, il s'y fit couronner roi de Jérusalem, et fut salué sultan de Babylone[1]. »

Beyrouth ne retomba au pouvoir des musulmans qu'en 1291, après la prise de Saint-Jean d'Acre et la destruction de toutes les colonies chrétiennes.

1. Bibliothèque des Croisades, livre III, chroniques slaves.

CHAPITRE XXXV

TYR ET SIDON

La côte phénicienne; paysages. — Aspect de la ville de Saïda, — antiquité, histoire, — Décadence de Tyr, ses causes, — prophéties d'Ézéchiel. — Tyr dans l'antiquité et sous les croisades. — Le village de *Sour*. — Ruines du moyen-âge. — Route de Tyr à Saint-Jean d'Arc.

La route qui mène par terre de Beyrout à Saint-Jean d'Acre, en passant par Sidon et Tyr, longe l'antique côte phénicienne, franchissant tour à tour le sable rouge des dunes et des promontoires, les gorges verdoyantes et les flancs boisés, bien cultivés du Liban.

Le paysage, par instants, est absolument stérile, près de la mer surtout, quelques khans arabes jalonnent les chemins solitaires, les flancs des collines présentent partout de nombreuses excavations funéraires, trous béants par où l'homme est rentré dans la poussière, selon l'expression biblique, et le voyageur, cherchant sa route à travers toutes ces nécropoles, le regard errant sur les vastes solitudes de l'Océan qui s'étend à ses pieds, a l'illusion parfois de cheminer sur la lisière d'un monde évanoui dont il ne serait resté que ces deux grands néants : le Sépulcre et la Mer. Un des promontoires que franchit la route s'appelle le Ras-Djedra ; une tradition arabe veut que le prophète Jonas soit venu s'échouer ici après son séjour dans le corps de la baleine. Disons en passant que ces parages sont encore visités de nos jours par les requins.

Aux approches de Saïda la campagne s'égaye, on traverse quelques plaines fertiles sillonnées de ruisseaux qui s'échappent en cascade des flancs du Liban ; les jardins reparaissent avec des bouquets de palmiers, de bananiers, et la ville elle-même offre un joli coup d'œil avec sa citadelle, ses ruines et sa ceinture de récifs baignés de soleil.

Mais que reste-t-il aujourd'hui de Sidon, la reine des mers, de cette capitale phénicienne dont le commerce embrassait la moitié de l'univers et dont le nom glorieux resplendit jadis jusqu'aux limites les plus reculées du globe? Rien ou presque rien. Saïda est une petite ville arabe de 10,000 âmes, sans importance actuelle, et dont les débris antiques épars sur son sol ne suffisent pas à rappeler le glorieux passé.

C'est pourtant de ce port même aujourd'hui délaissé que sortit le premier navire qui osât affronter les mers ; ce sont ces mêmes Sidoniens qui représentaient l'aristocratie phénicienne, l'aristocratie de la fortune et celle de l'intelligence, et qui, les premiers, substituèrent à l'écriture figurée l'écriture alphabétique.

Que tant de génie et d'industrieuse activité puissent s'éteindre ainsi sur les lieux mêmes qui les virent naître, que la gloire d'un peuple soit moins durable que les ruines de ses palais et de ses citadelles, ce sont là de ces secrets qu'il ne faut point

GEMME ANTIQUE REPRÉSENTANT L'HISTOIRE DE JONAS

songer à arracher à l'histoire qui les emporte avec elle dans la nuit des siècles ; la destinée a de ces illogismes, elle élève telle nation au détriment de telle autre, elle éteint ici le flambeau de la civilisation pour le rallumer ailleurs, et l'esprit confondu ne peut que s'incliner devant ses arrêts.

La ville de Sidon et celle de Tyr, sa fille aînée, ont partagé le sort de toutes les autres villes syriennes, et ce serait nous répéter en quelque sorte que de faire leur histoire ici. Quant à ses antiquités, je crains bien que M. Renan n'ait laissé que peu de choses à glaner aux explorateurs futurs ; nos lecteurs pourront s'en assurer en se reportant à l'excellent ouvrage de notre grand écrivain [1], qui a fouillé avec un soin tout particulier les antiques nécropoles de Sidon et y a fait de précieuses découvertes dont quelques-unes figurent aujourd'hui au musée du Louvre.

Une curiosité à signaler au touriste, c'est l'amas de décombres recouvert aujourd'hui de terre végétale hérissée de broussailles et que surmonte la forteresse du château de Saint-Louis, au sud-est de la ville. Une grande quantité de coquillages du genre Murex affleurent le sol, l'examen du test de ces coquillages, qui, chez tous, est entamé de la même façon, a permis aux savants de reconstituer

---

1. Mission en Phénicie.

le procédé au moyen duquel les Sidoniens broyaient le mollusque dont ils fabriquaient leur pourpre si renommée; ajoutons que le *Murex trunculus* se pêche encore aujourd'hui sur les côtes de Phénicie.

A visiter aussi le *Khan français* où M. Renan a réuni une belle collection d'antiquités sidoniennes.

Sidon, de même que Beyrout, sa rivale, qui devait l'éclipser un jour, fut prise et reprise plusieurs fois par les croisés ; mais la capitale phénicienne sut braver les tourmentes politiques jusqu'à la fin du dix-huitième siècle, époque à laquelle Djezzaar-Pacha lui porta un coup mortel en expulsant les marchands français.

BIÈRE SYRIENNE.

La distance entre Sidon et Tyr se parcourt en sept heures environ ; la route suit les sinuosités de la côte, et le paysage, jusqu'à la rencontre du Litani, est à peu près le même que celui que nous avons décrit plus haut. Le Litani en cet endroit porte le nom de Nahr-el-Kasmyé. La vallée qui lui sert de lit et qui, depuis Balbek, trace un sillon profond entre le Liban et l'Anti-Liban, se rétrécit, et se tord capricieusement avant de conduire le fleuve dans la Méditerranée. Les ruines se multiplient à mesure qu'on avance vers la plage sablonneuse qui borde la plaine de Tyr.

Le décadence de Tyr apparaît plus profonde encore, plus irrémédiable que celle de Sidon dont elle éclipsait jadis la gloire. Le voyageur qui considère aujourd'hui le misérable village arabe qui tient la place de l'orgueilleuse cité phénicienne ne peut s'empêcher de reporter sa pensée à l'époque des prophéties juives, et de se rappeler ces terribles paroles d'Ézechiel :

« O *Tyr*, fière de tant de gloire et de richesse ! bientôt les flots de la mer s'élèveront contre toi ; et la tempête te précipitera au fond des eaux. Alors s'engloutiront avec toi tes richesses ; avec toi périront en un jour ton commerce, tes négociants, tes correspondants, tes matelots, tes pilotes, tes artistes, tes soldats et le peuple immense qui remplit tes murailles ; tes pilotes s'asseyeront sur le rivage, l'œil morne contre terre. Les peuples que tu enrichissais, les rois que tu

RUINE DU MOYEN AGE EN SYRIE

rassasiais, consternés de ta ruine, jetteront des cris de désespoir. Dans leur deuil, ils couperont leur chevelure ; ils jetteront la cendre sur leur front dénudé ; ils se rouleront dans la poussière, et ils diront : « Qui jamais égala *Tyr*, cette reine de la mer ? »

La ruine de Tyr est due aux mêmes révolutions politiques qui ont changé la face du monde ancien, et dont nous avons, à plusieurs reprises, esquissé les traits principaux, ceux du moins relatifs à la Syrie. Les longs sièges qu'elle eut à soutenir, celui contre Nabuchodonosor en particulier, qui dura treize ans ; plus tard, sa lutte meurtrière contre Alexandre qui la prit d'assaut au bout de sept mois, et la ravagea de fond en comble, contre Antigone ensuite, avaient déjà ébranlé ses forces et fait disparaître une grande partie de la ville ancienne, celle qu'on appelait *Palætyros*.

Sous les Romains pourtant elle se releva et l'invasion sarrasine elle-même ne réussit point à briser sa puissance ; il est certain qu'elle jouissait encore d'une grande importance au moment où les croisés conduits par Baudouin II s'en emparèrent (1124)[1]. Guillaume de Tyr décrit longuement ce siège, ainsi que les splendeurs que renfermait la ville et les habiles moyens de défense mis en œuvre par les assiégés.

RUINES A TYR

Toutes les entreprises de Saladin contre Tyr échouèrent, et la ville resta pendant cent soixante-sept ans sous la domination chrétienne ; elle ne retomba au pouvoir des Sarrasins qu'après la chute définitive des colonies chrétiennes (1291). La barbarie musulmane, qui n'assoit son empire que sur des ruines, acheva de consommer la perte de la malheureuse cité.

Rien de plus misérable d'aspect que le petit village actuel dont les cabanes abritent cinq mille habitants à peine, et il faut une certaine puissance de rétro-

---

1. Benjamin de Tudèle, qui a visité la Tyr du moyen âge vers 1160, dit ceci : « La Tyr nouvelle est une ville extrêmement belle, avec un port très commode au milieu d'elle, où abordent les vaisseaux entre deux tours. Les péagers jettent, la nuit, entre ces deux tours des chaînes de fer ; en sorte que personne n'y peut venir, soit en vaisseau, soit autrement, pour voler quelque chose des vaisseaux qui y sont. Il n'y a point de port sur toute la terre si sûr et si commode. Les Juifs ont aussi des vaisseaux à eux sur mer. Là sont aussi les ouvriers qui font ce beau verre de Tyr si renommé par toute la terre. C'est aussi à Tyr que l'on trouve la meilleure pourpre. »

vision, si je puis dire, pour retrouver le glorieux passé de Tyr sous les ruines, la boue, et la malpropreté du petit hameau turc. *Sour* est située sur la pointe extrême de la grande île qui supportait jadis la ville maritime et que les ensablements qui se sont produits autour de la digue construite par Alexandre relient aujourd'hui complètement au continent.

On retrouve encore, tout le long du rivage ouest de l'île, les débris de la muraille d'enceinte, et des forts qui protégeaient la ville au moyen âge ; quelques-uns de ces débris ont été entraînés au fond de la mer par les tempêtes ou par les secousses du sol, mais ce sont en général des blocs de pierre sans aucun intérêt, remontant à une époque relativement ancienne, aux croisades sans doute, et ce n'est pas sans une forte dose d'imagination que certains voyageurs modernes sont parvenus, sur la foi de Benjamin de Tudèle[1], à distinguer à travers les flots de la mer Syrienne, les restes des temples et des statues de la ville du roi Hiram. Du reste M. Renan a fait justice de cette légende en démontrant que le massif rocheux qui supportait l'ancienne ville est resté intact, et qu'aucun des quartiers de la ville n'a par conséquent pu disparaître sous les flots.

Un joli décor de montagne fait face au petit hameau de Sour, mais le touriste qui vient de traverser le Liban oublie volontiers le côté pittoresque du voyage en faveur du côté archéologique : reconstituer le passé avec les débris que les âges ont respectés, évoquer les grands noms de l'histoire sur les lieux mêmes qui les ont consacrés, animer la solitude et les ruines avec les visions vivantes et bruyantes des épopées qui s'y déroulèrent jadis, c'est encore, en fin de compte, la seule façon de faire sans ennui le voyage de Phénicie, et en particulier de Tyr. Et pourtant le pays lui-même n'a plus un filon vierge, plus une nécropole inédite, plus un sarcophage intact à offrir à la curiosité de MM. les antiquaires.

A visiter cependant les ruines de la vieille église des croisés (au sud de la ville) où furent enterrés jadis l'empereur Frédéric Barberousse, et Conrad, marquis de Monferrat, qui défendit Tyr contre les entreprises de Saladin. A visiter aussi, à une lieue de Tyr, sur la route d'Acre, les réservoirs, pressoirs et tombeaux de Ras-el-Aïn, et des collines voisines ; pour la description de toutes ces antiquités consulter la *Mission en Phénicie*.

Il n'est guère, en Syrie, de route plus sauvagement grandiose que celle qui conduit de Tyr à Acre, route ancienne tracée sur la lisière extrême du continent et qui suit tous les contours capricieux de la côte ; ce ne sont que sentiers arides se perdant dans le sable ou dans la marne, chemins en corniche taillés dans le flanc

---

[1]. « Si l'on monte sur les murailles de la nouvelle Tyr, on découvre de là Tyr la couronnée, couverte de la mer, qui n'est éloignée de la nouvelle que d'un jet de pierre. *Si l'on y va avec un vaisseau, on voit au fond de la mer les tours, les palais, les places, et les rues de cette ancienne ville.* Au reste, la nouvelle Tyr est une ville fort marchande où l'on aborde de toutes parts. »

des falaises et des promontoirs, grottes, abîmes, précipices suspendus au-dessus des lames frangées d'écume d'une mer retentissante et dont les blancs récifs étincellent au soleil comme les ruines éparses d'une ville abîmée sous les flots.

Le cap Ras-el-Abyad, et plus loin, celui de Ras-en-Nakoura, d'où l'on commence à apercevoir dans le sud la plaine verdoyante d'Acre avec les lignes sévères du Carmel, les khans solitaires assis sur la cime de rochers gigantesques, aux bases entaillées de figures grossières, d'inscriptions mystérieuses, les ruines de toutes sortes éparses le long des grèves, font de cette route de sept à huit heures une promenade aussi attrayante pour l'antiquaire que pour l'artiste et le poète.

CHAPITRE XXXVI

SAINT-JEAN D'ACRE

Descriptions et histoire de Saint-Jean d'Acre. — Topographie de la ville moderne. — Saint-Jean d'Acre sous les croisades. — Histoire anecdotique du siège de 1189-91, d'après les chroniqueurs arabes; mœurs et usages des deux armées; les femmes au camp des croisés; chroniques de l'historien anglais Gautier Vinisauf; physionomie du camp de Saladin; le camp des Francs et leurs machines de guerre; le secret du fondeur de Damas. — Arrivée de Philippe Auguste et de Richard Cœur-de-Lion. — Prise de Saint-Jean d'Acre par les croisés (1191); massacre des prisonniers musulmans.

Ce n'est pas sans une certaine émotion, à laquelle notre mémoire et notre cœur prennent une égale part, que nous pénétrons dans cette petite ville retentissante du bruit des sabres turcs, qui fut pendant un siècle le dernier boulevard et l'espoir suprême de nos colonies chrétiennes, ville que l'histoire semble avoir voulu draper dans un éternel voile de deuil et que ses sièges et ses malheurs ont rendue aussi célèbre que Troie.

A la voir aujourd'hui dresser sous un ciel calme et silencieux les murailles et les tours brillantes de sa forteresse, à voir ses quinze cents terrasses blanches paisiblement endormies à l'ombre de la coupole de sa grande mosquée, on a quelque peine à croire que tant de scènes sanglantes et tumultueuses se sont jouées là, que des nations entières ont heurté leurs armes dans ces champs déserts que le laboureur seul foule aujourd'hui, et que parmi cette population active qui circule dans le port, il en est peut-être qui se souviennent encore d'avoir vu ces mêmes murailles crouler deux fois sous le canon, à dix ans d'intervalle.

Tant de dévastations successives ont passé sur Saint-Jean d'Acre, qu'une importance disproportionnée avec sa valeur réelle s'attache encore aujourd'hui à la ville qui porte ce nom fameux dans l'histoire. Le voyageur aurait mauvaise grâce à passer sous ses murs, à fouler du pied le sol encore bouleversé de ses remparts sans leur demander le secret de tant d'épopées sombres et héroïques que les siècles ont inscrites en marge de son histoire; nous-même nous nous sommes surpris à remonter dans les destinées néfastes de la glorieuse petite cité qui brillait sous nos yeux, et à refaire, sur les lieux mêmes, à l'aide des annales authentiques du passé, le tableau rapide de ses malheurs. Au reste il n'est point, à notre connaissance, de documents historiques plus intéressants que ceux concernant Saint-Jean d'Acre sous les croisades, et particulièrement le fameux siège de 1189 qui est resté un des événements les plus considérables du moyen âge.

Il faut lire les récits plus mouvementés, plus dramatiques que les chroniques chrétiennes, des auteurs arabes Boha-Eddin et Emad-Eddin, qui ont pris part en personne à ce siège fameux; leurs peintures, sincères presque toujours, ne dédaignant pas de s'arrêter aux plus petits détails, nous paraissent un des monuments les plus curieux du temps ; elles sont attachantes précisément par ces descriptions méticuleuses, ces observations de gens qui ont vu les choses du côté coulisse, descriptions et observations futiles parfois, mais qui éclairent, bien plus qu'on ne croit, les mœurs d'une époque.

C'est à l'aide des auteurs arabes, déjà si souvent cités par nous, que nous allons essayer de refaire ici l'histoire de Saint-Jean d'Acre sous les croisades, nous contentant de substituer leur texte au nôtre partout où cela nous semblera nécessaire pour communiquer au lecteur dans toute leur intégrité les sensations que nous avons nous-même éprouvées à la lecture de récits qui, nous le répétons, constituent, à nos yeux, un des monuments historiques et littéraires les plus curieux que nous aient transmis les croisades.

Deux mots d'abord sur la topographie du pays. La ville est située sur le petit promontoire qui termine la baie d'Acre au nord; l'ancienne enceinte est restée intacte, et les remparts actuels datent presque tous du temps des croisades. Une plaine marécageuse et presque entièrement dépouillée d'arbres s'étend entre la mer et les rameaux extrêmes de la chaîne des montagnes galiléennes, d'où se détachent au nord et au sud quelques collines restées célèbres dans l'histoire du siège de 1189, celles entre autres de Thuron, de Kison, de Saron, de Karouba. A vingt minutes au sud de la ville, est l'embouchure du Belus, autre point stratégique sous les croisades. Un peu plus haut à droite, la hauteur où Napoléon Ier établit ses batteries en 1799.

L'histoire de Saint-Jean d'Acre ne devient intéressante, à vrai dire, qu'à partir de la fin de l'année 1189. Prise par Baudouin Ier en 1104, elle était devenue une des places de guerre et de commerce les plus importantes du royaume, mais, après la bataille de Tibériade (1187), elle se rendit à Saladin qui se hâta d'en relever les fortifications. Cependant la nouvelle du désastre de Tibériade avait déterminé un mouvement général en Occident, et dès 1188 l'Europe s'armait pour une troisième croisade, tandis que le roi Guy de Lusignan, ayant rompu ses chaînes à Damas, réunissait les débris de son armée et se préparait à attaquer la ville d'Acre.

« Lorsque le siège commença, dit Emad-eddin, les musulmans travaillaient depuis deux ans à fortifier la place. En effet, deux ans auparavant, lorsque Saladin s'empara d'Acre, plusieurs émirs lui conseillèrent de raser cette ville et d'en effacer jusqu'au moindre vestige, prétendant que, tant qu'elle serait debout, les chrétiens seraient tentés de venir la prendre. Saladin inclina un moment à cet avis: mais d'autres pensèrent qu'il serait fâcheux de détruire une ville si grande et si

PRESSOIR A HUILE (Phénicie)

belle, et qu'il suffirait de l'entourer de bonnes fortifications. Saladin fit venir d'Égypte l'émir Bohaeddin Caracousch, qui avait construit les murs du Caire, et qui passait pour très expert dans la bâtisse. Caracousch eut à sa disposition un grand nombre de prisonniers chrétiens; il fit venir d'Égypte les machines dont il avait besoin. Les murs furent réparés, les tours relevées et la ville entourée de fortifications redoutables. Lorsque le siège commença, Caracousch était encore dans la ville et il y resta jusqu'à la fin. »

Il faut dire ici qu'avant de se porter sur Acre, l'armée chrétienne avait pris contact avec celle de Saladin du côté de Tyr; ce n'est qu'après avoir reçu de nombreux renforts d'Europe qu'elle se décida tout à coup à marcher sur Acre ; elle arriva sous les murs de la ville avant Saladin, et le roi Guy planta sa tente sur la colline de Thuron. Saladin, voyant que l'ennemi était encore trop faible pour bloquer la ville complètement, introduisit des troupes et des vivres dans la place et prit position ensuite de manière à cerner l'armée chrétienne ; son camp était sur la colline de Kison, l'aile gauche s'appuyant au Belus et la droite à la colline d'Aiadia.

Les hostilités s'ouvrirent par de petits combats dont les croisés, pris entre la garnison d'une part et l'armée de Saladin de l'autre, eurent beaucoup à souffrir. Boha-Eddin nous donne des détails assez curieux sur les rapports qui

LE LIDAN

avaient fini par s'établir entre les deux armées, grâce à ces combats quotidiens.

« Comme, dit-il, on s'attaquait sans cesse de part et d'autre, les chrétiens et les musulmans avaient fini par se rapprocher, par se connaître, et par lier conversation entre eux : quand on était fatigué, on quittait ses armes et l'on se mêlait ensemble ; on chantait, on dansait, on se livrait à la joie ; en un mot, les deux partis devenaient amis, jusqu'à ce qu'un moment après la guerre se renouvelât.

Un jour qu'après avoir longtemps combattu, les deux partis cherchaient à se distraire de leurs fatigues, un chrétien dit aux soldats de la garnison : « Jusques à quand les grands se battront-ils ? que ne faisons-nous battre aussi les petits ? Allons, mettons vos enfants aux mains avec les nôtres. » Là-dessus, il sortit de la ville plusieurs enfants musulmans ; les chrétiens amenèrent les leurs, et le combat commença. Ces enfants se battirent avec le plus grand courage. Un enfant musul-

LE LIBAN

man, entre autres, saisissant son antagoniste de toutes ses forces, l'enleva de terre et le terrassa. Or, chose singulière, le vaincu fut considéré comme prisonnier, et ses parents donnèrent deux pièces d'or pour le racheter. En vain le vainqueur faisait des difficultés pour les recevoir ; on lui dit que le vaincu était son prisonnier et il prit l'argent. »

Je ne puis m'empêcher de penser que de tels épisodes, sur lesquels sept siècles ont passé, ne dépareraient certes pas les annales militaires d'une nation moderne.

Beaucoup de femmes étaient, comme toujours, mêlées à l'armée chrétienne. la plupart venaient simplement pour s'amuser et vivre aux dépens des soldats[1], mais quelques-unes pourtant revêtaient la cotte de maille et se signalaient dans les combats par des prodiges de valeur. Boha-eddin raconte qu'un jour, pendant la bataille, les musulmans capturèrent trois femmes franques qui avaient combattu à cheval et qui furent reconnues après qu'on les eût dépouillées de leur armure

Emad-eddin, parlant également des femmes qui vivaient au camp chrétien, dit que celles qui n'étaient plus en état de supporter le fardeau des armes, on les chargeait d'exciter ou de calmer l'ardeur des guerriers, de les pousser et de les arrêter, d'enflammer leur enthousiasme ou de le modérer. Et il mentionne ailleurs ce fait assez curieux :

« Trois cents jolies femmes franques, ramassées dans les îles (les pays d'Occident), arrivèrent dans un vaisseau pour le soulagement des soldats francs, auxquels elles se dévouèrent entièrement ; car les soldats francs ne vont point au combat s'ils sont privés de femmes. Les musulmans ayant appris cela, un grand nombre de mamelroucks et d'*ignorants* suivirent cet exemple. » Émad-eddin ajoute que, parmi les chrétiens, le commerce entre personnes libres était regardé comme licite, et que les prêtres n'imposaient pour cela aucune pénitence. Il est probable qu'Émad-eddin se sera mépris ; une chose assez présumable, c'est que, puisque à l'arrivée de ces trois cents femmes les mamelroucks musulmans étaient allés au camp des chrétiens, les courtisanes n'étaient pas tolérées dans leur propre camp. (*Bibliothèque des croisades*, note du traducteur.)

« Nous trouvons deux autres documents sur les femmes chrétiennes dans la chronique de Gauthier Vinisauf. L'historien anglais raconte que, tandis qu'on se battait sous les murs d'Acre, la femme d'un croisé portait avec un zèle et une ardeur infatigables des matériaux propres à combler les fossés de la ville. Un Sarrasin placé en embuscade lui décocha un trait et la renversa. Au milieu des tourments que lui causait sa blessure, elle appela de toutes ses forces son mari à son secours. Il arriva avec beaucoup d'autres chrétiens qui déplorèrent le sort de cette femme ; mais elle, sur le point de mourir, conservant le même zèle, supplia ceux qui l'entouraient de jeter son cadavre dans le fossé, afin qu'après sa mort elle fût encore utile aux travaux du siège. »

Plus loin le même auteur, rapportant une petite bataille navale où les croisés triomphèrent des Turcs, nous apprend que les femmes chrétiennes se livrèrent à d'horribles cruautés sur les prisonniers musulmans ; elles prenaient les Turcs par la chevelure, et leur coupaient la tête de la manière la plus honteuse, car, dit-il, elle ne se servaient pas pour cela d'un glaive, mais d'un simple couteau.

Une des premières batailles que les Francs livrèrent aux musulmans et qui

---

1. Gauthier Vinisauf dit que dans le camp chrétien les soldats se livraient au jeu de dés, vivaient dans les tavernes et dans les bras des prostituées. (*Bibl. des Croisades*, t. II, page 681.)

tourna contre eux, est décrite tout au long par Boha-eddin qui raconte, entre autres détails curieux, que le roi de Jérusalem qui dirigeait le combat en personne, faisait porter devant lui le livre des Évangiles, enveloppé dans une étoffe de soie et soutenu aux quatre coins par quatre hommes.

Après cette défaite les chrétiens ne songèrent plus qu'à fortifier leur camp, et ils y réussirent si bien que Saladin, découragé, abandonna le siège dès le commencement de l'hiver pour ne le reprendre qu'au printemps de l'année 1190. Quand la belle saison fut de retour, les vaisseaux chrétiens qui, eux aussi, s'étaient retirés à Tyr, reprirent leurs positions devant Acre.

« Notre flotte, dit Boha-Eddin, fut obligée de gagner le large et de se retirer en Égypte ; toute communication directe avec la ville cessa. Tout ce qu'on put faire fut d'employer d'habiles nageurs qui, animés par l'appât des récompenses, portaient dans leur ceinture de l'argent et des vivres à la garnison ; ils se chargeaient aussi de lettres et de colombes, et la garnison renvoyait la réponse sous l'aile de ces pigeons. Il y avait alors dans l'armée un homme qui s'amusait à dresser des colombes ; il les faisait voler autour de sa tente et leur apprenait à revenir quand on les appelait. Dans ces conjonctures, cet homme nous fut fort utile : jour et nuit nous lui demandions des colombes, tellement qu'à la fin elles devinrent rares. »

Ce détail, qui prouve combien l'idée des messageries de pigeons est ancienne, est confirmé par une anecdote que rapporte Gauthier Vinisauf. « Quelques croisés, dit cet auteur, avaient coutume de jeter des filets non loin du bord, et de pêcher des poissons qu'ils vendaient à l'armée. Il arriva un jour qu'au coucher du soleil, pendant que les filets étaient tendus, un guerrier chrétien, assis sur le rivage, aperçut au loin dans la mer un homme qui nageait ; sa tête seule paraissait au-dessus de l'eau. Le guerrier en avertit les pêcheurs, qui se mirent de suite à la poursuite du nageur. Ils reconnurent que c'était un Sarrasin ; celui-ci, effrayé de les entendre, voulut retourner en arrière ; mais les pêcheurs, faisant force de rames, l'enveloppèrent dans leurs filets et le saisirent. Comme il était très habile à nager, il avait passé les premiers filets avec le fardeau qui était suspendu à son cou : c'était du feu grégeois renfermé dans un sac de cuir, qu'il portait aux assiégés. Les Sarrasins faisaient ainsi passer dans la ville par le moyen des nageurs du feu grégeois, des lettres et des colombes. Les pêcheurs vinrent à terre avec leur captif, et le montrèrent à toute l'armée : il fut bafoué, flagellé, et, après qu'on eut déchiré son corps, on lui coupa la tête [1].

---

[1]. Gauthier Vinisauf donne, à propos de la flotte chrétienne, des notions fort curieuses sur la façon dont étaient construits les navires de guerre de cette époque.

« Chez les anciens, dit le chroniqueur, les vaisseaux de guerre exigeaient plusieurs rangs de rames ; les matelots étaient placés graduellement sur des planches élevées ; les uns frappaient les vagues de

Saladin ayant repris ses positions en face de l'armée chrétienne, les deux camps, secourus chacun par de nombreux renforts, ne tardèrent pas à présenter un aspect des plus animés et des plus pittoresques. On eût dit de grandes villes en plein air, où les mœurs et les coutumes de chaque nation se reflétaient fidèlement. Le jaune était la couleur favorite de Saladin, il en avait teint ses étendards, et la faisait porter aussi à ses guerriers[1]. Certaines races pourtant formaient des légions

VILLAGE CHRÉTIEN DU LIBAN

distinctes et conservaient les costumes et les armes de leur pays. Ainsi Vinisauf

longs coups, les autres de petits coups rapides. Ces navires avaient ordinairement trois ou quatre rangs de rames ; on dit que les navires d'Auguste en portèrent jusqu'à six rangs, à la bataille d'Actium. Ces navires se nommaient *liburnes* du nom de la Liburnie, contrée de la Dalmatie, où ils avaient été construits pour la plupart. De là vient que dans l'antiquité on donnait le nom de *liburnes* aux vaisseaux destinés à combattre. Les flottes guerrières ont perdu de cette antique magnificence, car aujourd'hui on compte à peine deux rangs de rames sur des carènes qui en avaient six rangs. Les modernes ont appelé *galéaces* les liburnes des anciens ; la galéace est un navire long, mince, peu élevé, ayant la proue armée d'un bois qu'on nomme *éperon;* c'est avec cet éperon qu'on perce les carènes ennemies. Les *galions* sont des vaisseaux légers à un seul rang de rames, qui sont construits de manière à n'avoir pas beaucoup à craindre des feux lancés par l'ennemi. »

1. Certains étendards sarrasins portaient comme emblèmes des fruits jaunes. « Quand le prince de Singar, dit Emad-eddin, vint rendre visite à Saladin, les deux souverains se firent mutuellement des présents. Comme on était alors dans la saison des abricots, Saladin en fit venir de Damas, qui servirent à égayer l'entrevue. Ces fruits, sur les assiettes, brillaient, dit l'auteur, comme des étoiles ; on les eût pris pour des boules d'or natif, et l'éclat qu'ils jetaient ressemblait à celui des fruits peints sur les drapeaux du sultan. (*Biblioth. des Croisades.*)

parle d'une troupe d'hommes, des Soudanais sans doute, « qui ne ressemblaient aux autres Sarrasins, ni par la figure, ni par le caractère : ils étaient noirs, d'une stature gigantesque et d'une férocité indomptable. A la place du casque, ils portaient sur la tête une étoffe rouge ; ils tenaient à la main une massue hérissée de dents de fer, aux coups de laquelle ni casque ni cuirasse ne pouvaient résister ; ils avaient pour étendard l'image de Mahomet. Cette troupe était si nombreuse,

RIVAGE PHÉNICIEN

qu'en se précipitant dans le fossé du camp, elle aurait suffi pour le combler. »

La physionomie propre du camp de Saladin devait être à ce moment-là celle d'un gigantesque bazar oriental.

« Au milieu du camp, dit un auteur arabe [1], était une vaste place contenant jusqu'à cent quarante loges de maréchaux ferrans ; on peut juger du reste à proportion.

« Dans une seule cuisine étaient vingt-huit marmites pouvant contenir chacune une brebis entière. Je fis moi-même l'énumération des boutiques enregistrées chez l'inspecteur du marché ; j'en comptai jusqu'à sept mille. Notez que ce n'étaient pas des boutiques comme nos boutiques de villes ; une de celles du camp en eût fait cent des nôtres : toutes étaient bien approvisionnées. J'ai ouï

[1]. Abd-allatif, médecin de Bagdad.

dire que, quand Saladin changea de camp pour se retirer à Karouba, bien que la distance fût assez courte, il en coûta à un seul vendeur de beurre soixante-dix pièces d'or pour le transport de son magasin. Quant au marché de vieux habits et d'habits neufs, c'est une chose qui passe l'imagination. On comptait dans le camp plus de mille bains : la plupart étaient tenus par des hommes d'Afrique ; ordinairement ils se mettaient deux ou trois ensemble. On trouvait l'eau à deux coudées de profondeur. La piscine était d'argile ; on l'entourait d'une palissade et de nattes, pour que les baigneurs ne fussent pas vus du public : le bois était tiré des jardins des environs. Il en coûtait une pièce d'argent ou un peu plus pour se baigner. »

Le camp chrétien, de son côté, devait ressembler à une ville du moyen âge, ou encore à quelqu'une de ces forteresses fantastiques que les vieilles légendes nous montrent profilant sur le ciel les silhouettes démesurées de leurs tours, de leurs créneaux, de leurs ponts-levis. Entouré de fossés et de remparts élevés, il était devenu imprenable. A l'intérieur, outre les tentes, les écuries, les lieux de prière, et les magasins d'approvisionnement, se voyaient de vastes chantiers où régnait une activité de ruche, et où roulaient de ci, de là, soumises à des essais divers, les énormes tours en bois qui servaient pour les assauts. Ibn-alatir, parlant de ces tours, dit qu'elles avaient soixante coudées de haut et cinq étages; les planches qui avaient servi à les construire venaient d'Europe ; elles étaient d'une taille et d'une force prodigieuse et on les avait couvertes d'un cuir trempé dans du vinaigre et de l'argile pour les mettre à l'abri du feu.

Boha-eddin nous donne une description assez curieuse de ces engins de guerre que les chrétiens avaient baptisés chacun d'un nom spécial et typique.

« La plus redoutable de ces machines dit-il, était un grand édifice de bois appelé *debabé*, lequel pouvait contenir un grand nombre de guerriers; on l'avait revêtu de grandes plaques de fer, et il marchait sur des roues, recevant le mouvement de l'intérieur : cette machine était munie d'une énorme tête de fer, appelée *bélier*, qui faisait des ravages terribles; des hommes placés dedans faisaient mouvoir cette tête et renversaient les bâtisses les plus solides. Les chrétiens élevèrent encore une autre machine terminée en plate-forme, qui recevait aussi le mouvement de l'intérieur : sa forme était la même que celle de la première, avec cette seule différence, qu'au lieu d'une tête de bélier, elle portait une pièce de fer en forme de soc de charrue; dans la première, la tête de bélier opérait par son poids, tandis que, dans la seconde, elle agissait par son poids et sa forme pointue : c'est l'instrument que les chrétiens appellent *chat*. Outre ces deux machines, ils construisirent aussi des mantelets, des échelles et un grand navire surmonté d'une tour, à laquelle était jointe une trompe ou une main qui devait servir de pont-levis pour attaquer de nouveau la tour des Mouches[1]. »

Vinisauf, de son côté, dit que le roi de France avait fait bâtir une tour appelée la *Mauvaise Voisine*, à laquelle les assiégés opposaient une machine non moins meurtrière, qu'ils appelaient la *Mauvaise Cousine*. Mais comme la plupart de ces machines ne pouvaient résister à l'action dévorante du feu grégeois, le roi de France en fit construire une qu'on appelait *le Chat*, parce qu'elle s'attachait au mur comme un chat qui rampe et s'attache avec ses griffes. Le même prince avait fait construire une autre machine, appelée *Bercleia*, formée de branches d'osier fortement entrelacées, et recouvertes de cuirs non préparés.

LAMPE ANTIQUE

Richard avait coutume de se placer sous cette machine, pour lancer les traits de sa baliste contre les Sarrasins qui paraissaient sur le rempart.

Le même auteur dit encore ailleurs que les Allemands avaient construit une grande machine à moudre le grain ; les meules, traînées par des chevaux qui tournaient sans cesse, broyaient le grain avec bruit, et les musulmans, qui n'avaient jamais rien vu de semblable, eurent peur un instant, croyant que cette machine avait été inventée pour leur destruction. (*Biblioth. des croisades*, t. II.)

Nous avons dit plus haut que les premières tours d'approche des chrétiens n'avaient pu résister au feu grégeois. Celui dont se servirent les musulmans au siège d'Acre était, à la vérité, une invention toute spéciale dont l'auteur semble

---

1. La *Tour des Mouches* faisait partie de la forteresse d'Acre.

être resté inconnu ; voici, d'après Boha-eddin, les circonstances qui amenèrent les musulmans à s'en servir.

« Les tours des Francs, dit le chroniqueur arabe, paraissaient de loin comme autant de hautes montagnes ; du lieu où nous étions, nous les apercevions distinctement : on les faisait marcher sur des roues ; le dessus était disposé en forme de plate-forme, et pouvait recevoir des pierriers. A l'aspect de ces tours, les cœurs musulmans éprouvèrent une tristesse impossible à décrire. Le sultan essaya tous

RIVAGES PHÉNICIENS

les moyens pour y faire mettre le feu ; il employa l'argent et l'appât des récompenses : mais ses efforts furent inutiles ; tous les artificiers et ouvriers en naphte échouèrent. Ce fut alors qu'on vit paraître un jeune homme de Damas, fondeur de son métier, lequel promit de brûler les tours, si on lui donnait les moyens d'entrer dans la ville ; sa proposition fut acceptée. Il entra dans Acre ; on lui fournit les matières nécessaires : il fit bouillir ensemble du naphte et d'autres drogues dans des marmites d'airain ; quand ces matières furent bien embrasées, qu'en un mot elles présentèrent l'apparence d'un globe de feu, il les jeta sur une des tours, qui

prit aussitôt feu. En un moment la tour ressembla à une montagne de flammes dont les sommités se seraient élevées jusqu'aux cieux. Les musulmans éprouvèrent une telle joie, qu'ils en pensèrent devenir fous. Tout à coup, pendant qu'ils étaient occupés à rendre grâce à Dieu, la seconde tour s'enflamma, puis la troisième : alors nouvelles exclamations, nouveaux transports de joie; à tel point que ce jour-là, il n'y eut pas jusqu'aux hommes les plus graves et les plus réservés qui ne se livrassent aux mouvements de la plus pétulante jeunesse [1]. »

Ibn-Alatir donne une version identique, disant que l'homme de Damas s'amu-

LE MONT HERMON

sait par goût à étudier la propriété du naphte et des autres matières inflammables, de celles surtout qui pouvaient vaincre la résistance du vinaigre et de l'argile. Et il ajoute qu'à la suite de ses exploits l'homme de Damas fut amené devant le sultan qui lui offrit de l'argent et des terres considérables, mais celui-ci les refusa.

A la date du 25 juillet, les croisés livrèrent un nouveau combat à l'armée de

[1]. C'était la première fois, fait observer le traducteur, que, grâce aux découvertes du fondeur de Damas, le feu grégeois produisait un effet si terrible. Il faut cependant faire observer, à l'égard du fer, que, suivant Émad-eddin, qui a aussi parlé de l'incendie des trois tours, tout ne fut pas brûlé; qu'on trouva plus tard dans les cendres les armes et les matières de fer. De quel procédé se servit l'homme de Damas? Les auteurs arabes ne l'ont pas dit. On peut se faire une nouvelle question : le secret de l'homme de Damas périt-il avec lui? Le fait est que plus tard on voit encore le sable et le vinaigre employés avec succès pour neutraliser l'action du feu grégeois.

Saladin; l'issue en fut encore une fois funeste aux chrétiens car ils laissèrent cinq à six mille morts et blessés sur le champ de bataille. Les récits que font de cette affaire Boha-eddin et Émad-eddin, témoins oculaires, sont effrayants. Le premier compte les rangs des morts et reconnaît dans le nombre plusieurs femmes franques. Sa narration est surtout curieuse par une abondance de métaphores souvent bizarres et qui paraît être la qualité distinctive de son style. Celle d'Émad-eddin se termine, comme toujours, par un trait barbare.

« J'allai, dit-il, me promener sur le champ de bataille avec le cadi Boha-eddin (c'est l'historien déjà cité); j'y vis les cadavres couchés par terre : avec quelle promptitude on les avait dépouillés et mis à nu! plusieurs avaient le ventre fendu,

MERLE DE SYRIE

les yeux hors de leur orbite. Nous reconnûmes parmi les morts une femme qui s'était battue comme les hommes ; nous l'entendîmes pleurer et gémir. Nous restâmes sur le champ de bataille jusqu'à la nuit ; après quoi nous revînmes à nos tentes.

« Le butin fut immense ; les cuirasses, qui étaient jusque-là fort chères, se vendirent à vil prix. Les Francs, consternés, envoyèrent un député pour demander la paix ; le sultan s'y refusa, et leur permit seulement de venir reconnaître ceux des leurs qui gisaient dans la plaine. Déjà les cadavres s'enflaient et répandaient une odeur fétide ; ils étaient devenus la pâture des animaux carnassiers. Ce spectacle dut être cruel pour les chrétiens, mais il était agréable pour nous ; il les faisait fuir, et il nous attirait. »

Peu de temps après cette défaite, les Francs reçurent des renforts et des nouvelles qui relevèrent leur courage. Le comte Henri de Champagne arriva à la tête d'une troupe assez nombreuse, annonçant en même temps le départ prochain pour la Terre-Sainte de Philippe Auguste, roi de France, et de Richard, roi d'Angleterre.

Vers la même époque arrivèrent sous les murs d'Acre les débris de l'armée

FLEURS ET FRUITS DE SYRIE

allemande qui, dans sa désastreuse expédition à travers les provinces de l'Empire grec, avait perdu son roi, Frédéric Barberousse. Saladin dès lors se mit à trembler pour le sort de ses armes, et se retira avec son armée dans l'intérieur des terres. Plusieurs combats eurent lieu alors, mais sans avantage pour l'un ou l'autre des deux camps. Boha-eddin, parlant d'un de ces combats, dit que la cavalerie chrétienne était placée au milieu de l'armée, et l'infanterie à l'entour, semblable à un mur. Tout le temps que dura cette expédition, l'air ne cessa de retentir du bruit des trompettes et des clairons, ainsi que des cris de nos soldats, qui louaient Dieu et s'excitaient les uns les autres. Pour le sultan, il était sur un lieu élevé d'où il pouvait tout voir; j'étais moi-même avec lui. L'étendart des chrétiens était placé sur un char traîné par des mulets, et les Francs se serraient autour de lui pour le défendre; il était aussi élevé qu'un de nos minarets: l'étoffe du drapeau était blanche avec une broderie rouge en forme de croix. »

Saladin cependant réussit à renouveler la garnison d'Acre; les chrétiens de leur côté étaient décimés par la faim, la soif, les maladies, ils attendaient avec impatience l'arrivée des rois de France et d'Angleterre, de sorte que l'hiver se passa sans incidents remarquables. Les chroniqueurs arabes toutefois ont recueilli avec soin les petits faits qui marquèrent cette époque; Boha-eddin, entre autres, cite plusieurs traits d'humanité qu'il attribue à Saladin et qui méritent d'être rapportés.

MONNAIE DE PHILIPPE LE TÉTRARQUE

« Un jour, dit-il, on amena au sultan, en ma présence, quarante-cinq prisonniers chrétiens enlevés de Béryte. Dans le nombre se trouvait un vieillard décrépit qui avait perdu toutes ses dents et qui pouvait à peine se remuer: le sultan, étonné, lui fit demander par son interprète d'où il venait et ce qu'il voulait; le vieillard répondit: « Il y a d'ici à mon pays plusieurs mois de marche; quant au motif qui « m'amène, c'est le désir de faire le pèlerinage du Saint-Sépulcre. » A ces mots, Saladin eut pitié de cet homme et le fit reconduire à cheval au camp des chrétiens. Le même jour, les plus jeunes des enfants du sultan, encore en bas âge, ayant eu occasion de voir un de ces prisonniers, il leur prit envie de lui couper la tête; ils me chargèrent d'aller en demander la permission à leur père, ce que je fis; mais le sultan s'y opposa; et comme je lui en demandai la raison, il répondit: « Je ne veux « pas qu'ils s'habituent si jeunes à répandre le sang; à l'âge où ils sont, ils ne « savent ce que c'est que d'être musulman ou infidèle, et ils s'accoutumeraient à « se jouer de la vie d'autrui. »

Voici une anecdote plus touchante encore rapportée par le même auteur:

« Les Arabes avaient enlevé pendant la nuit, dans le camp des chrétiens, un enfant de trois mois des bras de sa mère, et étaient venus le vendre au marché du camp musulman. Le matin, quand la mère se réveilla, et qu'elle ne vit plus son enfant auprès d'elle, elle courut toute éplorée en demander des nouvelles ; comme on ne pouvait lui en donner, elle pensa que c'étaient les Arabes qui le lui avaient enlevé, et se décida sur-le-champ à aller le redemander à Saladin. Le prince était alors à cheval, dit Boha-eddin, et moi-même j'étais à ses côtés. Cette mère arriva toute en pleurs et se roulant le visage contre terre. A ce spectacle, le sultan ne put retenir ses larmes et lui demanda ce qu'elle voulait : dès qu'il en fut informé, il envoya chercher son enfant au marché ; comme il avait été vendu, il le fit racheter

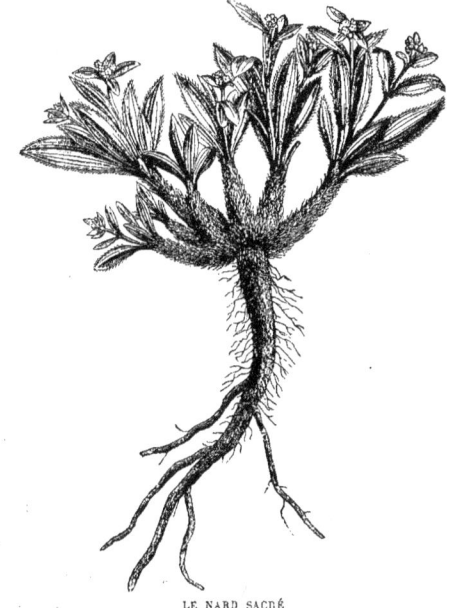

LE NARD SACRÉ

de son argent et rendit l'enfant à sa mère. Alors cette femme, émue jusqu'aux larmes, prit l'enfant dans ses bras et le pressa tendrement contre son cœur. Nous aussi, nous étions attendris, et nous ne pûmes retenir nos larmes. La mère fut ensuite reconduite avec son fils au camp des chrétiens. »

Les renforts si impatiemment attendus par les croisés arrivèrent enfin. Le roi de France amenait six vaisseaux chargés de troupes et de munitions ; on était alors au 20 avril 1191. Le comte de Flandre arriva à son tour avec une troupe d'élite, suivi à peu de distance par la flotte du roi d'Angleterre.

Un mois après l'arrivée de ce dernier, le 17 juillet, la garnison d'Acre capitulait entre les mains de l'armée chrétienne.

Ibn-alatir, racontant la prise d'Acre, dit qu'au cours des négociations, Saladin avait offert aux chrétiens la ville avec tout ce qu'elle contenait non compris la garnison (car Acre renfermait alors l'élite de l'armée musulmane; il offrait de plus de rendre un prisonnier chrétien pour chaque musulman qui se trouverait dans la ville.

« Sur le refus des Francs, poursuit Ibn-Alatir, le sultan écrivit aux soldats de la

RIVAGE PHÉNICIEN

garnison de sortir le lendemain tous ensemble, et de s'ouvrir un passage à travers l'armée chrétienne ; il leur enjoignit de suivre les bords de la mer et de se charger de tout ce qu'ils pourraient emporter, promettant de son côté d'aller à leur rencontre avec ses troupes, et de favoriser leur retraite. Les assiégés se disposèrent à évacuer la ville ; chacun mit à part ce qu'il voulait sauver : malheureusement ces préparatifs durèrent jusqu'au jour ; et les chrétiens, prévenus du projet, occupèrent toutes les issues. Quelques soldats montèrent sur les remparts et agitèrent un drapeau ; c'était le signal de l'attaque. Saladin se précipita aussitôt sur le camp des chrétiens pour faire diversion ; mais tout fut inutile ; les chrétiens firent à la fois face à la garnison et à l'armée du sultan. Tous les musulmans étaient en larmes ;

Saladin allait et venait, animant ses guerriers ; peu s'en fallut même qu'il ne forçât le camp ennemi : à la fin, il fut repoussé par le nombre.

« Quand Maschtoub, le gouverneur de la place, vit l'état désespéré de la ville, et l'impossibilité de la défendre, il alla traiter avec les Francs. Il fut convenu que les habitants et la garnison sortiraient en liberté avec leurs biens, moyennant la somme de deux cent mille pièces d'or, la liberté de deux mille cinq cents prisonniers chrétiens, dont cinq cents d'un rang élevé, et la restitution de la croix du crucifiement ; de plus, Maschtoub promit dix mille pièces d'or pour le marquis de Tyr, et quatre mille pour ses gens : il fut accordé un certain délai pour le paiement de l'argent et la remise des prisonniers. Tout étant ainsi convenu, les deux partis jurèrent l'exécution du traité, et les Francs entrèrent dans la ville. »

Il est regrettable de voir les brillants événements de ce grand drame historique se terminer sur une scène de barbarie qui fait tache, nous semble-t-il, à la brillante mémoire de Richard Cœur-de-Lion.

Saladin, ayant mis, volontairement sans doute, quelque retard au premier paiement de la rançon stipulée, le roi d'Angleterre, mécontent, fit massacrer, sous les yeux mêmes de l'armée musulmane, tous les prisonniers tombés entre ses mains.

Saladin d'ailleurs n'usa point de représailles, mais les Sarrasins se souvinrent, et, cent ans plus tard, les descendants des glorieux vainqueurs de Saint-Jean d'Acre, enfermés dans la ville prise d'assaut par les petits-fils de ses défenseurs de 1191, expiaient, sous le glaive musulman, la faute du roi d'Angleterre.

CHAPITRE XXXVII

SAINT-JEAN D'ACRE (SUITE)

La prise de Saint-Jean d'Acre par les croisés inaugure l'ère la plus brillante de cette ville, une ère de grandeur et de prospérité par où elle ne tarde pas à surpasser toutes les autres cités du royaume chrétien, et dont la chute de ce dernier marquera tout ensemble le terme et l'apogée. Jérusalem était perdue pour les chrétiens ; Saint-Jean d'Acre allait lui succéder désormais, et comme siège du royaume, et comme quartier général de tous les ordres de chevalerie. L'histoire nous apprend que la ville conquise au prix de tant de sang chrétien ne fut pas indigne de sa grande rivale.

Seulement, de même que l'esprit des croisades s'était modifié à la longue, conformément aux lois qui régissent toutes les grandes idées, tous les grands mouvements humains, lesquels subissent des modifications et des déviations directement proportionnées au nombre d'étapes qu'ils traversent pour arriver au terme de leurs conséquences logiques, de même les croisés du treizième siècle n'étaient plus les pèlerins naïfs que la voix de Pierre l'Ermite avait jadis enflammés pour la délivrance de la Terre-Sainte.

L'expérience accumulée de deux générations qui ont versé leur sang en Palestine ont modifié leur façon de voir et leurs projets d'avenir ; de terre promise le pays est devenu *terre conquise* ; une foule de Francs y ont vécu et y sont morts ; ceux qui leur survivent continuent et perfectionnent leurs traditions et leurs usages ; la Palestine est la *Patrie* pour eux, ils ne connaissent point l'Europe et ne se soucient point ni de ses ambitions, ni de ses projets, ni d'aucunes des graves questions nées du grand mouvement historique qui les a jetés sur ce sol où ils ont pris racine et poussé comme ces semences que les vents emportent par delà les mers et éparpillent sur les continents les plus éloignés de leur lieu d'origine. Savent-ils que l'*Histoire* dont ils sont en train d'écrire les pages avec leur sang n'est qu'un chapitre détaché de la grande histoire du pays, une œuvre qu'ils n'ont ni commencée ni inspirée, et qu'ils ne doivent pas voir finir, savent-ils que les drames glorieux dont ils sont les héros ne sont que des accidents imperceptibles dans la série ininterrompue de faits qui pour nous constituent l'histoire des croisades?

Non, ils ne le savent pas, ou du moins, s'ils le savent, ils ne peuvent pas s'en rendre compte d'une façon matérielle, car l'homme ne peut s'abstraire de sa personnalité; dans le domaine psychologique de même que dans le domaine social, il n'aperçoit pas les anneaux qui le soudent à ce qui vient avant lui et à ce qui doit venir après lui ; là où il y a continuité, évolution, transformation, il voit, lui, deux abîmes, le passé d'une part, l'avenir de l'autre, séparés par une solution de continuité qui le représente lui, son temps, son milieu, tout autrement qu'ils doivent nous apparaître plus tard.

DAGUES

Pour les croisés du treizième siècle, il n'y avait qu'une histoire, c'était la leur. Ils vivaient pour eux et non pour le public d'antiquaires, de savants, de compilateurs qui les jugerait un jour. Après la rude vie des camps, avec la vision perpétuelle de la mort les guettant sous toutes les lignes du paysage, après le tumulte des sièges et des batailles, ils devaient sentir plus chèrement le prix d'une paix si durement acquise ; — par contraste, et le pays aussi aidant, l'influence des milieux, la douceur du climat, le charme exotique de ces mœurs orientales où tout semble réglé pour tourner à la satisfaction des sens — ils devaient se plonger avec délices dans le luxe, la mollesse, l'oisiveté même, et dans les pires excès.

Au fond de tout grand guerrier, il y a un enfant. La Saint-Jean d'Acre du treizième siècle va nous montrer les chevaliers francs déposant leurs armures pour se parer comme des femmes coquettes, lâchant la bonde à une foule de passions puériles par leur intensité même et par l'oubli de toute mesure qui les accompagne. Ils veulent êtres grands dans la débauche comme ils ont été grands dans la guerre, magnifiques par l'opulence, comme ils le furent par l'héroïsme; l'or qu'ils ont payé de leur sang, et arraché à l'ennemi au prix de mille souffrances, de mille privations, de mille dangers, ils veulent être libres de le dépenser à leur guise. Grâce à eux, grâce à leurs prodigalités, leur soif de vivre et de jouir, Saint-Jean d'Acre devient en peu d'années la véritable capitale du royaume latin, centre de toutes les élégances, de tous les raffinements, où les princes chrétiens rivalisent de luxe et de magnificence, théâtre de tous les vertiges, de toutes les folies enfantines par où ces preux qui avaient tant porté de coups et qui en avaient tant reçu échapperont, un moment, aux sanglantes visions d'une guerre perpétuelle.

SOLDAT ROMAIN

« Ces Français, dit Gauthier Vinisauf qui a la manie des homélies comminatoires et ne semble pouvoir admettre que les mêmes hommes prennent plaisir à donner l'exemple du vice, qui ont donné celui des plus grandes vertus, ces Français qui disaient n'avoir été conduits en Orient que par des motifs de pure dévotion, après avoir déserté leur camp, répétaient maintenant des chansons d'amour et se livraient à toutes sortes de débauches avec les femmes.

« Le luxe de leurs habits annonçait des hommes efféminés ; leurs manches étaient fermées par plusieurs agrafes; des cordons richement travaillés liaient leur ceinture, et pour ne pas laisser voir les plis de leur robe, ils se couvraient le devant d'un justaucorps. Ainsi ce qui devait être mis par derrière était mis par devant ; c'est leur ventre et non point leurs épaules qu'ils couvraient de leurs manteaux. Autour de leur cou brillaient les pierres précieuses ; leur front était paré de couronnes de fleurs. Ils maniaient les coupes et non les épées, et passaient les nuits dans les orgies ; encore échauffés par le vin, ils couraient dans les lieux de prostitution. Quand par hasard ils trouvaient ces lieux fermés, les pèlerins brisaient les portes, en proférant d'horribles jurements selon la coutume des Français. »

Dans un autre passage, le chroniqueur anglais dit encore que les croisés, pressés par Richard qui voulait poursuivre la guerre contre l'ennemi, ne quittaient qu'avec peine cette ville de Saint-Jean d'Acre « où leurs jours s'écoulaient dans les plaisirs et la paresse, où le bon vin remplissait leurs coupes, et où les belles femmes venaient au-devant d'eux. Et il ajoute que la plupart des guerriers chrétiens y vivaient dans la dissolution, et que « les hommes sages rougissaient d'une telle conduite. »

Pour souligner le ridicule et l'injustice d'un pareil langage, il nous suffira de montrer tout à l'heure les fils et petits-fils de ces mêmes guerriers, vains et dissipés pour le moins autant que leurs aînés, si ce n'est plus, mourir glorieusement sous les débris de la citadelle qu'ils n'ont pu défendre cette fois contre le nombre écrasant des Turcs.

Nous ne pouvons résumer ici les événements multiples qui préparèrent ce douloureux dénouement ; la chute des colonies chrétiennes a été une conséquence logique et fatale de la marche progressive de l'esprit humain et de la civilisation universelle des peuples [1]. La généralité des historiens veut voir au contraire, dans l'indifférence qui se manifestait alors en Europe pour tout ce qui touchait à la Terre-Sainte, le résultat d'un affaiblissement général de l'esprit religieux [2]. C'est là une erreur considérable, ce nous semble. La vérité est qu'indépendamment de toute question religieuse, un esprit nouveau commençait à naître, guidant les peuples d'Occident vers la voie du bonheur véritable, et vers un idéal plus conforme aux devoirs des hommes les uns envers les autres, c'était l'esprit national.

A l'attrait des expéditions lointaines, des aventures incertaines et périlleuses succédaient l'amour du sol natal, l'amour du foyer, le besoin d'une existence plus douce, plus saine, plus confortable, qui n'aurait pas pour objectif perpétuel le bien du prochain, parfois difficile à prendre, plus difficile encore à garder. Le vrai bonheur, on allait le chercher désormais sous le ciel plus étroit mais plus pur, plus vivifiant, de la patrie, et chacun le circonscrirait pour son compte dans les limites du foyer familial et de ses relations personnelles. Le commerce d'ailleurs s'étendait de plus en plus, rapprochant les nations les plus éloignées, élargissant le domaine des langues, de l'industrie, de l'activité humaine, se substituant à la civilisation même dans ce travail lent d'affinage et de polissage, qui consiste simplement à multiplier les contacts des races entre elles, comme la mer polit les cailloux de ses grèves en les frottant les uns contre les autres.

Puis les intérêts politiques s'étaient déplacés aussi ; si l'Orient était encore le point de mire des papes, il n'était plus déjà celui de la plupart des princes chrétiens aux ambitions desquels le commerce et la civilisation précisément allaient ouvrir une route plus sûre et des champs plus vastes.

En 1290 la principauté d'Acre était donc restée le centre le plus important

---

1. Il est curieux d'étudier à ce point de vue, par ordre de date, les traités de paix conclus entre les chrétiens et les musulmans et qui marquent autant d'étapes faites dans la voie des idées purement généreuses et humaines.
2. Tous les historiens des Croisades, M. Michaud, en tête, partagent cette opinion, que, pour notre compte, nous ne pouvons admettre.

des colonies chrétiennes ; à ce titre Saint-Jean d'Acre réunissait dans son sein, outre les princes, les chevaliers, et les grands du royaume, la grande masse des aventuriers douteux qui seuls encore, à cette époque tardive, émigraient en Palestine. Il résulte de cette dernière remarque que la dépravation y devait être à l'ordre du jour, et que les classes inférieures singeaient sans doute, en des débauches et des orgies crapuleuses, les traditions de corruption élégante des grands.

C'est une rixe survenue au cours d'une de ces orgies, et suivie de mort d'hommes, qui détermina le sultan Kelaoun, lequel ne cherchait qu'un prétexte, à s'armer contre Saint-Jean d'Acre.

L'auteur arabe Moha-eddin raconte le fait ainsi :

« Quelques musulmans établis dans Acre avaient été assassinés par les chrétiens de la ville : les magistrats, effrayés, écrivirent au sultan pour s'excuser, disant que ces musulmans avaient fait une partie de débauche avec des chrétiens nouvellement arrivés d'Occident ; qu'au milieu des plaisirs de la table, une rixe s'était élevée, et que les musulmans, s'étant portés à quelques violences, avaient été massacrés.

« Mais, ajoute l'auteur arabe, ces excuses étaient sans fondement ; je tiens d'une personne qui était alors dans la ville, que la chose s'était passée de cette manière : Un musulman ayant séduit la femme d'un riche bourgeois d'Acre, avait fait avec elle une partie de débauche dans un jardin hors de la ville ; tout à coup le mari était arrivé, et, les surprenant ensemble, les avait poignardés l'un et l'autre ; ensuite, dans sa fureur, il s'était jeté, le fer à la main, sur tous les musulmans qui s'étaient trouvés sur son passage, et en avait tué plusieurs. »

En dépit des excuses faites par le gouvernement, le sultan s'empara donc de ce prétexte pour rompre le traité fait avec la principauté, et se prépara à attaquer la ville d'Acre. Mais comme il s'apprêtait à partir, il tomba malade et mourut, et ce fut son fils Malek-Aschraf qui se mit à la tête des troupes.

« Le siège d'Acre, dit Aboulmahassan, commença un jeudi, 4 de rébi second (commencement d'avril). On y vit combattre des guerriers de tous les pays. Tel était l'enthousiasme des musulmans, que le nombre des volontaires surpassait de beaucoup celui des troupes réglées. Plusieurs machines furent dressées contre la ville [1] ; une partie provenait de celles qui avaient été prises auparavant sur les Francs : il y en avait de si grandes, qu'elles lançaient des pierres pesant un quintal et même

---

[1]. Alboufarage, dans sa Chronique syriaque, en compte trois cents, et Makrizi seulement quatre-vingt-douze ; on en avait fait venir de toutes les places voisines. Albouféda cite celles qu'on amena de Hamah, parmi lesquelles il s'en trouvait une que cent chariots avaient peine à porter. Aboulfarage ajoute que, devant chaque tour de la ville, on avait placé mille mineurs qui devaient les attaquer par les fondements. (*Voir Bibl. des Croisades.*)

davantage. Les musulmans firent des brèches en différents endroits. Pendant le siège, le roi de Chypre vint au secours de la ville : la nuit de son arrivée, les assiégés allumèrent de grands feux en signe de joie ; mais il ne resta dans la place que trois jours ; ayant vu l'état désespéré des assiégés, il craignit de partager leurs périls et se retira. Cependant l'attaque ne discontinuait pas. Bientôt les chrétiens perdirent toute espérance : vers le même temps, ils se divisèrent, et dès lors se trouvèrent faibles. Pendant ce temps le siège faisait toujours de nouveaux progrès ; enfin, le vendredi 17 de gioumadie premier (milieu de mai), au point du jour, tout étant prêt pour un assaut général, le sultan monta à cheval avec ses troupes ; on entendit le bruit du tambour mêlé à des cris horribles. L'attaque commença dès avant le lever du soleil : bientôt les chrétiens prirent la fuite et les musulmans entrèrent l'épée à la main. On était alors vers la troisième heure du jour. Les chrétiens couraient vers le port ; les musulmans les poursuivirent, tuant et faisant des prisonniers : bien peu se sauvèrent. La ville fut livrée au pillage ; tous les habitants furent massacrés ou réduits en servitude. Au milieu d'Acre s'élevaient quatre tours appartenant aux templiers, aux hospitaliers et aux chevaliers allemands ou teutoniques : les guerriers chrétiens se disposèrent à s'y défendre.

« Cependant, le lendemain samedi, quelques soldats et volontaires musulmans s'étant portés contre la maison des templiers et une de leurs tours, ceux-ci offrirent d'eux-mêmes de se rendre : leur demande fut accueillie ; le sultan leur promit sûreté ; un drapeau leur fut donné comme sauvegarde, et ils l'arborèrent au haut de la tour : mais lorsque les portes furent ouvertes, les musulmans, s'y jetant en désordre, se disposèrent à piller la tour et à faire violence aux femmes qui s'y étaient réfugiées ; alors les templiers refermèrent les portes, et, tombant sur les musulmans qui étaient dans la tour, les massacrèrent. Le drapeau du sultan fut abattu ; la guerre recommença ; la tour fut assiégée en règle : on combattit tout le samedi ; le lendemain dimanche, les templiers ayant de nouveau demandé à capituler, le sultan leur promit la vie et la faculté de se retirer où ils voudraient : ils descendirent donc et furent égorgés, au nombre de plus de deux mille ; un égal nombre fut retenu prisonnier ; quant aux femmes et aux enfants qui étaient avec les templiers, on les conduisit au pavillon du sultan. Ce qui porta le sultan à ne pas exécuter sa parole, c'est que les templiers, non contents d'avoir d'abord massacré les musulmans qui étaient entrés dans la tour, avaient tué un émir chargé d'aller apaiser le tumulte, et coupé les jarrets à toutes les bêtes de somme qui étaient dans la tour, afin de les mettre hors de service : voilà ce qui avait allumé la colère du sultan. Cependant, ceux d'entre les chrétiens qui tenaient encore, ayant appris le traitement fait à leurs frères, résolurent de mourir les armes à la main, et ne voulurent plus entendre parler de capitulation : leur acharnement fut tel, que cinq musulmans étant tombés entre leurs mains, ils les précipitèrent du haut d'une des tours ; enfin, lorsque la tour fut entièrement minée, et que les chrétiens eurent été admis à se rendre, avec promesse de la vie, les musulmans s'étant approchés pour en prendre possession, la tour s'écroula tout à coup, et ils furent tous ensevelis sous ses ruines. »

« Quand le combat eut cessé, le sultan fit mettre à part les hommes qui avaient échappé au massacre, et on les tua tous, jusqu'au dernier ; le nombre en était fort grand. Ce qu'il y eut de plus admirable, c'est que le Dieu très haut voulut que la ville fut prise un vendredi, à la troisième heure, au même instant où les chrétiens y étaient entrés sous le sultan Saladin. De plus, les chrétiens, en s'en rendant maîtres, avaient promis la vie à la garnison, et l'avaient ensuite massacrée : Dieu permit qu'en cette occasion le sultan reçut aussi les chrétiens à composition et les fit ensuite mourir. Voilà comment Dieu les punit à la fin de leur manque de foi. »

Nous n'avons cité ici qu'un seul auteur arabe [1], mais nous devons ajouter que tous les autres, Aboulféda, Makrizi, etc... sont unanimes à louer l'héroïsme des défenseurs de Saint-Jean d'Acre.

Voici ce que dit, de son côté, un auteur allemand [2] qui nous donne en même temps la description la plus fidèle et la plus intéressante entre toutes, de la Saint-Jean d'Acre du treizième siècle :

« La ville d'Acre, située sur le bord de la mer, était bâtie en pierres de taille carrées, murée et ceinte de tours fortes et élevées, distantes entre elles d'un jet de pierre. Chaque porte de cette cité était entre deux tours. Les murs étaient si larges que deux chars, venant à la rencontre l'un de l'autre, auraient pu passer dessus. Telle était la situation de la ville du côté de la mer. Mais, du côté de la terre, de doubles murs, des fossés très profonds, divers endroits fortifiés, et des sentinelles faisaient sa sûreté. Les places de l'intérieur étaient belles et propres ; toutes les maisons, égales en hauteur, étaient construites en pierres de taille et uniformément décorées de fenêtres en verres peints. Des étoffes de soie, ou d'autres belles tapisseries couvraient les places publiques, et les garantissaient de l'ardeur du soleil.

« A chaque angle de ces places était une tour très forte, ayant des portes et des chaînes de fer. Dans l'enceinte de la ville, on avait aussi construit des châteaux forts, où les princes et les seigneurs faisaient leur résidence. Au milieu d'Acre, demeuraient les marchands et les artisans qui, selon leurs facultés, achetaient ou

---

1. Une des particularités les plus intéressantes de ce siège, et que celui-ci ne mentionne pas, est que le sultan avait fait monter trois cent tambours à dos de chameaux ; ces tambours, destinés à jeter la panique parmi les chrétiens, battirent la charge constamment pendant le dernier assaut. C'est Makrizi qui donne ce détail.
2. Hermann (Collection de Jean-Georges Eckard, ami de Leibnitz et son successeur dans la chaire d'histoire de Hanovre. (*Voir Bibl. des Croisades.*)

louaient des maisons particulières. Tous les habitants avaient chez eux les manières des anciens Romains. Les princes et seigneurs qui résidaient dans cette ville étaient d'abord le roi de Jérusalem, ses frères et sa famille ; ensuite le prince de Galilée et celui d'Antioche, le représentant du roi de France, le duc de Césarée, le comte de Tripoli, le comte de Jaffa, les seigneurs de Baruth, de Tyr, de Tibériade, de Sagette, d'Ibelin, d'Arzur, de Vaus, de Blanchegarde. Tous ces princes et seigneurs se promenaient sur les places, comme des rois, une couronne d'or sur la tête, et suivis de leur nombreuse maison, qui se faisait remarquer par des habits précieux, couverts d'or, d'argent et de pierreries. Ils passaient les jours dans des tournois et dans toutes sortes de jeux et d'exercices militaires. Dans la même ville, demeuraient les fidèles défenseurs de la foi catholique : les maîtres et les frères de la milice du Temple, tous chevaliers armés ; le maître et les frères de Saint-Jean de Jérusalem, le maître et les frères de l'ordre Teutonique ; le maître et les frères de Saint-Thomas de Cantorbéry ; le maître et les frères de l'Hôpital ; le maître et les frères de Saint-Lazare, tous chevaliers armés. Tous étaient alors à Ptolémaïs ; et combattirent jour et nuit avec leurs servants et leur maison contre les Sarrasins. Les plus riches marchands de tous les pays du monde, entre autres des Pisans, des Génois, des Vénitiens, des Florentins, des Romains, des *Parisiens*, des Karthaginois, des habitants de Constantinople, de Damas, et des Égyptiens habitaient cette ville, et de ce mélange de nations naquit une funeste discorde, qui causa la ruine de cette noble cité. On y apportait, de toutes les parties du monde, tout ce qui pouvait servir aux besoins et au luxe des princes, des seigneurs et des riches. Il serait trop long de parler des autres classes d'habitants, et de tout ce qu'il y avait de remarquable et de merveilleux dans cette cité royale. »

La chute de Saint-Jean d'Acre fut le signal de la soumission des dernières villes que les chrétiens occupaient encore sur le littoral syrien. La glorieuse ville fut détruite, et sa population envoyée dans les fers, ainsi que celle de Tyr, Tortose, Beyruth, etc...

Acre pourtant était loin d'être au terme de ses malheurs, chaque époque culminante de l'histoire y devait imprimer son sceau dans le sang de ses habitants.

En 1799, Bonaparte promenait ses aigles victorieuses en Égypte et en Syrie, et, finalement, venait mettre le siège devant Saint-Jean d'Acre, croyant fermement, comme il le dit plus tard, *que le sort de l'Orient était dans cette bicoque, et que, maître d'elle, il changerait la face du monde*. On sait l'issue malheureuse de cette campagne. Après deux mois de siège, aussi meurtriers pour les assiégeants que pour les assiégés, ceux-ci ayant appelé les Anglais à leur secours, Bonaparte dut se retirer en Égypte. L'histoire moderne a enregistré la proclamation restée fameuse qu'il data de son quartier général d'Acre :

« Soldats,

« Vous avez traversé le désert qui sépare l'Afrique de l'Asie avec plus de rapidité qu'une armée arabe.

« L'armée arabe qui était en marche pour envahir l'Égypte est détruite ; vous avez pris son général, ses équipages de campagne, ses bagages, ses outres, ses chameaux.

« Vous vous êtes emparés de toutes les places fortes qui défendent les puits du désert.

« Vous avez dispersé aux champs du mont Thabor cette nuée d'hommes accourus de toutes les parties de l'Asie, dans l'espoir de piller l'Égypte.

« Les trente vaisseaux que vous avez vus arriver dans Acre, il y a douze jours, portaient l'armée qui devait assiéger Alexandrie ; mais, obligée d'accourir à Acre, elle y a fini ses destins : une partie de ses drapeaux orneront votre entrée en Égypte.

« Enfin, après avoir, avec une poignée d'hommes, nourri la guerre pendant trois mois dans le cœur de la Syrie, pris quarante pièces de campagne, cinquante drapeaux, fait six mille prisonniers, rasé les fortifications de Gaza, Jaffa, Kaïffa, Acre, nous allons rentrer en Égypte : la saison des débarquements m'y appelle.

« Encore quelques jours, et vous aviez l'espoir de prendre le pacha même au milieu de son palais ; mais, dans cette saison, la prise du château d'Acre ne vaut pas la perte de quelques jours : les braves que je devais y perdre sont aujourd'hui nécessaires pour des opérations plus essentielles. »

Trente-deux ans après ces événements Acre était encore une fois réduite à feu et à sang. En 1831 l'armée égyptienne conduite par Ibrahim envahissait la Syrie, et mettait le siège devant la ville.

Trente-cinq mille bombes furent lancées contre la malheureuse cité qui se rendit enfin en mai 1832. Des moissons d'hommes couvraient alors les champs abandonnés d'Acre, et la peste, qui, depuis quelque temps, venait périodiquement ravager, s'installait définitivement parmi les ruines et les cadavres amoncelés dans la ville.

Aussi Lamartine, traversant la contrée six mois après, se garde bien de franchir les portes d'Acre, et ne nous donne sur elle que ces quelques lignes d'un laconisme effrayant datées d'un village voisin :

« Le siège d'Acre, par Ibrahim-Pacha, avait récemment réduit la ville à un monceau de ruines sous lesquelles dix à douze mille morts étaient ensevelis avec des milliers de chameaux. Ibrahim, vainqueur, et pressé de mettre son importante conquête à l'abri d'une réaction de la fortune, était occupé a relever les murs et les maisons d'Acre ; tous les jours on déterrait de ces décombres des centaines de morts à demi consumés : les exhalaisons putrides, les cadavres amoncelés, avaient corrompu l'air de toute la plaine ; nous passâmes le plus loin possible des murs, et nous allâmes faire halte, à midi, au village arabe des Eaux-d'Acre, sous un verger de grenadiers, de figuiers et de mûriers, et près des moulins du Pacha...»

En 1840, nouveau désastre ; les puissances européennnes prennent fait et cause pour la Turquie, et les vaisseaux anglais, autrichiens et turcs commencent le bombardement d'Acre. Heureusement pour la ville, l'armée égyptienne, décimée par une catastrophe épouvantable, l'explosion d'une poudrière qui tua 1500 à 2000 défenseurs d'Acre, ne tarda pas à abandonner la lutte.

. . . .

Comme on l'a vu, dans le chapitre précédent, Saint-Jean d'Acre s'est encore une fois relevée de ces ruines, sa population actuelle vit, respire, et travaille dans ses murs, comme si jamais rien de lugubre ni de terrifiant ne s'y était passé, les vaisseaux de toutes les nations font flotter dans son port rebâti les fières couleurs de leurs pavillons ; mais ses remparts effrités, les débris anciens qu'on retrouve çà et là le long de ses murailles, les amas de décombres qui forment en grande partie le sol de la cité, pourraient redire au voyageur quelques-unes des sanglantes péripéties de l'histoire que nous venons de résumer.

CHAPITRE XXXVIII

KAIFFA ET LE MONT CARMEL

Une plage de sable blanc, arrondie en golfe, et ombragée de quelques palmiers sépare Saint-Jean d'Acre de la petite ville de Kaïffa, à demi cachée sous la verdure des oliviers. La masse sombre et éternellement verte du Carmel ferme l'horizon derrière la ville, et s'écarte vers le sud, pour s'avancer dans la mer jusqu'à l'extrémité du cap. La rivière du Kishon (Nahr-el-Moukata) se jette dans la mer, à quelque distance à l'est de Kaïffa, après avoir arrosé les magnifiques vergers qu'on a récemment plantés de ce côté-là pour prévenir l'ensablement.

Entre tous les paysages de la Syrie, celui du Carmel offre peut-être les sites les plus propres à éveiller dans l'âme du voyageur l'image de la patrie dont le séparent les vastes solitudes de la mer qui vient mourir à ses pieds.

Sa croupe allongée, à peine ondulée, point haute, ni sévère d'aspect, n'offre en effet aucun des caractères habituels des montagnes de Syrie; elle rappelle plutôt certaines de nos collines de Provence, et par l'harmonie de ses lignes, et par sa brillante végétation qui, depuis quelque temps, il est vrai, semble s'épuiser, comme si l'heure avait enfin sonné pour cette pointe extrême de la Galilée, restée verte en dépit des âges, de rentrer dans la tonalité générale du pays.

Que des hommes se soient trouvés jadis pour pratiquer l'ascétisme dans un pays aussi souriant, et dont tous les livres sacrés du temps ont vanté la magnificence, c'est ce qui paraîtrait difficile à expliquer, si on ne se rappelait que l'autorité des prophètes égalait alors celle des plus grands rois de la terre, et qu'on ne pouvait être salué de ce titre sans passer par les rudes épreuves de la vie de solitude et de macération dont l'histoire de l'époque prophétique nous offre tant d'exemples. Dès lors on est induit à penser que la grande figure d'Élie, et les figures secondaires, du même âge, ainsi que les anachorètes de l'ère chrétienne ont choisi pour ce stage obligatoire les grottes naturelles que la Providence semble avoir multipliées à plaisir le long des flancs et sur les hauteurs du Carmel (sans toutefois leur assigner cette destination spéciale), précisément parce que ce séjour était, après tout, infiniment moins désagréable que celui du désert de Judée.

Les Carmélites, qui leur ont succédé ces derniers temps, continuent leurs traditions, mais dans un esprit plus conforme aux exigences de la vie moderne.

A la vie d'anachorète ils ont substitué la vie monastique, à la place des cavernes sombres et froides devenues incompatibles avec l'ascétisme contemporain, ils ont édifié un couvent superbe, se contentant d'élever sur la grotte d'Élie, tombée dans leur dépendance, une chapelle destinée à en interdire l'accès aux juifs fanatiques qui seraient tentés de ressusciter les fastes du prophétisme ; d'autre part, l'hospitalité rude et austère des solitaires d'autrefois, s'est transformée en une cordialité prévenante, affable, entourant le pèlerin de tout le confort désirable, et bien propre à séduire le voyageur qui serait tenté de faire une retraite de quelques jours parmi les vignes, les sources abondantes, et les délicieux ombrages de la montagne biblique.

Le couvent des Carmélites a eu l'histoire tourmentée de la plupart des couvents de Terre-Sainte ; détruit et rebâti à plusieurs reprises, il possède aujourd'hui une belle église à coupole et constitue dans l'ensemble un des édifices chrétiens les plus importants du pays ; parmi les souvenirs qui s'y rattachent, je relève une particularité intéressante: pendant le siège d'Acre, les bâtiments du couvent ont servi de lazaret à l'armée de Bonaparte. Lorsque celle-ci se retira, pour regagner l'Égypte, un certain nombre de malades et de blessés durent être abandonnés au Carmel, faute de moyens de transport, et cela en dépit des regrets qu'en eut Napoléon, qui lui-même alla à pied, afin que son cheval pût être utilisé pour le service des ambulances [1]. Ceux qui pouvaient se traîner essayèrent d'échapper au sort qui les attendait, les autres périrent misérablement égorgés par les musulmans, et furent ensevelis sur le Carmel au lieu même où s'élève aujourd'hui le petit monument funéraire dédié à leur mémoire.

Une promenade dans les sentiers qui sillonnent la crête est intéressante à tous les points de vue ; de la pointe extrême du promontoire on découvre les vastes horizons de la mer au nord, avec les échancrures bizarres des côtes phéniciennes, au sud la plage jaune et presque rectiligne qui s'étend jusqu'aux ruines d'Athlit.

---

1. Je détache ce document, authentique ou non, de l'*Histoire de Napoléon* par Laurent de l'Ardèche: « Le signal de la retraite fut donné le 20 mai. Bonaparte voulut que tout le monde se mît à pied, pour laisser les chevaux à la disposition des blessés et des pestiférés. Quand son écuyer vint lui demander quel cheval il se réservait pour lui-même, il le renvoya avec colère en lui criant : Que tout le monde aille à pied !... moi le premier ; ne connaissez-vous pas l'ordre ? Sortez. » Le même auteur d'ailleurs ne conteste pas l'empoisonnement des pestiférés à Jaffa.

Un phare et quelques bâtiments modernes s'élèvent de ce côté-là. En redescendant vers le sud, la vue plonge sur les bois d'oliviers suspendus aux flancs de la montagne et sur les jardins de Kaïffa.

Une des originalités du Carmel — originalité partagée dans des proportions plus restreintes par quelques autres contrées de la Syrie, — c'est le grand nombre de pétrifications qui couvrent les endroits pierreux de la crête, et dont la structure curieuse affecte les formes les plus fantaisistes que l'imagination puisse prêter à une pierre. Il y a là des concombres, des melons, des miches de pain, des poires, des figues, etc., le tout en pierre; — la forme prédominante est celle des cucur-

GÉODE DU MONT CARMEL.

bitacés que nous venons de citer, aussi l'endroit de la montagne qui possède la plus belle collection dans ce genre a-t-il reçu autrefois le nom de *Champ des Melons*[1].

Les naturels du pays ont, comme de juste, édifié une légende sur cette particularité que la science moderne explique, mais qui est pour eux le plus impénétrable des prodiges. Le terrain en question porterait tout simplement les signes de la malédiction d'Élie, à qui un jardinier discourtois aurait autrefois refusé une poire, ou du moins un melon, pour la soif. La légende évidemment est arabe, une imagination musulmane étant seule capable de prêter à un prophète une vengeance aussi mesquine que celle dont nous venons de retracer les effets.

Je n'ai pas parlé encore de Kaïffa; la ville moderne, située un peu plus bas que l'antique *Sycaminum*, renferme une population de 5 à 6,000 habitants dont la majorité se compose de chrétiens syriens. C'est une jolie bourgade dont les maisons blanches à terrasses de verdure sont pittoresquement échelonnées le long de la grève, sur la bande de terre étroite et fertile qui sépare le canal de la mer.

1. Notre gravure représente un géode du Carmel ayant la forme d'une miche de pain.

Grâce à la prédominance des chrétiens, les habitants sont plus avenants, et d'un commerce plus agréable que ceux de la plupart des petites villes de ce genre en Syrie ; tout le monde y est parfumé, jusqu'aux enfants, tout comme à Beyrout. Ajoutons que le seul défaut que tous les voyageurs leur reprochent avec raison, c'est la richesse gutturale de leur dialecte.

Kaïffa en somme laisse une impression de calme et de propreté que le voyageur ne peut manquer d'apprécier au terme d'une excursion à travers la Syrie ; on dirait que la petite ville se ressent quelque peu du souffle vivifiant des pays d'où viennent les nombreux voyageurs qu'elle voit débarquer ou embarquer ; les bateaux de France qui mouillent au large et qui laissent deviner, par delà les mers,

LE COUVENT DU CARMEL

l'Europe lointaine dont ils semblent avoir gardé quelque chose dans les plis de leurs voiles, ne sont pas étrangers sans doute à cette heureuse influence.

D'autre part, il serait injuste de ne pas mentionner les efforts civilisateurs de la mission allemande du Temple représentée ici par une colonie assez importante qui s'est bâti à l'ouest de la ville un joli petit hameau dans le goût badois (comme celui de Sarona, près de Jaffa) dont les maisons gaies à l'œil, propres, coquettes, entourées de fleurs de toutes nuances et de tous parfums, élèvent leurs toits à l'européenne à l'ombre des orangers et des palmiers. Une auberge allemande portant pour enseigne *Gasthaus zum Carmel* et sise à cinq minutes du sentier qui conduit sur le haut de la montagne, reçoit les voyageurs qui ne veulent pas loger au couvent ; les chambres sont fort bien tenues, ce qui n'empêche pas les hirondelles de faire leurs nids dans les encoignures et entre les poutres, disjointes à dessein sans doute, des plafonds ; la boisson des chrétiens du pays est un vin d'or excellent ; — tout cela, comme on voit, est très européen, et rappelle, plus ou moins, comme mœurs, comme décor, voire même comme costumes [1], un coin de la forêt Noire ou de la Suisse allemande; ce qui l'est moins, c'est que le consul français, faute d'une autre résidence, demeure dans cette auberge allemande située précisément en face de la belle maison habitée par le consul allemand.

A propos de Kaïffa et de ses consuls, nous n'avons pu séjourner dans cette petite ville sans être tentés d'y relire les pages que ce même séjour avait autrefois inspirées à Lamartine, celle entre autres où le poète dépeint et analyse longuement la beauté d'une jeune fille de quinze ans, sœur du vice-consul de

BAIE DE HAIFHO

Sardaigne. Ces pages qu'on dirait inspirées par l'amour (Lamartine lui-même semble vouloir l'insinuer) surpassent peut-être celles du même genre que nous avons citées dans le chapitre précédent. Jamais depuis, la beauté du type syrien (chez la femme) n'a reçu la consécration d'une analyse plus fine, plus intense, plus révélatrice. Le passage m'avait frappé alors que je ne pensais guère pouvoir contrôler un jour mes impressions sur les lieux mêmes, et des lambeaux de phrases m'en revenaient parfois à la contemplation d'une figure approchant du type oriental: « La jeune fille était donc assise sur les tapis.. » « ... la simplicité et la naïveté de ses impressions se faisaient jour malgré elle sur cette figure de seize ans, et son

---

[1]. Les Allemands des colonies du temple sont tous des immigrés récents, ayant gardé le costume de leurs contrées respectives.

âme se peignait dans chaque expression de ses traits avec une telle grâce, avec une telle tempérance, qu'on voyait sa pensée sous sa peau avant qu'elle en eût elle-même la conscience.... » il y a deux ou trois pages comme cela, douces, caressantes comme une ode ou une ballade.... Mais j'oublie qu'il est de mauvais ton aujourd'hui de convenir qu'on a su du Lamartine par cœur ; — et, pour ne pas aggraver ma faute, je renvoie directement au *Voyage en Orient* le lecteur épris d'esthétique, et relègue le renvoi lui-même dans l'humble région des notes marginales [1].

La déclaration ci-après achèvera de me réhabiliter dans l'esprit des gens de goût : je préfère infiniment la prose dont je viens de citer quelques fragments, à l'improvisation poétique que la même jeune fille inspire, quelques pages plus loin, au chantre d'Elvire. En revanche, les vers arabes que dédie à cette petite merveille un jeune poète du Liban me paraissent devoir être cités comme un des échantillons les plus parfaits de la poésie syrienne. Je les transcris d'après Lamartine :

« Dans les jardins de Kaïffa il y a une fleur que le rayon du soleil cherche à travers le treillis des feuilles de palmier. »

« Cette fleur a des yeux plus doux que la gazelle, des yeux qui ressemblent à une goutte d'eau de la mer dans un coquillage. »

« Cette fleur a un parfum si enivrant que le scheik qui s'enfuit devant la lance d'une autre tribu, sur sa jument plus rapide que la chute des eaux, la sent au passage et s'arrête pour la respirer. »

« Le vent de simoun enlève des habits du voyageur tous les autres parfums, mais il n'enlève jamais du cœur l'odeur de cette fleur merveilleuse. »

« On la trouve au bord d'une source qui coule sans murmure à ses pieds. »

« Jeune fille, dis-moi le nom de ton père, et je te dirai le nom de cette fleur. »

L'exquise naïveté du troubadour libanais ne vaut-elle pas la sensualité un peu grossière de nos chants d'amour modernes?

Les souvenirs de Kaïffa relatifs aux Croisades se réduisent à quelques chapitres peu intéressants. L'histoire du siège de la ville, postérieur à la conquête de Jérusalem, ne nous offre comme point de repère que les querelles qui s'élevèrent entre Tancrède et Guillaume Charpentier, vicomte de Melun, lesquels se disputaient la possession de la ville avant de l'avoir prise. L'intervention d'un légat du pape rétablit la paix dans l'armée chrétienne qui finit par s'emparer de Kaïffa après plusieurs assauts meurtriers. Concédée à Tancrède, elle fut reprise par Saladin plus tard, et retomba encore une fois sous la domination chrétienne jusqu'à la chute définitive du royaume.

1. Voir le tome I du *Voyage en Orient* chapitre « *Syrie-Galilée* ».

CHAPITRE XXXIX

CONCLUSION

Si l'on nous demandait à présent de dire l'impression générale qui se dégage pour nous des pays que nous venons de parcourir, nous serions fort embarrassé, cette impression n'étant pas de celles qui se résument en quelques lignes, et, d'autre part, une longue péroraison ne nous paraissant pas de mise au seuil de cette modeste étude.

Il est une vérité pourtant qui nous apparaît maintenant comme un corollaire découlant du point de vue spécial, quelque peu historique, où nous nous sommes placé pour décrire la Syrie, c'est l'impuissance absolue où se trouve l'homme en général pour comprendre des peuples disparus sans avoir étudié *de visu* les milieux où ils s'étaient développés, sans avoir essayé au moins de reconstituer leur histoire sur les lieux mêmes, avec les mille traits épars dans les aspects physiques du pays qui leur servit de berceau, les ruines de leurs villes, de leurs monuments, de leurs habitations, de tout ce qui était le théâtre de leur activité publique ou domestique.

Car l'histoire, telle que l'écrivent les auteurs spécialement adonnés à cette science, la plus difficile entre toutes, est loin de nous offrir des reliefs suffisants pour reconstituer les silhouettes vivantes que l'imagination aimerait à évoquer à propos de certains peuples dont quelques traits généraux seuls ont passé à la postérité, à l'exclusion des traits particuliers, infiniment plus intéressants, — et c'est là précisément l'écueil de tous ceux qui essayent de faire revivre l'antiquité par le seul moyen d'une plume mise au service de leur imagination.

L'histoire ainsi comprise et traitée peut enseigner une série de faits reposant sur un nombre donné de dates plus ou moins authentiques, elle est impuissante à nous représenter le concours de passions vivantes, de besoins, d'ambitions, d'événements heureux ou malheureux qui ont déterminé ces faits, de nous représenter l'antiquité, en un mot, non point sous la forme ennuyeuse d'une misérable pétrification abîmée au fond des limbes du temps, mais comme un drame vivant éclairé des mêmes lueurs humaines qui éclairent notre existence moderne, et parlant aussi haut à notre cœur et à notre imagination qu'elle parlait jadis à ceux qui en furent les héros et les acteurs.

En résumé, la seule mission utile des historiens, serait de nous dépeindre l'antiquité telle qu'elle était lorsqu'elle n'était pas l'antiquité, et non point telle qu'elle nous apparaît aujourd'hui, diminuée, obscurcie, faite à l'image de notre misérable intelligence qui est incapable de concevoir la forme, la couleur, et le caractère des choses auxquelles elle n'a pas assisté.

Je me souviens à ce propos d'une plainte philosophique bien curieusement formulée par Charles Lamb, un grand critique anglais doublé d'un humoriste aimable :

« Antiquité, s'écrie-t-il, charme miraculeux, qu'es-tu donc, toi qui, n'étant rien, es tout cependant! Lorsque tu étais, tu n'étais pas l'antiquité ; alors tu n'étais rien, mais tu te trouvais devant une plus lointaine antiquité, comme tu l'appelais, vers laquelle tu te retournais avec une aveugle vénération et tu t'apparaissais toi-même à tes propres yeux, plate, insipide, moderne ! Quel mystère se tapit dans ces rétroversions ! ou bien quels demi-Janus sommes-nous, qui ne pouvons regarder en avant, avec la même idôlatrie qui nous fait toujours regarder en arrière ! Le formidable futur nous est comme rien, étant tout cependant. Et le passé nous est tout, qui n'est rien ! Qu'étaient donc les *âges ténébreux ?* Sans doute le soleil se levait aussi radieux alors qu'aujourd'hui, et il éclairait chaque matin le travail de l'homme. Comment se fait-il que nous ne pouvons entendre mentionner ce temps-là, sans éprouver en même temps comme le sentiment d'une obscurité palpable qui aurait recouvert alors l'aspect des choses, et comme si nos ancêtres n'avaient su qu'errer çà et là en tâtonnant....[1] »

Ne sentez-vous pas au fond de cette boutade, sceptique comme un paradoxe, vraie comme un théorème, un doute qui a souvent heurté votre esprit au cours de vos études historiques ? Ne vous êtes-vous pas surpris parfois à considérer telle grande figure de l'antiquité, dont votre imagination ne pouvait concevoir les traits ni le caractère, comme un mythe, une entité abstraite, un symbole ethnique, pour nous servir d'une expression de M. Renan ? Nous parlons volontiers de Jésus, de David, de Salomon, et au fond, tout au fond, nous ne sommes pas bien persuadés qu'ils aient jamais existé, ou du moins nous ne les concevons que sous la forme

---

[1]. L'essai d'où nous extrayons ce passage a paru dans le *London-Magazine* en août 1820. On le trouvera dans l'*Édition centenaire* (anglaise) des œuvres Lamb (Ch. Kent, édit. de Londres,) et dans les *Essais choisis* de Charles Lamb, traduits par Louis Dépret.

de médailles frustes, ternies par la patine des siècles, telles que nous les représente notre éducation. La personnalité vivante et pensante d'un personnage que nous n'avons pas connu reste impénétrable à notre intelligence ; l'histoire le rejette dans le moule des *âges ténébreux*, et c'est tout au plus si nous réussissons à l'incorporer dans une de ces larves qui flottent dans l'obscurité *palpable* dont parle Lamb. et où nos ancêtres *errent çà et là en tâtonnant*.

Nous aurions désiré sans doute que de telles considérations servissent de base à un ouvrage plus sérieux, plus profond que le nôtre, et où la fusion de l'histoire de la Syrie et de sa description physique, l'une expliquant et commentant l'autre, fût plus intimement réalisée, mais le lecteur sait qu'entre la conception et l'exécution il y a un abîme souvent infranchissable et nous nous estimerions heureux si quelques rares pages de ce volume pouvaient contribuer à écarter pour un instant les coins du voile qui recouvrira éternellement cette terre de Chanaan, devenue le sépulcre de la civilisation dont elle fut le berceau.

Paris, septembre 1883. — Mai 1885.

TABLE DES MATIÈRES

CHAPITRE PREMIER

La Terre-Sainte. — L'orientalisme en France. — But de l'ouvrage. — Débarquement à Jaffa. — Aspect extérieur de la ville. — La plaine de Sarôn. — Déception du voyageur. — Le bazar de la place du Marché. — Les femmes. — Les rues. — Histoire de Jaffa. — Traditions mythologiques. — Les croisades. — Richard et Saladin. — Le siège de Jaffa, par Mohammed-Bek. — L'hôpital de Saint-Louis. — Les sœurs de Saint-Joseph de l'Apparition. — Les jardins de Jaffa. — Hygiène des Arabes. — Rites mortuaires. — Aveugles et mendiants. — Coquetterie des femmes. — Culture des terres. — Difficultés de la colonisation. — Les colonies allemandes. — La colonie du Temple à Sarôna. — Un coucher du soleil à Jaffa. — Air populaire. . . .   1

CHAPITRE II
DE JAFFA A RAMLEH

Le brigandage sur les grands chemins. — Le cheik Abou-Gach, sa généalogie, ses descendants. — Tableaux de route; caravane et chameaux; le paysage; les khans. — L'ancienne Diospolis et les légendes de saint Georges. — Grandeur et décadence de la ville de Ramleh. — La tour des Quarante Martyrs; les derviches tourneurs décrits par madame de Lamartine. . . .   29

CHAPITRE III
DE RAMLEH A JÉRUSALEM

Incertitude et confusion des traditions relatives aux anciennes cités bibliques. — L'antique Nob et le crime de Saül. — Latroun, la patrie du bon larron. — Amoas (Nicopolis). — Le village d'Abou-Goch (Saint-Jérémie) et ses habitants. — Exercice à la française. — La cité des Machabées. — Où placer l'Emmaüs de l'Évangile? Opinion de M. de Saulcy. — La vallée des Térébinthes. — La Rama biblique. — Le désert de Saint-Jean; traditions; légendes; critiques. — Les nuages de sauterelles en Syrie (description de Volney). — Le couvent de Saint-Jean. .   41

CHAPITRE IV
JÉRUSALEM

Jérusalem à distance; impressions de Lamartine. — Aspect physique des environs; climat et flore de la Judée. — La ville russe. — La porte de Jaffa. — Premier coup d'œil sur la ville sainte, ses rues, ses habitants. — Instabilité des traditions et des souvenirs historiques. — Volney jugé par monseigneur Darboy. — Les trois enceintes de Jérusalem 55

CHAPITRE V

HISTOIRE DE LA JÉRUSALEM CHRÉTIENNE

Hérode le Grand et ses successeurs. — Les Zélotes et la révolution juive. — Siège de Jérusalem par Titus. — Destruction du Temple et prise de la ville sainte. — L'arc de Titus à Rome. — Les trésors juifs. — Alia Capitolina. — Avènement du christianisme avec Constantin le Grand. — Jérusalem sous les premiers empereurs byzantins. — Règne d'Omar. — La première croisade; siège et prise de Jérusalem. — Saladin reprend la ville sainte. — Fin de la domination chrétienne en Palestine 71

CHAPITRE VI

COUP D'ŒIL SUR LA VIE EXTÉRIEURE ET LES MŒURS

La maison orientale. — Influence du climat et des milieux. — Théories esthétiques. — Condition des femmes, réglée par le Koran. — Physionomie du Syrien. — Lois esthétiques des paysages de Terre-Sainte. — Théorie de Herbert Spencer. — Les arts en Syrie. — La prière musulmane. — Mœurs et coutumes domestiques. — Jérusalem, topographie, populations, rues et quartiers. 99

CHAPITRE VII

LE SAINT-SÉPULCRE

La basilique de Constantin. — Physionomie extérieure de l'église moderne. — Le Saint-Sépulcre, rotonde, chapelles. — Église grecque. — Le Golgotha. — Justice distributive des Turcs. — Les moines grecs. — Le feu sacré. — Inconvénients de ce genre de miracles. — Patriarche et pacha. — Moines abyssins et coptes. — Nos impressions religieuses 121

CHAPITRE VIII

MONUMENTS INTÉRIEURS DU HARAM

Physiologie de l'archéologue. — Le mont Moriah. — Légende arabe. — Le temple de Salomon. — Le temple d'Hérode. — Ce qui reste de l'appareil salomonien. — Omar et le patriarche Sophronius. — Abraham, père des Ismaélites, et les traditions qui ont servi de base au Koran. — Intérieur du Haram. — La coupole du Rocher (Koubbet-es-Sakra) ; traditions juives et musulmanes. — Mosquées secondaires du Haram. — La légende arabe de Salomon. — La mosquée El-Aksa et ses souterrains, M. de Saulcy et les antiquaires. — Quelques lignes d'histoire. . . 139

CHAPITRE IX

LE HARAM-ECH-CHÉRIF (SUITE)

Porte Dorée. — Arche de Barklay. — Angle sud-est du mur d'enceinte. — Les écuries de Salomon. — La triple porte. — Fouilles de M. de Saulcy et de la mission anglaise. — Arche de Robinson. — Porte de Barklay. — Le mur des Lamentations. — Arche de Wilson. — Tours antiques. 165

CHAPITRE X

LES MONUMENTS : VOIE DOULOUREUSE, PISCINES, FORTERESSES ANTIQUES

La porte Saint-Étienne. — L'église Sainte-Anne. — Tour Antonia. — Arc de l'*Ecce Homo*. — Maison du mauvais riche. — Porte Judiciaire. — Authenticité du Calvaire. — Les Piscines. — Les eaux de Jérusalem. — Source de Gihon. — Les piscines d'Ézéchias. — Le Birket Hammam-el-Batrak. — Piscine de Bethesda. — Le Birket Israïn. — Les forteresses. — La citadelle (Kal'a) : tours Hippicus, Phasaël et Mariamne. — Forteresse de Goliath (Kasr-Djaloud). — Style et aspect des monuments syriens en général. — Subordination de l'esthétique à la nature du pays. — L'influence des milieux se révèle jusque dans les plus humbles conceptions de l'art. — La métaphysique de l'architecture et Herbert Spencer. 175

CHAPITRE XI

LE QUARTIER FRANC

Topographie générale. — Rue Chrétienne. — État des chrétiens de Jérusalem. — Le clergé d'Orient. — Histoire d'une subvention. — Monseigneur Vincent Bracco et le ministre des affaires étrangères. — Les Franciscains de Terre-Sainte. — Le couvent de Saint-Sauveur. — Histoire des Franciscains; leur administration, leur mission tutélaire et civilisatrice. — Règle monastique; culture intellectuelle des moines. — Le couvent de Mar-hanna. — Erreurs et partialité de Lamartine. — Cinquante ans après; Jérusalem, ville libre. — Le régime de la tolérance universelle. — Prospérité des couvents; triomphe des chrétiens 201

CHAPITRE XII

QUARTIERS ARMÉNIEN, JUIF ET MUSULMAN

Le plateau de Sion. — La nation arménienne. — Le quartier juif. — Un mauvais rêve. — Le juif des rues. — Les Juifs d'Orient. — Industries, écoles, rabbins. — Les superstitions et les arguties patronnées par le Talmud. — Anges et démons. — *Charité bien ordonnée...* — Les achénazims. — Le quartier des Mogrebins. — Le mur de Salomon. — Litanies juives. — Le rôle des prophètes. — Destinée du peuple juif; amélioration de sa condition sociale en Orient. — Le quartier musulman. — Akra et Bezetha. — Décadence de l'Asie mahométane. — L'éducation et l'instruction chez les Musulmans : le Koran, les hautes études; littérature et jurisprudence. — Décadence des nations musulmanes. 219

CHAPITRE XIII

LA VILLE SAINTE ET LES PÈLERINS

Du rôle de l'argent en Terre-Sainte. — Le *struggle for life;* aspects multiples sous lesquels il se révèle à Jérusalem. — Silhouette de boutiquier pieux. — Les petites industries. — Physiologie du pèlerin russe. — Lamentable odyssée. — Les pèlerins asiatiques. — Les scandales du Saint-Sépulcre 237

CHAPITRE XIV

LE JARDIN DES OLIVIERS ET LA VALLÉE DE JOSAPHAT

La banlieue de Jérusalem. — L'église de l'Assomption. — Gethsémané. — Le jardin des Oliviers. Jérusalem vue du haut du mont des Oliviers. — Kefr-el-Tour. — La chapelle de l'Ascension.

642   TABLE DES MATIÈRES

— Le *Credo* et le *Pater Noster*. — Monument de madame la princesse de la Tour d'Auvergne. — Tombeaux d'Absalon, de Josaphat, de saint Jacques et de Zacharie. — Histoire de brigands. — Siloé. — La secte des porte-guenilles. — Pascal, Carlyle et La Bruyère. — La fontaine de la Vierge. — Piscines de Siloé. — Une fête juive sous Alexandre Jannée. — En-Roguel . . .   247

CHAPITRE XV

LA VALLÉE DE HINNOM ET LE FAUBOURG DE SION

Un village troglodyte. — Hakeldama. — La nécropole juive. — *Retraite des apôtres.* — Le champ du sang. — Origines et histoire d'une superstition. — Le Birket-es-Soultan. — Faubourg de Sion ou de Nebi-Daoud. — Le Cénacle. — La sainte Cène. — Tombeau apocryphe de David. — Mont du Mauvais-Conseil. — L'arbre de Judas. — Les lépreux de Jérusalem, et la maladrerie allemande. — Le Birket-Mamilla   271

CHAPITRE XVI

TOMBEAU DES ROIS, GROTTES ROYALES, ETC.

Amas de cendres. — Description du *Tombeau des Rois*. — Les hypothèses de M. de Saulcy. — Le squelette d'une reine. — Le couvercle du Louvre. — Histoire d'une découverte archéologique. — Visions de l'avenir. — Le *Tombeau des Juges*. — La porte de Damas. — Grottes de Jérémie. — Les *Carrières de Salomon*, dites *Grottes royales*. — Légendes du Kerm-ech-Cheik. — La tour des Cigognes   287

CHAPITRE XVII

BETHLÉHEM

Les légendes de Bethléhem : la naissance de Jésus. — L'histoire des faits prime l'histoire des lieux. — De Jérusalem à Bethléhem. — Plaine des géants, route d'Hébron. — Le tombeau de Rachel et les traditions qui établissent ou récusent son authenticité. — Physionomie de Bethléhem. — Églogue biblique. — Couvent et église de la Nativité. — La crèche de Jésus. — Les innocents. — Saint Jérôme. — Illusions artistiques de Chateaubriand ; Murillo et Maello. — Les Mages d'après les historiens de l'antiquité. — Beit-Sahour-en-Nassara et la grotte des Bergers. — Grotte du Lait. — Histoire de Bethléhem. — Mœurs et caractère de ses habitants, appréciations de Volney, Michaud, Poujoulat, etc... — Le champ des pois. — Triomphe des Bethléhémites chrétiens sur les Bethléhémites musulmans.   305

CHAPITRE XVIII

LES BASSINS DE SALOMON, THÉCOA, HÉRODIUM

Origine des bassins de Salomon (?). — Le Quâlat-el-Bourak. — La Fontaine scellée. — L'aqueduc de Salomon. — Ponce Pilate et les Juifs. — La vallée d'Eurtas. — Ruines d'Ethan. — Le *hortus conclusus*. — Khareitoun. — La grotte d'Habdullam (el-Maama). — Thécoa. — Désastre des croisés. — Le *Mont des Francs* ou le *Djebel-Ferdcis* (Paradis). — Hérodium. — La forteresse et le palais d'Hérode : description de Josèphe. — Tombeau d'Hérode (?). — Où les auteurs de la *Correspondance d'Orient* nous montrent comment on ne doit pas écrire l'histoire   327

CHAPITRE XIX

HÉBRON

La vallée de Mamré. — Ramet-el-Khalil. — Khirbet-en-Nassara. — Le chêne d'Abraham. — Le champ Damascène. — Hébron, la ville ancienne et la ville moderne. — La vie patriarcale chez les Juifs et chez les Arabes. — Le personnage d'Abraham devant la critique moderne. — Mœurs des Musulmans du pays d'Hébron, leur fanatisme. — Les industries de la ville; ses divers quartiers. — L'étang d'Isboseth. — Le Haram d'Hébron et les tombeaux des patriarches. — Discussion des textes anciens et modernes : Josèphe, le pèlerin de Bordeaux, Eusèbe, saint Jérôme, Antonin de Plaisance, Arculphe, Willibald, Benjamin de Tudèle, Ali-Bey, etc... — Document communiqué par M. le comte Riant : *Chronique de l'an 1119.* — Les cendres des patriarches retrouvées; confirmation du témoignage de Benjamin de Tudèle. — Origine de la mosquée et de l'enceinte du Haram 335

CHAPITRE XX

DE JÉRUSALEM A JÉRICHO

Le sort d'une parabole. — Le Bédouin, son caractère, ses mœurs, son scepticisme. — Opinion de Chateaubriand, de Volney, d'Ernest Renan. — Réhabilitation du Bédouin maraudeur. — Sciences et littérature chez les Arabes nomades. — Les *Mille et une Nuits.* — Béthanie. — La géographie des lieux saints dans la *Légende des Siècles.* — Le château de Lazare. — Abou-Dis et Bethphagé. — Le *Zizyphus spina Christi.* — Paysages du désert. — Les quatre Jéricho. — Avatars et mystifications. — El-Riha. — La pomme de Sodome. — Où il faut chercher la rose de Jéricho. — Trop d'épines. — Le mont de la Quarantaine. — La fontaine d'Élisée et la Jéricho des Chananéens 353

CHAPITRE XXI

JOURDAIN ET LA MER MORTE

Les gués du Jourdain. — La vie des anciens anachorètes. — Histoire de Marie l'Égyptienne. — Mœurs des pèlerins d'autrefois. — Les pénitentes du *Faust* de Gœthe. — Première apparition de la mer Morte. — Contes et légendes. — Expédition du capitaine Lynch. — Expédition du duc de Luynes. — Science et fantaisie : *la Palestine de l'avenir.* — Le projet du docteur Blandet : création d'une mer intérieure syrienne et d'un canal maritime joignant la Méditerranée et la mer Rouge à travers la Terre-Sainte. — Jérusalem, port de mer ! — Inconvénients du projet Blandet. — Projet du duc de Sutherland (avril 1884). — Le tour du lac. 373

CHAPITRE XXII

AUTOUR DE LA MER MORTE

Un secret professionnel. — Apparition des *djinns.* — Itinéraire dans l'espace. — Paysage lunaire. — Engeddi. — Encore les épines. — Despotisme du règne minéral. — Masada. — Une ruine du temps des Machabées. — Histoire de la forteresse de Masada. — Massacre des Zélotes par les légions de Silva. — Du rôle de la pierre dans l'histoire de l'humanité. — La mer Morte réduite à sa plus simple expression. — La symphonie du blanc. — Le Djebel-Ousdoum ou la montagne de sel. — Où faut-il placer Sodome ? — Origines probables de la catastrophe biblique. — Où l'auteur triomphe personnellement. — Contre-pied du projet Blandet : suppression de la mer Morte. — Le bassin Asphaltite dans cent ans 395

CHAPITRE XXIII

AUTOUR DE LA MER MORTE (CÔTE ORIENTALE)

Histoire des Moabites et des Iduméens. — Prophéties de Jérémie. — La vallée de l'Araba. — Histoire des Nabatéens. — Obscurité des origines de Pétra. — L'influence turque en Moabitide.

— Le mont Hor. — Topographie des ruines de Pétra. — Le défilé du Sîc et la source de Moïse. — Tableau des ruines de Pétra. — Kérac (Kir Moab). — La presqu'île El-Lisân. — Montagnes et gorges du littoral oriental de la mer Morte. — Machéro. — Histoire d'Antipas et d'Hérodiade. Un « pas seul » exécuté par une princesse juive. — Singulière appréciation d'un auteur anglais. 415

CHAPITRE XXIV

A TRAVERS LA PÉRÉE

Encore de l'archéologie. — Les descriptions de M. de Saulcy. — Medba. — Les Arabes « Adouan ». — Le mont Nebo et la vallée d'Ayn-Mousa. — La ville d'Hesbon. — Amman (Philadelphia), son histoire. — Cruautés de David. — Description des ruines d'Amman d'après M. de Saulcy. — Le canal Saint-Martin des Philadelphiens. — La vallée d'Oued-echta. — Merveilleux effets de la pluie. — Arak-el-Emir. — Es-Salt. — Les ruines de Gérasa 431

CHAPITRE XXV

LA SAMARIE ET LES SAMARITAINS

Scission des Juifs et des Samaritains. — Le culte de Garizim, rites actuels. — Route de Naplouse. — Aï-el-Aramyé. — Le puits de Jacob (Bir-Jacoub). — Naplouse (Sichem). — Les Francs de Naplouse. — Mœurs du patriarche Héraclius. — La synagogue et le Pentateuque des Samaritains modernes. — Les monts Ebal et Garizim. 447

CHAPITRE XXVI

LA SAMARIE ET LES SAMARITAINS (SUITE)

Les ruines de Samarie (Sébastyé). — Archéologie décorative. — Djennin (En-gannim). — La plaine d'Esdraëlon. — Zérin (Jizréel) et les monts Gilboé. — La mort de Saül. — Bataille du mont Thabor; Bonaparte et Kléber à Foulé. — La légende de Kalé-el-Berr (Kléber). . . . 465

CHAPITRE XXVII

EN GALILÉE, NAZARETH ET SES ENVIRONS

Description et mœurs d'*En-Nasira*. — Les Nazaréennes. — Cérémonies des mariages d'aujourd'hui. — Lieux traditionnels : *Fontaine de la Vierge*, etc... — Le combat de Nazareth, extermination des Templiers, mort héroïque de Jacques de Maillé. 473

CHAPITRE XXVIII

DE NAZARETH A TIBÉRIADE

Le mont Thabor et son histoire. — Kefr-Kenna et Kanet-el-Djalit ; les cruches saintes ; la Cana de l'Évangile. — Le champ de bataille de Hattin. — Récit de la bataille d'après les chroniqueurs arabes : fautes commises par Renaud de Chatillon. — Prise de Tibériade par les Sarrasins. — La journée du 2 juillet 1187. — Massacre des chrétiens. — Mort de Renaud, seigneur de Kérak ; le roi Guy et sa suite sont emmenés en captivité à Damas. — Conséquences funestes de la bataille de Tibériade 483

CHAPITRE XXIX

LA MER DE GALILÉE, TIBÉRIADE

Aspect physique de la contrée de Génézareth. — Climat, conditions géologiques, tremblements de terre. — Physionomie du lac; les pêcheurs galiléens d'aujourd'hui. — Inconvénients d'un séjour à Tibériade. — La légende des puces d'Occident. — Histoire de la fondation de Tibériade; les Galiléens écrasés par Vespasien. — Tibériade devient une des villes saintes du peuple juif. — Population actuelle de la ville, achenazims et sephardims; sort de la femme juive; polygamie et divorce. — La Tibériade moderne. — Le hammam d'Emmaüs. . . . 501

CHAPITRE XXX

LA MER DE GALILÉE (SUITE), DE TIBÉRIADE A SAFED

Les bords du lac. — Géographie de la côte ouest, emplacement des bourgades évangéliques. — La foi de Lamartine. — Le village de Medjdel. — Irbid et la citadelle d'Ibn-Maan. — Khan Minieh. — Ruines de Tell Houm (Capharnaum?). — La côte est du lac et le Jourdain. — Route de Tell Houm à Safed. — Ruines de Kérazé (Chorazaïn?). — citerne de Joseph. — Physionomie de Safed; histoire des premières colonies juives. — Le tremblement de terre en 1837. — Safed en 1831, son industrie, ses mœurs, sa population, d'après la *Correspondance d'Orient*. — Histoire de la forteresse de Safed pendant les guerres saintes; trahison de Bibars, massacre de la garnison chrétienne. — La Safed d'aujourd'hui 515

CHAPITRE XXXI

LES SOURCES DU JOURDAIN

Les synagogues de Meiron et de Kefr-Bir'im. — De Safed à Banyas; le *pont des filles de Jacob*, souvenir des exploits de Murat en 1799. — Des bords du Jourdain au lac Houlé. — Environs du lac; — Aïn-Mellaha. — La plaine d'El-Merdj et la source du *petit Jourdain*. — Origines de Cæsarea Philippi (Paneas). — Le village actuel de Banyas. — Histoire de Paneas sous les croisades. — Le château de Soubeibe. — La grotte de Pan. — Le lac Phiala (Birket-er-Ram). — Le mont Hermon; Hasbeya et le sanctuaire des Druses. — La source supérieure du Jourdain. — Faune et flore de l'Hermon 533

CHAPITRE XXXII

DAMAS

Itinéraire. — Physionomie générale de Damas, premier coup d'œil sur la ville, tableau de ses rues et de ses bazars. — Parallèle entre Paris et Damas. — Topographie; les faubourgs et leur population. — Un proverbe justifié. — Promenades nocturnes. — Les quartiers juif, chrétien et musulman. — Les merveilles de Damas chantées par la muse arabe. — Les prunes de Damas origine d'un dicton français. — La civilisation européenne restreignant les bornes du pittoresque et la couleur locale en Orient. — Lamartine et les femmes syriennes. — Extraits du *Voyage en Orient* : description des cérémonies d'une noce syrienne grecque. 553

CHAPITRE XXXIII

DAMAS (SUITE)

Marchés, bazars, restaurants et cafés de Damas : le « *marché aux poux* », le bazar des Grecs, le bazar des soieries; industries et antiquités frelatées. — Un type qui se meurt : le conteur

populaire. — Deux légendes arabes. — Intérieur d'une maison damasquine. — Page d'histoire ;
le siège de Damas par les croisés en 1148 (d'après Guillaume de Tyr). 573

CHAPITRE XXXIV

BEYROUT

Importance industrielle et commerciale de Beyrout. — Sa situation, son climat. — Questions
d'esthétique : la mer et la montagne. — La ville moderne, sa population, son histoire. . . 583

CHAPITRE XXXV

TYR ET SIDON

La côte phénicienne ; paysages. — Aspect de la ville de Saïda, antiquité, histoire. — Décadence
de Tyr, ses causes, — prophéties d'Ézéchiel. — Tyr dans l'antiquité et sous les croisades. —
Le village de *Sour*. — Ruines du moyen âge. — Route de Tyr à Saint-Jean d'Arc. 589

CHAPITRE XXXVI

SAINT-JEAN D'ACRE

Descriptions et histoire de Saint-Jean d'Acre. — Topographie de la ville moderne. — Saint-Jean
d'Acre sous les croisades. — Histoire anecdotique du siège de 1189-91, d'après les chroniqueurs
arabes ; mœurs et usages des deux armées ; les femmes au camp des croisés ; chroniques de
l'historien anglais Gautier Vinisauf ; physionomie du camp de Saladin ; le camp des Francs et
leurs machines de guerre ; le secret du fondeur de Damas. — Arrivée de Philippe Auguste et
de Richard Cœur-de-Lion. — Prise de Saint-Jean d'Acre par les croisés (1191) ; massacre des
prisonniers musulmans 597

CHAPITRE XXXVII

Saint-Jean d'Acre (suite) 619

CHAPITRE XXXVIII

Kaïffa et le mont Carmel. 629

CHAPITRE XXXIX

Conclusion. 635

FIN DE LA TABLE DES MATIÈRES

CORBEIL. — TYP. ET STÉR. B. RENAUDET

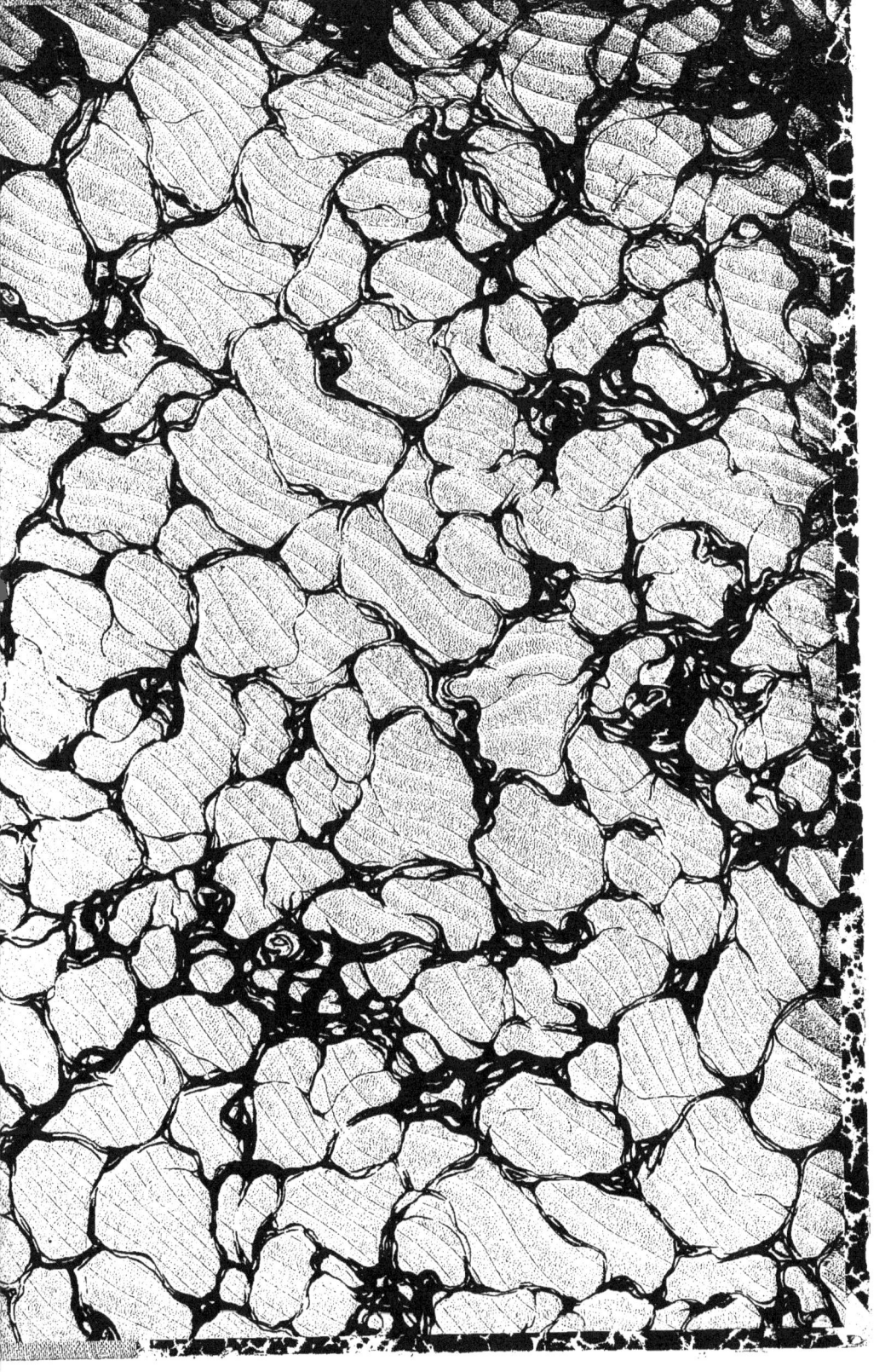

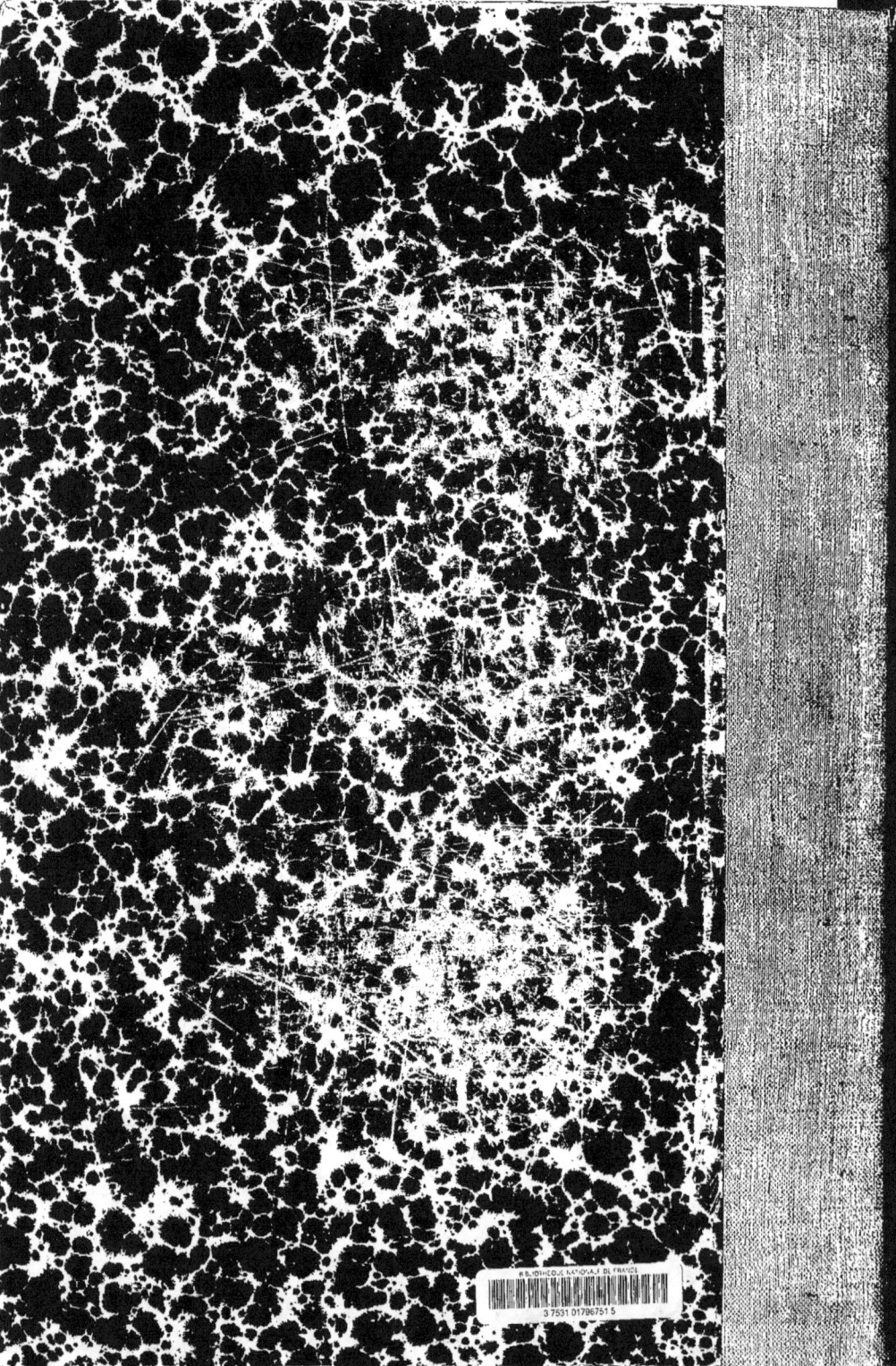

www.ingramcontent.com/pod-product-compliance
Lightning Source LLC
Chambersburg PA
CBHW050318240426
43673CB00042B/1447